퇴계시풀이 제6권(별집) 정오표

쪽	오(誤)	정(正)
311쪽	162번 시 소제목 글자 호수 조정	
	一歲鷹 俗謂甫羅_ 일세응 민간에서는 보라매라고 한다	一歲鷹 俗謂甫羅 _ 일세응 민간에서는 보라매라고 한다
340쪽	제목 원문과 해석 부분 주석 처리	
	次趙士敬穆·具景瑞鳳齡·金舜擧八元·權景受大器 조사경목과 구경서봉령·금순거팔원·권경수대기	次趙士敬穆·具景瑞鳳齡·金舜擧八元·權景受大器 조사경목과 구경서봉령·금순거팔원·권경수대기
438쪽	수천 채나 되는 집 모두 삼키어 초목이라고는 보이지 않네. 다만 시냇가에 수천 개 빼어난 옥 있는데,	수천 채나 되는 집 모두 삼키어 초목이라고는 보이지 않네. 다만 시냇가에 수천 개 빼어난 옥 있는데,
446쪽	253번시 해석 부분	
	천 년 전 거문고 내려 놓던 사람 아득히 그립고, 기수에서의 목욕에 뜻 맞다고 성인께서 감탄 발함 새롭기만 하네. 이제는 물러나신 재상 남은 홍취 좇으시어, 바람 쐬고 노래하며 조용히 늦봄 즐기시네.	천 년 전 거문고 내려 놓던 사람 아득히 그립고, 기수에서의 목욕에 뜻 맞다고 성인께서 감탄 발함 새롭기만 하네. 이제는 물러나신 재상 남은 홍취 좇으시어, 바람 쐬고 노래하며 조용히 늦봄 즐기시네.
530쪽	끝닿는 곳에서 결국 서방 천축국의 사특한 종교로 돌아는가?	끝닿는 곳에서 결국 서방 천축국의 사특한 종교로 돌아는가?
535쪽	제목 해석 부분 주석처리	
	송태수기수	송태수기수

퇴계시풀이 제6권(별집) 정오표

쪽	오(誤)	정(正)
92쪽	제목 원문과 해석 부분 주석 처리	
	李府尹賢輔 이부윤님현보	李府尹賢輔 이부윤님현보
98쪽	제목 해석 부분 주석 처리	
	조계임사수	조계임사수
102쪽	제목 원문 부분 주석 처리	
	李重吉潤慶	李重吉潤慶
118쪽	제목 원문과 해석 부분 주석 처리	
	錦湖子林亨秀 금호자임형수	錦湖子林亨秀 금호자임형수
120쪽	제목 원문과 해석 부분 주석 처리	
	洪和仲春年 홍화중춘년	洪和仲春年 홍화중춘년
128쪽	시 원문 제4행의 음	
	金尊漲濃綠 금존창농록	金尊漲濃綠 금준창농록
130쪽	시 원문 첫째 행의 음	
	天樂認前聞 천락인전문	天樂認前聞 천악인전문
134쪽	제목 원문 부분 주석 처리	
	竹堂柳叔春辰仝	竹堂柳叔春辰仝
155쪽	나락이며 수수 많은 곳에 기러기 먼저 날아들고, 저수지에는 부질없이 모여든 고기떼들 돌아가지 않네.	나락이며 수수 많은 곳에 기러기 먼저 날아들고, 저수지에는 부질없이 모여든 고기떼들 돌아가지 않네.
213쪽	제목 원문과 해석 부분 주석 처리	
	李仲久湛 이중구담	李仲久湛 이중구담
245쪽	제목 원문과 해석 부분 주석 처리	
	城主任鼐臣 원님임내신	城主任鼐臣 원님임내신
254쪽	시 해석 셋째 행	
	초나라와 윈나라	초나라와 월나라
258쪽	제목 원문 부분 주석 처리	
	景霖南應龍	景霖南應龍
260쪽	제목 해석 부분 주석 처리	
	정서이원록이	정서이원록가

퇴계시 풀이

6

제육권 별집

퇴계시 풀이 제육권 별집

초판 인쇄 • 2011년 4월 12일
초판 발행 • 2011년 4월 27일
지은이 • 이 황
옮긴이 • 이장우 · 장세후
펴낸곳 • 영남대학교출판부
출판등록 • 1975년 9월 5일 경산 제16-1호
주소 • 경북 경산시 대동 214-1
전화 • 053) 810-1801~3
FAX • 053) 810-4722
홈페이지 • book.yu.ac.kr
ISBN 978-89-7581-416-7
978-89-7581-329-0 (셋트)
• 값은 표지 뒷면에 있습니다.
• 잘못 만들어진 책은 바꾸어 드립니다.

퇴계시 풀이 6

제육권 별집

이황 지음
이장우 · 장세후 옮김

영남대학교출판부

머리말

앞서 《퇴계학보》에 10여 년 동안 연재해오던 〈퇴계시 역해〉를 《퇴계시 풀이》라는 제목으로 바꾸어 영남대학교 출판부에서 제1책부터 제5책까지 다섯 권을 한꺼번에 낸 일이 있다. 이 내용은 퇴계선생의 방대한 문집 중에서 《내집(內集)》의 제1권에서부터 제5권까지에 수록된 시를 전부(1,086 수) 번역하고 주석한 것이다.

역주한 분량이 적지 않아서 선뜻 책을 내어 주려는 출판사를 구하는 것이 쉽지 않았으나, 영남대학교출판부에서 기꺼이 맡아서 책을 정말 아름답게 만들어 주었다. 그 덕분에 필자와 공역자인 장세후 군이 십 수 년 동안 땀 흘린 작업이 드디어 조금 빛을 보게 되었다.

그 여세를 몰아 지금 《퇴계시 풀이》 제6권 《별집》을 낸다. 이 《별집(別集)》의 가장 큰 특징은 내집, 외집과는 달리 1권 1책으로 구성되어 있으며, 오직 시만 356수 수록되어 있다는 점이다. 이 별집의 시들은 이미 지난 1993년에 이장우, 노장시, 우재호, 장세후 네 사람이, 서울 퇴계학연구원에서 낸 《국역 퇴계전서·12》에서 함께 번역 주석한 적도 있고, 또 요즈음 이태동안 《퇴계학보》에 이장우와 장세후의 공역으로 그것을 고쳐가며 몇 차례 연재하였던 것을 다시 모은 것이기도 하다.

《국역 퇴계전서·12》가 나온 지도 벌써 15년이 가까운데, 당시에 지정해준 시간에 쫓기어 가면서 4명이 나누어 서둘러 번역을 하다가 보니, 무엇보다도 일관성이 많이 결여되었으며, 부분적으로 오역도 적지 않았고, 주석도 너무 소략하였다는 것을 깨닫게 되었다. 그래서 이번에는 지난 번역은 다만 참고만 한다는 자세로 전면적으로 새로 번역하고, 주석한다는 마음가짐으로 《학보》에 다시 역주하여 가며, 한 차례 더 다듬었던 것이다. 이렇게 하여 다시 모습을 드러낸 것이 바로 이 책이다.

앞으로 이 풀이 제7권에는 《외집(外集)》(199수) 1권, 제8집과 제9집에는 《속집(續集)》(346수) 2권을 수록할 예정인데, 아직 몇 년은 더 걸려야 연재가 끝나고 완성될 것이다.

똑같은 이퇴계 선생의 시인데 왜 이렇게 《내집》, 《별집》, 《외집》, 《속집》으로 나누이게 되었을까? 몇 가지 이유를 생각하여 볼 만하지만, 그 주된 이유는 아무래도 문집을 편집할 때 자료 수집상의 난점 때문일 것이다. 제일 처음에 손쉽게 모은 시로 《내집》을 만들고, 그 다음에 모인 것으로 《별집》, 《외집》, 《속집》 순으로 편찬하여 나갔을 것으로 생각한다. 그러니 《내집》에 실린 시가 꼭 젊을 때 쓴 것만도 아니고, 또 가장 훌륭한 시만 먼저 모은 것도 아니란 이야기가 된다. 《내집》의 뒷부분, 특히 그 제5권을 보면, 퇴계선생이 만년에 고향에 내려와서 살면서 예안 땅에서 가까이 모시면서 살던 제자들에게 지어 준 시들이 특별히 많이 수록되어 있는 것을 보면, 그렇게 생각된다.

이《풀이》제6권의 번역 주석 체재는 앞서 낸 풀이 다섯 권과 조금도 다른 것은 없으며, 흔히 책을 서둘러 내기 위하여 뒷부분으로 갈수록 소홀하게 하는 통폐도 피하려 하였다. 오히려 이러한 어려운 한문 책을 풀어 내는데 손쉽게 활용할 수 있는 공구(工具)들이 점점 더 발달하고 있고, 또 우리 공역자들이 역주하는 기술(技術)도 조금씩 늘어 가기 때문에, 이 역주를 처음 시작하던 때보다는 훨씬 손쉽게, 또 더 효율적으로 이러한 작업을 해낼 수 있으니 아주 다행스럽게 생각한다.

이 책을 마무리하는 색인은 장세후 선생이 만들었으며, 교정은 박한규 군이 수고하였음을 밝힌다. 계속하여 책을 잘 만들어 주는 영남대학교 출판부 여러분들에게도 감사를 드린다.

삼가 독자 여러분들의 꾸준한 애독을 바란다.

2011년 뒷날

이 장 우

차례

1. 竹嶺途中遇雨[1]

죽령을 지나는 도중에 비를 만나다

嶺路巉巖不可行[2]
영 로 참 암 불 가 행

죽령의 길 깎아지른 듯 막혀
갈 수가 없어,

愁攀鳥道望崢嶸[3]
수 반 조 도 망 쟁 영

새나 오를 수 있는 길 근심스레 기어오르며
가파른 산마루 바라보네.

高天萬里騰雲氣[4]
고 천 만 리 등 운 기

만리 높은 하늘에서
구름 기운 솟아오르더니,

苦竹千林送雨聲[5]
고 죽 천 림 송 우 성

울창한 참대 숲으로
빗소리 보내오네.

1 | 죽령은 경상북도 영주군(榮州郡) 풍기면(豐基面)과 충청북도 단양군(丹陽郡) 대강면(大崗面)의 경계에 있는 재임. 당시 예안에서 서울로 가는 노정은 예안에서 봉화, 영주, 풍기 그리고 죽령을 넘어 단양으로 가서 남한강을 따라 수로로 가는 길과 예안에서 안동, 예천, 문경 그리고 새재[鳥嶺]를 넘어 충주로 가서 수로나 육로로 가는 길이 있었다.

2 | **참암(巉巖)** : 낭떠러지. 또는 낭떠러지를 이룬 바위의 모습. 깎아지른 듯 높이 솟은 바위.

3 | **조도(鳥道)** : 아주 험난한 산길을 말함. 당나라 이백의 〈촉으로 가는 길 험난하구나(蜀道難)〉「서로는 태백산 쪽으로 새나 다닐 만한 길 있어, 아미산 꼭대기 가로지를 수 있네.」(西當太白有鳥道, 可以橫絶峨嵋巓)

쟁영(崢嶸) : 험준한 모양. 가파른 모양. 위험한 모양. 또는 바위를 가리키기도 함.

世事難堪多梗阻
세 사 난 감 다 경 조

세상 일 견디기 어려워
가로막힘 많고,

客行空費幾陰晴
객 행 공 비 기 음 청

나그네 길 허비함
몇 번이나 흐렸다 맑아졌는가?

何因劃抉□□破
하 인 획 결 ㅁ ㅁ 파

무슨 연유로 ㅁ ㅁ
분명히 들추어 파헤치리,

白日飄然上玉京[6]
백 일 표 연 상 옥 경

밝은 낮에 가벼이
임금님 계시는 서울을 향해 가네.

송나라 황정견(黃庭堅)의 〈대나무가 난 바위와 소 치는 것을 읊음(題竹石牧牛)〉「들판의 작은 바위에 머무르는데, 그윽한 대나무 푸르름 서로 기대고 있네.」(野次小崢嶸, 幽篁相依綠) 주석「쟁영은 돌을 말한다.」(崢嶸, 謂石也)

4 | **고천만리(高天萬里)** : 당나라 이백의 〈최씨네 다섯 째인 낭중(崔宗之)에게 답하다(詶崔五郎中)〉「북방의 구름 높은 하늘에 걸쳐 있고, 만리에 가을 빛 생겨나네.」(朔雲橫高天, 萬里起秋色)

5 | **고죽(苦竹)** : 대의 한 가지로 참대를 말함.

천림송우성(千林送雨聲) : 송나라 진여의(陳與義)의 〈비 구경을 하다(觀雨)〉「앞에는 강이요 뒤에는 재로 구름 통하는데, 온 골짜기의 모든 숲에 빗소리 보내오네.」(前江後嶺通雲氣, 萬壑千林送雨聲)

6 | **옥경(玉京)** : 원래는 도가에서 천제(天帝)가 산다고 하는 천궁(天宮)을 말하였으나 나중에는 황제가 사는 서울[帝都]을 말하는데도 쓰이게 되었음.

2. 春日閒居偶興

봄날 한가로이 지내다 마침 흥이 일다

朝來庭院尙輕寒[1]
조 래 정 원 상 경 한

아침 되어도 뜰
　여전히 쓸쓸한데,

日出空林鳥韻閒
일 출 공 림 조 운 한

빈 숲 사이로 해 떠오르니
　새 소리 한가로이 들리네.

細草無名多事在
세 초 무 명 다 사 재

이름 모를 잔풀들은
　일이 많은 듯하고,

春風吹綠滿階間[2]
춘 풍 취 록 만 계 간

봄바람은 푸르름을
　온 섬돌에다 불어넣네.

1 | 경한(輕寒) : 조금 추움, 쌀쌀함.

2 | 춘풍취록(春風吹綠) : 당나라 맹교(孟郊)의 〈연주를 세 장으로 읊음(連州吟三章)〉 첫째 시 「봄 바람 아침 저녁으로 일어, 푸르름 불어 날로 깊어지게 하네.」(春風朝夕起, 吹綠日日深) 당나라 교연(皎然)의 〈이른 봄 안주부가 월동에서 놀고 아울러 원중승을 찾아뵈러 감에 송별하다(早春送顔主簿遊越東兼謁元中丞)〉 「가벼운 수레 쉬지 않고 가는데, 봄바람 푸른 마름에 부네.」(輕軻趣不已, 東風吹綠蘋)

3. 忠州午憩[1]

충주서 낮에 쉬다

延賓館裏客停行[2] 연 빈 관 리 객 정 행	연빈관서 나그네 발걸음 멈추었는데,
自喜無人知姓名[3] 자 희 무 인 지 성 명	이름 알아보는 이 없어 홀로 즐거워하네.
一陣東風醒午夢 일 진 동 풍 성 오 몽	한 차례 봄바람에 한낮의 꿈 깨니,
梨花如雪滿空庭[4] 이 화 여 설 만 공 정	눈 같은 배꽃 빈 뜨락에 가득하네.

1 | 《요존록》「시 가운데 연빈관이 있는 것으로 보아 (충주의) 『충』자는 (여주의) 『여』자의 잘못인 것 같다.」(以詩中延賓館觀之, 恐忠是驪之誤)

2 | 연빈관(延賓館) : 《동국여지승람 · 여주목》「객관 동쪽에 있는데 옛날에는 빈선이라 이름하였다. 금상(중종) 23년(1544)에 영릉(世宗과 昭憲王后의 능)에 참배할 때 이 관에 들르시고 오늘의 이름으로 고치게 하였다.」(在客館東, 舊號賓仙. 今上二十三年, 拜英陵, 御是館, 命改今名) 《요존록》에서는 중종 26년이라 하였는데, 중종은 즉위 23년에 죽었으니 이는 잘못인 것 같다.

3 | 무인지성명(無人知姓名) : 당나라 잠삼(岑參)의 〈어부(漁父)〉「스스로 향리 말하지 않으니, 성씨와 이름 아는 사람 없다네.」(不自道鄕里, 無人知姓名)

4 | 이화여설(梨花如雪) : 당나라 이백의 〈궁중에서 즐거이 놀다(宮中行樂詞)〉 제2수 『버들 빛은 어린 황금이요, 배꽃은 향기로운 흰 눈이라네.』(柳色黃金嫩, 梨花白雪香)

4. 月溪峽暮景[1]

월계 골짜기의 저녁 풍경

倚船吟望遠山低
의 선 음 망 원 산 저

뱃전에 기대어 읊조리며
　바라보노라니 먼산은 낮아보이고,

隱隱征颿總自西
은 은 정 범 총 자 서

아득하게 보이는 객선들
　모두 서쪽에서 오네.

日暮烟波千萬里[2]
일 모 연 파 천 만 리

해 저무니 안개 낀 물결
　천 만리나 펼쳐져 있고,

芳洲無限草萋萋[3]
방 주 무 한 초 처 처

모래톱 끝이 없는데
　풀 무성하네.

1 | 《고증》「월계는 한강 상류에 있다.」(月溪在漢江上流)

2 | **일모연파(日暮烟波)** : 당나라 당나라 최호(崔顥)의 〈황학루(黃鶴樓)〉「날 저무는대 고향 가는 관문 어디인가? 강 위의 안개 물결 사람 근심하게 하네.」(日暮鄕關何處是, 烟波江上使人愁) 송나라 육유(陸游)의 〈장안성 그림을 보다(觀長安城圖)〉「해 저무니 바람에 날리는 연기 언덕위로 옮겨가고, 가을 하늘 높은데 조두(구리로 만든 솥 같은 기구) 구름 사이로 떨어지네.」(日莫風煙傳隴上, 秋高刁斗落雲間)

3 | **방주~처처(芳洲~萋萋)** : 잎이 무성한 모양, 또는 아름다운 모양. 위 당나라 최호의 같은 시 「개인 내에는 한수 북쪽의 나무 또렷하고, 아름다운 풀은 앵무주에 무성하네.」(晴川曆曆漢陽樹, 芳草萋萋鸚鵡洲) 「芳草」는 판본에 따라 「芳洲」로 되어 있는 것도 있다.

5. 暮投忠州萬景樓[1]

날이 저물어 충주의 만경루에 투숙하다

暮炊傍水西郊外[2]
모 취 방 수 서 교 외

날 저물자 서쪽 교외의 물가에서
밥 지어 먹고,

强策蹇驢指府城[3]
강 책 건 려 지 부 성

절룩이는 나귀에 채찍질 하며
부의 성 향해 가네.

四際黃雲秋未卷[4]
사 제 황 운 추 미 권

사방의 황금 구름
가을인데 아직 거두지 않았고,

一邊素練遠猶明[5]
일 변 소 련 원 유 명

한쪽 가의 흰 깁
멀리서도 아직 밝게 빛나네.

1 | 《동국여지승람》 권14 〈충주목(忠州牧)〉 「누대는 주 서쪽 3리 지점에 있다.」(樓在州西三里)

2 | **방수(傍水)** : 당나라 두보의 〈차가운 골짜기(寒硤)〉 「농부들 연기 찾는 소리 들리고, 나그네는 물가에서 밥 먹는다네.」(野人尋煙語, 行子傍水餐)

3 | **강책(强策)** : 《초사 · 구변(九辯)》 제9 「물 흐르는 듯한 천리마 탐이여, 말 모는데 센 채찍 어찌 쓰겠는가?」(乘騏驥之瀏瀏兮, 馭安用夫强策?)
부성(府城) : 원래는 도읍을 말하나 여기서는 충주부를 말함.

4 | **황운(黃雲)** : 누렇게 익은 전답의 보리나 벼를 구름에 견주어 이르는 말. 《고증》 「곡식이다.」 (禾稼)

5 | **소련(素練)** : 원뜻은 흰 누인 명주이나 여기서는 강을 이름. 《요존록》 「강물이다.」(江水) 당나라 두보의 〈서각을 떠나지 못하다(不離西閣)〉 「강의 구름은 흰 깁이 나부끼는 듯하고, 바위 절벽은 하늘의 푸르름 끊어 놓았네.」(江雲飄素練, 石壁斷空青)

琴聲寂寞琴臺古[6]
금 성 적 막 금 대 고

거문고 소리 적막한데
탄금대는 고색 창연하고,

月色蒼茫月岳橫
월 색 창 망 월 악 횡

달빛은 창망한데
월악산에 가로 비치네.

萬景樓前孤館裏
만 경 루 전 고 관 리

만경루 앞
외딴 객관의,

露蛩烟草若爲情[7]
노 공 연 초 약 위 정

밤 안개 낀 풀 위의 이슬 맞은 귀뚜라미
정을 자아내는 듯.

6 | 금대(琴臺) : 《동국여지승람 · 충주목》「탄금대는 견문산에 있다. 푸른 벽이 낭떠러지져서 높이가 20여 길이요, 그 위에 소나무 참나무가 울밀하여 양진명소에 굽어 임하고 있는데 곧 (신라의) 우륵이 거문고를 타던 곳이다. 뒷사람이 이에 그곳을 탄금대라 이름하였다.」(彈琴臺在犬門山, 蒼壁斗絶, 高二十餘丈. 其上松櫟蓊鬱, 俯臨楊津溟所, 乃于勒彈琴之處. 後人因名其地曰彈琴臺) 견문산은 《고증》과 《요존록》에는 모두 대문산(大門山)으로 되어 있다.

7 | 연초(烟草) : 안개 같은 것이 끼어 흐릿하게 보이는 풀.

6. 望伽倻山[1]_癸巳[2]

가야산을 바라보며_계사년(1533)

伽倻山在古伽倻[3] 가 야 산 재 고 가 야	가야산 옛 가야땅에 있는데,
連峯疊嶂高嵯峨[4] 연 봉 첩 장 고 차 아	봉우리 이어지고 산 포개어져 높고도 험하다네.
縹氣漫漫接紫霄 표 기 만 만 접 자 소	푸르른 기운 넓고 아득히 자줏빛 하늘에 닿았으니,

1 | **가야산**은 일명 우두산(牛頭山)이라고도 한다. 《고증》「가야산은 합천군 야로현 북쪽 30리 지점에 있다. 홍류동과 무릉교가 있는데 곧 최치원이 돌아다니면서 놀던 곳으로 시를 새겨 놓은 바위가 있기 때문에 후인들이 그 바위를 치원대라고 하였다.」(伽倻山在陜川郡治爐縣北三十里. 有紅流洞武陵橋, 卽崔致遠盤游之所, 有題詩石, 後人因名其石曰致遠臺)
이 시는 가야산을 바라보며 해인사와 최치원의 일을 많이 이야기하고 있는데, 최치원을 신선에다 비유하여 해인사를 묘사하는데 도가의 용어를 많이 끌어다 쓴 것이 특이하다.

2 | 계사년(1533)은 퇴계가 33세 되던 해이다. 이 해 1월 말에 남행(南行)하여 3월 말에 돌아오기까지 대략 2개월 정도의 시일이 소요되었는데, 이때 〈남행록〉 109수를 지었다. 〈남행록〉 109수는 원래 퇴계가 발문(跋文)까지 곁들여 별도로 편집한 것으로 보인다. 그러나 이들 시는 지금은 애초의 형태로는 전하여지지 않고 《내집》과 《별집》, 《속집》, 그리고 《유집》에 각기 분산되어 실려 전하고 있다.

3 | **고가야(古伽倻)** : 《고증》「합천과 김해·함안·함창·고령·성주·고성은 모두 가야국인데, 여기서는 합천을 가리킨다.」(案, 陜川金海咸安咸昌高靈星州固城, 皆伽倻國, 此指陜川)

疑是聖母凌蒼霞[5]
의 시 성 모 릉 창 하

이는 아마 성모께서
파란 하늘에 오르는 것이리.

靈神異跡訪遺俗
영 신 이 적 방 유 속

신령스럽고 기이한 자취
남겨진 옛 풍습에서 찾아보니,

古記相傳莽眞訛
고 기 상 전 망 진 와

옛 기록에 전하는 것
진실과 거짓 알 수 없네.

山中聞有海印寺[6]
산 중 문 유 해 인 사

산 속에는 듣자하니
해인사 있다하니,

4 | 첩장고차아(疊嶂高嵯峨) : 첩장은 첩첩이 늘어선 산봉우리를 말함. 당나라 맹호연(孟浩然)의 〈절강 서쪽에서 배 · 유 두 소부를 남기고 떠나다(浙江西上留別裴劉二少府)〉「천 개의 산 봉우리 이루고, 만 골짜기는 합쳐져 시내 되었네.」(千山疊成嶂, 萬壑合爲溪) 당나라 이하(李賀)의 〈강남롱(江南弄)〉「강에서 푸른 안개 시원한 물결에서 일고, 하늘 위엔 포개진 봉우리 울긋불긋 높고 험하다네.」(江中綠霧起涼波, 天上疊巘紅嵯峨)

5 | 성모(聖母) : 《고증》「해인사에는 정견천왕사가 있는데, 세상에 전해오는 바에 따르면 대가야국의 왕후인 정견이 죽어서 산신이 되었다 한다. 여기서 이른 성모는 정견을 가리키는 것 같다.」(案, 海印寺有正見天王祠, 俗傳大伽倻王后正見, 死爲山神. 此云聖母, 疑指正見) 정견천왕사에 대한 기록은 《신증동국여지승람》 권30 〈합천군〉의 사묘(祠廟)조에 보인다.

《요존록》「성모사는 지리산에 있고, 천왕봉 정상에는 성모상이 있다.」(聖母祠在地理山, 天王峯頂有聖母像)

능창하(凌蒼霞) : 당나라 한유의 〈동방삭의 이런 저런 일을 읽고(讀東方朔雜事)〉「하루 아침에 작별하지 않고, 몸 조섭하여 푸른 하늘에 올랐다네.」(一旦不辭訣, 攝身凌蒼霞) 송나라 소식의 〈정보동의 백수산에서 놀다라는 시의 각운자를 써서 짓다(次韻正輔同游白水山)〉「주명동에서 신령한 약초 얻어, 훨훨 지팡이 놓고 푸른 하늘로 올랐으면.」(朱明洞裏得靈草, 翩然放杖凌蒼霞)

金堂玉室眞仙家[7]
금 당 옥 실 진 선 가

금당과 옥실
실로 신선의 집이라네.

崔仙去後一千載[8]
최 선 거 후 일 천 재

최치원 신선 떠난 뒤
일 천년이 지났는데,

白雲寂寂留山阿
백 운 적 적 유 산 아

흰 구름만 외롭고 쓸쓸하게
산구비에 남겨놓았네.

古閣唯餘藏灝噩[9]
고 각 유 여 장 호 악

옛 누각엔 전적 감춘 것
아직도 남아 있으나,

6 | 해인사(海印寺) : 경상남도 합천군 가야면 치인리 가야산 서쪽 기슭에 있는 사찰. 신라 애장왕(哀莊王) 때 순응(順應)과 이정(利程)이 창건하였다.

7 | 금당옥실(金堂玉室) : 금당과 옥실은 원래 모두 신선이 거처하는 곳이나 도교의 사원을 가리키는 말인데, 여기서는 해인사를 가리켜 말하였음. 금당은 절의 본당을 말하며, 본존(本尊)을 안치하고 내부를 금빛으로 칠하였기 때문에 이렇게 말하였음. 《진나라의 역사(晉書)》권80 〈허매(許邁)의 전기〉「이에 이름을 현이라 바꾸었다. …… 현은 왕희지에게 편지를 써서 말하기를 『산음 남쪽에서 임안까지는 금당과 옥실, 신선인 지초, 좌원방 같은 무리가 많은데 한나라 말기의 득도한 사람들이 모두 그곳에 있소.』라 하였다. 왕희지는 그를 위하여 전기를 지어주었는데 신령스럽고 기이한 행적이 너무 많아 상세하게 기록을 할 수가 없었다. 현은 이후로 죽은 곳을 몰랐는데 도를 좋아하는 사람들은 모두 신선이 되었다고 하였다.」(乃改名玄……玄遺羲之書云, 自山陰南至臨安, 多有金堂玉室, 仙人芝草, 左元放之徒, 漢末諸得道者皆在焉. 羲之自爲之傳, 述靈異之跡甚多, 不可詳記. 玄自後莫測所終, 好道者皆謂之羽化矣)

8 | 최선(崔仙) : 옛날 최치원(崔致遠)이 가야산에서 노닐었던 적이 있으므로 최치원을 가리켜 최선이라고 하였다.

9 | 고각장호악(古閣藏灝噩) : 한나라 양웅(揚雄)의 《법언 · 귀신에 대하여 묻다(法言 · 問神)》「상서는 넓고도 멀고, 주서는 밝고도 곧다.」(商書灝灝爾, 周書噩噩爾) 《고증》「고려 때

玄壇不復養芝砂[10]
현 단 불 부 양 지 사

도사들 집에서는 더 이상
영지와 단사 만들지 않네.

至今猿鳥嘯靑熒[11]
지 금 원 조 소 청 형

지금은 원숭이와 새들만이
현란하게 울부짖고,

石徑埋沒蒼苔多
석 경 매 몰 창 태 다

돌 오솔길은 파묻히고
푸른 이끼만 무성하구나.

我欲南尋智異問至道
아 욕 남 심 지 리 문 지 도

내 남쪽으로 지리산 찾아
지극한 도를 묻고,

대장경 및 역대의 실록을 녹취하여 모두 해인사에 수장하여 놓았기 때문에 이렇게 말하였다.」(高麗時, 錄大藏經及歷代實錄, 幷藏于海印寺故云) 여기서 「호악」은 《상서》와 《주서》와 같은 옛 전적들을 가리킨다.

10 | **현단(玄壇)** : 도사들이 사는 집. 현관(玄關) 또는 도관(道觀)이라고도 한다. 송나라 고승(高承)의 《사물기원(事物紀原)》 권7 〈진단정사 · 도관(眞檀淨社 · 道觀)〉 「주목왕은 신선을 숭상하여 윤궤와 두충을 불러 종남산에 있는 윤진인의 초루가 있던 곳에 거처하였으며, 이 때문에 누관이라 부르게 되었는데 대체로 도관의 시초가 된다. …… 수양제가 현단으로 고쳤으며 나중에 다시 관이라 하였다.」(周穆王尙神仙, 召尹軌杜沖居終南山尹眞人草樓之所, 因號樓觀, 蓋道觀之初也……隋煬帝改爲玄壇, 後復曰觀) 당나라 두보의 〈현도단가를 지어 원일인에게 부침(玄都壇歌寄元逸人)〉 「집 앞에 있는 태고적의 현도단, 푸른 바위 막막한데 항상 바람 차갑네.」(屋前太古玄都壇, 靑石漠漠常風寒) 주석 「한나라의 무제가 지었다.」(漢武帝所築)

11 | **지금~소청형(至今~嘯靑熒)** : 송나라 소식의 「건봉사에 묵으면서 새벽에 진선정에 올라 소석을 바라보다(宿建封寺, 曉登盡善亭, 望韶石)」 「한 쌍 궁궐 같은 건물에 빛 떠 있어 작은 정자 비추는데, 지금은 원숭이와 새들만 현란하게 울부짖네.」(雙闕浮光照短亭, 至今猿鳥嘯靑熒)

歸來及見山桃花[12] 귀 래 급 견 산 도 화	돌아올 때는 산도화 볼 수 있었으면 하네.
紅流洞裏靑竹杖[13] 홍 류 동 리 청 죽 장	홍류동 속의 푸른 대나무 지팡이로,
喚起崔仙從以萬素娥[14] 환 기 최 선 종 이 만 소 아	최치원 신선 불러 일으켜 항아 따르게 하리.

12 | **산도화(山桃花)** : 《고증》「다리의 이름이 무릉이고 골짜기의 이름이 홍류이므로 도삭산의 반도의 고사를 썼다.」(案, 橋名武陵, 洞名紅流, 故因使度索山蟠桃事) 도삭산은 「度朔山」이라고도 하며, 동해의 가운데 있다고 하는 전설상의 산 이름. 한나라 왕충(王充)의 《논형(論衡)》과 《태평광기(太平廣記)》 등의 인용문에 보인다.

13 | **홍류동(紅流洞)** : 가야산은 합천군 야로현 북쪽 30리 지점에 있으며, 홍류동과 무릉교(武陵橋)가 있다. 무릉교를 건너 절쪽으로 5, 6리쯤 가면 홍류동 계곡 벼랑에 최치원의 시를 새긴 돌이 있는데, 그 시는 다음과 같다. 「미친 듯 흐르는 물 바위 치며 겹겹이 쌓인 산을 울리어, 지척에서 하는 말도 분간 못하네. 항상 시비 귀에 들릴까 걱정하여, 흐르는 물 시켜 온 산을 감싸게 하였다네.」(狂噴疊石吼重巒, 人語難分咫尺閒. 常恐是非聲到耳, 故敎流水盡籠山)

청죽장(靑竹杖) : 송나라 소식의 〈처음으로 여산에 들어가다(初入廬山)〉 제3수 「짚신 신고 푸른 대나무 지팡이에, 스스로 돈 백 전 걸어놓고 놀리라.」(芒鞵靑竹杖, 自挂百錢游)

14 | **소아(素娥)** : 백의의 항아(嫦娥)를 말함. 항아는 달 속에 산다는 흰 옷을 입은 선녀로 달의 다른 이름으로 쓰임. 당나라 유종원(柳宗元)의 〈용성록(龍城錄)〉 권상 〈명황(현종)이 관한궁에서 놀다(明皇夢遊廣寒宮)〉 「앞으로 걸어갔더니 푸른 색이 차가운 빛을 뿜으며 비추는데 눈이 아찔하고 차가워 나아갈 수가 없었다. 그 아래에는 흰 옷을 입은 항아 10여 명이 보였는데 모두가 희게 빛나는 옷을 입고 흰 난새를 타고 왔다갔다 하며 광릉의 큰 계수나무 아래서 웃으며 춤을 추고 있었다.」(步向前, 覺翠色冷光相射, 目眩極寒, 不可進. 下見有素娥十餘人, 皆皓衣, 乘白鸞往來, 笑舞於廣陵大桂樹之下)

彈倻琴弄雲月15
탄 야 금 농 운 월

가야금 타면서 구름과
달 희롱하며,

一醉千日遊無何16
일 취 천 일 유 무 하

한번 마시어 천일 동안 취하여
아무것도 없는 세상에서 노닐리라.

15 | 야금(倻琴) : 《동사(東史)》「신라 진흥왕 때 가야국의 악사인 우륵이 악기를 가지고 망명해왔다. 지법과 계고·만덕 등이 가야 12곡을 전하였으며 우륵은 12현으로 된 거문고를 만들었는데 가야금이라 하였다」(新羅眞興王時, 伽倻樂師于勒以樂器來奔命, 智法階古萬德傳伽倻十二曲, 于勒作十二絃琴, 名曰伽倻) 《고증》에서 재인용. 《삼국사기》 권32 〈악지·제일(樂志·第一)〉의 가야금 조에 해당 기사가 있다.
농운월(弄雲月) : 당나라 이백의 〈마음 속의 뜻을 펴서 벗에게 주다(陳情贈友人)〉「맑은 거문고 곡조로 달 희롱하고, 좋은 술로 겨울과 봄 즐기네.」(淸琴弄雲月, 美酒娛冬春)

16 | 일취천일(一醉千日) : 진나라 장화(張華)의 《널리 들은 것을 기록함(博物志)》 권10 「옛날 유현석이 중산의 술집에서 술을 샀는데 술집에서는 그에게 천일주를 주고는 어느 정도 마셔야 하는가 말해주는 것을 잊어버렸다. 집에 돌아와 크게 취하여 여러 날 동안 깨지를 않았는데 집 사람들은 사정을 모르고 그가 죽은 줄 알았다. 이에 관을 갖추어 염을 하고 장사를 지냈다. 술집에서는 천일이 꽉 차서야, 유현석이 전에 와서 술을 사갔는데 취했던 술이 깰 것이라는 생각이 났다. 가서 보았더니 유현석이 죽은 지가 3년이 되어 이미 장사를 지냈다고 하였다. 이에 관을 열고 보니 취하였다가 막 깨어났다. 속세에서는 말하기를 『유현석이 술을 마셔 한번 취하여 천 일이나 갔다.』라 하였다.」(昔劉玄石于中山酒家沽酒, 酒家與千日酒, 忘言其節度. 歸至家大醉, 不醒數日, 而家人不知, 以爲死也. 具棺殮葬之. 酒家至千日滿, 乃憶玄石前來酤酒, 醉當醒矣. 往視之, 云玄石亡來三年, 已葬. 于是開棺, 醉始醒. 俗云, 玄石飮酒, 一醉千日)
유무하(遊無何) : 「무하」는 별일이 없음을 말함. 여기서는 무하유지향(無何有之鄕)을 가리켜 말하였음. 《장자·제왕의 덕에 맞음(應帝王)》「(그러다가) 싫증이 나면 다시 저 아득히 높이 나는 새를 타고 이 세상 밖으로 나아가 아무 것도 없는 곳에서 노닐고자 한다.」(厭則又乘夫莽眇之鳥, 而出六極之外, 而遊無何有之鄕) 송나라 소식의 〈낙전선생문집서문(樂全先生文集叙)〉「공은 올해 연세가 여든 하나로 문을 걸어 닫고 집을 깨끗이 쓸고서 종일 똑바로 앉아 조물자와 함께 아무 일도 없는 곳에서 노닐고자 하였다.」(公今年八十一, 杜門却掃, 終日危坐, 將與造物者遊於無何有之鄕)

7. 宜寧寓宅東軒韻[1]

의령 우택에 거하며 동헌의 운에 붙여

雨中梅蘂落瓊英
우 중 매 예 낙 경 영

빗속에 매화 꽃술
옥 같은 꽃잎 떨어지지만,

誰借長空繫日纓[2]
수 차 장 공 계 일 영

누가 높은 하늘의
해 맬 끈 빌릴 수 있을까?

鳥爲喚人啼更款
조 위 환 인 제 갱 관

새 사람 부르고자
우는 소리 더욱 정답기만 하고,

1 | 의령우택(宜寧寓宅) : 우택(寓宅)이라는 말은 임시로 머물러 사는 곳이라는 뜻인데, 《요존록》에 의하면 「선생의 장인인 허진사가 사는 곳이다.」(先生外舅許上舍所居)라 하였다. 이퇴계선생의 전취 처가는 원래 고성(固城)에 살았기 때문에 이 의령에 있는 집을 「우택」이라고 부른 것이다. 또한 수고본[手本]에는 시 제목이 〈창계 문공이 김영지공과 함께 잠시 들러 지어 남긴 운자를 쓰다(滄溪文公, 與金公瑛之, 同過題留韻)〉로 되어 있다고 하였다. 창계는 퇴계선생의 처외조부로 청풍(淸風)군수를 지낸 문경동(文敬仝: 1447~1521)의 호이다.
지금 볼 수 있는 《창계집》(민족문화추진회 영인본) 4권에는 여기에서 언급한 시가 보이지 않음.

2 | 장공(長空) : 높고 먼 하늘을 가리킴.
계일영(繫日纓) : 진(晉)나라 부현(傅玄)의 〈구곡가(九曲歌)〉 「해 저물어 햇빛 넘어가고 모든 광휘 끊어지려 하니, 어디에서 긴 끈을 얻어 해를 매어둘 수 있을까?」(歲暮景邁羣光絶, 安得長繩繫白日) 당나라 이백의 〈한을 읊음(恨賦)〉 「한스러워라, 푸른 하늘에 긴 끈을 걸어놓고, 이곳에 서쪽으로 날아가는 해를 매어둘 수 없네.」(恨不得掛長繩於靑天, 繫此西飛之白日) 같은 사람의 〈의고(擬古)〉 12수 중 제3수 「긴 끈으로 해 묶어두기 어렵고, 예로부터 슬픔과 신고 함께 했네.」(長繩難繫日, 自古共悲辛) 당나라 백거이의 〈호탕하게 부르는 노래(浩歌行〉 「밝은 해 붙들어 맬 긴 끈도 없고, 붉은 얼굴 붙들어둘 선약도 없다네.」(旣無長繩繫白日, 又無大藥駐朱顔)

花因欺暮暗還明
화 인 기 모 암 환 명

꽃은 저녁 속이고자
어두운데도 오히려 환하네.

蒼苔院落春岑寂[3]
창 태 원 락 춘 잠 적

울타리에는 푸른 이끼 끼고
봄은 고요한데,

碧草池塘水滿盈[4]
벽 초 지 당 수 만 영

짙푸른 풀 무성한 못둑에는
물 가득 차 있네.

客裏情悰誰會得
객 리 정 종 수 회 득

나그네 신세 안타까운 마음
누가 알 수 있으리오?

頹然一醉臥前榮[5]
퇴 연 일 취 와 전 영

크게 취하여 휘청거리며
앞쪽 추녀 밑에 드러눕는다네.

3 | **원락(院落)** : 울타리를 두른 집. 여기서는 울타리를 말함. 송나라 소식의 〈봄날 밤(春夜)〉「노래와 악기 소리 누대에서 낮아지더니, 그네 매달린 울타리는 밤 깊어 조용하기만 하네.」(歌管樓臺聲細細, 鞦韆院落夜沈沈)

잠적(岑寂) : 높고도 조용함, 또는 고요함이라는 뜻과 외롭고 쓸쓸함, 곧 적막함이란 뜻이 있는데 여기서는 전자의 쓰였음.

4 | **벽초지당(碧草池塘)** : 남조 송 사령운(謝靈運)의 〈못가의 누대에 올라(登池上樓)〉「못에는 봄풀 돋아나고, 동산의 버들에는 우는 새 바뀌었네.」(池塘生春草, 園柳變鳴禽) 주자의 〈산관에서 해당화를 살펴보고 짓다(山館觀海堂作)〉 제2수 봄 풀 못둑에서 푸르른데, 꽃 섬 붉어 갑자기 놀라네.」(春草池塘綠, 忽驚花嶼紅)

5 | 이 구절은 《요존록》에 의하면 수고본에는「아득히 이따금 다시 남쪽 추녀 생각나네.」(杳然時復憶南榮)라 되어 있다고 하였다.

전영(前榮) : 《예기 · 상대기(喪大記)〉정현(鄭玄)의 주석에서는「집의 추녀이다.」(屋翼也)라 하였다. 《고중》「집의 처마 양쪽 끝의 솟아 오른 부분을 영이라 한다.」(謂屋梠之兩頭起者曰榮) 당나라 이백의 〈봄날 취했다가 일어나 마음 속을 말하다(春日醉起言志)〉「그래서 종일토록 취하여, 휘청거리며 앞마루 난간에 기대어 누웠다네.」(所以終日醉, 頹然臥前楹)

8. 前宜寧吳公竹齋[1]_咸安後谷[2]

전 의령 현감 오공의 죽재에서_함안의 후곡

碧玉千竿匝翠微[3]
벽 옥 천 간 잡 취 미

짙푸른 옥 같은 대나무 수천 그루
열은 산 등성이 둘렀는데,

清風六月洒窓扉
청 풍 육 월 쇄 창 비

유월의 맑은 바람
창과 문으로 불어오네.

退閒高臥無餘事[4]
퇴 한 고 와 무 여 사

물러나 한가로이 높이 누우니
다른 일이라곤 없고,

滿壁圖書自繞圍
만 벽 도 서 자 요 위

사방 벽 가득 그림과 책
절로 에워싸여 있구나.

1 | **오공(吳公)** : 《고증》「오공의 이름은 석복이며 본관은 고창이다. 서울에서 함안의 모곡으로 와서 살았으며, 벼슬은 의령현감을 지냈다.」(吳公名碩福, 高敞人. 自京來居咸安之茅谷, 官宜寧縣監) 곧 사촌 매보인 오언의(吳彥毅: 자는 仁遠)의 부친이다.

2 | **후곡(後谷)** : 《고증》「곧 모곡이다. 함안현 동쪽 10리 지점에 있다.」(卽茅谷, 在咸安縣東十里)

3 | **천간벽옥(千竿碧玉)** : 벽옥(碧玉)은 대나무 줄기를 형용하는 말. 송나라 소식의 〈보자장로의 절 벽에 적다(書普慈長老壁)〉「보자사 뒤에 천 줄기 대나무 있는데, 취하여 일찍이 짙푸른 옥 같은 서까리 보았다네.」(普慈寺後千竿竹, 醉裏曾看碧玉椽)

취미(翠微) : 공자가 지었다고 하는 중국에서 가장 오래된 글자 사전인《이아(爾雅)》「(산이) 정상까지 미치지 못한 것을『취미』라 한다.」(未及上, 翠微) 주석[疏]「풀이하여 말하기를 정상에 미치지 못한 것이라 하였다. 산비탈의 곁에 있는 곳을 취미라 한다. 일설에는 산기운이 푸른 옥색을 띠고 있기 때문에 취미라 한다고 하였다.」(釋曰, 未及頂上. 在陂陀之處, 名翠微. 一說山氣青縹色, 故曰翠微) 원래「취미」라는 말은「푸른 기운이 희미하게 감도는 것」이라는 뜻인데, 산 턱에 오르면 이러한 기운이 감돌기 때문에「산 턱」을 이렇게도 표현한다.

4 | **고와(高臥)** : 세속에 얽매이지 않고 마음 내키는대로 살아가는 것을 말함.

청풍~고와(清風~高臥) : 〈아들 엄 등에게 주는 글(與子儼等疏)〉「오뉴월 중에 북쪽 창문 아래 누워 있다가 시원한 바람이라도 잠시 불어오면 스스로를 복희시대의 사람이라고 하였다.」(五六月中, 北窗下臥, 遇涼風暫至, 自謂是羲皇上人)

9. 吳宜寧公三友臺. 取擧杯邀明月, 對影成三人之義而名之也[1]

오의령공의 삼우대. 「잔을 들어 밝은 달을 맞고, 그림자 마주하니 세 사람이 되었네.」라는 뜻을 취하여 이렇게 이름하였다

長年臥不出 장 년 와 불 출	오래도록 몸져 누워 나가지 않으니,
綠苔上門隅[2] 녹 태 상 문 우	푸른 이끼 문 모서리까지 끼었네.
旣無車馬喧[3] 기 무 거 마 훤	이미 수레나 말의 시끄러움 없으니,
聊爲靜者徒[4] 요 위 정 자 도	애오라지 조용한 사람의 무리가 되었네.
中庭作小臺 중 정 작 소 대	뜰 한가운데 작은 누대 지었음은,

1 | 삼우대(三友臺): 《고증》 「모곡의 사정 아래에 있다.」(在茅谷射亭下)
《요존록》에 의하면 수고본[手本]의 제목은 「어느 날 저녁 달빛을 틈타 그 위를 산보하였는데 그 격조가 맑고 높은데다 깨끗한 것을 사랑하여 고요한 가운데의 즐거움을 기탁하여 이에 이백 시에서 이른바 『잔을 들어 밝은 달을 맞으니, 그림자 마주하여 세 사람이 되었네.』라는 구절의 말을 취하여 삼우대라고 명명하였다. 가정 계사년(1533) 봄 나는 남쪽으로 와 공을 좇아 놀게 되었는데 외람되게도 가장 깊고 두터운 지우를 입게 되었다. 이미 뵙고 난 후 이 시를 읊어보라 하시니 내가 감히 비루하고 졸렬하다고 거절을 할 수 없어 문득 고풍 한 편을 지어 두터이 돌보아주신 뜻을 채운다.」(一夕乘月散步於其上, 愛其淸高蕭洒, 有寓以靜中之樂, 乃取李白詩所謂擧杯邀明月, 對影成三人句語, 命名曰三友臺. 嘉靖癸巳之春, 某南來, 獲從公游, 辱知最深且厚. 旣蒙面, 敎令賦此詩, 某不敢以鄙拙爲辭, 聊述古風一篇而塞眷厚之意云)로 되어 있다고 하였다.

我友自虛無[5]
아 우 자 허 무
내가 스스로 아무것도 없이 텅빈 것을 벗함이라네.

遙遙三五夜
요 요 삼 오 야
아득하고 고요한 십오야에.

皎皎慰情孤
교 교 위 정 고
밝은 달빛 외로운 마음 위로하네.

粲然出海來[7]
찬 연 출 해 래
찬란하게 바다에서 나와,

臨風催玉壺[8]
임 풍 최 옥 호
바람 맞으며 옥 술병 재촉하는구나.

黶然在吾傍
염 연 재 오 방
거무스럼하니 내 곁에 있어,

俛仰與之俱
면 앙 여 지 구
숙였다가 쳐들었다 이와 함께 한다네.

併我作三人
병 아 작 삼 인
나와 아울러 세 사람이 되었으니,

佳期良不渝
가 기 양 불 투
좋은 때 실로 저버릴 수 없구나.

擧酒宛相對
거 주 완 상 대
술 드니 완연히 서로 마주 대한 듯하고,

거배~성삼인(擧杯~成三人) : 당나라 이백(李白)의 〈달빛 아래서 홀로 술을 따루다(月下獨酌)〉네 수 가운데 첫째 시에 나오는 구절이다. 전문은 다음과 같다. 「꽃 사이에서 한 병 술을, 더불어 할 친구도 없이 혼자 드네. 잔을 들어 밝은 달을 맞으니, 그림자 마주하여 세 사람이 되었네. 달은 술 마시는 것을 알지 못하고, 그림자는 다만 내 몸만 따라할 뿐이라네. 잠깐 달 그림자 더불어, 봄이 다 하기 전에 즐기어 보세. 내 노래하니 달은 홀로 배회하고, 내 춤추니 그림자가 어지럽네. 깨어 있을 때는 같이 더불어 즐겁지만, 취한 뒤에는 각각 흩어지네. 영원히 세상 떠난 교유 맺어, 서로 아득한 은하수에 가서 놀기를 기약하세.」(花間一壺酒, 獨酌無相親. 擧杯邀明月, 對影成三人. 月旣不解飮, 影徒隨我身. 暫伴月將影, 行樂須及春. 我歌月裵回, 我舞影零亂. 醒時同交歡, 醉後各分散. 永結無情游, 相期邈雲漢)

2 | 녹태상문(綠苔上門) : 당나라 유우석(劉禹錫)의 〈누추한 집의 명문(陋室銘)〉「이끼 자국 섬돌로 푸르게 오르고, 풀 색은 발 안으로 파랗게 드네.」(苔痕上階綠, 草色入簾靑)

及時行樂娛 급 시 행 락 오	때에 맞추어 즐거움 행한다네.
我飮月爲勸 아 음 월 위 권	내가 마시면 달이 권하고,
我醉影爲扶[9] 아 취 영 위 부	내가 취하면 그림자 부축하네.
人間與碧落[10] 인 간 여 벽 락	인간 세상과 푸른 하늘의 달은,
有情各盡輸 유 정 각 진 수	있는 정을 각기 다 쏟아 놓았네.
酣歌且揮手 감 가 차 휘 수	취하여 노래하고 또 손을 휘저으니,
孰爲彼與吾 숙 위 피 여 오	누가 너이고 누가 나인가?
永結莫逆友[11] 영 결 막 역 우	영원히 막역한 벗으로 맺어져,
無言道已符 무 언 도 이 부	말은 없어도 도는 이미 꼭 맞다네.

3 | **기무거마훤(旣無車馬喧)** : 진나라 도연명의 〈음주(飮酒)〉 제5수 「사람들이 사는 경계에 띠집을 지었으나, 수레나 말의 시끄러운 소리 없구나.」(結廬在人境, 而無車馬喧)

4 | **정자도(靜者徒)** : 송나라 소식의 〈잠저작랑을 송별하다(送岑著作)〉 「게으른 사람은 늘 조용한 것 같으나, 조용한 사람이 어찌 게으른 사람들의 무리일까?」(懶者常似靜, 靜豈懶者徒)

5 | **허무(虛無)** : 아무 것도 없이 텅빔. 마음에 사념이 없어 다른 생각을 하지 않고 몸과 마음을 자연에 맡김.

6 | **삼오야(三五夜)** : 음력 보름날 밤. 삼오석(三五夕), 십오야(十五夜)라고도 함. 당나라 백거이(白居易)의 〈도잠의 시체를 본받아(效陶潛體詩)〉 제7수 「중추 십오야에, 밝은 달 앞 헌함에 있네.」(中秋三五夜, 明月在前軒)

7 | **출해래(出海來)** : 송나라 매요신(梅堯臣)의 〈호소공이 금릉으로 감에 송별하다(送胡公疎之金陵)〉 「달 얼음수레처럼 바다에서 나오는데, 강 물결 천리에 막히는 것 없다네.」(月如冰輪出海來, 江波千里無物隔)

8 | **옥호(玉壺)** : 옥으로 된 술병.

春花映淸竹 춘 화 영 청 죽	봄 꽃은 맑은 대에 비치고,
秋露滴高梧 추 로 적 고 오	가을 이슬은 높은 오동나무에 똑똑 듣네.
玆焉輒相邀 자 언 첩 상 요	여기에서 걸핏하면 서로 만났으니,
眞樂豈異趨 진 락 기 이 추	진짜 즐거움이 어찌 다를 수 있으리오.
世人恣徵逐 세 인 자 징 축	세상 사람들은 방자히 벼슬하려고 쫓으며,
疑我取友迂 의 아 취 우 우	내 벗 취함이 잘못된 것 아닌가 하네.
不有謫仙人[12] 불 유 적 선 인	귀양온 신선 있지 않았다면,
我言幾成誣[13] 아 언 기 성 무	내 말 거의 거짓이었으리라.

9 | **아취영위부(我醉影爲扶)** : 위 1)의 이백 시를 보라.

10 | **벽락(碧落)** : 푸른 하늘을 말함. 당나라 백거이의 〈긴 한탄(長恨歌)〉 「위로는 하늘 끝까지 아래로는 땅 속까지 이르렀으나, 두 곳 아득하여 모두 찾지 못했다네.」(上窮碧落下黃泉, 兩處茫茫皆不見)

11 | **영결막역우(永結莫逆友)** : 역시 위 1)의 이백 시를 보라. 《장자 · 큰 스승(大宗師)》 「자사와 자여 · 자리 · 자래 네 사람이 서로 말을 주고받기를 『누가 없음을 머리로 삼고 삶을 척추로 여기며 죽음을 꽁무니로 생각할 수 있겠는가? 또 누가 죽고 삶, 있음과 없어짐이 한 몸임을 알겠는가? 내 그런 사람과 벗하고 싶다.』라 하였다. 그리고는 네 사람은 서로 돌아보았는데 마음에 거슬리는 것이 없어 마침내 벗이 되었다.」(子祀 · 子輿 · 子犁 · 子來四人相與語曰, 孰能以無爲首, 以生爲脊, 以死爲尻, 孰知死生存亡之一體者, 吾與之友矣. 四人相視而笑, 莫逆於心, 遂相與爲友)

12 | **적선인(謫仙人)** : 《새로 쓴 당나라의 역사(新唐書)》 권202 〈문예(文藝) 중 · 이백의 전기〉 「하지장을 가서 뵈었는데 하지장이 그가 지은 문장을 보더니 감탄하여 말하기를 『그대는 땅으로 귀양 온 신선이다.』라 하였다.」(往見賀知章, 知章見其文, 歎曰, 子謫仙人也)

13 | 이 구절의 뜻은 이백이 〈월하독작〉 같은 시를 먼저 짓지 않았다면 퇴계 자신이 지은 시는 아무도 믿지 않았을 것이라는 말이다.

10. 過靑谷寺[1]

청곡사에 잠시 들러

절은 월아산에 있는데, 정묘년(1507) 간에 갔었다. 숙부가 진양의 목사로 계실 때, 형님인 언장과 경명이 어릴 때 아버지를 여의고 따라와 이 절에서 독서를 하였다. 지금 27년이 지나 내가 이곳으로 와 잠시 들렀는데 만나고 헤어지고 살고 죽는 것에 대하여 사람으로 하여금 거의 마음 속으로만 편안히 품고 있게 하지 않아서 절구 한 수를 읊는다.

寺在月牙山[2], 往在丁卯年間. 叔父牧晉陽[3], 家兄彦章景明以孤幼從之[4], 讀書于此寺. 至今二十七年, 而余來過之, 聚散存歿, 令人殆不能爲懷, 爲吟一絶云.

이때는 언장 형님이 세상을 하직한 지도 1년이 지났고, 경명 형님은 조정에서 관직 생활을 하고 있다가 이 소식을 듣고 고향을 찾아와 뵈었으나, 나는 남쪽 땅에 체류하고 있었으니 아마도 돌아가서는 보지 못할 것 같은 까닭에 이른 것이다.

時彦章兄下世, 且一年景明兄從宦, 于朝聞來覲家鄕, 而滉留滯南州, 恐未及歸見故云

1 | 청곡사(靑谷寺) : 《동국여지승람》 권30 〈진주목(晉州牧)〉 「달엄산[月牙山] 서쪽에 있다.」

2 | 월아(月牙) : 《고증》 에서는 「진주 동쪽 20리 지점에 있다.」 (在晉州東二十里)고 하였고, 《동국여지승람》 권30 〈진주목(晉州牧)〉에서는 「월아(月牙) 부곡(部曲)에 있다」 고 하였다.

3 | 숙부(叔父) : 송재(松齋) 이우(李堣: 1469~1517)를 말함. 자는 명중(明仲). 어려서 부친을 여읜 퇴계에게 많은 영향을 주었음. 퇴계가 직접 쓴 묘갈문(墓碣文)의 기록[識]이 《내집》 46권에 전하고 있음.

4 | 경명(景明) : 퇴계의 네째 형님인 온계(溫溪) 이해(李瀣: 1496~1550)의 자(字)이다. 온계는 퇴계와 함께 숙부인 송재(松齋) 이우(李堣)에게서 배워 중종 20년인 1525년에 진사, 1528년에 식년 문과에 병과로 급제하였다. 1550년 한성부우윤으로 있을 때 소윤 일파인 이기의 심복인 사간 이무강(李無彊)의 탄핵으로 갑산으로 귀양을 가게 되었는데 도중인 양주에서 병사하였다. 선조 때 벼슬이 환급되고 이어 예조참판에 추증되었으며 시호는 정민(貞敏)이다. 상세한 것은 내집 47권 〈가선대부 예조참판 겸 동지춘추관사 오위 도총부부총관 이공 묘지명(嘉善大夫禮曹參判兼同知春秋館事五衛都摠府副摠管李公墓誌銘)〉에 보임.

언장(彦章) : 곧 선생의 셋째 형인 이의(李漪)의 자이다.

金山道上晩逢雨[5]
금 산 도 상 만 봉 우

금산 가는 도중에
저녁 무렵 비 만났는데,

靑谷寺前寒瀉泉
청 곡 사 전 한 사 천

청곡사 앞에서는
차가운 샘물 넘쳐 흐르네.

爲是雪泥鴻跡處[6]
위 시 설 니 홍 적 처

여기가 바로 눈 진흙에
기러기 자취 남긴 곳처럼 되었으니,

存亡離合一潸然[7]
존 망 이 합 일 산 연

존망과 이합집산에
한 차례 눈물 흘리네.

5 | 금산(金山) : 군 이름이다. 《고증》「경상우도에 속하며 군명은 금릉이 있다.」(屬慶尙右道, 郡名金陵)

6 | 설니홍적(雪泥鴻跡) : 송나라 소식의 〈자유의 민지에서 옛날을 회상하며라는 시에 화답하여(和子由澠池懷舊)〉「사람 살아가며 곳곳에 이르는 것이 무엇과 같은지 아는가? 하늘 날던 큰기러기 눈 위에 잠깐 내려 선 것과 꼭 같다네. 진흙 위에 어쩌다 발자국 남긴 뒤에, 기러기 하늘 날 때 어찌 동쪽 서쪽을 생각하고 날리?」(人生到處知何似, 應似飛鴻蹈雪泥. 泥上偶然留指爪, 鴻飛那復計東西)

7 | 산연(潸然) : 눈물을 흘리는 모양, 또는 눈물을 나타내는 말. 당나라 두보의 〈재주자사로 발령받은 이사또님이 부임해감에 송별하다(送梓州李使君之任)〉「그대 사홍현으로 가며, 나를 위해 한번 눈물 흘려주네.」(君行射洪縣, 爲我一潸然)

11~26. 昆陽. 次魚灌圃得江, 東州道院十六絶[1]

곤양에서. 어관포득강 선생이 지은 「동주도원」 열 여섯 절구의 각운자를 써서 짓다

어선생은 일찍이 홍해군수를 지내면서 동주도원 시 열 여섯 절구를 지은 적이 있는데, 화답한 시들은 모두 명승지를 읊은 것이었다. 나는 곤양에서 선생을 뵈었는데, 선생이 이 시들을 보여주시면서 나더러 화답하게 하시기에 내 감히 사양을 할 수가 없었다. 그러나 이른바 동주도원에 대해서는 어선생과 여러 어르신들이 이미 상세하게 지어버렸고, 또 지금 선생은 곤양으로 부임해 오셨는데 이 곤양 땅이 한적하고 편벽되기로는 홍해보다도 못하지 않으니, 도원의 명칭을 곤양 땅에 옮겨 놓는다 해서 어찌 불가하겠는가? 그러나 선생께서 어떻게 생각하실 지는 자세히 알 수가 없다.

魚先生嘗守興海, 作東州道院十六絶, 和者皆名勝. 滉見先生於昆陽, 先生示以此令和之. 滉不敢辭, 然所謂東州道院, 公與諸公之作, 已悉矣. 今先生來莅于昆, 昆之閒僻不減於興, 則道院之稱, 移之於昆, 豈不可也. 未審先生以爲何如

1 | **곤양(昆陽)** : 《고증》「곤양은 경상우도에 속하며 군명은 곤남과 철성이라는 딴 이름도 있다.」(昆陽屬慶尙右道, 郡名昆南鐵城) 곤양은 지금의 사천군에 속한다.
어관포(魚灌圃) : 관포는 어득강(魚得江: 1470~1550)의 호. 자는 자순(子舜) 또는 자유(子游)이며 달리 호를 혼돈산인(渾沌山人)이라고도 하였음. 본관은 함종(咸從). 명종 4년(1549)문과에 급제한 후 각 지방의 수령으로 전직하다가 중종(中宗) 때 장평, 교리를 거쳐 대사간(大司諫)까지 이름. 명종 4년(1549) 때 가선대부(嘉善大夫)에 올랐으며 상호군(上護軍)으로 사직한 뒤 진주로 돌아가 전원생활을 함. 퇴계가 그의 문집인 《관포집》에 발문을 지어주었는데, 《문집》 권43에 보임.
동주도원(東州道院) : 어득강이 홍해군수로 재직할 때 만든 것임.

2 | **동해 · 남해(東海 · 南海)** : 동해는 홍해를, 남해는 곤양을 말한다.

3 | **천선 · 지선(天仙 · 地仙)** : 진(晉)나라 갈홍(葛洪)의 《포박자 · 신선에 대하여 논함(抱朴子 · 論仙)》「《선경》에 의하면 으뜸가는 인물은 몸을 들어 하늘에 오를 수 있는데 이를 천선이라 하고, 그 다음 인물은 명산에 노니는데 이를 지선이라 하며, 가장 못한 인물은 죽고난 후에 신선이 되는데 이를 시해선이라 한다.」(按仙經云, 上士擧形升虛, 謂之天仙. 中士游於名山,

11

已從東海臨南海[2] 이 종 동 해 임 남 해	이미 동해에서 남해에 이르시니,
不願天仙作地仙[3] 불 원 천 선 작 지 선	천선 되기를 원치 않고 지선이 된 셈이네.
最是公心機事少[4] 최 시 공 심 기 사 소	바로 공의 마음 속에 간교한 생각 거의 없어,
海鷗隨處近人前[5] 해 구 수 처 근 인 전	갈매기도 가는 곳마다 사람 앞으로 다가오네.

謂之地仙. 下士先死後蛻, 謂之屍解仙) 천선은 곧 하늘에 오를 수 있는 힘을 가진 선인(仙人)을 말하고, 지선은 인간 세상에 거주하는 신선을 말한다. 역시 갈홍의 《신선들의 전기(神仙傳)》 권5 〈마명생(馬鳴生)〉「마명생이란 사람은 제나라 임치 사람이다. 본성은 화이고 자는 군현이다. 젊어서 현의 관리가 되었는데 도적을 잡으러 쫓아갔다가 도적에게 부상을 당하였다. 당시 잠깐 죽었다가 도사가 신약으로 구해주어 마침내 살아났다. 이에 곧 관직을 버리고 스승을 따랐다. …… 갖은 고생을 다 겪고 마침내 《태청신단경》 3권을 받아 돌아와 산으로 들어가서 약을 조제하여 복용하였다. 승천하는 것을 즐거워하지 않아 반 쪽만 복용하여 지상의 신선이 되었다.」(馬鳴生者, 齊國臨淄人也. 本姓和, 字君賢. 少爲縣吏, 因逐捕而爲賊所傷. 當時暫死, 得道士神藥救之, 遂活. 便棄職隨師……勤苦備嘗, 乃受太淸神丹經三卷, 歸入山合藥, 服之. 不樂昇天, 但服半劑爲地仙矣) 송나라 유극장(劉克莊)의 〈나호(羅湖)〉 제4수 「농부 일찍이 붉은 수레에 더럽혀져, 하늘의 신선 되지 못하고 땅위의 신선 되었다네.」(野人曾被朱轓涴, 不作天仙作地仙)

4 | 기사(機事) : 《장자·천지(天地)》「내가 내 스승에게 듣기에 기계를 가진 사람은 반드시 기계를 쓸 일이 있게 되고, 기계를 쓸 일이 있는 사람은 반드시 간교한 생각(잔꾀)이 있게 된다.」(吾聞之吾師, 有機械者必有機事, 有機事者必有機心)

5 | 해구~근인전(海鷗~近人前) : 《열자·황제(黃帝)》「바닷가에 사는 사람 중에 갈매기를 좋아하는 사람이 있었다. 매일 아침 바닷가로 나가서 갈매기를 좇으면서 놀았는데 이르는 갈매기가 백 마리도 훨씬 넘었다. 그 아버지가 말했다. 『내가 듣자하니 갈매기들이 모두 너를 따라 논다고 한다. 네가 한 마리 잡아오면 내가 가지고 놀고 싶다.』 다음날 바닷가로 나가니 갈매기들은 춤추며 내려오지 않았다.」(海上之人, 有好漚鳥者. 每旦之海上, 從漚鳥游, 漚鳥之至者, 百位而不止. 其父曰, 吾聞漚鳥皆從汝游. 汝取來, 吾玩之. 明日之海上, 漚鳥舞而不下也)

12

一綰銅章彌秩郡6 한 차례 군수의 인장 꿰어차고
일 관 동 장 미 질 군 홍해군 다스리다가,

偶將遊戲管城毛7 우연히 붓 들어 놀이 삼아
우 장 유 희 관 성 모 시 지으셨다네.

如今屬和慚才盡8 지금 화답하려 하니
여 금 속 화 참 재 진 재주 다 했음이 부끄러워,

始覺陽春白雪高9 비로소 깨닫겠네
시 각 양 춘 백 설 고 〈양춘〉〈백설〉의 고상함을.

彌秩卽興海 미질은 곧 홍해이다

6 | **동장(銅章)** : 관리들이 신분에 따라 사용할 수 있는 도장으로는 금인(金印)과 은인(銀印), 그리고 동인(銅印)이 있었는데, 5백 석 이상의 관리들은 동인을 사용했음.
미질(彌秩) : 《동국여지승람》 권22 〈경상도·홍해군〉「고려 태조(太祖) 13년(930)에 북미질부 성주(北彌秩夫城主) 훤달(萱達)이 남미질부 성주(南彌秩夫城主)와 함께 와서 항복했으므로 두 미질부(彌秩夫)를 합쳐서 홍해군(興海郡)을 삼았다.」

7 | **관성모(管城毛)** : 붓의 다른 이름. 당나라 한유(韓愈)의 〈모영의 전기(毛穎傳)〉「마침내 사냥을 시작하여 모씨 가족을 포위하여 그 가운데 걸출한 놈(모영)을 뽑아 모영을 수레에 싣고 돌아왔다. …… 진시황은 몽염으로 하여금 모영에게 관성 땅에 영지를 주어 자작으로 봉하고 관성자라 하였다.」(遂獵, 圍毛氏之族, 拔其豪, 載穎而歸……秦皇帝使恬, 賜之湯沐而封諸管城, 號曰, 管城子) 한유는 옛날 토끼털 가운데 좋은 것을 골라 붓을 만들었던 것에 착안하여 필봉(筆鋒)이란 뜻의 모영(毛穎)을 의인화하여 전기를 지었다. 따라서 후세 사람들은 붓의 다른 이름을 관성자라고 하였음.

8 | **진(盡)** : 갈(竭)자와 같은 뜻. 다하다.

9 | **양춘백설(陽春白雪)** : 양춘백설은 초나라의 악곡 이름임. 초나라 송옥(宋玉)의 〈초왕의 물음에 답함(對楚王問)〉「나그네에 (초나라의 서울인) 영에서 노래를 하는 자가 있었는데, 그가 처음에 (낮은 곡조인) 〈하리파인〉을 부르자 나라에서 이어 따라 부르는 자가 수천 명이 되었다. 그가 (중간 곡조인) 〈양아해로〉를 부르자 나라에서 이어 부르는 자가 수백 인이 되었다. 그가 (높은 곡조인) 〈양춘백설〉을 부르자 나라에서 이어 따라 부르는 자가 수십 명 뿐이었다. 상·각·우의 음조를 끌어 섞어서 치의 음조로 흐르자 나라에서 이어 따라 부르는 자는 몇 명에 지나지 않았다. 이는 그 곡조가 높아지면 질수록 따라 부르는 자는 더욱 적어졌기 때문이다.」(客有歌於郢中者, 其始曰下里巴人, 國中屬而和者數千人. 其爲陽阿薤露, 國中屬而和者數百人. 其爲陽春白雪, 國中屬而和者數十人. 引商角羽雜而流徵, 國中屬而和者不過數人而已. 是其曲彌高, 其和彌寡)

13

野人結習在淸閒[10]
야 인 결 습 재 청 한

야인의 고질병은
맑고 한적함에 있어,

不信居官能愛山
불 신 거 관 능 애 산

믿지 않았었네, 관직에 있어도
산을 사랑할 수 있음을.

誰識昆陽吏非吏[11]
수 식 곤 양 이 비 리

누가 알리 곤양의 관리는
관리 같지 않아,

年年拄笏對孱顔[12]
연 년 주 홀 대 잔 안

해마다 홀을 턱에 괴고서
높은 산 대함을.

10 | **결습(結習)** : 불교어로 인간세상의 욕망과 번뇌 등을 가리키는 말이며, 여기서는 몹시 좋아하여 버릴 수 없는 취미나 습관 등을 말함. 《유마경·관중생품(維摩經·觀衆生品)》「그때 유마힐의 집에는 한 천녀가 있어 여러 천인들에게 나타났는데, 설법하는 것을 들으면 곧 그 몸을 나타내었다. 곧 천화를 여러 보살과 대제자들의 위에 뿌리는데, 꽃이 여러 보살에 이르면 곧 모두 떨어지는데 대제자에 이르러서는 달라붙어 떨어지지 않았다. …… 습관이 완전히 맺히지 않으면 꽃이 몸에 달라붙어 있을 따름이며, 완전히 습관이 맺힌 자는 꽃이 달라붙지 않는다.」(時維摩詰室, 有一天女, 見諸天人, 聞所說法, 便現其身, 卽以天華散諸菩薩大弟子上. 華至諸菩薩, 卽皆墮落, 至大弟子, 便著不墮.…… 結習未盡, 華著身耳, 結習盡者, 華不著也)
송나라 소식의 〈좌중에서 머리에 꽃 꽂는 것을 읊음에 하늘 천자 운을 얻다(坐上賦戴花得天字)〉「나쁜 버릇 차츰 사그러져 남기려 해도 붙어있지 않음이, 도리어 모름지기 또한 천녀가 꽃 뿌리는 것 같네.」(結習漸消留不住, 却須還如散天花)

11 | **이비리(吏非吏)** : 송나라 진여의(陳與義)의 〈진념(陳恬: 자는 숙역)과 함께 관아재에서 운자를 나누어 시를 짓는데 「스스로 자」자를 얻다(同叔易于觀我齋分韻得自字)〉「비록 산 위의 산이지만, 딱 그대 관리이면서도 관리 아니라네.」(雖然山上山, 政爾吏非吏) 《진(晉)나라의 역사·손작(孫綽)의 전기》「일찍이 산도를 비루하게 보고 사람들에게 말하기를 『산도는 내가 알 수 없는 사람이다. 관리이면서도 관리가 아니고, 은자이면서도 은자가 아니다.』라 하였다.」(嘗鄙山濤, 而謂人曰, 山濤吾所不解, 吏非吏, 隱非隱)

12 | **주홀(拄笏)** : 주(拄)는 괸다는 뜻. 곧 홀을 뺨에 괴고 산을 바라본다는 뜻의 주홀간산(拄笏看山)을 말함. 관직에 있지만 마음은 한가함을 비유하는 말임. 《진나라의 역사·왕휘지의 전기(王徽之傳)》「왕휘지의 자는 자유인데 …… 거기장군 환충의 기병참군이 되었다. 환충이 일찍이 왕휘지에게 말하기를 『그대가 부중에 있은 지도 오래 되었으니

14

心煩野事爲塵事
심 번 야 사 위 진 사

야한 일에 마음 바쁘면
세속의 일 되지만,

機靜官家卽道家[13]
기 정 관 가 즉 도 가

간교한 일 없어지니 관가가
바로 도가라네.

目擊可能無妙處[14]
목 격 가 능 무 묘 처

눈으로 볼 수 있는
묘미 있는 곳 없어,

爲令官閣種梅花
위 령 관 각 종 매 화

관사에 명하여
매화 심게 했다네.

公在興海, 亦種梅于官舍 공은 흥해에 있을 때에도 관사에 매화를 심었다

이제 당연히 같이 해야 할 일을 생각하지 않아야겠소.』라 했다. 왕희지는 처음에는 아무 대꾸도 않은 채 높은 곳을 직시하다가 홀을 가지고 빰을 괴면서 말하기를『서산에 아침이 되니 상쾌한 공기가 밀려오는구나.』라 하였다.」(徽之字子猷……爲車騎桓冲騎兵參軍……冲嘗謂王徽之曰, 卿在府日久, 比當相料理. 徽之初不酬答, 直高視, 以手版柱頰云, 西山朝來致有爽氣耳) 여기에 쓰인 주(柱)는 동사로 쓰이면 받친다는 뜻으로 역시 주(拄)와 뜻이 같음. 송나라 소식의 〈호종유(胡宗愈)가 지은 시의 각운자를 써서 짓다(次韻胡完夫)〉「늙어가서야 상서하여 북궐로 돌아와, 조회하러 와서는 홀을 빰에 괴고 서산을 바라보네.」(老去上書還北闕, 朝來拄笏看西山)
잔안(孱顔) : 산이 높고 험준한 모양. 송나라 소식의 〈뒤늦게 외사촌인 정보형이 박라에 이름에 전송하고 시를 지어 헤어지다(追餞正輔表兄至博羅, 賦詩爲別)〉「돌아와 밭 가니 일전 어치 물건도 필요 없고, 오직 두 다리 험한 산 날아다님 필요하네.」(歸耕不用一錢物, 惟要兩脚飛孱顔)

13 | 기정(機靜) : 앞의 주 12)에 나오는 기사(機事)가 없음.

15

昆山一郡頗閒僻[15]
곤 산 일 군 파 한 벽

곤산이란 한 고을
자못 한적하고 편벽되어,

作吏還如林下休
작 리 환 여 임 하 휴

관리 되어서도 오히려
나무 아래서 쉬는 것 같았네.

官閣市橋梅樹遍[16]
관 각 시 교 매 수 편

관사와 저자거리까지
매화나무 널리 퍼져 있으니,

使君那復憶東州[17]
사 군 나 부 억 동 주

나으리께서 어찌
다시 동주 생각하시리.

14 | 목격(目擊) : 《장자 · 전자방(田子方)》「온백설자가 (제나라로 가다가) 노나라에 머물렀을 때 …… 공자가 온백설자를 만나보았으나 아무 말도 하지 않았다. 이에 자로가 물었다. 『선생님께선 오래도록 온백설자를 만나고싶어 하셨는데 정작 만나서는 아부 발씀도 하지 않으시니 어째서인지요?』 공자가 대답하였다. 『그와 같은 분은 얼핏 보기만하여도 도를 갖추고 있음을 알 수가 있으니 더 이상 말을 할 필요가 없는 것이다.』」(溫伯雪子舍於魯……仲尼見之而不言. 子路曰, 吾子欲見溫伯雪子久矣. 見之而不言何邪? 仲尼曰, 若夫人者, 目擊而道存矣, 亦不可以容聲矣)

15 | 한벽(閒僻) : 송나라 왕안석(王安石)의 〈한지국께서 찾아주시다(韓持國見訪)〉「백성 다스림 어찌 내 잘 하리오? 한적하고 구석진 곳 엿볼 만하리.」(治民豈吾能, 閒僻庶可偷)

16 | 시교(市橋) : 원래는 중국의 사천성(四川省) 성도(成都) 서쪽에 있는 땅으로 금화교(金華橋)로도 불림. 여기서는 그냥 번화한 곳을 가리키는 말로 쓰였음.

17 | 동주(東州) : 홍해를 말함.

16

方丈仙山高壓境[18] 방 장 선 산 고 압 경	신선 사는 방장산이 경내 높이 두르고,
中間玉室與瓊樓[19] 중 간 옥 실 여 경 루	그 가운데 옥실이 경루와 어우러져 있네.
不緣勾漏丹砂地[20] 불 연 구 루 단 사 지	단사 만들던 구루땅은 찾을 수 없지만,
能得詩仙瘴海頭[21] 능 득 시 선 장 해 두	후덥지근한 바닷가에선 시 짓는 신선 찾을 수 있네.

方丈卽頭流山[22]　방장은 곧 두류산이다

18 | **방장(方丈)** : 원래는 삼신산의 하나이지만 여기서는 지리산을 말함.

19 | **옥실·경루(玉室·瓊樓)** : 옥실은 신선이 거처하는 곳을 말하며, 경루는 달 속의 궁전을 말함.

20 | **구루(勾漏)** : 현(縣) 이름으로 한나라 때 설치되었다가 수나라 때 없어졌음. 진나라 갈홍이 이곳에서 수련하며 단약을 달였다고 전하여짐. 《진나라의 역사》 권72 〈갈홍(葛洪)의 전기〉「연로하였다하고 단약을 달여 장수하기를 기원하고자 하였는데, 교지에서 단사가 난다는 말을 듣고 구루현령이 되기를 구하였다.」(以年老, 欲鍊丹以祈遐壽, 聞交阯出丹, 求爲句漏令)

21 | **장해(瘴海)** : 원래는 중국 남쪽지방의 장기(瘴氣)가 있는 해변을 가리키는 말이었으나, 여기서는 곤양이 남해에 있기 때문에 이렇게 말하였음. 그냥 후텁지근한 남쪽 바다를 가리키는 말로 쓰였음.

22 | **두류산(頭流山)** : 곧 지리산을 말함.

23 | **대약(大藥)** : 단사, 황금 따위로 만든 선약(仙藥)을 말함. 당나라 두보의 〈이백에게 주다(贈李白)〉「선약의 재료 정말 적어, 숲속에는 그 흔적조차 쓸어버린 듯하네.」(苦乏大藥資, 山林跡如掃)

24 | **풍소(風騷)** : 풍(風)은 곧 〈국풍(國風: 한 나라의 민요)〉으로 《시경》을 가리키며, 소(騷)는 〈이소(離騷)〉로 곧 굴원이 지은 《초사》를 가리킴. 여기서는 《시경》과 《초사》를 병칭하여 시문(詩文)을 가리키는 말로 쓰였음.

17

至言眞不加雕琢 지 언 진 불 가 조 탁	지극한 말은 더 이상 다듬을 수 없고,
大藥元非事劑丸[23] 대 약 원 비 사 제 환	선약은 본디 환약으로 만들 수 있는 일이 아니라네.
肯授風騷三昧法[24] 긍 수 풍 소 삼 매 법	시문의 오묘한 법도는 전수할 수 있지만,
難窺天地一壺寬[25] 난 규 천 지 일 호 관	천지 속의 별천지는 들여다보기 어렵네.

삼매(三昧) : 오직 어떤 일에만 골몰하여 다른 일은 생각지도 않음을 말함. 원래 범어(梵語) samādhi의 음역으로 삼마지(三摩地)라고도 하며, 「정정」(正定)이란 뜻으로 의역된다. 잡념을 제거하여 마음이 산란하지 않아 하나의 경지에만 전일함을 말함.

25 | **천지일호관(天地一壺寬)** : 《후한의 역사·비장방(費長房)의 전기》「비장방이라는 사람은 여남 사람이다. 일찍이 저자의 관리가 되었다. 저자에서는 어떤 늙은이가 약을 팔았는데, 상점 앞에 병 하나를 걸어두고, 시장이 파하면 문득 병 안으로 뛰어들어갔다. 저자의 사람들은 아무도 그것을 보지 못하였는데 오직 비장방 만이 누대 위에서 그것을 보고 기이하게 여겨 가서 두 번 절하고 술과 마른 고기를 바쳤다. 늙은이는 비장방의 뜻이 신선이 되는데 있음을 알고는 그에게 말하기를 『그대는 내일 아침에 다시 오는 것이 좋겠소.』라 하였다. 비장방은 새벽에 다시 늙은이를 찾았으며, 그 늙은이는 곧 그와 함께 병 안으로 들어갔다. 병 속에는 옥당이 반듯하고 아름다운 모습만 보였으며, 좋은 술과 맛있는 안주가 그 가운데 가득 있어서 그 늙은이와 함께 마시고 나왔다.」(費長房者, 汝南人也. 曾爲市椽. 市中有老翁賣藥, 懸一壺於肆頭, 及市罷, 輒跳入壺中. 市人莫之見, 唯長房於樓上覩之, 異焉, 因往再拜奉酒脯. 翁知長房之意其神也, 謂之曰, 子明日可更來. 長房旦日復詣翁, 翁乃與俱入壺中. 唯見玉堂嚴麗, 旨酒甘肴盈衍其中, 共飮畢而出) 당나라 유우석(劉禹錫)의 〈왕도사를 찾았으나 만나지 못하다(尋汪道士不遇)〉「오색 구름 속에서 생황 불고 노래하며, 천지를 하나의 항아리로 여기네.」(笙歌五雲裏, 天地一壺中)

18

郡城西望倚山巔
군 성 서 망 의 산 전

군의 성 서쪽 바라보며
산꼭대기에 의지하고 있고,

屋舍熙熙官道邊[26]
옥 사 희 희 관 도 변

집들은 화목하게
관청의 길가에 늘어서 있네.

方丈羣仙知得未
방 장 군 선 지 득 미

방장산의 여러 신선들은
알았을까 몰랐을까?

此邦風采倍華鮮
차 방 풍 채 배 화 선

이 지방 풍속
더욱 아름답고 고움을.

26 | **희희(熙熙)** : 화목한 모양.

27 | **월영대(月影臺)** : 지금의 경남 마산시 서쪽 바닷가에 있으며, 고운(孤雲) 최치원(崔致遠) 이 놀던 유적. 《신증동국여지승람·창원도호부(昌原都護府)》「회원현 서쪽 바닷가에 있다. 최치원이 놀던 곳이며 (글을) 새겨놓은 바위가 있으나 벗겨지고 부서져 버렸다.」 (在會原縣西海邊, 崔致遠所遊處, 有石刻剝落)《내집》 권1에 남행하면서 지은 시 중에 월영대를 읊은 시가 있음.

나측(蠡測) : 나측(蠡測)이라고도 하며, 소라 껍데기로 바닷물을 퍼서 측량하듯 천박한 식견으로 심원한 이치를 헤아리는 것에 대한 비유의 뜻으로 쓰임.

19

月影臺前螺測淺[27] 월 영 대 전 나 측 천	월영대 앞에서 바다 보니 소라 껍데기로 측량하듯 얕았고,
法輪寺外管窺難[28] 법 륜 사 외 관 규 난	법륜사 밖에서 보니 대롱구멍으로 보듯 보기 어려웠네.
從公始識滄溟闊 종 공 시 식 창 명 활	공을 따라가 비로소 바다의 넓음 알아,
作意高攀海上山 작 의 고 반 해 상 산	바닷가 산 높이 오르고자 다짐한다네.

嘗於月影法輪等處觀海, 皆井觀也. 公期明日登郡南山望海, 故云

일찍이 월영대와 법륜사 등에서 바다를 구경한 적이 있는데 모두가 다 우물 안에서 하늘을 본 것 같았다. 공이 다음날 군의 남산에 올라 바다를 구경하자고 기약했기 때문에 이렇게 말하였다.

28 | 법륜사(法輪寺) : 《고증》「곧 청곡사이다.」(卽靑谷寺) 청곡사는 위의 시에 보임. 달엄산[月牙山] 동쪽에 있다.

관규(管窺) : 관중규표(管中窺豹), 즉 대롱 구멍으로 표범을 살핀다는 말로, 의미는 나측과 같음. 남조 송 유의경(劉義慶)의 《세설신어·방정함(方正)》「왕자경이 몇 살 안 되었을 때 일찍이 여러 문생들이 저포놀이를 하는 것을 보고 이미 승부가 났음을 보고 말하였다. 『남쪽 노래는 상대가 되지 못 하겠네요.』 문생들이 그를 어린 아리로 보고 깔보며 말하기를 『이 도령 또한 대롱으로 표범을 살펴보는지라 한 반점만 보는구먼!』이라 하였다.」(王子敬數歲時, 嘗看諸門生樗蒲, 見有勝負, 因曰, 南風不競. 門生輩輕其小兒, 迺曰, 此郎亦管中窺豹, 時見一斑)

20

浣紗溪似西溪水[29]
완 사 계 사 서 계 수

완사계는 서계의
물과 같이 맑고,

吟望靑天坐小輿
음 망 청 천 좌 소 여

노래 읊조리며 하늘 바라보며
작은 가마에 앉아 있네.

更躡飛雲昇翠巘[30]
경 섭 비 운 승 취 헌

날리는 구름 밟고 지나
푸른 봉우리로 오르니,

天池要看北溟魚[31]
천 지 요 간 북 명 어

남쪽 바다에서 북쪽 바다 물고기
볼 수 있었으면.

浣紗溪在城東, 西溪在興海

완사계는 곤양군 성의 동쪽에 있으며, 서계는 흥해에 있다

29 | **완사계(浣紗溪)**: 원래는 절강성(浙江省) 소흥현(紹興縣) 남쪽 약야계(若耶溪) 밑에 있는 계곡으로, 일명 약야계라고도 한다. 서시(西施)가 비단을 빨았다고 전하여지는 완사석(浣紗石)이 남아 있다. 옛날 지명에는 이런 이름이 많았다.

30 | **비운승취헌(飛雲昇翠巘)**: 송나라 소식의 〈상산에 제사 지내고 소렵으로 돌아오다(祭常山回小獵)〉「흰 구름 돌아보니 푸른 산봉우리에서 생겨나는데, 돌아오니 붉은 잎 나그네 옷에 가득하네.」(回望白雲生翠巘, 歸來紅葉滿征衣)

31 | **천지(天池)**: 여기서는 바다를 말함. 《장자·자유롭게 노님(逍遙遊)》「남쪽 바다란 바로 천지인 것이다. …… 초목이 나지 않는 명해라는 바다가 있는데 천지이다.」(南溟者, 天池也……窮髮之北有冥海者, 天池也)

북명어(北溟魚): 《장자》 위와 같은 편 「북쪽 바다에 물고기가 있는데 그 이름을 곤이라 하였다. 곤의 크기는 몇 천리나 되는지 알 수가 없었다」(北冥有魚, 其名爲鯤. 鯤之大, 不知其幾千里也) 당나라 이백의 〈강하의 사또인 숙의 석상에서 사낭중에게 드림(江夏使君叔席上贈史郎中)〉「바라건대 그대 깃날개 생겨나, 북명의 물고기처럼 한번 변하였으면.」(希君生羽翼, 一化北溟魚)

32 | **풍운(風雲)**: 용이 비바람을 얻어 하늘에 올라가는 것처럼 영웅이 때를 만나 세상에 나오는 것을 말함.

21

風雲不是孤明主32 풍 운 불 시 고 명 주	정세가 아니 좋아 밝으신 임금님 외로운데,
雨露偏承佚老臣33 우 로 편 승 일 노 신	큰 은택 홀로 받아 늙은 신하 편안하네.
萬事無心南郭子34 만 사 무 심 남 곽 자	만사에 무심하기 남곽 자기 같고,
一生用力漢陰人35 일 생 용 력 한 음 인	일생 동안 힘쓴 것은 한음노인의 일이라네.

33 | **우로(雨露)** : 우로지택(雨露之澤)을 말함. 비와 만물이 만물을 화육하는 것 같은 그런 큰 은혜라는 뜻임.

34 | **무심남곽(無心南郭)** : 《장자·제물론(齊物論)》「남곽자기가 책상에 기대어 앉아 하늘을 우러르며 후 하고 길게 숨을 내쉬는데 멍하니 자기의 몸을 잊은 것 같다.」(南郭子綦隱机而坐, 仰天而噓, 荅焉似喪其耦) 주석「『답연』은 무심한 모양이다.」

35 | **한음인(漢陰人)** : 《장자·천지(天地)》「자공이 남으로 초나라를 유람하고 진나라로 돌아오는 길에 한수 남쪽을 지나다가 한 노인이 마침 밭일을 하고 있는 것을 보았다. 구멍을 뚫고 우물에 들어가 독에다 물을 담아서 안고 다니면서 밭에 물을 주고 있었다. 애를 쓰며 수고가 많았는데, 그 효과는 아주 적었다. 자공이 그것을 보고『여기에 기계가 있는데 …… 왜 쓰시지 않습니까?』라고 묻자 …… 밭을 관리하던 노인은 얼굴빛을 바꾸면서 말하였다.『기계를 가진 사람은 반드시 기계를 쓸 일이 있게 되고, 기계를 쓸 일이 있는 사람은 반드시 간교한 생각(잔꾀)이 있게 된다. 가슴 속에 교묘한 생각을 가지고 있으면 본연의 순백한 천성이 갖추어지지 않게 되고, 순백한 천성이 갖추어지지 않게 되면 심신이 불안정하게 되고, 심신이 불안정한 사람에게는 도가 깃들지 않게 된다. ……』」(子貢南遊於楚, 反於晉, 過漢陰, 見一丈人方爲圃畦. 鑿隧而入井, 抱甕而出灌, 搰搰然用力甚多, 而見功寡. 子貢曰, 有械於此……夫子不欲乎? 爲圃者仰而視之曰……有機械者必有機事, 有機事者必有機心. 機心存於胸中, 則純白不備; 純白不備, 則神生不定; 神生不定者, 道之所不載也……)

22

智異烟霞吟幾日[36]
지 리 연 하 음 기 일

지리산의 아름다운 경치를
노래함이 몇 날이며,

曲江風月夢多時[37]
곡 강 풍 월 몽 다 시

곡강의 청풍명월을
꿈속에 그린 지는 그 얼마였던가?

荒年撫字心應悴[38]
황 년 무 자 심 응 췌

흉년에 백성 기르고 어루만짐에
마음 응당 근심스러우리니,

莫問催科宜未宜[39]
막 문 최 과 의 미 의

묻지 마시라, 고과 성적
독촉함 마땅한 지 아닌 지를.

曲江在興海　　곡강은 홍해에 있다

36 | 연하(烟霞): 빼어난 자연 경치를 말함.

37 | 풍월(風月): 청풍명월(淸風明月), 즉 아름다운 경치를 말함.

38 | 무자(撫字): 부양하고 사랑함. 당나라 한유의 《창려집·외집(昌黎集·外集)》 권9 〈순종실록(順宗實錄) 4〉「근무 성적의 등급을 매겨 올릴 때 양성(陽城)은 스스로 등급을 매기면서 말하였다. 『백성을 사랑하고 걱정하여 세금 징수의 고과(考課) 성적이 보잘 것 없어 하의 하를 매긴다.』」(上考功第, 城自署第曰, 撫字心勞, 徵科政拙, 考下下)

39 | 최과(催科): 송나라 소식의 〈같은 해에 급제한 진동이 섬부지사로 감에 송별하다(送陳侗同年知陝府)〉「때때로 한번 휘파람 불고 읊조리니, 부지런히 고과 독촉함 필요 없으리.」(時時一嘯咏, 未用勤催科)

23

里胥不到村厖靜[40]
이 서 부 도 촌 방 정

고을 아전들조차 오지 않으니
마을의 삽살개도 조용하고,

童子能仁野雉飛
동 자 능 인 야 치 비

아이들도 어질어
들꿩도 즐겁게 날아다니네.

京輦故人多少在[41]
경 련 고 인 다 소 재

서울엔 친구들이 얼마나
남아 있을까?

任他書信到來稀[42]
임 타 서 신 도 래 희

그들로부터 오는 편지
거의 없구나.

40 | 촌방(村厖) : 방은 방견(厖犬), 곧 삽살개를 말함.

41 | 경련(京輦) : 서울이란 뜻. 《후한의 역사》 권77 〈혹리들의 전기·주우(周紆)의 전기〉「화제가 즉위하자 태부 등표가 주우는 재임 중에 너무 가혹하여 도성의 일을 맡기에는 부적합하다고 아뢰었다.」(和帝卽位, 太傅鄧彪奏紆在任過酷, 不宜典司京輦) 청나라 왕선겸(王先謙)이 혜동(惠棟)의 말을 인용한 주석「천자가 타는 수레인 연곡의 아래 경조의 안에 있음을 비유하였으므로 경련이라 하였다.」(喩在輦轂之下, 京兆之中, 故曰京輦)

42 | 임타(任他) : 그들로부터, 혹은 거기로부터.

24

雙溪形勝仙遊地[43]
쌍 계 형 승 선 유 지

쌍계사의 뛰어난 경치
신선이 놀던 곳인데,

尺素招尋不我欺[44]
척 소 초 심 불 아 기

편지로 찾아가 보자고
부름 거짓 아니네.

還愧塵緣驅使在
환 괴 진 연 구 사 재

다시 속세의 인연에
부림이 있음 부끄러워,

能令心事有遷移
능 령 심 사 유 천 이

마음 속의 일
바꾸게 할 수 있었으면.

去年冬, 公以書招滉, 勸遊雙溪寺. 今來, 本爲是而因事竟不果
작년 겨울에 공이 편지로 나를 불러내어 쌍계사에서 놀자고 권했다. 지금 온 것은 바로 이 때문이었지만, 그러나 어떤 일 때문에 결국 이룰 수 없었다

43 | **쌍계(雙溪)** : 《동국여지승람》 권30 〈진주목·쌍계사(雙溪寺)〉「지리산에 있다. 세상에 전하기로는, 최치원이 일찍이 여기에서 글을 읽었다 한다. …… 고을 입구에 돌 두 개가 마주 있어 문 같은데, 동쪽 돌에는 쌍계, 서쪽 돌에는 석문(石門)이라는 글자를 새겼고, 또 옛 비석이 있는데 비문은 최치원이 지은 것이다.」(在智異山. 世傳崔孤雲嘗讀于此……洞口二石對峙如門, 東閣雙溪, 書刻石門, 有古碑, 孤雲所撰)
선유지(仙遊地) : 최치원이 이곳에서 독서를 하였기 때문에 신선이 놀던 곳이라 하였음.

44 | **척소(尺素)** : 소(素)는 흰 비단. 옛 사람들은 문장이나 편지를 한 자 가량의 비단에 썼으므로 편지나 짧은 문장을 척소라고 함. 《문선·고악부(古樂府)》에 수록되어 있는 한나라 채옹(蔡邕)의 〈장성의 굴에서 말을 물먹이며 노래함(飮馬長城窟行)〉「손님 먼 곳에서 찾아왔는데, 내게 잉어 두 마리를 주네. 아이 불러서 잉어 삶으라 하니, 뱃속에 한 자나 되는 흰 비단 편지 있네.」(客從遠方來, 遺我雙鯉魚, 呼兒烹鯉魚, 中有尺素書) 이 때문에 나중에는『쌍리어』를 편지를 가리키는 말로 쓰게 되었다. 그러나 이 말은 잉어가 실제 편지를 뱃속에 넣어 전달한다는 얘기는 아니고 한나라 때에는 서찰을 보낼 때 비단에 쓴 편지를 잉어의 모양으로 접어서 주고받기도 하였다는데 이 말이 와전되어서 그렇게 전해진 것이라고 한다.

25

露梁三浦賤鱸魴[45] 노 량 삼 포 천 노 방	노량과 삼포에는 농어와 방어 값이 싸,
北客南烹逐日嘗[46] 북 객 남 팽 축 일 상	북쪽 손님 남쪽 요리 매일같이 먹는다네.
太守遨牀多樂事[47] 태 수 오 상 다 낙 사	태수 나가 노는 곳 즐거운 일 많아,
不知身在古蠻鄉 부 지 신 재 고 만 향	자신이 옛 남쪽 오랑캐 땅에 있는 줄도 모른다네.

露梁三浦, 皆郡地濱海

노량과 삼포는 모두 군의 바닷가에 있다

45 | **노량(露梁)** : 《신증동국여지승람》 권31 〈경상도·곤양군〉「군 남쪽 45리 지점에 있다. 남해현에 들어가는 자는 여기를 경유하여야 하며, 옛날에는 만호영이 있었다.」(在昆陽郡南四十五里. 入南海縣者由此. 古有萬戶營)

삼포(三浦) : 《신증동국여지승람》 권31 〈경상도·곤양군〉 조에 성창포(城倉浦)와 염전포(鹽田浦)·구량포(仇良浦)가 보이는데 이것을 가리키는 것 같다. 이들은 모두 군 남쪽 20리 지점에 있다고 하였다.

46 | **남팽(南烹)** : 남쪽 지방의 음식. 당나라 한유의 〈처음에 남쪽 음식을 먹으며 원씨댁 종반 가운데 열 여덟째 협률 벼슬을 하는 이에게 주다(初南食貽十八協律)〉「내가 와서 이매 같은 미혹됨을 막았으니, 남쪽 지방의 음식을 맛보는 것 절로 마땅하리.」(我來禦魑魅, 自宜味南烹)

축일(逐日) : 날마다라는 뜻.

47 | **오상(遨牀)** : 《역대시화(歷代詩話)》(《사고전서》본) 권58에 인용된 〈성도기(成都記)〉「태수가 나가 놀면 아름다운 여인들이 나무 평상에서 구경을 하는데, 그것을 오상이라 하고 태수를 오두라 한다.」(太守出遊, 士女則於木床觀之, 謂之遨床而謂太守爲遨頭)

26

瘴海窮邊雖足澤
장 해 궁 변 수 족 택

후텁지근한 바다 궁벽한 고을에도
은택 넉넉하지만,

玉堂金闕要名臣[48]
옥 당 금 궐 요 명 신

옥당과 금궐에서는
훌륭한 신하 구한다네.

舊山猿鶴休相怪[49]
구 산 원 학 휴 상 괴

옛 산의 원숭이와 학들은
괴이쩍게 여기지 말라,

廊廟江湖只一身[50]
낭 묘 강 호 지 일 신

조정에서건 강호에서건
오직 한결같은 몸이니.

48 | **옥당금궐(玉堂金闕)** : 궁전을 아름답게 표현한 말.

49 | **구산원학(舊山猿鶴)** : 벼슬을 탐내어 은둔 생활을 버리고 떠난 가짜 도사를 비난하는, 도사가 은둔했던 산에 살고 있는 원숭이와 백학들. 남조 제나라 공치규(孔稚圭)의 〈북산의 산신령이 (고을원이 되어 간 가짜 도사에게) 띄우는 공문(北山移文)〉「혜초로 만든 장막 비었음이여! 밤에 깃드는 학도 원망할 것이고, 산 사람 떠남이여! 새벽 원숭이 놀라네.」(蕙帳空兮夜鶴怨, 山人去兮曉猿驚) 송나라 소식(蘇軾: 호 東坡)의 〈비각에서 숙직하며 지어 왕민보에게 드림(夜直祕閣呈王敏甫)〉「큰 은자 원래 경계 없으니, 북산의 원숭이와 학 공문 함부로 어지럽히네.」(大隱本來無境界, 北山猿鶴漫移文) 이 시에서 대은(大隱: 큰 은자)은 산에서 은둔하든지, 조정에 나가서 벼슬을 하든지 간에 조금도 마음이 변하지 않는 정말 훌륭한 사람을 이르는데, 그러한 사람을 보고 잠시 산을 떠났다고 산짐승들이 비난해서는 안 된다는 뜻임.
휴괴(休怪) : 「괴이쩍게 여기지 마라」는 뜻의 시어(詩語).

50 | **낭묘(廊廟)** : 정사를 보는 궁전.

51 | 《요존록》「가정 정해년(1527) 봄 도원의 주인은 앞서 한림원(예문관)과 춘방(세자시강원)에서 봉직한 사람으로 홍해와 영천, 사천의 바닷가 같은 곳에 몰입하여 산수자연을 벗하며 머물렀던 관포 포옹장인인 어득강 자유가 도원의 완게헌에서 썼다. ○ 그 시의 소서에서는 이렇게 말하였다. 영남의 낙동강 왼쪽은 일이 간소한데 홍해고을이 가장 한가롭고 편벽되어 옛날 이른바 도원이라는 것에 부끄럽지 않다. 나는 계미년(1523) 겨울 군수로 학생들에게 시를 지어보게 하였는데 한 사람도 시의 기초조차 이해하는 사람이 없었다. 옛날 유우석은 파촉의 사람들이 저속한 노래만 부르려고 해서 〈죽지사〉를 지어서 그들을 가르쳤다. 내가 가만히 그것을 흉내내고 아울러 여러 공들의 화답을 구하여 붉은 실로 책을 꿰매어놓고 안에 적어서 늘그막의 소일거리로 삼고자 한다.」(嘉靖丁亥春, 道院主人, 前翰林春坊, 渾沌永潭泗濱等處, 泉石居停, 灌圃抱甕丈人魚得江子游書于道院之玩愒軒. ○ 其詩小序, 洛左於嶺, 事簡而興最閑僻, 不愧古之所謂道院者. 余於癸未冬知郡, 試使學生製詩, 無有一人解門戶者. 昔劉夢得以巴人欲曲鄙俚, 爲作竹枝詞以敎之, 余窃效焉. 兼索諸公和, 書用紅紗欄, 以爲老境之資焉)

【원운시】

東州道院十六絶[51]

동주도원을 16절구로 읊음

1

休官久作山中相	벼슬 그만두고 오래도록 산 속의 정승 되었다가,
應詔還爲道觀仙	조칙 받들어 돌아와 도관의 신선 되었다네.
早識此邦民事簡	이 고을 백성의 일 간단함 일찍부터 알았는데,
懷章恨不十年前	글 품고서 십 년도 안 되었음 한한다네.

2

四望渾爲老守髮	사방을 둘러보니 온통 늙은 군수의 머리털 같은데,
鶴峯蒼翠獨多毛	학봉만은 푸른 빛 띠어 유독 초목 많다네.
世人少識青山好	세상 사람들 청산이 좋은 줄 거의 알지 못하니,
那識青山不語高	청산은 높다고 하는 것 아님 어찌 알리오?

3

憶在山陰書院閑	생각해보니 산 남쪽에 있을 때 서원 한가로워,
吟頭日日對楡山	읊조리는 머리 날마다 느릅나무 산 마주했다네.
鶴峯何事亦淸瘦	학봉은 어인 일로 또한 맑고 야위었는가?
到處佳山似我顔	가는 곳마다 아름다운 산 내 얼굴 비슷하다네.

4

東閣無梅動詩興	동헌에 시흥 일으킬 매화 없어서,
居官還不及居家	관직 살이 오히려 집에 거처함 미치지 못한다네.
家園久別梅千樹	집의 동산 오래도록 천 그루 매화와 헤어져,
不分他鄕紅杏花	타향의 붉은 살구꽃마저 분간 못한다네.

風土多杏而無梅

풍토가 살구가 많고 매화는 없다

5

種梅移竹乃吾癖

매화 심고 대나무 옮김
곧 나의 버릇인데,

吏事能令習氣休

관리의 일 습관
그치게 할 수 있네.

新植數株聊寄興

새로 여러 그루 심어 애오라지
흥 기탁하노니,

可能他日憶楊州

아마 먼 훗날
양주 생각나리라.

6

西北雲山展古畵

서북쪽의 구름 덮인 산은
옛 그림 펼쳐놓고,

東南海市起新樓

동남쪽의 바다 저자에는
새로운 누대 솟았다네.

主人但喜娛心目

주인 다만 마음과 눈
즐거움만 기뻐하여,

不覺吟來白盡頭

읊을수록 흰 머리
다해감을 모른다네.

7

設險古人無定制	험난함 설치한 옛 사람 정해진 법 없었으나,
趙侯城似一彈丸	조군수님의 성 한 탄환 같네.
後人不識經營意	후대의 사람들 경영한 뜻 알지 못하고,
若比封疆城已寬	이 지역에 비한다면 성의 크기 이미 너무 넓다 하네.

麗季知郡趙友良勸民城之, 只容倉廨

고려 말엽에 군수인 조우량이 백성들에게 성을 쌓도록 권하였는데 창고와 관아만 둘러싸도록 하였다

8

十日東風九放顚	열흘 동안 봄바람 아홉 번은 함부로 날뛰더니,
晴雷常自殷東邊	맑은 우레 항상 동쪽에서 은은히 울리네.
漁人不管波濤惡	어부들 파도 사나움 아랑곳 않고,
日日來陳魚蟹鮮	날마다 와서는 신선한 물고기와 게 펼쳐놓네.

9

南北秩夫城主地	남북으로 오가는 벼슬아치 성주 앞에 와서,
奈何舞袖擧猶難	춤 추는 소매 듦 오히려 어려움 어찌하겠는가?
我今恢拓詩疆界	내 지금 시의 경계 크게 넓히어,
割取斯羅一半山	이 비단 잘라 가지니 산의 절반은 되네.

10

西溪之水氷生玉	서계의 물에 얼음 같은 옥 생겨나,
十日炎天九筍輿	열흘 염천에 9일은 대나무 가마 타네.
恨殺曲江渾濁浪	제일 한스럽긴 곡강의 물결 사뭇 혼탁해져서,
客來時復往陳魚	나그네 오나 이따금 다시 묵은 물고기 가지러감일세.

11

窮海之濱二千戶	궁벽한 바닷가 2천 가구인데,
吏民雖少足波臣	관리와 백성 적어도 파도 아래 숨은 신하 많다네.
假令盡海爲耕地	온 바다가 모두 농경지 된다 하여도,
治法征徭更累人	요역 다스리는 법 다시 사람들에게 누 끼치겠는가?

12

擬作新軒先作圃	새 동헌 짓고자 하여 새로 채마밭 만드는데,
六期三見果瓜時	6년 동안 오이 익은 때 세 번 보았다네.
平生灌圃種蒔手	평생토록 채마밭에 물 주고 손수 심고 모종하여,
到處難禁結習宜	도처에서 마땅히 습관되어 그만두기 어렵네.

13

欲識主人機事息	주인 잔꾀 쓰는 일 그만 두었음 알고자,
海鷗時見傍城飛	갈매기 이따금 성 곁으로 날아다님 보이네.
可嘆愚民愧微物	한탄스럽기는 어리석은 백성들 미물 날아온다 부끄러워함인데,
其知老守者應稀	아마도 그 새 잘 지켜줄 사람 틀림없이 드묾 알겠네.

14

混沌溪山氷玉地	태초의 모습 지닌 홍해는 시내와 산들 옥 같은 얼음 나는 땅인데,
林泉久被丈人欺	이렇게 좋은 숲이며 샘 오래도록 도사들이 숨겨 모르고 있었네.
米鹽敲朴東州遠	쌀과 소금을 아무리 회초리로 치며 내놓으라고 해도 이 동주고을에서는 내놓을 수가 없으니,
應有英靈作檄移	응당 영험 있는 산신령이 있어 격문 지어 옮겨오리.

15

土人雋永重鰱魴	토착민들 연어와 방어 살 지고 맛있음 중히 여기고,
紫蟹銀魚已厭嘗	붉은 게며 은어 고기 이미 실컷 맛보았네.
喜淡石蠔幷石首	굴과 조기 맛 모두 싱거움 기뻐하여,
長思二味憶吾鄕	두 가지 맛 길이 생각하니 내 고향 생각나네.

16

時復黃紬放衙去	이따금씩 누런 명주 관복 관아에 벗어놓고 놀러 다니니,
聖恩偏厚養痾身	임금님의 은혜 유독 두터워 병든 몸 요양하네.
夢魂自識曾遊慣	꿈에도 넋 스스로 일찍이 노닌 것 습관됨 알아,
夜夜還爲侍從臣	밤마다 다시 임금님 곁에서 가까이 모시는 신하 되었다네.

27. 昆陽. 陪魚灌圃游鵲島. 是日論潮汐[1]

곤양에서. 어관포 선생을 모시고 작도에 노닐다. 이날 밀물과 썰물에 대해서 논하다

鵲島平如掌[2] 작 도 평 여 장	작도 평평하기가 손바닥 같고,
鰲山遠對尊[3] 오 산 원 대 준	금오산은 멀리 술바리를 대하고 있는 듯.
終朝深莫測[4] 종 조 심 막 측	온종일 그 깊이 헤아릴 수 없으니,
自古理難原 자 고 이 난 원	예로부터 이치란 근원 캐기 힘든 것.

1 | **작도(鵲島)** : 《고증》「곤양군의 남쪽 10리 지점에 있다.」(在昆陽郡南十里)

2 | **평여장(平如掌)** : 당나라 두보의 〈낙유원가(樂遊園歌)〉「귀공자의 화려한 자리 기세 가장 높은데, 술잔 잡고 진천 대하니 손바닥처럼 평평하네.」(公子華筵勢最高, 秦川對酒平如掌)

3 | **오산(鰲山)** : 《요존록》「수고본 주에 『서로는 금오산을 바라보고 있다.』라 하였다.」(手注, 西望金鰲山) 여기에 나오는 금오산은 경북 선산에 있는 금오산과는 다름. 《신증동국여지승람》 권31 〈경상도·곤양군(慶尙道·昆陽郡)〉「군 서쪽 20리 지점에 있으며, 일명 병요산이라고도 한다.」(在郡西二十里, 一名甁要山)

4 | **종조(終朝)** : 아침이라는 뜻과 종일이라는 뜻이 있다. 《시경·소아·녹두를 따다(采綠)》「아침 내내 녹두를 따도, 한 움큼도 차지 않네.」(終朝采綠, 不盈一匊) 모씨(毛氏)의 주석「아침부터 밥 먹을 때까지가 종조이다.」(自旦及食時爲終朝) 제목과 밑의 《요존록》 등의 주석을 참조하여보면 여기서는 두 번째 뜻으로 쓰였다. 당나라 두보의 〈겨울날 이백을 그리워하다(冬日有懷李白)〉「쓸쓸한 서재에서, 종일토록 오직 그대만 생각한다네.」(寂寞書齋裏, 終朝獨爾思)

呼吸地爲口[5]
호 흡 지 위 구

들이켰다 내뿜으니 땅이 입이요,

往來山作門
왕 래 산 작 문

들락날락 하니 산이 문이 되었다네.

古今多少說
고 금 다 소 설

예나 지금이나 얼마나 많은 설 있었으며,

破的竟誰言[6]
파 적 경 수 언

정곡을 찌른 것은 필경 누구의 말이런가?

5 | **호흡(呼吸)** : 호는 숨을 내쉬는 것을 말하고, 흡은 숨을 들이키는 것을 말함. 여기서는 탄토(呑吐)와 같은 뜻으로 쓰였으며, 기세가 성대함을 나타냄.

6 | **파적(破的)** : 파적(破鏑)과 같은 뜻으로 어떤 말이 정곡을 찌른 것에 대한 비유로 쓰임. 《요존록》「수고본 〈작도에서 노닐다〉 시 서문에 따르면 작도는 군의 남쪽 10리 쯤 되는 지점에 있는데, 섬 남쪽의 두 산이 문처럼 대치하고 있다. 조수가 이곳으로부터 들어오면 섬의 주위 8, 9리에 물이 모여 바다가 되며 빠져나가면 뭍이 된다. 이날 어부가 그물을 설치하고 그곳에서 기다리고 있었다. 이날 선생은 사인 정세호, 생원 이익, 생원 강공저 및 나와 함께 배를 타고 상류에서 중류로 놀러가 그물을 쳐놓은 곳에까지 이르렀다. 닻을 내리고 그곳을 살펴보니 어부가 들락날락하고 큰 물고기가 뛰기도 하고 머뭇거리기도 하는 등 가히 즐길 만했다. 조수가 물러갈 때 배를 버리지 않고 섬에 올라 오후가 지나서 전에 배를 띄워놓은 곳으로 왔는데 모두가 평지였다. 개펄은 흐릿했으며 발과 그물이 은밀하게 가려져 있었다. 이에 밀물 썰물의 이치를 논하며 회를 먹고 술잔을 돌리다가 저녁이 되어서야 파했다.」(按手本遊鵲島詩序, 鵲島在郡南十里許, 島南兩山對峙如門. 潮入自此, 則環島八九里匯爲海, 退則爲陸, 是日魚人防網而待之. 先生與鄭舍人世虎, 李生員翊, 姜生員公著及滉. 同乘舟, 自上遊中流, 至防網之所, 下碇而觀之. 漁人出沒, 大魚跳擲, 可可樂也. 至潮退時, 不舍舟, 登島, 過午後, 向來泛舟之處, 盡爲平地. 斥鹵微茫, 簾網隱懼而已. 於是, 論潮汐之理, 肵膾觴酒, 至暮乃罷) 《요존록》의 원문 「不舍舟」의 「不」자 옆에는 방점이 있는 것으로 보아 이야순(李野淳)은 아마 「배를 잠시 버려두고」의 잘못이 아닌가 하는 의심을 갖고 있는 것 같다.

28. 星州馬上偶吟

성주를 지나다 말 위에서 우연히 읊조리다

曉天霞散初昇日[1]
효 천 하 산 초 승 일

새벽 하늘에 노을 스러지고
해 막 떠오르니,

水色山光畫裏誇
수 색 산 광 화 리 과

물 빛깔 산 모습
그림 같이 뽐내네.

馬首吹香渾似雪
마 수 취 향 혼 사 설

말 머리로 뿜어오는 향기
온통 눈 같고,

泣殘珠露野棠花[2]
읍 잔 주 로 야 당 화

산앵도에는 눈물처럼
이슬 방울 맺혔네.

1 | 효천하산(曉天霞散) : 당나라 황보서(皇甫曙)의 〈입춘날에 궁부시랑께 드림(立春日呈宮傅侍郞)〉「아침의 약한 바람 새벽 놀 부니, 흩어져 부드러운 기운 되어 집집마다 가득하네.」(朝旦微風吹曉霞, 散爲和氣滿家家)

2 | 야당화(野棠花) : 산앵도나무.

29. 過楊化驛前[1]

양화역 앞을 지나면서

遠山隱映近山濃[2]
원 산 은 영 근 산 농

먼 산은 은은하게
가까운 산은 짙게 비치고,

上灘奔流下灘通[3]
상 탄 분 류 하 탄 통

상류의 여울은 세차게 흐르는데
하류의 여울은 탁 트였네.

夜宿驪江氣全淸[4]
야 숙 여 강 기 전 청

밤 되어 여강 가에서 묵으니
기운 온전히 맑아지고,

朝經楊化日微紅
조 경 양 화 일 미 홍

아침 되어 양화역 앞을 지나니
해 어슴푸레하게 붉구나.

1 | **양화역(陽化驛)** : 《고증》「여주의 서쪽 15리 지점에 있으며 경안역에·예속되어 있다.」(在驪州西十五里, 隸慶安驛)
이 시는 퇴계가 33세 되던 해인 계사년(1533)에 남행(南行)을 마치고 상경하던 도중에 서행하면서 읊은 것이다. 《도산전서·유집·외편(遺集·外篇)》 권2의 제17판에도 같은 제목의 칠언절구 한 수가 수록되어 있으며, 이 시의 상·하 4구의 운자가 각기 다른 것으로 보아 같은 제목 하의 각기 다른 세 수의 절구인 것으로 생각된다. 《도산전서》에 수록되어 있는 같은 제목의 시는 다음과 같다. 「淺斟篷底帶微江, 千里江山一望窮. 莫笑歸舟無一物, 嚴程不似去時悤.」

2 | **근산농(近山濃)** : 송나라 양만리(楊萬里)의 〈운제사 앞의 산 꼭대기에서 물러나 번간산과 자고산 등 여러 산을 바라보다(雲際寺前山頂却望幡竿鷓鴣諸山)〉「멀고 가까운 청산 그림 병풍처럼 늘어서 있고, 가까운 산은 짙게 칠하고 먼 산은 가볍게 칠한 듯.」(遠近靑山列畫屛, 近山濃抹遠山輕)

3 | **상탄·하탄(上灘·下灘)** : 송나라 양만리의 〈계명산의 여러 여울을 내려오면서 가산을 바라보았으나 보이지 않다(下雞鳴山諸灘望柯山不見)〉「여러 여울 물 성나 부르짖음 괴이쩍게 여기지 말라, 아래 여울은 위의 여울처럼 수고롭지 않으니.」(莫怪諸灘水怒號, 下灘不似上灘勞)

4 | **분류(奔流)** : 물결이 세차고도 빠르게 흐름. 당나라 이백의 〈술을 권하려 한다(將進酒)〉「그대는 보지 못하였는가, 황하의 물이 하늘에서 내려와, 세차게 흘러 바다에 이르러 다시는 돌아오지 못함을.」(君不見黃河之水天上來, 奔流到海不復迴)

羣鴉繞樹豈無意5
군 아 요 수 기 무 의

뭇 까마귀 나무 위 맴도는 것
어찌 뜻이 없으리오?

大魚飜波如有試6
대 어 번 파 여 유 시

큰 물고기들 물결 뒤집음
무엇 도모하는 듯.

數朝風浪今更息7
수 조 풍 랑 금 갱 식

여러 날 아침 불던 풍랑
이제 다시 잠들어,

兀坐舟中撩詩思8
올 좌 주 중 요 시 사

오똑하니 배 안에 앉아
시상을 낚아보네.

5 | 여강(驪江) : 한강의 상류이며 여주의 북쪽에 있다.
군아요수(羣鴉繞樹) : 삼국 위나라 조식(曹植)의 〈잡시(雜詩)〉 제3수 「나르는 새들 나무 빙빙 도는데, 까악까악 울며 무리 찾는다네.」(飛鳥遶樹翔, 噭噭鳴索群)

6 | 대어번파(大魚飜波) : 송나라 사마광(司馬光)의 〈시평공을 모시고 연류계에서 연회를 베풀다(陪始平公燕柳谿)〉 「갈매기는 안개 속으로 들어가 한가로이 절로 춤 추고, 물고기는 물결 표면 뒤집으며 서로 만남 기뻐하네.」(鷗入煙中閑自舞, 魚翻波面喜相迎)

7 | 수조풍랑(數朝風浪) : 주자의 〈수구를 배로 지나가다(水口行舟)〉 「지난밤 조각배에 비 내려 도롱이 하였더니, 온 강 뒤덮은 풍랑 밤사이 어떠했는가?」(昨夜扁舟雨一蓑, 滿江風浪夜如何)

8 | 올좌주중(兀坐舟中) : 송나라 양만리(楊萬里)의 〈태호의 석당을 지나다(過太湖石塘)〉 「배 가운데 우뚝하니 앉아 잠이나 자려 했더니, 배 밖으로 산천 구경함만 못하네.」(兀坐船中只欲眠, 不如船外看山川)
요시사(撩詩思) : 송나라 진여의(陳與義)의 〈술을 마주하다(對酒)〉 「진류는 봄 풍경 속에서 시상 돋우어, 하루에도 일백 번이나 마음 속 뒤져보네.」(陳留春色撩詩思, 一日搜腸一百廻)

30. 丹月驛樓, 佔畢齋韻[1]

단월역의 누대에서 점필재의 운으로 짓다

觸熱行過笓籬村[2]
촉 열 행 과 비 리 촌

찌는 더위 무릅쓰고
비리촌 지나가는데,

斜日淸江映郵門
사 일 청 강 영 우 문

해 비낀 맑은 강에
역참문 비치네.

臨江別起一高樓
임 강 별 기 일 고 루

강 굽어보고 따로
높은 누대 하나 서 있어,

坐對靑山滌煩昏
좌 대 청 산 척 번 혼

청산을 마주하고 앉아
번뇌와 시름 씻는다네.

波生洲渚風色白[3]
파 생 주 저 풍 색 백

물결 모래톱에 이니
물빛은 희고,

1 | 단월역(丹月驛) : 《신증동국여지승람》 권14 〈충청도·충주목(忠州牧)〉 「옛날 단월부곡(丹月部曲)의 땅으로, 주 남쪽 10리에 있다. 역 남쪽에 계월루(溪月樓)가 있다.」(古丹月部曲之地, 在州南十里. 驛南有溪月樓)
점필재(佔畢齋) : 세조·성종 연간의 성리학자인 김종직(金宗直: 1431~1492)의 호. 자는 계온(季昷) 또는 효관(孝盥)이며, 본관은 선산(善山). 영남학파의 종조(宗祖)로 형조판서까지 올랐으나 세조의 왕위 찬탈을 비난하여 지었다는 〈조의제문(弔義祭文)〉 때문에 무오사화(戊午士禍) 때 부관참시를 당하였음. 시호는 문충(文忠)인데 나중에 문간(文簡)으로 고쳐서 내려졌음.

2 | 촉열(觸熱) : 송나라 소식의 〈안복을 송별하고 아울러 왕공에게 부침(送顔復兼寄王鞏)〉 「어찌하여 하루 아침에 날 버리고 가는가? 가벼운 적삼에 더위 무릅쓰고 천릿길 간다네.」(胡爲一朝捨我去, 輕衫觸熱行千里)
비리촌(笓籬村) : 《요존록》 「새재의 서쪽 산허리에 있다.」(在鳥嶺西山腰)

3 | 풍색백(風色白) : 당나라 이백의 〈여산의 노래를 지어 전중시어사(殿中侍御史) 노허주님께 부침(廬山謠, 寄盧侍御虛舟)〉 「누렇게 익은 곡식 물결 만리에 바람의 색 움직이는데, 흰 물결 아홉 갈래 길 눈 덮인 산에 흐르네.」(黃雲萬里動風色, 白波九道流雪山)

翠滴闌干衣帶碧
취 적 난 간 의 대 벽

푸른 빛 난간에 뚝뚝 들으니
옷깃 짙푸른 기운 띤다네.

形勝中原嶺海衝
형 승 중 원 영 해 충

중원의 빼어난 형세
재와 바다에서 맞닥뜨리는데,

幾度游人愁晚笛
기 도 유 인 수 만 적

나그네 몇 번이나
저녁 피리소리에 시름겨워 하였던가?

先生妙語留楣間[4]
선 생 묘 어 유 미 간

선생의 신묘한 말
문미 사이에 남아 있는데,

偶然戲劇破天慳[5]
우 연 희 극 파 천 간

장난 삼아 우연히 지은 글
세상에 보기 드물다네.

英雄過去鳥沒空
영 웅 과 거 조 몰 공

영웅들 가버리고
새들도 하늘로 사라졌으니,

出門一笑天地間[6]
출 문 일 소 천 지 간

문 나서며 하늘 땅 사이에서
한바탕 웃어보네.

4 | 묘어(妙語) : 송나라 소식의 〈무창의 서산(武昌西山)〉「그로부터 예 뜻 누가 다시 이을까? 공께서 신묘한 말 산 굽이에 남겼다네.」(爾來古意誰復嗣, 公有妙語留山隈)

5 | 천간(天慳) : 세상에 그 유래가 매우 드물다는 뜻임. 송나라 소식의 〈무저천에서 눈이 오기를 기원하고 성을 나서며 말 위에서 지어 서요문에게 드림(祈雪霧豬泉, 出城馬上作, 贈舒堯文)〉「바라건대 그대 호쾌한 글 지어, 천하에 드문 글 비웃었으면.」(願君發豪句, 嘲詼破天慳)

6 | 출문일소(出門一笑) : 송나라 황정견(黃庭堅)의 〈왕충도가 수선화 15가지를 보내와 흔연히 마음에 맞는 것이 있었으므로 시를 읊어주다(王充道送水仙花五十枝欣然會心爲之作詠)〉「앉아서 마주하니 실로 꽃의 번뇌 입게 되어, 문 나서며 가로지르는 장강 앞에서 크게 한번 웃어보네.」(坐對眞成被花惱, 出門一笑大江橫)
천지간(天地間) : 당나라 두보의 〈옛 자취를 읊으며 생각에 잠기다(詠懷古迹)〉 첫째 시「동북쪽의 풍진 사이에서 몸 온전치 못하고, 서남쪽 천지간에 이리저리 떠돌아다니네.」(支離東北風塵際, 漂泊西南天地間)

7 | 《점필재집(佔畢齋集)》 권17에 수록되어 있음.

【원운시】

十月十五日, 丹月驛溪月樓, 次大虛韻[7]

시월 십오일에 단월역 계월루에서 태허(최항)의 시의 각운자에 맞추어 짓다

郵亭別占山水村	우정이 유달리 산수 마을에 자리하여,
貿貿老吏來闖門	흐릿한 늙은 아전이 와서 문 반쯤 여누나.
荒階下馬倚樓嘯	황량한 섬돌에 말에서 내려 누각 기대 읊노라니,
靈鵠鍾鳴雲欲昏	영곡사의 종 울리고 구름 어둑해지네.
磯邊蹺鷺天下白	물가에 발 돋운 백로는 하늘 아래 가장 하얗고,
樓上遊人靛衣碧	누각 위서 노는 사람 남색 옷이 짙푸르다네.
澄波完月互映帶	맑은 물결과 둥근 달 서로 띠처럼 비추니,
擬喚飛仙吹鐵笛	나르는 신선 불러다 쇠 피리 불게 하고 싶네.
商聲飄落荻洲間	가을 소리 갈대 물가에 스산히 떨어지고,
顚風忽至應坐慳	거센 바람 급히 불어오니 응당 앉아 있기도 어렵네.
蒼頭扶我入暖室	하인 나를 부축해 따뜻한 방에 들어가서,
忽敎光景終宵閑	별안간 이러한 광경 밤새도록 못 보게 하였네.

31. 龍湫[1]

용추

巨石贔屭雲溶溶[2]
거 석 비 희 운 용 용

큰 바위 힘이 넘치고
구름은 도도히 흐르는데,

山中之水走白虹
산 중 지 수 주 백 홍

산 속의 물 내달아
흰 무지개 이루었네.

怒從崖口落成湫
노 종 애 구 낙 성 추

성난 듯 낭떠러지 입구 따라
떨어져 웅덩이 되더니,

其下萬古藏蛟龍[3]
기 하 만 고 장 교 룡

그 아래엔 먼 옛적부터
이무기 숨어 있네.

蒼蒼老木蔽天日[4]
창 창 노 목 폐 천 일

푸르고 푸른 늙은 나무들
하늘의 해를 가리었는데,

1 | 용추(龍湫) : 추(湫)는 원래 깊은 못이라는 뜻이다. 《홍무정운(洪武正韻)》에서는 「북방의 사람들은 저수지를 추라 부른다.」(北人呼水池爲湫)라 하였다. 그러나 일반적으로 저수지와는 달리 폭포가 떨어지는 곳에 깊이 패인 웅덩이를 말한다. 전설에 의하면 이런 곳에는 이무기가 머물다가 용이 되어 승천한다하여 용추라 불리는 곳이 많다. 당나라 두보의 〈건원 연간에 동곡현에서 우거하면서 노래를 지어부르다(乾元中寓居同谷縣, 作歌)〉 제6수 「남쪽에 용 있음이여! 산의 웅덩이에 있고, 고목은 높이 솟아 가지 서로 얽혀 있다네.」(南有龍兮在山湫, 古木巃嵸枝相樛) 《동국여지승람》에만 해도 이런 지명이 붙은 곳이 13군데나 된다. 여기의 용추는 문경에 있는 것이다. 《신증동국여지승람》 권29 〈경상도·문경현〉 「새재 밑의 동화원 서북쪽 1리 지점에 있다. 폭포가 있는데 사면과 밑이 모두 돌이고 그 깊이를 헤아릴 수 없으며 용이 오른 곳이라고 전한다.」(在鳥岾桐華院西北一里, 有瀑布, 四面及底皆石, 其瀑不可測, 俗傳龍騰處)

2 | 비희(贔屭) : 크게 힘을 쓰는 모양. 또는 거대한 거북으로 붉은 거북 따위. 여기서는 바위의 모양이 거북이처럼 힘이 넘치는 모양을 하고 있음을 말함. 후한(後漢) 장형(張衡)의 〈서도부(西都賦)〉 「큰 자라가 크게 힘을 쓰면서 머리에는 신령스런 산을 이고 있네.」(巨鰲贔屭, 首冠靈山)

行人六月踏冰雪
행 인 유 월 답 빙 설

나그네 유월에도
얼음이며 눈 밟는다네.

湫邊官道走玉京[5]
추 변 관 도 주 옥 경

용추 곁에는 국도
서울로 달리고 있어,

日日輪蹄來不絕[6]
일 일 윤 제 래 부 절

날마다 수레며 말발굽
끊이지 않는다네.

幾成歡樂幾悽苦
기 성 환 락 기 처 고

즐거웠던 일 몇 번이나 되며
괴로웠던 일 또 몇 번이었던가?

笑撫乾坤睨今古
소 무 건 곤 예 금 고

하늘 땅 웃고 어루만지며
예와 오늘 곁눈질하네.

大字淋漓寫巖石
대 자 임 리 사 암 석

큰 글자 무르녹은 듯
바위에 쓰여져 있으니,

後夜應作風和雨
후 야 응 작 풍 화 우

다음날 밤에는 응당
바람 불고 비 내리리라.

용용(溶溶) : 물 따위가 도도히 흐르는 모양. 당나라 노조린(盧照鄰)의 〈신선을 그리워함(懷仙引)〉「고개 돌려 뭇 봉우리 바라보니, 흰 구름 마침 도도하게 흐르네.」(回首望羣峯, 白雲正溶溶)

3 | **장교룡(藏蛟龍)** : 《광아·물고기를 풀이함(廣雅·釋魚)》「비늘이 있는 용을 교룡이라 하고, 날개가 있는 용을 응룡이라 하며, 뿔이 있는 것을 규룡이라 하고, 뿔이 없는 용을 이룡이라 한다.」(有鱗曰蛟龍, 有翼曰應龍, 有角曰虯龍, 無角曰螭龍) 한나라 유안(劉安)의 《회남자·태족훈(泰族訓)》「대체로 교룡은 깊은 연못에 엎드려 잠을 자지만 알은 언덕에서 쪼개어진다.」(夫蛟龍伏寢於淵, 而卵割於陵)

4 | **창창노목(蒼蒼老木)** : 소나무를 가리킴.

5 | **옥경(玉京)** : 임금이 사는 서울을 천제(天帝)가 사는 하늘의 궁전에 비겨 부르는 말. 당나라 이백의 〈안록산의 난리를 겪은 후 [사형선고를 받았다가] 황제의 배려로 야랑을 유랑하다가 옛날 노닐던 때가 생각나 속마음을 써내어 강하의 위태수 양재님께 드림(經亂離後, 天恩流夜郎, 憶舊遊, 書懷贈江夏韋太守良宰)〉「하늘 위에는 흰 옥 같은 서울 있는데, 누대가 열 두 개며 성이 다섯이라네.」(天上白玉京, 十二樓五城)

6 | **윤제(輪蹄)** : 송나라 구양수의 〈매요신에게 부침(寄聖兪)〉「서울의 수레와 말 아침 해에 빛나는데, 무엇 때문에 어지러이 수레와 발굽 따르는가?」(京師車馬曜朝日, 何用擾擾隨輪蹄)

32. 洛東觀水樓[1]_ 乙未夏護送官時[2]

낙동강의 관수루_을미년 여름 호송관으로 있을 때

洛水吾南國 낙 수 오 남 국	낙동강은 우리나라 남쪽에서,
尊爲衆水君 존 위 중 수 군	존경받아 여러 물의 임금이 되었네.
樓名知妙語[3] 누 명 지 묘 어	누대의 이름 오묘함을 알겠으니,
地勢見雄分 지 세 견 웅 분	땅의 형세 웅장하게 나뉘었네.
野闊烟凝樹 야 활 연 응 수	들판은 트였는데 안개 나무에 서려 있고,
江淸雨捲雲 강 청 우 권 운	강은 맑은데 비는 구름을 말았네.
匆匆催馹騎 총 총 최 일 기	바삐 역마 재촉함은,
要爲趁公文 요 위 진 공 문	빨리 공문을 전달하기 위함일세.

1 | **관수루(觀水樓)** : 《신증동국여지승람》 권28 〈상주목(尙州牧)〉 「누대는 낙동강 동쪽 기슭에 있다.」(樓在江東岸) 점필재 김종직은 관수루를 안동의 영호루(映湖樓)와 함께 갑을(甲乙: 우열)을 겨룰 수가 없다고 하였다. 현재는 행정구역상 경북 의성군 단밀면의 낙단교 옆에 있으며, 위에서 언급한 영호루, 영남루와 더불어 낙동강 3대 누각으로 꼽힌다. 현재의 누각은 고종 갑술년(1874)에 유실된 것을 1990년에 복원한 것이다. 누각의 명칭은 《맹자·마음을 다함(盡心) 하》의 「물을 보는데도 기술이 있으니 반드시 그 물결을 볼 것이다.」(觀水有術, 必觀其瀾)라는 말에서 따왔다.

2 | **유호인(俞好仁**: 1445~1494)이 같은 각운자를 써서 지은 시가 두 수 있다. 그 시도 제목에 차운(次韻)하였다고 밝혀 놓아 누구의 시를 차운한 것인지는 알 수 없다.
을미년은 퇴계가 35세 되던 해도 1535년이다. 《연보》「6월에 호송관으로 발탁되어 일본의 사신을 동래로 호송하여 보냈다.」(六月, 差護送官, 送倭奴于東萊)

3 | **누명지묘어(樓名知妙語)** : 《맹자·마음을 다함(盡心) 상》「물을 구경하는데도 기술이 있으니 반드시 그 여울목을 보아야 한다.」(觀水有術, 必觀其瀾) 주자의 주석 「이는 도에 근본이 있음을 말한 것이다. …… 물의 여울목을 보면 그 수원에 근본이 있음을 알 수 있다.」(此言道之有本也……觀水之瀾, 則知其源之有本矣)

33~34. 丙申七月晦日. 與兄同宿西齋. 時余將往宜寧, 感念離合之故, 用蘇子由逍遙堂詩韻[1]

병신년 칠월 그믐날 형님과 함께 서재에서 묵었다. 그때 나는 의령에 가려던 참이었는데 헤어지고 만나는 일에 느낀 바가 있어 소자유의 소요당 시의 각운자를 써서 짓는다

33

對牀風雨西齋夜[2] 대 상 풍 우 서 재 야	잠자리 함께 하니 비바람 서재에 치는 밤에,
何事還爲腸斷聲[3] 하 사 환 위 장 단 성	어쩐 일로 다시금 애 끊는 소리로 들리는지?
洒淚鴒原悲不盡[4] 쇄 루 영 원 비 부 진	형제가 어려운 일 당하여 눈물 뿌리니 슬픔 다하지 않았는데,
分飛又向楚南城[5] 분 비 우 향 초 남 성	헤어져 날아서 또 초나라 남쪽성을 향하네.

今年春伯兄下世　금년 봄에 백형[潛]이 세상을 하직하였다

1 | 퇴계선생은 병신년(1536) 7월 휴가를 얻어 넷째 형 온계(溫溪: 瀣)와 함께 어머니를 찾아 뵙고 그믐날 그들의 생가인 노송정(老松亭)에서 함께 자면서 벼슬을 버리고 산 속에서 함께 살자고 약속하였다. 이때 소식과 소철 형제의 우애에 견주어 장차 의령의 처가로 떠나기에 앞서 이합의 정을 소철(蘇轍)의 〈소요당〉시 운으로 읊었다. 소철의 원시는 [원운시]를 보라.
이때 퇴계선생은 장인인 〈허공(許公)의 상을 당하여 문상하러 가는 길이었다.

2 | **대상풍우(對牀風雨)**: 당나라 위응물(韋應物)의 〈전 진원 상에게 보임(示全眞元常)〉「어찌 알았으리오, 눈보라 치는 밤에, 다시 여기서 침상을 마주하고 잘 줄을?」(寧知風雪夜, 復此對牀眠)

3 | **장단성(腸斷聲)**: 당나라 백거이의 〈돌아갈 것을 생각하는 음악에 화답함(和思歸樂)〉「근심스런 사람의 귀에 들어와, 모두 애끊는 소리 된다네.」(爲入愁人耳, 皆爲腸斷聲)

34

共約靑山映黃髮[6]
공 약 청 산 영 황 발

청산에 누런 머리 비치도록
함께 살자 약속했건만,

何時官爵棄如泥[7]
하 시 관 작 기 여 니

어느 때나 관직과 작위
진흙 버리듯 하리.

怪來今夜同眠處
괴 래 금 야 동 면 처

이상하구나, 오늘밤
함께 자는 이곳에,

風轉蕭蕭雨轉凄
풍 전 소 소 우 전 처

바람 소리 쓸쓸해지고
빗소리는 처량해지네.

4 | 영원(鴒原) : 곧 척령재원(鶺鴒在原)을 말하며 《시경·소아·아가위(常棣)》에서 나온 말임. 「할미새 들에서 어려움 있는 듯 돌아다니면, 형제가 서로 도와 어려움 구하네.」(脊令在原, 兄弟急難) 「脊令」은 「鶺鴒」과 같으며, 할미새를 말함. 할미새는 걸어다닐 때 항상 꽁지를 아래 위로 흔들어 화급한 일을 고하는 듯하므로 위급이나 곤란에 처한 것을 뜻하며, 척령재원은 형제가 급한 일이나 어려운 일을 당하여 서로 돕는다는 비유로 쓰임.

5 | 분비남성(分飛南城) : 《고증》「장차 의령으로 향해 가려하므로 소철의 시에 나오는 팽성과 뜻이 통하는 용어를 썼다.」(以將向宜寧, 故因使蘇詩彭城語) 원운시의 해당 시 마지막 구절을 보라. 팽성은 중국의 남쪽 지방으로, 지금의 강소성(江蘇省) 동산현(銅山縣)에 있음. 퇴계가 가려는 의령이 중국의 초나라처럼 남쪽에 있기 때문에 이렇게 말하였음.

6 | 청산영황발(靑山映黃髮) : 송나라 소식의 〈곽희가 그린 가을 산수(山水)가 평원(平遠)함을 이루어 천기(天機)가 감돎을 읊다(郭熙畫秋山平遠)〉「내 문로공(文潞公: 언박) 따라 노닐기를 십 년을 하루처럼 하였더니, 청산에 (공의) 누런 머리 비침도 깨닫지 못했네.」(我從公游如一日, 不覺靑山映黃髮) 또 같은 사람의 〈올 정월 14일 아우인 자유와 진주에서 헤어지다. ……(今年正月十四日, 與子由別於陳州……)〉「조만간 푸른 산에 누런 머리 비칠텐데, 서로 세상만사 잠시 제쳐두고 보세.」(早晩靑山映黃髮, 相看萬事一時休)

7 | 관작기여니(官爵棄如泥) : 《장자·전자방(田子方)》「종 버리는 것을 진흙 버리듯이 하는 사람은 자기 몸이 종보다 귀하다는 것을 알기 때문이니, 값진 것이 내 안에 있으니 어떤 변화에도 잃지 않는 것이오.」(棄隸者若棄泥塗, 知身貴於隸也, 貴在於我而不失於變) 송나라 소식의 〈왕중소 시승에게 드림(贈王仲素寺丞)〉「기 기르는 것 아이 기르듯 하고, 벼슬 버리는 것 진흙 버리듯 하네.」(養氣如養兒, 棄官如棄泥)

【원운시】

逍遙堂會宿, 二首
소요당에서 만나 묵다, 두 수

나는 어려서 자첨 형님을 따라 글을 읽었는데 일찍이 하루라도 함께 머무르지 않은 적이 없었다. 장성하여 사방으로 벼슬길을 떠나려 할 때 위응물의 시를 읽다가 「어찌 알았으리오, 비바람 치는 이 밤에, 다시 여기서 침상 마주하고 잘 줄을?」이라는 구절에 이르렀을 때 그 뜻을 슬피 느껴 이에 일찍이 물러나 한적하게 거처하는 즐거움을 누리자고 약속하였다. 그래서 형님이 비로소 봉상현의 막부에서 관직생활을 할 때 시를 남겨 이별을 하면서 말하기를 「밤비 어느 때 소슬하게 들리는가?」라 하였다. 그 뒤 형님은 여항 태수가 되었다가 다시 교서 태수로 옮겼다. 나는 회양과 제남에서 오래 머무르고 있어서 보지 못한 것이 7년이나 되었다. 희령 10년(1077) 2월 비로소 전주와 복주 사이에서 다시 만나 서로 좇아 서주로 와서 백여 일을 머물렀는데 그때 마침 소요당에서 묵었다. 전의 약속이 되살아나 짧은 시 두 수를 지어 기록한다

轍幼從子瞻讀書, 未嘗一日相舍. 旣壯, 將遊宦四方, 讀韋蘇州詩, 至「安知風雨夜, 復此對床眠」, 惻然感之, 乃相約早退爲閑居之樂. 故子瞻始爲鳳翔幕府, 留詩爲別, 曰,「夜雨何時聽蕭瑟.」其後子瞻通守餘杭, 復移守膠西, 而轍滯留於淮陽濟南, 不見者七年. 熙寧十年二月, 始復會於澶濮之間, 相從來徐留百餘日. 時宿於逍遙堂. 追感前約, 爲二小詩記之

逍遙堂後千尋木
소요당 뒤의
팔천 길이나 되는 나무,

長送中宵風雨聲
언제나 한밤중에
비바람 소리 보내네.

悞喜對床尋舊約[8]
침상 마주하니 옛 약속 찾은 듯
잘못 기뻐하였는데,

不知漂泊在彭城
이리저리 떠돌아다니며
팽성에 있게 될 줄은 몰랐네.

秋來東閣凉如水
동쪽 누각 가을 되니
물처럼 서늘한데,

客去山公醉似泥
나그네 몸 산 떠나니
공 취하여 곤드레만드레 되었네.

困臥北窓呼不起
피곤하여 북쪽 창에 누워
불러도 일어나지 않는데,

風吹松竹雨凄凄
바람 소나무와 대나무에 불고
빗소리만 처량하네.

8 | 오(悞) : 원시에는 「誤」로 되어 있는데, 뜻은 같다.

35. 映湖樓[1]

영호루

客中愁思雨中多
객 중 수 사 우 중 다

나그네 살이에 수심
비 내리니 더욱 많은데,

況值秋風意轉加[2]
황 치 추 풍 의 전 가

하물며 가을 바람 만나
마음 더욱 슬퍼짐에랴.

獨自上樓還盡日
독 자 상 루 환 진 일

홀로 누대에 올라
하루 해가 다 한다 하여도,

但能有酒便忘家
단 능 유 주 변 망 가

오로지 술만 있으면
곧 집 생각 잊을 수 있다네.

慇懃喚友將歸燕
은 근 환 우 장 귀 연

은근히 친구 부르고
돌아오는 제비와 더불어,

寂寞含情向晚花
적 막 함 정 향 만 화

호젓한 마음 머금고
저녁 꽃 마주하고 싶네.

一曲淸歌響林木
일 곡 청 가 향 림 목

맑은 노래 한 곡조
만약 나무 앞에서 울려퍼진다면,

此心焉得似枯槎
차 심 언 득 사 고 사

이 마음이야 어찌
마른 뗏목 같아질 수 있으리.

1 | 영호루(映湖樓) : 《고증》「안동부 남쪽 5리 지점에 있으며, 공민왕이 사냥하고 놀며 유람하였으며 또한 편액을 썼다. ○ 이 시는 고려조에 성균좨주 벼슬을 지낸 우탁(禹倬)이 지은 시의 각운자를 써서 지었다.」(在安東府南五里, 恭愍王狩遊賞仍書額○案, 此用禹祭酒韻) 백문보(白文寶)의 〈금방기(金牓記)〉에 그 사실이 남아 있으며, 영호루에 관한 상세한 내용은 《신증동국여지승람》 권408 〈안동대도호부〉조에 보인다. 영호루의 기문(記文)은 점필재 김종직이 지었다.

2 | 치추풍(値秋風) : 당나라 이백의 〈장사인이 강동으로 감에 송별하다(送張舍人之江東)〉「장한림 강동으로 떠나는데, 때마침 가을 바람 부는 철 만났다네.」(張翰江東去, 正値秋風時)

【원운시】

暎湖樓

영호루

우탁(禹倬)

嶺南游蕩閱年多	영남에 여러 해 동안 두루두루 놀았으나,
最愛湖山景氣加	이 호산의 경치를 내 가장 사랑하네.
芳草渡頭分客路	풀 우거진 나루터에 나그네 길 나누어지고,
綠楊堤畔有農家	수양버들 푸른 뚝 가에 농가 있다네.
風恬鏡面橫煙黛	바람 멎은 거울 같은 수면 물안개 눈썹 같이 끼었고,
歲久墻頭長土花	오랜 세월 지난 담 머리에는 흙꽃 자랐네.
雨歇四郊歌擊壤	비 갠 뒤 온 벌판에 격양가 부르는 소리,
坐看林杪漲寒槎	앉아서 저 수풀 끝에 겨울에 밀려온 뗏목 떠오름 보네.

36. 八月十八日, 還自宜寧. 雨留新蕃縣[1] _一首見內集[2]

8월 18일 의령에서 돌아오던 도중에 비가 내려 신번현에 머무르다_ 1수는 《내집》에 보임

風號木葉撼前山 풍 호 목 엽 감 전 산	나뭇잎에 바람 으르렁거리니 앞의 산 온통 뒤흔드는 듯하고,
雨打西窓作暮寒 우 타 서 창 작 모 한	비 서창을 두드려 저녁 추위 생기게 하네.
旅客解驂求菜束[3] 여 객 해 참 구 채 속	나그네 곁말 풀어놓고 먹일 꼴 다발 구하는데,
村童呼犢入柴關 촌 동 호 독 입 시 관	마을 어린아이 송아지 불러 사립문으로 몰아 넣네.

1 | **신번현(新蕃縣)** : 의령에 속한 곳으로 나중에는 신반현(新反縣)이라고 하였음.

2 | 《내집》 권1의 9에 〈비 때문에 신번현에서 묵다(雨留新蕃縣)〉라는 제목으로 실려 있음. 번역은 《퇴계시 풀이 I 》을 보라.

3 | **해참(解驂)** : 주자의 〈산북기행 12장(山北紀行十二章)〉 제3수 「길 가다 석문에서 비 만나, 차가운 시내 동쪽에 곁말 풀어놓았다네.」(行逢石門雨, 解驂寒澗東)

庭生細草新還密
정 생 세 초 신 환 밀

뜰에 난 잔풀들은
새롭고도 빽빽한데,

壁畫奇毛舊欲漫[4]
벽 화 기 모 구 욕 만

벽화 속의 기이한 새는
오래 되어 지워지려 하네.

可是龍公歸蟄臥[5]
가 시 용 공 귀 칩 와

용님께서 돌아가 몸 숨기고
누워 있을 만하니,

征衫明日快歸鞍
정 삼 명 일 쾌 귀 안

나그네 행색 내일 아침에는
돌아가는 안장 가뿐하리.

4 | **기모(奇毛)** : 깃털이 흰 매를 말함. 당나라 두보의 〈왕감병마사를 찾아뵈었는데 가까운 산에 희고 검은 매 두 마리가 있다고 하였다. ……(見王監兵馬使說近山有白黑二鷹……)〉「구름 날고 옥 같은 눈 쌓이니 맑은 가을도 끝나, 기이한 털 가진 새 내키는대로 멀리 놂 안타깝지 않네.」(雲飛玉立盡淸秋, 不惜奇毛恣遠遊)

5 | **용공(龍公)** : 용신, 곧 용이나 용왕을 말함. 당나라의 장노사(張路斯)가 만년에 용이 되어 날아가 이를 모시는 사당이 있었다고 함. 송나라 소식의 〈소령후를 모신 사당의 비문(昭靈侯廟碑)〉「(당) 소령후 장공의 휘는 노사이다. …… 일찍이 초씨대 남쪽에서 낚시를 하는데 하루는 낚시를 하던 곳에 궁실 및 누대, 전각이 있는 것을 돌아보고 마침내 들어가 거처했다. 이로부터 밤이면 나가서 아침이면 돌아오는데 돌아올 때면 으레 몸이 차갑고 젖어 있기가 일쑤였다. 부인이 놀라 물어보니 공이 말했다. 『나는 용이오!』」(昭靈侯張公諱路斯. ……嘗釣于焦氏臺陰, 一日, 顧見釣處有宮室樓殿, 遂入居之. 自是夜出旦歸, 歸輒體寒而濕. 夫人驚問之, 公曰, 我龍也) 같은 사람의 〈취성당에 눈이 내리다(聚星堂雪)〉「원우 6년 11월 1일, 용공 장노사에게 비를 빌었더니 눈이 조금 내렸으므로 객들과 취성당에 모여 술을 마셨다. …… 창앞에 으스스 마른 잎 날리는 소리 울리더니, 용님께서 손으로 처음 눈 내려 주시네.」(元祐六年十一月一日, 禱雨張龍公, 得小雪, 與客會飮聚星堂. ……窓前音響鳴枯葉, 龍公試手初行雪)

37. 愛日堂後臺上, 陪李府尹賢輔遊賞. 時公辭慶尹, 家居[1]

애일당 뒤에 있는 높은 정자에서 이부윤님현보을 모시고 노닐다. 이때 공은 경주부윤을 사퇴하고 집에서 거처하셨다

結屋崖邊石磴斜
결 옥 애 변 석 등 사

낭떠러지 곁에 정자 지었는데
돌 비탈 비스듬하고,

憑闌如在羽人家
빙 란 여 재 우 인 가

난간에 기대니 꼭
신선의 집에 계시는 듯.

公能解紱歸田早[2]
공 능 해 불 귀 전 조

공께서 능히 인끈 풀고
일찍이 전원으로 돌아갈 수 있었기에,

我亦攜壺賞景多
아 역 휴 호 상 경 다

나 또한 술병 지니고 와서
경치 감상 많이 할 수 있었다네.

1 | **애일당(愛日堂)** : 농암 이현보 선생이 살던 예안현의 분천(汾川: 부내, 곧 지금의 도산면 분천리)이라는 마을에 있는, 낙동강 지류 곁에 있던 큰 바위 곁에 지었던 정자를 말함. **이현보(李賢輔)** : 자는 비중(棐仲). 호는 농암(聾巖), 또는 설빈옹(雪鬢翁)이며, 본관은 영천(永川). 시호는 효절(孝節). 퇴계가 손수 지은 행장(行狀)이 《내집》 48권에 수록되어 있음.

2 | **귀전조(歸田早)** : 당나라 이백의 〈최추포에게 드림(贈崔秋浦)〉 제2수 「동쪽 언덕에서 봄 농사 시작되었으니, 기장 씨 뿌리러 빨리 전원으로 돌아가리.」(東皐春事起, 種黍早歸田)

瘦盡秋容江出石
수 진 추 용 강 출 석

야윌대로 야윈 가을 모습에
강바닥에는 돌 드러났지만,

粧成晩意菊添花
장 성 만 의 국 첨 화

늦 정취 꾸미느라
국화 꽃 보태었네.

令人坐羨冥飛鵠[3]
영 인 좌 선 명 비 곡

사람으로 하여금 갑자기
높이 날아온 고니 부럽게 만드나니,

不信人間有網羅
불 신 인 간 유 망 라

인간 세상에 새잡는 그물
있다는 말 믿어지지 않네.

3 | 좌(坐) : 시에서는 여러 가지 뜻으로 쓰이는데, 여기서는 갑자기, 드디어, 마침내 등의 뜻으로 쓰였음.

38. 到書堂待閔著作景說箕[1]_辛丑

서당에 이르러 저작랑 민경열기을 기다리다_ 신축년(1541)

東湖水漲秋雨餘[2] 동 호 수 창 추 우 여	동호의 물 가을 비에 붇고도 남아,
騎馬沙汀皺眉舒 기 마 사 정 추 미 서	강가 모래사장 말타고 달리니 찌푸렸던 눈썹 펴지네.
行穿翠密度潺湲[3] 행 천 취 밀 도 잔 원	푸르고 빽빽한 풀 헤치고 나가 졸졸 흐르는 내를 건너,

1 | **경열(景說)** : 민기(閔箕: 1504~1568)의 자임. 호는 관물당(觀物堂) 또는 호학재(好學齋)이며 본관은 여흥(驪興). 시호(謚號)는 문경(文景).
저작랑은 중국의 국사 편수관 벼슬이나, 조선에는 이와 같은 벼슬이 없다. 아마 민경열이 수찬 등의 벼슬을 지냈으므로 이렇게 부른 것 같다.

2 | **동호(東湖)** : 호당(湖堂)이라고도 하며 사가독서(賜暇讀書)를 하던 장소, 곧 독서당을 말함.

3 | **행천취밀(行穿翠密)** : 송나라 소식의 〈석경원에 지어 남기다(留題石經院)〉「문 앞의 길 파릇파릇한데, 푸르고 빽빽한 가운데로 헤쳐나가네.」(葱倩門前路, 行穿翠密中)

仰見雲屋如仙居[4]
앙 견 운 옥 여 선 거

구름 드리운 집 우러러 보니
신선이 거처하는 듯.

入門寂寂人蹤稀[5]
입 문 적 적 인 종 희

문 들어서니 적적하여
사람 자취조차 드물고,

碧窓烏几横琴書[6]
벽 창 오 궤 횡 금 서

푸른 창가의 검은 책상에는
거문고와 책 가로놓여 있네.

超然坐待君欲來
초 연 좌 대 군 욕 래

초연히 앉아서 그대
오리라 기다리노라니,

庭樹風生巖暝初
정 수 풍 생 암 명 초

뜰의 나무에 바람 일고
바위는 어둠에 거뭇거뭇하려 하네.

4 | **운옥(雲屋)** : 서당을 지칭하는 말임. 독서당에는 봉래선관(蓬萊仙官)이니 선거(仙居) 등과 같은 신선의 거처로 묘사되는 말이 많이 있다. 한나라 반첩여(班婕妤)의 〈스스로 슬퍼하다(自悼賦)〉「구름 드리운 집 우러러 봄이여, 두 줄기 눈물 흘러 횡으로 흐르네.」(仰視兮雲屋, 雙涕下兮橫流)
여선거(如仙居) : 당나라 이백의 〈이른 가을 선보의 남루에서 두형공에게 답하다(早秋單父南樓酬竇公衡)〉「내 남루 닫고 도사들 책 보니, 그윽한 주렴 맑고 쓸쓸한 것이 신선의 거처에 있는 것 같네.」(我閉南樓看道書, 幽簾淸寂在仙居)

5 | **적적인종희(寂寂人蹤稀)** : 송나라 소철(蘇轍)의 〈곽륜(郭綸)〉「하주의 성 거쳐 가는데, 쓸쓸하여 사람의 자취 없다네.」(行經賀州城, 寂寞無人蹤)

6 | **금서(琴書)** : 진나라 도연명의 〈돌아가자꾸나(歸去來辭)〉「친척들의 정담 기뻐하고, 거문고와 책 즐기며 시름 푼다네.」(悅親戚之情話, 樂琴書以消憂)

39. 次韻景說書堂

민기의 서당시에 차운하다

絶境湖山千古秘 절 경 호 산 천 고 비	아름다운 호수와 산천 천고에 신비한데,
何年金地化茲堂1 하 년 금 지 화 자 당	어느 해에 절간이 서당이 되었던고?
天臨揭額楣纏彩2 천 림 게 액 미 전 채	하늘에는 액자 걸려 있고 문미에는 색 얽혀 있으며,
神護藏書壁透光 신 호 장 서 벽 투 광	신의 가호로 책 갈무리 해 놓았는데 벽으로는 햇빛 통하네.
咳唾有時霏月露3 해 타 유 시 비 월 로	훌륭한 말씀 때때로 달밤의 이슬처럼 내리고,

1 | **금지(金地)** : 또는 금전(金田)이라고도 함. 절을 이르는 다른 말임. 《운부군옥(韻府羣玉)》「금지는 절이다.」(金地, 僧宇也) 급고독장자(給孤獨長者)가 기타림에 황금을 깔고 땅을 사서 기원정사(祇園精舍)를 지었다는 옛일에서 기원함. 《요존록》「《불서》 큰 시주인 수달(Sudatta)이 절(정사)를 짓고자 하였는데 (이때) 기원의 태자에게 그윽하고 조용하여 거처할 만한 동산이 하나 있었다. 태자가 장난 삼아 『금으로 한가득 깔 수만 있다면 당장 주겠다.』라 말했다. 이에 수달은 80경에 금을 내어 깔았으며 정사가 완성되자 부처를 안치하였다고 고하였다.」(佛書. 大壇越須達欲營精舍, 有祇園太子一園幽靜可居. 太子戲曰, 滿以金布便當相與. 須達出布金八十頃. 精舍成, 告佛安居)

2 | **천림게액(天臨揭額)** : 《고증》「왕의 친필 편액이 걸려 있는 듯하다.」(疑有御筆題額)

3 | **해타(咳唾)** : 해타성주(咳唾成珠)를 말함. 기침할 때 튀어나온 침이 구슬을 이룬다는 말로, 훌륭한 문인들이 지어낸 시구가 아름답다는 뜻으로 사용됨. 《장자·가을 강(秋水)》「그대는 저 침을 보지 못했는가? 내뿜으면 큰 것은 구슬 만하고 작은 것은 안개와 같아 섞이어 떨어지면 그 수를 이루 다 헤아릴 수도 없다네.」(子不見夫唾者乎? 噴則大者如珠, 小者如霧, 雜而下者, 不可勝數也) 당나라 이백의 〈첩은 박명하여(妾薄命)〉「뱉은 침이 저 높은 하늘에서 떨어지는 듯, 바람 따라서 주옥이 생겨나는 듯하네.」(咳唾落九天, 隨風生珠玉)

研劘專事賁王皇
연 마 전 사 분 왕 황

연구에 열중하여 임금님 사업
크게 넓히시네.

溫尋舊學加新趣[4]
온 심 구 학 가 신 취

옛 학문 푹 익히고
새 맛을 더하니,

一味眞如飫玉漿[5]
일 미 진 여 어 옥 장

그 맛이야 말로 좋은 술
실컷 마시는 것 같다네.

堂舊月松菴基也[6] 서당은 옛 월송암 터이다

4 | **온심~가신취(溫尋~加新趣)** : 온심(溫尋)은 온습(溫習)과 같은 뜻이다. 《예기·중용(中庸)》「옛것을 익히고 새것을 안다.」(溫故而知新) 주자의 주석「온은 따뜻하게 데운다고 할 때의 심온과 같은 뜻이니 예전에 이것을 배우고 다시 때때로 익힘을 이른다.」(溫猶燖溫之溫, 謂故學之矣, 復時習之也) 당나라 공영달(孔穎達)의 주석「현인이 학문을 해나감에 옛일을 푹 익힐 수 있을 뿐만 아니라 새로운 일도 잘 알 수 있다는 것을 말한다.」(言賢人由學, 旣能溫尋故事, 又能知新事)

5 | **옥장(玉漿)** : 미주(美酒), 곧 좋은 술이라는 뜻. 송나라 소식의 〈전도사와 월땅의 태수 목보가 술을 마신다는 말을 듣고 2병을 보내주다(聞錢道士與越守穆父飮酒, 送二壺)〉「용 서린 나무뿌리 포 만들고 옥으로 술 만들었는데, 하계의 차가운 술 또한 질펀하게 맛보았다네.」(龍根爲脯玉爲漿, 下界寒醅亦漫嘗)

6 | **월송암(月松庵)** : 《고증》「용산사에 속한 암자 이름인 듯하다.」(疑是龍山寺庵名) 《신증동국여지승람》 권3 〈한성부·독서당(讀書堂)〉「옛날에 용산에 폐지한 절간이 강 북쪽 언덕에 있었는데, 성종조에 고쳐 짓고 당(堂)을 만들어서 홍문관(弘文館)의 연소한 학자들의 글 읽는 곳을 만들었다. …… 다시 좋은 자리를 두모포(豆毛浦) 남쪽 언덕 월송암(月松庵) 서쪽 산기슭을 선택하여 창건하였으며, 호당(湖堂)이라고 이름하였다.」

40. 趙季任士秀, 出牧濟州. 寄鸚鵡螺書堂. 時季任已還京[1]

조계임사수이 제주목사로 나가서 앵무라 술잔을 서당으로 부치다. 이때 계임은 이미 서울로 돌아왔다

絶島茫茫似點螺
절 도 망 망 사 점 라

절해고도 망망하게
한 점 고동 같이 솟아 있는데,

天然精怪化蟲沙[2]
천 연 정 괴 화 충 사

천연의 정괴한 모습은
고동과 모래 되었다네.

雖非巧舌嬰身禍[3]
수 비 교 설 영 신 화

교묘한 말솜씨 아닌데도
몸에 화를 입고,

應坐虛文合器華[4]
응 좌 허 문 합 기 화

응당 헛된 무늬 때문에
아름다운 술그릇에 적합하게되었으리.

倂荷蠻牋投玉韻[5]
병 하 만 전 투 옥 운

설도전 함께 지고 와
훌륭한 시 써내어,

1 | 조사수(趙士秀: 1502~1558) : 호는 송강(松岡)으로 양주(楊州) 사람이며 본관은 한양(漢陽)이다. 1531년에 식년 문과에 급제하였으며, 이조참판, 경상도관찰사, 이조·호조·형조·공조판서 등을 역임하고 지중추부사·좌참찬에까지 이르렀다. 시호는 문정(文貞)이며, 퇴계가 지어준 제문이 《내집》 45권에 수록되어 있다.
앵무라(鸚鵡螺) : 당나라 두보의 〈백중승께서 장수와 병졸들에게 연회를 베푸심을 보는 것을 수행하다(陪柏中丞觀宴將士)〉「취한 손님 앵무배 적시고, 미인들은 봉황 수놓은 것 가리키네.」(醉客霑鸚鵡, 佳人指鳳凰) 두전(杜田)의 주석 「앵무는 잔 이름이다. 바다의 소라를 새겨서 만든다. 모양이 앵무새를 닮았다. 옛날에는 그것으로 술을 권하고 또 벌주잔으로 쓰기도 하였다.」(鸚鵡, 盃名. 雕刻海蠡而爲之. 像鸚鵡形. 昔人以之勸酒且以爲罰爵) 《고증》 「《남해이물지》에 『앵무배는 그 모양이 하배(신선이 쓰는 술잔을 말함)와 같고 형태는 새와 비슷하다. 머리가 배를 향하고 있어 그 모양이 앵무새와 같아 그렇게 이름하였다.』라 하였다.」(南海異物志, 鸚鵡杯狀似霞杯, 形似鳥. 頭向其腹, 似鸚鵡, 故以爲名) 《신증동국여지승람》 권38 〈제주목〉「우도 및 대정의 가파도에서 난다.」(出牛島及大靜加波島)

擬留瓊館鎭仙家[6] 의 류 경 관 진 선 가	경관에 남겨 둔다면 이 신선의 집 크게 빛나겠네.
東湖月色新如洗 동 호 월 색 신 여 세	동호의 달빛 씻은 듯 새로워져,
重到能忘酌九霞[7] 중 도 능 망 작 구 하	다시 이른다면 신선의 술 마시는 것도 잊을 만하네.

2 | 화충사(化蟲沙) : 진나라 갈홍의 《포박자》 권8 〈석체(釋滯)〉 「주목왕이 남정을 하는데 3군의 무리가 하루 아침에 모두 변하였는데, 군자는 학이 되고 소인들은 모래가 되었다.」(周穆王南征, 三軍之衆, 一朝盡化, 君子爲鶴, 小人成沙) 《태평어람》에는 「周穆王南征, 一軍盡化, 君子爲猿爲鶴, 小人爲蟲成沙」로 되어 있다. 당나라 한유의 〈우홍이 남쪽으로 돌아가게 되어 송별하다(送區弘南歸)〉 「주목왕 옛날 남쪽 정벌 할 때 군대 돌아오지 않았는데, 벌레와 모래 원숭이와 학 되어 엎드려 날아갔다네.」(穆昔南征軍不歸, 蟲沙猿鶴伏以飛)

3 | 교설(巧舌) : 《고증》 「앵무새를 가리켜 말했다.」(指鸚鵡而言) 술잔의 이름만 앵무라는 것을 따왔는데 실제 교묘한 말솜씨를 자랑하는 앵무새처럼 화를 입은 것을 말함.

4 | 좌허문(坐虛文) : 좌(坐)는 여기서 ~때문에 라는 뜻으로 쓰였음. 문(文)은 문(紋)자의 뜻으로 쓰였음. 당나라 두목(杜牧)의 〈산행(山行)〉에 「수레 멈춤 저녁 단풍숲 사랑하기 때문인데, 서리 맞은 잎 2월에 핀 꽃보다 더 붉다네.」(停車坐愛楓林晩, 霜葉紅於二月花)

5 | 만전(蠻牋) : 곧 설도전(薛濤箋)이다. 송나라 한보(韓溥)의 〈촉지방에서 나는 종이를 아우인 계에게 부치다(以蜀箋寄弟洎)〉 「익주에서 난 열 가지 모양의 설도전을, 완화계의 가에서 새로이 부쳐왔네.」(十樣蠻牋出益州, 寄來新自莞溪頭) 설도전은 당나라의 유명한 기생인 설도(薛濤)가 촉나라 완화계(浣花溪)에서 만들었다는 열 가지 빛깔의 종이[箋]. 완화전이라고도 하며 일반적으로 양질의 종이를 가리킴.

6 | 경관(瓊館) : 옥당(玉堂)이나 마찬가지 뜻으로 역시 동호독서당을 가리키는 말.

7 | 구하(九霞) : 술잔의 이름. 곧 구하상(九霞觴)을 말하며, 구하치(九霞卮)라고도 함. 통상 좋은 술[美酒]을 가리킬 때 쓰임. 《당시기사(唐詩紀事)》 권75 〈허작(許碏)〉 「허작이 장강과 회수 사이에서 놀면서 항상 취하여 읊조렸다. 『낭원(신선의 거처)의 꽃밭 앞은 취중의 별천지인데, 서왕모의 구하잔 집다가 엎어버렸네.』」(碏遊江淮間, 常醉吟曰, 閬苑花前是醉鄕, 拈翻王母九霞觴) 이 시는 《전당시》 권861에 수록되어 있으며 제목은 〈취하여 읊조리다(醉吟)〉이다. 두 번째 구절이 《전당시》에는 「서왕모의 구하 술잔 밟아서 엎어버렸네.」(踏翻王母九霞觴)로 되어 있다.

41. 到朔寧 京畿災傷御史時[1]

삭녕에 이르다_경기도의 재해를 살피는 어사가 되어

惻惻荒年意未寧 측 측 황 년 의 미 녕	슬프고 슬프도다, 흉년에 마음 편치 못하여,
江邊立馬影竛竮[2] 강 변 입 마 영 영 병	강 가에 말 세우니 그림자조차 쓸쓸하고 고달파보이네.
葉從霜夜濃全赤 엽 종 상 야 농 전 적	나뭇잎은 밤새 내린 서리에 완전히 붉게 물들었는데,
山入秋空割半青 산 입 추 공 할 반 청	산에 드니 가을 하늘은 잘리어 절반만 푸르다네.
官舍隱雲如到寺 관 사 은 운 여 도 사	관사 은은한 구름 속에 숨어 절에 온 듯하고,

1 | **삭녕**은 경기도에 속한 군 이름임. 퇴계가 41세 되던 신축년에 전국적으로 흉년이 들었으며, 경기도 영평현(永平縣)의 수해가 특히 심하여 이 해 9월에 경기도 재상어사로 차출되어 영평(永平)·삭녕(朔寧) 등 경기도 동북부지방을 돌아보고 왔다.

2 | **영병(竛竮)** : 불안하게 가는 모양. 《요존록》「《운회》 똑바로 가지 못하다의 뜻으로, 영빙과 통하여 쓴다.」(韻會. 行不正, 通作伶俜)

吏人踏地似行屛
이 인 답 지 사 행 병

관리들 땅 밟는 것이 마치
병풍 위를 걷는 것 같네.

索牋題句知何用
색 전 제 구 지 하 용

종이 찾아 싯귀 적으려 한들
무슨 소용 있으리오만,

新月閒吟愛滿庭[3]
신 월 한 음 애 만 정

새로 나온 달빛 뜰에 가득한 것 아까워
부질없이 읊어 본다네.

3 | 한음애만정(閑吟愛滿庭) : 당나라 한유(韓愈)의 〈최사인이 달을 스무 운자로 읊은 시에 답하다(和崔舍人詠月二十韻)〉「그윽하게 앉아 문틈으로 스미어 들어오는 것 보고, 한가로이 달빛 뜰에 가득한 것 사랑스러워 읊는다네.」(幽坐看侵戶, 閑吟愛滿庭)

42. 送李重吉潤慶牧義州[1]_重吉去年爲巡邊從事[2]

이중길윤경이 의주 목사가 되어 떠남에 전송하다_중길은 지난 해 순변사의 종사가 된 바 있다

去年入幕風生劍 거 년 입 막 풍 생 검	지난 해 막부에 들 때에는 바람 칼에서 일더니,
今歲爲州玉映冠[3] 금 세 위 주 옥 영 관	올해는 목사 되어 옥관자 갓에 비치네.
百戰山河餘古壘 백 전 산 하 여 고 루	숱한 싸움터 되었던 산하에는 옛 진지 남아 있고,
一方鎖鑰是雄關[4] 일 방 쇄 약 시 웅 관	나라의 한쪽 잠그는 굳센 관문이 되었네.

1 | **이윤경(李潤慶: 1498~1562)** : 호는 숭덕재(崇德齋)이며 본관은 광주(廣州)이다. 문과에 급제하여 중종 때 수찬(修撰), 부윤(府尹) 등을 역임하였고, 명종 때 대사간으로 대윤(大尹)의 제거에 가담한 공을 인정받아 위사공신(衛社功臣)이 되었다. 을묘왜변 때는 왜구의 침입을 방어하여 관찰사가 되었고, 병조판서에까지 올랐다. 시호는 정헌(正憲)이며, 동고(東皐) 이준경(李浚慶)의 형이다.

2 | **순변(巡邊)** : 순변사를 말함. 순변사는 조선시대 변방의 군국기무를 순심(巡審)하기 위하여 왕명을 띠고 파견되던 특사임. 종사(從事)는 부관(副官)임.

3 | **옥영관(玉映冠)** : 옥으로 된 관자를 하고 있어서 지체가 높음을 말함. 관자(貫子)는 망건에 달아 당줄을 꿰어 거는 작은 고리로, 신분에 따라 금, 옥, 뿔, 뼈 등으로 그 만드는 재료가 달랐다.

4 | **일방쇄약(一方鎖鑰)** : 《내집》 권1의 〈의주에서 여러 가지를 읊음. 절구 열 두 수(義州雜題十二絶)〉의 두 번째 시 〈의주성의 지리상의 이점(州城地利)〉을 참조하라.

華人尙詫知詩禮[5]
화 인 상 타 지 시 례

중화민족은 시례의 교훈
아는 것 자랑하지만,

毳俗猶誇睹鳳鸞[6]
취 속 유 과 도 봉 란

오랑캐 습속은 오히려
봉황이며 난새 엿봄 뽐낸다네.

月靜轅門相憶未[7]
월 정 원 문 상 억 미

달빛 진문에 고요하면
서로 생각나지 않겠는가?

傳烽日日喜平安[8]
전 봉 일 일 희 평 안

봉화불로 날마다 평안하다는
희소식 전하게나.

5 | **시례(詩禮)** : 시례지훈(詩禮之訓)을 말함. 자식이 부친에게서 받은 교훈. 백어(伯魚)가 부친인 공자에게서 시와 예를 배워야 할 이유를 들은 고사에서 나온 말. 《논어·계씨(季氏)》「일찍이 (공자께서) 홀로 서 계실 때 내(이)가 총총걸음으로 뜰을 지나는데 『시를 배웠느냐?』라 물으시길래, 대답하기를 『아직 못 배웠습니다.』 하였더니, 『시를 배우지 않으면 할 말이 없다.』라 하시므로 나는 물러나 시를 배웠다. 다른 날에 또 홀로 서 계실 때 내가 총총걸음으로 뜰을 지나는데 『예를 배웠느냐?』 하고 물으시길래 『못하였습니다.』라고 대답하였더니, 『예를 배우지 않으면 설 수가 없다.』라 하시므로 내가 물러나와 예를 배웠다.」(嘗獨立, 鯉趨而過庭. 曰, 學詩乎? 對曰, 未也. 不學詩, 無以言. 鯉退而學詩. 他日, 又獨立, 鯉趨而過庭. 曰, 學禮乎? 對曰, 未也. 不學禮, 無以立. 鯉退而學禮) 과정지훈(過庭之訓)이라고도 함.

6 | **취속(毳俗)** : 북방 유목민족의 습속을 가리킴.
봉란(鳳鸞) : 임금의 자리.

7 | **원문(轅門)** : 수레의 끌채 따위를 세워서 만든 문으로 곧 군문(軍門), 진영(陣營)의 문을 말함.

8 | **전봉~희평안(傳烽~喜平安)** : 《당 육조의 법전(唐六典)》「국경의 요새에서 봉화연락이 닿는 곳은 대체로 30리의 거리쯤 된다. 그 국경에 아주 근접한 곳에는 성을 쌓아서 (그 거리를) 이룬다. 연기를 피우는 것은 봉화를 한 개를 올릴 때도 있고 봉화를 둘, 셋, 넷을 올릴 때도 있다. 매일 초저녁에 하나의 봉화를 올리는 것을 평안을 알리는 불이라 한다. 그 나머지는 적병의 많고 적음에 따라 다소간 차이가 있다.」(鎭戍烽候所至, 大率相去三十里. 其逼近邊者, 築城以致之. 其放煙有一炬二炬三炬四炬者, 每日初夜擧一炬, 謂之平安火. 其餘則隨寇多少, 多少爲差) 당나라 두보의 〈저녁 봉화(夕烽)〉「저녁 봉화불 가깝지 않은 곳에서 오니, 매일같이 평안함을 알리네.」(夕烽來不近, 每日報平安)

43. 足夢中作[1]

꿈속에서 얻은 구절에 보태어 짓다

임인년(1542) 2월 20일 밤 꿈에 선성의 산수 사이에서 노닐었다. 맨 끝에는 지금 살고 있는 곳에서 재 하나를 넘어 한 마을에 이르게 되었는데 산후촌이라 하였다. 인가의 울타리는 쓸쓸하였지만 깨끗하였고 닭이며 개 짖는 소리가 한가롭게 들렸다. 둑을 쌓은 못에는 물이 가득하였으며, 새로 심겨진 모는 반짝반짝 빛을 내며 두둑에 가득하였다. 마을을 지나쳐 들어가니 산이 돌아나갔고 물 또한 돌아들었는데, 계곡은 그윽하였으며 골짜기는 깊고도 고요하였다. 하늘에는 해가 빛나고 있었고 초목이 파르라니 빛이 났으며, 복숭아며 살구, 두견화의 무리가 곳곳에 흐드러지게 피었다. 마침내 계곡의 시내로 들어가 마음 내키는대로 더듬어보고 찾고 하다가 「늦은 봄 산 속에 별의별 꽃 다 피었네.」라고 한 구절을 읊었는데, 꿈속이긴 하지만 너무나 또렷함을 스스로 깨달았다. 바야흐로 그 다음을 이어서 지으려고 하는데 별안간 하품을 하고 기지개를 켜면서 깨었다. 그때 둥둥 하면서 오경을 알리는 북소리가 울렸다. 내 그것이 어떤 지경인지 어떤 조짐인지를 알지를 못하였다. 이에 보태어 절구 한 수를 완성하여 두 형님에게 부친다

壬寅二月二十夜, 夢遊宣城山水間[2]. 最後, 自今卜居處, 踰一嶺, 得一村莊, 名曰山後村. 人家籬落蕭洒, 雞犬閒閒[3]. 陂塘水滿, 稻秧新插, 剡剡然盈疇[4]. 過村而入, 山回水轉, 溪谷窈窕, 洞府深邃. 天日朗然, 草木葱瓏, 桃杏杜鵑花之屬, 處處爛發. 遂出入溪澗, 恣意探討因吟一句曰, 春晚山中別有花, 夢中自覺了了然. 方欲綴其下, 忽欠伸而寤. 鼕鼕然五更鼓矣[5]. 余不知是何境, 而是何祥耶[6]. 足成一絶, 以寄兩兄云

1 | 주(足) : 음이 「주」일 때는 더하다, 보태다, 첨가한다는 뜻이 된다. 《좌전·양공(襄公) 25년》 「공자께서 말씀하시기를 『전해오는 기록에 「말로써 뜻을 보태고 문식으로 말을 보탠다고 하였다.」라 하였다. 말을 하지 않으면 누가 마음 속에 품은 뜻을 알 것이며, 말을 해도 글의 꾸밈이 없다면 유행하기는 해도 멀리 이르지는 않느니라.』」(仲尼曰, 志有之, 言以足志, 文以足言. 不言, 誰知其志. 言之無文, 行而無遠)

2 | 선성(宣城) : 지금의 예안임.

3 | 계견한한(雞犬閒閒) : 《노자》 제80장 「이웃한 나라가 서로 바라보이고 닭 울고 개 짖는 소리가 서로 들려도 백성들은 늙어죽을 때까지 서로 왔다갔다 하지 않는다.」(隣國相望, 鷄犬之聲相聞, 民至老死不相往來)

霞明洞裏初無路[7]
하 명 동 리 초 무 로

하명동엔
애초에 길 없었는데,

春晩山中別有花[8]
춘 만 산 중 별 유 화

늦은 봄 산 속에
별의별 꽃 다 피었네.

偶去眞成搜異境
우 거 진 성 수 이 경

우연히 갔다가 실로
기이한 경치 찾게 되었으니,

餘齡還欲寄仙家[9]
여 령 환 욕 기 선 가

남은 여생 그대로
이러한 신선의 집에 몸 맡기도 지냈으면.

4 | **염염영주(剡剡盈疇)** : 「剡」은 지명으로 쓰일 때는 섬으로 읽히나, 여기서는 염으로 읽히며 빛나는 모양을 나타내는 뜻으로 쓰였다. 당나라 두보의 〈집일을 맡은 집사(執事)인 장망이 논 두둑의 물을 채우고 돌아오다(行官張望補稻畦水歸)〉「철렁철렁 푸른 깃털 빛나고, 반짝반짝 은하수 생겨나네.」(芊芊炯翠羽, 剡剡生銀漢)

5 | **동동(鼕鼕)** : 북소리 따위를 나타내는 의성어.

6 | 《요존록》「선생은 나중에 자하오를 보게 되자 꿈속의 광경과 실로 같음을 기뻐하시고 수석정을 지으셨다. 춘당 오수영이 선생의 제문을 지어 말했다. 『하명동 입구를 꿈속에서 먼저 돌아보신 적이 있어 〈하명오시〉를 얻게 되었다.』」(先生後得紫霞塢, 喜其眞協夢境, 作漱石亭. 吳春堂守盈祭先生文, 云霞明洞□, 有夢先歸拾遺霞明塢詩) 시는 《일집(逸集)》 및 《연보보유》에 보이는데 다음과 같다. 「세상에 나가서는 몸의 병 탄식하였더니, 고향으로 돌아오니 다행이도 잘못 가벼워졌네. 하명동은 옛 꿈과 딱 들어맞고, 하늘 활짝 개어 새로 경영함 돕는다네. 물은 가까운데 복숭아꽃 찰랑찰랑 넘치고, 산을 만났으니 게 모인 아리땁네. 다만 평소의 뜻 어그러지지 않아, 정말로 평소의 뜻 얻었으면.」(出世嗟身病, 歸田幸累輕. 霞明符昔夢, 天霽相新營. 水近桃花漲, 山邀契會英. 但無違素志, 眞箇得平生)

7 | **하명동(霞明洞)** : 《고증》「자하봉의 아래에 있다.」(在紫霞峯下)
초무로(初無路) : 송나라 소식의 〈금산의 묘고대(金山妙高臺)〉「우러러 보니 애초에 길 없었는데, 누가 믿겠는가? 숫돌 같이 평평함.」(仰觀初無路, 誰信平如砥)

8 | **춘만별유화(春晩別有花)** : 송나라 유반(劉攽)의 〈상청궁을 떠나려하면서 오동나무에 적다(將去上淸宮題梧桐)〉「가을 기운 먼저 잎 꺾는데, 봄바람 달리 꽃 피우네.」(秋氣先摧葉, 春風別有花)

9 | **여령욕기(餘齡欲寄)** : 당나라 한유의 〈남양을 지나는 길에 들르다(過南陽)〉「누가 슬프게 살아가는 것 참겠는가? 나는 모름지기 여생을 맡겨야지.」(孰忍生以慼, 吾其寄餘齡)

44. 家兄, 以賑恤敬差往本道. 聞寒食來家山澆奠, 滉拘官在京, 無計助參. 因思去年秋, 滉以京畿災傷御史, 行到朔寧等處. 値九日, 作詩三首錄寄仁遠, 仁遠和詩來京. 適値寒食, 吟詩念事, 情感倍劇. 旣以詩答仁遠, 復次元韻, 奉呈家兄[1]

형님이 진휼경차관의 임무를 받고 경상도로 가게 되셨다. 한식 때 가문의 선산에 와서 성묘를 하실 것이라는 것을 들었지만, 나는 벼슬에 얽매여 서울에 있게 되어 같이 가서 도와드릴 수가 없었다. 이에 지난 해 가을 내가 경기도에 재해를 살피는 어사로 삭녕 등지에 갔을 때를 생각했다. 그때 마침 9월 9일 중양절을 맞아 시 세 수를 짓고 이를 적어 인원형에게 부쳤는데 인원형이 화답한 시가 서울에 왔다. 때마침 한식을 맞게 된지라 시를 읊어 그 일을 생각하였는데 정감이 몇 갑절이나 더했다. 이미 시로 인원에게 화답하고 다시 원운시의 각운자를 써서 지어 삼가 형님에게 드린다

天戒吾君德日昇 천 계 오 군 덕 일 승	하늘이 우리 임금 경계하시어 덕 날로 오름에,
分憂溝壑每心兢[2] 분 우 구 학 매 심 긍	내와 골짜기까지 근심 나누어주시어 매번 전전긍긍하네.

1 | 가형(家兄)은 퇴계의 넷째 형 온계(溫溪) 이해(李瀣)를 말함.
진휼경차관(賑恤敬差官) : 진휼에 관한 일을 규찰하기 위하여 지방에 파견하는 경차관. 경차관은 조선시대 임금의 명령을 받들어 특별한 임무를 띠고 지방에 파견되던 임시 벼슬, 또는 그 벼슬아치.
요전(澆奠) : 술을 땅에 뿌려 제사지내는 일. 여기서는 성묘로 번역하였음.
삭녕(朔寧) : 위 41번 시의 주석 1)을 보라.

念兄春月行千里
염 형 춘 월 행 천 리

형님께서 봄날에
천 리 길 나서심 생각하니,

憶我秋山度百層
억 아 추 산 도 백 층

기억나네, 내 가을 산
백 겹이나 건넜던 일.

設粥嗟來難救士[3]
설 죽 차 래 난 구 사

죽 차려놓고 아무렇게나 부르면
참선비 구원하기 어렵고,

작시삼수(作詩三首) : 《고증》「시는 속집 권1에 보인다.」(詩見續集一卷) 시의 제목은 〈오인원이 내가 작년에 삭녕 등지에서 9일 도중에 지은 시 세 수에 화답하여 부쳐주므로 다시 그 각운자를 그대로 사용하여 비슷한 것을 올린다(吳仁遠, 和余去年朔寧等處, 九日途中作三首見寄, 復次韻呈似)〉이다.

오인원(吳仁遠) : 오언의(吳彦毅: ?~?)의 자이며 호는 죽오(竹塢)임. 퇴계의 문인인 춘당(春塘) 오수영(吳守盈)의 부친으로, 퇴계의 숙부인 송재(松齋) 이우(李堣)의 사위로 퇴계에게는 사촌 자형이 된다. 벼슬은 찰방, 현감을 지냈고 좌승지에 추증되었다.

2 | 분우(分憂) : 딴 사람의 걱정을 나누어 가짐. 딴 사람의 곤란을 도와서 해결해 줌. 여기서는 한 고을을 맡아 다스리는 일을 말함. 나중에는 군수의 직위를 이르는 말로 쓰이게 되었음. 여기서는 저자의 형제들이 어사와 경차관으로 지방으로 파견된 것을 말함.

3 | 설죽차래(設粥嗟來) : 곧 차래식(嗟來食)으로, 무례한 태도로 불러서 주는 음식, 업신여기며 주는 음식을 말함. 《예기·단궁(檀弓) 하》「어느 해 제나라에 큰 흉년이 들었을 때 검오가 길에서 밥을 지어서 굶주린 자가 오기를 기다려 먹이고 있었다. 어떤

湌松耐苦不如僧
손 송 내 고 불 여 승

소나무 먹으며 어려움 이겨냄
중보다도 못하다네.

冷烟時節風和雨
냉 연 시 절 풍 화 우

차가운 운무 이는 계절에
비와 바람 몰아치는데,

回首天涯忘寢興4
회 수 천 애 망 침 흥

고개 돌려 하늘 저 끝 보니
자고 깨는 것조차 서로 잊었다네.

굶주린 사람이 소매로 얼굴을 가리고 발을 절면서 비틀거리며 걸어오고 있었다. 검오는 왼손에 밥을 들고 오른손에는 마실 것을 들고서『자, 어서 와서 먹거라.』하였다. 그랬더니 그는 눈을 치켜 올리고 검오를 보면서 말하기를『나는 오로지 자, 어서 와서 먹어라 하고 주는 음식을 먹지 않았기 때문에 이 지경에까지 이르렀소.』라 하였다. 그래서 곧 그 말에 대해 사과하였지만 끝내 먹지 않고 죽었다.」(齊大饑, 黔敖爲食於路, 以待餓者而食之. 有餓者蒙袂輯屨, 貿貿然來. 黔敖左奉食, 右執飮, 曰, 嗟! 來食. 揚其目而視之, 曰, 予唯不食嗟來之食以至於斯也. 從而謝焉, 終不食而死)

4 | **회수천애(回首天涯)** : 송나라 소식의 〈소주의 원님이신 이통직이 지은 시의 각운자를 써서 짓다(次韻韶倅李通直)〉「고개 돌려 하늘 저 끝 보니 오로지 슬프기만 하여, 오히려 매령에 올라 임금 계신 대궐 바라본다네.」(回首天涯一惆悵, 却登梅嶺望楓宸)

망침흥(忘寢興) : 당나라 두보의 〈특진이신 여양왕 이진(李璡)께 40구로 지어 드림(贈特進汝陽王二十韵)〉「예 행함에 터럭 만한 것도 구하고, 충성심 넓히려니 자고 일어남 잊었다네.」(服禮求毫髮, 推忠忘寢興

45. 全義縣南行, 山谷人居遇飢民_忠清道救荒擲奸御史時[1]

전의현 남쪽을 가다가 산골에서 굶주린 사람들을 만나다_ 충청도의 흉년을 구제하고 탐관을 적발하는 어사가 되었을 때

屋穿衣垢面深梨[2]
옥 천 의 구 면 심 리

집은 헐고 옷은 때에 절었으며
얼굴엔 짙은 검버섯 피었는데,

官粟隨空野菜稀
관 속 수 공 야 채 희

관아 곡식 비니
들에는 푸성귀마저 드무네.

獨有四山花似錦
독 유 사 산 화 사 금

사방 산에 꽃만
비단 같이 곱게 피어 있으니,

東君那得識人飢[3]
동 군 나 득 식 인 기

봄 귀신님이야 어찌 알리오,
사람들 굶주린 것.

1 | 전의(全義)는 충청남도 연기군 전의면 지역에 있던 조선시대의 현. 현재는 연기군으로 병합되었다. 《연보》「임인년(1542) 3월 어사로 발탁되어 충청도로 내려가 군읍에서 흉년에 구휼사업을 잘 하는지의 여부를 조사하여 살펴보고 4월에 복명하였다.」(壬寅三月差御史下忠清道, 檢察郡邑救荒能否, 四月復命)

2 | **면심리(面深梨)** : 리(梨)는 노인의 얼굴을 형용하는 말. 《고증》「『배 리』자는 『검을 려』 자와 통하여 쓴다. 검은 색이다.」(梨通作黎, 黑色也) 《시경·소아·남산에 대 있고(南山有臺)》「즐거운 군자여, 어찌 오래 살지 않으려는가?」(樂只君子, 遐不黃耉) 주자의 주석 「황은 노인의 머리털이 (흰 빛에서) 다시 누렇게 되는 것이고, 구는 노인의 얼굴이 언 배 빛이어서 때가 끼어 있는 것과 같은 것이다.」(黃, 老人髮復黃也. 耉, 老人面凍梨色, 如浮垢也) 《명칭을 풀이함·어른과 아이를 풀이함(釋名·釋長幼)》「90을 복어 등이라고 하며 …… 혹은 언 배라고도 한다. 모두 나이가 든 징조이다.」(九十曰鮐背……或曰凍梨, 皆壽徵也) 주자의 〈겸산각에서 비가 오는 가운데(兼山閣雨中)〉「얼굴은 얼어붙은 배 같고 머리는 눈 같은데, 나중에 오는 일 누구 더불어 남은 경전 잇겠는가?」(面似凍梨頭似雪, 後生誰與屬遺經)

3 | **동군(東君)** : 사춘지신(司春之神), 곧 봄을 관장하는 귀신을 말함. 오행으로 보면 봄이 방향으로는 동쪽을 나타내므로 이렇게 말함.

46. 夜行入公州[1]_廿四日

밤에 공주에 들다_ 3월 24일

日淪漸失道傍花
일 륜 점 실 도 방 화

해 빠지니 길가에 핀 꽃
점차 보이지 않게 되나,

時有淸香撲鼻過
시 유 청 향 박 비 과

이따금 맑은 향기
코끝 흠뻑 스치고 지나가네.

長路悠悠欷倦馬
장 로 유 유 희 권 마

먼 길은 아득한데
지친 말 숨 몰아쉬고,

暗溪閣閣吠羣蛙[2]
암 계 각 각 폐 군 와

어슴푸레한 냇가에선 개골개골
개구리 떼 울어대네.

1 | 《고증》「공주는 충청우도에 속하며 군명으로는 웅진과 회도가 있다.」(公州屬忠淸右道, 郡名熊津懷道)

2 | 각각군와(閣閣羣蛙) : 당나라 한유의 〈잡시(雜詩)〉 제4수 「개구리와 맹꽁이 울면서 일러주는 것도 없이, 개골개골 사람들만 심란하게 하네.」(蛙黽鳴無謂, 閣閣祇亂人)

王城暫別春還暮[3]
왕 성 잠 별 춘 환 모

임금 계신 성 잠깐 떠나왔는데
　　봄은 자꾸 저물어가고,

錦水將經夜更賒[4]
금 수 장 경 야 경 사

금강 건너려 하니
　　밤 더욱 더디 지나가네.

未必能紓九重念
미 필 능 서 구 중 념

구중 궁궐의 임금님 근심
　　반드시 다 풀어드릴 수는 없어,

驅馳空靦爾民何
구 치 공 전 이 민 하

말 달리며 부질없이 돌아보네,
　　이 백성들 어이할까!

3 | **춘환모(春還暮)** : 송나라 소옹(邵雍)의 〈늦봄(暮春吟)〉「꽃 피니 봄 한창 좋더니, 꽃 지자 봄 자꾸 저무네.」(花開春正好, 花謝春還暮)

4 | **금수(錦水)** : 《고증》「곧 금강이다.」(卽錦江)
사(賒) : 본 뜻은 물건을 사고 값을 늦게 치른다는 뜻인데, 여기서는 「느슨해진다」는 뜻임. 《문선》 남제(南齊) 사조(謝朓)의 〈왕주부의 원정시에 화답함(和王主簿怨情詩)〉「부질없이 봄날만 느슨하게 보내니, 갑자기 붉은 화장만 변하게 함이 아깝구나.」(徒使春帶賒, 坐惜紅壯變)

47. 早渡錦江, 次船亭韻, 擬寄任武伯虎臣[1]

새벽에 금강을 건너며 나루의 정자에 있는 시의 각운자를 써서 임무백호신에게 부치려 하다

驛吏呼船夜渡江
역 리 호 선 야 도 강

역의 관리 배 불러
밤에 강 건너는데,

夢回殘燭尙依窓[2]
몽 회 잔 촉 상 의 창

꿈에서 깨니 타다 남은 촛불
아직도 창에 어른거리네.

征鞍又作風蓬轉[3]
정 안 우 작 풍 봉 전

달리는 말 다시
바람 일으켜 쑥대 굴리게 하고,

好景飜成玉斗撞
호 경 번 성 옥 두 당

좋은 날씨 더욱더
영롱한 별들 북두성에 부딪치게 하네.

1 | **임호신(任虎臣: 1506~1556)** : 조선 중종 때의 문신으로 본관은 풍천(豐川). 문과에 급제하고 직제학, 도승지, 동지중추부사, 형조판서 등을 역임하였으며, 청백리에 녹선되었다. 《중종실록》의 편찬에 참여하였으며, 시호는 정간(貞簡)이다. 이때 임호신은 충청도 진휼경차관으로 나와 있었는데 24일에 공주에서 서로 만났고, 그 다음날 새벽에 금강을 건너면서 이 시를 지은 것으로 봄. 정석태의 《퇴계선생연표월일조록1》 256쪽 참조.

2 | **몽회잔촉(夢回殘燭)** : 송나라 육유(陸游)의 〈가을 밤에 달을 보다(秋夜觀月)〉「꿈에서 깨니 타다 남은 촛불 방의 창문에 훤한데, 아득한 강쪽 하늘에는 기러기 우는 소리 끊어지네.」(夢回殘燭耿房櫳, 杳杳江天叫斷鴻)

垂柳有情遮客路
수 류 유 정 차 객 로

수양버들 정 있는 듯
나그네 가는 길 막고,

落花多事遶帆杠[4]
낙 화 다 사 요 범 강

떨어지는 꽃 공연히
돛대를 돌아 떨어지네.

何緣共載臨明鏡
하 연 공 재 임 명 경

어떤 인연으로 함께 타고
거울 같은 강물 굽어보게 되었던가?

笑撥春愁盡一缸
소 발 춘 수 진 일 항

봄 근심 웃으며 덜자니
한 동이 술 다하였다네.

3 | 정안(征鞍) : 여행하는 사람이 탄 말. 당나라 장구령(張九齡)의 〈처음으로 상수에 들어와서 즐거워함(初入湘中有喜)〉「달리는 말 영 땅 끝까지 치닫자, 돌아가는 배 상수의 물결로 들어오네.」(征鞍窮郢路, 歸棹入湘流)

4 | 다사(多事) : 부질없이 이 일 저 일에 참견한다는 뜻. 《장자·어부(漁父)》「지금 그대는 위로는 군주와 일 맡은 사람들의 세력을 등에 없지도 않고, 아래로는 대신과 담당자 같은 관직도 없으면서 …… 제나라의 백성들을 교화시키려 하니 이는 너무 부질없는 짓이 아닌가?」(今子旣上无君侯有司之勢, 而下无大臣職事之官……以化齊民, 不亦泰多事乎

48. 四月初一日, 天安東軒[1]

4월 초하룻날 천안의 동헌에서

民多流離我得安
민 다 유 리 아 득 안

백성들 이리저리 떠도는 이 많은데
나만 편안함을 얻어,

道逢餓者久盤桓[2]
도 봉 아 자 구 반 환

길에서 굶주린 사람들 만났는데
오래도록 머뭇거리네.

疲極來投古歡城[3]
피 극 래 투 고 환 성

피로가 극에 달해
옛 환성 땅에 몸 내맡기니,

歷盡山顚與水干
역 진 산 전 여 수 간

높은 산 깊은 골짝
두루두루 다 지나왔다네.

1 | 《고증》「천안은 충청좌도에 속하며 군명으로는 임환과 환주가 있다.」(天安屬忠淸左道, 郡名任歡歡州)

2 | **반환(盤桓)** : 머뭇거리는 모양을 나타내는 첩운연면어. 진나라 도연명(陶淵明)의 〈돌아가자꾸나(歸去來辭)〉「해는 뉘엿뉘엿 지려하는데, 외로운 소나무 어루만지며 서성이네」(景翳翳其將入, 撫孤松而盤桓)

3 | **고환성(古歡城)** : 천안군을 말함. 《요존록》「고려 성종 때 천안군을 환주로 고쳤다.」(高麗成宗改天安爲歡州) 천안은 백제 때 환성이라고 불리다가 고려 태조 13년(930) 천안부로 되었다가 고려 성종 14년(995) 환주로 고쳤음. 천안이란 명칭은 얼마 안 되어 고려 현종 9년(1018) 때 개칭한 후에 오늘에 이름.

山茶紫豔攢火撚[4]
산 다 자 염 찬 화 년

동백꽃 고운 보랏빛
불꽃 모으는 듯하고,

玉梅素香飄露漙[5]
옥 매 소 향 표 로 단

옥매는 맑은 향기 풍기며
이슬 맺혀 흔들리네.

日暮空庭妬花風[6]
일 모 공 정 투 화 풍

빈 뜰에 해 지고
꽃 시샘하는 바람 불어오니,

春後憑闌猶怕寒
춘 후 빙 란 유 파 한

늦은 봄 난간에 기대어
오히려 추위 걱정하네.

4 | 산다(山茶) : 동백나무를 말함. 당나라 단성식(段成式)의 《유양잡조·속집·지식(支植)하》「산다(동백나무)는 잎이 차와 비슷하며 나무의 높이는 한 길여이고 꽃은 크기가 한 치 남짓 되며 색은 붉은 명주 같고 2월에 꽃을 피운다.」(山茶葉似茶, 樹高者丈餘, 花大盈寸, 色如緋, 二月開)
연(撚) : 《고증》「『불 화』부의 『燃』자가 되어야 할 것 같다.」(恐當從火)

5 | 옥매소향(玉梅素香) : 옥매는 흰 매화를 말함. 송나라 소식의 〈6년 정월 20일 다시 동문으로 나가 앞서 지은 시의 각운자를 그대로 써서 짓다(六年正月二十日, 復出東門, 仍用前韻)〉「오래도록 봄바람과 오늘 기약했더니, 그윽한 향기 먼저 옥 같은 흰 매화 혼 돌려보내네,」(長與東風約今日, 暗香先返玉梅魂)
표로단(飄露漙) : 《시경·정나라의 민요·들판의 덩굴풀(鄭風·野有蔓草)》「들판에 덩굴풀 있는데, 이슬 대롱대롱 맺혀 있네.」(野有蔓草, 零露漙兮)

6 | 투단화풍(妬花風) : 《고증》「이십사번풍이다.」(二十四番風) 옛날 사람들은 봄철에 꽃이 필 때를 맞추어 꽃 소식을 알리는 바람이 불어와서 꽃이 핀다고 믿었다. 소한(小寒)으로부터 곡우(穀雨)까지 여덟 절기 120일 동안에 매 5일마다 한 가지 조짐이 나타나서, 스물 네 가지 꽃이 번갈아가면서 계속 핀다고 하였다. 이러한 것을 「스물 네 차례 꽃소식을 알리는 바람」(二十四番花信風), 또는 간단하게 「꽃 소식을 알리는 바람」(花信風)이라고도 한다. 이 이야기에 따르면 소한 때에 매화(梅花)가 가장 먼저 피고, 곡우 때에 연화(楝花)가 마지막으로 피고 나면 곧 봄이 된다고 함. 송 주휘(周煇)의 《청파잡지(淸波雜志)》「장강 이남에는 초봄부터 초여름까지 24번의 꽃 소식이 있는데, 매화바람이 가장 먼저 이르며 고련화 바람이 가장 뒤에 온다.」(江南自初春至首夏二十四番風信, 梅花風最先, 楝花風居後)

49. 送吳祥之祥, 赴關東幕[1]

오상지상가 강원도의 감영으로 부임함에 전송하다

關東自古仙遊地
관 동 자 고 선 유 지

관동은 예로부터
신선이 노닐던 땅이요,

季子當今第一流[2]
계 자 당 금 제 일 류

그대는 당금의
첫째 가는 인물이라네.

闕下暫辭緣得養
궐 하 잠 사 연 득 양

궁궐 잠시 하직함은
양생 좇기 위함이요,

幕中無事□煩籌[3]
막 중 무 사 ㅁ 번 주

감영에는 일 없어
ㅁ 산가지 번거로움 드무리.

1 | 오상(吳祥: 1512~1573) : 명종 때의 문신. 자는 상지(祥之)이고 호는 부훤당(負暄堂)이다. 본관은 해주(海州)이며 김안국(金安國)의 문인이다. 중종 29년 문과에 급제하여 종부시첨정(宗簿寺僉正) 등을 지냈다. 명종 때 사간, 나주목사 등을 역임하고 선조 때 이조판서에 이르렀다. 당시 8문장의 한 사람으로 일컬어졌다. 이 시는 그가 31세의 나이로 예조좌랑에서 강원도 도사(都事: 부지사)로 부임해 감에 전별하며 지은 것임.
관동(關東) : 대관령 동쪽의 강원도 지역을 이르는 말.

2 | 계자(季子) : 《고증》「상지의 성씨가 오씨이므로 말하였다.」(祥之姓吳故云) 계자는 춘추시대 오나라의 훌륭한 대부 계찰(季札)을 말한다.
당금제일류(當今第一流) : 당나라 왕유(王維)의 〈새상곡(塞上曲)〉「한나라 왕실의 천자 기린각 도모하는데, 몸은 천하의 당금의 첫째가라네.」(漢家天子圖麟閣, 身是當今第一人)

3 | 막중무사(幕中無事) : 당나라 한유의 〈언성에서 저녁에 마시며 부사이신 시랑 마풍숙과 이종민 두 원외랑님께 드림(郾城晩飮, 贈副使馬侍郎馮宿李宗閔二員外)〉「막부에는 일 없어 모름지기 술 마시는 일만 있으니, 곧 재갈 나란히 하고 대궐 향할 때라네.」(幕中無事惟須飮, 即是連鑣向闕時)
번주(煩籌) : 계책을 꾸미는데 분주하다는 말. 원문에 빠진 글자는 문맥으로 보아서 아마도 「드물다」는 뜻을 나타내는 글자로 여겨짐.

楓山鶴馭千峯雪[4]
풍 산 학 어 천 봉 설

금강산에서는 학 타고 놀겠네,
천 개의 눈 덮인 봉우리 위에서,

鏡浦蘭舟百頃秋[5]
경 포 란 주 백 경 추

경포대에서는 목란배 타고 놀겠네,
가을철에 드넓은 곳에서.

海上如逢神授棗[6]
해 상 여 봉 신 수 조

바다 곁에서 만약
신이 내린 대추 받거들랑,

題封時寄鳳池頭[7]
제 봉 시 기 봉 지 두

주소 적어 봉하여 부치게나
봉황 깃든 못 가로.

4 | 풍산(楓山) : 《고증》「금강산은 일명 풍악이라고도 한다.」(金剛山一名楓嶽) 풍악산은 금강산의 가을을 일컫는 말이다.
학어천봉설(鶴馭千峯雪) : 금강산이 있는 강원도를 양주(揚州)에 비긴 것 같다. 《연감유함(淵鑑類函)》에 수록되어 있는 남조 때 양(梁)나라 단운(段芸)의 《하찮은 이야기(小說)》「객들이 서로 모여 각기 마음 속에 품은 뜻을 말하기로 하였는데, 혹자는 양주의 자사가 되기를 바란다 하고, 혹자는 재물을 많이 갖기를 바란다 하고, 또 혹자는 학을 타고 날아오르고 싶다고 하였다. 그 가운데 한 사람이 말하기를 『허리에는 십만 관의 돈을 두르고, 학을 타고 양주자사로 부임하여 가서 세 가지를 한꺼번에 하고싶다』고 하였다.」(有客相從, 各言所志, 或願爲揚州刺史, 或願多貨材, 或願騎鶴上乘. 其一人曰, 腰纏十萬貫, 騎鶴上揚州, 欲兼三者)

5 | 난주(蘭舟) : 목란으로 만든 배를 말함. 배의 미칭(美稱)임. 주자의 〈받들어 장식(張栻)의 성남 풍경을 읊은 시 20수에 맞추어·채릉주(奉同張敬夫城南二十詠·采菱舟)〉「호수 잔잔하고 가을 물 짙푸른데, 계수나무 노에 목란배라네.」(湖平秋水碧, 桂棹木蘭舟)

6 | 신수조(神授棗) : 《한나라의 역사·교외에서 지내는 제사에 관한 기록(郊祀志) 상》「(도사인) 이소군이 임금에게 말했다. 『…… 신은 일찍이 바다 위에서 노닌 적이 있는데 (신선) 안기생을 만나보았습니다. 안기생은 신에게 대추를 먹여 주었는데, 크기가 참외만했습니다.』」(少君言上……臣嘗遊海上, 見安期生, 安期生食臣棗, 大如瓜)

7 | 봉지두(鳳池頭) : 봉지는 봉황지를 말하며 원래는 궁궐의 동산에 있는 연못을 이르는 말이었는데, 위진남북조 때 이곳에다 중서성을 설치하여 이후로는 중서성을 가리키는 말이 되었다. 당 이한(李翰)의 《통전·직관(通典·職官) 3》「【중서성】 그 땅이 추밀원과 가까이 있어서 총애와 신임을 많이 받았으므로 그런 까닭에 사람들은 실로 그 직위를 봉황지라 하였다.」(以其地在樞近, 多承寵任, 是以人固其位, 謂之鳳凰池焉) 우리나라에서는 승정원이나 의정부를 이르는 말로 쓰였다. 이때 퇴계는 의정부 검상(檢詳) 벼슬을 하고 있었음.

50. 臥病困暑, 有懷錦湖子林亨秀, 案上取鰲山錄讀之, 書其後[1]

병으로 누워 더위에 지쳤는데, 금호자 임형수가 그리워 책상 위에 있는 오산록을 집어 들어 읽고 그 책 뒤에 쓰다

抱病支離困鬱蒸
포 병 지 리 곤 울 증

병 들어 몸 성치 못하니
　찌는 더위 더욱 괴로워,

瓊漿三椀只愁增[2]
경 장 삼 완 지 수 증

좋은 술 세 사발도
　단지 근심만 더할 뿐이라네.

床頭伴我有佳什
상 두 반 아 유 가 집

책상 모서리에 좋은 시편 있어
　내 짝 되고,

座上憶君眞好朋
좌 상 억 군 진 호 붕

자리에 누워 그대 생각노니
　정말 좋은 친구라네.

1 | **금호자임형수(錦湖子林亨秀: 1504~1547)** : 자는 사수(士遂)이며, 본관은 평택임. 중종 26년인 1531년에 진사가 되고 동 30년에 문과에 급제하여 사관(史官)이 되었으며, 호당(湖堂)에 들어가서 사가독서(賜暇讀書)를 하였다. 명종 때 을사사화(乙巳士禍)가 일어나면서 제주목사로 좌천되었으며, 정미사화(丁未士禍) 때 결국 죽음을 당하였다. 퇴계(退溪) 하서(河西: 金麟厚)와도 가깝게 지냈다. 《금호유고(錦湖遺稿)》가 전하고 있다.
오산록(鰲山錄) : 《고증》「곧 관서록인 듯하다.」(疑卽關西錄) 오산은 함경도 회령부의 진산(鎭山: 그 고을을 지켜주는 산을 말함)인데, 임형수가 회령통판으로 가서 〈오산가〉라는 장편시를 지은 적이 있음. 지금 전하는 임형수의 문집 《금호유고(錦湖遺稿)》에는 이 《관서행록》에 실렸던 시가 한 수도 전하지 않고 있다. 《퇴계집》 제12권에 퇴계가 〈임형수에게 보내는 편지(與林士遂)〉가 있는데, 그 내용은 임형수가 퇴계가 지은 이 〈관서행록을 읽은 뒤에〉라는 시를 보고 감격하여 퇴계의 집에까지 찾아왔던 사실 등을 적고 있다.

韻爽似聞吟壑籟[3]
운 상 사 문 음 학 뢰

음률 상쾌하기는 골짜기에서
피리소리 듣는 듯하고,

氣雄如跨簸溟鵬[4]
기 웅 여 과 파 명 붕

기세 씩씩하기는 북쪽바다 대붕
물결 까불며 걸터앉은 듯.

他時此語休編入
타 시 차 어 휴 편 입

훗날 나의 이 말들
그대 책에 엮어 넣지 말게나,

却怕同傳萬口騰
각 파 동 전 만 구 등

함께 전하여 만세토록
사람들 입에 오를까 걱정되니,

2 | 경장(瓊漿) : 좋은 술[美酒]을 가리키는 말. 《당시기사·권 48》의 번씨네 딸[樊氏女]이 배항(裵航)에게 화답하였다는 시 「한번 좋은 술 마시고 나니 갖은 생각 떠오르고, 신선의 약초 다 두드리니 기생인 운영이 보이네.」(一飮瓊漿百感生, 玄霜搗盡見雲英)

3 | 학뢰(壑籟) : 《장자·제물론(齊物論)》의 지뢰(地籟)의 고사를 따다 쓴 것 같음. 당나라 두보의 〈용문의 봉선사에서 놀다(遊龍門奉先寺)〉 「깊은 골짜기에서 신령스런 피리소리 생겨나고, 달빛 밝은 숲에서는 맑은 그림자 흩어지네.」(陰壑生靈籟, 月林散淸影)

4 | 여과파명붕(如跨簸溟鵬) : 《장자·자유롭게 노님(逍遙遊)》 「북쪽 바다에 물고기가 있는데 그 이름이 곤이다. 곤의 크기는 몇 천 리나 되는지 모른다. 변해서 새가 되는데 그 이름이 붕이다. 붕의 등은 몇 천 리나 되는지 모른다. 힘차게 날아오르면 그 날개는 하늘에 드리운 구름과 같다. 이 새는 바다의 기운이 움직이면 남쪽 바다로 옮기려 한다. …… 붕이 남쪽 바다로 옮겨가려 할 때 물결을 치며 달리는 것이 3천 리이고 회오리바람을 타고 하늘로 날아오르는 것이 9만 리이다.」(北冥有魚, 其名爲鯤. 鯤之大, 不知其幾千里也. 化而爲鳥, 其名爲鵬. 鵬之背, 不知其幾千里也; 怒而飛, 其翼若垂天之雲. 是鳥也, 海運則將徙於南冥……鵬之徙於南冥也, 水擊三千里, 搏扶搖而上者九萬里)

51. 送洪和仲春年, 赴京書狀官[1]_明仲之弟[2]

홍화중춘년이 연경에 서장관으로 가게 됨에 전송하다_ 명중의 아우이다

去歲元方專使節[3]
거 세 원 방 전 사 절

지난 해에는 원방이
사절의 일 오로지 하더니,

今年季札又觀周[4]
금 년 계 찰 우 관 주

올해는 계찰이
또 주나라 살피러 가네.

1 | 《고증》「홍화중의 본관은 남양으로 한림학사 홍계정의 아들이며 벼슬은 감사를 지냈다.」(和仲南陽人, 翰林係貞子, 官監司) 홍춘년은 중종 29년(1534) 1등으로 진사가 되고 이듬해인 1535년에 문과에 별과로 급제하였음.

서장관(書狀官) : 조선시대 외교사절 중 하나로 정사(正使) 및 부사(副使)와 함께 삼사(三使)의 하나임. 외교 문서의 작성과 사절 일행의 감찰을 맡았다.

2 | 명중(明仲) : 《고증》「홍춘경(1497~1548)의 자이다.」(春卿字) 홍춘경은 호가 석벽(石壁)이며, 문과에 급제한 후 저작, 정자를 거쳐 성절사로 명나라에 다녀온 후에는 좌승지와 이조참의까지 지냈다.

3 | 원방(元方) : 진(晉)나라 태구(太丘) 진식(陳寔)의 큰 아들 진기의 자. 남조 송 유의경(劉義慶)의 《세설신어·덕행(世說新語·德行)》「진기(陳紀)의 아들 진군(陳群)은 영특한 재주가 있었는데, 진심(陳諶)의 아들 진충(陳忠)과 더불어 각기 자기 아버지의 공덕을 논하면서 다투었으나 결론이 나지 않아서 할아버지인 진식(陳寔)에게 물었더니, 진식이 말하기를 『원방은 형이라고 더 낫다고 하기 어려우며, 계방은 동생이라서 더 못하다고 하기 어렵다.』라 하였다.」(陳元方子長文有英才, 與季方子孝先, 各論其父功德, 爭之不能決, 咨於太丘. 太丘曰, 元方難爲兄, 季方難爲弟) 여기서는 형을 가리키는 말로 쓰였으며, 홍춘년의 형 홍춘경을 가리킴. 《내집》 권5의 〈받들어 김부의가 읊은 매화 세 절구와 근체시 한 수에 답하다(奉酬金愼仲, 詠梅三絶句, 一近體)〉 셋째 시에 「숨어 깃든 형답지 못한 사람 간절히 매화 생각하고, 시내에 사는 아우답지 못한 사람 홀로 서성이네.」(棲遯難兄苦憶梅, 溪居難弟獨徘徊)라는 구절이 있다.

전사절(專使節) : 홍춘년이 지난 해인 1541년 성절사로 명나라 북경에 다녀온 것을 말함.

4 | 계찰(季札) : 춘추시대 오나라의 공자 계찰을 말함. 여기서는 아우를 대신 일컫는 말로 쓰였음. 계찰이 노나라에 사신으로 가서 주나라의 음악을 들은 일을 가지고 홍춘년이 서장관의 직분을 가지고 명나라의 사신으로 가게 된 것을 비유하였음.

重添別恨燕山路[5]
중 첨 별 한 연 산 로

연산의 길목에
이별의 한스러움 거듭 보태지는데,

每憶離懷鴨水洲
매 억 리 회 압 수 주

매번 생각나네,
압록강 가에서의 이별의 정회.

玉署異時眞吐鳳[6]
옥 서 이 시 진 토 봉

한림원에서는 훗날 실로
봉황 쏟아져 나올 것 같고,

芹宮當日政窺牛[7]
근 궁 당 일 정 규 우

반궁에 있던 그날도
실로 소 엿보는 듯하였다네.

中朝詎乏隨和眼[8]
중 조 거 핍 수 화 안

중국의 조정에 어찌 수후나
변화의 안목 지닌 이 적으리오만,

雙美應聯詫瑞璆
쌍 미 응 련 타 서 구

형제 잇달아 가게 되니
이웃나라 아름다운 옥소리에 놀라겠네.

去年洪明仲, 以聖節使赴京.[9] 僕爲點馬別於鴨綠江上[10]

지난 해 홍명중은 성절사로 연경에 갔다. 나는 그때 점마로 압록강 가에서 그를 송별하였다.

5 | 연산로(燕山路) : 곧 사행길을 말함.

6 | 옥서(玉署) : 옥당지서(玉堂之署). 이를 줄여서 옥당(玉堂), 또는 옥서(玉署)라고도 하였다. 옥당(玉堂)이라는 말은 한림원의 별칭으로 일찍이 송태종이 한림원에 친히 행차하여 「옥당지서」(玉堂之署)라 쓴 비백체(飛白體)의 액자를 내린 데서 유래하였다. 조선에서는 홍문관(弘文館)을 일러 옥당이라고 하였다.
토봉(吐鳳) : 문재(文才)나 문자의 아름다움을 칭송하는 말. 《고증》「양웅이 〈감천부〉를 지었는데, 입에서 흰 봉황을 토해내는 꿈을 꾸었다.」(揚雄作甘泉賦, 夢吐白鳳)

7 | 근궁(芹宮) : 성균관의 별칭인 반궁(泮宮)을 말함. 《시경·노송·반수(魯頌·泮水)》「즐거운 반궁의 물에서, 미나리 캔다네.」(思樂泮水, 薄采其芹)
규우(窺牛) : 《북위의 역사·원정의 전기(魏書·元靖傳)》「호랑이는 난 지 사흘 만에 고기를 먹을 수 있다.」(虎生三日能食肉) 춘추시대 노나라 시교(尸佼)의 《시자(尸子)·권하》「호랑이나 표범의 새끼는 비록 아직 가죽에 무늬가 나지 않더라도 이미 소를 먹어치울 만한 기세가 있고, 큰 기러기의 새끼는 나래의 깃털이 완전히 나기도 전에 이미 사해를 날아다니고자 하는 마음이 있다.」(虎豹未成文而有食牛之氣, 鴻鵠之鷇羽翼未合而有四海之心) 당나라 두보의 〈서씨 사도님 댁의 두 아드님을 노래함(徐卿二子歌)〉「작은 아이는 다섯 살이지만 소를 먹을 기개가 있어, 집안 가득한 손님들 모두 고개 돌리네.」(小兒五歲氣食牛, 滿堂賓客皆回頭) 송나라 소식의 〈서울에서 임준성을 곡하다(京師哭任遵聖)〉「보아하니 아직 7~8세 밖에 되지 않았으나, 이미 소를 먹어 치울만한 도량이 있다네.」(見之齠齔中, 已有食牛量)

8 | 수화(隨和) : 수후(隋侯)에게 기이한 뱀이 가져다 주었다는 구슬과 초나라 변화(卞和)가 형산에서 캐내었다는 박옥[和氏璧]을 말하며, 둘 다 기이한 보물임. 《고증》「『따를 수』자는 『수나라 수』자 인 듯하다. 수후와 화씨이다.」(案隨恐隋. 隋侯和氏) 진(晉)나라 간보(干寶)의 《수신기(搜神記)》 권20「수현의 자수 곁에는 단사구가 있다. 수후가 길을 나섰다가 큰 뱀이 상처를 입어 허리 가운데가 끊어진 것을 보았는데 신령스럽고 기이한 듯한 생각이 들어 사람을 시켜 다친 곳을 약을 쓰고 봉합하여 주었더니 뱀이 곧 달아날 수 있었기 때문에 그곳을 단사구라 불렀다. 한 해 남짓 만에 뱀이 밝은 구슬을 물어다가 수후에게 보답하였다. 구슬은 직경이 한 치 남짓 되었고 순백색에 밤에도 빛을 내어 달이 비치는 것처럼 밝았으며 방을 밝힐 수가 있었다. 그래서 그 구슬을 수주라 하였고 또한 영사주라고도 하였으며 또한 명월주라고도 하였다.」(隋縣溠水側, 有斷蛇邱. 隋侯出行, 見大蛇被傷, 中斷, 疑其靈異, 使人以藥封之, 蛇乃能走, 因號其處斷蛇邱. 歲余, 蛇銜明珠以報之. 珠盈徑寸, 純白, 而夜有光, 明如月之照, 可以燭室. 故謂之隋侯珠, 亦曰靈蛇珠, 又曰明月珠) 《한비자·화씨(和氏)》「초나라 사람 변화(卞和)가 초나라의 형산에서 박옥을 주워 여왕에게 받들어 바쳤다. 여왕이 옥세공인에게 보게하니 세공인은『돌입니다.』라 하였다. 왕은 변화가 미쳤다하여 그의 왼다리를 자르는 형벌을 내렸다. …… 변화가 말했다.『나는 다리를 잘리우는 형벌을 받은 것이 슬픈 것이 아니라 보옥을 돌이라 하고, 곧은 선비를 미쳤다고 하는 것, 이것이 내가 슬퍼하는 까닭입니다.』왕이 이에 세공인에게 그 박옥을 다듬게 하여 보물을 얻었으며 마침내 화씨벽이라고 명명하였다.」(楚人和氏得玉璞楚山中, 奉而獻之厲王. 厲王使玉人相之, 玉人曰, 石也. 王以和爲誑, 而刖其左足.……和曰, 吾非悲刖也, 悲夫寶玉而題之石, 貞士而名之以誑, 此吾所以悲也. 王乃使玉人理其璞而得寶焉, 遂命曰, 和氏之璧) 화씨벽은 또한 형산옥이라고도 한다. 《한비자·노자를 풀이함(韓非子·解老)》「화씨벽은 다섯 가지 색채로 꾸미지 않으며, 수후의 구슬은 은황으로 꾸미지 않는다. 이는 그 바탕이 지극히 아름다워 사물로 장식하기에 부족하기 때문이다.」(和氏之璧, 不飾以五采; 隋侯之珠, 不飾以銀黃. 其質至美, 物不足以飾之)

9 | 성절사(聖節使) : 명나라 황제의 생일 때 보내던 사신. 이외에도 정기적인 사행으로 보내던 사신으로는 동지사(冬至使: 동지에 새해의 책력을 받기 위해 보내는 사신), 정조사(正朝使: 정초에 황제에게 문안을 올리기 위해 보내는 사신), 천추사(千秋使: 태자의 생일에 보내는 사신)가 있었다.

10 | 점마(點馬) : 중국과의 외교관계 문서[咨文]와 외교사절들이 사용하는 마필(馬匹)을 점검하는 자문점마(咨文點馬)라는 임시직책을 말함. 퇴계는 41세 때인 지난 해에 자문점마라는 임시 직책으로 의주에 파견되었던 적이 있는데 이를 말함.

52. 朴重甫承任攜詩見過[1]

박중보승임가 시를 지니고 들르다

吾詩欲說面猶赬[2]
오 시 욕 설 면 유 정

내 시를 말하려 하니
얼굴 오히려 붉어지지만,

尙憶當年筆勢橫
상 억 당 년 필 세 횡

아직도 기억나네, 그대 그때의
붓의 기세 힘찼던 것.

幾向園陵吟瘦馬
기 향 원 릉 음 수 마

몇 번이나 왕릉의 언덕에서
마른 말 읊조렸으며,

曾因風雪記寒檠
증 인 풍 설 기 한 경

또 얼마나 눈보라 몰아치는데
차가운 등경 읊었던가?

鴻飛泥爪已陳迹[3]
홍 비 니 조 이 진 적

기러기 날라 진흙 위 발자국
이미 묵은 자취 되었고,

1 | 박승임(朴承任: 1517~1586) : 선조 때의 문신. 중보는 그의 자이며 호는 소고(嘯皐)이다. 본관은 나주. 생원과 진사 양과와 중종 35년(24세)에 문과에 급제하여 승문원의 권지정자(權知正字)가 된 것을 비롯하여 선조 2년에 동지부사로 명나라에 다녀왔고 도승지, 경주부윤을 역임하고 대사간까지 올랐으나 언사가 왕의 뜻에 거슬려 창원부사로 좌천되고 얼마 안 있어 병사하였다. 《소고집》이 있다.
이 시는 퇴계가 중종 37년(1542) 여름에 서울에서 벼슬하고 있을 때 제자인 소고 박승임이 지은 시축(詩軸)을 가지고 와서 보여주자 그 가운데 한 수인 〈典祀昌陵, 吟寄敬陵李廷瑞. 二首〉 중 첫째 시의 각운자를 써서 지어준 시임. 시의 내용은 뒤의 [원운시]를 보기 바람.

2 | 오시(吾詩) : 내가 지은 시. 아마 박승임이 가지고 온 시축 중에 들어 있는 퇴계 자신이 지어주었던 시로 생각됨.

3 | 홍비~진적(鴻飛~陳跡) : 위 10번 시의 주석 6) 설니홍적(雪泥鴻跡)을 보라.

蠶老絲身非舊情[4] 잠 로 사 신 비 구 정	누에 늙어 몸 실로 감으니 옛 마음은 아니라네.
感慨爲君書短句 감 개 위 군 서 단 구	감개 새로워 그대 위해 짤막한 구절 적으려는데,
臥聞桐雨打窓聲[5] 와 문 동 우 타 창 성	누워 있자니 오동나무 비 맞아 창 두드리는 소리 들리네.

重甫詩, 多是陵祭執事作[6]

중보의 시는 종묘 제례의 집사로 있을 때 지은 것이 많다

4 | **잠로사신(蠶老絲身)** : 당나라 백거이의 〈금충 12장(禽蟲十二章)〉 제4수 「누에 늙어 고치 다 지어도 제 몸 하나 가리지 못하고, 벌 배고파 꿀 숙성시켜도 딴사람의 몫 되고 만다네.」(蠶老繭成不庇身, 蜂飢蜜熟屬他人)

5 | **와문~타창성(臥聞~打窓聲)** : 송나라 소식의 〈주요경(朱堯卿)의 초여름이란 시의 각운자를 써서 짓다(次韻朱光庭初夏)〉 「누워 있자니 오동나무에 비 듣는 드문 소리 들리어, 홀로 약간 서늘한 전각의 바람 읊조리네.」(臥聞疎響梧桐雨, 獨詠微涼殿閣風)

6 | **능제집사(陵祭執事)** : 《소고집》 권1에 보면 그가 순릉(順陵: 파주에 있는 성종의 비 한씨의 능), 광릉(光陵: 양주에 있는 세조의 능), 창릉(昌陵: 고양에 있는 예종의 계비 한씨의 능), 현릉(顯陵: 양주에 있는 문종의 능) 등지에서 제사를 맡은 관리로 임명되어 가면서 지은 시가 8수나 실려 있다. 아마 소고가 과거에 급제하고 처음으로 벼슬길에 들어선 때 지은 시들인 것으로 보인다.

【원운시】

典祀昌陵, 吟寄敬陵李廷瑞 是日冒雨晚到
창릉의 제사를 주관하고 시를 지어 경릉 이정서에게 부치다_

이날 비를 무릅쓰고 저녁에 이르다

披蓑竟日欲肩赬	도롱이 쓰고 종일토록 어깨 드러내다시피 하여,
夜枕寧辭倦脚橫	밤에 베개 베고 누우니 어찌 사양하리? 지쳐서 다리 가로로 뻗음.
萬木四窓鳴葉雨	사방 창가의 오만 나무 잎에 빗소리 울리고,
短衾孤夢照愁檠	짧은 이불에 외로이 꿈꾸는데 시름에 찬 등경불만이 나를 비추네.
行頻馬首東西路	말머리 자주 돌려 동쪽 길 서쪽 길 헤매다 보니,
閱盡人間冷暖情	인간 세상의 차가웠다 따뜻했다 하는 정 다 둘러보게 되었네.
磊魂胸邊烏有酒	불만스러운 가슴 가에 어찌 술 소용 있겠는가?
怪禽時送兩三聲	괴이한 새소리 이따금 보내네, 두 세 마디 소리를.

53. 十二日, 送權景遇應昌, 千秋使赴京[1]

12일에 권경우응창가 천추사로 연경에 가게 됨에 전송하다

夫子東方秀 그대는 동방의 빼어난 선비,
부 자 동 방 수

妙齡氣俊銳 약관의 나이에 기세 뛰어나고 날카로웠다네.
묘 령 기 준 예

嶷嶷廊廟具[2] 우뚝하고 우뚝하도다, 재상의 그릇이여,
억 억 낭 묘 구

感激風雲勢 풍운 헤쳐나갈 기세에 감격하였다네.
감 격 풍 운 세

驊騮騁長路[3] 천리마 먼 길 달릴 수 있고,
화 류 빙 장 로

1 | **권응창(權應昌: 1500~1568)** : 명종 때의 문신. 호는 지족당(知足堂)이며, 본관은 안동이다. 중종 14년(1519) 문과에 급제하여 승지가 되었으며 경상도 전라도 관찰사를 역임하고 이조참판에까지 이르렀다. 양재역 벽서사건 때 맹산(孟山)에 유배되기도 하였으나 그후 풀려나 동지중추부사를 지냈다.

천추사(千秋使) : 중국 황태자의 탄신을 축하하기 위하여 중국에 보내던 사신. 천추절은 원래 당나라 현종(玄宗)의 생일을 말했으며, 천장절(千長節)이라고도 함. 《구당서·현종기》 개원 17년(729)의 기록에 「8월 계해일에 황제께서 탄생일이라 하여 백관들에게 화악루 아래에서 연회를 베푸셨다. 백관들이 표를 올려 매년 8월 5일을 천추절로 하자고 청하였다.」(八月癸亥, 上以降誕日, 讌百僚于花萼下. 百僚表請以每年八月五日爲千秋節)라는 기록이 있다. 권응창이 천추사가 되어 북경으로 떠난 것은 중종 37년(1542) 7월 12일임.

鸑鷟儀盛世4
악 작 의 성 세

봉황 같은 모습 융성한 세상에 나타난다네.

主眷佇方深
주 권 저 방 심

임금님의 돌아보심 바야흐로 깊어,

時議重所繫
시 의 중 소 계

시사 의견 그대에게 무겁게 얽혔다네.

天朝賀重明5
천 조 하 중 명

중국에서 황태자의 현명함 경하함에,

2 | **낭묘구(廊廟具)** : 낭묘는 궁전의 외곽건물과 태묘로 곧 조정을 가리키는 말. 여기서는 조정의 중임을 맡을 만한 인물을 가리키는 말로 쓰였음. 《진서·왕희지(王羲之)의 전기》「왕희지가 마침내 답장을 보내어 말하기를 『나는 평소에 조정의 중임을 맡을만한 뜻이 없습니다.』라 하였다.」(羲之遂報書曰, 吾素自無廊廟志) 당나라 두보의 〈시주자사 배면(裴冕)에게 부치다(寄裴施州)〉「조정의 중임 맡을 그릇 시주의 사또 배씨여, 지난 날 한번 만났을 때에는 이 같은 유배 생활 없었다네.」(廊廟之具裴施州, 宿昔一逢無此流)

3 | **화류빙(驊騮騁)** : 화류는 옛날의 명마 이름. 《열자·주목왕(周穆王)》편에 「여덟 마리 준마가 끄는 수레를 명하여 탔는데, 오른편의 복마(服馬: 여러 필의 말이 수레를 끌 때 가운데 편에 서는 말)는 화류(驊騮)였고 왼쪽의 복마는 녹이(綠耳)였다.」는 말이 나온다. 《목천자전》(권1)에도 나오는데 「華騮」로 되어 있으며 진나라 곽박(郭璞)이 주석을 달기를 「화류마는 색이 꽃무늬에 붉은 빛이며, 지금 명미 가운데 붉은 빛을 띠는 것은 조류(棗騮)라 한다. 조류는 붉다.」라 하였다. 《사기·조세가(趙世家)》에 「조보(造父)는 주목왕(周繆王: 繆는 穆과 통함)의 총애를 받았다. 그는 도림(桃林)의 도려(盜驪)·화류·녹이(綠耳) 등 여덟 필의 준마를 얻어 목왕에게 바쳤다.」라는 기록이 있다. 당나라 두보의 〈천육의 나는 듯이 달리는 말(天育驃騎歌)〉「해 많이 지나고 사물 변하여 공연히 형태만 그림에 있으니, 아아! 씩씩한 걸음 달릴 길 없네. 지금 세상에 어찌 요뇨와 화류 같은 천리마 없으리오만, 마침 왕량과 백락 없으니 죽으면 그만이니라.」(年多物化空形影, 嗚呼健步無由騁. 如今豈無騕褭與驊騮, 時無王良伯樂死卽休)

4 | **악작(鸑鷟)** : 봉황의 일종. 당나라 이백의 〈옛 시체로 짓다(古風)〉 제13수 「추우는 그냥 오지 않고, 악작 이따금 운다네.」(騶虞不虛來, 鸑鷟有時鳴) 송나라 양제현(楊齊賢)의 주석에서 「악작은 봉황의 일종이다.」(鸑鷟鳳凰之屬)라 하였다.

專對奉國幣[6] 전 대 봉 국 폐	오로지 우리나라의 폐백 받드는 일 맡았다네.
餞郊排雲幕[7] 전 교 배 운 막	전별하는 교외에는 구름 같은 장막 늘어섰고,
秋旻氣澄霽 추 민 기 징 제	가을이라 하늘은 기운 맑게 개었네.
金尊漲濃綠[8] 금 존 창 농 록	금 술잔에는 짙은 녹색 넘치고,

5 | **천조하중명(天朝賀重明)** : 천조는 곧 중국의 조정을 높이어 가리켜 한 말임. 《고증》「황태자 책봉에 하례를 드리는 사절을 겸한 것 같다.」(疑兼皇太子册封進賀使) 《주역·이괘(離卦)》의 단사(彖辭) 「중첩된 광명으로 정당한 자리에 속해 있으니 바로 천하를 화육시킨다.」(重明以麗乎正, 乃化成天下) 《주자의 말씀을 분류함(朱子語類)》 권71 〈역(易) 7·이(離)〉「단사의 중명은 절로 5·2의 두 효가 군신의 광명이 중첩된 뜻이다. 대상은 또한 스스로 세상을 잇는 중첩된 광명의 뜻을 말하고 있어서 같지 않다.」(彖辭重明, 自是五·二兩爻爲君臣重明之義. 大象又自說繼世重明之義, 不同)

6 | **전대봉국(專對奉國)** : 《논어·자로(子路)》「공자께서 말씀하셨다. 《시경》 삼백 편을 외고 있다하더라도 정치를 맡겼을 때 제대로 해내지 못하고, 사방에 사신으로 나가 혼자서 처결해내지 못한다면 비록 많이 왼다한들 어디에 쓰겠는가?」(子曰, 誦詩三百, 授之以政, 不達, 使於四方, 不能專對, 雖多, 亦奚以爲?)

7 | **전교배운막(餞郊排雲幕)** : 소광의 전고를 쓴 것 같다. 《한나라의 역사·소광의 전기(疏廣傳)》「소광이 태부로 옮기고, 소광의 형의 아들인 소수는 …… 소부에 배수되었다. …… 소광이 소수에게 일러 말했다. 『내가 듣기에 「스스로 만족할 줄을 알면 욕되지 않으며, 또한 그칠 줄을 알면 위태롭지가 않다」고 했다.』……동도문 밖에 차일을 치고 송별연을 베풀었는데 전송하는 사람의 수레가 수백 량이었다.」(廣徙爲太傅, 廣兄子受……拜受爲少傅.……廣謂受曰. 吾聞, 知足不辱, 知止不殆……設祖道供張東都門外, 送者車數百兩) 소광의 전고를 쓴 것은 권응창의 호가 지족당(知足堂)이기 때문이다.

8 | **녹(綠)** : 녹은 여기서 녹주(綠酒), 곧 푸르스름하게 잘 익은 좋은 술을 가리킴.

綺席羅纖麗 비단 자리에는 곱고 아름다움 늘어져 있네.
기 석 라 섬 려

百僚意氣傾 백관들이 장한 마음 기울여,
백 료 의 기 경

千觴送行袂 천 잔 술로 길 나서는 소매 떠나보내네.
천 상 송 행 몌

去去如登仙 가고 감 신선 하늘 오르는 것 같은데,
거 거 여 등 선

關河遠迢遞[9] 관문과 은하수는 멀고도 아득하네.
관 하 원 초 체

帝城五雲裏[10] 천자 계신 궁궐은 오색 구름에 덮여 있는데,
제 성 오 운 리

星槎九霄際[11] 별 뗏목 저 높은 하늘 끝까지 오르겠네.
성 사 구 소 제

9 | **관하원초체(關河遠迢遞)** : 수나라 설도형(薛道衡)의 〈예장행(豫章行)〉「탕자 예로부터 오래 잘 머물렀는데, 하물며 게다가 관문과 산 멀고 아득함에랴.」(蕩子從來好留滯, 況復關山遠迢遞)

10 | **제성오운(帝城五雲)** : 오운은 원래는 신선이 거처하는 곳을 이르는 말이나 여기서는 궁궐을 가리켜 한 말임. 《유양잡조(酉陽雜俎)》「황제 때 오색의 구름이 황제의 수레 덮개처럼 하늘을 덮었다.」(黃帝時, 五色雲覆如華蓋)

11 | **성사(星槎)** : 괘성사(掛星槎: 별을 달고 다니는 뗏목)라고도 하며, 한나라의 장건(張騫)이 황하의 근원을 탐사하고자 뗏목을 탔다가 자신도 모르는 사이에 하늘까지 올라가 견우성과 직녀성의 두 별을 보았다고 한다. 이후로 성사는 외국으로 사신가는 것을 가리키는 말로 쓰이게 되었음. 남조 진(晉)나라 왕가(王嘉)의 《습유기·당요(拾遺記·唐堯)》「요임금이 재위에 오른지 30년 만에 큰 뗏목이 서해로 떠올라 왔는데, 그 뗏목 위에는 마치 별빛이나 달빛 같은 빛이 있는 것 같았는데 밤에는 빛나고 낮에는 사라졌다. 바닷사람들이 그 빛을 바라보면 언뜻 보기에는 크기도 한 듯하고 또 얼핏 보면 작은 것 같기도 하여 마치 별과 달이 드나드는 것 같았다. 이 뗏목은 항상 온

天樂認前聞
천 락 인 전 문

천상의 음악도 앞서 들어 알겠고,

周儀覩新制
주 의 도 신 제

주나라의 법도로 새로운 제도 살피네.

顧惟幽燕地[12]
고 유 유 연 지

옛 유주 연나라 땅 돌이켜 생각해보니,

控帶連腥毳[13]
공 대 연 성 취

빙 둘러 미개한 오랑캐 땅으로 이어졌네.

厥初定鼎意
궐 초 정 정 의

그 애초에 도읍 정한 뜻은,

當關扼狂猘[14]
당 관 액 광 제

관문에 버티고 흉포한 오랑캐 제어함이었네.

形勝實天府
형 승 실 천 부

뛰어난 경치는 실로 하늘의 곳간이요,

천하를 떠돌아 다니는데 12년 만에 하늘을 한바퀴 돌며, 한바퀴를 돌고나면 다시 시작하는데, 이 뗏목의 이름을 『달을 꿰는 뗏목』이니 『별에 걸린 뗏목』이니 한다.」(堯登位三十年, 有巨査浮於西海, 査上有光, 夜明晝滅, 海人望其光, 乍大乍小, 若星月之出入矣. 査上浮堯四海, 十二年一周天, 周而復始, 名曰貫月査, 卦星査) 진 장화(張華)의 《박물지(博物志)》「옛날 이야기에 은하수는 바다와 통하였다 하는데, 근래에 바닷가에 사는 어떤 사람이 해마다 8월만 되면 뗏목을 띄우고서 그곳을 왕래하는데, 그때를 놓치지 않는다 하였다.」(舊說云, 天河與海通, 近世有人居海渚者, 年年八月, 有浮槎去來, 不失期)

12 | **유연(幽燕)** 《요존록》「북경 순천부는 옛 유주이며 연나라의 도읍이다.」(北京順天府卽古幽州, 燕都地)

13 | **성취(腥毳)** : 비린내 나는 날고기와 짐승의 가죽으로 옷을 해 입는 북방의 미개한 유목민족을 가리키는 말.

撫臨環四裔 무 림 환 사 예	어루만지며 사방의 나라 감싸고 있네.
朝宗幾萬國 조 종 기 만 국	천자 조알하는 수만의 나라 가운데,
吾東最近衛[15] 오 동 최 근 위	우리 동쪽 나라 위복의 땅에 가장 가깝다네.
聲敎所先漸 성 교 소 선 점	황제의 교화 가장 먼저 입고,
寵渥永勿替 총 악 영 물 체	총애 영원히 쇠해지지 않는다네.
況我事大禮 황 아 사 대 례	하물며 우리가 큰 나라 섬기는 예,
至誠寧少戾 지 성 녕 소 려	정성 지극하니 어찌 조금이나마 어긋나겠는가?

14 | **궐초~광제**(厥初~狂猘) 《요존록》「명나라는 처음에 남경 응천부에 도읍을 정하였으나 성조(1403~1424)가 연왕으로 있을 때 대통을 이은 것을 계기로 북경에다 도읍을 정하여 북쪽 오랑캐의 흉포함을 제어하였다.」(明初, 都南京應天府, 成祖以燕王靖難, 定都北京, 以扼北虜狂猘)

15 | **오동최근위**(吾東最近衛) : 《요존록》「주나라는 제도상 은나라를 아홉 등분하였는데 후·전·남·채·위·만·이·진·번이다. 매 국토의 등분은 5백 리였다. 명나라 황실에서는 황복(아홉 등분과는 다른 다섯 등분의 마지막 구역)의 바깥에 또 위복을 설치하여 복속시켰는데, 건주위나 진위 같은 따위이다. 우리 나라는 북경과 삼천리 떨어져 있어 가깝다.」(周制九畿侯甸男采衛蠻夷鎭藩, 每畿五百里. 皇朝荒服之外, 又置衛以屬羈縻之地, 如建州衛乃晉衛之類. 我國去北京三千里而近)

銜命愼其儀
함 명 신 기 의

명 받들어 거동 신중히 하소서,

國體使乎係[16]
국 체 시 호 계

나라의 체통 훌륭한 사신에 달려 있네.

漢庭應有人
한 정 응 유 인

중국 조정에도 훌륭한 사람 있을 터이니,

眼高鑑無翳
안 고 감 무 예

안목 높아 알아보는데 가릴 것 없으리.

因知吳札賢[17]
인 지 오 찰 현

이로써 오나라 계찰 어짊 알겠지만,

更歎魯邦藝
경 탄 로 방 예

노나라 문물에 대해서는 더욱 경탄하시리.

嗟我志四方[18]
차 아 지 사 방

아아! 내 사방으로 임금의 명 받들어 나갈 뜻은 있지만,

16 | **시호(使乎)** : 《논어·헌문(憲問)》「거백옥이 사람을 보내 공자께 문안 드리도록 하니 공자께서 그와 함께 앉아서 물으셨다. 『선생은 무엇을 하시는가?』 그러자 대답하기를 『(우리) 선생님은 허물을 적게 하려고 하시지만 아직 잘하지 못하십니다.』라 하였다. 심부름꾼이 나가자 공자께서 말씀하셨다. 『훌륭한 심부름꾼이로다! 훌륭한 심부름꾼이로다!』」(蘧伯玉使人於孔子. 孔子與之坐而問焉, 曰, 夫子何爲? 對曰, 夫子欲寡其過而未能也. 使者出. 子曰, 使乎! 使乎!)

17 | **오찰현(吳札賢)** : 《요존록》「오나라의 계찰이 윗나라인 제나라의 안자, 진나라의 숙상, 정나라의 자산, 위공 숙문을 찾아뵙자 모두들 그를 어질다고 입을 모았다.」(季札聘上國, 齊晏子·晉叔向·鄭子産·衛公叔文, 皆與之善) 이 구절은 중국의 명사들은 권응창이

半世一隅滯
반 세 일 우 체

반생을 한 모퉁이에 머물렀다네.

么螟不自小[19]
요 명 부 자 소

작은 애벌레도 스스로는 작다 생각 않으며,

病鶴但孤唳
병 학 단 고 려

병든 학은 다만 외로이 우네.

離筵意不盡
이 연 의 부 진

이별의 자리 뜻 다할 수 없어,

別語爲公綴[20]
별 어 위 공 체

송별의 말 공을 위해 이었다네.

祝公早旋駕
축 공 조 선 가

바라건대 그대 일찍 돌아오시어.

餘光發宿蔽
여 광 발 숙 폐

남은 빛으로 묵은 폐단 깨쳐주시기를.

오나라 계찰과 같이 훌륭한 사신이라는 것을 곧 알게 될 것이라는 뜻이며, 다음 구절은 계찰이 노나라에 가서 그 나라의 음악에 감탄한 것과 같이 권응창도 중국의 문물에 감탄할 것이라는 의미를 담고 있음.

18 | **지사방(志四方)** : 송나라 소철(蘇轍)의 〈동년인 진동이 지섬부로 감에 송별하다(送陳侗同年知陝府)〉「사나이라면 사방으로 나갈 뜻 가져야 하는데, 만나는 것 늘 구불구불하다네.」(丈夫志四方, 所遇常逶迤)

19 | **요명부자소(么螟不自小)** : 진(晉)나라 장화(張華)의 〈초료부(鷦鷯賦)〉「뱁새는 모기 눈썹에 둥우리를 짓고, 대붕은 하늘 가까지 꽉 차네.」(鷦鷯巢乎蚊睫, 大鵬彌乎天隅)

20 | **체(綴)** : 《고중》「음은 체이며, 잇는다는 뜻이다.」(音滯, 連也) 철이라는 음도 있지만 각운을 맞추기 위해서는 체로 읽어야 맞음.

54. 竹堂柳叔春辰仝學士, 畫墨竹[1]

죽당 유숙춘진동 학사가 묵화로 대나무를 그리다

竹堂學士老風塵[2]
죽 당 학 사 로 풍 진

죽당의 학사
풍진 세상에서 늙어가도,

肝膽通靈嶰谷身[3]
간 담 통 령 해 곡 신

마음은 해곡의 대나무와
영적으로 통한다네.

眼底紛綸空俗物
안 저 분 륜 공 속 물

아래는 분주하나
세속의 물건 비우고,

筆端游戲盡精神
필 단 유 희 진 정 신

붓 끝 놀이에
온 정신 다하네.

1 | **죽당유숙춘(竹堂柳叔春)** : 유진동(柳辰仝: 1497~1561)은 본관이 진주로 문과에 급제하여 중종 31년(1536)에 검열을 거쳐 부제학, 관찰사 등을 역임하였고, 명종 때에는 경연관을 거쳐 지중추부사에까지 이르렀다. 문사에 뛰어났고 묵죽화와 글씨에 뛰어났다. 시호는 정민(貞敏)이다.

학사(學士) : 중국의 한림학사와 같이 임금을 자문하는 명예로운 자리에 있는 학식이 높은 문관 벼슬의 하나인데, 우리나라에서는 당시 홍문관(弘文館)에 근무하는 문관들을 중시하여 이렇게 불렀음. 유진동은 퇴계와 함께 회재 이언적 선생이 홍문관 부제학으로 있을 적에 그의 아래에서 근무한 적이 있음.

2 | **노풍진(老風塵)** : 송나라 육유(陸游)의 〈이백과 두보의 시를 읽고(讀李杜詩)〉「재주와 명성 온 천지를 꽉 채웠지만, 몸은 풍진 세상에서 늙어간다네.」(才名塞天地, 身世老風塵)

3 | **해곡(嶰谷)** : 《여씨춘추·중하기(仲夏紀)》「황제가 영윤에게 음률을 만들도록 명하자 영윤은 대하의 서쪽에서 완유산의 북쪽으로 가서 해곡의 골짜기에서 (악기를 만들기 위하여) 대나무를 취하였다.」(黃帝令伶倫作爲律, 伶倫自大夏之西, 乃之阮隃之陰, 取竹於嶰谿之谷) 한나라 고유(高誘)의 주석「해곡은 곤륜산의 뒷골짜기이다.」(嶰谷昆崙後谷)

烟梢露葉新還勁[4]
연 초 로 엽 신 환 경

안개 낀 나무 끝 이슬 맺힌 잎새
새롭고도 날렵하고,

粉節霜根瘦更眞
분 절 상 근 수 갱 진

흰 마디에 서리 내린 뿌리는
야위었지만 더욱 참되네.

千載湖州朝暮遇[5]
천 재 호 주 조 모 우

천년이 지나도 만나기 힘든 호주를
조석간에 만나고,

襪材應許萃芳隣[6]
말 재 응 허 췌 방 린

발싸개 감 꽃다운 이웃에 모여듦
응당 용인하리라.

4 | **연초로엽(烟梢露葉)** : 명나라 도목(都穆: 자는 元敬)의 〈남당 이후주의 묵죽화에 대한 발문(跋南唐李後主墨竹)〉「언뜻 살펴보면 다만 늙은 줄기의 서리 맞은 껍질과 안개 낀 나무 끝 이슬 맺힌 잎사귀만 보일 뿐이다.」(驟而閱之, 但見其老幹霜皮, 烟梢露葉)

5 | **호주(湖州)** : 《고증》「문동(文同)이다.」(文與可) 문동은 자가 여가(與可)이며, 송대의 문인이자 화가로 특히 대나무를 잘 그렸음. 호주지주를 지낸 적이 있으며 또 이른바 호주묵화의 창시자이기도 하여 그를 문호주라고 부르게 되었다.

조모우(朝暮遇) : 《장자·제물론(齊物論)》「만세가 흐른 뒤에 한 큰 성인을 만나 이 도리를 깨우친다 하여도 또한 아침이나 저녁에 그를 만나는 것이나 다름없다.」(萬歲之後而遇大聖, 知其解者, 是旦暮遇之也)

6 | **말재췌(襪材萃)** : 송나라 소식의 〈문동이 운당골의 누운 대를 보고 지은 그림을 보고(文與可畫篔簹谷偃竹記)〉「문여가(文與可: 문동의 자)가 처음에 대나무를 그릴 때는 별로 대단찮게 여겼는데, 사방에서 각종 비단을 들고 와서 청하는 사람들이 줄을 이어 그의 문전으로 몰려들었다. 문여가는 이에 역정을 내며 그것들을 땅바닥에다 내동댕이치고는 꾸짖어 말했다. 『내 이것들로 발싸개나 해야겠다.』 그러자 이 말이 사대부들에게 전하여 져서 이야기 꺼리가 되었다. 여가가 양주에서 돌아오자 나는 서주로 가게 되었는데, 여가가 나에게 편지를 부쳐 말하기를 '근자에 사대부들에게 말하기를 나의 묵죽의 일파가 근래에 팽성(彭城: 서주의 도읍)에 있으니 가면 구할 수 있을 것이다.' 라 하였으니, 발싸개 감이 그대에게 몰릴 것이다.」(與可畫竹, 初不自貴重, 四方之人持縑素以請者, 足相躡於其門, 與可厭之, 投諸地而罵曰, 吾將以爲襪材. 士大夫傳之, 以爲口實, 及與可自洋州還, 而余爲徐州. 與可以書遺余曰, 近語士大夫, 吾墨竹一派, 近在彭城, 可往求之. 襪材當萃于子矣)

55. 平昌郡東軒, 有角字韻詩, 無暇續貂. 二十五日途中, 用其韻紀所見[1]_壬寅秋, 江原道災傷御史

평창군 동헌에 「뿔 각」자 운을 쓴 시가 있는데, 이어지을 겨를이 없다가 8월 25일 지나는 도중에 그 각운자를 써서 본 바를 적는다_ 임인년(1542) 가을 강원도의 재해를 살피는 어사가 되어

亂峯巉天勢騰踔
난 봉 참 천 세 등 탁

어지러운 봉우리 하늘로 찌를 듯 솟아
그 기세 뛰어오를 듯하고,

秋容瘦盡露崖角
추 용 수 진 노 애 각

가을 경치 메말라 낭떠러지
모서리가 다 드러나네.

1 | 《고증》「평창은 강원도 영서에 속한다. 군명으로는 노산이 있다.」(平昌屬江原嶺西, 郡名魯山)
속초(續貂) : 초부족, 구미속(貂不足, 狗尾續)을 말하며 재주가 못한 사람이 나은 사람을 따른다는 뜻으로 쓰임. 《진나라의 역사·조왕 사마륜의 전기(晉書·趙王倫傳)》「…… 노졸이나 일꾼들에 이르러서도 또한 작위를 더하였다. 그래서 조회를 할 때마다 담비 꼬리털이며 매미의 날개로 장식한 사람들이 좌중에 넘쳐났는데, 당시 사람들이 이를 보고 빈정거리며 말하기를 『담비 꼬리가 모자라자 개 꼬리로 이었다.』라 하였다.」(至於奴卒廝役亦加以爵位. 每朝會, 貂蟬盈坐, 時人爲之諺曰, 貂不足, 狗尾續)
각자운시(角字韻詩)는 《동국여지승람·평창군(東國輿地勝覽·平昌郡)》 조의 【제영(題詠)】에 여러 수 보이는데, 그 가운데 삼봉(三峰) 정도전(鄭道傳)의 시를 소개하면 다음과 같다.

中原書記今何方　중원의 서기는 지금 어느 곳에 있는가?
古縣蕭條舊山角　옛 고을 쓸쓸한 옛 산의 모퉁이이로다.
地到門前容兩車　문앞의 땅은 좁아서 수레 두 채 용납할 만하고,
天低嶺上僅三尺　하늘이 낮아 재 위는 겨우 석 자의 높이로구나.
秋深禾穗散沙田　가을이 깊어가니 벼이삭은 모래밭에 흩어지고,
歲久松根緣石壁　세월이 오래된 솔뿌리는 석벽에 얽혀 있네.
行路難於蜀道難　이곳의 길 험난하기는 촉나라 가는 길보다도 어려우니,
還家樂勝錦城樂　집에 돌아가는 기쁨이 금성의 즐거움보다 낫겠네.
역문은 《국역동국여지승람》의 것을 몇 자 고쳐서 수록하였음.

雲歸洞壑窈而深[2]
운 귀 동 학 요 이 심

구름은 동굴이며 골짜기로 돌아들어
그윽하고 깊은데,

無數松楠老千尺
무 수 송 남 노 천 척

무수한 소나무 가래나무는
천 자나 자라 있네.

碧溪彎彎渡幾曲
벽 계 만 만 도 기 곡

푸른 내 구불구불
몇 구비나 지났을까?

舟中回頭望靑壁
주 중 회 두 망 청 벽

배 속에서 고개 돌려
푸른 절벽 바라본다네.

不能休官便歸去
불 능 휴 관 편 귀 거

벼슬 그만 두고 당장
돌아갈 수 없겠지만,

於玆吏隱猶堪樂[3]
어 자 이 은 유 감 락

이곳이라면 낮은 벼슬이라도
오히려 즐거우리.

2 | **요이심(窈而深)** : 당나라 한유의 〈이원을 반곡으로 돌려보내면서 짓다(送李愿歸盤谷序)〉「그윽하고 깊으며, 넓어서 포용력이 있다.」(窈而深, 廓其有容) 기(其)자는 (而)의 의미로 쓰였음.

3 | **이은(吏隱)** : 《요존록》「《선현전》에서는 기산이라 하였다. 두보시의 주석에는 한양으로 되어 있다.」(先賢傳云岐山, 杜註作漢陽) 당나라 두보의 〈백수의 최씨네 열아홉째 소부어르신의 고재에서 60구절로 지음(白水崔少府十九翁高齋, 三十韻)〉「벼슬아치로 몸 숨김 성정에 알맞으니, 여기가 아마 그런 토굴이나 숨을 집이 아닐까.」(吏隱適情性, 玆焉其窟宅) 청나라 구조오(仇兆鰲)의 주석「《여남선현전》에 의하면 정흠은 의파의 남쪽에 관리가 되어 숨었다.」(汝南先賢傳, 鄭欽吏隱於蟻陂之陽) 어쩔 수 없이 벼슬을 하고 있지만 마음은 은거하고자 하는 것, 또는 낮은 벼슬아치가 되어 남에게 알려지지 않도록 하는 것을 말함.

56. 過昭陽江, 次韻春日昭陽江行[1]_ 八月三十日

소양강을 지나다가 봄날 소양강을 가다라는 시의 각운자를 써서 짓다_ 8월 30일

我行十日穿雲烟 아 행 십 일 천 운 연	내 열흘 길 운무 뚫고 가자니,
馬頭惟看嶺拆天 마 두 유 간 영 탁 천	말머리 위로 보이느니 하늘 꺾는 재 뿐이라네.
今朝豁眼入春州[2] 금 조 활 안 입 춘 주	오늘 아침 시계 트이어 춘천에 들어서고,
素練一道橫拖前[3] 소 련 일 도 횡 타 전	흰 깁 같은 물결 한 줄기 비스듬히 앞으로 뻗어 있네.
是時霜淸八月秋 시 시 상 청 팔 월 추	때는 서리도 맑은 가을 8월달인데,
行行江浦吟搖鞭 행 행 강 포 음 요 편	강가 따라 가고 또 가며 채찍 흔들며 읊조려 보네.

1 | 《고증》「소양강은 춘천부 북쪽 5리 지점에 있으며 남쪽 기슭에는 소양정이 있다.」(昭陽江在春川府北五里, 南岸有昭陽亭)
소양강행(昭陽江行) : 《고증》「곧 통정 강회백(1357~1402)이 지었다.」(卽姜通亭淮伯所作) 강회백은 고려말과 조선 초기에 생존했던 문인이다. 《요존록》「사암 유숙의 시에 『강변의 봄 아지랑이 연기인 듯 아닌 듯, 강가에는 꽃이 비온 뒤 하늘 아래에서 피네.……』 같은 구절이 있으며, 이달충·성현에게도 모두 차운한 시가 있다.」(柳思菴淑有詩, 江邊春氣烟非烟, 江頭花開雨後天……之句, 李達衷成俔, 皆有次韻詩) 유숙과 이달충은 고려인으로 강회백보다 앞서 활약했던 사람들이다.

2 | **춘주(春州)** : 《고증》「곧 춘천이다.」(卽春川)

3 | **소련(素練)** : 위 5번 시의 주 5)를 보라.

千篇一掃幾英雄
천 편 일 소 기 영 웅

천편이나 되는 시 하나같이 없어졌지만
영웅들 그 얼마나 많았을까?

萬古共盡餘山川
만 고 공 진 여 산 천

만고에 다 사라지고
산천만 남아 있네.

莫嫌物色少分留[4]
막 혐 물 색 소 분 류

경치 적게 남겼다
혐의 두지 말게나,

故應風月還依然[5]
고 응 풍 월 환 의 연

옛 풍월
아직도 여전하다네.

扁舟不辭泛空明[6]
편 주 불 사 범 공 명

조각배 달 뜬 물위에
띄우는 것 사양하지 않고,

笑舞馮夷奏湘絃[7]
소 무 풍 이 주 상 현

웃으며 빙이 춤추게 하고
상수의 신 연주하게 하리라.

4 | **물색소분류(物色少分留)** : 당나라 두보의 〈악록의 산사와 도림사 두 절(岳麓山道林二寺行)〉「송지문은 쫓겨나 일찍이 벽에다 썼었는데, 경치를 나누어 남기어 늙은이에게 주네.」(宋公放逐曾題壁, 物色分留與老夫) 송나라 진여의(陳與義)의 〈악양루에 오르다(登岳陽樓)〉 제2수「한림의 경치 적게 남겼고, 시 파릉에 이르렀으나 정밀하지 못하다네.」(翰林物色分留少, 詩到巴陵還未工)

5 | **풍월횐의연(風月還依然)** : 주자의 〈귀종사(歸宗寺)〉「천년 만에 이제 돌아왔는데, 경물 아직도 여전하다네.」(千年今一歸, 景物還依然)

6 | **편주~공명(扁舟~空明)** : 송나라 소식의 〈적벽을 노래함(赤壁賦)〉「계수나무 노와 목란 상앗대로, 물에 비친 달 그림자 치며 달빛 흐르는 강물 거슬러 올라간다. …… 일엽편주 타고 쪽박 술잔 들어 서로 권한다.」(桂棹兮蘭槳, 擊空明兮泝流光……駕一葉之扁舟, 居匏樽以相屬)

7 | **빙이(馮夷)** : 빙이는 하수(河水)의 신을 말한다. 《고증》「『馮』의 음은 빙이다.」(馮音凭) 《산해경(山海經)》「빙이는 8월 상경일에 황하를 건너다가 빠져 죽었는데, 천제가 하백에 임명하였다.」(馮夷八月上庚日, 渡河溺死, 天帝署爲河伯)

주상현(奏湘絃) : 《초사·원유(遠遊)》「상수의 신령 거문고 치게 함이여, 해약으로 하여금 빙이 춤추게 하네.」(使湘靈鼓瑟兮, 令海若舞馮夷) 당나라 전기(錢起)의 〈상수 신령이

胡爲不暇景物役
호 위 불 가 경 물 역

어찌 경치에 열중하여
즐길 틈도 없는가?

今年又復期他年
금 년 우 부 기 타 년

올해는 또다시
먼 훗날 기약하네.

故園當日手種梅
고 원 당 일 수 종 매

옛 동산에서 살던 때는
손수 매화 심었었고,

丘壑從前有好懷8
구 학 종 전 유 호 회

구릉과 골짜기
예부터 좋은 생각 품었다네.

一行作吏誤平生9
일 행 작 리 오 평 생

한번 관리길 나서
평생을 그르치고 보니,

靑鞋不踏耶溪苔10
청 혜 부 답 야 계 태

짚신으로 야계의
이끼도 밟지 못한다네.

거문고를 친다는 시제로 성시를 치르다(省試湘靈鼓瑟)〉「곡조 끝나니 사람들 보이지 않고, 강물 위로 비친 숱한 봉우리만 푸르네.」(曲終人不見, 江上數峯靑) 당나라 한유의 〈영스님을 전송하다(送靈師)〉「사방의 자리 모두 적막한데, 아득하기는 상비(湘妃) 현 타는 것 같네.」(四座咸寂默, 杳如奏湘絃) 손씨(孫氏)의 주석 「상비가 슬을 타는 것을 이른다.」(謂湘妃鼓瑟也)

8 | **유호회(有好懷)** : 진나라 도연명의 〈술을 마시며(飮酒)〉「그대 누구인가 물어보니, 농부인데 좋은 생각 있다하네.」(問子爲誰與, 田父有好懷)

9 | **일행작리(一行作吏)** : 삼국시대 위나라 혜강(嵇康)의 〈산도(山濤)와 교유를 끊으며 보내는 편지(與山巨源絶交書)〉「도사에게 들려주기를 『산계와 황정을 먹으면 사람의 수명을 늘릴 수 있다. 속으로 그것을 굳게 믿고 산이며 못가에서 노닐면서 물고기와 새를 관찰하니 마음이 매우 즐거웠다. 그러나 한번 관리의 길로 나서자 이런 일은 곧 그만 두었다.』라 하였다.」(聞道士遺言, 餌朮黃精, 令人久壽, 意心信之, 遊山澤, 觀魚鳥, 心甚樂之, 一行作吏, 此事便廢)

10 | **청혜불답야계태(靑鞋不踏耶溪苔)** : 당나라 두보의 〈봉선에서 유소부가 그린 산수 병풍을 노래함(奉先劉少府畵山水障歌)〉「약야계와 운문사 있는데, 내 홀로 어찌 진흙 찌끼 속에 있으리오, 푸른 신과 베버선 신고 여기에서 막 나서리라.」(若耶溪雲門寺, 吾獨胡爲在泥滓, 靑鞋布襪從此始)

何況嚴程念靡盬[11]
하 황 엄 정 염 미 고

하물며 빡빡한 여정에
생각조차 쉴 수 없거늘,

佳處何緣靑眼回
가 처 하 연 청 안 회

이 좋은 곳에 어떤 연유로
기꺼운 눈 돌릴 수 있는가?

多生結習在山水[12]
다 생 결 습 재 산 수

산과 강에서
몹시 좋아하여,

病裏樂聖猶銜杯[13]
병 리 낙 성 유 함 배

병 중에도 술 즐기며
여전히 술잔 든다네.

11 | **미고(靡盬)** : 《시경·당나라의 민요·너새의 깃털(唐風·鴇羽)》「나라 일 쉴 새 없어, 차기장이며 메기장 심을 수 없네.」(王事靡盬, 不能蓺稷黍)

12 | **결습(結習)** : 불교어로 인간세상의 욕망과 번뇌 등을 가리키는 말이며, 여기서는 몹시 좋아하여 버릴 수 없는 취미를 말함. 《유마경·관중생품(維摩經·觀衆生品)》「그때 유마힐의 집에는 한 천녀가 있어 여러 천인들에게 나타났는데, 설법하는 것을 들으면 곧 그 몸을 나타내었다. 곧 천화를 여러 보살과 대제자들의 위에 뿌리는데, 꽃이 여러 보살에 이르면 곧 모두 떨어지는데 대제자에 이르러서는 달라붙어 떨어지지 않았다. …… 습관이 완전히 맺히지 않으면 꽃이 몸에 달라붙어 있을 따름이며, 완전히 습관이 맺힌 자는 꽃이 달라붙지 않는다.」(時維摩詰室, 有一天女, 見諸天人, 聞所說法, 便現其身, 卽以天華散諸菩薩大弟子上. 華至諸菩薩, 卽皆墮落, 至大弟子, 便著不墮. ……結習未盡, 華著身耳, 結習盡者, 華不著也)

13 | **낙성유함배(樂聖猶銜杯)** : 《고증》「주성을 말한다.」(謂酒聖) 《삼국지·위지·서막의 전기(三國志·魏志·徐邈傳)》「위나라 건국 초기에 상서랑이 되었는데, 당시에는 법령으로 금주령을 내리고 있었으나 서막은 밀주를 마시다가 많이 취하였다. 형리(刑吏)인 조달이 법에 의거하여 심문을 하니, 막이 『성인을 마셨다』(임금을 쏘았다는 뜻도 있음)고 하였다. 조달이 이 말을 위 태조(曹操)에게 아뢰자 태조는 크게 노하였다. 그때 도료장군 선우보가 나아가서 말하기를 『평일에 취객은 맑은 술을 성인이라

會從物外爛占春
회 종 물 외 난 점 춘

杳視塵甕如浮埃14
묘 시 진 옹 여 부 애

豈惟稽山棹酒船15
기 유 계 산 도 주 선

便可鹿門開俓萊
변 가 록 문 개 경 래

바깥 세상에서
　　빛나는 봄 마주치니,

아련하게 보이는 초파리
　　뜬 먼지와 같네.
어찌 다만 계산에서
　　술 실은 배 노만 저을 것인가?

녹문의 명아주 샛길도
　　헤쳐 볼 만하리.

말하고, 탁한 술을 현인이라 말합니다. 서막은 성격이 평소에 근신하는데, 우연히 취하여 그렇게 말했을 따름입니다.』라고 하여 겨우 형을 면하게 되었다.」(魏國初建, 爲尙書郎. 時科禁酒, 而邈私飮至於沈醉. 校事曹達問以曹事, 邈曰, 中聖人. 達白之太祖, 太祖甚怒. 度遼將軍鮮于輔進曰, 平日醉客謂酒淸者爲聖人, 濁者爲賢人, 邈性脩愼, 偶醉言耳. 竟坐得免刑) 당나라 두보의 〈음중팔선가(飮中八僊歌)〉「좌상은 날마다 주홍(酒興)에 만 전씩을 쓰는데, 마치 큰 고래 모든 강물 들이키듯 술 마시며, 잔 머금고 성인 즐기며 세상의 현인이라 한다네.」(左相日興費萬錢, 飮如長鯨吸百川 銜盃樂聖稱世賢)

14 | **진옹(塵甕)** : 《고증》「초파리를 가리킨다.」(指醯雞甕) 촛병 안에서만 살기 때문에 천지가 넓은 것을 모름. 《장자 · 전자방(田子方)》「공자가 노자를 보고는 …… 나와서 안회에게 말했다. 『나의 도라는 것은 기껏해야 초파리와 같을 뿐이다.』」(孔子見老聃,……出, 以告顔回曰, 丘之於道也, 其猶醯雞與!) 곽상(郭象)의 주석 「혜계는 독 속의 눈에놀이다.」(醯雞, 甕中之蠛蠓也) 《내집》 권1 〈규암 송미수가 동지부사로 북경에 가심에 삼가 지어 올림(奉贈圭庵宋眉叟以冬至副使赴京)〉에 「나는 초파리와 같이 보잘 것 없이 먼지 묻은 술병만 지키고 있으니, 그대 같은 뛰어나신 분들을 뵈오면 바다를 바라보듯 감탄하게 된다네.」(我似醯鷄守塵甕, 大方之家嗟望洋)라는 구절이 있다.

15 | **도주선(棹酒船)** : 《진(晉)나라의 역사 · 필탁(畢卓)의 전기》「필탁이 일찍이 사람들에게 말하기를 『수백 휘를 채울 수 있는 술 짜는 통을 얻어 사철 양 끝에 맛있는 것을 두고 오른손에는 술잔을 들고 왼손에는 집게발을 들고 술 짜는 통 속에서 물장구를 친다면

風流一境煥增色
풍 류 일 경 환 증 색

풍류 있는 이곳에
　　훤하게 경치 더하리니,

莫使名區終寂寞
막 사 명 구 종 적 막

이름난 곳 마침내
　　쓸쓸하게 하지 마소.

詩成愼勿俗人傳16
시 성 신 물 속 인 전

시 이루어져도 부디
　　속세의 인간들에게 전하지 말게나,

報與沙頭雙雪客17
보 여 사 두 쌍 설 객

모래톱가의 한 쌍
　　해오라기에게 전할테니.

昭陽江過淸平山而來18, 故用稽山鹿門故事

소양강은 청평산을 거쳐 흘러오므로 계산 녹문의 고사를 썼다

평생이 만족스러울 것이다.』라 하였다.」(卓嘗謂人曰, 得酒滿數百斛船, 四時味置兩頭, 右手持酒杯, 左手持蟹螯, 拍浮酒船中, 便足了一生矣) 남조 송나라 유의경(劉義慶)의 《세설신어·임탄(任誕)》편에도 같은 내용의 기사가 보임. 당나라 이백의 〈다시 그리워하다(重憶)〉「회계산에 하지장 늙은이 없어, 도리어 술 실은 배 노 저어 돌아오네.」(稽山無賀老, 却棹酒船回)

16 | **시성~속인전(詩成~俗人傳)** : 송나라 유덕린(兪德鄰)의 〈여름날 오원정에서 비를 마주하고 있다가 되는대로 짓다(夏五園亭對雨漫成)〉 제5수 「좋은 술 다만 찾으나 이미 다 마셨음 알겠고, 좋은 시는 속인들에게 전할 필요 없다네.」(美酒但尋知已飮, 好詩休用俗人傳)

17 | **설객(雪客)** : 《사문유취(事文類聚)》「해오라기를 설객이라 한다.」(鷺曰雪客) 송나라 증조(曾慥)의 《유설(類說)》 권53 〈담수(談藪)〉「이방은 시를 짓는데 백거이가 동산의 숲에 다섯 날짐승을 기르는 것을 부러워하여 모두 객자를 써서 이름을 지었다. 흰꿩은 가객이라 하였고, 해오라기는 백설객이라 하였으며, 학은 선객, 공작은 남객, 앵무새는 농객이라 하였다.」(李昉爲詩, 慕白居易園林畜五禽, 皆以客名, 白鷴曰佳客, 鷺鷥曰白雪客, 鶴曰仙客, 孔雀曰南客, 鸚鵡曰隴客)

18 | **청평산(淸平山)** : 《요존록》「이자현이 거처했던 곳이다.」(李資玄所居) 《내집》 권1에 〈청평산을 지나가며 느낌을 적음(過淸平山有感)〉이라는 시가 있다.

【참고】

遊昭陽江[19]

소양강에서 놀다

유숙(柳淑)

江邊春氣煙非煙	강변의 봄 기운은 연기인지 아닌지,
江頭花開雨後天	비 온 뒤 강가에는 꽃 활짝 피었네.
蘭橈來往明鏡裏	목란 삿대는 맑은 거울 속 오가고,
松亭掩映屏風前	소나무 정자는 병풍 앞에 은은하네.
此間景物稱人意	이곳의 경치 사람의 마음에 일컬어져,
徐行信馬不動鞭	천천한 걸음도 말에 맡겨 채찍 들지 않는다네.
良辰行樂莫辜負	좋은 철 행락 헛되이 저버릴 수 없나니,
頭上歲月如奔川	머리맡 세월은 흐르는 내와 같네.
亭前大野天共遠	정자 앞 큰 들 하늘과 함께 멀기에,
倚攔縱賞心豁然	난간에 기대어 널리 구경하니 마음이 탁 트이네.
落花紛紛飄舞席	춤추는 자리에 꽃 떨어지며 나부끼고,
春禽嚶嚶和鳴絃	거문고에 맞추어 봄새 화답하네.
喜予勝境遊觀日	기쁘다 내 승지에 노는 날이,

19 | 번역은 《국역동문선》의 것을 약간 손질하여 수록.

正値居民富庶年	마침 백성들 풍년가 부르는 해 만났다네.
世間功名杏與梅	세상 공명은 살구와 매화꽃,
癡兒欲速焦中懷	어리석은 사람들 속히 되려고 속 태운다네.
我今老病百無用	나는 이제 늙어 병들어 백약이 무효이니,
癈井不食生陰苔	우물 버려두고 먹지 않아 응달에 이끼 낀다네.
古來賢達今安在	옛적의 현인 달사 지금 어디 있느냐,
大江東流不復廻	큰 강 동으로 흘러 다시 못 돌아오나니.
尊前一笑不易得	술병 앞 한바탕 웃음도 쉬운 일 아니라네,
對花强倒三兩杯	꽃 대하여 억지로 두 세 잔 비우노라.
人生聚散何足道	인생의 모이고 흩어짐 무엇 말할 게 있는가?
世事過眼隨飛埃	세상 일은 눈을 스쳐 날아가 티끌을 따른다.
徘徊弔古空嘆息	서성이며 옛 흔적 찾아 헛되이 길이 탄식하니,
千年斷碣埋山萊	천 년 묵은 부러진 비석 풀숲에 묻혀 있네.
要將詩酒酬春色	시와 술로 봄 경치에 화답할 일,
莫待無花空寂寞	꽃 없어 쓸쓸한 때 기다리지 말라.
誰家泉甘有竹林	뉘 집 샘물 달고 대나무 숲 있어서,
招此無家遠遊客	집 없이 멀리 온 이 손을 불러 줄꼬?

57. 春川向楊口, 幾五六十里, 皆崖路, 傍江兩峽束立, 蒼波白石, 雜以楓林眞奇景也[1]

춘천에서 양구로 가는 길은 거의 5~60리가 모두 낭떠러지 길인데, 강의 양안으로는 골짜기가 어우러져 솟아 있고 푸른 물결에 흰 돌이 단풍 숲과 섞이어 있는 것이 실로 희한한 경치였다

下有淸江上有天[2] 하 유 청 강 상 유 천	아래로는 맑은 강 있고 위로는 하늘 있어,
擘開神峽兩圍邊 벽 개 신 협 양 위 변	신비한 골짜기 쪼개어 열어 양 가를 둘렀네.
居民半似猿嚬面[3] 거 민 반 사 원 빈 면	그곳 사람 절반은 원숭이 얼굴 찡그린 듯하고,
怪石或如人奮拳 괴 석 혹 여 인 분 권	괴이한 바위 어떤 것 사람 성내어 주먹 쥔 듯.

1 | 《고증》「양구는 강원도 영서에 속하며 군명으로는 양구가 있다.」(楊口屬江原嶺西, 郡名楊溝)

2 | 하유~상유천(下有~上有天) : 송나라 소옹(邵雍)의 〈극에 대하여(極論)〉「아래로는 황천 있고 위에는 하늘 있는데, 사람마다 백여 년 살게 하였네.」(下有黃泉上有天, 人人許住百來年)

3 | 거민이원(居民似猿) : 당나라 한유의 〈강릉으로 부임하여 가는 도중에 보궐로 있는 왕씨네 스무째, 습유로 있는 이씨네 열 한째, 원외랑으로 있는 이씨네 스믈 여섯째의 세

盡日傍行寒瀉鏡
진 일 방 행 한 사 경

종일토록 끼고 가자니
추위 거울 같은 물에서 쏟아지고,

一林延望爛生烟
일 림 연 망 난 생 연

한결 같은 숲에 끌리어 바라보니
안개 흐드러지게 피어오르네.

邇來自覺溪山助
이 래 자 각 계 산 조

그제야 깨달았다네
시내와 산 서로 도와,

詩骨巉巉筆洒泉[4]
시 골 참 참 필 쇄 천

시 짓는 기개 우뚝 솟고
붓 샘물에 씻은 듯.

한림학사에게 부쳐주다(赴江陵途中 寄贈王二十補闕李十一拾遺李二十六員外 翰林三學士)〉「먼 곳에 있는 길에서 이상한 모습 만났는데, 관리며 백성들 원숭이 닮았다네.」(遠地觸途異, 吏民似猨猴)

4 | 시골(詩骨) : 시의 풍골(風骨). 당나라 맹교(孟郊)의 〈무본스님에게 장난삼아 지어줌(戲贈无本)〉「그대 시의 풍골은 맹교보다도 더 우뚝 솟아났고, 그대 시의 물결은 한유보다도 더 용솟음치네.」(詩骨聳東野, 詩濤湧退之)

58. 午憩水仁驛[1] _ 驛臨溪對壁, 幽爽甚於芳林[2]

낮에 수인역에서 쉬다 _ 역참은 시내를 굽어보고 절벽을 마주하고 있어 그윽하고 상쾌하기가 방림보다 더 나았다

無聲無物自何生
무 성 무 물 자 하 생

소리도 없고 모습도 없더니
어디에서 생겨났는가?

谷邃巖空雷轉驚[3]
곡 수 암 공 뇌 전 경

골짜기 깊고 바위 비었는데
우레 놀랍게 뒤집혀가네.

小坐驛亭看水石
소 좌 역 정 간 수 석

잠시 역참의 정자에 앉아
물속의 돌 보고 있자니,

向來塵慮一時淸[4]
향 래 진 려 일 시 청

예까지의 속세 근심
한꺼번에 맑아지네.

1 | 수인역(水仁驛) : 《고증》「양구현 남쪽 30리 지점에 있으며, 은계도에 예속되어 있다.」(在楊口縣南三十里, 隷銀溪道)

2 | 방림(芳林) : 《고증》「홍천현 서쪽에 있으며, 안보도에 예속되어 있다.」(在洪川縣西, 隷安保道)

3 | 뇌전(雷轉) : 바위 사이로 번개가 치듯이 놀랍게 구비 틀고 요동치면서 흘러가는 물결을 표현한 말.

4 | 진려청(塵慮淸) : 주자의 〈상봉사의 여러 원로들에게 드리다(贈上封諸老)〉「밤에 상봉사에 묵자니, 초연히 속세의 근심 맑아지네.」(夜宿上封寺, 翛然塵慮淸)

59. 詠白茅[1]_ 狼川山中[2]

띠를 읊다_ 낭천의 산 속에서

山門寂寂鹿呦呦[3]
산 문 적 적 녹 유 유

산 입구 적적한데
　사슴 슬피 울고,

林下無人食廢疇[4]
임 하 무 인 식 폐 주

숲 아래 사람 없고
　버려진 밭고랑서 풀 뜯네.

撲地似雲齊茁夏
박 지 사 운 제 줄 하

구름처럼 땅 뚫고 나와
　여름철에 부쩍 자라,

1 | 백모(白茅) : 흰 띠. 다년생 풀로 땅 밑에 뻗은 줄기는 연하고 마디가 있는데 맛이 달아서 먹을 수 있음. 약으로도 사용하며, 옛날에는 이 끈으로 제사에 쓸 예물을 묶기도 하였음. 《주역·대고(大過)》의 밑에서 첫째 음효[初六] 「백모로 싸서 사용하면 허물이 없을 것이다.」(藉用白茅, 无咎) 이 시에서는 저자가 띠풀을 보고 은거하려는 뜻을 나타내고 있음.

2 | 낭천(狼川) : 낭천(浪川)이라고 표기하기도 함. 지금의 화천군(華川郡)의 옛 이름. 《고증》 「강원도 영서에 속하며, 군명으로는 화음이 있다.」(屬江原嶺西, 郡名華陰)

3 | 녹유유(鹿呦呦) : 유유(呦呦)는 사람이 우는 소리를 나타내는 의성어이다. 《시경·소아·사슴이 울며(小雅·鹿鳴)》 「메에메에 사슴 울면서, 들의 다북쑥 뜯는다네.」(呦呦鹿鳴, 食野之苹) 주석 「사슴은 풀을 얻으면 메에메에 하고 울면서 서로 부른다.」(鹿得草, 呦呦然鳴, 而相呼也) 주자는 화기애애한 소리라고 하였다. 당나라 두보의 〈장씨가 은거하는 곳을 제목삼아 짓다(題張氏隱居)〉 제2수 「개인 못에는 잉어 펄떡펄떡 뛰고, 봄 풀 보고 사슴 메에메에 우네.」(霽潭鱣發發, 春草鹿呦呦)

4 | 임하무인(林下無人) : 당나라 육구몽(陸龜蒙)의 〈적스님을 찾았으나 만나지 못하다라는 시에 화답하다(和訪寂上人不遇)〉 「파초 서리 내린 후에 돌 난간 황폐해지고, 숲 아래 사람 없는데 대나무 방 닫겨 있네.」(芭蕉霜後石欄荒, 林下無人閉竹房)

舞風如雪亂枯秋
무 풍 여 설 난 고 추

바람에 춤추는 것 눈 같이
메마른 가을에 어지러이 날리네.

賢人但願拔能進[5]
현 인 단 원 발 능 진

똑똑한 사람 다만 그것을 뽑아가
능히 나갈 수 있기를 바란다지만,

貞女何容束以求[6]
정 녀 하 용 속 이 구

절개 곧은 여인이야 어찌 그것을 묶어가서
구해짐을 용납하리?

試問牽蘿相補處[7]
시 문 견 라 상 보 처

삼가 덩굴 끌어 띠집
때운 곳 물어보니,

一區閒占碧溪頭
일 구 한 점 벽 계 두

한 구역을 한가로이 차지하고 있구나,
푸른 냇가 어귀를.

5 | **발능진(拔能進)** : 《주역·태괘(泰卦)》의 아래에서 첫째 양효[初九] 「잔디 뿌리를 뽑으니 서로 엉켜 있다. 동류들과 함께 가면 좋다.」(拔茅茹, 以其彙, 征, 吉)

6 | **속이구(束以求)** : 《시경·소남·들판의 죽은 사슴(召南·野有死麕)》 「들판의 죽은 사슴을, 흰 띠풀로 묶어 가져가니, 아가씨 옥 같이 예쁘네.」(野有死鹿. 白茅純束, 有女如玉)

7 | **견라상보(牽蘿相補)** : 당나라 두보의 〈가인(佳人)〉 「모시는 여자 종이 구슬 팔고 돌아와, 덩굴 끌어다 띠집 때우네.」(侍婢賣珠廻, 牽蘿補茅屋)

60. 金剛山[1]

금강산

巨嶽臨東溟 거 악 임 동 명	큰 산 동해 내려다 보며,
雄雄半天出 웅 웅 반 천 출	씩씩하게 하늘로 반이나 솟아 있네.
日月互蔽虧 일 월 호 폐 휴	해와 달 번갈아 서로 가리고 이지러지는데,
靈仙紛宅窟 령 선 분 택 굴	신령스런 선인들 분분히 굴집을 지키네.
我欲往問之 아 욕 왕 문 지	내 가서 그들에게 물어보고 싶지만,
塵纓甚拘鬱[2] 진 영 심 구 울	속세의 벼슬에 얽매여 심히 울적하네.
恨無丹竈方[3] 한 무 단 조 방	한스럽긴 단약 처방 몰라서,
飛去宿願畢 비 거 숙 원 필	날아가 숙원 풀 수 없는 것이라네.

1 | 금강산(金剛山) : 직접 가보지는 못하고 상상하여 지은 것임.

2 | 진영(塵纓) : 남조 양나라 심약(沈約)의 〈신안의 강물이 매우 맑고 얕아 바닥이 보이므로 지어 서울의 벗들에게 준다(新安江水至清, 淺深見底, 貽京邑游好)〉「원컨대 졸졸 흐르는 물로, 그대 갓끈의 먼지 씻었으면.」(願以潺湲水, 霑君纓上塵)

3 | 단조(丹竈) : 단약을 달이는 솥이다. 《요존록》「습유의 남에게 보낸 편지에서 『금강산은 점검하는 다섯 고을 밖에 있어서 희지로 하여금 민령의 한을 오래도록 품게 하였다.』고 하였다 한다.」(拾遺與人書, 金剛在所檢五邑之外, 使羲之長抱岷嶺之恨云) 여기서 남에게 보낸 편지는 제자인 정유일(鄭惟一)이 강원도로 벼슬하러 갈 때 지어준 글(〈陶山送鄭子中赴關東幕〉)로, 《퇴계선생문집·외집》 권1에 수록되어 있음.

61. 鏡浦臺[1]

경포대

羣仙游十洲[2] 군 선 유 십 주	뭇 신선들 열 아름다운 섬에 노니는데,
蕩蕩非所愛 탕 탕 비 소 애	콸콸 솟아오르는 물은 좋아하는 바가 아니라네.
辦此一鑑流 판 차 일 감 류	여기 거울 같이 맑고 고요한 물 갖추었으니,
虛明玉壺內[3] 허 명 옥 호 내	옥 항아리라는 것은 헛된 이름 뿐이라네.

1 | 경포대(鏡浦臺) : 이 시도 역시 직접 가보지는 않고 상상으로만 지은 것임.

2 | 군선유십주(羣仙游十洲) : 십주는 신선이 산다고 하는 열 섬을 말함. 《해내십주기(海內十洲記)》「한 무제는 이미 서왕모가 팔방의 큰 바다 가운데에는 조주·영주·현주·염주·장주·원주·유주·생주·봉린주·취굴주가 있는데 이 열 섬이 있는 곳에는 곧 인적이 드문 곳이라는 말을 들었다.」(漢武帝既聞王母說, 八方巨海之中, 有祖洲瀛洲玄洲炎洲長洲元洲流洲生洲鳳麟洲聚窟洲. 有此十洲, 乃人跡所稀絶處) 당나라 이상은(李商隱)의 〈모란(牡丹)〉「난새와 봉황 세 섬에 놀고, 신선은 열 섬에 사네.」(鸞鳳戲三島, 神僊居十洲)

3 | 옥호(玉壺) : 여러 가지 뜻이 있는데 여기서는 선경(仙境)을 이르는 말로 쓰였다. 진나라 갈홍(葛洪)의 《신선전·왕원전(神仙傳·王遠傳)》「옥 항아리를 열두 개 가졌는데 모두 밀랍으로 그 주둥이를 봉하였다.」(有十二玉壺, 皆以臘蜜封其口) 왕원은 자가 방평(方平)으로 후한의 역(嶧) 땅 사람이다. 일찍이 효렴과에 천거되어 벼슬이 중산대부까지 올랐으나 벼슬을 버리고 산에 들어가 도를 닦았다. 나중에 조정에서 누차 그를 불렀지만 입조하지 않다가, 어느 날 저녁 매미처럼 허물을 벗고 어디론가 사라져버렸다고 한다. 이외에 한나라 때 비장방(費長房)의 고사도 유명하다.

我思老安詳4
아 사 노 안 상
時來搖玉珮
시 래 요 옥 패
風流我輩人
풍 류 아 배 인
儻許蘭舟載5
당 허 난 주 재

내 늙은 안상을 생각해 보니,

때때로 여기 와서 옥패 흔들고 다녔었다네.

나 같이 못난 풍류객 쯤이야,

어찌 목란 배에 오를 수나 있으리.

4 | **노안상(老安詳)** : 안상은 신라시대의 유명한 화랑으로 늙어서 신선이 되었다고 한다. 《고증》「영랑과 술랑, 안상, 남석은 모두 신라 때의 화랑으로 관동을 두루 유람하여 세상에서는 그들을 네 신선이라 하였다. 조운흘(趙云仡)의 시에 『신라라는 성대의 늙은 안상, 천년의 풍류 아직 잊혀지지 않았네. 사신이 경포대에서 놀이한다는 말 듣고서, 난초 장식한 배에 다시 홍장을 태웠네.』라는 구절이 있다.」(案, 永郎述郎安詳南石, 皆新羅時花郎, 遍遊關東世稱四仙. 趙云仡, 新羅聖代老安詳, 千載風流尙未忘. 聞說使華遊鏡浦, 蘭舟聊復載紅粧) 조운흘은 호가 석간(石磵)으로 이조 초기에 강릉부사를 지냈으며, 홍장은 당시 강릉의 유명한 기생 이름.
이 시에 나오는 사신은 박신(朴信)이다. 《신증동국여지승람》 권44 〈강릉대도호부〉 조에 보이는데 그 내용을 소개하면 다음과 같다. 「공은 일찍이 관동안렴사(關東按廉使)가 되어 강릉(江陵) 기생 홍장(紅粧)을 사랑했었는데, 강릉 부윤 석간(石澗) 조운흘(趙云仡)이 거짓으로 말하기를, 『홍장이 이미 죽었습니다.』 하니, 박신은 슬픈 마음을 억누르지 못하였다. 조석간이 안렴사를 초청하여 경포(鏡浦)에 나가 놀았는데, 비밀리 홍장에게 단장시키고 별도로 그림 그린 배를 준비하여 모습이 처용(處容)과 같은 한 아전을 뽑이서 홍장을 싣고, 또 채색 현판을 걸고 거기다 시를 쓰기를 『신라 거룩한 시대의 늙은 안상(安詳)은, 천년 전의 풍류 놀이를 아직도 잊지 못했도다. 듣건대, 사또가 경포대에 논다 하기에, 참지 못하고 목란 배에다 홍장을 실어 왔노라.』 하였다. 그 배가 천천히 포구로 들어와 물가에 돌아 다니거늘, 조석간이 공에게 말하기를, 『이 땅은 옛날 신선의 유적이 있어, 지금도 신선들이 오가는 일이 있어 꽃핀 아침이나 달 밝은 저녁이면, 사람이 혹 보기도 하지마는, 다만 바라볼 수는 있어도 가까이하지는 못하옵니다.』 하니, 박공이 말하기를, 『산천은 이와 같고 풍경이 특이하다.』 하면서, 눈물이 글썽하여 자세히 배 안을 보니 곧 홍장이었다. 온 좌석이 크게 웃으며 극히 즐거이 놀다가 파했다.」 조운흘의 시는 이 책에서 《동인시화》를 인용하여 수록하고 있다.
5 | **난주(蘭州)** : 위 49번 시의 주 5)를 보라.

62. 晩晴, 踰石門嶺, 入楊州路上[1]

저녁에 개어 석문령을 넘어 양주로 가는 길로 들어서다

石門西下路漫漫[2]
석 문 서 하 노 만 만

석문 서쪽 아래로는
길 멀고도 멀고,

落日蒼茫烟岫間[3]
낙 일 창 망 연 수 간

떨어지는 해 아득한데
안개 산모롱이에서 피어나네.

雨掃碧空霜氣緊
우 소 벽 공 상 기 긴

비 짙푸른 하늘 쓸어내니
서리 기운 빠르고,

風飜黃野暮光寒
풍 번 황 야 모 광 한

바람 누런 벌판에 굴러오니
저녁풍경 차갑구나.

1 | **석문령(石門嶺)**: 《고증》「석문령은 양주의 동쪽 35리 지점에 있다.」(嶺在楊州東三十五里) 「넘을 유」(踰)자가 《고증》에는 「놀 유」(遊)자로 되어 있다.

2 | **노만만(路漫漫)**: 만만은 길 따위가 멀어서 끝이 없는 모양을 나타내는 의태어. 주자의 〈두 시로써 경부가 해준 말에 대답하고 아울러 이별을 노래함(二詩奉酬敬夫贈言, 幷以爲別)〉 첫째 시 「남산 높아서 끝 없었고, 눈 깊어 길 아득하니 끝 없었다네.」(南山高不極, 雪深路漫漫)

3 | **낙일창망(落日蒼茫)**: 송나라 주송(朱松: 주자의 부친)의 〈범직부에게 드림(贈范直夫)〉 「고향 관문 해 아득하게 떨어지는 바깥이요, 동이 술 안에 차가운 철에 피는 꽃 또렷한 때라네.」(鄕關落日蒼茫外, 樽酒寒花寂歷中)

稻粱多處鴈先集[4]
도 량 다 처 안 선 집

陂澤空來魚不還
피 택 공 래 어 불 환

爲問今宵新月色[5]
위 문 금 소 신 월 색

可能二十四橋看[6]
가 능 이 십 사 교 간

나락이며 수수 많은 곳에
기러기 먼저 날아들고,
저수지에는 부질없이 모여든
고기떼들 돌아가지 않네.

묻노니 오늘밤 하늘에
달 빛 새로우면,

스물 네 다리
볼 수 있을런지?

4 | **도량다처(稻粱多處)** : 송나라 유과(劉過)의 〈기러기(雁)〉「해 저물어 나그네 길에서 한번 배불리 먹기 도모하는데, 나락이며 수수 많은 곳이 곧 집이라네.」(歲晩客途營一飽, 稻粱多處卽爲家)

5 | **신월색(新月色)** : 당나라 백거이의 〈8월 15일 밤에 대궐에서 홀로 숙직을 서다가 달을 보며 원씨네 아홉째를 그리워하다(八月十五日夜, 禁中獨直, 對月憶元九)〉「삼오야에 달빛 새로우니, 2천 리 밖 친구 생각나는 마음 생기네.」(三五夜中新月色, 二千里外故人心)

6 | **이십사교(二十四橋)** : 이십사교는 수나라 때 양주에 건립하였다는 다리인데, 모두 스물 네 개의 다리를 만들었기 때문에 이렇게 부름. 각 다리는 모두 성문이나 방시(坊市)의 명칭으로 그 이름을 삼았다고 한다. 당나라 두목(杜牧)의 〈양주판관 한작에게 부치다(寄揚州韓綽判官)〉「이십사교에 달 밝게 비치는 밤에, 옥 같은 미인 어디서 피리를 불게 하는지?」(二十四橋明月夜, 玉人何處敎吹簫)

63. 次應霖金澍[1]

응림김주이 지은 시의 각운자를 써서 짓다

颯颯凉颸換鬱蒸[2]
삽 삽 양 시 환 울 증

쏴쏴 서늘한 바람 불어
찌는 듯한 더위 바꾸는데,

天機推變竟誰能
천 기 추 변 경 수 능

천기 옮아 변해감
필경 누가 바꿀 수 있으리?

試抛拄頰朝朝笏[3]
시 포 주 협 조 조 홀

아침마다 뺨에 괸 홀
내던져 버리고,

1 | **김주(金澍: 1512~1563)** : 자는 응림(應霖)이며, 호는 우암(寓菴), 본관은 안동임. 중종 26년(1531)에 진사, 동 34년(1539) 별시(別試) 문과(文科)에 장원으로 급제하여 이퇴계 선생 및 하서(河西) 김인후(金麟厚) 선생과 함께 호당(湖堂)에 뽑히어 사가독서 하였으며, 벼슬은 예조참판에까지 이르렀다. 명종 18년(1563)에 종계변무(宗系辨誣) 사건 때문에 명나라에 사신으로 갔다가 북경 관사에서 병들어 죽었다. 선조때 광국공신(光國功臣)으로 추대되고 화산군(花山君)에 추봉되어 짐.

2 | **삽삽량시(颯颯凉颸)** : 송나라 사마광(司馬光)의 〈견산대에서 낮에 누워 있다가 우연히 짓다(見山臺晝臥偶成)〉「침상 옮겨 홀로 높은 대에 올라 누웠자니, 쏴쏴 시원한 바람 얼굴 스치고 지나가네.」(移牀獨上高臺卧, 颯颯涼風吹面過)
환울증(換鬱蒸) : 송나라 육유(陸游)의 〈수정에서 홀로 마시며 24구로 짓다(水亭獨酌十二韻)〉「맑은 바람 찌는 듯한 더위 쓸어내고, 상쾌한 바람 창문에서 생겨나네.」(清風埽鬱蒸, 爽氣生户牖)

3 | **주협조조홀(拄頰朝朝笏)** : 주(拄)는 괸다는 뜻. 《진나라의 역사·왕휘지의 전기(王徽之傳)》「왕휘지(왕희지의 아들)의 자는 자유인데 …… 거기장군 환충의 기병참군이 되었다. 환충이 일찍이 왕휘지에게 말하기를 『자네가 나의 막부에서 근무한 지도 오래 되었으니 이제 당연히 같이 해야 할 일을 생각하지 않겠는가?』라 했다. 왕휘지는 처음에는 아무 대꾸도 않은 채 높은 곳만 응시하다가 홀을 가지고 뺨을 괴면서 말하기를 『서산에 아침이 되니 상쾌한 공기가 밀려오는구나.』라 하였다.」(徽之字子猷……爲車騎桓沖騎兵參軍……沖嘗謂王徽之曰, 卿在府日久, 比當相料理. 徽之初不酬答, 直高視,

還對臨書夜夜燈
환 대 임 서 야 야 등

밤마다 등불 켜고
　　책 대하고 앉아 있었으면.

閱歲與君期共秀
열 세 여 군 기 공 수

해가 넘도록 그대와 함께
　　뛰어나길 바랬으나,

刺天非我志羣騰[4]
자 천 비 아 지 군 등

하늘 뚫고 오르는 것 나 아니고
　　뜻만 무리들 뛰어 올랐다네.

三秋秖可拚心力[5]
삼 추 지 가 변 심 력

가을 석 달 마음의 힘
　　아끼지 않을 수만 있다면,

百尺竿頭寸寸登[6]
백 척 간 두 촌 촌 등

백 자나 되는 장대 끝에서도
　　한 마디씩 더 올라갈 수 있다네.

以手版柱頰云, 西山朝來致有爽氣耳) 송나라 소식의 〈다시 앞 시의 각운자를 써서 손신로에게 부침(再用前韻寄莘老)〉「곤궁한 이때 누가 그대도 할 일을 좀 생각해 보게나 하겠는가? 고개 들어 산 보며 홀로 뺨 괼 뿐이라네.」(困窮誰要卿料理, 擧頭看山笏拄頰)

4 | 자천~지군등(刺天~志羣騰) : 당나라 한유의 〈유종원에게 바치는 제문(祭柳子厚文)〉「그대는 남을 보기를 스스로 자기보다 앞설 사람이 없다고 여겼지요. 그러나 한번 그들에게 배척받아 귀양 간 뒤에는 되돌아보지 못하니, 보잘 것 없는 무리들이 하늘까지 올라가서 높은 자리를 차지하였지요.」(子之視人, 自以無前, 一斥不復, 羣飛刺天)

5 | 변심력(拚心力) : 《요존록》「《주자어류》에 『한달을 아끼지 않고 공부한다』라는 말이 있는데, 가을 석 달을 공부하는데 마음의 힘이 빼앗기는 것을 말하며, 이는 오로지 (공부에만) 힘을 쏟는 것을 이르는 것이다.」(語類, 拚得旬月工夫, 言三秋棄心力於工夫, 謂專一也) 이 말은 《주자어류》에 나오지 않으며 〈요자회에게 답함(答廖子晦)〉(《주문공집》 권45)에 나오는 말이다. 주자의 〈백장산 여섯 수·석등(百丈山六詠·石磴)〉「힘껏 한번 기어오르니, 앞길에 기이한 볼만한 것 있네.」(努力一躋攀, 前行有奇觀) 인용시의 첫 구는 《고증》에는 「努力共躋拚」으로 되어 있다.

6 | 백척간두(百尺竿頭) : 《요존록》「초현대사의 게송(偈頌)에서 말하기를 『백 자나 되는 장대 끝에서도 모름지기 한 걸음 더 나아가야 한다.』고 하였다.」(招賢大師偈曰, 百尺竿頭須進步) 이 말은 《오등회원·경산고선사의 법통·천동정전선사(五燈會元·徑山杲禪師法嗣·天童淨全禪師)》에 나오는 말임.

64~65. 湖上園亭偶出, 次山谷病起東園韻[1]

동호에 있는 동산의 정자에 우연히 나가서 황산곡의 「병석에서 일어나 동쪽 동산에서……」라는 시의 각운자에 맞추어 짓다

64

鳳池豈藏拙[2]
봉 지 기 장 졸
봉황 깃드는 못에　어찌 졸렬한 내 몸 감출 수 있을 것이며,

蓬山非養病[3]
봉 산 비 양 병
이 독서당 또한 병든 몸 요양하는 곳 아니라네.

優閒愧聖朝
우 한 괴 성 조
편안하고 여유 있음 성스런 조정에 부끄럽고,

蕭散適野徑[4]
소 산 적 야 경
조용하고 한가한 본성 초야에 묻혀 살기에 알맞네.

1 | 산곡(山谷) : 송나라 때의 문인 황정견(黃庭堅: 1045~1105)의 호. 소문사학사(蘇門四學士)의 하나. 황정견의 시는 뒤의 [원운시]를 보라.

2 | 봉지(鳳池) : 봉황지(鳳凰池)를 말하며, 원래는 당나라 때 중서성에 있던 못의 이름이었으나 그 이후로는 중서성을 가리키는데 쓰임. 우리나라에서는 승정원이나 의정부를 이르는 말로 쓰였다. 여기서는 조정을 가리키는데 쓰인 것 같다.
기장졸(豈藏拙) : 당나라 한유(韓愈)의 〈석씨네 여든 둘째가 지은 시에 화답하다(和席八十二韻)〉「옥에 기대니 졸렬함 감추기 어렵고, 우 부는데 오래도록 참됨 섞여 있었네.」(倚玉難藏拙, 吹竽久混眞)

3 | 봉산(蓬山) : 도가에서 신선이 산다는 봉래산(蓬萊山)을 말하며, 여기서는 동호 독서당을 가리켜 말하였음. 후한 때 조정(朝廷)의 도서관인 동관(東觀)이 문인들이 모이는 곳이 되었는데, 당시의 학자들이 그곳을 도가(道家)의 비조인 노자(老子)가 주나라의 도서관장을 지낸 일이 있고, 또 도가들의 전설에 동해 가운데 있는 봉래산(蓬萊山)에 신비한 책들이 많이 소장되어 있다는 전설이 있기 때문에, 「도가봉래산」(道家蓬萊山)이라고 불렀다고 한다. 그래서 이조 때에도 동호독서당을 흔히 「동관」(東觀) 또는 「봉관」(蓬觀)이라고도 불렀음.

4 | 소산(蕭散) : 소쇄(蕭灑)와 같은 뜻. 행동거지와 풍격, 신정(神情) 등이 자유로워 구속됨이 없음을 말함.

湖上多林園　호수 가에는 숲 우거진 동산 많기도 한데,
호 상 다 임 원

淸曠愜素性　맑고 탁 트여 타고난 천성 흡족하게 한다네.
청 광 협 소 성

嗒然坐終日[5]　우두커니 종일토록 앉아,
탑 연 좌 종 일

愛此澄江靜[6]　이곳 맑은 강 조용함을 아낀다네.
애 차 징 강 정

65

沙禽千百羣[7]　물새들 수천 수백씩 무리지어,
사 금 천 백 군

翔集喜同氣　날아와 모이더니 한 형제임 기뻐하네.
상 집 희 동 기

淡然一堂中　소담한 이 독서당에서,
담 연 일 당 중

誰與共臭味[8]　그 누구와 더불어 취미 같이 할꺼나?
수 여 공 취 미

白日照西窓　대낮의 해 서쪽 창을 비추고,
백 일 소 서 창

5 | **탑연좌(嗒然坐)** : 답연은 정신이 나간 듯 멍한 모습을 말함. 《장자·제물론(齊物論)》「남곽자기가 안석에 기대어 앉아 휴— 하고 길게 숨을 내쉬는데 멍하니 자기 몸을 잊은 것 같았다.」(南郭子綦隱几而坐, 仰天而噓, 荅焉似喪其耦)「荅焉」은「嗒然」과 같음.

6 | **징강정(澄江靜)** : 남조 제나라 제(齊)나라 사조(謝朓)의 〈저녁에 삼산에 올라 서울을 바라보다(晚登三山還望京邑)〉「남은 놀 흩어져 비단 이루고, 맑은 강은 조용한 것이 흰 깁 같네.」餘霞散成綺, 澄江靜如練)

7 | **사금(沙禽)** : 모래톱이나 모래 여울에 사는 물새를 말함.

8 | **취미(臭味)** : 취미(趣味)와 같은 뜻.

纖塵不掩地
섬 진 불 엄 지
고운 흙먼지 땅 가리지 못하네.

無端發深省
무 단 발 심 성
끝없이 깊은 깨달음 일어나는데,

松風靜裏至
송 풍 정 리 지
소나무 숲의 바람 조용히 안으로 드네.

【원운시】

次韻答斌老病起獨游東園二首

황빈로(黃斌老)의 「병에서 일어나 홀로 동쪽 동산에서 놀다」 라는 시의 각운자를 써서 답하다, 두 수

황정견(黃庭堅)

萬事同一機　　만사 틀 매 한가지인데,
多慮乃禪病　　많이 생각함이 곧 선에서는 병이라네.
排悶有新詩　　번민 없애고 새 시 지음은,
忘蹄出兔逕　　올가미 잊음으로써 토끼잡이에서 벗어남과 같네.
蓮花生淤泥　　연꽃 진흙탕에서 피어남으로,
可見嗔喜性　　성내고 기뻐하는 성질 하나임 알 수 있다네.
小立近幽香　　잠깐 서서 그윽한 향기 가까이 하니,
心與晚色靜　　마음 저녁 경치와 함께 고요하네.

主人心安樂　　주인의 마음 편안하고 즐거우며,
花竹有和氣　　꽃과 대나무에 온화한 기운 있다네.
時從物外賞　　이따금 사물 바깥에서 감상하니,
自益酒中味　　술 속의 맛 절로 더하여지네.
斸枯蟻改穴　　개미가 난 마른 구멍 찍어내고,
掃籜笋迸地　　땅으로 흩어진 죽순 껍질 쓴다네.
萬籟寂中生　　온갖 소리 고요한 가운데서 생겨나니,
乃見風雨至　　곧 비바람 이름 보게되네.

66. 竹山途中[1]

죽산을 지나는 도중에

苦寒贔屭曉無風[2] 고 한 비 희 효 무 풍	혹한 기승을 부려도 새벽에는 바람 없어,
稍喜金鴉上海東[3] 초 희 금 아 상 해 동	해 동쪽 바다 위로 떠오르니 차츰 기뻐지네.
一水帶冰銀宛宛 일 수 대 빙 은 완 완	얼음 언 한 줄기 강 은빛으로 구불구불하고,
衆山排雪玉叢叢 중 산 배 설 옥 총 총	뭇 산들 눈 덮인 채 늘어서 옥처럼 총총하네.
征夫野食青烟外 정 부 야 식 청 연 외	나그네 푸른 안개 낀 들판에서 식사하는데,
獵騎郊搜白草中 엽 기 교 수 백 초 중	사냥 말 교외의 흰 풀숲에서 사냥감 찾네.
到處一杯官酒美 도 처 일 배 관 주 미	가는 곳마다 관아에서 좋은 술잔 들어도,
天涯難與故人同[4] 천 애 난 여 고 인 동	하늘 끝 어디서도 옛 친구와 더불기 힘들다네.

1 | **죽산(竹山)** : 《고증》「죽산은 경기좌도에 속하며 군명으로는 음평과 연창이 있다.」(竹山屬京畿左道, 郡名陰平延昌)

2 | **비희(贔屭)** : 크게 힘을 쓰는 모양을 나타내는 의태어.

3 | **금아(金鴉)** : 금오(金烏)라고도 하며 해[太陽]를 말함. 옛날 전설에 해 속에 다리를 셋 가진 까마귀, 즉 삼족오(三足烏)가 살고 있다고 전하기 때문에 이렇게 말함. 당나라 한유의 〈혜스님을 송별함(送惠師)〉「금 까마귀 높이 날아 오르고 나니, 천지사방이 갑자기 맑고 새로와졌네.」(金鴉旣騰翥, 六合俄淸新) 한순(韓醇)은 주석을 달고 「금아는 해이다.」(金鴉, 日也)라고 하였다.

4 | **천애(天涯)** : 당나라 왕발(王勃)의 〈두소부가 촉주로 부임하여 가다(杜少府之任蜀州)〉「사해 안에 나를 알아주는 이 있다면, 하늘 끝도 이웃과 같으리.」(海內存知己, 天涯若比隣)
고인(故人) : 《요존록》「독서당의 동료들을 가리키는 듯하다.」(疑指讀書堂僚友)

67. 聞慶途中遇雪

문경을 지나는 도중에 눈을 만나다

亂雲呑吐欲埋山[1]
란 운 탄 토 욕 매 산

어지러운 구름 삼켰다 내뱉었다
산 파묻어 버릴 듯,

急雪驚風撲馬鞍[2]
급 설 경 풍 박 마 안

갑작스런 눈 놀란 듯한 바람
말 안장에 휘몰아치네.

千樹望來銀錯落
천 수 망 래 은 착 락

수천 그루 나무 바라보니
은가루 뒤섞이어 떨어지고,

一溪行盡玉彎環
일 계 행 진 옥 만 환

한 내는 가도가도 끝없이
굽은 옥 모양하고 있네.

1 | **난운~욕매산(亂雲~欲埋山)** : 송나라 소식의 〈여산 아래를 지나치다, 한 수(過廬山下一首)〉 「어지러운 구름 산을 묻어버리려는 듯, 기세 회오리 바람 함께 남으로 가네.」(亂雲欲埋山, 勢與飄風南) 이 구절은 어지러운 구름이 눈을 뿌렸다 안 뿌렸다 하면서 온 산을 덮어버릴 만큼 많이 내린다는 것을 말하였음.

2 | **박마안(撲馬鞍)** : 명나라 양사기(楊士奇)의 〈허자모 박사가 북경으로 돌아감에 전송하다(送許子謨博士歸北京)〉 「다음날 아침 또 장회 지나가는데, 옥 같은 눈 펄펄 말 안장 때리네.」(明朝又過長淮去, 玉雪紛紛撲馬鞍)

68. 安谷驛苦寒, 憫行旅[1]

안곡역에서 한파로 여정을 걱정하다

風聲叱吸窓扉語[2] 풍 성 질 흡 창 비 어	바람소리 숨 몰아쉬듯 하고 창문짝은 큰소리 지르는 듯,
烟氣飄蕭客舍寒 연 기 표 소 객 사 한	불 때는 연기 보잘 것 없으니 객사 춥기만 하네.
受凍肌膚寧異性 수 동 기 부 녕 이 성	살갗에 동상 입음 어찌 성질 다르리오만,
狐裘憐汝訴衣單 호 구 연 여 소 의 단	여우 갖옷 그대 홑옷 입었다 하소연함 불쌍히 여기네.

1 | **안곡역(安谷驛)** : 《고증》「상주의 남쪽 40리 지점에 있으며 유곡도에 예속되어 있다.」(在尙州南四十里, 隸幽谷道) 《요존록》「《지지》에 『선산부 서쪽 35리 지점에 있다.』고 하였다.」(地志, 在善山府西三十五里)
퇴계선생은 42세(중종 37년, 1542) 12월에 경남 단성(丹城)으로 가서 둘째 아들 채(寀)의 혼사를 의논하기 위하여 서울에서 12월 20일 출발하여, 21일 죽산을 거쳐 23일에는 문경을 지나 24일에 안곡에 도착하였을 것으로 추정함.
정석태의 《퇴계선생연표월일조록1》 pp. 306~308쪽 참조.

2 | **질흡(叱吸)** : 구멍 따위로 기류가 드나드는 것을 말함. 여기서는 바람이 부는 것을 말함. 《장자·제물론(齊物論)》「자기가 말하였다. 『대지가 내쉬는 숨결을 바람이라고 한다. …… 나무라는 것 같기도 하고 들이키는 듯하기도 하고……』」(子綦曰, 夫大塊噫氣, 其名爲風……叱者, 吸者……)
창비어(窓扉語) : 송나라 진사도(陳師道)의 〈산 입구의 험한 바람(山口阻風)〉「빈 곳간에선 새와 까마귀 즐겁고, 바깥 집에서는 창문 흔들리는 소리 내네.」(空倉鳥烏樂, 外舍窓扉語)

69. 二十五日, 陜川向三嘉途中[1]

12월 25일 합천에서 삼가를 향하여 가던 도중에

朝看旭日傍伽川[2]
조 간 욱 일 방 가 천

아침에는 뜨는 해
　가야의 냇가에서 보았더니,

午過南亭入紫烟[3]
오 과 남 정 입 자 연

낮에는 남정 지나
　보랏빛 운무 속으로 드네.

欲把塵機渾脫累[4]
욕 파 진 기 혼 탈 루

세속적인 마음 모두 잡아
　속박에서 벗어나려 하나,

奈何世事動遭牽[5]
내 하 세 사 동 조 견

세상일에 어이하여
　걸핏하면 걸려드는가?

1 | **합천(陜川)** : 《고증》「경상우도에 속하며 군명으로는 강양과 대야가 있다.」(屬慶尙右道, 郡名江陽大倻)

2 | **가천(伽川)** : 곧 야천(倻川)으로 합천군에 있음.

3 | **남정(南亭)** : 곧 남강원이다. 《신증동국여지승람》 권30 〈합천군〉「남강원은 남강북쪽 언덕에 있다.」(南江院. 在南江北岸)

4 | **진기(塵機)** : 세속적인 심산(心算)과 의념(意念). 당나라 맹호연(孟浩然)의 〈선달 8일에 섬현에 있는 석성사를 예배하다(臘月八日於剡縣石城寺禮拜)〉「원컨대 공덕 쌓인 물 받들어, 이곳에서 세속적인 마음 씻었으면.」(願承功德水, 從此濯塵機)

5 | **동조견(動遭牽)** : 동은 부사로 통(慟), 첩(輒) 등과 같은 뜻이다. 번번이, ~했다하면 그때마다의 뜻이다. 당나라 한유의 〈영스님을 전송함(送靈師)〉「이별의 말 꺼냄 용납지 않는데, 움직였다하면 걸리어드네.」(別語不許出, 行裾動遭牽)

新陽雪盡纔三日
신 양 설 진 재 삼 일

새 볕에 눈 다 녹고
이제 겨우 사흘인데,

舊館人非已六年
구 관 인 비 이 육 년

옛 객관 사람 달라서 보니
이미 6년이 지났네.

杳杳家山今更遠
묘 묘 가 산 금 갱 원

아득하고 아득한 고향산천
지금 더욱 멀어지나,

羈心休道洛中偏
기 심 휴 도 낙 중 편

나그네 마음 서울 쪽으로
기울었다 이르지 마오.

二十三日立春, 至今適三日也. 歲丁酉余到宜寧, 至今壬寅, 恰是六年, 而人事多變. 樂天詩, 萬里路長在, 六年今始歸. 所經多舊館, 太半主人非[6]

23일은 입춘이었는데 지금은 사흘이 지났다. 정유년(1537)에 내가 의령에 왔었는데 지금은 임인년(1542)이니 꼭 6년 만이며 그 사이에 세상일은 많이 변하였다. 백낙천의 시에 「만 리 길에 오래도록 돌아다니다가, 6년이 지난 지금에야 비로소 돌아가네. 지나는 길에 옛 객관 많았으나, 태반은 옛 주인 아니라네.」라는 구절이 있다.

6 | 백낙천은 당나라의 시인 백거이(白居易)의 호이다. 백거이시의 제목은 〈상산으로 가는 길에서 느낌이 있어서(商山路有感)〉이다.

70~71. 三嘉雙明軒[1]

삼가현의 쌍명헌에서

70

暗覺輕黃著柳時 암 각 경 황 저 류 시	누런 기운 가볍게 버드나무에 낀 것 어렴풋이 깨달았을 때,
夕陽明麗下樓遲 석 양 명 려 하 루 지	저녁 햇살 밝고 곱게 아래층에 뉘엿거리네.
當年雪後行吟處 당 년 설 후 행 음 처	그 해 눈 온 뒤 읊조리며 걷던 곳에는,
依舊人家有竹籬 의 구 인 가 유 죽 리	옛날처럼 인가에 대울타리 그대로 있네.

晉山詩. 古縣鴉鳴日落時, 雪晴江路細逶遲. 人家處處依林樾, 白板雙扉映竹籬.[2]
진산의 시에 「옛 고을에 까마귀 울고 해질 때, 눈 개인 강 옆의 길은 좁고도 구불구불하네. 인가 곳곳에 흩어져 있고 숲속 그늘 여전한데, 흰 나무로 된 사립문에 대나무 울타리 비치네.」라는 구절이 있다.

1 | **쌍명헌(雙明軒)** : 《고증》 「곧 객관의 동헌이다.」(卽客館東軒) 역시 위의 시와 함께 12월 25일에 지었음.

2 | **진산(晉山)** : 강희맹(姜希孟: 1424~1483)의 봉호(封號)임. 강희안(姜希顔)의 동생이자 세종(世宗)의 이질(姨姪)이며, 자는 경순(景醇), 호는 사숙재(私淑齋)·운송거사(雲松居士)·국오(菊塢)·만송강(萬松岡)이며 본관은 진주임. 예종 때 남이(南怡)를 타도한 공로로 진산군(晉山君)에 봉해졌다. 시호는 문량(文良). 인용 시는 제목이 〈삼가현의 쌍명헌(三嘉雙明軒)〉이며 《목계선생일고(木溪先生逸稿)》 권1에 수록되어 있음. 내집 권1에 〈주천현의 주천석. 강진산이 지은 시의 각운자를 그대로 사용하여(酒泉縣酒泉石姜晉山韻)〉라는 시가 있다.

71

滴殘簷雪暮凄凄[1]
적 잔 첨 설 모 처 처

처마에서 눈 녹은 물 떨어지니
저녁 쓸쓸하기만 하고,

古屋烟生一半低
고 옥 연 생 일 반 저

옛 집에선 연기 나와
반이나 낮게 깔렸네.

自是南中有佳致
자 시 남 중 유 가 치

이곳의 남쪽에
아름다운 경치 있는데,

竹林多處翠禽啼[2]
죽 림 다 처 취 금 제

대나무 숲 곳곳에서는
물총새 우지짖네.

1 | **적잔첨설(滴殘簷雪)** : 송나라 범성대(范成大)의 〈눈 온 뒤에 육언으로 짓다(雪後六言)〉 「처마의 눈 녹은 물 떨어짐 안타까운데, 멋대로 냇물로 다 흘러들게 하네.」(可惜滴殘檐雪, 從教漂盡河冰)

2 | **죽림다처(竹林多處)** : 당나라 백거이(白居易)의 〈정처사의 집에 들르다(過鄭處士)〉 「듣자하니 마을의 둑 사이로 옮겼다는데, 대나무 숲 많은 곳 홀로 문 열려 있네.」(聞道移居村塢間, 竹林多處獨開關)

72. 迎勝村, 留題四樂亭[1] _癸卯正月初四日

영승촌에서 사락정에 지어 남기다_ 계묘년(1543) 정월 초4일

迎勝村舊名迎送, 爲其不雅, 改送爲勝, 取其聲相近也. 村有泉石之勝, 且時方早春, 景物向新, 故謂之迎勝, 所以記一時之勝也. 四樂亭臨溪新構, 往年余所名而寄題者也[2]

영승촌의 옛 이름은 영송으로 그 이름이 고상하지 못하다 여기어 송(送)자를 승(勝)자로 고쳤는데, 이는 그 음이 서로 비슷한 것을 취한 것이다. 마을은 산수의 경치가 빼어난데다 또 마침 이른 봄이라 경치가 막 새로워지려던 참이어서 영승이라 하였다. 그런 까닭에 그때의 뛰어난 경치를 적어둔다. 사락정은 시내를 굽어보고 새로 지었는데 왕년에 내가 이름을 짓고 시를 지은 바 있다

迎勝村中迎早春[3]
영 승 촌 중 영 조 춘

영승 마을에서
이른 봄을 맞으니,

眼中梅柳已爭新[4]
안 중 매 류 이 쟁 신

보이느니 매화며 버들
이미 새로움을 다투네.

1 | 《고증》「안음현의 동쪽 30리 지점에 있다.」(在安陰縣東三十里) 《요존록》「당시 선생은 장인인 권공이 영승에 갔으므로 뵙고자 하여 이곳에 왔다.」(時先生外舅權公往迎勝, 故爲拜謁入此) 사락(四樂)이란 뜻은 《속집(續集)》 권1의 〈사락정을 시로 지어부치다(寄題四樂亭)〉의 서문에 의하면 「농상초어」(農桑漁樵)의 네 가지 즐거움에서 따왔다고 하였다.

2 | 이 사실은 《속집(續集)》 권1의 〈사락정을 시로 지어부치다(寄題四樂亭)〉의 서문에 자세히 보인다.

3 | 영조춘(迎早春) : 송나라 왕십붕(王十朋)의 〈봄을 맞다가 눈을 만나다(迎春遇雪)〉「날리는 눈 섣달을 보내고, 꽃 끼고 이른 봄 맞았네.」(飛雪送殘臘, 帶花迎早春) 이 구절은 영승촌의 영(迎)자를 염두에 두고 읊은 것이다.

4 | 이쟁신(已爭新) : 주자의 〈유온(劉韞)이 지은 시의 각운자에 맞추어서(次秀野韻)〉 제2수「동산 가득 붉은색과 자줏빛 이미 새로움 다투고, 갖은 울음소리 그윽한 새 또한 사람을 부르는 듯.」(滿園紅紫已爭新, 百囀幽禽亦喚人)

東風欲動先林杪5
동 풍 욕 동 선 림 초

동풍은 먼저 숲의
나무 끝 움직이려 하고,

北鴈將歸且水濱6
북 안 장 귀 차 수 빈

북쪽 기러기 돌아가려 하여
물가에 잠시 모이네.

誰作月潭揮弄客
수 작 월 담 휘 롱 객

누가 농월담 지어놓고
나그네 손짓해 불렀던가?

我曾雲構寄題人7
아 증 운 구 기 제 인

내 일찍이 구름 걸린 집에
글 써서 사람에게 보낸 적 있는데,

尊前莫說霜臺事8
준 전 막 설 상 대 사

술잔 앞에서
어사대의 일 말하지 말라!

野趣方欣愜素眞
야 취 방 흔 협 소 진

들 취미 바야흐로 기껍고
본디 참된 것 마음에 든다네.

弄月潭在前溪　　농월담은 앞 내에 있다

5 | **동풍(東風)** : 봄바람을 말함. 오행으로 보면 봄이 방위상 동쪽에 해당하므로 이렇게 말함.

6 | 《요존록》「이 구절은 옛 말을 온전히 썼다.」(此句全用故語) 《퇴계집》 권32 〈우성전(禹性傳)에게 답함(答禹景善)〉(1569)에「(내 형편이) 마치 옛 사람의 시에서 이른바 『북쪽 기러기 돌아가려 하여 물가에 잠시 모이네.』라고 말한 것과 같지만 걱정이 되는 것은 오직 그물에 걸리지나 않을까 하는 근심입니다.」(正如古人詩所謂北雁將歸且水濱者, 所慮惟有網羅之虞耳)라는 말이 있다. 《요존록》도 아마 우경선에게 보낸 이 편지의 말을 보고 그대로 말한 것 같다.

7 | **운구(雲構)** : 《사기·진시황본기(秦始皇本紀)》의 찬(贊)「아방궁은 구름 속에 지어놓은 듯이 크고 화려했으며, 동상으로 승로반(承露盤: 이슬을 받는 대야)을 만들어 세웠다.」(阿房雲構, 金狄成行)

8 | **상대(霜臺)** : 어사대를 말함. 어사대는 법률을 관장하였으므로 추관(秋官)에 배당하여 상(霜)이라고 함. 《연보》 계묘년(1543) 조「2월에 병으로 사직하였으나 곧 종친부전첨을 제수하였다가, 다시 장령으로 임명되고 전설사수로 옮기었다.」(二月辭病, 拜宗親府典籤, 又拜掌令, 遷典設司守)

73. 寄題搜勝臺[1]

수승대에 지어 부치다

安陰古縣有石臨溪, 俗名愁送臺.[2] 泉石最勝, 余於是行, 以不暇往見爲恨. 亦嫌其名之不雅, 欲改爲搜勝, 諸公皆肯之
안음의 고현에는 내를 굽어보고 있는 바위가 하나 있는데 속칭 수송대라고 하였다. 산수가 매우 뛰어나다는데 내 이번 발걸음에 한번 가 볼 여가가 없는 것이 한스러웠다. 또한 그 이름이 고상하지 못함을 좋지 않게 여기어 수승이라 고치고자 하였는데 여러 분들이 모두 이를 기꺼워하였다

搜勝名新換
수 승 명 신 환
수승이라 이름 새로 바꾸고,

逢春景益佳[3]
봉 춘 경 익 가
봄 맞으니 경치 더욱 아름답구나.

遠林花欲動
원 림 화 욕 동
먼 숲에서는 꽃들 꿈틀거리려는데,

1 | **수승대(搜勝臺)** : 《고증》「안음현의 동쪽 40리 지점에 있으며, 갈천 임훈(林薰)이 자리잡은 곳이다.」(在安陰縣東四十里, 林葛川所點)

2 | **고현(古縣)** : 《고증》「마을 이름이다.」(村名)

3 | **경익가(景益佳)** : 주자의 〈밀암에서 놀다(遊密菴)〉「숲 어둑해지니 경치 더욱 아름다운데, 슬피 돌아가는 안장 어루만지네.」(林昏景益佳, 悵然撫歸鞍)

陰壑雪猶埋[4]
음 학 설 유 매

깊은 골짝은 눈 속에 아직도 묻혀 있네.

未寓搜尋眼
미 우 수 심 안

눈으로 찾아가 볼 수 없으니,

唯增想像懷
유 증 상 상 회

단지 마음속으로 상상만 한다네.

他年一尊酒
타 년 일 준 주

훗날 한 잔 술 마시면서,

巨筆寫雲崖
거 필 사 운 애

큰 붓으로 구름 낀 벼랑에 써보리라.

4 | 음학설유매(陰壑雪猶埋) : 당나라 허혼(許渾)의 〈내 일찍이 곽수재와 함께 주심이 그린 천태산도를 감상하였는데 수재가 이로 인하여 이 산에서 놀고자하였으므로 시를 지어 이별할 때 주다(余嘗與郭秀才同翫朱審畫天台山圖, 秀才因遊是山題詩贈別)〉「구름 음침한 골짜기 파묻고 눈 봉우리에 엉겼는데, 반은 절벽인 천태산 이미 만 겹이나 되네.」(雲埋陰壑雪凝峯, 半壁天台已萬重)

74. 人日, 自迎勝村東行六七里, 泉石甚奇絶可愛

초이렛날 영승촌에서 동쪽으로 6~7리를 나서니 산수의 경치가 매우 기이하고 빼어난 것이 사랑스러웠다

兩山束一水 양 산 속 일 수	두 산 물을 한데 묶어,
回複似無門 회 복 사 무 문	감돌며 겹쳐지니 마치 문이 없는 듯.
鑿鑿堆山骨 착 착 퇴 산 골	정연하고 정연하여 산의 골격 쌓은 듯하고,
泠泠瀉雪源 영 령 사 설 원	맑고 맑으니 눈의 근원 쏟아내네.
興來思握管[1] 흥 래 사 악 관	흥취 일어 붓 잡고 시 지을까 하는데,
幽處欲開園 유 처 욕 개 원	그윽한 곳에 동산 열리려는 듯.
逝者無停理[2] 서 자 무 정 리	흘러감 쉬지 않음이 이치라 하니,
臨流誰與論 임 류 수 여 론	냇물 가에서 또 누구와 따지겠는가?

1 | **악관(握管)** : 관은 붓대롱을 말하며, 여기서는 붓을 가리키는 말로 쓰였음. 당나라 한유의 〈모영의 전기(毛穎傳)〉에 「황제가 몽염으로 하여금 그를 목욕시키게 하고 관성에 봉하여 관성자라 부르게 하였다.」(皇帝使恬賜之湯沐, 而封諸管城, 號管城子)는 말이 나오는데 붓을 의인화한 것이다.

2 | **서자무정(逝者無停)** : 《논어·선생님은 드물게(子罕)》「공자께서 냇가에서 말씀하셨다. 『가는 것이 이와 같을진저! 밤낮을 쉬지 않는도다.』」(子在川上日, 逝者如斯夫, 不舍晝夜)

75. 所旨峴[1]

소지현

泥深滑滑路盤盤[2]
이 심 골 골 노 반 반

흙탕물 콸콸 깊은데서 솟구치니
길 울퉁불퉁하고,

洞壑杈枒雲木寒[3]
동 학 차 아 운 목 한

좁은 골짜기의 들쑥날쑥한 나뭇가지에
구름 감도 아직 추워보이네.

陽坡日上紫翠重
양 파 일 상 자 취 중

남쪽 언덕에 해 떠오르니
자줏빛이며 푸른빛 짙은데,

1 | 《고증》「시의 뜻으로 살펴보건대 안음현의 가까운 곳에 있는 것 같다.」(以詩意觀之, 疑在安陰近地)

2 | 니심골골(泥深滑滑) : 송나라 소식의 〈과가 바다의 배에서 매가 부친 편지와 술을 얻었다. 이에 시를 지어 멀리 화답한다……(過於海船, 得邁寄書酒. 作詩, 遠和之……)〉「내 늙은 소 같이 채찍질하여도 움직이지 않고, 비 흙탕물 깊이 쏟아져 네 발굽 무겁다네.」(我似老牛鞭不動, 雨滑泥深四蹄重) 골골(滑滑)은 「汩汩」이라고도 하며, 물이 위로 솟구치며 흐르는 모양을 나타내는 의태어.

3 | 동학차아(洞壑杈枒) : 「杈枒」는 「杈椏」라고도 하며, 나뭇가지가 어긋나게 튀어나온 모습을 나타내는 의태어. 당나라 두보의 〈왕병마사의 뿔 둘 달린 매(王兵馬使二角鷹)〉「슬픈 대 소슬한데 바위 우뚝 솟았고, 슬픈 골짜기에 나뭇가지 들쑥날쑥한데 물결 세차게 울리네.」(悲臺蕭瑟石巃嵸, 哀壑杈枒浩呼洶)

幽谷春生陰雪殘
유 곡 춘 생 음 설 잔

깊은 골짜기엔 봄 되었는데도
　　응달엔 눈 남아 있네.

猛獸存身獨深居
맹 수 존 신 독 심 거

사나운 짐승은 몸 사린채
　　홀로 깊이 숨어 있고,

倏閃流離多狖鼯[4]
숙 섬 유 리 다 유 오

갑작스런 번개에 원숭이며
　　날다람쥐 다 흩어지네.

嗟我曷不歸故鄉
차 아 갈 불 귀 고 향

아, 내 어찌 고향에
　　돌아가지 않는가?

遠度關山愁僕夫[5]
원 도 관 산 수 복 부

멀리 높은 산 건너려니
　　마부가 걱정스럽네.

4 | **숙섬~유오(倏閃~狖鼯)** : 「『狖』의 음은 『유』이며 원숭이 비슷하게 생겼고, 코는 치들렸으며 꼬리가 길다. 『鼯』는 음이 『오』이며, 기서이다. 사람처럼 직립할 수 있으며 펄쩍 뛰며 춤을 추고 잘 운다.」(狖, 音由, 似猿, 仰鼻長尾. 鼯, 音吾, 技鼠, 能人立, 跳舞善鳴) 당나라 한유의 〈남산시(南山詩)〉「깊고도 멀리 꼭대기에 오르니, 갑작스런 번개에 날다람쥐 섞이네.」(崢嶸躋冢頂, 倏閃雜鼯鼬)

5 | **원도~수복부(遠度~愁僕夫)** : 송나라 소식의 〈납일에 고산에서 놀다가 혜근·혜사 두 스님을 찾다(臘日遊孤山, 訪惠勤惠思二僧)〉「하늘은 차고 길은 멀어 마부 걱정스러웠으나, 멍에 추스르고 돌아갈 길 재촉하여 낮 시간에 도착할 수 있었다네.」(天寒路遠愁僕夫, 整駕催歸及未晡)

76. 黃澗駕鶴樓[1]

황간현의 가학루에서

地勢高仍豁 지 세 고 잉 활	땅의 형세는 높고 또 트였는데,
山形騖亦留 산 형 무 역 류	산의 형상은 내닫는 듯하면서도 또한 머물러 있네.
雪殘明夕照 설 잔 명 석 조	잔설은 저녁 햇살 받아 밝게 비치고,
鷗泛炯春流[2] 구 범 형 춘 류	떠다니는 갈매기는 봄 시내에서 빛나네.
望遠時揩眼 망 원 시 개 안	먼 곳 바라다보며 이따금 눈 씻고,
看題屢側頭 간 제 누 측 두	현판 쳐다보며 자주 고개 곁으로 돌리네.
仙翎快於馬 선 령 쾌 어 마	신선의 새 말보다 더 빠르니,
安得恣雲遊 안 득 자 운 유	어찌 함부로 구름에 의지하여 유람하리.

1 | 가하루는 1393년 황간현감 하첨(河詹)이 창건하고 경상도 관찰사 남공(南公)이 편액을 달았다. 임진왜란 때 불탔으나 광해군, 숙종, 정조 때 중수된 적이 있으며, 최근에는 1930년에 중수된 바 있다. 《요존록》「황간은 현의 이름이며 충청도에 속해 있다. 누대는 객관 남쪽에 있다. 이첨의 〈가학루기〉에서는『천지의 시초를 초월하고 도의 본체에 혼합되며 바람을 타고 날개 돋힌 신선이 된다는 뜻을 취한 것이다. ……』라 하였다.」(黃澗, 縣名. 屬忠淸道. 樓在客館南. 李詹樓記, 取超鴻濛, 混肴希夷, 托扶搖而羽化之意也, 云云) 〈가학루기〉에서 언급한 것은 당나라 유종원(柳宗元)의 〈우계시의 서문(愚溪詩序)〉에서 따온 말이다.

2 | **구범형(鷗泛炯)** : 당나라 두보의 〈양서에서 추위 속에 바라보다(瀼西寒望)〉「원숭이 매달려 때로 서로 배우고, 줄지어 나는 갈매기 틀림없이 자득한 듯하네.」(猿挂時相學, 鷗行炯自如)

77. 十四日竹山東軒[1]_ 時將有西征

14일 죽산현의 동헌에서_ 이때 곧 서울로 가려던 참이었다

雪意蒼茫暮色新
설 의 창 망 모 색 신

아득히 눈 올 것 같아
저녁 풍경 새롭고,

松顚鶴立似高人
송 전 학 립 사 고 인

소나무 끝에 학 서 있는 것
고상한 사람 같네.

三春此是上元節
삼 춘 차 시 상 원 절

봄 석 달 가운데
오늘은 대 보름인데,

四歲今爲再到賓
사 세 금 위 재 도 빈

네 해 만에 지금
두 번 온 손님 되었구나.

緣病早衰身可退
연 병 조 쇠 신 가 퇴

병 때문에 일찍 시들어
몸 물러날 만하나,

以愚過計策難陳
이 우 과 계 책 난 진

어리석은데도 지나치게 헤아리기만 하다보니
계책 올리기 힘들다네.

興師敵愾須良將
흥 사 적 개 수 량 장

군사 일으켜 적 한숨쉬게 하는 것
훌륭한 장수일진데,

智略誰堪動鬼神[2]
지 략 수 감 동 귀 신

지모와 계략 그 뉘라서
귀신 감동 시킬손가?

1 | **죽산(竹山)**: 지금의 경기도 안성군과 용인군 지역에 있던 현.

2 | **동귀신(動鬼神)**: 당나라 두보의 〈장씨댁 열째 어른께 받들어 부침(奉寄章十侍御)〉「뛰어난 일 지휘하여 하늘과 땅 되돌리고, 굳센 병사 훈련시켜 귀신 감동시키네.」(指揮能事廻天地, 訓練强兵動鬼神)

78~79. 題山水圖

산수도를 보고 짓다

78

雲山頃刻滿毫端　구름 덮인 산 잠깐만에 붓끝에서 꽉 차니,
운 산 경 각 만 호 단

醉裏無窮入眼看　무궁무진한 경치에 도취되어 눈에 넣어 살피네.
취 리 무 궁 입 안 간

昨夜雨聲添碧澗　지난 밤 빗소리 푸른 냇물에 더해지고,
작 야 우 성 첨 벽 간

小橋荒店酒旗寒　작은 다리 황량한 주막에 깃발만 차가워 보이네.
소 교 황 점 주 기 한

79

人家寥落景依依　인가 쓸쓸하나 모습 어렴풋하게 남아 있고,
인 가 요 락 경 의 의

山色凌空野色微　산 경치는 하늘 찌를 듯하고 들 경치 아득하네.
산 색 릉 공 야 색 미

罷釣歸來成露酌[1]　낚시 그만두고 돌아와 밖에서 술 마시니,
파 조 귀 래 성 로 작

碧天明月照柴扉[2]　푸른 하늘 밝은 달 사립문 비추이네.
벽 천 명 월 조 시 비

1 | 파조귀래(罷釣歸來) : 당나라 사공서(司空曙)의 〈강가 마을에서 있는 일을 즉시 읊다(江村即事)〉「낚시 그만 두고 돌아오며 배 묶지 않고, 강가 마을에 달 지니 마침 잠 들만 하네.」(罷釣歸來不繫船, 江村月落正堪眠)

2 | 조시비(照柴扉) : 송나라 육유(陸游)의 〈밤에 돌아와 우연히 친구인 독고경략을 그리워하다(夜歸偶懷故人獨孤景略)〉「마을의 장에서 술 사서 밤중에 돌아오니, 서쪽 산으로 지는 달이 사립문을 비추네.」(買酒村場半夜歸, 西山落月照柴扉)

80~87. 九日, 獨登北山, 次瀛奎律髓九日詩, 寄士遂[1]

9월 9일 중양절에 홀로 북산에 올라 영규율수의 구일시의 각운자에 맞추어 지어 사수에게 부치다

80

去歲重陽日 거 세 중 양 일	지난 해 9월 9일 중양절에는,
寥寥不把杯[2] 요 료 불 파 배	적막하게 술잔도 잡지 않았었다네.
人從于役返[3] 인 종 우 역 반	사람 얽매인 일에서 돌아오니,
菊向小軒開 국 향 소 헌 개	국화는 작은 정자를 향하여 활짝 피어 있네.
落落心懷在 낙 락 심 회 재	쓸쓸하다는 생각만 마음 속에 품고 있는데,
悠悠節物回 유 유 절 물 회	흘러흘러 중양절 다시 돌아왔다네.
今年難再負 금 년 난 재 부	올해도 다시 저버리기는 어려워서,
佳處獨登來 가 처 독 등 래	아름다운 곳 홀로 올라왔다네.

1 | 《영규율수(瀛奎律髓)》는 원(元)나라의 방회(方回)가 편집한 당·송의 율시(律詩) 선집. 〈등람류(登覽類)〉에서 〈상도류(傷悼類)〉까지 모두 49권으로 되어 있으며, 여기서 차운한 음력 9월 9일 중양절(重陽節; 重九)에 관련된 시는 모두 제16권의 〈절서류(節序類)〉에 보임.

2 | **파배(把杯)** : 송나라 왕십붕(王十朋)의 〈신해년 9월 9일에 아버님을 모시고 손자 연·아들 소·아들 상과 함께 집의 동산에서 높이 오르다……(辛亥九日侍家君同孫子淵子昭子尙登高于家之東山……)〉 「지난 날 중양절에는, 손님과 함께 올라가 놀았다네. 술은 있으나 국화가 없어, 술잔 잡고 한번 길게 탄식하였다네.」(前日重陽日, 與客同登翫. 有酒無菊花, 把盃一長歎)

3 | **우역(于役)** : 《고증》 「강원도 재상어사를 가리킨다.」(指江原道災傷御史)

4 | **궁도객(窮途客)** : 남조 송나라 유의경의 《세설신어·은거함(世說新語·棲逸)》 편의 주석에 인용되어 있는 《위씨춘추(魏氏春秋)》 「완적은 늘 마음 내키는대로 홀로 수레를

【원운시】

9일(九日)

두보(杜甫)

舊日重陽日　　지난 날 중양절 날엔,
傳杯不放杯　　술잔 전하여 술잔 놓지 않았다네.
卽今蓬鬢改　　지금은 쑥대 같은 귀밑머리 변하고 보니,
但愧菊花開　　다만 피어 있는 국화 대하기 부끄럽네.
北闕心長戀　　북쪽 대궐 마음속으로 언제나 사랑하여,
西江首獨回　　서쪽 강곁에서 머리만이라도 그쪽으로 돌리고 있네.
茱萸賜朝士　　수유 조정의 선비에게 내리거 있건만,
難得一枝來　　한 가지도 얻어 올 수가 없구나.

81

不作窮途客[4]　　길 끝나 돌아오는 나그네조차 되지 못하고,
부 작 궁 도 객

難從避世翁[5]　　세상 일 피하는 늙은이 좇기도 힘드네.
난 종 피 세 옹

逢辰塵事擺　　좋은 날 만나 속세일 떨쳐버리려고,
봉 신 진 사 파

呼酒菊花同[6]　　술 부르고 국화와 함께하네.
호 주 국 화 동

野色湖光外　　호수 밖으로 보이는 들풍경 보고 있자니,
야 색 호 광 외

타고 다녔는데, 작은 길로는 가지 않았으며, 수레바퀴 자국이 다한 곳에 이르면 번번히 통곡을 하고 돌아왔다.」(阮籍常率意獨駕, 不由徑路, 車跡所窮, 輒慟哭而反)

5 | **피세옹(避世翁)** : 《논어·미자(微子)》「걸닉이 말하였다. 『그대는 누구인가?』(자로가) 말하였다. 『중유입니다.』 걸닉 『노나라 공구의 무리인가?』 대답 『그렇습니다.』 걸닉 『……사람을 피하는 선비를 따르는 것이 어찌 세상을 피하는 선비를 따르는 것만 하겠는가?」(桀溺曰, 子爲誰? 曰, 爲仲由. 曰, 是魯孔丘之徒與? 對曰, 然. 曰……與其從辟人之士也, 豈若從辟世之士哉?) 송나라 왕안석의 〈진경초에게 드림(贈陳君景初)〉「돌아보니 세상 피한 늙은이 아니고, 벽 속의 늙은이인 듯하네.」(顧非避世翁, 疑是壁中叟)

6 | **호주국화동(呼酒菊花同)** : 《남사·도잠(陶潛)의 전기》「일찍이 9월 9일에 술이 떨어지자 집 주위의 국화 무더기에 가서 오래도록 앉아 있었다. 왕홍이 술을 보내오자 그제야 즉시 나누어 마시고는 취해서 돌아갔다.」(嘗九月九日無酒, 出宅邊菊叢中坐久之. 逢弘送酒至, 卽便就酌, 醉而後歸)

鄕愁鴈影中
향 수 안 영 중

기러기 그림자 속에 향수 느껴지네.

無人共吹帽7
무 인 공 취 모

함께할 바람에 모자 날릴 사람 없으니,

感慨若爲窮
감 개 약 위 궁

솟아오르는 감개 끝이 없는 듯하네.

【원운시】

9일에 재주성에 오르다
九日登梓州城

두보(杜甫)

伊昔黃花酒	옛날에는 누런 국화 띄운 술 마셨는데,
如今白髮翁	지금은 백발의 늙은이라네.
追歡筋力異	즐거움 쫓으나 근력 옛날과 다르나,
望遠歲時同	먼 곳 바라보니 세시는 마찬가지라네.
弟妹悲歌裏	아우와 누이 슬픈 노래 속에서만 불러보고,
朝廷醉眼中	조정은 취한 눈 가운데에서만 아른거리네.
兵戈與關塞	이 전쟁 관문 닫아버리고 보니,
此日意無窮	이날따라 내 생각 끝 없구나.

7 | **취모(吹帽)** : 중양절에 높은 곳에 올라서 여는 시회(詩會) 등의 고상한 모임을 말함. 《진서·환온의 전기(晉書·桓溫傳)》「맹가는 자가 만년으로 …… 뒤에 정서장군(征西將軍) 환온의 참모가 되었는데, 환온이 그를 매우 중시하였다. 9월 9일에 환온이 용산에 올라가서 연회를 베풀었는데, 막료들이 다 모였다. 이때 막료들은 모두 군복을 착용하였는데, 바람이 불어와서 맹가의 모자를 떨어지게 하였으나 맹가가 그것을 알아차리지 못하였다.」(孟嘉字萬年……後爲征西桓溫參軍, 溫甚重之. 九月九日, 溫燕龍山, 僚佐畢集. 時佐吏幷著戎服, 有風至, 吹嘉帽墮落, 嘉不知覺) 이 뒤부터 「모자를 떨어뜨린다」는 말이 곧 중양절에 높은 곳에 올라간다는 뜻의 전고(典故)가 되었다. 당나라 두보의 〈9월 9일 남전에 있는 최씨의 별장에서(九日藍田崔氏莊)〉「짧은 머리 다시 모자 날림 부끄러운데, 웃으며 옆 사람에게 갓 바르게 고쳐달라 청하네.」(羞將短髮還吹帽, 笑倩傍人爲正冠)

8 | **강련(江練)** : 강물이 매우 맑고 잔잔하여 흰 비단을 펼쳐놓은 것과 같음을 이르는 말. 남조 제나라 사조(謝朓)의 〈저녁에 삼산에 올라 다시 서울을 바라보다(晩登三山還望京邑)〉「남은 놀은 비단 이루고, 맑은 강은 깁 펼쳐놓은 것처럼 조용하네.」(餘霞散成綺, 澄江靜

82

江練明今夕[8] 강 련 명 금 석	강줄기 오늘 저녁에 밝게 비치나,
花鈿媚去年[9] 화 전 미 거 년	국화꽃 지난해에 아름다웠었네.
句成昇月外 구 성 승 월 외	싯구는 뜨는 달 밖에서 이루어지고,
杯倒落霞前 배 도 낙 하 전	술잔은 저녁 놀 앞에서 비워지네.
祇覺愁邊老[10] 지 각 수 변 로	다만 근심한 나머지 늙어가는 것 느껴지고,
渾忘醉後旋 혼 망 취 후 선	취하여 돌아가는 것조차 사뭇 잊어버렸네.
强寬終自攪 강 관 종 자 교	애써 너그러워지고자 하나 끝내 마음 주체할 수 없어,
東望涕洏連[11] 동 망 체 이 련	동쪽 바라보고 눈물 줄줄 흘리네.

如練) 당나라 이백의 〈비온 뒤에 달을 바라보다(雨後望月)〉「만리에 흩어진 서리 합쳐지고, 한 갈래 강은 깁처럼 가로지르네.」(萬里舒霜合, 一條江練橫)

9 | 화전(花鈿) : 전(鈿)은 원래 금으로 만든 꽃장식이다. 송나라 축목(祝穆)의 《고금사문유취(古今事文類聚)》 권13 〈인륜부·혼인(人倫部·婚姻)〉「위고가 부친의 음덕으로 상주군사참군이 되자 자사인 왕태가 딸을 시집보냈다. 나이가 16세로 용모가 단아하고 고왔는데 양 눈썹 사이에 늘 꽃 장식을 붙이고 잠시도 떼어놓은 적이 없었다. 닦달하여 물어보았더니 말하기를 『저는 군수의 조카딸입니다. …… 도적에게 찔린 눈썹 사이의 흔적이 아직도 남아 있어서 꽃 장식을 붙였습니다.』라 하였다.」(韋固以父　參相州軍事, 刺史王泰妻以女, 年十六七, 容貌端麗, 而眉間常貼花鈿, 未嘗暫去. 逼問之, 曰, 妾郡守之猶子也……爲賊所刺眉間之痕尙在, 故以花鈿傅之) 비슷한 내용의 고사가 《속현괴록·정혼점(續玄怪錄·定婚店)》에도 보인다. 여기서는 황금빛을 띤 국화꽃을 가지고 말하였다. 《고증》「전은 본래 부인의 장식물이나 여기서는 국화를 가리킨다.」(鈿本婦人華飾而此則指菊花)

10 | 수변로(愁邊老) : 송나라 왕안석의 〈겨울날(冬日)〉「근심 끝에 늙어 머리 풀어헤치고, 취한 뒤 봄 되니 얼굴 펴지네.」(散髮愁邊老, 開顔醉後春)

11 | 체이련(涕洏連) : 이련(洏連)은 연이(連洏)와 같으며 눈물이 줄줄 흐르는 모양을 말한다. 운자를 맞추기 위해서 도치하였다. 한나라 왕찬(王粲)의 〈채자독에게 드림(贈蔡子篤)〉「마음 속 몹시 슬퍼져, 눈물만 줄줄 흐르네.」(中心孔悼, 涕淚漣洏)

【원운시】

9월 9일에 동생을 생각하다
九日懷舍弟

당경(唐庚)

重陽陶令節	중양절은 도연명의 명절이요,
單閼賈生年	묘(卯)의 해는 가의(賈誼)의 해라네.
秋色蒼梧外	가을 풍경 창오산 바깥에 있고,
衰顔紫菊前	노쇠한 얼굴 자줏빛 국화 앞에 있네.
登高知地盡	높은 곳에 오르니 땅 다하였음 알고,
引滿覺天旋	가득찬 술 당겨 마시니 하늘 빙 돎 깨닫네.
去歲京城雨	지난해 서울에 비 올 때,
茱萸對惠連	수유 꽂고 사혜련 같은 아우 대하였다네.

12 | **소인(騷人)** : 모든 시인을 지칭하는 말로 쓰이기도 하고, 특히 초나라의 굴원과 같이 〈슬픔을 만나다(離騷)〉 같은 우수의 정서를 많이 노래한 시인들을 가리켜 말하기도 하는데, 여기서는 당나라 두보를 말하고 있음.

13 | **수독회(首獨回)** : 바로 앞 80번 시의 원운시로 인용된 두보의 〈9월 9일(九日)〉 제3수 「임금님 계시는 북쪽 궁궐 마음 속으로 언제나 그리워하여, 촉강(蜀江) 곁에서조차 고개만이라도 그쪽으로 돌리네.」(北闕心長戀, 西江首獨回)

14 | **소소풍엽(蕭蕭楓葉)** : 당나라 대숙륜(戴叔倫)의 〈노평사가 무주로 부모님을 뵈러감에 전송하다(送盧評事婺州省覲)〉「저녁 물안개 질펀하고, 우수수 단풍나무 잎 날리네.」(漠漠水煙晩, 蕭蕭楓葉飛)

15 | **제공루(齊公淚)** : 《안자춘추·간함(諫) 상》「경공이 우산의 북쪽에서 놀았는데 나라를 향해 서서 눈물을 흘리며 말했다. 『어떻게 눈물을 줄줄 흘리면서 이곳을 떠나 죽을 수가 있단 말인가?』 이에 애공·양구거 등이 모두 따라서 눈물을 흘렸는데 안자만이 홀로 곁에서 웃었다. …… 『임금의 자리에 이르러서 홀로 그 때문에 우는 것은 어진 것이 아닙니다. 어질지 못한 임금으로 보이는 것이 그 잘못의 하나요, 아첨하는 신하로 보이는 것이 그 잘못의 둘이니, 이것이 신이 홀로 몰래 웃는 까닭입니다.』」(景公游于牛山北, 臨其國城而流涕曰, 若何滂滂去此而死乎. 艾孔·梁丘據, 皆從而泣. 晏子獨笑于旁……至于君也. 而獨爲之流涕, 是不仁也. 不仁之君見一, 諂諛之臣見二, 此臣之所以獨竊笑也)

83

騷人常怪謾多哀[12] 소 인 상 괴 만 다 애	시인들 막연히 슬픔 많음 늘 괴상하게 여겼으나,
此日登臨首獨回[13] 차 일 등 임 수 독 회	이날만은 높은 곳 올라 머리만이라도 궁궐 쪽으로 돌렸다네.
杳杳霜空雲掃盡 묘 묘 상 공 운 소 진	아득히 서리 낀 하늘에는 구름 쓸어버린 듯하였고,
蕭蕭楓葉鴈飛來[14] 소 소 풍 엽 안 비 래	우수수 단풍잎 떨어지는데 기러기 날아 돌아왔겠지.
千年感慨齊公淚[15] 천 년 감 개 제 공 루	제나라 경공의 어리석은 눈물에 천년이 지나도 감개 일으키고,
一餉繁華宋祖臺[16] 일 향 번 화 송 조 대	송나라 태조가 세운 누대 잠시 번성하였음 안타까워하였었네.
爭似東籬見山客[17] 쟁 사 동 리 견 산 객	어찌 동쪽 울타리 너머로 남산 눈에 보이던 이와 같겠는가마는,
風流遺世樂銜杯[18] 풍 류 유 세 락 함 배	풍류 세상에 전하는데 술잔 즐거이 입에 대었다고 하네.

16 | **일향송조대(一餉宋祖臺)** : 잠깐. 향(餉)자는 향(向)자와 통하여 씀. 《요존록》「《도경》에 능효대는 태평주 당도현 성 북쪽의 황산에 있는데, 유송의 무제가 남유할 때 일찍이 이 대에 올랐던 적이 있으므로 이곳에다 이궁을 지었다.」(圖經, 凌歊臺, 在太平州當塗縣城北黃山上, 劉宋武帝南遊, 嘗登此臺, 因建離宮焉) 당나라의 시인 허혼(許渾)이 읊은 〈능효대〉라는 시가 전한다. 송나라 소식의 〈양관사(陽關詞)〉 3수 중 첫째 시인 〈장계원에게 느림(贈張繼愿)〉「수항성 아래 자줏빛 수염의 사나이, 희마대 앞의 옛 전쟁터.」(受降城下紫髯郎, 戲馬臺前古戰場) 청나라 왕문고(王文誥)의 주석「희마대는 서주 팽성현에 있으며, 항우가 지었다. 남조 송나라 무제가 제사(第舍)를 지었으며 중양절에 손님들을 데리고 와서 이 대에 올라 시를 지었다.」(戲馬臺在徐州彭城縣, 項羽所築. 宋武建第舍, 重九日引賓客, 登臺賦詩)

17 | **쟁(爭)** : 여기서는「어찌」(奈)라는 뜻으로 쓰였다.

동리견산객(東籬見山客) : 진나라의 도연명을 가리키는 말. 도연명의 〈음주(飮酒)〉 제5수「동쪽 울타리 아래서 국화 따노라니, 한가로이 남쪽 산 내 눈에 들어오네.」(採菊東籬下, 悠然見南山)

18 | **낙함배(樂銜杯)** : 당나라 두보의 〈음중팔선가(飮中八僊歌)〉「마치 큰 고래 모든 강물 들이키듯 술 마시며, 술잔 입에 물고 청주 즐기며 세상의 현인으로도 일컬어졌다네.」(飮如長鯨吸百川, 銜盃樂聖稱世賢)

【원운시】

높은 곳에 오르다
登高

두보(杜甫)

風急天高猿嘯哀	바람 세고 하늘 높고 잔나비 울음 구슬픈데,
渚淸沙白鳥飛回	강물 맑고 모래 희고 철새들 날아 돌아오네.
無邊落木蕭蕭下	나뭇잎은 가이없이 우수수 떨어지고,
不盡長江滾滾來	긴 강은 끝도 없이 꾸역꾸역 흘러가네.
萬里悲秋常作客	만리 밖에서 슬픈 가을에 한결 같이 나그네 신세 되었고,
百年多病獨登臺	평생토록 병 많은 몸 홀로 높은 곳 올랐네.
艱難苦恨繁霜鬢	어렵고 괴롭고 한 많아 서릿발 같은 귀밑머리만 성성한데,
潦倒新停濁酒杯	비실비실 힘 딸려 이제는 탁주잔마저 놓았다네.

19 | **등고능부(登高能賦)** : 《한서·예문지(藝文志)》「노래하지 않고 낭송하는 것을 일러 부라 하며, 높이 올라 부를 지어낼 수 있는 사람은 대부가 될 수 있다.」(不歌而誦謂之賦, 登高能賦可以爲大夫) 남조 진 좌사(左思)의 〈삼도부의 서문(三都賦序)〉「높이 올라서 생각을 잘 적어내는 사람은 그가 본 것을 칭송한다.」(登高能賦者, 頌其所見也) 송나라 진사도(陳師道)의 〈이사또님의 구일 희마대에 오르다라는 시에 화답하다(和李使君九日登戱馬臺)〉「높이 올라 부를 지어낼 수 있는 사람 우리들이니, 술잔 전하고 바리때 치며 재촉할 필요 없다네.」(登高能賦屬吾儕, 不用傳杯擊鉢催)

20 | **병공치뢰(甁空恥罍)** : 《시경·소아·더부룩한 다북쑥(蓼莪)》「술별 텅 빔이여, 술항아리에 부끄럽네.」(缾之罄矣, 維罍之恥) 당나라 한유의 〈장철에게 답함(答張徹)〉「개구리밥 다니 우는 사슴에게 고맙고, 술단지 차 있어 병 빈 것 부끄럽네.」(苹甘謝鳴鹿, 罍滿慙罄缾) 송나라 소식의 〈서교수가 내게 소장하고 있는 먹을 보여준 것을 보고 지어준 시를 보고서 내가 같은 각운자를 써서 그에게 답하다(次韻答舒敎授觀余所藏墨)〉「사람이 먹 가는 것이 아니고 먹이 사람을 갈며, 술병 비지 않아야 하는데

84

登高能賦豈吾才[19] 높이 올라 읊조릴 수 있는 것
등고능부기오재 어찌 나의 재주리오?

自覺甁空屢耻罍[20] 술병 빈 것 깨달아
자각병공누치뢰 자주 술그릇에 부끄럽네.

唯對晩香娛節物[21] 오로지 저녁에 불어오는 향기 대하며
유대만향오절물 한철의 경치 즐기노라니,

肯從年少醉樓臺 젊은이들 따라
긍종년소취루대 누대에서 취할 만하리.

冥冥海嶠紅霞斂[22] 가물가물한 바닷가 높은 산에는
명명해교홍하렴 붉은 노을 걷히고,

漠漠沙汀白鳥來 넓디넓은 모래사장에는
막막사정백조래 흰 새 날아드네.

雲幕排空歌吹沸[23] 구름 막 하늘에 펼쳐져 있고
운막배공가취비 노래 소리 하늘까지 끓어오르니,

別峯佳會又誰開 다른 봉우리에서의 훌륭한 모임
별봉가회우수개 또 누가 열겠는가?

술단지에 먼저 부끄럽네.」(非人磨墨墨磨人, 缾應未罄罍先恥) 주석「병은 적어서 이미 다했고, 술단지는 크기 때문에 차 있다는 말로, 부유함을 가난함으로 나누게 할 수 없음을 풍자한 것이다.」(甁小而盡, 罍大而盈, 刺不能使富分貧也)

21 | **대만향(對晩香)** : 송나라 소식의 〈경문과 함께 연못을 읊음(同景文詠蓮塘)〉「못 가에서 발 걸고 저녁 향기 대하니, 기운 해 이미 침상으로 스며듦 모르겠네.」(塘上鉤簾對晩香, 不知斜日已侵牀)

22 | **해교(海嶠)** : 당나라 이군옥(李羣玉)의 〈우소감이 광주에서 자라로 돌아가심에 송별하다(送于少監自廣州還紫邏)〉「바닷가 안개와 놀 빠른 깃처럼 가볍고, 낙천의 꽃과 나무 헌함으로 돌아옴 기다리네.」(海嶠煙霞輕逸翰, 洛川花木待回軒)

23 | **공가취비(空歌吹沸)** : 노래 소리 등의 음성이 아주 높이 울려퍼지는 것을 형용하는 말임. 남조 송 포조(鮑照)의 〈잡초 우거진 성(蕪城賦)〉「저자거리 온 땅에 꽉 차고, 노래 소리는 하늘을 뚫고 솟아오르네.」(廛閈撲地, 歌吹沸天)

【원운시】

9월 9일에 한위공님께 화답함
九日和韓魏公

소순(蘇洵)

晩歲登門最不才	만년에 용문(龍門)에 올랐으나 가장 재주 없는데,
蕭蕭華髮映金罍	희끗희끗 흰 머리 금 주전자에 비치네.
不堪丞相延東閣	승상께서 동각(東閣: 객관)에서 맞이하심 분수에 넘치나,
閒伴諸儒老曲臺	한가로이 여러 선비들 짝하여 곡대(曲臺: 태상시)에서 늙어가네.
佳節已從愁裏過	아름다운 절기 이미 근심 속에 지나가나,
壯心偶傍醉中來	씩씩한 마음은 우연히 곁에 모시고 있으니 취중에 생겨나네.
暮歸衝雨寒無睡	저녁에 비 무릅썼더니 추워 잠 이루지 못하여,
自把新詩百遍開	홀로 새로 지어주신 시 백 번이나 펼쳐보네.

24 | **고원송국(故園松菊)** : 진나라 도연명의 〈돌아가자꾸나(歸去來辭)〉 「동산의 세 오솔길에는 풀 우거졌어도, 소나무와 국화는 그대로라네」(三徑就荒, 松菊猶存) 송나라 증기(曾幾)의 〈이태발 참정대신께서 성지(聖旨)를 받들어 귀양살이에서 풀려나서 고향으로 돌아오는 것이 저절로 편하게 되었기에 시를 지어 마중하다(李泰發參政得旨, 自便將歸, 以詩迓之)〉 「옛 동산의 소나무와 국화 아직 있는지 없는지? 옛날 백성들은 과연 그대로 살고 있는지 않는지?」(故園松菊猶存否, 舊日人民果是非)

25 | **기도추풍(幾度秋風)** : 당나라 왕발(王勃)의 〈등왕각(滕王閣)〉 「한가한 구름 못에 비치어 날로 유유한데, 사물 바뀌고 별자리 옮기어 몇 년이나 지났던가?」(閒雲潭影日悠悠, 物換星移幾度秋)

85

故園松菊日應荒[24]
고 원 송 국 일 응 황

옛 동산의 소나무와 국화
날이 가면 시드는 것 당연한데,

幾度秋風老漢陽[25]
기 도 추 풍 로 한 양

몇 번이나 가을 바람에
한양에서 늙었던가?

城裏已同栖曲巷[26]
성 리 이 동 서 곡 항

성안에서 이미 꼬불꼬불한
골목 안에서 살기는 마찬가지지만,

湖邊要共賞幽香[27]
호 변 요 공 상 유 향

호수 가에서는 함께
그윽한 향기 감상하려 하네.

高山不解招佳士
고 산 불 해 초 가 사

높은 산은 훌륭한 선비
부르는 뜻 이해하지 못하는 듯하고,

遠水偏能繞別腸
원 수 편 능 요 별 장

멀리 흐르는 강도 다만
이별의 슬픔만 얽을 수 있다네.

獨坐難成開口笑[28]
독 좌 난 성 개 구 소

홀로 앉아
입 벌리고 웃기 어려우니,

且須多酌洗塵忙
차 수 다 작 세 진 망

자! 여러 잔 들어
속세의 바쁜 마음 씻어나 보아야지.

26 | **곡한(曲巷)** : 위항(委巷)과도 통하여 쓰며, 누항(陋巷) 곧 누추한 골목이라는 뜻이다.

27 | **호변(湖邊)** : 사가독서를 하던 동호를 가리키는 것 같다.

28 | **개구소(開口笑)** : 《장자·도척(盜跖)》「사람의 수명이란 오래 살아도 백세이고 중간 정도는 80, 못 살면 60 정도인데, 그 가운데 병들어 야위거나 남이 죽어 문상하고 걱정거리로 괴로워하는 것을 제하고 나면 입을 벌리고 크게 웃을 수 있는 날이라고는 한 달 중 4~5일에 지나지 않을 따름이다.」(人上壽百歲, 中壽八十, 下壽六十, 除病瘦死喪憂患, 其中開口而笑者, 一月之中不過四五日而已矣) 당나라 두보의 〈취하여 말에서 떨어져 여러 분들이 술을 가지고 찾아오다(醉爲馬墜, 諸公携酒相看)〉「말 다하고 오히려 입 벌리고 웃고서는, 손님들이 끌고 나가기 위하여 맑은 시내 구비를 특별히 쓸게하네.」(語盡還成開口笑, 提携別掃淸溪曲) 당나라 두목(杜牧)의 〈9일날 제산에 높이 오르다(九日齊山登高)〉「속세에서는 입 벌리고 웃을 날 만나기 어려우니, 국화 모름지기 머리 가득 꽂고 돌아가리라.」(塵世難逢開口笑, 菊花須揷滿頭歸)

【원운시】

이절추공의 구일에 산에 오르다라는 시의 각운자를 써서 지음
次韻李節推九日登山

진사도(陳師道)

平林廣野騎臺荒　평평한 숲 너른 들에
기대(騎臺: 항우의 희마대)는 거칠어졌는데,

山寺鳴鐘報夕陽　산사에서 울리는 종은
석양을 알리네.

人事自生今日意　사람의 일 오늘의 뜻
저절로 생겨나는데,

寒花只作去年香　차가운 계절의 국화꽃은 다만
작년의 향기만 풍기네.

巾欹更覺霜侵鬢　두건 삐딱해지니 다시
서릿발 귀밑머리에 침습함 깨닫고,

語妙何妨石作腸　말 묘하니 돌 속마음 됨
어찌 방해되리?

落木無邊江不盡　떨어지는 낙엽 가이 없는데
강물은 끊임없이 흐르나,

此身此日更須忙　이 몸 오늘따라
더욱 바빠지네.

29 | 신시~기성하(新詩~氣成霞) : 송나라 구양수(歐陽脩)의 〈손연중의 용 그림에 답하다(酬孫延仲龍圖)〉「이미 두 가지 아름다움 똑같이 훌륭한데, 또한 나에게 보내준 새로 지은 글도 아름답기가 고운 놀 같네.」(已將二美交相勝, 仍枉新篇麗彩霞) 송나라 진여의(陳與義)의 〈술을 마주하다(對酒)〉「새로운 시 짓자니 눈에 가득하여 가늠해낼 수 없는데, 새 지나가고 구름 옮겨가니 술잔 떨어뜨리네.」(新詩滿眼不能裁, 鳥度雲移落酒杯)

30 | 취필자사아(醉筆字似鴉) : 송나라 소식의 〈동전의 남겨두고 떠나다라는 시에 화답하여(和董傳留別)〉「뜻 얻으니 오히려 세속에 자랑하는 것 견딜만하고, 누런 종이의 조서 새로 막 썼으니 글자 마치 까마귀 같네.」(得意猶堪誇世俗, 詔黃新濕字如鴉)

31 | 녹주(綠酒) : 곧 잘 익은 좋은 술이 푸르스름한 빛을 띠는 것을 말함.

86

新詩滿眼氣成霞[29]
신 시 만 안 기 성 하
새 시 눈에 가득하도록
기운 아름다운 놀 이루었는데,

醉筆縱橫字似鴉[30]
취 필 종 횡 자 사 아
취하여 붓 이리저리 휘두르니
글자 마치 까마귀 같네.

綠酒可能蘇病肺[31]
녹 주 가 능 소 병 폐
좋은 술은 가슴 속 병
도로 낫게 할 수 있는데,

紅粧安用照秋花[32]
홍 장 안 용 조 추 화
붉은 화장 가을 꽃에
비친들 무슨 소용있으랴.

英雄過去鳥飛盡[33]
영 웅 과 거 조 비 진
영웅들 다 지나가고
새들도 모두 날아가 버렸는데,

時序回還人老加
시 서 회 환 인 로 가
계절 순서대로 돌아오니
사람 더욱 늙는구나.

幸我身逢太平日[34]
행 아 신 봉 태 평 일
요행히 내 몸
태평 성세 만났는데도,

宦情何苦薄於紗
환 정 하 고 박 어 사
벼슬 하고픈 마음 어찌나 괴로운지
비단자락보다 엷네.

32 | 홍장조추화(紅粧照秋花) : 《고증》「임사수의 시 가운데 『꽃이 고개 숙이니 아름다운 여인 술에 취한 얼굴 같고, 산이 끊어지니 바닷물 마시는 푸른 용의 허리 같네.』라는 구절이 있는데, 선생이 일찍이 이 구절을 애송하였다. 이에 그 뜻을 거꾸로 하여 놀린 것이다.」(案, 林士遂詩有花底玉女酣觴面, 山斷蒼虬飮海腰之句, 先生嘗愛誦之. 此句乃反其意而戱之) 임형수의 현행 문집인 《금호유고(錦湖遺稿)》에는 이 시가 보이지 않는다. 임 형수의 이 시구는 내집 권1 47~48. 〈임형수의 《관서행록》을 읽은 뒤에 적음(題林士遂關西行錄後)〉에서도 이미 한 차례 언급한 적이 있다.

33 | 조비진(鳥飛盡) : 송나라 황정견의 〈대운창의 달관대에 적다(題大雲倉達觀臺)〉 제2수 「안계 얼마나 넓은지 모르겠는데, 흰 새 날아서 모두 푸른 하늘로 돌아갔네.」(不知眼界闊多少, 白鳥飛盡青天回)

34 | 행아~태평일(幸我~太平日) : 송나라 소옹(邵雍)의 〈네 가지 일을 읊음(四事吟)〉「이렇게 30년을, 다행히 태평성세 만났네.」(如此三十年, 幸逢太平日)

【원운시】

9월 9일에 진관에게 부치다
九日寄秦觀

진사도(陳師道)

疾風迴雨水明霞　　빠른 바람 비 되돌리니
물에 놀 맑게 비치고,

沙步叢祠欲暮鴉　　모래사장 배 묶는 곳에 숲 우거지니
저녁 까마귀 모이려 하네.

九日淸樽欺白髮　　구월 구일 맑은 술잔
흰 머리카락 속이고,

十年爲客負黃花　　10년 동안 나그네 되어 떠돌다가 보니
누런 국화꽃 등지게 되었네.

登高懷遠心如在　　높이 올라 먼 고향 생각하니
마음 그곳에 있는 듯하나,

向老逢辰意有加　　늙어가며 그 계절 만나니
늙었다는 생각 더욱 많이 나네.

淮海少年天下士　　회해거사 진관 젊은 시절부터
천하의 선비였으니,

獨能無地落烏紗　　유독 오사모 떨어뜨릴 곳
없을 수 있겠는가?

35 | 경어종대명(鯨魚縱大溟) : 고래는 바다에 사는 물고기 가운데 가장 큰 것으로 재주나 도량이 크고 뛰어남을 비유하는 말로 쓰임. 당나라 두보의 〈짧은 노래를 지어 왕랑 사직께 드림(短歌行, 贈王郞司直)〉「예장 고을에 바람 부니 밝은 해 움직이고, 고래 물결 넘으니 푸른 바다 열리네.」(豫章翻風白日動, 鯨魚跋浪滄溟開)

36 | 고절(苦節) : 《주역·절괘(節卦)》「절약을 하면 형통한다. 괴로운 절약은 (마음을) 곧게 할 수 없다.」(節, 亨. 苦節, 不可貞) 당나라 공영달(孔穎達)의 주석[疏]「절약은 중용을 얻어야 한다. 절약이 지나쳐 괴로우면 각박해지는 폐단에 흐르게 된다. 사물이 감당하지 못하는 것은 더 이상 곧아질 수 없다. 그래서 『괴로운 절약은 곧게 할 수 없다』라 한 것이다.」(節須得中. 爲節過苦, 傷於刻薄. 物所不堪, 不可復貞. 故曰, 苦節, 不可貞

87

君比鯨魚縱大溟[35] 군 비 경 어 종 대 명	그대는 고래와 같이 큰 바다 맘껏 달리나,
我隨波浪似漂萍 아 수 파 랑 사 표 평	나는 물결 따라 뜬 마름 같이 떠돈다네.
夷塗自識歸愚晩 이 도 자 식 귀 우 만	평탄한 길 내 늦게 돌아올 것 스스로 알고,
苦節猶思貫歲零[36] 고 절 유 사 관 세 령	굳은 절개 오히려 해 뚫고 남기를 생각하네.
已拜黃封煩內使[37] 이 배 황 봉 번 내 사	이미 누런 술 받드니 궁중의 심부름꾼 번거롭게 하였으며,
常供白墮滿官甁[38] 상 공 백 타 만 관 병	늘상 흰 술 내려주시니 관가의 술병 가득하네.
伐檀恐被詩人刺[39] 벌 단 공 피 시 인 자	〈벌단〉편 같은 글에 실리어 시인들에게 풍자될까 걱정되고,
小技文章僅類伶[40] 소 기 문 장 근 유 령	글 짓는 작은 재주는 겨우 놀이감과 비슷하다네.

也) 곧 과도한 절약을 말하는데 나중에는 굳게 지켜 맹서를 바꾸지 않는 것을 고절이라 하였다.

영(零) : 여기서는 여(餘)와 같은 뜻으로 쓰였다.

37 | **황봉(黃封)** : 임금이 궁중에서 마시는 술을 말하며, 여기서는 그냥 좋은 술이라는 의미로 쓰였다. 송나라 진사도(陳師道)의 〈사람들이 술을 부쳐옴에 감사하다(謝人寄酒)〉「묵은 향기와 남은 맛 황봉주에 부쳐오고, 봄날의 진흙 같이 붉은 궁궐 바깥에서 담은 술 온 눈 가득 싫컷 보네.」(舊香餘味寄黃封, 厭見春泥滿眼紅) 송나라 임연(任淵)은 주석에서 「황봉은 궁궐에서 담은 술인데 누런 비단으로 밀봉해 둔다.」(黃封, 謂宮酒以黃羅帕封之)라 하였다.

【원운시】

임자년 9월 9일

壬子九日

유극장(劉克莊)

平蕪盡處卽滄溟	평평한 황무지 다한 곳 푸른 바다인데,
身寄區中等一萍	이 신세 인간 세상의 한 부평초와 같다네.
種杞菊翁猶老健	구기자며 국화 심은 늙은이 여전히 늙었지만 튼튼한데,
插茱萸伴半凋零[41]	수유 꽂은 짝은 반은 이미 죽었다네.
去年勅設塵飛鞚	지난 해에는 칙령으로 나는 듯한 말고삐 먼지 날렸는데,
今日村酤草塞甁	오늘은 시골에서 술병 풀로 막았다네.
却笑癡人妄分別	오히려 어리석은 사람 분별 허망함 비웃으니,
何曾未必勝劉伶	어찌 일찍이 반드시 유령보다 나았으리.

38 | **백타(白墮)** : 고대 중국의 술을 잘 빚었다고 전하여지는 사람. 《고증》「진나라 하동 사람인 유백타는 술을 잘 빚었는데, 그가 빚은 술을 마시면 취해서 깰 줄을 몰랐다.」(河東劉白墮能釀酒. 飮之醉而不醒) 《요존록》「중산에 천일주가 있었는데 그것을 마시면 깊이 취하여 문득 천일이나 갔다」(中山有千日酒, 飮之昏醉輒千日) 유백타라는 사람에 대한 전기는 전하는 바가 없고, 남북조(南北朝) 때의 사람이라고만 추정된다. 다만 그에 대한 기사가 북위(北魏) 양현지(楊衒之)의 《낙양가람기·법운사(洛陽伽藍記·法雲寺)》에 수록되어 전할 뿐이다.

39 | **벌단(伐檀)** : 《시경·위나라의 민요(魏風)》의 편명이며, 공로도 없이 국록을 받아먹는 것을 풍자한 내용을 담고 있다. 내집 권1의 107. 〈비 개인 뒤에 느낌을 적음(雨晴述懷)〉에 이미 보인다.

40 | **소기(小技)** : 당나라 두보의 〈화양의 유소부에게 드림(貽華陽柳少府)〉「문장은 하나의 작은 재주, 도에 있어 존경받을 만한 것이 못되네.」(文章一小技, 於道未爲尊)

41 | 원주(元註)에 의하면 「따르던 무리 14명 가운데 살아 있는 사람은 7명이다.」(羣從十四人存者七人)라고 하였다.

88. 七月望日, 狎鷗亭卽事_時書堂移寓於此 ○ 甲辰[1]

7월 16일에 압구정에서 있었던 일을 읊다_이때 서당을 이곳으로 옮겼다 ○ 갑진년(1544)

忠州賈客滯京城
충 주 고 객 체 경 성

충주의 장사치
서울에 머물러 있으면서,

昨夜西江醉月汀[2]
작 야 서 강 취 월 정

지난 밤 서강에서
모래톱의 달에 취하였네.

六幅蒲帆風與便
육 폭 포 범 풍 여 편

여섯 폭 돛단배에
바람 잘 불어주니,

臥吹長笛過津亭[3]
와 취 장 적 과 진 정

번듯이 누워 길게 피리 불며
나루의 정자 지나가네.

1 | 《요존록》「이때 서당의 곁채에 기이한 기운이 있어서 위에 아뢰고 거처를 옮겼다.」(時書堂傍舍有珍氣, 稟啓移寓)

2 | **작야서강(昨夜西江)** : 송나라 왕질(王銍)의〈고어부사(古漁父詞)〉 제12수 「어젯밤 서쪽 강에서 밝은 달 목욕하고, 얼음 바퀴 옥 토끼 가는 먼지 끊었네.」(昨夜西江浴明月, 氷輪玉兎絶纖塵)

3 | **취장적(吹長笛)** : 송나라 육유의 〈상청의 연경에서 장인관으로 돌아가면서 잠시 머물다(自上清延慶歸丈人觀少留)〉「다시 봉래에 이르니 길 평평해지려 하고, 오히려 긴 피리 불며 청성 지나네.」(再到蓬萊路欲平, 却吹長笛過青城)

89. 宓姪來從問業[1]

조카 복이 서울에 와서 나를 좇아 학업에 종사하다

清漢滔滔日夜流[2]
청 한 도 도 일 야 류

맑은 한강수 도도하게
밤낮으로 흐르는데,

古今人事豈曾休[3]
고 금 인 사 기 증 휴

고금의 인생사 어찌
일찍이 쉬었던 적 있으리.

1 | 《요존록》「정민공 해의 아들로 재주가 뛰어났으며, 명성이 매우 높았다. 가정 을사년(1545)에 정민공을 따라 북경에 갔었는데, 황학루에 올라 시를 지어 말하였다. 『흰 학 만 리에 물결 일으키며 날고, 누런 학은 천 년 달을 질러 나르네. 초췌하구나 삼한의 나그네여, 올라서서 눈물 거두지 못하네.』 이에 중국의 여러 문사들이 그 시를 보고 매우 칭찬하여 주었으나 탄식하여 말하기를 『반드시 살아서 돌아가지 못할 것이다.』라 하였는데, 과연 오는 도중에 죽으니 선생이 이를 몹시 안타까워하였다.」(貞愍公之子, 有才華, 名譽深重. 嘉靖乙巳, 從貞愍公赴燕, 登黃鶴樓作詩曰, 白鶴波萬里, 黃鶴月千秋. 憔悴三韓客, 登臨淚不收. 中華諸文士, 見之甚賞焉. 因歎曰, 必不生還矣. 果卒於中老, 先生痛惜之)

퇴계의 〈조카인 장사랑 복에게 바치는 재문(祭姪將仕郎宓文)〉「내 일찍이 휴가를 받아 압구정에서 글을 읽고 있었는데 네가 내게 와서 《주역》에 대하여 물었었다.」(讀書於狎鷗亭, 汝來從余問易)

2 | **도도일야류(滔滔日夜流)** : 《논어·선생님은 드물게(子罕)》「공자께서 시냇가에 계시면서 말씀하셨다. 『(흘러)간다는 것이 이와 같구나. 밤낮을 그치지 않는도다.』」(子在川上曰, 逝者如斯夫, 不舍晝夜)

3 | **도도~기증휴(滔滔~豈曾休)** : 연룡(燕龍)이 그린 〈초강의 가을 새벽(楚江秋曉)〉에 유정목(兪貞木)이 지은 제화시(題畵詩)「강물은 도도하게 밤낮으로 흐르는데, 돛단 배 오고 감 어찌 일찍이 멈추었으리.」(江水滔滔日夜流, 帆檣來去幾曾休)

遺芳遺臭爭蠻觸[4]
유 방 유 취 쟁 만 촉

지나간 좋은 일 나쁜 일
다 달팽이 뿔 위에서 다투는 것 같은데,

爲夢爲眞失壑舟[5]
위 몽 위 진 실 학 주

꿈인지 생시인지 하는 사이에
사물은 변해간다네.

幾度運斤思郢質[6]
기 도 운 근 사 영 질

몇 번이나 도끼 움직여 영 땅 사람의
코 깍는 재주 생각했었던가?

可堪乘鶴上楊州[7]
가 감 승 학 상 양 주

학 타고 양주 위 한번쯤
날아갈 만하리.

4 | **만촉(蠻觸)** : 와각(蝸角)과 같은 의미로 사소한 것을 가지고 다툰다는 말임. 《장자·칙양(則陽)》「달팽이의 왼쪽 뿔에 있는 나라를 촉씨라 하고, 달팽이의 오른쪽 뿔에 있는 나라를 만씨라 했다. 이때 서로 땅을 다투어 싸움을 벌여 넘어져 죽은 시체가 수 만이나 되었다.」(有國於蝸之左角者, 曰觸氏. 有國於蝸之右角者, 曰蠻氏. 時相與爭地而戰, 伏尸數萬)

5 | **실학주(失壑舟)** : 부지불식 중에 사물이 끊임없이 변화하고 옮겨가는 것을 비유함. 《장자·대종사(大宗師)》「배를 골짜기에 감춰 두고, 어살을 못 속에 감추어 두면 든든하다고 할 것이다. 그러나 깊은 밤 힘센 자가 그것들을 지고 달아난다면, 어리석은 자는 알지 못한다.」(藏舟於壑, 藏山於澤, 謂之固矣. 然而夜半有力者, 負之而走, 昧者不知也) 산(山)은 곧 산(汕)으로, 내의 좁은 물살에 걸쳐놓고 고기를 잡는 살을 말한다.

6 | **운근사영질(運斤思郢質)** : 「운근성풍」(運斤成風)을 말하며, 재주가 입신의 경지에 이르렀음을 비유하는 말임. 《장자·서무귀(西无鬼)》「영땅의 사람이 그의 코 끝에 흰 흙을 발랐는데 (그 두께가) 마치 파리 날개 같았다. 목수로 하여금 그것을 깎게 하였는데, 목수는 도끼를 움직여 바람을 일으키며 아무렇게나 그것을 깎았다. 흰 흙이 다 없어졌는데도 코는 조금도 다치지 않았고 영땅의 사람도 선 채로 본래의 모습을 잃지 않았다.」(郢人堊漫其鼻端, 若蠅翼, 使匠石斲之. 匠石雲斤成風, 聽而斲之, 盡堊而鼻不傷, 郢人立不失容) 질(質)은 도끼질 하는 바탕이라는 뜻인데, 코를 깎이는 사람을 말함.

7 | **승학상양주(乘鶴上楊州)** : 어떤 일이 마음 먹은대로 되는 것에 대한 비유. 송나라 소식의

阿咸要作奇男子[8]
아 함 요 작 기 남 자

莫爲他人讓一頭
막 위 타 인 양 일 두

조카여 남보다 다른
남자 되고 싶으면,
딴 사람들에게 한 발치라도
물러서서는 안 되리.

〈오잠에 있는 중의 녹균헌에서(於潛僧綠筠軒)〉「만약에 대나무 마주하고 크게 씹을 수만 있다면, 세상에 어찌 양주의 학 따위가 있으랴!」(若對此君仍大嚼, 世間那有揚州鶴) 송나라 왕십붕(王十朋)과 청나라 풍응류(馮應榴)가 주석에서 인용한 《하찮은 이야기(小說)》「객들이 서로 모여 각기 마음 속에 품은 뜻을 말하기로 하였는데, 혹자는 양주의 자사가 되기를 바란다 하고, 혹자는 재물을 많이 갖기를 바란다 하고, 또 혹자는 학을 타고 날아오르고 싶다고 하였다. 그 가운데 한 사람이 말하기를 『허리에는 십만 관의 돈을 두르고, 학을 타고 양주의 위를 날아 세 가지를 한꺼번에 하고 싶다.』고 하였다.」(有客相從, 各言所志, 或願爲揚州刺史, 或願多貨材, 或願騎鶴上乘. 其一人曰, 腰纏十萬貫, 騎鶴上揚州, 欲兼三者)《하찮은 이야기(小說)》는 남조 때 양(梁)나라 단운(段芸)이 지은 책으로 《연감유함(淵鑑類函)》이라는 유서(類書: 각종 고전을 찾아보기 좋게 항목별로 나누어 수록한 책)에 수록되어 전해지고 있다.

8 | **아함(阿咸)** : 조카의 대칭(代稱)으로 쓰임. 《고증》「완적은 형의 아들 함을 부를 때 아함이라 하였다.」(案, 阮籍呼兄子咸謂阿咸)《진서·혜강의 전기(晉書·嵇康傳)》「마음이 서로 맞는 사람은 진류의 완적과 하내의 산도 뿐이었으며, 그 무리에 섞여 즐거이 논 사람으로는 하내의 상수, 패국의 유령, 완적의 조카인 함, 낭야의 왕융이 있었는데 마침내 대나무 숲에서의 교유가 있었다.」(所與神交者, 惟陳留阮籍 · 河內山濤, 豫其流者河內向秀 · 沛國劉伶 · 籍兄子咸 · 琅邪王戎, 遂爲竹林之游)

90. 醉題狎鷗亭[1]

취하여 압구정에서 짓다

虹構重新帶舊名[2]
홍 구 중 신 대 구 명

무지개 서까래 새로 올렸지만
　　옛 이름 그대로 지니고,

風烟動色境增淸
풍 연 동 색 경 증 청

바람과 운무는 경치 움직여
　　이곳의 맑음 더하였네.

雲收暮岫蒼屛迥
운 수 모 수 창 병 형

저녁 산굴에 구름 걷히니
　　푸른 빛 저 멀리까지 둘러싸고,

天入秋江白練明
천 입 추 강 백 련 명

하늘 가을 강에 비쳐드니
　　흰 비단 물결 밝기만 하네.

1 | **압구정(狎鷗亭)** : 지금의 서울 영동(永東)에 있는 압구정동에 있던 정자이다. 세조 때의 권세가 한명회(韓明澮)가 벼슬을 버리고 「갈매기와 더불어 친하게 논다」는 뜻으로 당시의 지명인 두모포(豆毛浦)에 지었던 것이며, 정자의 명칭은 그가 명나라에 사신으로 갔을 때 당시 한림학사였던 예겸(倪謙)에게 청하여 지은 것이라 하며 아울러 예겸이 지은 기문(記文)이 전하고 있다. 중종 때 동호(東湖)로 사가독서당(賜假讀書堂)을 옮기기 전에는 일시 동안 이 정자 근처에 독서당이 있었다.

2 | **홍구(虹構)** : 한나라 장형(張衡)의 〈주천대상부(週天大象賦)〉「이미 무지개 서까래로 들보 짜고, 또한 바퀴 마름질하여 번개 경계하네.」(既編梁以虹構, 亦裁輪而電警)
중신대구명(重新帶舊名) : 독서당을 옮겨 지은 것을 말함. 위 〈88〉시의 원주와 제목 주를 참조할 것.

萬古知魚濠上樂3
만 고 지 어 호 상 락

만고에 물고기가 호수 위
뛰어노는 즐거움 알겠지만,

一生炊黍枕中情4
일 생 취 서 침 중 정

일생의 영화라야 기장밥 익을 동안의
꿈 속의 사정이라네.

何人可對尊如海
하 인 가 대 준 여 해

그 누가 술잔을 바다와 같이
한없이 대할 수 있겠는가?

日日臨流歌濯纓5
일 일 임 류 가 탁 영

날마다 흐르는 물에 가서
노래하며 갓끈 씻는다네.

3 | **어호상락(魚濠上樂)** : 이치가 모든 것에 통달하여 깨달음을 말함. 《장자·가을 강(秋水)》「장자가 혜자와 더불어 호수(濠水)의 봇둑을 거닐고 있었다. 장자가 『피라미가 나와서 유유히 헤엄치고 있으니, 이는 고기의 즐거움이다.』라 하자, 혜자가 말했다. 『그대는 고기가 아닌데 어찌 고기가 즐거울 것임을 아는가?』 장자가 말했다. 『그대는 내가 아닌데 어찌 내가 고기가 즐거워 할 것임을 모르리라는 것을 아는가?』 …… 장자가 말했다. 『…… 나는 호수 가에서 물고기와 일체가 되었으므로 그것을 아는 것이다.』」(莊子與惠子游于濠梁之上, 莊子曰, 儵魚出游從容, 是魚之樂也. 惠子曰, 子非魚, 安知魚之樂. 莊子曰, 子非我安知我不知魚之樂.……莊子曰,……我知之濠上也)

4 | **취서침중정(炊黍枕中情)** : 당(唐)나라 때의 문인 심기제(沈旣濟)가 지은 소설 〈베개 속에서 겪은 이야기(枕中記)〉의 내용. 「노생(盧生)이라는 젊은 사람이 한단(邯鄲)이라는 곳의 객주집에서 도사(道士)인 여옹(呂翁)을 만나서 신세 타령을 하였다. 그러자 여옹은 행낭 속에 있는 베개를 꺼내어 주면서 이것을 베고 있으면 소원이 이루어지리라고 말하였다. 노생은 잠이 들자 곧 과거에 급제하고 장군도 되고 재상도 되어 50년 동안 모든 영화를 다 누리게 되었다. 그러다가 홀연히 하품을 하고 깨어보니, 여옹은 그대로 곁에 앉아 있고 잠들기 전에 짓던 누런 기장밥이 아직 다 지어지지도 않았다.」 부귀영화가 모두 허망한 꿈에 지나지 않음에 대한 비유임.

5 | **가탁영(歌濯纓)** : 굴원이 지었다고 전하여지는 초나라의 민요체[楚辭]인 〈어부가 부른 노래(漁夫辭)〉「어부가 빙그레 웃고는 뱃전을 두드리며 떠나면서 노래를 불렀다. 『창랑의 물이 맑음이여! 내 갓끈 씻을 만하고, 창랑의 물이 흐림이여! 내 발을 씻을 만하도다.』」(漁父莞爾而笑, 鼓枻而去, 乃歌曰, 滄浪之水淸兮, 可以濯吾纓, 滄浪之水濁兮, 可以濁吾足) 또 《맹자·이루(離婁) 상》에도 보임. 당나라 이덕유(李德裕)의 〈작은 배(舴艋舟)〉「오래도록 갓끈 씻으며, 초연히 속세의 찌끼 사절하리.」(永日歌濯纓, 超然謝塵滓)

91. 中秋月寄士遂[1]_用東坡韻

팔월달에 임사수에게 부치다_동파의 운을 쓰다

素娥命高駕[2] 소아명고가 — 항아에게 명에 높이 매라하여,

出自東海東[3] 출자동해동 — 동해의 동쪽에서 나오게 하네.

臨風笑向人 임풍소향인 — 바람 맞으며 사람 향해 웃고,

瀉影蓬山中[4] 사영봉산중 — 빛 쏟아져 봉래산을 비추네.

蓬山杳何許 봉산묘하허 — 봉래산 아득하니 그 어드메뇨?

香霧凄房櫳[5] 향무처방롱 — 향기로운 운무는 큰 창문으로 싸늘하게 밀려오네.

1 | 사수(士遂) : 금호자(錦湖子) 임형수(林亨秀: 1504~1547)의 자. 임형수에 대해서는 위 50번 시의 주 1)을 보라.

2 | 소아(素娥) : 백의의 항아(嫦娥)를 말함. 항아는 달 속에 산다는 흰 옷을 입은 선녀로 달의 다른 이름으로 쓰임. 위 6번 시의 주 14)를 보라. 송나라 육유의 〈8월 14일 밤 삼의의 저지에서 달을 마주하다(八月十四夜三义市對月)〉「흰 옷 입은 항아 멍에 지우라 명하여 나그네 시름 씻어내니, 나 또한 술잔 기울이며 맞아 함께 취한다네.」(素娥命駕洗客愁, 我亦傾杯邀共醉)

3 | 동해동(東海東) : 송나라 소철(蘇轍)의 〈유로재와 대월헌, 장서실이 막 낙성되다·대월헌(初成遺老齋待月軒藏書室·待月軒)〉「대월헌 앞에는 긴 하늘 뿐 아무것도 없고, 외로운 달 어느덧 동해 동쪽에서 오네.」(軒前無物但長空, 孤月忽来東海東)

4 | 봉산(蓬山) : 전설상의 신선이 산다는 세 영산 가운데 하나인 봉래산(蓬萊山)을 말함.

5 | 향무(香霧) : 당나라 두보의 〈달밤(月夜)〉「향기로운 운무에 구름 같은 쪽진 머리 촉촉하고, 맑은 달빛에 옥 같은 팔 차갑겠네.」(香霧雲鬟濕, 淸輝玉臂寒)
처방롱(凄房櫳) : 역시 두보의 〈견우와 직녀(牽牛織女)〉「요리사들은 대청에서 음식 장만하고, 울리는 옥 창문을 서늘하게 하네.」(膳夫翊堂殿, 鳴玉凄房櫳)

仙舟泛瑤浦 신선의 배 옥 같은 개펄에 띄우니,
선 주 범 요 포

澄江靜如空6 맑은 강 마치 비어 있는 듯 고요하네.
징 강 정 여 공

粲然二三子 찬란하도다 그대들이여!
찬 연 이 삼 자

叩枻來相從7 노 두드리며 와서 서로 어울리세.
고 예 래 상 종

傳呼洛妑襪8 전하여 낙비의 비단 버선 부르고,
전 호 낙 파 말

俯窺馮夷宮9 굽어 하백의 궁궐 살피세.
부 규 빙 이 궁

醉筆健於槊 취한 붓은 창보다 굳세니,
취 필 건 어 삭

6 | **징강정여공(澄江靜如空)** : 남조 제나라 사조(謝朓)의 〈저녁에 삼산에 올라 다시 서울을 바라다(晚登三山還望京邑)〉「남은 놀 흩어져 비단 이루고, 맑은 강은 고요하기가 깁과 같네.」(餘霞散成綺, 澄江靜如練)

7 | **고예(叩枻)** : 고(叩)는 고(鼓)와 마찬가지 뜻으로 장단 따위를 맞추기 위하여 두드리는 것을 말함. 굴원의 〈어부가 부른 노래(漁夫辭)〉「어부가 빙그레 웃고는 뱃전을 두드리며 떠나면서 노래를 불렀다.」(漁父莞爾而笑, 鼓枻而去, 乃歌)

8 | **전호낙파말(傳呼洛妑襪)** : 낙파(洛妑)의 「妑」는 「妃」로 되어 있는 판본도 있으며, 《고증》에도 그렇게 되어 있다. 삼국 위나라 조식(曹植)의 〈낙수의 여신을 읊음(洛神賦)〉「물결 밟고 가볍게 걸으니, (물보라 이는 것이) 비단 버선에 먼지 일어나는 것 같네.」(凌波微妙, 羅襪生塵) 몸이 몹시 가벼움을 비유한 말이다.

9 | **빙이(馮夷)** : 빙이는 하수(河水)의 신을 말한다. 위 56번 시의 주 7)을 보라.

10 | **가책요마(可磔妖蟆)** : 요사스런 두꺼비는 달 속의 두꺼비를 말한다. 당나라 노동(盧仝)의 〈월식(月蝕)〉「신의 마음 속에는 쇠로 만든 일 촌 짜리 칼이 있사온데, 요사한 두꺼비의 어리석은 배를 가를 수 있습니다. …… 뭇별들 모두 다 원래대로 풀렸는데, 한 두꺼비만 유독 목 베이고 몸 찢어지네.」(臣心有鐵一寸, 可刳妖蟆癡腸……衆星盡原赦, 一蟆獨誅磔)

可磔妖蟆蟲[10]
가 책 요 마 충

요사스런 두꺼비 찢을 수 있다네.

我還景陽錦[11]
아 환 경 양 금

내 장협의 비단 돌려주고자 하나,

自歎詩力窮
자 탄 시 력 궁

시 짓는 능력 다한 것 스스로 한탄하네.

休嫌佳會愆
휴 혐 가 회 건

아름다운 모임에 허물 있음 꺼려하지 말게나.

幸免勍敵逢
행 면 경 적 봉

요행히 굳센 적수 만나는 것 면하였다네.

吟諷尙餘習
음 풍 상 여 습

읊조리는 것 아직도 습관으로 남아,

竟夕如魚喁
경 석 여 어 우

저녁 내내 물고기처럼 입만 벌름거리네.

11 | **아환경양금(我還景陽錦)** : 송나라 황정견의 〈두보의 술을 마셔서 목이 말라 강 맑음 사랑하네라는 구절의 각 글자를 각운자로 써서 작은 시 다섯 수를 써서 요명략 학사에게 부침(以酒渴愛江淸, 作五小詩, 寄廖明略學士)〉의 넷째 시 「경양의 베틀 속의 비단, 오히려 옷 지어져 구지와 강엄에게 입혀졌네.」(景陽機中錦, 猶衣被丘江) 《남사·강엄전(南史·江淹傳)》 「밤에 꿈을 꾸었는데 한 사람이 나타나 스스로를 장경양이라 하더니 말하였다. 『전에 비단 한 필을 맡겨 놓았는데 지금 돌려 받을 수 있겠소?』 강엄이 품속을 더듬어 몇 자를 그에게 주었더니 그는 크게 성을 내며 말하는 것이었다. 『어째서 모조리 자르고 절단해 놓았는가?』 그러더니 구지를 돌아보며 말했다. 『이 남은 여러 자는 이미 소용이 없으니 그대에게 주겠다.』 이로부터 강엄의 문장은 쇠퇴해졌다.」(夜夢一人自稱張景陽, 謂曰, 前以一匹錦相寄, 今可見還. 淹探懷中得數尺與之, 此人大恚曰, 那得割截都盡, 顧見丘遲謂曰, 餘此數尺旣無所用, 以遺君, 自爾淹文章躓矣) 경양은 남조 진(晉)나라 장협의 자이다. 《고증》에서는 장재(張載)의 자라고 되어 있는데 잘못된 것이다.

【원운시】

8월의 달을 읊어 자유에게 부치다
中秋月寄子由[12]

유극장(劉克莊)

殷勤去年月	지난해의 달 은근하게,
瀲灩古城東	옛 성 동쪽에서 반짝반짝 비치네.
憔悴去年人	초췌한 지난해의 사람,
臥病破窓中	찢어진 창 속에서 병져 누워 있네.
徘徊巧相覓	서성이며 예쁘게 서로 찾고,
窈窕穿房櫳	그윽하게 방의 창살 뚫고 들어오네.
月豈知我病	달이 어찌 내 병을 알겠는가?
但見歌樓空	다만 노래하는 누대 비어 있음 보이네.
撫枕三嘆息	베개 어루만지며 세 번 한숨 쉬고,
扶杖起相從	지팡이 짚고 일어나 서로 좇는다네.
天風不相哀	하늘의 바람 슬퍼하지 않고,
吹我落瓊宮	내 구슬 궁전 불어 떨어뜨리네.
白露入肺肝	맑은 이슬 폐부로 들어와,
夜吟如秋蟲	밤에 가을 벌레처럼 읊조리네.
坐令太白豪	문득 이태백처럼 호방하게 하더니,
化爲東野窮	맹동야의 궁함으로 변했다네.
餘年知幾何	남은 해 얼마나 되는지 아는가?
佳月豈屢逢	아름다운 달 어찌 자주 만나겠는가?
寒魚亦不睡	추운 날의 물고기 또한 잠자지 않고,
竟夕相噞喁	저녁 내내 서로 입 벌름거리네.

12 | 이 시는 3수 중 첫 번째 시임.

92. 病暇, 許免遠接從事, 因此亦不往東湖, 杜門書懷[1] _기사년[2]

병으로 휴가를 얻어 중국의 사신을 맞는 원접사의 종사관을 맡지 않게 됨을 윤허받다. 이로 인하여 동호에도 가지 못하여 문을 닫아걸고 지내며 감회를 적다_을사년(1545)

藹藹園中烟[3] 애 애 원 중 연	동산에는 운무 자욱하고,
灼灼枝上花[4] 작 작 지 상 화	가지에는 꽃 환하게 피었네.
碧草滿地生 벽 초 만 지 생	짙푸른 풀은 온 땅에서 돋아나고,
垂楊蔭路斜 수 양 음 로 사	수양버들은 응달진 길에서 비껴 나부끼네.
韶光蕩人目 소 광 탕 인 목	화창한 경치는 사람의 눈을 움직이는데,

1 | 원접사(遠接使) : 조선시대 명나라와 청나라의 사신을 맞아들이던 임시 벼슬, 또는 그 벼슬아치. 2품관 중에서 문명과 덕망이 있는 자를 선발하여 의주까지 가서 중국 사신을 마중하여 잔치를 베풀게 했다. 종사관은 원접사를 수행하며 보좌하는 임시 관직으로 보통 문관 5품 정도의 직계를 가진 사람에게 임시로 홍문관 교리의 직함을 주고서 직무를 수행하게 하였음.

2 | 기사(己巳)는 문집의 난외주에 「을사년이 되어야 한다」(當作乙巳)고 하였다. 기사년은 퇴계가 69세 되던 해인 1569년이므로 틀렸다.

3 | 애애(藹藹) : 빽빽하게 모여 있는 모양을 나타내는 의태어.

4 | 작작지상화(灼灼枝上花) : 명나라 손분(孫蕡)의 〈잡시(雜詩)〉 제4수 「동산의 나무 번쩍번쩍 빛나고, 가지에는 꽃 반짝반짝 하네.」(燦燦園中樹, 灼灼枝上花)

好鳥相和歌[5]
호 조 상 화 가

아름다운 새들은 서로 즐겁게 지저귀네.

豈不感時節[6]
기 불 감 시 절

어찌 이 좋은 계절 느끼지 않으랴만,

奈此幽憂何
내 차 유 우 하

이 깊은 근심 어찌할까?

聖恩及衰朽
성 은 급 쇠 후

임금님의 은혜 시들고 삭은 이 몸까지 미쳐,

淸秩許養痾
청 질 허 양 아

맑은 벼슬 주어 고질병 요양케 하시네.

關西旣辭行[7]
관 서 기 사 행

관서로 가는 것 이미 사양하고 보니,

東湖亦蹉跎[8]
동 호 역 차 타

동호 또한 어긋나고 말았네.

蓄力匪烏獲[9]
축 력 비 오 획

힘 기르나 오획에 미칠 바 아니요,

5 | **호조상화가(好鳥相和歌)** : 당나라 이백의 〈의춘원에서 수행하여 모시면서 용지의 버드나무 색이 막 푸르고 새 앵무새가 백번 노래 소리를 바꾸는 것을 듣고 삼가 조칙을 받들어 짓다(侍從宜春苑, 奉詔賦龍池柳色初靑, 聽新鶯百囀歌)〉「위에서는 아름다운 새 서로 화답하여 우는데, 재잘재잘 일찍 봄바람 살랑이는 정 얻었다네.」(上有好鳥相和鳴, 間關早得春風情)

6 | **기부감시절(豈不感時節)** : 당나라 한유의 〈가을 회포(秋懷)〉 제4수 「어찌 시절을 느끼지 못하리오? 귀와 눈에 거슬리던 것들 사라져버렸네.」(豈不感時節, 耳目去所憎)

7 | **관서(關西)** : 마천령 서쪽 지방. 곧 평안도를 가리키며, 여기서는 원접사가 사신을 맞이하러가는 의주를 가리킴.

8 | **동호(東湖)** : 독서당을 말함.
차타(蹉跎) : 때를 놓치거나 시기가 이미 지났음을 나타내는 첩운 연면 의태어.

9 | **오획(烏獲)** : 진(秦)나라 때 무왕(武王)의 신하로 힘이 장사였음.

10 | **헌보이변화(獻寶異卞和)** : 변화는 초나라 사람으로 화씨벽(和氏璧)의 주인공. 《한비자·화씨(和氏)》「초나라 사람 변화(卞和)가 초나라의 형산에서 박옥을 주워 여왕에게 받들어 바쳤다. 여왕이 옥세공인에게 보게하니 세공인은『돌입니다.』라 하였다. 왕은

獻寶異卞和[10]
헌 보 이 변 화
보물 바침은 변화와는 다르다네.

罷馬不任鞿[11]
피 마 불 임 기
지친 말에겐 고삐 내 맡길 수 없으니,

但費天山禾[12]
단 비 천 산 화
다만 천산의 벼만 축낼 따름이라네.

永言愧時賢[13]
영 언 괴 시 현
오늘날 현명한 사람들에 부끄러움 노래하면서도,

黽勉隨塵波
민 면 수 진 파
세속의 물결 따르는 것만 힘쓰네.

志業廢中塗
지 업 폐 중 도
본디부터 품은 뜻 중도에 버려두면,

無以施磋磨
무 이 시 차 마
갈고 닦음 베풀 길 없네.

변화가 미쳤다하여 그의 왼다리를 자르는 형벌을 내렸다. …… 변화가 말했다. 『나는 다리를 잘리우는 형벌을 받은 것이 슬픈 것이 아니라 보옥을 돌이라 하고, 곧은 선비를 미쳤다고 하는 것, 이것이 제가 슬퍼하는 까닭입니다.』 왕이 이에 세공인에게 그 박옥을 다듬게 하여 보물을 얻었으며 마침내 화씨벽이라고 명명하였다.」(楚人和氏得玉璞楚山中, 奉而獻之厲王. 厲王使玉人相之, 玉人曰, 石也. 王以和爲誑, 而刖其左足.……和曰, 吾非悲刖也, 悲夫寶玉而題之石, 貞士而名之以誑, 此吾所以悲也. 王乃使玉人理其璞而得寶焉, 遂命曰, 和氏之璧)

11 | **피마불임기(罷馬不任鞿)** : 송나라 소식의 〈황주와 이별하다(別黃州)〉「종기 병 앓는 늙은 말에게는 고삐 내맡길 수 없는데, 아직도 임금에게 해진 휘장 구하네.」(病瘡老馬不任鞿, 猶向君王得敝幃)

12 | **천산화(天山禾)** : 송나라 소식의 〈같은 각운자를 써서 가수(賈收)에게 답하다(次韻答賈耘老)〉「가련하네 늙은 준마 정말 늙어서, 무심결에 다시 천산의 나락을 먹이네.」(可憐老驥眞老矣, 無心更秣天山禾) 천산은 산 이름으로 이주(伊州) 이오현(伊吾縣)에 있으며, 곧 주목왕(周穆王)이 서왕모(西王母)를 만나러 가던 도중에 경유했다는 옥산(玉山)을 말한다. 곤륜산(崑崙山)이라고도 한다. 당나라 한유의 〈둔한 말과 좋은 말(駑驥)〉「굶주리면 옥산의 나락을 먹고, 목이 마르면 예천의 물을 마시네.」(饑食玉山禾, 渴飮醴泉流)

13 | **영언(永言)** : 말을 길게 끎. 곧 읊조리는 것을 말함. 《서경·순전(舜典)》「시는 뜻을 말하는 것이고, 노래는 말을 길게 끄는 것이다.」(詩言志, 歌永言)

靑春不再榮[14] 청 춘 부 재 영	봄은 다시는 꽃 피우지 않고,
白日如奔梭 백 일 여 분 사	밝은 해는 빠른 길쌈 북과 같이 달린다네.
胡爲遇賞地 호 위 우 상 지	어찌하여 때때로 느낌을 적을 만한 데서도,
絃絶廢洋峨[15] 현 절 폐 양 아	참다운 느낌 끊어져 좋은 내용 담을 수 없는가?
雖無避事誅 수 무 피 사 주	비록 아무 일 않는다는 꾸지람 없다고 하더라도,
寧免素餐嗟[16] 녕 면 소 찬 차	하는 일 없이 녹만 먹는다는 한탄 어찌 면하리.

14 | **청춘(靑春)** : 봄을 말함. 봄은 방위로는 동쪽이며, 색깔로는 청색이기 때문에 이렇게 부름. 또 신록이 우거진 봄이라는 뜻도 있음. 이외에 달리 부르는 말로 양춘(陽春)·방춘(芳春)·구춘(九春) 등이 있음.

15 | **현절폐양아(絃絶廢洋峨)** : 백아절현(伯牙絶絃)의 고사를 썼음. 양아(洋峨)는 곧 아아양양(峨峨洋洋)을 말하며, 원래는 음악의 뜻이 높고 곡조가 분방함을 형용하는 말이나 여기서는 훌륭한 내용을 담고 있는 시문(詩文) 등의 작품을 가리킴. 《열자·탕문(列子·湯問)》「백아는 거문고를 잘 탔고, 종자기는 듣기를 잘 하였다. 백아가 금을 타면서 높은 산을 생각하자 종자기는 말하기를 『좋다, 높고도 높아서 태산과 같구나』라고 하였고, 뜻이 흐르는 물에 있자 『넓고도 넓어서 양자강이나 황하나 같구나』라고 하였다. 종자기가 죽자 백아는 거문고를 부숴버리고 줄은 끊어버리고 종신토록 다시는 거문고를 치지 않았는데, 세상에 다시는 거문고를 탄다고 할 만한 이가 없다고 여겼다.」(伯牙鼓琴, 志在高山, 鍾子期曰, 善哉! 峨峨兮若泰山, 志在流水, 洋洋兮若江河. 鍾子期死, 伯牙破琴絶絃, 終身不復鼓琴, 以爲世無足復爲鼓琴者)

16 | **소찬(素餐)** : 곧 시위소찬(尸位素餐)을 말함. 벼슬에 앉아 무위도식하는 것을 말함. 《시경·위나라의 민요·벌단(魏風·伐檀)》「저 군자라고 하는 이들이여! 놀고서 밥을 먹지 말지어다.」(彼君子兮, 不素餐兮)

既不得爾職
기 불 득 이 직

이미 네 천직 얻지 못하였거늘,

曷不歸山阿
갈 불 귀 산 아

어찌 산 모퉁이로 돌아가지 않는가?

浩歎發奇憤
호 탄 발 기 분

크게 탄식하며 기이한 분노 내 뿜으니,

泓穎遭驅訶[17]
홍 영 조 구 가

벼루와 붓 꾸지람 늘어놓음 당하였다네.

詩成手自寫[18]
시 성 수 자 사

시 이루어져 손으로 적으려 하니,

滿紙如驚蛇[19]
만 지 여 경 사

온 종이에 놀란 뱀 그린 듯하네.

17 | 홍영(泓穎) : 당나라 한유의 〈모영의 전기(毛穎傳)〉「벼루를 이름하여 도홍(큰 웅덩이)이라 하였고, 붓은 모영(털의 뾰족한 끝)이라 하였다.」(名硯爲陶泓, 筆爲毛穎)

18 | 시성수자사(詩成手自寫) : 송나라 유과(劉過)의 〈섣달 그믐날 노신지에게 부치다(除夜寄盧申之)〉「듣자하니 노부자께서는, 시 이루어지면 손수 쓰신다하네.」(見說盧夫子, 詩成手自書)

19 | 만지여경사(滿紙如驚蛇) : 《선화서보(宣和書譜)》 권19「승려인 아서가 장욱의 이마 필체를 논하여 말했다. 『그 스스로 내 글씨는 크지도 작지도 않아 그 중도를 얻었으니 마치 나는 새가 숲에서 나오는 것 같고, 놀란 뱀이 풀로 들어가는 것 같다고 하였으니, 과연 이마로 썼다고만 말할 수 있겠는가?』」(釋亞栖論張顚云, 觀其自謂, 吾書不大不小, 得其中道, 若飛鳥出林, 驚蛇入草, 則果顚也耶) 당나라 장욱(張旭)은 광초(狂草)에 뛰어났는데, 술이 취하면 상투를 풀어 머리카락에 먹물을 찍어 초서를 썼으므로 당시 사람들이 장전(張顚: 장 이마라는 뜻)이라 하였다. 송나라 소식의 〈천축사(天竺寺)〉「공연히 이어진 구슬 읊고 포개진 벽옥 읊조리는데, 이미 나는 새 잃어버리고 놀란 뱀도 잃었다네.」(空詠連珠吟疊璧, 已亡飛鳥失驚蛇

93. 林士遂, 赴義州迎使從事, 索詩[1]

임사수가 의주로 영접사 종사관으로 나가면서 시를 청하다

湖陰高壘駱峯劘[2]
호 음 고 루 낙 봉 마

호음은 높이 쌓았고
　낙봉은 갈고 닦았으니,

八斗文章彩筆花[3]
팔 두 문 장 채 필 화

문장은 여덟 말이요
　광채 붓에 꽃 피운 것 같네.

四傑同參卿使事[4]
사 걸 동 참 경 사 사

네 호걸 다 함께
　높은 영접사의 종사관 되니,

歸來應有續東槎
귀 래 응 유 속 동 사

돌아오는 길에는 마땅히
　《동사집》 이을 만하리.

李左相擇之迎唐天使, 鄭雲卿·蘇彦謙·李伯益從事, 在途相唱和, 有東槎集○湖陰, 鄭士龍, 駱峯, 申光漢[5]

고려 말엽에 군수인 조우량이 백성들에게 성을 쌓도록 권하였는데 창고와 관아만 둘러싸도록 하였다

1 | **의주종사(義州從事)** : 《고증》「원집 권1의 〈임사수를 보내며 ……〉를 참고하여 보라.」(與原集一卷送林士遂云云參看) 곧 74~76. 〈임형수가 명나라 천자의 사신을 환영하는 환영단의 종사관으로 의주로 나감에 송별하여, 세 수(送林士遂以迎詔使從事, 赴義州, 三首)〉를 말함. 이 시는 《퇴계시 풀이·제1권》(영남대학교출판부, 2007) 290쪽을 보라.

2 | **호음고루낙봉마(湖陰高壘駱峯劘)** : 당나라 두보의 〈씩씩한 유람(壯遊)〉「기세는 굴원과 가의(賈誼)의 성루를 닦고, 눈은 조식(曹植)과 유정(柳楨)의 담을 엿보네.」(氣劘屈賈壘, 目短曹劉牆)

3 | **팔두문장(八斗文章)** : 송나라 무명씨의 《석상담·팔두재(釋常談·八斗才)》「문장이 많은 것을 일컬어 여덟 말의 재주라 한다. 사령운이 일찍이 말했다. 『천하의 재주는 한 섬이 있는데, 조식(曹植: 자는 子建)이 홀로 여덟 말을 차지하고 있고, 내가 한 말을 가지고 있으며, 그 나머지 천하의 문인들이 모두 한 말을 나누어 갖고 있다.』」(文章多, 謂之八斗之才. 謝靈運嘗曰, 天下才有一石, 曹子建獨占八斗, 我得一斗, 天下共分一斗) 송나라 대복고(戴復古)의 〈유잠부에게 부침(寄劉潛夫)〉「여덟 말 재주 쓰고도 남음이 있고, 여러 수레 명성과 영예 강호에 가득하네.」(八斗文章用有餘, 數車聲譽滿江湖)

채필화(彩筆花) : 송나라 축목(祝穆)의 《고금사문유취·별집(古今事文類聚·別集)》 권5 〈문장부·붓을 돌려주니 재주가 다하다(文章部·還筆才盡)〉 「강엄이 어떤 사람이 오색의 붓을 주는 꿈을 꾸었는데 이로부터 문조가 날로 새로워졌다. 또한 일찍이 야정에서 묵은 적이 있는데 한 사나이가 자칭 곽박이라 하면서 『나한테 붓이 있었는데 그대가 있는 곳에 여러 해 동안 두었으니 돌려받을 때가 된 것 같다.』라 말하는 꿈을 꾸었다. 강엄이 품속을 뒤져 오색의 붓을 꺼내어 한번 주었더니 나중에 시를 지어도 아름다운 구절이 끊어져 없어지고 말았는데 사람들이 재주가 다하였다고 하였다.」(江淹夢人授五色筆, 由是文藻日新. 又嘗宿於冶亭, 夢一丈夫自稱郭璞曰, 吾有筆在卿處多年, 可以見還. 淹探懷中, 得五色筆, 一授之, 後爲詩絶無美句, 人謂才盡) 같은 책 《별집》 권14 〈문장사우부·붓(文章四友部·筆)〉 「이백은 붓에서 꽃이 피는 꿈을 꾸었는데 이때부터 재사가 날로 증진하였다.」(李白夢筆生花, 自是才思日進)

4 | 사걸(四傑) : 《고증》 「당나라의 양형(楊炯)·왕발(王勃)·노조린(盧照鄰)·낙빈왕(駱賓王)이 문장사걸이다. 이 시에서 가리키는 것은 혹은 양곡(陽谷) 소세양(蘇世讓)·호음 정사룡(鄭士龍)·용재(容齋) 이행(李荇)·안분(安分) 이희보(李希輔)라고도 하고, 혹은 호음 정사룡(鄭士龍)·낙봉 신광한(申光漢)·금호(錦湖) 임형수(林亨秀)·요산(樂山) 남응룡(南應龍)이라고도 한다.」(唐楊王盧駱爲文章四傑. 此詩所指, 或云蘇鄭二李, 或云鄭申林南)

5 | 이택지(李擇之) : 이행(李荇: 1478~1534)의 자. 본관은 덕수(德水)이며, 호는 용재(容齋)·청학도인(青鶴道人)·창택어수(滄澤漁叟)이고, 시인으로도 이름이 높아 해동강서시파(海東江西詩派)의 제1인자로 알려짐. 벼슬은 우의정까지 올랐으며, 시호는 문정(文定).

당천사(唐天使) : 곧 당고(唐皐)이다. 당고는 자가 수지(守之)이며 흡현(歙縣) 사람이다. 정덕(正德) 갑술년(1514)에 진사가 되었으며, 수찬(修撰)과 시강학사(侍講學士)에 제수되었다.

정운경(鄭雲卿) : 호음 정사룡(鄭士龍: 1491~1570)의 자. 이때 대제학(大提學)으로 있었다. 본관은 동래(東萊)이며, 근체시(近體詩) 특히 7언 율시에 뛰어나 낙봉(駱峰) 신광한(申光漢)과 함께 쌍벽을 이루었다.

소언겸(蘇彦謙) : 소세양(蘇世讓: 1486~1562)의 자. 본관은 진주(晉州)이며, 호는 양곡(陽谷) 또는 퇴재(退齋)·퇴휴당(退休堂)으로, 의정부 찬성(贊成)을 지냈다. 시호는 문정(文靖)이다.

이백익(李伯益) : 이희보(李希輔: 1473~1548)의 자. 본관은 평양(平壤)이며, 호는 안분(安分)이다. 벼슬은 대사성(大司成)이다.

동사집(東槎集) : 중종 16년(1521)에 중국 사신 당고(唐皐)와 사도(史道)가 조선에 왔을 때 접반사였던 이행(李荇)과 종사관 정사룡(鄭士龍)·소세양(蘇世讓) 등 당대의 저명한 시인들과 서로 많은 시를 수답하였는데, 그들이 돌아간 뒤에 그 시들을 편집하여 《동사집(東槎集)》이라 하였다. 어숙권(魚叔權)의 《패관잡기(稗官雜記)》 권4에 당시 이들이 읊은 시 등이 수록되어 있다.

낙봉신광한(駱峯申光漢: 1484~1855) : 본관은 고령(高靈)이며, 자는 한지(寒之) 또는 시회(時晦)이다. 호는 낙봉 외에도 기재(企齋) 또는 석선재(石仙齋), 청성동주(青城洞主)라고 하며, 신숙주(申叔舟)의 손자로, 벼슬은 찬성(贊成), 대제학(大提學) 등을 지냈고, 시호는 문간(文簡).

94~96. 贈南景霖遠接從事西行[1]

남경림이 원접종사가 되어 서쪽으로 가게 됨에 주다

94

風雨橋山感病臣[2]
풍 우 교 산 감 병 신

교산에 비바람 몰아치니
병든 신하의 마음 움직여,

乞身當此始元春[3]
걸 신 당 차 시 원 춘

이 몸 물러나길 청하니
때는 임금님 등극하신 봄이라네.

免教天上乘槎客[4]
면 교 천 상 승 사 객

하늘에 올라 뗏목 타는
나그네 됨 면하였으나,

嗤點東方拙斮人[5]
치 점 동 방 졸 착 인

동방의 옹졸한 조각가라
손가락질 받는다네.

1 | **경림(景霖)** : 남응림(南應霖: 1514~1555)의 자. 본관은 의령(宜寧)이며, 호는 요산(樂山), 또는 이요당(二樂堂)이다. 진사로 중종 30년인 1535년에 별시 문과에 병과로 급제하여 승문원 및 저작을 역임하였다. 벼슬이 공조참의(工曹參議)에까지 이르렀으며 《중종실록》의 편찬에 참여한 바 있다.
여기서 서행이란 평안도가 있는 관서지방을 말하며, 보다 구체적으로는 곧 원접사의 종사관이 중국의 사신을 맞으러 가는 의주를 말한다.

2 | **교산(橋山)** : 중국의 황제(黃帝) 헌원씨(軒轅氏)가 묻힌 곳. 섬서성 황릉현(黃陵縣) 북서쪽에 있는데, 저수(沮水)가 뚫고 지나가 산의 모양이 다리와 비슷하다 해서 붙여진 이름이다. 황제나 제왕의 능묘를 이르는 말로 쓰이며, 여기서는 곧 중종대왕의 산소를 대신 가리키는 말로 쓰였음.

3 | **시원춘(始元春)** : 《고증》「인종이 즉위한 원년의 정월이다.」(仁宗卽位之元年正月) 1545년 을사년을 말한다.

4 | **승사객(乘槎客)** : 「槎」는 「査」, 혹은 「楂」와도 통용되는데, 뗏목이라는 뜻이다. 남조 진(晉)나라 왕가(王嘉)의 《습유기·당요(拾遺記·唐堯)》 요임금 때 별빛이나 달빛 같은 빛을 실은 큰 뗏목이 서해에 나타나 12년 만에 하늘을 한바퀴 돌았는데, 이 뗏목의 이름을 「달을 꿰는 뗏목」(貫月査)이니 「별에 걸린 뗏목」(掛星査)라 하였다는 기록이 있다. 또한 진나라 장화(張華)의 《박물지(博物志)》에는 옛날에는 은하수와 바다가 서로 통하여 해마다 8월만 되면 바닷가 사람은 뗏목으로 그곳을 왕래하였다는 기록이 있다. 여기서는 임금의 명을 받고 사신이 되어 나간다는 의미로 쓰였음.

5 | **치점(嗤點)** : 치적(嗤摘)이라고도 하며, 비웃고 손가락질 하는 것을 말함.

95

珠胎剖蚌月光滿[6]
주 태 부 방 월 광 만

구슬 품은 조개 가르니
달빛 가득하고,

玉磬諧音威鳳蹌
옥 경 해 음 위 봉 창

옥 경쇠 조화로운 소리에
위엄 있는 봉황 춤추네.

我識君詩淸且古
아 식 군 시 청 차 고

내 그대의 시
맑고 옛스러움 아니,

莫隨時世變梳粧[7]
막 수 시 세 변 소 장

유행 따라 빗질하고
화장함 따르지 말게나.

6 | **주태부방월광만(珠胎剖蚌月光滿)** : 《태평어람(太平御覽)》 권941 〈물고기와 갑각류부·조개(鱗介部·蚌)〉에 인용되어 있는 《영표록이(嶺表録異)》「염주의 바닷가에는 섬이 있으며 섬에는 큰 못이 있는데 주지라고 한다. 매년 공물을 바칠 때면 구슬을 채취하는 사람들이 못으로 들어가 구슬을 채취하는데 모두 오래 된 조개를 따서 갈라 구슬을 취하였다. 못은 바닷가에 있는데 그 바닥이 바다와 통하여 있는 것 같으며, 구슬은 완두콩 같이 생겼으며 크기는 보통 구슬은 탄환만 했고 또한 이따금 지름이 한 치쯤 되어 방을 밝히는 구슬을 얻기도 하였는데 끝내 지금은 얻지 못하게 되었다.」(廉州邊海中有洲島, 島上有大池, 謂之珠池. 每年脩貢, 珠户入池採珠, 皆採老蚌, 剖而取珠. 池在海上, 疑其底與海通, 珠如豌豆, 大常珠也如彈丸者, 亦時有得徑寸照室之珠, 卒不可遇也) 진나라 좌사(左思)의 〈오나라의 서울(吳都賦)〉「조개 구슬을 품고 있는데, 달과 더불어 이지러지기도 하고 차기도 하네.」(蚌蛤珠胎, 與月虧全) 《문선》 남조 송나라 사령운의 〈눈(雪賦)〉「찬란하도다 빙이 같은데, 조개 배 가르니 밝은 구슬 죽 늘어서 있네.」(粲兮若馮夷, 剖蚌列明珠) 송나라 소순흠(蘇舜欽)의 〈구양수의 바위와 달을 그린 병풍 그림(永叔石月屛圖)〉「늙은 조개 달 향하여 보니 달에서 작은 구슬 씨 내려주고, 바다 물소 별 바라보니 별 뿔로 들어오네.」(老蚌向月月降胎, 海犀望星星入角)

7 | **시세변소장(時世變梳粧)** : 당나라 백거이의 〈유행을 따라 화장하다(時世妝)〉「유행을 따라 화장하여, 성에서 나와 사방으로 전해지네.」(時世妝, 出自城中傳四方) 여기서 「세속」이라 함은 중국에서 유행하는 시체를 말함.

96

文章於道本非尊[8] 문 장 어 도 본 비 존	문장은 도보다 본래 존귀한 것 아니니,
鬪捷爭奇更不論 투 첩 쟁 기 경 불 론	민첩함 다투고 기이함 다투는 것 더욱이 논할 것도 못되네.
爲報皇華停伎倆[9] 위 보 황 화 정 기 량	황제님의 위광 알리려면 작은 재주 그만 두게나,
角弓嘉樹豈多言[10] 각 궁 가 수 기 다 언	아름다운 나무 길러 〈뿔활〉편 읊으면 그만이지 어찌 말이 많으리.

8 | **문장어도본비존(文章於道本非尊)** : 당나라 두보의 〈화양의 유소부께 드림(貽華陽柳少府)〉「문장은 하나의 작은 재주일 뿐이니, 도에 있어 높지 않다네.」(文章一小技, 於道未爲尊)

9 | **정기량(停伎倆)** : 송나라 소식의 〈11월 9일 밤에 사람들과 신선도술에 대하여 논하고 이에 8구 시 한 수를 짓는 꿈을 꾸었다. 꿈에서 깨어서도 그 말이 자못 기억이 나서 적어 아우인 자유에게 보내주었다. 끝 네 구는 그다지 명료하지가 않아 이제 보태어 완성할 따름이다(十一月九日, 夜夢與人論神仙道術, 因作一詩八句. 旣覺, 頗記其語, 錄呈子由弟. 後四句不甚明了, 今足成之耳)〉「산신에게 말 부침에 재주 부리지 말게나, 듣지 못하고 보지 못함 내 어찌 궁하리.」(寄語山神停伎倆, 不聞不見我何窮)

10 | **각궁가수(角弓嘉樹)** : 《좌전·소공(昭公) 2년》「봄에 진나라의 후작이 한선자(韓起)에게 (노나라로) 와서 조빙하게 하였다. …… 소공이 그에게 향연을 베풀자 (노나라의) 계무자가 《시경》의 〈길게 뻗음(緜)〉의 끝장을 노래 부르니 한선자는 〈뿔활〉편을 노래불렀다. …… 향연이 끝나고 계무자의 집에서 주연을 베풀었다. 그곳에는 무성한 아름다운 나무가 있었는데 한선자가 그 나무를 보고 칭찬을 하였다. 그러자 계무자가 말하기를 『제가 어찌 감히 이 나무를 잘 길러서 〈뿔활〉편의 시를 읊어주신 일을 잊지 않을 수 있게 하지 않겠습니까?』라 하였다.」(春, 晉侯使韓宣子來聘……公享之, 季武子賦緜之卒章. 韓子賦角弓……旣享, 宴于季氏. 有嘉樹焉, 宣子譽之. 武子曰, 宿敢不封殖此樹, 以無忘角弓) 〈뿔활(角弓)〉은 《시경·소아》의 편명으로 임금이 간사한 무리들이 참소하는 말을 믿어 종족들이 서로 원망하는 것을 풍자하는 내용을 담고 있는 노래이다.

97. 李仲久湛正郎代余從事之行, 索詩

정랑으로 있는 이중구담가 나를 대신하여 종사로 가면서 시를 청하다

知君久養青雲翮[1]
지 군 구 양 청 운 핵

그대는 오랫 동안 푸른 구름 타고 넘을
날개 기른 것 알았건만,

愧我初非赤汗毛[2]
괴 아 초 비 적 한 모

내 애초에 붉은 땀 흘리는
한혈마 아님이 부끄럽네.

槎客昔年銜使貴[3]
사 객 석 년 함 사 귀

사신은 지난 해에
귀한 사명 받았었고,

酒星今日謫仙豪[4]
주 성 금 일 적 선 호

주선은 오늘 이적선 같이
호탕하게 되었네.

1 | 청운핵(青雲翮) : 당나라 백거이의 〈시랑인 유경휴(庾敬休)에게 부침(寄庾侍郎)〉「푸른 옥 같은 봉우리 까마득하고, 푸른 구름 나르는 깃촉 날래네.」(巉巉蒼玉峰, 矯矯青雲翮) 송나라 왕안석(王安石)의 〈방참판을 전송하다(送龐參判)〉「내 생각건대 형계산 가장 즐거우니, 그대 깃촉 비비며 푸른 구름 위로 솟구침 보네.」(我憶荊溪山最樂, 看君摩翮上青雲)

2 | 적한모(赤汗毛) : 《고증》「곧 한혈마이다.」(卽汗血馬) 한혈마는 준마의 이름으로, 하루에 천리를 달리며 피와 같은 땀을 흘린다고 하여 이렇게 부름.

3 | 사객~(槎客~) : 《고증》「(이때 원접사가 된) 호음 정사룡을 가리키는 듯하다. 지난 해에 우리나라의 국상을 알리는 사신으로 명나라의 서울에 갔다가 돌아왔다.」(疑指湖陰. 去年以告訃使赴京還) 정사룡은 이때 원접사로 가게 되었다.

4 | 주성~(酒星~) : 주성은 술을 권장한다는 별. 당나라 피일휴(皮日休)의 〈일곱 사랑하는 사람·이한림(七愛詩·李翰林)〉「내 이태백 사랑한다네, 몸에는 주기성(酒旗星)의 혼 깃들어 있네.」(吾愛李太白, 身是酒星魂) 《고증》「이 말은 이중구를 가리키는 것 같다. 대체로 성씨가 이씨이기 때문에 이렇게 말한 것일 것이다.」(案, 此疑指仲久, 蓋以姓李故也)

적선(謫仙) : 재주와 행실이 속세의 인간 같지 않게 고매함을 가리키는 말. 특히 이태백을 지칭하는 말로 많이 쓰이는데, 이는 이태백이 원래는 신선이었으나 이 땅으로 귀양온 것이라고 해서 이렇게 부름. 《신당서·이백의 전기》「천보 초에 남쪽 회계로 들어와서 오균과 절친하게 지냈는데, 오균이 나라의 부름을 받았으므로 이백 또한 장안에 이르렀다. 하지장을 찾아뵈었는데 하지장이 그가 지은 글을 보고 감탄하여 말하기를 『그대는 귀양 온 신선이다.』」(天寶初, 南入會稽, 與吳筠善, 筠被召, 故白亦至長安, 往見賀知章, 知章見其文, 歎曰子謫仙人也)라고 하였다.

周行豈必酬金橐[5]
주 항 기 필 수 금 탁

큰 길에 어찌 반드시
금주머니로 보답하겠는가?

妙句眞堪博錦袍[6]
묘 구 진 감 박 금 포

절묘한 싯귀는 실로
비단 전포 널리함 감당할 만하네.

一病如吾天所幸
일 병 여 오 천 소 행

병 한번 내 몸에 미치니
하늘이 다행스레 여겨,

長松百尺換蓬蒿[7]
장 송 백 척 환 봉 호

백 척 큰 소나무로
쑥대와 바꿔주었다네.

5 | **주항(周行)** : 「行」의 음은 여기에서는 항[戶郎反]이며, 큰 길을 말함. 《시경·소아·대동(大東)》 「외로운 군자, 저 큰 길을 가네.」(佻佻公子, 行彼周行) 주자의 주석 「주항은 큰 길이다.」(周行, 大路也)

금탁(金橐) : 《사기·역생육가열전(酈生陸賈列傳)》 「(위타는) 육생에게 주머니 속에 천금이 넘는 것을 내려주었으며, 그 밖에 전별하면서 또 천금을 주었다. 육생은 마침내 위타를 남월왕으로 봉하였으며 신하라 일컫게 하고 한나라와의 맹약을 받들게 하였다.」(賜陸生橐中裝直千金, 他送亦千金. 陸生卒拜尉他爲南越王, 令稱臣奉漢約) 위타가 육가의 설득으로 칭신함으로써 반역죄를 뒤집어쓰지 않게 됨에 대한 답례를 한 것을 말한다.

6 | **박금포(博錦袍)** : 당나라 두보의 〈최부마댁의 산에 있는 정자에서 연회차 모이다(崔駙馬山亭宴集)〉 손님 술 취하자 금 사발 휘두르며, 시 이루어지자 수놓은 금포 차지하네.」(客醉揮金椀, 詩成得繡袍) 《신당서·송지문(宋之問)의 전기》 「측천무후가 낙양의 용문으로 행차하였을 때 수행한 신하들에게 시를 읊도록 하였는데 좌사로 있는 동방규가 시를 먼저 짓자 측천무후는 비단 도포를 그에게 상으로 내려주었다. 송지문의 시가 완성되자 측천무후는 그 내용이 더욱 뛰어나다고 칭찬을 하며 동방규에게 주었던 비단 도포를 거두어 그에게 상으로 주었다.」(則天幸洛陽龍門, 令從官賦詩, 左史東方虬詩先成, 則天以錦袍賜之, 及之問詩成, 則天稱其詞愈高, 奪虬錦袍以賞之)

7 | **장송백척환봉호(長松百尺換蓬蒿)** : 당나라 한유의 〈취하여 맹동야가 떠나감을 만류하다(醉留東野)〉 「내 조금 잔꾀 있으나, 푸른 쑥대 큰 소나무에 기대고 있음 스스로 부끄러워하네.」(韓子稍姦黠, 自慚靑蒿倚長松) 송나라 소식(蘇軾)의 〈조열도의 고재에서(趙閱道高齋)〉 「큰 소나무 백 척이나 되는데 스스로 깨닫지 못하고, 발돋움하여 부러워하는 것 쑥과 쑥대라네.」(長松百尺不自覺, 企而羨者蓬與蒿)

98. 明日將行, 贈景說[1]_丙午三月, 受由還嶺南

다음날 떠나려함에 민경열에게 주다_ 병오년(1546) 3월에 휴가를 받아 영남으로 돌아갔다

一尊相對意茫然[2]
일 준 상 대 의 망 연

한 잔 술 앞에 놓고 마주 대하니
내 마음 아득해지기만 하는구나,

仙館同床六載前[3]
선 관 동 상 육 재 전

독서당에서 함께한 지가
여섯 해 전이었구나.

莫話陳蹤如夢寐
막 화 진 종 여 몽 매

지나간 자취 꿈꾸듯 했다고
말하지 말자꾸나.

他年如夢又今年[4]
타 년 여 몽 우 금 년

훗날도 꿈 같기는
또 올해와 같으리니.

1 | 경열(景說) : 관물당(觀物堂) 민기(閔箕: 1504~1568)의 자. 위 〈38〉에 신축년(1541)에 지어준 시가 보인다.

2 | 일준의망연(一尊意茫然) : 당나라 두보의 〈다시 하씨네 집에 들르다(重過何氏)〉 제5수 「이 놀이 이루어지지 못할까 걱정되었더니, 만나서 술잔 잡고 보니 내 마음 아득해지네.」(斯遊恐不遂, 把酒意茫然)

3 | 선관육재전(仙館六載前) : 《퇴계연보》에 의하면 신축년(1541, 선생 41세) 3월에 사가독서를 하였다. 독서당이 동호(東湖)에 있어서 선관(仙館)이라 하기도 하였다. 6년 전이라는 것은 바로 신축년을 말하며 햇수를 가지고 말한 것이다.

4 | 타년~우금년(他年~又今年) : 진나라 왕희지(王羲之)의 〈난정에서 지은 시집의 서문(蘭亭集序)〉 「훗날 오늘을 보면 또한 오늘 옛날을 보는 것과 같을 것이니 슬프도다!」(後之視今, 亦猶今之視昔, 悲夫)

99. 鳥嶺途中

새재를 지나던 도중에

雉鳴角角水潺潺[1] 치 명 각 각 수 잔 잔	꿩은 깍깍 울고 물은 졸졸 흐르는데,
細雨春風匹馬還[2] 세 우 춘 풍 필 마 환	가랑비에 봄바람 맞으며 한 필 말 타고 돌아오네.
路上逢人猶喜色 로 상 봉 인 유 희 색	길에서 사람 만나니 얼굴에 기쁜 빛 돌고,
語音知是自鄕關[3] 어 음 지 시 자 향 관	말소리 들으니 고향에서 왔음 알겠네.

1 | **치명각각(雉鳴角角)** : 당나라 한유의 〈이날은 슬퍼할 만하니 한 수를 지어 장적에게 드림(此日足可惜一首, 贈張籍)〉「백 리 지나도록 사람은 못 만나고, 깍깍 숫꿩 우는 소리만 들리네.」(百里不逢人, 角角雄雉鳴)

2 | **세우춘풍(細雨春風)** : 당나라 이백의 〈코가 흰 말(白鼻騧)〉「가랑비에 봄바람 불어 꽃 떨어지는 때, 채찍 휘두르며 곧장 호희(서북쪽에서 온 이민족 아가씨) 술 파는 데로 나아가네.」(細雨春風花落時, 揮鞭直就胡姬飮)

3 | **어음자향관(語音自鄕關)** : 송나라 위경지(魏慶之)의 《시인옥설(詩人玉屑)》 권8「후산이 전당에 있을 때 또한 시구를 지어 말하기를『말소리 곳에 따라 바뀌는데, 오나라와 월나라의 사투리 강에 이르러 갈라지네.』라 하였다.」(及後山在錢塘, 仍有句云, 語音隨地改, 吳越到江分)

100. 龍宮浮翠樓[1]

용궁의 부취루에서

高樓花事撩人閒[2]
고 루 화 사 료 인 한

높은 누대에서 보니 꽃 일삼아
사람 한가로이 붙들어 놓는데,

最愛山茶映竹間[3]
최 애 산 다 영 죽 간

가장 사랑스럽기는 동백꽃
대 사이로 비치는 것이라네.

好鳥豈無春晩恨
호 조 기 무 춘 만 한

아름다운 새 어찌
봄날 저무는 한 없으리오만,

如何終日不歸山[4]
여 하 종 일 불 귀 산

어찌하여 종일토록
산 속으로 돌아가지 않는지?

1 | **용궁부취루(龍宮浮翠樓)** : 《동국여지승람》「수월루는 용궁현 객관의 동쪽에 있으며 부취루는 수월루의 북쪽에 있다.」(水月樓, 在龍宮縣客館東, 浮翠樓在水月樓北) 홍귀달(洪貴達)의 기문에 의하면 「누에서 개인 시냇물을 굽어보면 눈이 환하게 밝아지고 정신이 상쾌하며, 사방의 산들은 푸른 이내가 끼어 붕 뜨는 듯이 처마 밑에 둘러 있다.」(俯瞰晴川, 眼明神爽, 四山嵐翠, 浮浮霏霏, 繚繞乎簷甍之下)고 하여 정자의 이름을 부취루라고 지었다 하였다.
이 시는 강혼(姜渾)이 지은 시의 각운자를 써서 지었다. 원운시는 뒤를 보라.

2 | **화사료인한(花事撩人閒)** : 료(撩)자는 상성(上聲)으로 「扶」(기대다, 의지하다), 「取」(취하다)의 뜻이다. 주자의 〈유수야의 극목정이란 시의 각운자를 써서 짓다(次秀野極目亭韻)〉「경물이 사람을 몹시 붙들어, 도리어 시 짓는 주머니 다하여 아낌 허용치 않네.」(不堪景物撩人甚, 倒盡詩囊未許慳)

3 | **영죽간(映竹間)** : 당나라 전기(錢起)의 〈배복야의 동쪽 정자(裴僕射東亭)〉「신선의 개 사람 조용함 쫓아내고, 아침 수레 대나무 사이로 비치네.」(仙犬逐人靜, 朝車映竹間)

【원운시】

龍宮浮翠軒
용궁의 부취헌

高樓一宿覺淸閒	높은 누각에서 하룻밤 자니 맑고 한가함 깨닫겠고,
身在煙林積翠間	몸은 안개 숲을 이룬 자욱한 푸른 기운 사이에 있네.
夜雨正佳晴亦好	밤비 정말 아름답지만 개어도 또한 좋고,
朝來雲捲出靑山	아침 되어 구름 걷히니 청산 모습 나타내네.

4 | **호조~귀산(好鳥~歸山)** : 당나라 두보의 〈부마 정위곡을 받들어 모시다(奉陪鄭駙馬韋曲)〉「아름다운 꽃 대나무에 환하게 비치나, 예쁜 새들 산으로 돌아가지 않네.」(美花多映竹, 好鳥不歸山) 주석 「아직도 벼슬길에 있으므로 옷을 떨치고 숲으로 돌아갈 수 없음을 기탁하여 말한 것이다.」(託言猶在仕塗, 未能拂衣林下也) 《요존록》「이때 조정에서 한번 변고가 생기자, 이에 선생이 여러 번 병이 있음을 아뢰고 비로소 휴가를 청하여 귀향한 것이다.」(時朝著一變, 先生屢次呈病, 始乞暇歸山)

101. 以事將西行, 病還草谷村庄[1]_四月十日

일이 있어 서쪽으로 가려다가 병으로 푸실의 촌장으로 돌아오다_4월 10일

病縶還京轡 병 집 환 경 비	병에 매여 서울 가는 고삐 되돌렸는데,
天開節後花 천 개 절 후 화	하늘 열리고 절기 지나니 꽃 만발하네.
海棠新剪錦 해 당 신 전 금	해당화는 새로이 비단을 가위질한 것이고,
躑躅爛蒸霞 척 촉 난 증 하	철쭉은 흐드러져 놀처럼 붉게 타네.
幾歲埋荒逕[2] 기 세 매 황 경	쓸쓸한 길 묻혀 있은 지 몇 해였던가?
今朝眄舊柯[3] 금 조 면 구 가	오늘 아침에야 옛 가지 찾아보네.
關門聊自守 관 문 요 자 수	문 잠그고 문득 홀로 앉아 있자니,
嬴得好生涯 영 득 호 생 애	좋은 팔자 실컷 얻게 되었네.

1 | 서행(西行) : 서울로 올라가는 것.
초곡(草谷) : 영주의 푸실. 퇴계의 전취 부인인 허씨의 외조부인 문경동(文敬同, 호는 滄溪, 清風군수를 지냄)이 살던 마을이며, 상세한 것은 《내집》 권1의 〈83〉—1)(《풀이 I》의 307쪽)을 보라.

2 | 매황경(埋荒逕) : 진나라 도연명의 〈돌아가자꾸나(歸去來辭)〉 「뜰의 세 오솔길에는 풀 우거졌어도, 소나무며 국화는 그대로라네.」(三徑就荒, 松菊猶存)

3 | 구가(舊柯) : 《예기·예기(禮器)》 「그것(예의범절)이 인간에게 있어서는 대나무의 껍질이 푸른 것과 같고, 소나무와 잣나무가 심이 있는 것과 같다. 이 두 가지는 천하에서 가장 대단한 위치를 점하고 있다. 그것은 사철 내내 가지를 바꾸지 않고 잎을 바꾸지 않기 때문이다.」(其在人也, 如竹箭之有筠也, 如松栢之有心也. 二者居天下之大端矣. 故貫四時而不改柯易葉)

102. 贈吳生守盈龍壽寺作[1]_自榮川草谷來寓

오수영에게 주다. 용수사에서 짓다_ 영주의 푸실에서 이곳으로 와 거처하다

我愛山寺靜 아 애 산 사 정	내 산속의 절 고요함 사랑하여,
高枕臥一室 고 침 와 일 실	베개 높이 하고 한 방에 누워 있네.
蒼苔滿洞門 창 태 만 동 문	푸릇한 이끼는 굴 입구에 가득 덮여 있는데,
終日無來客[2] 종 일 무 래 객	하루가 다 가도 찾아오는 손님 없네.
庭前芍藥紅 정 전 작 약 홍	뜨락 앞 작약은 붉기만 하고,
牆後薜荔碧[3] 장 후 벽 려 벽	담장 뒤의 벽려는 짙푸르네.

1 | **오수영(吳守盈**: 1521~1606) : 자는 겸중(謙仲)이며, 호는 춘당(春塘) 또는 도암(桃巖)이라고도 하였다. 본관은 고창(高敞)이다. 송재(松齋) 이우(李堣)의 외손으로, 예안에서 살았다. 어려서 퇴계의 형제들과 함께 글을 읽다가 문하에 들었으며, 문하에서 유학하였다. 명종 10년(1555) 진사시에 합격하였으며, 선조 38년(1605) 85세에 수직(壽職)으로 용양위부호군(龍驤衛副護軍)이 되었다. 서체에 뛰어나 금보(琴輔), 이숙량(李叔樑)과 함께 선성(宣城: 예안) 삼필(三筆)로 꼽힌다.

2 | **종일무래객(終日無來客)** : 송나라 육유(陸游)의 〈저녁 홍취(晚興)〉「종일 찾아오는 손님 없음 싫어하지 않으며. 이따금 황량한 동산에서 나무 베는 소리 듣네.」(不嫌終日無來客, 時聽荒園斲木聲)

3 | **벽려(薜荔)** : 향초 이름. 초나라 굴원의 〈슬픔을 만남(離騷)〉「나무 뿌리 캐어 구리때 묶고, 벽려에서 떨어진 꽃술 꿰네.」(擥木根以結茝兮, 貫薜荔之落蘂) 주자의 주석「벽려는 향초이다. 나무에 붙어 자란다.」(薜荔, 香草也. 緣木而生)

4 | **현환(睍睆)** : 목소리가 맑고 고운 모양을 나타내는 의태어. 《시경·패나라의 민요·남풍(邶風·凱風)》「아름다운 꾀꼬리, 그 소리 곱다네.」(睍睆黃鳥, 載好其音) 주자의 주석「현환은 맑고 고우며 원만하다는 뜻이다.」(睍睆, 清和圓轉之意)

晛睆相和音[4] 현 환 상 화 음	맑고 고운 소리는 서로 음률 잘 맞고,
悄蒨分翠色[5] 초 천 분 취 색	선명한 초목은 푸른 색 나누네.
幽居稍味道 유 거 초 미 도	그윽이 거처하니 조금은 진리를 알만한데,
高步恐駭俗 고 보 공 해 속	발길 높은데 나아가니 해괴한 풍속 놀랍네.
神仙豈本無 신 선 기 본 무	신선 본디 어찌 없으랴만,
歲晚乏大藥[6] 세 만 핍 대 약	해 늦어 신선 되는 약 모자란다네.
苦被詩酒汙[7] 고 피 시 주 오	실로 시와 술에 푹 젖어 있는데,

5 | **초천(悄蒨)** : 「悄」는 「峭」라고도 하며, 초천은 초목이 선명한 모양을 나타내는 의태어. 주자의 〈6월 15일 수공암을 찾았는데 비가 내리다(六月十五日詣水公菴雨作)〉 「아름다운 향기 또렷하게 섞여 있고, 고개 숙이나 쳐드나 온통 고운 꽃이라네.」(芳馨雜悄蒨, 俯仰同鮮榮)

6 | **대약(大藥)** : 단사, 황금 따위로 만든 선약(仙藥)을 말함. 위 17번 시의 주 23)을 보라.

7 | **고(苦)** : 부사로 쓰이면 실로라는 뜻이 있음. 《내집》 권1 186. 〈도연명집에서 음주시에 화답하다(和陶集飮酒)〉 첫째시의 「술이 없어서 실로 즐거움이 없다」(無酒苦無悰)와 같은 예를 들 수 있다.

시주오(詩酒汙) : 당나라 두보의 〈문공의 산사(山寺)를 찾다(謁文公上方)〉 「시와 술에 젖음 만난지 오래되었으니, 무슨 일이 의관 더럽히리오.」(久遭詩酒汚, 何事忝簪裾)

8 | **저력(樗櫟)** : 가죽나무와 상수리나무. 재목으로 사용하기에 부적합하기 때문에, 재능이 보잘 것 없다는 뜻의 비유로 사용함. 《장자·소요유(逍遙遊)》 「큰 나무가 있는데 사람들은 가죽나무라고 이른다. 그 바탕은 울퉁불퉁하여 목수의 먹줄조차 갖다 댈 수가 없다. 그 잔가지는 꼬불꼬불하여 자를 갖다 댈 수가 없다. 길가에 서 있으나 목수가 둘러보지도 않는다.」(有大樹, 人爲之樗. 其木擁腫而不中繩墨, 其小枝卷曲而不中規矩.

從前嬰痼疾 종 전 영 고 질	예전에는 고질병 많았었다네.
君恩若山岳 군 은 약 산 악	임금님의 은혜 높은 산과 같으나,
臣性如樗櫟[8] 신 성 여 저 력	나의 자질은 쓸모없는 나무와 같네.
龍山讀書處[9] 용 산 독 서 처	용산사의 사가독서 하던 곳에서,
來逐木魚粥[10] 내 축 목 어 죽	와서 목어죽만 찾아먹었다네.
吳生亦太乖 오 생 역 태 괴	오군 또한 시속과 크게 어긋나,
嗜好與世別 기 호 여 세 별	기호가 세상과는 다르다네.

立之塗, 匠者不顧) 송나라 소식(蘇軾)의 〈전협(錢勰)이 지은 「이른 가을」이라는 시에 화답하여(和穆父新凉詩)〉「늘 겁나네, 가죽나무 상수리나무 같은 보잘 것 없는 몸이, 갓 쓴 벼슬아치들 치렁치렁한 자리에 묶여 앉아 있다는 것이.」(常恐樗櫟身, 坐纏冠蓋蔓)

9 | **용산독서처(龍山讀書處)** : 당나라 두보의 〈뵙지 못하다(不見)〉「광산의 책 읽던 곳에서, 머리 희어져 잘 돌아왔다네.」(匡山讀書處, 頭白好歸來)

10 | 송나라 유부(劉斧)의 《척록(摭錄)》「어떤 속인이 천축장로에게 묻기를 『승사에는 모두 목어가 걸려 있는데 왜 그렇습니까?』라 하니, 답하기를 『중생들을 타이르기 위함이 아니겠는지요?』라 하였다. 또 말하기를 『반드시 물고기를 조각하는 것은 어떤 연유에서입니까?』라 하였다. 낭산오변 스님이 말하기를 『물고기는 낮이나 밤이나 눈을 붙인 적이 없어서 수행을 하려는 사람들은 낮이나 밤이나 자는 것을 잊고 도에 이르는 것을 생각하며, 물고기가 용이 될 수 있다는 것은 또한 변화의 뜻입니다.』라 하였다.」(有一白衣, 問天竺長老曰, 僧舍悉懸木魚, 何也? 答云, 用以警衆? 曰, 必刻魚, 有何因地? 琅山悟卞師曰, 魚晝夜未嘗合目, 欲修行者日夜忘寐, 思所以至於道, 而魚可爲龍, 亦變化之義也) 송나라 소식의 〈27일에 양평에서 사곡에 이르러 남산에 있는

蠹簡時問字[11]
두 간 시 문 자

좀 슨 책 가져와 이따금 묻기도 하고,

華牋且徵筆
화 전 차 징 필

아름다운 종이에 또한 글자 적어주기 바라네.

盲者敢諭塗
맹 자 감 유 도

눈 먼 사람 감히 길 일러주고,

拙者猶强斲
졸 자 유 강 착

서툰 사람이 오히려 억지로 다듬어내는 것과 같네.

請子勿浪傳
청 자 물 랑 전

청컨대 그대 함부로 전하지 말게나,

人將笑頤脫[12]
인 장 소 이 탈

사람들 웃다가 턱 빠질지 모르니.

반룡사에서 묵다(二十七日, 自陽平至斜谷, 宿於南山中蟠龍寺)〉「판목 보관한 집에서 홀로 잠드니 나그네 잠자리 놀라고, 목어 소리 새벽을 움직이니 중들 죽 따르네.」(板閣獨眠驚旅枕, 木魚曉動隨僧粥) 또 〈해회사에서 묵다(宿海會寺)〉「목어 소리 죽을 부르니 날 밝고 또 맑은데, 사람 소리는 들리지 않고 신발 끄는 소리만 들리네.」(木魚呼粥亮且淸, 不聞人聲聞履聲) 유부의 《척록》은 〈해회사에서 묵다(宿海會寺)〉의 시원지(施元之)의 주석에서 재인용하였음.

11 | 두간(蠹簡) : 두간유편(蠹簡遺編)과 같은 말. 좀먹은 책과 낡고 오래된 책을 두루 일컫는 말.

12 | 소이탈(笑頤脫) : 《한서·광형(匡衡)의 전기》「여러 유생들이 말하기를 『《시경》을 말하지 말라, 광형이 바야흐로 온다. 광형이 《시경》에 대해서 말하면 사람들 턱이 빠진다.』라 하였다.」(諸儒爲之語曰, 無說詩, 匡鼎來, 匡說詩, 解人頤) 여순(如淳)의 주석 「사람들로 하여금 웃음을 멈출 수 없게 하는 것이다.」(使人笑不能止也) 송나라 소식의 〈이방직에게 답함(答李邦直)〉「마음 내키는대로 하여 말 가리지 않고, 손뼉 치며 웃다가 턱 빠져버렸네.」(放懷語不擇, 撫掌笑脫頤)

103~104. 溪村卽事, 二首

퇴계 촌장에서 즉흥적으로 읊다, 두 수

103

禾麻雞犬共兒孫[1] 화 마 계 견 공 아 손	벼와 삼 닭과 개 자손들과 어울려 즐기는데,
碧樹陰中半掩門 벽 수 음 중 반 엄 문	짙푸른 나무 그늘 사이로 문 반쯤 가려져 있네.
昨夜龍公行雨過[2] 작 야 용 공 행 우 과	어제 밤 용님께서 비 내리고 지나가시더니,
曉盆淸戴白雲痕 효 분 청 대 백 운 흔	오늘 새벽 화분에는 흰 구름 흔적 맑게 이고 있네.

1 | **화마(禾麻)** : 여기서 화(禾)는 곡식이 짚에 연결된 것을 통틀어 일컫는 말로 쓰였다. 《시경·빈나라의 민요·7월(豳風·七月)》「메기장 찰기장과 늦 곡식 이른 곡식, 벼와 삼 콩 보리 같은 것이라네.」(黍稷重穋, 禾麻菽麥)

2 | **용공행우과(龍公行雨過)** : 용공은 용신(龍神)을 말함. 당나라의 장노사(張路斯)가 만년에 용이 되어 날아가 이를 모시는 사당이 있었다고 함. 송나라 소식의 〈소령후를 모신 사당의 비문(昭靈侯廟碑)〉「(당) 소령후 장공의 휘는 노사이다. …… 일찍이 초씨대 남쪽에서 낚시를 하는데 하루는 낚시를 하던 곳에 궁실 및 누대, 전각이 있는 것을 돌아보고 마침내 들어가 거처했다. 이로부터 밤이면 나가서 아침이면 돌아오는데 돌아올 때면 으레 몸이 차갑고 젖어 있기가 일쑤였다. 부인이 놀라 물어보니 공이 말했다. 『나는 용이오!』」(昭靈侯張公諱路斯.……嘗釣于焦氏臺陰, 一日, 顧見釣處有宮室樓殿, 遂入居之. 自是夜出旦歸, 歸輒體寒而濕. 夫人驚問之, 公曰, 我龍也) 역시 소식의 〈장용공에게 비를 빌었는데 얼마 후 응답이 있었으므로 유경문이 이에 시를 지었으며 같은 각운자를 써서 짓는다(禱雨張龍公, 旣應, 劉景文有詩, 次韻)〉「멀리 초씨대에 가서, 병 속의 비 기울이네.」(遠去焦氏臺, 傾倒甁中雨) 조차공(趙次公: 소동파 문집의 주석자)이 주석에서 인용한 《속현괴록(續玄怪錄)》「이정이 한미하였을 때 일찍이 산속에서 활사냥을 하다가 저녁이 되어 한 붉은 대문을 단 집에 이르러 투숙하게 되었다. 한밤중에 매우 다급하게 방문을 두드리는 소리가 나서 일어나보니 한 부인이 있었는데 이정에게 이르기를 『여기는 사람의 집이 아니고 용궁입니다. 이제 하늘에서

104

桑葉稀時蠶上簇[3]
상 엽 희 시 잠 상 족

뽕잎 드물어질 때
누에들 발 위로 모여들고,

燕巢成後麥登場[4]
연 소 성 후 맥 등 장

제비들 둥지 튼 후에
보리 등장하네.

近來屢作蜂王室[5]
근 래 누 작 봉 왕 실

근래 들어 여러 번이나
여왕벌 벌집 지으니,

贏得天寒割蜜房[6]
영 득 천 한 할 밀 방

날씨 추워지면 벌집 쪼개어
많은 꿀 얻을 수 있겠네.

비를 내리라 하는데 두 아들이 모두 없어 잠깐만 손님께 수고를 끼치고자 하니 어떻습니까?』라 하였다. 마침내 머리가 노란 천을 씌운 청총마를 내오라 명하고 또한 비 그릇을 가지고 오라고 명하였는데 곧 작은 병이었다. 조심스럽게 말하기를 『병 속의 물을 말 갈기에 적시면 비가 고르게 내릴 것입니다.』라 하였다.」(李靖微時, 嘗射獵山中, 會暮, 抵宿一朱門家. 夜半聞扣門甚急, 見一婦人, 謂靖曰, 此非人宅, 乃龍宮也. 今天符命行雨, 二子皆不在, 欲奉煩頃刻間, 如何? 遂命黃頭被青驄馬, 又命取雨器, 乃一小瓶, 戒曰, 取瓶中水滴馬鬃上, 即雨徧矣)

3 | **상엽희시(桑葉稀時)** : 당나라 왕유(王維)의 〈위천의 농가(渭川田家)〉「꿩은 보리 이삭 팰 때 울고, 누에는 뽕잎 드물어질 때 잠자네.」(雉雊麥苗秀, 蠶眠桑葉稀)
잠상족(蠶上簇) : 송나라 소식의 〈고요현령 유식이 협산사에서 부쳐온 시의 각운자를 써서 짓다(次韻高要令劉湜峽山寺見寄)〉「뱃속 비어 남은 생각 토해내고, 조용하기는 누에가 줄줄이 몰려드는 것 같네.」(空腸吐餘思, 靜似蠶綴簇)

4 | **맥등장(麥登場)** : 당나라 백거이의 〈초여름 4월에 위촌의 옛집이 생각나서 아우에게 부치다(孟夏思渭村舊居寄舍弟)〉「날 저무니 보리 밭 잘 나타나고, 날 개니 누에 잠박에 갈라넣네.」(日暮麥登場, 天晴蠶拆簇)

5 | **봉왕실(蜂王室)** : 송나라 왕우칭(王禹偁)의 〈벌에 대하여(記蜂)〉「여왕벌이 있는 곳을 물었더니 『보금자리는 병영 같으며 반드시 대를 하나 짓는데 크기가 밤만 하며 속칭 왕대라 합니다.』라 하였다.」(問王之所處曰, 窠之如營, 必造一臺, 其大如栗, 俗謂王臺) 여기서는 벌통을 가리켜서 말한 것이다.

6 | **천한할밀방(天寒割蜜房)** : 당나라 두보의 〈가을 들(秋野)〉 제3수「바람에 떨어지니 솔방울 거두어들이고, 날씨 차가워지니 벌집을 쪼개네.」(風落收松子, 天寒割蜜房)

105~107. 偶成六言

우연히 육언시를 짓다

105

閒臥安心是藥 한가로이 누워 마음 편안하니 바로 약이고,
한 와 안 심 시 약

晩食悅口當肉[1] 때늦은 식사 입 즐겁기가 고기 먹는 것과 같네.
만 식 열 구 당 육

風來石澗淙淙[2] 바람 불어오니 조약돌 시내 졸졸 흐르고,
풍 래 석 간 종 종

雨罷山雲矗矗[3] 비 그치니 산에는 구름만 높이 떠 있네.
우 파 산 운 촉 촉

1 | **만식당육(晩食當肉)** : 만식은 때에 늦게 하는 식사를 말한다. 《전국책·제책(戰國策·齊策)》 「안촉이 벼슬을 내놓고 떠나면서 말했다. …… 때늦은 식사는 고기를 먹는 것에 비할 만하고, 편안히 걷는 것은 수레를 타는 것에 비견할 수 있으며, 죄가 없는 것은 귀한 것에 비할 수 있으니, 맑고 조용하며 곧고 바르게 살며 스스로 즐기고자 합니다.」(顔斶辭去曰,……晩食以當肉, 安步以當車, 無罪以當貴, 淸靜貞正以自虞) 시장한 뒤의 식사는 고기를 먹는 것처럼 맛이 있음을 말하며, 나중에는 욕심이 없고 깨끗함[淡泊]을 달게 여긴다는 뜻의 비유어로 쓰였음. 주자의 〈오공제(吳公濟)가 산나물 네 가지를 베풀고 아울러 아름다운 글을 가져오시어 그 각운자에 맞추어 짓다·미나리(公濟惠山菜四種, 幷以佳篇來貺, 因此其韻·芹)〉 「때늦은 식사 어찌 고기 반찬과 논할 수 있으리오, 그대 세상의 영화 엷게 보심을 알겠네.」(晩食寧論肉, 知君薄世榮)

열구(悅口) : 《맹자·고자(告子) 상》 「이치와 옳은 뜻이 내 마음을 기쁘게 함은 짐승의 고기가 내 입을 즐겁게 해 줌과 같다.」(理義之悅我心, 猶芻豢之悅我口)

2 | **종종(淙淙)** : 물이 흐르는 소리를 나타내는 의성어. 당나라 한유의 〈병중에 장씨네 18째에게 드림(病中贈張十八)〉 「이제부터 돌아갈 곳 알았으니, 물 동쪽으로 졸졸 흘러가듯 하네.」(從此識歸處, 東流水淙淙)

3 | **촉촉(矗矗)** : 원래는 바위나 산 같은 것이 삐죽하게 높이 솟은 모양을 나타내는 의태어인데 여기서는 구름이 높이 뜬 모양을 나타내는 말로 쓰였음.

4 | **청윤향량수연(淸潤香兩穗烟)** : 「穗」는 「穟」와도 통하여 쓴다. 《요존록》 「《전등록》 마나라가 서인도 땅에 이르러 분향을 하자 갑자기 기이한 연기가 이삭 모양을 이루는

106

薏苡粥一椀味 의 이 죽 일 완 미	율무로 죽 쑤어 한 사발 먹으니,
清潤香兩穗烟[4] 청 윤 향 량 수 연	맑고 윤택한 향기 두 가닥 이삭처럼 피어오르네.
舍後開雲作圃 사 후 개 운 작 포	집 뒤에서 구름 걷히어 채마밭 일구고,
門前鳴玉灌田[5] 문 전 명 옥 관 전	문 앞에서는 옥 울리는 듯한 시내 끌어 밭에 물 대네.

107

野人茅屋簡易 야 인 모 옥 간 이	물러나 쉬는 사람 띠집 허술한데,
溪翁病枕輕安 계 옹 병 침 경 안	퇴계의 늙은이 병든 잠자리 조금 편안하네.
客至臨流展席 객 지 임 류 전 석	객 이르러 냇가에 자리 펴놓았다가,
興來著屐登山[6] 흥 래 착 극 등 산	흥 일어 나막신 신고 산에 오른다네.

것이 보였다.」(傳燈錄. 摩拏羅至西印土焚香, 忽睹異香成穗) 송나라 황정견의 〈강남의 장중향을 보내준 사람이 있어 장난삼아 6언으로 답하다(有惠江南帳中香者戲答六言)〉 「한 이삭 누런 구름 책상 두르고, 깊은 참선 마주하여 동참할 것 생각하네.」(一穟黃雲繞几, 深禪想對同參) 임연(任淵)의 주석 「홍구보(洪駒父)의 〈향의 계보(香譜)〉에 강남 이왕의 장중향법이란 것이 있는데 아리의 즙을 쪄서 가라앉혀 향으로 쓴다.」(有江南李王帳中香法, 以鵝梨汁蒸沈香用之)

5 | 명옥(鳴玉) : 물이 흐르는 소리를 비유함. 진나라 육기(陸機)의 〈은사를 부르다(招隱詩)〉 「산 여울 어찌나 맑은지, 나르는 샘물 튀기니 옥 울리는 소리 나네.」(山溜何泠泠, 飛泉漱鳴玉)

6 | 착극등산(著屐登山) : 남조 송나라의 사령운은 산에 오를 때마다 나막신을 신고 산이 올랐음. 《남조의 역사·사령운(謝靈運)의 전기》 「산을 찾고 고개를 오를 때면 반드시 깊고 험준한 곳까지 이르렀는데, 험한 바위 봉우리가 몇 십 겹으로 되어 있어도 끝까지 가보지 않은 곳이 없었다. 산을 올라갈 때는 항상 나무로 만든 나막신을 신었는데 산을 올라갈 때는 신발의 앞굽을 떼어내었으며, 산을 내려올 때는 뒷굽을 떼어내었다.」(尋山陟嶺, 必造幽峻, 巖嶂數十重, 莫不備盡. 登躡常着木屐, 上山則去其前齒, 下山去其後齒) 같은 내용이 《송서》의 본전에도 수록되어 있다.

108. 林士遂見寄詩二首, 次韻却寄. 士遂時爲濟州牧

임사수가 시 두 수를 지어 부쳐옴에 같은 각운자로 지어 도로 부치다. 사수는 이때 제주목사였다

空聞渡海梅花信[1]
공 문 도 해 매 화 신

바다 건너 매화 피었다는 소식
부질 없이 듣기만 하였는데,

不見蠻烟紅玉顔[2]
불 견 만 연 홍 옥 안

남쪽 지방의 안개 그대의
붉은 옥 같은 얼굴은 보이지 않네.

莫道東湖觴詠事
막 도 동 호 상 영 사

동호에서 술잔 돌리며
읊조리던 일 말하지 말게나,

故人今已罷天閒[3]
고 인 금 이 파 천 한

옛 친구 지금 이미
임금님의 마구간 일 그만 두었으니.

1 | **공문~매화신(空聞~梅花信)** : 《요존록》「역참길에서 시를 부쳐온 것을 말한다.」(謂驛路寄詩來也)

2 | **만연(蠻烟)** : 남쪽의 만족이 살던 지역에서 생겨나는 장기(瘴氣)를 말함. 여기서는 비가 많이 오는 제주도를 가리켜 말하였음.

3 | **파천한(罷天閒)** : 천한은 천자의 말을 기르는 곳[王養馬之處]을 말한다. 궁궐을 마구간에, 말을 신하로 비유한 것이다.

109. 至日有感, 用晦庵十月朔旦懷先壟韻. 時除禮賓正病不赴, 是日又廢祠參[1]

동짓날에 느낌이 있어 주자의 시월 초하룻날 아침 선영을 그리다라는 시의 각운자를 써서 짓다. 이때 예빈정에 제수되었으나 병으로 나가지 못하였으며, 이날 또 사당에도 참배치 못하다

寒燈耿素壁[2] 차가운 등불 흰 벽 밝게 비추는데,
한 등 경 소 벽

兀坐心愴悽[3] 우뚝하게 앉아 있자니 마음 몹시 슬프네.
올 좌 심 창 처

不作玉宸朝[4] 옥 같은 대궐의 조정에 나아가지 못하고,
부 작 옥 신 조

重負祠參時 거듭 사당 참배할 시기 저버렸네.
중 부 사 참 시

1 | 동짓날 같은 특수한 날에는 조상의 사당에 참배하는 것이 습관이나, 지금은 서울에서 아픈 몸 때문에 고향 사당에도 내려가 보지 못하였음을 말함.
예빈시(禮賓寺) : 조선시대 왕세자 또는 왕세손을 가르치는 일을 맡은 관직인 사(師)·부(傅)와 종친(宗親: 임금의 일가 사람들)으로서 높은 관직에 있는 자들을 우대하여 그들의 식생활을 보장하며, 나라의 손님으로 오는 외국 사람들을 위한 연회를 준비하는 일을 맡은 관청. 예빈시정은 예빈시의 으뜸 벼슬로 정3품관이다. 《연보》 이 해 10월 조에서는 「서용하여 사복시정을 제수받고 승문원 참교를 겸임하였다.」(敍用, 拜司僕寺正, 兼承文院參校)라 하였다. 사복시정도 정3품관이다.

2 | 한등(寒燈) : 추운 밤의 외딴 등불. 흔히 쓸쓸하고 처량한 풍경을 형용. 남조 제나라 사조(謝朓)의 〈겨울에 나그네의 마음을 서술하여 소자의와 우전조, 유·강 두 상시께 보이다(冬緒羈懷, 示蕭諮議虞田曹, 劉江二常侍)〉 「차가운 등불 밤 꿈결에 반짝이고, 맑은 거울 하얗게 센 머리 슬프네.」(寒燈耿宵夢, 淸鏡悲曉髮)

3 | 올좌(兀坐) : 몸을 꼿꼿이 곧추세우고 홀로 앉아 있는 모양. 위좌(危坐)와 같은 뜻. 주자의 〈넷째 아우에게 보이다(示四弟)〉 「빈 서재에 잡소리 사라지고, 우뚝하게 앉았자니 마음 유유하네.」(虛齋息群響, 兀坐心悠悠)
창처(愴悽) : 처창(悽愴)의 도치로, 운자를 고려해서 이렇게 썼음.

4 | 옥신(玉宸) : 하늘에 있다는 궁궐인 천궁(天宮)을 말하는데, 주로 임금이 사는 궁궐을 비유하는 말로 많이 쓰인다.

空知一陽復[5] 공 지 일 양 복	봄기운 되돌아옴 부질없이 알았으나,
依舊病關扉 의 구 병 관 비	병으로 사립문 닫아 놓은 것은 여전하다네.
諒難抵吏役 양 난 저 이 역	관리의 수고로움 실로 견디기 어려운데,
敢言衣化緇[6] 감 언 의 화 치	감히 말하길 치의복으로 바꾸어 입으라네.
離羣成孤陋[7] 이 군 성 고 루	무리 떠나 외롭고 고루하게 되겠지만,
抱卷永歎欷 포 권 영 탄 희	책 껴안고 깊이 탄식하네.
賴有三字符[8] 뇌 유 삼 자 부	마침 의지할 만한 세 글자로 된 격언이 있으니,
拳拳期事斯 권 권 기 사 사	충실하게 이것 섬기길 기약하네.

5 | **양복(陽復)** : 동지 때는 음기가 극성한 때이지만 양기가 황천의 아래서 움직여 만물을 기르기 시작한다는 것을 말한다.

6 | **의화치(衣化緇)** : 치의(緇衣)로 옷을 갈아입는 것을 말함. 치의는 옛날에 일곱 번이나 염색해 낸 검은 색의 비싼 옷감으로, 고급 관리들이 집에 있을 때 입음. 《시경·정나라의 민요·검은 옷(鄭風·緇衣)》「검은 옷 실로 잘 어울림이여, 헤지면 내 다시 지어드리리.」(緇衣之宜兮, 敝, 予又改爲兮) 주자의 주석 「치는 검은 색이다. 치의는 경대부가 사사롭게 집에 거처할 때 입는 옷이다.」(緇, 黑色. 緇衣, 卿大夫居私朝之服也)

7 | **이군(離羣)** : 곧 이군삭거(索居), 헤어져 삶, 또는 쓸쓸히 삶을 말함. 《예기·단궁(檀弓)상》「자하가 말하길……『내가 무리를 떠나 흩어져 쓸쓸히 산 지가 또한 이미 오래되었다.』」(子夏曰,……吾離群而索居, 亦已久矣)

8 | **삼자부(三字符)** : 송나라 병산(屛山) 유자휘(劉子翬)의 〈위원리에게 부치다(寄魏元履)〉「일찍이 듣기를 머지 않아 되돌아 온다라 하였는데, 차고서 세 자의 부절 삼았다네.」(嘗聞不遠復, 佩作三字符) 「불원복」(不遠復)은 《주역》〈지뢰복(地雷復)〉괘의 첫째 양효[初九]의 효사이다. 그 부분을 옮겨보면 다음과 같다. 「머지 않아 되돌아온다. 후회하는 일이 없을 것이다. 크게 좋으리라.」(不遠復, 无祇悔, 元吉) 주자의 〈병산선생 유공의 묘표(屛山先生劉公墓表)〉「또한 내가 《주역》에서 덕으로 들어가는 문을 얻었는데, 이른바 『머지 않아 돌아온다』는 것이 곧 나의 세 자 부절이다.」(抑吾於易得入德之門焉, 所謂不遠復者, 則吾之三字符也)

【원운시】

十月朔旦懷先隴作

10월 초하룻날 아침에 선영을 그리워하며 짓다

十月氣候變	시월이라 기후 변하여,
獨懷霜露悽	홀로 서리와 이슬 쓸쓸함 생각하네.
僧廬寄楸檟	중의 오두막에서 개오동나무만 부쳤을 뿐,
饋奠失玆時	제수 올리는 일 때 잃었었다네.
竹栢翳陰岡	대나무와 잣나무 그늘진 언덕 가리우고,
華林敞神扉	아름다운 숲은 신의 문으로 탁 트였다네.
汛掃託群隸	물 뿌리고 쓰는 일 여러 종들에게 맡기고,
瞻護煩名緇	돌보고 지키는 일 이름난 중들 귀찮게 하였다네.
封塋諒久安	산소 가토하고 실로 오래도록 편안하였으나,
千里一歔欷	천리 먼 곳에서 한번 탄식한다네.
持身慕前烈	몸가짐 앞서 가신 어른분들 흠모하나니,
御訓儻在斯	내 몸 다스리는 교훈 그대로 있다네.

110. 月瀾庵下有臺, 曰考槃. 臺下得泉, 曰蒙泉. 其上有居士土室舊基[1]_ 丁未

월란암 아래에 대가 하나 있는데 고반대라 한다. 대 아래에서 샘을 얻었는데 몽천이라 하였다. 그 위에는 거사가 거처하던 토실의 옛터가 있다_ 정미년(1547)

我寓月瀾庵 아 우 월 란 암	내 월란암에 우거하고 있으나,
幽意頗不適 유 의 파 부 적	그윽한 뜻에는 자못 적합지 않네.
老屋匪蕭洒[2] 노 옥 비 소 쇄	낡은 집 산뜻하지 않고,
殘僧昧禪寂 잔 승 매 선 적	남은 중들 참선에만 빠져 있네.
柳下汲坳井 유 하 급 요 정	버드나무 아래 우묵한 우물에 물 길으려 하니,
蝦蟆所跳擲[3] 하 마 소 도 척	두꺼비 제자리서 뛰고 있네.
我怪造物翁 아 괴 조 물 옹	내 조물주 괴이하게 여겼었는데,
爰初佳境闢 원 초 가 경 벽	애초에 아름다운 경치 여셨음이라네.

1 | **월란암(月蘭庵)** : 의 본래 월안암(月安庵)이라 불렸는데, 퇴계가 「월란」으로 고쳐 불렀음. 예안현(지금의 안동군 도산면) 자하봉(紫霞峯)에서 마주 보이는 동봉(옛이름은 東翠屛) 아래쪽에 있다. 현재는 사촌(沙村) 안동 김씨네 월란정사(月瀾精舍)로 되어 있음. 「월란」이란 달빛이 강물에 비치어 출렁거림을 뜻함. 《내집》 권1의 81을 참조하라.

2 | **노옥(老屋)** : 송나라 진사도(陳師道)의 〈봄의 회포를 읊어 이웃에 보이다(春懷示鄰里)〉 「끊어진 담에 비 젖으니 달팽이 글자 쓰고, 낡은 집에는 중 없는데 제비가 집 짓는다네.」(斷牆著雨蝸成字, 老屋無僧燕作家)

清溪與碧嶂
청 계 여 벽 장

맑은 시내와 푸르른 산봉우리는,

設奇餉山客
설 기 향 산 객

기이함 베풀어 산 나그네에게 보여주네.

獨無煮茶泉
독 무 자 다 천

차 끓일 샘물도 없는데,

何以淨甌勺
하 이 정 구 작

어이하여 술잔 깨끗이 하는가?

偶躡飛雲履[4]
우 섭 비 운 리

우연히 나르는 구름 신발 신고,

高下恣尋陟
고 하 자 심 척

오르락내리락 마음대로 찾아 올라가네.

遠望亦已倦
원 망 역 이 권

멀리 바라보다 또한 이미 지쳤고,

幽探猶未極[5]
유 탐 유 미 극

그윽하고 빼어난 경치 찾았으나 아직 끝 아니라네.

3 | **하마소도척(蝦蟆所跳擲)** : 《요존록》「『躑』자가 아닌가 한다. 운서에 제자리서 뛰는 모양이라고 했다.」(疑躑, 韻書, 躑, 跳貌) 송나라 소식의 〈물고기 그림(畫魚歌)〉「물고기 한 마리 칼 맞으니 모든 물고기 놀라고, 새우와 게 황망하게 잘못 펄쩍 뛰네.」(一魚中刃百魚驚, 蝦蟹奔忙誤跳擲)

4 | **비운리(飛雲履)** : 당나라 풍지(馮贄)의 《운선잡기(雲仙雜記)》 권1 〈비운리(飛雲履)〉「백낙천이 여산의 초당에서 단약을 구우면서 구름 위를 나르는 신발을 만들었는데 바탕은 검은 비단이었으며 사면은 흰 비단으로 구름을 만들었고 사선향으로 물들여 신발을 흔들면 안개가 이는 것 같았다. 백낙천이 산중의 도사 친구에게 신고 보여주면서 말하기를『내 발 아래서 구름이 이니 오래지 않아 신선이 사는 주부로 올라갈 것 같소.』라 하였다.」(白樂天燒丹於廬山草堂, 作飛雲履, 玄綾爲質, 四面以素綃作雲朶, 染以四選香, 振履則如烟霧. 樂天著示山中道友曰, 吾足下生雲, 計不久上升朱府矣)

5 | **유탐(幽探)** : 그윽하고 빼어난 경치를 말함. 주자의 〈산북기행 12장(山北紀行十二章)〉「오래된 작은 정자에서 자주 쉬며, 그윽한 곳 찾아가자니 생각 끝이 없다네.」(屢憩小亭古, 幽探思無窮)

歸來憩小臺 귀 래 게 소 대	돌아와 작은 대에서 쉬니,
去庵無咫尺[6] 거 암 무 지 척	암자와는 지척도 떨어져 있지 않네.
傍有呀然谷[7] 방 유 하 연 곡	곁에는 깊숙한 골짜기 있는데,
悄蒨翳木石[8] 초 천 예 목 석	초목 파릇파릇 나무와 돌 가리었네.
俯窺得涓流[9] 부 규 득 연 류	굽어 살피다가 작은 내 보았는데,
巖崖苔蘚碧 암 애 태 선 벽	바위 낭떠러지 이끼 푸르네.
庵中老居士[10] 암 중 노 거 사	암자의 늙은 거사,
爲我勤疏決[11] 위 아 근 소 결	나에게 부지런히 물길 터주네.

6 | **거암무지척(去庵無咫尺)** : 거(去)는 거(距)자와 같은 뜻으로 쓰였다. 당나라 백거이의 〈촉강으로부터 동정호 입구에 이르러 느낌이 있어 짓다(自蜀江至洞庭湖口有感而作)〉「산 끌기 이미 멀리하기 어렵고, 바다와는 지척간도 떨어져 있지 않다네.」(導岷旣艱遠, 距海無咫尺)

7 | **하연(呀然)** : 원래의 뜻은 입을 크게 벌린 모양인데, 여기서는 골짜기가 깊은 모양을 나타내는 말로 쓰였다.

8 | **초천(悄蒨)** : 초목이 선명한 모습을 말함. 진나라 좌사(左思)의 〈은사를 부르다(招隱士)〉 제2수 「싱싱하고 푸른 사이에서, 대나무와 잣나무는 그 참모습을 얻었네.」(悄蒨靑葱間, 竹栢得其眞) 당나라 때 《문선》에 주석을 단 여연제(呂延濟)는 「초천청총은 무성하여 아름다운 모양」(悄蒨靑葱, 茂盛美貌)이라 하였다.

9 | **부규득연류(俯窺得涓流)** : 부(俯)는 앙(仰)과 반대되는 뜻으로 몸을 아래로 구부리는 것을 말함. 한나라 양웅(揚雄)의 《태현경(太玄經)》 권7 「우러러 위에 있는 것을 살펴보고, 구부려서 아래에 있는 것을 엿본다.」(仰而視之在乎上, 俯而窺之在乎下) 연류(涓流)는 졸졸 흐르는 모양, 작은 시내를 말함. 송나라 황정견의 〈흠지의 초당에 지어 부침(寄題欽之草堂)〉「우러러 뜬 구름 이는 것 보고, 구부려 흐르는 물 내닫는 것 보네.」(仰視浮雲作, 俯窺流水奔)

10 | **암중노거사(庵中老居士)** : 송나라 진여의(陳與義)의 〈섭남이 꽃을 보내오다(葉柟惠花)〉「무주암의 늙은 거사, 봄 되었는데도 들어앉아 술잔 들지 않네.」(無主菴中老居士, 逢春入定不銜杯)

一泓湛如鏡[12] 한 웅덩이 거울 같이 맑고,
일 홍 담 여 경

雪乳甘且潔[13] 눈 젖 맑고 또 깨끗하네.
설 유 감 차 결

乃知眞源處 이에 참 근원 알게 되었으니,
내 지 진 원 처

不待窮遠覓 멀리서 그 근원 찾을 것 없네.
부 대 궁 원 멱

其上有古基 그 위에 옛 터 있는데,
기 상 유 고 기

草沒麋鹿迹 풀 쓰러진 곳 사슴과 고라니 자취라네.
초 몰 미 록 적

云昔閒道人 옛날 한가로이 한 도인이,
운 석 한 도 인

於焉開土室 이곳에 토실 열었다 하네.
어 언 개 토 실

但聞飮此水 이 물 마셨다는 말만 들었을 뿐,
단 문 음 차 수

不知幾歲月 세월 얼마인지는 모르겠네.
부 지 기 세 월

居之何所爲 여기 거처하면서 무엇을 했을까?
거 지 하 소 위

11 | 소결(疏決) : 《후한서·왕경(王景)의 전기》「왕경(사천성의 수리 전문가)은 이에 산 언덕을 뚫고, …… 막힌 것을 파서 십리마다 수문 하나씩을 세웠다.」(景乃鑿山阜……決壅積, 十里立一水門)

12 | 일홍담여경(一泓湛如鏡) : 당나라 백거이의 〈원진의 경호를 자랑하다라는 시에 답하다(酬微之誇鏡湖)〉「한 웅덩이 거울 같은 물 누가 자랑할 수 있는가? 절로 흉중에 만 이랑 호수 있다네.」(一泓鏡水誰能羨, 自有胸中萬頃湖)

13 | 설유(雪乳) : 송나라 소식의 〈백학산에서 새로 거처하며 우물을 40여 자 파내려가다가 반석을 만났는데 돌이 다하자 이에 샘을 얻었다(白鶴山新居, 鑿井四十尺, 遇盤石, 石盡, 乃得泉)〉「새벽에 병 만한 웅덩이에서 눈 같이 뿌연 젖 같은 물 얻었는데, 저녁 되자 물동이 만한 웅덩이에 얼음 같은 여울 머무르네.」(晨缾得雪乳, 暮甕停冰湍)

去亦何所托 거 역 하 소 탁	떠나서는 또 어디에 의탁하였을까?
無乃鍊精魄[14] 무 내 련 정 백	차라리 혼백 단련하여,
變化騎鸞鶴[15] 변 화 기 난 학	변화하여 난새나 학을 탔을까?
三島與十洲[16] 삼 도 여 십 주	세 섬과 열 모래섬에,
無邊戱寥廓 무 변 희 요 확	가이 없이 아득하게 노닐었겠지.
胡不待我來 호 불 대 아 래	어찌하여 내 옴 기다리어,
與我金匕藥[17] 여 아 금 비 약	내게 금 숟가락에 약을 주지 않는가?
挾我共飛騰 협 아 공 비 등	나 끼고 함께 날아 올라,
遺世出六合 유 세 출 육 합	세상 일 잊고 천지사방 나섰으면.
我今獨彷徨 아 금 독 방 황	나 이제 홀로 방황하며,
無從問眞訣 무 종 문 진 결	참된 비결 물을 길 없네.

14 | **연정백(煉精魄)** : 당나라 이백의 〈옛 시체로(古風)〉 제17수 「곤산에서 구슬 잎 따면, 혼백 정련할 수 있다네.」(崐山採瓊蘂, 可以煉精魄)

15 | **기란학(騎鸞鶴)** : 난(鸞)은 봉황의 일종. 난새나 학은 신선이 타는 것으로 이것들을 탔다는 것은 곧 신선이 되어 올라갔음을 말함.

16 | **삼도(三島)** : 삼신산(三神山)이라고도 하며, 신선이 살고 있다는 봉래(蓬萊)·방장(方丈)·영주(瀛州)의 세 섬을 말함.

십주(十洲) : 역시 신선이 산다고 하는 열 섬을 말함. 위 61번 시의 주 2)를 보라.

당나라 이상은(李商隱)의 〈모란(牡丹)〉 「난새와 봉황 삼신산에서 놀고, 신선은 열 섬에 산다네.」(鸞鳳戱三島, 神仙居十洲)

與世苦參差
여 세 고 참 치

세상과 더불어 괴로이 들쑥날쑥하다가,

中年抱沈疾
중 년 포 침 질

중년에는 깊은 병 안았다네.

參苓不自效
삼 령 부 자 효

인삼이니 복령 스스로 효험 나타내지 않고,

道意久衰薄[18]
도 의 구 쇠 박

도의 뜻은 오래도록 쇠하고 엷어졌네.

林下臥寥寥
임 하 와 요 료

숲 아래 누웠자니 적막하기만 하고,

山中來漠漠
산 중 래 막 막

산 속에 오니 막막하기만 하네.

誰肯同臭味[19]
수 긍 동 취 미

뉘라서 나와 취미 함께하여,

17 | **금비약(金匕藥)** : 《고증》「의가에서는 가루약을 쓸 때 한 치 짜리 숟가락으로 처방한다.」(案, 醫家用散藥以方寸匕) 당나라 두보의 〈옛날의 놀이(昔遊)〉「슬피 동몽산에서 금 숟가락 약 바라며, 옛날 숨던 곳 가보니 오히려 동지 생각나네.」(悵望金匕藥東蒙, 赴舊隱尙憶同志)

18 | **도의구쇠박(道意久衰薄)** : 당나라 두보의 〈옛날의 놀이(昔遊)〉「어찌하여 관문과 요새 떠도는 나그네 되었나? 도의 뜻 오래도록 쇠하고 엷어졌네.」(胡爲客關塞, 道意久衰薄)

19 | **수긍동취미(誰肯同臭味)** : 취미(臭味)는 지취(志趣) 또는 의기(意氣)를 가리킨다. 주자의 〈공제의 정사운을 써서 짓다(次公濟精舍韻)〉「만약 취미 같지 않다면, 누가 멀리까지 들러 찾아보려고 하겠는가?」(若非同臭味, 誰肯遠過臨)

20 | **발천비(發天秘)** : 주자의 〈오공제의 풍천정에 적다(題吳公濟風泉亭)〉「이곳은 하늘의 신비로움 발하여, 비로소 차가운 바위의 그윽함 지어냈네.」(玆焉發天秘, 始造寒巖幽)

21 | **세이(洗耳)** : 진나라 황보밀(皇甫謐)의 《고사전(高士傳)》 권상 〈허유(許由)〉「허유는 자가 무중이며, 양성 괴리 사람이다. …… 요임금이 천하를 허유에게 주려고 했다. …… 허유는 이에 중악의 영수의 북쪽 기산의 남쪽에서 숨어서 농사를 지으며 죽을 때까지 천하를 경영하려는 마음이 없었다. 요임금이 또 구주의 장으로 삼으려 하자 허유는 그것을 듣지 않으려고 영수의 가에서 귀를 씻었다. 그때 그의 친구인 소보가 송아지를 끌고 물을 먹이려다가 허유가 귀를 씻는 것을 보고는 그 까닭을 물었다. 이에 대답하기를 『요임금이 나를 불러 구주의 장으로 삼으려 하여 그 소리를 들은 것이 싫어 귀를 씻는 것이라네.』라 하였다. 소보가 말하기를 『그대가 높은 언덕 깊은 골짜기에 거처하였다면 사람들의 길이 통하지 않았을 것이니 누가 그대를 알아볼 수

遺芳玩經籍
유 방 완 경 적

아름다움 남긴 곳에서 경전 가지고 놀려는가?

蒙泉發天秘[20]
몽 천 발 천 비

몽천 하늘의 신비 발하니,

感歎中自恧
감 탄 중 자 뉵

감탄하는 가운데 스스로 부끄럽네.

洗耳非吾事[21]
세 이 비 오 사

귀 씻음 나의 일 아니니,

飮瓢何所樂[22]
음 표 하 소 락

표주박 물 마심 어찌 즐거울 것인가?

結茅幸不違
결 모 행 불 위

띠 이은 것 다행히 어그러지지 않아,

知非慕伯玉[23]
지 비 모 백 옥

잘못 알았던 거백옥 그리워한다네.

있겠는가? 그대가 일부러 이리저리 떠돌아다니며 그 명예를 구한다는 말을 흘렸기 때문이다. 내 송아지의 입을 더럽혔도다.』라 하면서 송아지를 상류로 끌고 가서 물을 먹였다.」(許由字武仲, 陽城槐里人也……堯讓天下於許由……由於是遁耕於中岳潁水之陽箕山之下, 終身無經天下色. 堯又召爲九州長, 由不欲聞之, 洗耳於潁水濱. 時其友巢父牽犢欲飮之, 見由洗耳, 問其故, 對曰, 堯欲召我爲九州長, 惡聞其聲, 是故洗耳. 巢父曰, 子若處高岸深谷, 人道不通, 誰能見子? 子故浮游欲聞求其名譽. 汚吾犢口. 牽犢上流飮之)

22 | **음표(飮瓢)** : 《고금사문유취》 권33에 인용된 《일사전(逸士傳)》「허유는 기산에 은거하며 손으로 물을 떠서 마셨다. 사람들이 표주박을 하나 보내주어 떠서 마실 수 있게 되었는데 다 마시고는 나무 위에 걸어 놓았다. 바람이 불어 달그락달그락 소리를 내자 오히려 번거롭게 여겨 마침내 없애버렸다.」(許由隱箕山, 以手捧水飮之. 人遺一瓢, 得以取飮, 飮訖掛於樹上. 風吹歷歷作聲, 尙以爲煩, 遂去之)

23 | **지비모백옥(知非慕伯玉)** : 백옥은 곧 거백옥(蘧伯玉: 이름은 瑗)으로, 춘추시대 위(衛)나라의 대부(大夫)이며 나이 쉰에 마흔 아홉 살까지의 잘못을 알았다고 함. 《회남자·원도(淮南子·原道)》「거백옥은 나이 오십이 되어 마흔 아홉 살까지의 잘못을 알았다.」(蘧伯玉年五十而有四十九年非) 《논어·헌문(憲問)》편에도 나오는데 허물을 적게 하고자 하지만 잘하지는 못한다고 하였음. 당나라 오균(吳筠)의 〈정월 초하룻날 마음속을 말하고 내친김에 스스로 권면하여 여러 동지에게 보내다(元日言懷, 因以自勵, 詒諸同志)〉「세월 흘러 쉴 때 없었는데, 내 나이 오십이 되었네. 잘못 알았던 거백옥 흠모하며, 《주역》 읽으며 공자 종사 삼네.」(馳光無時憩, 加我五十年. 知非慕伯玉, 讀易宗文宣)

111. 書周景遊, 贈陸淸山人詩卷後[1]_景遊自題曰武陵

주경유가 육청산인에게 준 시 두루마리의 뒤에다 적다_ 경유가 자호를 무릉이라고 적어 두었다

武陵訶佛意拳拳 무 릉 가 불 의 권 권	무릉 부처 꾸짖음에 뜻 충실하나,
我實於玆不暇然[2] 아 실 어 자 불 가 연	나 실로 여기에서 그렇게 할 겨를 없네.
勢甚懷襄盡魚腹[3] 세 심 회 양 진 어 복	세력 충분히 싸고 솟구치어 모두 물고기 밥이 되었는데,
功難摧陷靜狼烟[4] 공 난 최 함 정 낭 연	어려운 공적 세웠네, 헐고 허물어 이리연기 사라지게 하였으니.

1 | 주경유(周景遊) : 주세붕(周世鵬: 1595~1554)의 자임. 호는 신재(愼齋)이며 중종(中宗) 조 무릉(武陵) 사람으로, 풍기군수로 있을 당시 우리나라 최초의 서원인 백운동서원(白雲洞書院: 지금의 紹修書院)을 세웠다.
육청산인(六淸山人) : 안동의 학가산(鶴駕山) 만월암(滿月庵)에 거처하던 승려로 소백산을 찾아가던 길에 풍기(豐基)군수인 주세붕을 방문하여 그의 시를 받았는데, 몇 년 뒤에 퇴계가 잇달아 지어준 시임. 이때 지어준 시는 주세붕의 문집인 《무릉잡고(武陵雜稿)》 별집 권1에 보이며, 제목은 〈육청상인에게 드림(贈陸淸上人)〉으로 5언 26운의 시이다. 시 가운데 「별안간 산승 왔다는 소리 듣고, 들여서 속마음 털어놓게 했네. 학가산에서 왔다는데, 구름에 둥지 터서 산에서 맨 꼭대기라 하네. 감실 이름은 만월인데, 한 길 방안은 달 빛 가득 찬다고 하네.」(忽聞山僧來, 進之令吐臆. 云自鶴駕來, 巢雲最上嶽. 龕名是滿月, 丈室月滿白)라는 구절이 있다.

2 | 불가(不暇) : 《논어·헌문(憲問)》「자공이 사람을 비교하니 공자께서 말씀하셨다. 『사는 현명한가보구나. 나는 그럴 겨를이 없노라.』」(子貢方人. 子曰, 賜也賢乎哉? 夫我則不暇)

3 | 회양(懷襄) : 회산양릉(懷山襄陵)의 준말. 《상서·요전(堯典)》「넘실넘실 홍수 바야흐로 백성들에게 해 끼치고, 콸콸 산을 둘러싸고 구릉으로 솟구쳐 오르네.」(湯湯洪水方割, 蕩蕩懷山襄陵) 여기서는 불교의 폐해를 비유함.

哇音自絶咸池側[5]
왜 음 자 절 함 지 측

시끄러운 소리 함지의 가에서
절로 끊어지고,

氛翳終消白日邊
분 예 종 소 백 일 변

불길한 기운 마침내
밝은 해 가에서 사라지게 하였네.

爲報吾儕勤自做
위 보 오 제 근 자 주

우리 같은 무리에게 알려주노니
부지런히 스스로 공부하여,

莫容稊稗羨他年
막 용 제 패 선 타 년

피 같은 잡풀들 다른 해에
돋아나는 것 용납하지 말게나.

진어복(盡魚腹) : 《좌전·소공(昭公) 원년》「우임금의 공과 밝은 덕은 먼 후손까지 끼칠 것입니다. 우임금이 아니었더라면 우리는 아마 물고기가 되었을 것입니다.」(禹功明德遠矣. 微禹吾其魚乎) 초나라 굴원(屈原)의 〈어부사(漁父詞)〉「(내가 세상과 맞지 않으면) 차라리 상수의 물결로 달려가 강의 물고기 뱃속에 (내 몸을) 장사지내겠습니다.」(寧赴湘流, 葬於江魚之腹中)

4 | **최함(摧陷)** : 당나라 이한(李漢)의 〈창려선생 문집의 서문(昌黎文集序)〉「(한유) 선생이 글에 있어서 헐고 허물어 시원하게 한 공로는 무력을 사용하는데 비유하자면 보통은 보기 힘든 영웅적인 행동이라 하겠다.」(先生於文, 摧陷廓淸之功, 比於武事, 可謂雄偉不常者矣)

낭연(狼烟) : 당나라 단성식(段成式)의 《유양잡조(酉陽雜俎)》권16 〈광동식(廣動植) 1〉「이리의 똥을 태운 연기는 똑바로 올라가기 때문에 봉화불로 쓴다.」(狼糞煙直上, 烽火用之)

5 | **함지(咸池)** : 고대의 악곡 이름이다. 요임금의 악곡이라고 전하여지며, 일설에는 황제(黃帝)의 악곡인데 요임금이 더 보태고 다듬어서 연용하였다고도 한다. 《예기·악기(樂記)》「함지는 모든 것이 갖추어졌음을 의미한다.」(咸池, 備矣) 동한 정현(鄭玄)의 고주(古注)「함지는 황제가 지은 음악의 이름이다. 요임금이 첨가하고 다듬어서 그것을 썼다. 『함』은 『다』라는 뜻이며 『지』는 『베풂』을 말한다. 덕이 베풀어지지 않음이 없음을 말한다.」(咸池, 黃帝所作樂名也. 堯增脩以用之. 咸, 皆也. 池之言施也. 言德之無不施也) 보통 훌륭한 음악을 비유하는 말로 많이 쓰인다.

112. 得家兄書, 出按黃海. 將以五月陛辭作詩奉寄[1]

형님의 편지를 받았는데 황해감사로 나가신다 하였다. 5월에 임금님께 작별인사를 드린다 하시므로 시를 지어 삼가 부친다

去歲何時弟出京[2]
거 세 하 시 제 출 경

지난 해 어느 때
아우가 서울 나섰던가?

東郊細雨傷春情[3]
동 교 세 우 상 춘 정

동쪽 교외의 가랑비는
봄을 맞은 마음 아프게 하였다네.

今年何時兄去國[4]
금 년 하 시 형 거 국

올해는 또 어느 때에
형님이 서울 떠나시는가?

1 | 《온계연보(溫溪年譜)》 정미년(1547: 온계 52세) 조 「4월에 특별히 황해도 관찰사에 임명되었다. 이때 해서 지방에는 큰 기근이 들었으며 역병까지 더하여 한 도가 거의 빌 지경이었다. 임금님이 특별히 편지를 내려 이번의 임명이 있었다. 5월에 임금님의 궁궐에서 사은숙배(謝恩肅拜)를 올리고 임지에 부임하였다.」(四月, 特拜黃海道觀察使. 時海西大饑, 加以疾疫, 一道幾空. 自上特簡, 有是命. 五月, 陛辭赴任)

2 | **거세~제출경(去歲~弟出京)** : 지난 해 3월에 휴가를 받아 서울을 떠나 고향인 예안으로 돌아온 것을 말함.

3 | **동교~상춘정(東郊~傷春情)** : 지난 해 예안으로 돌아오면서 온계와 작별을 하며 지은 시인 〈도관원의 시냇가에서 삼가 집의 형님과 서울 동대문 밖에서의 이별을 생각함(兜觀院溪上, 奉懷家兄話別於東郊)〉 두 수 중 첫째 시에 「오랫 동안 머물러 있으리 동교에서 가는 비 내리던 때.」(長在東郊細雨時)라는 구절이 있고, 두 번째 시에는 「가는 비 동교에 내릴 적에 술 한 바리 나누면서, 세상 만사 비탄한 일 차마 이야기할 수도 없네.」(細雨東郊酒一罇, 悲歎萬事不堪論)라 읊은 구절이 있다. 시 전문은 권1의 〈79〉~〈80〉을 볼 것.

4 | **국(國)** : 도성(都城), 곧 서울을 말함.

榴花照眼黃梅節[5]
유 화 조 안 황 매 절

석류꽃 눈부시고
누런 매화 열매 맺는 계절이라네.

等是作別今更遠
등 시 작 별 금 경 원

작별은 똑같으나
이제 더욱 멀어지니,

西海漫漫望不極
서 해 만 만 망 불 극

서해 아득하여
바라봐도 끝이 없네.

辰韓杖節且不論[6]
진 한 장 절 차 불 론

진한에서 부절 지님은
또한 논하지 마소서,

乞假南來那易得[7]
걸 가 남 래 나 이 득

여가 얻어 남쪽으로 옴
어찌 쉽게 얻으리오?

5 | **유화조안(榴花照眼)** : 조안은 요안(耀眼)이라고도 하며, 물체가 밝거나 밝기가 셈을 형용하는 말. 당나라 한유의 〈장씨네 열한 번째 여사에 지음·석류꽃(題張十一旅舍·榴花)〉「5월이라 석류꽃 눈에 밝게 비치는데, 가지 사이로 이따금씩 열매 막 맺임 보이네.」(五月榴花照眼明, 枝間時見子初成)

6 | **장절(杖節)** : 옛날에 제왕이 장수에게 병권을 수여하거나, 사방으로 사신을 파견할 때 깃발을 주어서 신뢰를 표시하는 부절(符節)로 삼았음. 《한서·왕망(王莽)의 전기》「태보 견한을 대장군으로 삼았는데, 고묘(高廟: 한 고조 유방의 사당)에서 도끼를 받았으며, 천하의 병권을 거느리게 되었다. 왼쪽에는 깃발을 들고 오른쪽에는 도끼를 쥐고서 성밖에 주둔했다.」(以太保甄邯爲大將軍, 受鉞高廟, 領天下兵, 左杖節, 右把鉞, 屯城外) 여기서 특별히 진한장절이라 한 것은 은근히 남쪽의 절도사가 되었으면 하고 바란 것이다.

7 | **진한~나이득(辰韓~那易得)** : 《온계연보》「이에 앞서 선생은 외직에 보해질 것을 꾀하여 경상도로 가기를 구하였으나 얻지 못하였다. 마침 이번 임명이 있게 되었으므로 퇴계선생이 시를 지어 삼가 부치면서 말하기를 『진한에서 부절 지님 또다시 말하지 마소서, 여가 얻어 남쪽으로 옴 어찌 쉽게 얻으리오? ……』라고 하였다.」(前此, 先生圖外補, 求慶尙不得. 而適有是除, 故退溪先生作詩奉寄曰, 辰韓杖節且不論, 乞暇南來那易得云云)

雀鼠訟息棠陰清[8] 작 서 송 식 당 음 청	송사일 끝나고 나면 산앵도나무 그늘 맑겠고,
首陽翠色芙蓉月[9] 수 양 취 색 부 용 월	수양산 푸른데 부용당엔 달 뜨리라.
懷鄕憶弟意若何 회 향 억 제 의 약 하	고향 생각이며 아우 걱정에 뜻 어떠하실 것이며,
戀闕憂民見華髮 연 궐 우 민 견 화 발	대궐 그리워하고 백성 걱정에 흰머리 보이겠네.
抱病窮山學農圃[10] 포 병 궁 산 학 농 포	병 얻어 궁벽한 촌에서 농사와 과수원 일 배우니,

8 | **작서(雀鼠)** : 작각서아지쟁(雀角鼠牙之爭). 송사를 제기하고 곡직을 법정에서 다투는 것을 말함. 《시경·소남·이슬 길(召南·行露)》「누가 참새에 부리 없다 했소? 어떻게 우리 집 구멍 냈겠나? 누가 그대에게 집이 없다 했소? 어떻게 내 옥살이 재촉했겠소? …… 누가 쥐에게 이빨 없다 했소? 어떻게 우리 담을 뚫었겠소? 누가 그대에게 집이 없다 했소? 어떻게 내 송사 재촉했겠소?」(誰謂雀無角, 何以穿我屋. 誰謂女無家, 何以速我獄……誰謂鼠無牙, 何以穿我墉. 誰謂女無家, 何以速我訟)

9 | **수양(首陽)** : 《고증》「산 이름. 해주의 동쪽 5리 지점에 있으며, 고죽군의 옛터가 있다.」(山名. 在海州東五里, 有孤竹郡古基)

부용(芙蓉) : 《고증》「당 이름. 해주의 객관에 있는 서련지 안에 있으며, 매우 청아하다.」(堂名. 在海州客舘西蓮池中, 極有淸致)

10 | **학농포(學農圃)** : 《논어·자로》「번지가 농사를 배우기를 청하자 공자께서는『나는 늙은 농부만 못하다.』라 하시었고, 채마밭 일을 배우기를 청하자『나는 늙은 채마지기만 못하니라.』라 하시었다. 번지가 나가자 공자께서 말씀하시기를『소인이로다, 번지는!』이라 하셨다.」(樊遲請學稼. 子曰, 吾不如老農. 請學爲圃. 曰, 吾不如老圃. 樊遲出. 子曰, 小人哉, 樊須也)

少游志業誠齷齪[11]
소 유 지 업 성 악 착

소유가 뜻한바
실로 같았다네.

回頭半世失故步[12]
회 두 반 세 실 고 보

반생을 고개 돌려 생각해보니
옛 걸음걸이조차 잃어버려,

庶以天窮補其闕
서 이 천 궁 보 기 궐

거의 하늘 끝까지 가서
그 틈새 메우네.

鶺鴒詩成寄鴈足[13]
척 령 시 성 기 안 족

형제 이별한 시 이루어져
기러기 다리에 부치니,

出處悲歡俱努力
출 처 비 환 구 노 력

나아가든 물러나던 슬프든 즐겁든
함께 노력 하사이다.

11 | **소유지업(少游志業)** : 《후한서·마원전(馬援傳)》「내 종제인 소유는 내가 강개하고 큰 뜻이 많은 것을 늘 딱하게 여겨 말하기를 『선비가 한번 세상에 태어나 의복과 먹을 것만 취하면 그걸로 족할 뿐이지, …… 그 나머지를 구하는데 이르러서는 다만 스스로 괴로울 따름이다.』라 말했다.」(吾從弟少游常哀吾慷慨多大志, 日, 士生一世, 但取衣食裁足……致求盈餘, 但自苦耳)

12 | **실고보(失古步)** : 「한단지보」(邯鄲之步)를 발하며 자신의 본분을 잊어버리고 타인의 행위를 흉내 내려다가 두 가지를 모두 잃는 것을 말함 《장자·가을 강(秋水)》「또한 그대는 수릉의 젊은이가 (조나라의 서울인) 한단으로 가서 걸음걸이를 배웠던 이야기를 들어보지도 못했소? 한단의 걸음걸이를 배우기도 전에 그는 그의 옛 걸음걸이 마저 잃어 버리고는 곧 엉금엉금 기어서 돌아왔단 말이오.」(且子獨不聞夫壽陵餘子之學行於邯鄲歟? 未得國能, 又失其古行疑, 直匍匐而歸耳)

13 | **척령(鶺鴒)** : 척령(脊令)이라고도 하며, 우리말로는 할미새라고 한다. 날 때 울고 들까불고하여 큰일이라도 난 것처럼 날아다닌다. 사람에게 어려운 사고가 생겼음을 비유한다. 《시경·소아·아가위(常棣)》「할미새 언덕에 있으니, 어려울 땐 형제가 돕게되네.」(脊令在原, 兄弟急難) 나아가 형제지간의 어려움을 비유하는 말로도 쓰이게 되었다.

안족(鴈足) : 편지를 말함. 《한서·소무(蘇武)의 전기》「천자가 상림원에서 활을 쏘아 기러기를 잡았는데 다리에 비단에 쓴 편지가 매어 있었다.」(天子射上林中, 得鴈, 足有係帛書)

113. 聾巖相公, 邀城主任鼐臣及滉, 遊賞泉石. 其日雨, 城主來而滉不往. 後數日再招滉與黃仲擧諸人. 泛舟爲簟石之遊. 仍留宿江閣, 相公令詩以紀其事[1]

농암 이상공께서 원님임내신과 나를 물가에서 놀자고 청하였다. 그날 비가 와서 원님은 이르렀지만 나는 가지를 못하였다. 몇일 뒤 다시 나와 황중거 등 몇 사람을 불러 배를 띄워 점석에 가서 놀았다. 그대로 강가의 누각에 머물렀는데 상공께서 시로 그날의 일을 기록해두라 하였다

投老歸田豈爲名
투 로 귀 전 기 위 명

늙은 몸 던져 고향에 돌아오심
어찌 명예 때문이리오?

陪遊泉石似登瀛[2]
배 유 천 석 사 등 영

물가에서 모시고 노니
신선의 섬에 오른 것 같네.

賜書屢賁楊三徑[3]
사 서 루 분 양 삼 경

여러 차례 양성재의 오솔길에서
하사품 받으시고,

1 | 농암상공(聾巖相公) : 이현보(李賢輔: 1467~1555)를 말함.
임내신(任鼐臣) : 본관은 풍천(豐川)이며, 병조 참의(參議)까지 올랐음. 이때 예안현감으로 와 있었음.
황중거(黃仲擧) : 금계(錦溪) 황준량(黃俊良: 1517~1663)의 자. 본관은 평해(平海)이며, 농암의 손서임.
《농암집》에 수록된 이 시의 제목은 〈선생께서 원님과 나를 불렀지만 그날 성주는 이르렀는데 나는 가지 못했다. 몇일 뒤 다시 불러 이 놀이를 하였는데 그대로 강가의 누각에 머물면서 나에게 그 일을 기록하게 하였다(先生召城主及滉, 其日城主來, 滉未赴. 後數日, 再招爲此遊, 仍留宿江閣, 令滉記其事〉로 되어 있다.
점석(簟石) : 《고증》「분강의 강 가운데 있는데, 마치 자리를 펴놓은 것 같아 그렇게 이름하였다.」(在汾江江中, 如鋪茵故名)

2 | 등영(登瀛) : 영은 곧 영주(瀛州)를 말하며, 삼신산의 하나로 신선들이 산다고 하는 전설상의 산 이름. 영주에 오른다는 말은 아름다운 놀이를 미화하여 부를 때 사용된다.

3 | 양삼경(楊三徑) : 남송 양만리(楊萬里)의 〈세 세 갈래 오솔길(三三徑)〉의 서문과 시 「동원에 구경을 새로 열었는데, 강매·해당·복숭아·오얏·귤·은행·홍매·벽도·부용의 아홉 가지 화초와 나무를 각각 한 갈래 오솔길에다 심어 놓고 삼삼경이라 명명한다. 『세 오솔길 처음 연 이 장후(蔣詡)였고, 다시 세 오솔길 연 이 도연명이었다네. 내 문득 아홉 오솔길 만들어, 한 오솔길에 꽃 피면 그 오솔길로 다닌다네.』」(東園新開九徑, 江梅·海

勑水寧論賀四明[4]
내 수 영 론 하 사 명

물 잘 다스리시니
어찌 하지장 부럽다 하리오?

雨送雙鳧雖絶勝[5]
우 송 쌍 부 수 절 승

비 속에 한 쌍 기러기 날려 보냄도
경치 비록 빼어났을 것이나,

風吹一葉更多情
풍 취 일 엽 갱 다 정

바람 한 조각 뗏목 배에 부니
기분 더욱 다정스러워지네.

林間小閣通宵夢
임 간 소 각 통 소 몽

숲 사이 작은 누각
하늘의 꿈과 통하니,

陡覺神魂分外淸
두 각 신 혼 분 외 청

불현듯 느껴지네, 영혼
도를 넘어 맑아짐을.

公致仕後, 屢被頒書之寵

공은 벼슬에서 물러난 후 여러 차례 책을 하사받는 은총을 누렸다.

棠·桃·李·橘·杏·紅梅·碧桃·芙蓉, 九種花木, 各植一徑, 命日三三徑云. 三徑初開自蔣卿, 再開三徑是淵明. 誠齋奄有三三徑, 一徑花開一徑行) 장후는 한나라 때 두릉(杜陵) 사람으로 집에다 소나무와 국화, 대나무의 세 오솔길을 만든 사람이다.

4 | 하사명(賀四明) : 하지장은 절강성 사명산 근처 사람으로 당나라 현종 때 국립도서관장 격인 비서감(秘書監)이라는 높은 벼슬까지 지내고 또 90세 가까이 장수도 하였지만 성품이 방일하고 담설을 좋아하여 자호를 「사명산의 미친 나그네」라는 뜻의 사명광객(四明狂客)이라 하였다. 이태백의 재능을 인정하여 황제에게 추천한 것으로 유명함. 사명산 꼭대기에는 여러 봉우리 사이에 네모난 돌[方石]이 있는데 사방이 트여 마치 창과 같고, 가운데는 일월성신의 빛이 텅한다 하여 이러한 이름이 붙여졌다 함.

5 | 쌍부(雙鳧) : 《후한서·왕교(王喬)의 전기》「(葉縣의 현령인) 왕교 에게는 신비한 술책이 있었는데, 매월 초하루와 보름만 되면 항상 현에서 서울로 와 임금님을 뵈었다. 황제는 그가 자주 오는데도 그가 타고 온 수레와 말을 보지 못하여 몰래 태사관으로 하여금 그가 오는 모습을 엿보게 하였다. 태사관이 말하기를 그가 올 때면 으레 두 마리의 물오리가 동남쪽에서 날아온다고 하였다. 이에 물오리가 오기를 기다려 그물을 쳐서 잡았으나 다만 신발 한 켤레만 얻었을 뿐이었다. 이에 상방(천자의 기물을 관장하는 벼슬)에게 살펴보라고 하였더니 그것은 곧 4년 전에 내린 상서성의 관속으로 있을 당시 내려준 신발이었다.」(喬有神術, 每月朔望, 常自縣詣臺朝. 帝怪其來數, 而不見車騎, 密令太史伺望之. 言其臨至, 輒有雙鳧從東南飛來. 於是候鳧至, 擧羅張之, 但得一隻舃焉. 乃詔尙方診視, 則四年中所賜尙書官屬履也) 이로부터 「쌍부」는 곧 현령을 이르는 말이 되었으며, 여기서는 고을원인 임내신이 놀러 온 것을 가리켜 말한 것이다.

【참고】농암의 차운시

雨餘泛舟遊簟石, 次景浩

비온 뒤에 배를 띄우고 점석에서 놀며 경호가 지은 시의 각운자를 써서 짓다

蘸水奇巖舊著名	물에 잠긴 기이한 바위 예로부터 이름났는데,
遊人探勝自蓬瀛	노는 사람들 빼어난 곳 찾아 봉래와 영주서 왔네.
雨餘江漲波光碧	비온 뒤 강물 불어 물결 짙푸르게 빛나고,
夜久煙沈燭影明	밤 오래되니 안개 가라앉아 촛불만 밝게 빛나네.
坐石四隅隨地勢	바위 네 귀퉁이에 앉으니 땅의 형세 따랐고,
流觴兩處剩歡情	양쪽에서 잔 띄워보내니 기쁜 뜻 넘친다네.
醉來還泛中流棹	취하여 다시 떠서 물결 가운데서 저어가니,
飛沫西風灑面淸	물 거품 서풍에 날아 얼굴에 맑게 뿌리네.

점석의 놀이는 경호·중거 및 나의 아들 여러 사람과 함께 하였다. 작은 배에 올라 농암 아래에서 닻줄을 풀고 느릿느릿 갔다. 사자바위를 거쳐 코끼리바위에 이르러 배를 대고 두루 살펴보고 함께 뒤쪽으로 올라 기어 오른 지 한참 만에 곧 아래로 내려가니 바로 점석에 이르렀다. 이때는 오랜 비가 막 개어 더러운 먼지가 깨끗하게 씻겨나가 벽옥처럼 매끄럽게 엉겼으며 다만 남은 빗방울만이 돌 틈에 모여 고여 있었다. 자리를 가려 앉았는데 둥글게 열을 지었으며 순서가 없었다. 이에 조촐한 술자리를 만들어 예에 따라 술잔과 접시를 놓았으나 모두 진솔함에 힘썼다. 종일토록 이야기하고 마셨는데, 해가 지려는데 구름 그림자가 달을 가려 물빛이 희미하고 아득해져서 촛불을 붙여 밝혔다.

바위는 강 한 가운데 있었으며 강물은 이곳에 이르러 갈라져 흘렀다. 한 줄기는 내가 앉은 자리를 따라 내려갔는데, 경호가 그 아래쪽에 앉았다. 늙은이가 술김에 장난이 심하여져 술잔에 술을 따라 권하였는데 널찍한 통나무가 눌러도 떠오른다. 경호가 웃으면서 잡아 타고서 술을 마시고 두세 번이나 오갔다. 중거 등은 바라보고 부러워하였다. 어쩌다 반석 가운데 구유 같이 오목한 곳이 있어 물이 가득하게 고여 넘쳐, 좌우로 나누어 앉아 술잔을 띄워 밀어 보내며 서로 권커니 잣커니 하였는데, 또한 한 가지 기이한 일이었다. 이 때문에 모두 취하였는데 전날 태수가 함께하지 못한 것이 유감스러웠다.

이로 인하여 유상곡수는 곧 회계의 고사임을 생각하였다. 점석의 물은 곡류가 아니니 노는 모임이 어찌 감히 스스로 진나라의 현인들에 비기겠는가? 그러나 오늘 일이 그날 한 것과 가까웠기 때문에 셋째 구절에서 언급하였으며 그리워하여 본받는 뜻이 없지 않았다

簟石之遊, 與景浩·仲擧暨子弟數人. 乘小艇, 解纜聾巖下, 緩緩而行. 經獅子石至象巖, 倚泊周覽, 共登其背, 摩挲久之, 乃下直抵簟石. 是時積雨新霽, 塵穢洗盡, 凝滑如璧, 只有留潦停蓄石罅. 擇地而坐, 環列無次. 爰設小酌, 杯盤禮數, 務皆眞率. 談飮終日, 日將夕矣, 雲陰掩月, 水色微茫, 燒燭而明之. 石在江心, 江水至此分流. 一派循余座下而去, 景浩坐其下. 老翁乘醉戲劇, 斟酒于觴, 臺木禁而浮之. 景浩笑而取飮, 往復再三. 仲擧輩, 望見羨之. 偶於盤石中, 有凹如槽, 儲水盈溢, 分左右而坐, 泛觴推送而相酬酢, 亦一奇也. 因此皆醉, 恨未與前日太守共之也. 因念流觴曲水, 乃會稽故事. 簟石之水非曲流, 所遊之會, 安敢自擬晉賢? 事近其日所爲, 故三句及之, 慕效之意則不無焉

114~115. 六月大雨, 水壞民田. 病中書事, 示黃仲擧[1]

유월에 큰 비가 내려 수마가 백성들의 전답을 무너뜨림에 병이 든 가운데도 이 일을 적어 황중거에게 보이다

114

大江號怒小渠狂 대 강 호 노 소 거 광	큰 강 성난 듯 소리치고 작은 내는 미친 듯하여,
田盡爲汙麥盡傷 전 진 위 오 맥 진 상	온 밭 진흙더미 되고 보리는 모두 상했다네.
怪底淫淋猶未已[2] 괴 저 음 림 유 미 이	괴변스런 장마비 아직 그치지 않아,
溝中無路叫蒼蒼 구 중 무 로 규 창 창	물길 속에 길 없어져 백성들 크게 울부짖기만 하네.

115

邇來三度病侵凌[3] 이 래 삼 도 병 침 릉	요즘 들어 세 번씩이나 병 엄습하더니,
眞氣虛時客沴乘 진 기 허 시 객 려 승	참된 기운 사라질 때는 해로운 기운만 기승 부린다네.
揷架圖書渾不看 삽 가 도 서 혼 불 간	책꽂이에 꽂힌 책 사뭇 보지 못하는데,
臥聞懸釜困炊蒸[4] 와 문 현 부 곤 취 증	누워서 듣자니 들판에서 솥 걸어놓고 곤궁하게 밥 지어 먹는다는군.

1 | **황중거(黃仲擧)** : 금계(錦溪) 황준량(黃俊良: 1517~1663)의 자. 위 113번 시의 주 1)을 보라.

2 | **음림유미이(淫淋猶未已)** : 송나라 장식(張栻)의 〈날이 개기를 빌다(祈晴)〉「장마비 계속 이어져, 기세 아직도 그치지 않았네.」(霖雨連仍, 勢猶未已)

3 | **병침릉(病侵凌)** : 당나라 두보의 〈병이 많아 더위에 시달리다가 삼가 상서이신 이지방님을 그리워하다(多病執熱奉懷李尙書之芳)〉「쇠잔한 나이에 마침 병 엄습함 괴로운데, 초여름에 어찌 모름지기 기운까지 찌는 듯한가?」(衰年正苦病侵凌, 首夏何須氣鬱蒸)

4 | **현부취(懸釜炊)** : 《자치통감·외기(外紀)》 권10 「지백과 한나라, 위나라가 진나라의 앵성을 포위하자 성 안에서는 나무 위에다 집을 얽어 거처하고 솥을 높이 달아놓고 불을 때어 밥을 해먹었다.」(知伯韓魏圍晉陽三年, 城中巢居而處, 懸釜而炊) 송나라 진사도(陳師道)의 〈여름비(暑雨)〉「습기 단속하여 솥 높이 달아놓고 불 때며, 침상 뒤집어 무너진 담 막는다네.」(束濕炊懸釜, 翻床補壞垣)

116. 聾巖李相公, 招滉同游屛風庵[1] _庵在汾川上絶壁[2]

농암 이상공께서 황을 부르시어 함께 병풍암에서 노닐다 _ 병풍암은 분천 가의 절벽에 있다

雨霽天空積水平 우 제 천 공 적 수 평	비 개이니 하늘은 비고 쌓인 물 평평하여,
閒騎果下傍沙汀[3] 한 기 과 하 방 사 정	한가로이 과하마 타고서 모래톱 가 닫네.
胡僧絶壁庵開畫 호 승 절 벽 암 개 화	낯선 중은 절벽에 살고 암자는 그림 펼친 듯한데,
仙老淸秋屐上屛 선 로 청 추 극 상 병	늙은 신선 맑은 가을날 나막신 신고 병풍암 오르네.

1 | 농암이상공(聾巖李相公) : 이현보(李賢輔: 1467~1555)를 말함. 위 113번 시의 주 1)을 보라.

2 | 병풍암(屛風庵) : 농암 이현보의 〈애일당중신기(愛日堂重新記)〉 「별하연(別下淵)은 절벽을 베고 있는데 그 절벽 위에 정자를 하나 지었으니 옛 병풍암이다. 기암괴석이 좌우로 뾰족한 봉우리를 이루고 그림자는 못 바닥으로 떨어지는데 두려워서 내려다보기가 어렵다.」(淵枕絶壁, 上構精社, 古之屛風庵. 奇巖怪石, 左右尖峯, 影落潭底, 悚難俯視)

3 | 과하(果下) : 과하마를 말함. 타고서 과실나무 밑을 지날 수 있다는 말로, 키가 썩 작은 말을 가리킴. 《후한의 역사》 권85 〈동이전(東夷傳)〉 「얼룩무늬 표범이 많으며 과하마가 나고 바다에서는 자주복의 껍질이 나는데 사신이 와서 모두 바쳤다.」(多文豹, 有果下馬, 海出班魚, 使來皆獻之) 당나라 이현(李賢)의 주석 「키가 석 자이며 타고서 과실나무 아래를 지나갈 수 있다.」(高三尺, 乘之可于果樹下行) 명나라 이현(李賢)의 《명일통지(明一統志)》 권89 〈외이·조선국(外夷·朝鮮國)〉의 과하마 조에도 같은 말이

窈窕巖泉供佛祖[4]
요 조 암 천 공 불 조

아리따운 바위의 샘물
부처님을 받들고,

風流杯酒答山靈
풍 류 배 주 답 산 령

풍류 깃든 잔술로
산신령에 응답하네.

何能小作壺中隱[5]
하 능 소 작 호 중 은

어찌 호리병 속의 은자
작게 여길 수 있을손가?

靜裏工夫討汗靑[6]
정 리 공 부 토 한 청

고요한 가운데 공부하며
옛 서적 담론한다네.

있다. 송나라 소식의 〈이공택이 지은 매화시의 각운자를 써서 짓다(次韻李公擇梅花)〉「매화꽃 떨어지는 것[落梅] 읊는 소리 나는데서 술잔 기울이고, 말 타고 과수 밑을 지나갈 때에는 모자 가볍게 나무에 스치리.」(杯傾笛中吟, 帽拂果下鞚) 당나라에 과하마를 바쳤다는 기록은 《삼국사기》 권27 〈백제본기 제5·무왕〉 22년 10월과 권8 〈신라본기 제8·성덕왕(聖德王)〉 22년 3월의 조목에도 보인다.

4 | 불조(佛祖) : 불교의 비조인 부처, 곧 석가모니를 말함. 송나라 소식의 〈유시승이 여요현의 현령으로 부임함에 송별하다(送劉寺丞赴餘姚)〉「나 인간세상에서 늙어 만사 그만 두었거늘, 그대 또한 마음 씻고 부처 따르네.」(我老人間萬事休, 君亦洗心從佛祖)

5 | 호중은(壺中隱) : 별천지를 말함. 위 17번 시의 주 25)를 보라.

6 | 한청(汗靑) : 곧 한간(汗簡)을 말함. 한간은 푸른 대를 불에 구워 진을 빼낸 대나무 쪽으로 종이가 발명되지 않았던 시절에 문서를 쓰기 위한 죽간임. 따라서 문서, 서적, 역사 등의 뜻으로 쓰임.

117. 宿淸心樓[1]_秋赴召

청심루에서 묵다_ 가을에 임금님의 부름에 달려가다

沙彌撞鐘一山暮[2] 사 미 당 종 일 산 모	사미승이 치는 종소리에 온 산 어둠에 깃들고,
江城鼓角迎歸櫓[3] 강 성 고 각 영 귀 로	강가 성곽의 북이며 뿔나팔 소리 돌아오는 배 맞네.
望中燭影撒如星 망 중 촉 영 살 여 성	바라보이는 등불 그림자 별처럼 흩어지고,
淸心樓高啓窓戶 청 심 루 고 계 창 호	청심루 높은데 창문 열려 있다네.
使君置酒慰客愁[4] 사 군 치 주 위 객 수	고을 원님 술상 차려 나그네 시름 위로하는데,

1 | **청심루(淸心樓)** : 《증동국여지승람》 권7 〈경기·여주목(京畿·驪州牧)〉 「객관 북쪽에 있다.」(在客館北)

2 | **사미(沙彌)** : 《선각요람(善覺要覽)》 「중은 머리를 깎고 난 후에 사미라 하며, 중국말로는 식자라고 한다.」(僧落髮後稱沙彌, 華言息玆)

3 | **강성고각(江城鼓角)** : 당나라 두보의 〈세모(歲暮)〉 「연기와 먼지 눈 덮인 재 범하고, 북과 뿔나팔 소리 강가 성 흔드네.」(煙塵犯雪嶺, 鼓角動江城)

4 | **사군(使君)** : 한나라 때는 자사를, 한나라 이후에는 주·군(州·郡)의 수령을 사군이라 하였다. 또 어명을 받들고 지방으로 파견되어 가는 이를 사군이라고도 하였음.
치주위객수(置酒慰客愁) : 당나라 위응물(韋應物)의 〈연회를 열어 유하와 군황 형제를 송별함(宴別幼遐與君貺兄弟)〉 「술상 차려 이날 저녁 위로하고, 촛불 잡고 화려한 대청에 앉아 있네.」(置酒慰玆夕, 秉燭坐華堂)

笛聲憤怨霜飛秋[5] 적 성 분 원 상 비 추	피리 소리 원망 품은 듯 서리 가을 하늘 나네.
酒闌人散江月出[6] 주 란 인 산 강 월 출	술 거나해져 사람들 흩어지고 강 위로 달 돋으니,
夢騎白鶴遊蓬丘[7] 몽 기 백 학 유 봉 구	꿈속에서 흰 학 올라타고 봉래산 노닐겠네.

5 | **적성분원(笛聲憤怨)** : 당나라 두보의 〈왕시어를 모시고 함께 동산의 가장 높은 곳에 올라 연회를 하였는데 수령인 요통천 공이 저녁이 되자 (아름다운 기녀들과) 술병을 끼고 와서 강에 배를 띄우다(陪王侍御, 同登東山最高頂宴, 姚通泉晩攜酒泛江)〉「피리소리 원망 품은 듯 슬픈 가운데 흐르고, 기묘한 춤 구불구불 밤이 되어도 쉬지 않네.」(笛聲憤怨哀中流, 妙舞逶迤夜未休)

6 | **주란인산(酒闌人散)** : 송나라 소식의 〈기생을 데리고 장산인의 동산에서 즐거이 놀다(攜妓樂游張山人園)〉「술 거나해져 사람 흩어지고 문 닫히니, 쓸쓸히 비낀 해 성근 나무에 걸려 있네.」(酒闌人散却關門, 寂歷斜陽挂疎木)

7 | **기백학(騎白鶴)** : 흰 학을 탄다는 것은 신선이 된다는 뜻임. 당나라 시견오(施肩吾)의 〈사자연이 신선이 되어 올라가다(謝自然昇仙)〉「꽃처럼 나이 어린 한 여인, 몸은 흰 학 타고 푸른 하늘에서 노니네.」(如花年少一女子, 身騎白鶴遊青天)

봉구(蓬丘) : 신선이 살고 있다는 전설상의 산으로 봉래산(蓬萊山)을 말함. 《해내십주기(海內十洲記)》에 나오며, 창해도(滄海島), 방장주(方丈洲), 부상(扶桑), 곤륜산(崑崙山)과 더불어 신선이 거처하는 다섯 곳으로 소개되어 있음.

118. 記夢

꿈을 기록하다

虛窓寂寂夜如水[1]
허 창 적 적 야 여 수

텅 빈 창 쓸쓸하고
밤은 물과 같이 흘러,

一枕夢中千萬里
일 침 몽 중 천 만 리

잠들자마자 꿈속에서
천만리 달려가네.

流觀楚越窮岷峨[2]
류 관 초 월 궁 민 아

초나라와 월나라 두루 구경하며
아미산까지 오르고,

掣帆江海連天河
체 범 강 해 연 천 하

강과 바다에 돛배 띄워
은하수에도 닿았다네.

清都館闕空中起[3]
청 도 관 궐 공 중 기

천제 사는 하늘 궁궐
공중에 솟아 있고,

1 | 허창적적(虛窓寂寂) : 송나라 육유(陸游)의 〈절에 거처하다 잠이 들다(寺居睡覺)〉「빈 창 쓸쓸하고 밤은 삼경에 접어 들었는데, 등불 남은 빛 거두어들이어 밝은 달 피하네.」(虛窗寂寂夜三更, 燈斂殘光避月明)

2 | 민아(岷峨) : 청성산(青城山)과 아미산(峨眉山)의 두 산을 말함. 당나라 두보의 〈검문(劍門)〉에 「주옥은 중원으로 달리고, 민아의 기운 구슬프네.」(珠玉走中原, 岷峨氣悽愴) 라는 구절이 있는데 조씨(趙氏)의 주석에서 「민산은 성도의 서쪽에 있는데 곧 청성산이다. 아산은 성도의 서남쪽에 있는데 곧 아미산이다.」(岷山在成都之西, 青城山是也. 峩山在成都之西南, 峩眉山是也)라 하였다.

3 | 청도(清都) : 천제, 곧 하느님이 살고 있는 궁궐. 《열자·주목왕(周穆王)》에 「왕이 실로 청도와 자미, 균천, 광악을 천제가 사는 곳이라 여겼다.」(王實以爲清都·紫微·鈞天·廣樂, 帝之所居)라는 말이 있다.

玉皇高居五雲裏[4]
옥 황 고 거 오 운 리

옥황상제 높은 집은
오색 구름 속에 있네,

飛仙縹緲顔綽約[5]
비 선 표 묘 안 작 약

멀고 아득히 나는 신선
맑고 부드러운 얼굴로,

邀我共勸流霞酌[6]
요 아 공 권 류 하 작

나 맞아 함께 권하며
신선의 술 따르네.

下界塵緣一念餘
하 계 진 연 일 념 여

아래 세계 속된 인연
미련이 들자마자,

忽然下墮形蘧蘧[7]
홀 연 하 타 형 거 거

갑자기 아래로 떨어지니
몸이 움찔움찔.

朝來市聲鏖耳側[8]
조 래 시 성 오 이 측

아침 되어 저자바닥 소리
귓가에 시끄러워져 가는데,

更憶淸都那易得
갱 억 청 도 나 이 득

다시 하늘 궁궐 꿈 생각해보니
어디서 쉬 얻을 수 있을까?

4 | **오운(五雲)** : 청(青)·백(白)·적(赤)·흑(黑)·황(黃)의 다섯 가지 구름. 다섯 색의 상서로운 구름.

5 | **작약(綽約)** : 몸매가 부드럽고 아름다운 모습.

6 | **유하작(流霞酌)** : 신선이 마신다는 좋은 술. 당나라 전기(錢起)의 〈개원관에서 장시어를 만나다(開元觀遇張侍御)〉「유하 술잔에 취하려 하다가, 도리어 대나무 밖의 종소리에 술 깬다네.」(欲醉流霞酌, 還醒度竹鍾)

7 | **거거(蘧蘧)** : 거거연(蘧蘧然)과 같은 뜻임. 《내집》 권3 〈꿈을 기록함(記夢)〉 제2수에 「갑자기 아래로 떨어지니 마음만 놀라네.」(蘧蘧下墮只驚心)라는 구절이 있음.

8 | **시성오이측(市聲鏖耳側)** : 송나라 황정견(黃庭堅)의 〈인정(仁亭)〉「저자 소리 낮의 침상에 시끄러운데, 늘 이 마음으로 살펴보리라.」(市聲鏖午枕, 常以此心觀) 같은 사람의 〈왕횡(王紘)·안기도(晏幾道)와 함께 적조방에서 식사하다(同王稚川晏叔原飯寂照房)〉「저자 소리 아직 귀에 있는데, 비고 고요한 곳에서 흰 빛 생겨나네.」(市聲猶在耳, 虛靜生白光)

119. 姪寗讀書檜巖寺[1]

조카 영이 회암사에서 책을 읽다

城裏紛紛事若毛 성 리 분 분 사 약 모	성 안의 분분한 일들 털 같이 보잘 것 없어,
欲尋名刹意非遨 욕 심 명 찰 의 비 오	이름난 절 찾으려 한 너의 뜻 어긋나지 않았구나.
燕朋從古能爲臭[2] 연 붕 종 고 능 위 취	무람없는 친구 예로부터 악취 풍길 수 있으나,
大學于今不是糟 대 학 우 금 불 시 조	《대학》은 지금까지도 전혀 쓸모 없지 않겠구나.

1 | **질녕(姪寗)** : 이녕(李寗: 1527~1588)은 자가 노경(魯卿)이고 호는 만랑(漫郎)이며 복(宓)의 동생이다. 사마시에 합격하여 현감에 천거되었으며, 선생이 돌아가실 때 유계(遺戒)를 쓰게 하였다.

회암사(檜巖寺) : 경기도 양주군(楊州郡) 회천면 천보산(天寶山)에 있는 봉선사(奉先寺)의 말사로, 원나라를 통해 들어온 인도의 지공(指空)이 창건하였으며 승려 나옹(懶翁)이 중건하였다. 한때 승려 수가 3000명을 헤아릴 정도로 국내에서 가장 큰 규모였으나 조선에 들어와 숭유억불 정책으로 명종 20년(1565) 사월초파일에 불태워져 폐허가 되었다. 지금 있는 절은 원래의 위치에서 500m쯤 위쪽으로 옮겨서 지은 것이다. 《신증동국여지승람》 권11 〈양주목〉의 불우(佛宇) 조에 상세하게 기록되어 있다.

百聖傳心如揭日[3] 백 성 전 심 여 게 일	온갖 성현들 전해주는 마음 걸려있는 해와 같고,
十分功力似撐篙 십 분 공 력 사 탱 고	애써 이룬 모든 노력 상앗대로 지탱하듯 하는구나,
休同汝叔虛名簸 휴 동 여 숙 허 명 파	네 숙부처럼 헛된 이름 날리려고 하지 말라,
老病無成只自勞 로 병 무 성 지 자 로	늙고 병들도록 이룬 것 없이 다만 스스로 수고롭기만 하였으니.

時甯受讀大學或問甫畢

이때 영은 《대학혹문》을 받아 읽었는데 겨우 끝냈다

2 | **연붕종고능위취(燕朋從古能爲臭)** : 《예기·배움에 관한 기록(學記)》「너무 무람없는 친구들과 교제하면 스승을 거스르게 된다.」(燕朋逆其師) 《공자가어》 권4 〈여섯 가지 근본(六本)〉「선한 사람과 더불어 살면 지초와 난초가 있는 방에 들어가는 것과 같아 오래 있으면 그 향기를 맡을 수가 없는데 곧 그 냄새에 동화되었기 때문이다. 선하지 못한 사람과 함께 살면 절인 물고기를 파는 어물전에 들어가는 것과 같아 오래 있으면 그 악취를 맡을 수가 없는데 또한 그 악취에 동화되고 만 것이다.」(與善人居, 如入芝蘭之室, 久而不聞其香, 卽與之化矣. 與不善人居, 如入鮑魚之肆, 久而不聞其臭, 亦與之化矣) 《고증》「이는 아마 무람없는 친구와 함께 거처함을 경계한 것일 것이다.」(案, 此蓋戒與燕私之朋相處也)

3 | **백성전심(百聖傳心)** : 송나라 진덕수(眞德秀)의 〈대학연의의 서문(大學演義序)〉「이 책에서 진술한 것은 실로 모든 성인이 마음을 전한 중요한 전적이지 공씨의 사설이 아니다.」(此書所陳, 實百聖傳心之要典, 而非孔氏之私言也)

120. 次韻景霖南應龍見贈[1]

경림남응룡이 보내준 시의 각운자를 써서 짓다

靜夜燒香丈室空 정 야 소 향 장 실 공	고요한 밤에 향 사르니 좁은 방 비었는데,
鼻中惟覺寂然通 비 중 유 각 적 연 통	코 안에서 다만 잠잠하게 통하여 옴 느끼네.
他時尙昧先王典[2] 타 시 상 매 선 왕 전	다른 때엔 오히려 선왕의 전적 어두웠으나,
此日猶聞長者風 차 일 유 문 장 자 풍	이날은 그래도 들겠네, 군자의 풍모를.

1 | 경림(景霖) : 남응룡(南應龍: 1514~1555)의 자. 본관은 의령이며, 호는 요산(樂山), 또는 이요당(二樂堂)이다. 진사로 중종 30년인 1535년에 별시 문과에 병과로 급제하여 승문원의 및 저작을 역임하였다. 벼슬이 공조참의(工曹參議)에까지 이르렀으며 《중종실록》의 편찬에 참여한 바 있다.

2 | 선왕전(先王典) : 《고증》「《주역》 복괘의 대상사를 가리키는 듯하다.」(疑指復大象辭)

3 | 사교수근종정저(蛇嚙樹根從井底) : 《대집경(大集經)》「옛날에 한 사람이 취한 코끼리 두 마리를 피하여 등나무를 타고 우물 속으로 들어갔다. 검고 흰 쥐 두 마리가 등나무를 갉아 곧 끊어지려 하였으며, 곁에는 뱀 네 마리가 물려고 하였고, 아래에는 용 세 마리가 불을 뿜으며 발톱을 세우고 그를 막고 있었다. 그 사람은 코끼리 두 마리가 이미 우물

蛇嚙樹根從井底[3]
사 교 수 근 종 정 저

밴이 갉아먹는 나무 뿌리
우물 바닥에서 시작되고,

地逢雷響在泉中
지 봉 뢰 향 재 천 중

땅이 만나는 곳 우레 소리
샘 속에서 들리네.

離羣可怕成孤陋
이 군 가 파 성 고 루

무리 벗어나니 두려웁네,
외롭게 누추해질까,

齒髮年來漸不同
치 발 연 래 점 부 동

이와 머리카락 근년 들어
조금씩 변해가네.

위로 다다른 것을 쳐다보고 의탁할 데가 없음을 근심했다. 별안간 벌이 지나가면서 꿀을 입구로 떨어뜨리어 이 사람이 그 꿀을 받아먹고는 두려움이 완전히 없어졌다.」(昔有一人避二醉象, 緣藤入井. 有黑白二鼠嚙藤將斷, 旁有四蛇欲螫, 下有三龍吐火, 張爪拒之. 其人仰望二象已臨井上, 憂惱無托. 忽有蜂過遺蜜滴入口, 是人唼蜜, 全亡危懼) 여기서 두 코끼리는 생사(生死)를 가리키며, 등나무는 목숨을, 우물은 무상(無常)을, 흑백의 두 쥐는 일월(日月)을, 뱀 네 마리는 사시(四時)를, 그리고 꿀은 오욕(五欲)을 가리킨다. 사시와 일월이 촉박하여 도망칠 곳이 없음을 비유한 것이다. 《대집경》은 《번역명의집·증교비유(飜譯名義集·增教譬喩)》에 인용된 것으로 《한어대사전》에서 재인용하였음.

121. 十二月一日, 吉元鄭惟吉 · 善鳴李鐸 · 廷瑞李元祿 相繼來訪. 是日雪[1]

12월 1일 길원정유길과 선명이탁 · 정서이원록이 잇달아 찾아왔다. 이날 눈이 내렸다

我今一何憊[2] 아 금 일 하 비	내 지금 어찌나 이렇게 피로한지,
三冬不出戶 삼 동 불 출 호	겨우내 문밖에도 나서지 못했다네.
避風如避箭[3] 피 풍 여 피 전	바람 피하기 화살 피하듯 하고,
畏寒如畏虎[4] 외 한 여 외 호	추위 두려워하기 범 두려워하듯 하네.
耿耿度朝昏[5] 경 경 도 조 혼	안절부절하며 아침 저녁 보내고,

1 | 길원(吉元) : 정유길(鄭惟吉: 1515~1588)의 자. 호는 임당(林塘), 또는 상덕재(尙德齋)이며 본관은 동래(東萊)이다. 17세인 중종 26년(1531년)에 사마시에 합격하고, 동 33년에 24세의 나이로 별시 문과에 장원으로 급제하여 정언이 된 후 도승지, 대제학, 이조판서 등 요직을 거쳐 선조 때에 좌의정까지 역임함. 소장 관료 시절에 퇴계선생과 함께 사가독서를 한 인연이 있음.

선명(善鳴) : 이탁(李鐸; 1509~1576)의 자. 호는 약봉(藥峰)이고, 본관은 전의(全義)이며 벼슬은 영의정까지 지냈고 시호는 정숙(貞肅)이다. 이기(李芑)의 탐욕과 방종을 탄핵하였으며, 윤원형(尹元衡)의 죄악을 논했다.

정서(廷瑞) : 이원록(李元祿; 1514~1574)의 자. 재상이며 명시인이었던 이행(李荇)의 아들이자 이기(李芑)의 조카로 벼슬은 참의를 지냈다. 을사년(1545)에 선생이 삭직되자 이원록이 이기에게 직첩을 돌려줄 것을 극력 말하였다. 이 때문에 노여움을 사 벼슬이 높이 오르지는 못하였다.

이 시는 퇴계 47세 때인 1547년 정미년에 지은 것이다.

悄悄耐辛苦
초 초 내 신 고
조심조심 신맛 매운 맛 참아내네.

交遊阻面目
교 유 조 면 목
사귀던 친구들과 안면 막히니,

鄙吝萌十五[6]
비 린 맹 십 오
천박한 마음 종일토록 싹트려 하네.

剝剝如啄木[7]
박 박 여 탁 목
똑똑 문 두드리는 소리 딱따구리 나무 쪼는 듯,

驚報走童竪
경 보 주 동 수
놀라운 기척에 아이종들 뛰어나가네.

一日三啓鑰
일 일 삼 계 약
하루에도 세 번이나 빗장 여니,

2 | 비(憊) : 역극(力極), 곧 힘이 다 떨어진 것을 말함.

3 | 피풍여피전(避風如避箭) : 송나라 호자(胡仔)의 《초계어은총화(苕溪漁隱叢話)》 권54 〈송조잡기(宋朝雜記) 상〉 「《고재시화》에서 말하기를 국초에 이름난 사람이 좌우명을 지어 말하기를 『여색을 피하기를 원수 피하듯 하고, 바람을 피하기를 화살 피하듯 하라.』라 하였다.」(高齋詩話云, 國初有名人作座右銘云, 避色如避讎, 避風如避箭) 《명심보감》에도 이 말이 인용되어 있는데 《이견지(夷堅志)》에 수록되어 있다고 하였다.

4 | 외한여외호(畏寒如畏虎) : 송나라 허비(許棐)의 〈재상이신 장요장을 맞음(迓張宰堯章)〉 「온몸 피로하여 추위 두려워하기를 호랑이 두려워하듯 하였으니, 일찍이 사립문 한 걸음 나갔으리.」(倦骨畏寒如畏虎, 可曾一步出柴扉)

5 | 도조혼(度朝昏) : 당나라 한유(韓愈)의 〈동도에서 봄을 만나다(東都遇春)〉 「유유자적하게 아침 저녁 보내야 하고, 대범하게 계씨와 맹씨 같은 대우 바람 버려야 하리.」(悠悠度朝昏, 落落捐季孟)

6 | 비린맹(鄙吝萌) : 원나라 조맹부(趙孟頫)의 〈일민을 노래함(詠逸民)〉 제7수 「그리워해도 볼 수 없으니, 나로 하여금 다랍고 인색한 마음 싹트게 하네.」(思之不可見, 使我鄙吝萌)
십오(十五) : 《회남자·천문훈(天文訓)》에서는 하루를 신명(晨明)·비명(朏明)·단명(旦明)·조식(蚤食)·안식(晏食)·우중(隅中)·정중(正中)·소환(小還)·포시(餔時)·대환(大還)·고용(高舂)·하용(下舂)·현거(縣車)·황혼(黃昏)·정혼(定昏)의 15시로 나누었다. 여기서 십오는 하루 온종일이라는 뜻으로 쓰였음.

戴雪來接武
대 설 래 접 무

눈 덮어쓰고 오는 손님 발자취 이어졌네.

欣然一室內
흔 연 일 실 내

즐거이 한 방 안에서,

坐談雜今古[8]
좌 담 잡 금 고

앉아 이야기하니 예와 지금 뒤섞이네.

風華盡可慕
풍 화 진 가 모

아름다운 풍채 모두 흠모할 만하며,

激烈起昏莽
격 렬 기 혼 망

확고한 지론 나의 혼매함 일깨우네.

勝讀十年書[9]
승 독 십 년 서

십년 동안 글 읽는 것보다 나으니,

7 | **박박여탁목(剝剝如啄木)** : 당나라 한유의 〈박탁행(剝啄行)〉 「똑똑 탁탁, 어떤 객 문에 이르렀는데, 내 나가서 응접하지 않으니, 객 떠나며 화 내네.」(剝剝啄啄, 有客至門, 我不出應, 客去而嗔)

8 | **좌담잡금고(坐談雜今古)** : 송나라 소식의 〈옛 시체를 본따 지은 시에 화답하다(和擬古)〉 「어떤 손님 내 문 두드리더니, 문 앞의 버드나무에 말 매어 두네. …… 별안간 쪼는 듯한 소리 들리어, 놀라 한잔 술 흩어졌다네. …… 앉아서 이야기 하자니 예와 지금 뒤섞이는데, 대답 않으니 얼굴 더욱 두터워지네.」(有客叩我門, 繫馬門前柳……忽聞剝啄聲, 驚散一杯酒……坐談雜今古, 不答顏愈厚)

9 | **승독십년서(勝讀十年書)** : 《남조의 역사·심유지의 전기(南史·沈攸之傳)》 「심유지는 늘그막에 독서를 좋아하여 손에서 책권을 놓지 않았으며, 《사기》와 《한나라의 역사》의 일을 많이 기억하였다. 늘 탄식하기를 『일찌감치 운명에 곤궁과 영달이 있음을 알았더라면 (그러지는 않았을 텐데) 10년 독서를 하지 않은 것이 한탄스럽구나.』라 하였다.」(攸之晚好讀書, 手不釋卷, 史漢事多所記憶. 常歎曰, 早知窮達有命, 恨不十年讀書) 《두 정자가 남긴 문집·이천선생의 말(二程遺書·伊川先生語) 4》 「옛사람들이 이르기를 『그대와 하룻밤에 한 이야기가 10년간 책을 읽는 것보다 낫다』라 하였다. 만약 말이 떨어지자 마자 깨달을 수만 있다면, 어찌 다만 10년 독서한 것보다 낫지 않겠는가?」(古人云, 共君一夜話, 勝讀十年書. 若於言下卽悟, 何啻讀十年書) 십년서는 오랫동안 공부를 하여 얻은 학문을 말하고, 십년독서는 오랫동안 학업에 전념하는 것을 말함. 이 구절은 내집 권2의 79. 〈서화담처사의 문집 뒤에 적다(書徐處士花潭集後)〉(제2수)에도 나옴.

何啻頭風愈[10]
하 시 두 풍 유

어찌 다만 두통만 나으리오.

顧我抱散材[11]
고 아 포 산 재

나 찾아와 쓸모없는 재목 안아주어,

叨幸乏微補
도 행 핍 미 보

다행스레 모자라고 미천함 도와주었네.

有似鶢鶋鳥
유 사 원 거 조

옛날 원거새 비슷하여,

魯門饗鍾鼓[12]
노 문 향 종 고

노나라에서 종고의 음악으로 대접함과 같다네.

內愧伐檀詩[13]
내 괴 벌 단 시

마음으로 〈벌단〉 시 부끄러워하지만,

身上謾簪組
신 상 만 잠 조

몸에는 부질없이 관복의 비녀와 관대 지녔다네.

10 | **두풍유(頭風愈)** : 《삼국지》 권21 〈위서·진림(陳琳)의 전기〉의 주석에서 배송지(裴松之)가 인용한 《전략(典略)》「진림이 여러 문서 및 격문을 지어 초고가 이루어지자 태조에게 바쳤다. 태조는 전에 두통이 있었는데 이날 두통이 재발하여 누워서 진림이 지은 글을 읽다가 흡족해하며 일어나 말하기를 『이걸로 내 병이 싹 나았다.』라 하였다.」(琳作諸書及檄, 草成呈太祖. 太祖先苦頭風, 是日疾發, 臥讀琳所作, 翕然而起曰, 此愈我病) 당나라 한유의 〈영수님을 송별하다(送靈師)〉「배 매어놓고 태수님께 부탁할 일 있어 찾아뵙는 사이에, 그 글 펼쳐 태수님 읽음에 두통이 다 낫는 것 같다네.」(維舟事干謁, 披讀頭風痊)

11 | **산재(散材)** : 산목(散木)과 같은 뜻. 《장자·인간세(人間世)》「장석이 제나라로 가다가 곡원에 이르러 상수리나무 사당의 나무를 보았다. 그 크기는 수천 마리의 소를 덮을 정도이며 둘레를 재보니 백 아름이나 되고, 높이는 산을 내려다볼 정도이며 열 길쯤 되는데서 가지가 나와 있었다. 그 가지도 배를 만들 만한 것이 수십 개나 되었다. 구경꾼이 시장바닥처럼 모여 있었으나 장석은 거들떠 보지고 않고 마침내 멈추지 않고 그대로 지나쳐버렸다. …… 말하기를 『쓸모없는 나무이다. …… 재목이 되지 못하는 나무지. 아무데도 쓸모가 없으니까 저처럼 오래 살 수 있었어.』」(匠石之齊, 至於曲轅, 見櫟社樹. 其大蔽數千牛, 絜之百圍, 其高臨山, 十仞而後有枝其可以爲舟者旁十數. 觀者如市, 匠伯不顧, 遂行不輟……曰, 散木也……是不材之木也, 無所可用, 故能若是之壽)

向來笑樊遲
향 래 소 번 지

여태까지 번지 비웃었음,

聖門學稼圃14
성 문 학 가 포

성인 문하에서 농사 배우려 했음이었다네.

蹉跎失故步15
차 타 실 고 보

발 잘못 디뎌 옛 걸음 잃었으니,

無力挽强弩
무 력 만 강 노

센 쇠뇌 당길 힘조차 없어졌다네.

珍重二三君
진 중 이 삼 군

진중하시게나 그대들,

安得恒相聚
안 득 항 상 취

어찌 항상 모일 수 있겠는가?

12 | **원거~향종고(鶢鶋~饗鍾鼓)** : 원거(鶢鶋)는 「爰居」라고도 하며, 크기가 말만하며 모양이 봉황 비슷하다는 길한 바닷새라고 함. 《국어·노어(魯語)》「원거라고 하는 바닷새가 노나라 동쪽 성문 바깥에서 사흘을 머무르니 장문중이 백성들에게 제사를 지내게 하였다.」(海鳥曰爰居, 止於魯東門之外三日. 臧文仲使國人祭之) 이 이야기는 원거새가 터무니없이 융숭한 대접을 받았다는 뜻으로 쓰임.

13 | 《시경·위나라의 민요(魏風)》에 나오는 노래로, 시위소찬(尸位素餐), 곧 놀고서 밥을 먹는 탐욕스러운 귀족들을 풍자한 내용을 담고 있음.

14 | **번지~학가포(樊遲~學稼圃)** : 번지는 춘추시대 노나라 사람으로 공자의 제자임. 이름은 수(須)이고 자는 자지(子遲)임. 《논어·자로(子路)》「번지가 농사를 배우기를 청하자 공자께서는 『나는 늙은 농부만 못하다.』라 시었고, 채마밭 일을 배우기를 청하자 『나는 늙은 채마지기만 못하니라.』라 하시었다.」(樊遲請學稼, 子曰, 吾不如老農, 請學爲圃, 曰, 吾不如老圃)

15 | **실고보(失故步)** : 곧 「한단지보」(邯鄲之步)를 말하며 자신의 본분을 잊어버리고 타인의 행위를 흉내내려다가 두 가지를 모두 잃는 것을 말함 《장자·가을 강(秋水)》「또한 그대는 수릉의 젊은이가 (조나라의 서울인) 한단으로 가서 걸음걸이를 배웠던 이야기를 들어보지도 못했소? 한단의 걸음걸이를 배우기도 전에 그는 그의 옛 걸음걸이 마저 잃어 버리고는 곧 엉금엉금 기어서 돌아왔단 말이오.」(且子獨不聞夫壽陵餘子之學行於邯鄲歟? 未得國能, 又失其古行疑, 直匍匐而歸耳)

122~126. 養生絶句. 次古人韻示景霖_ 幷叙

양생 절구. 고인이 지은 시의 각운자를 써서 경림에게 보이다

_서문을 아우름

내 근자에 운서가 없어 남에게서 빌려보았는데, 그 책자의 겉장 안쪽에서 절구 한수를 얻었다. 그 시는 「일찍이 듣기를 걱정은 정신을 손상시키며, 오직 청허함만이 몸을 보양할 수 있다하네. 어찌 얻으리오 이 마음 오래된 우물처럼, 고요하여 물결도 없고 먼지도 없기를.」이라 하였고, 그 옆에 제목을 달아 〈양생론을 읽고 느끼다〉라 하였으며, 또 그 책을 찍어낸 연월을 기록하기를 홍치 14년 7월 모일이라고 하였다. 자체가 씩씩하고 아름다워 조맹부(趙孟頫)를 배운 것 같았고 말뜻이 소연하니 속세를 벗어나 있었다. 어떤 사람인지는 알지 못하였지만 내 가슴 속의 일을 먼저 이야기해낼 수 있었구나. 병중이라 책도 읽을 수 없어 가슴속의 시름을 풀 길이 없어 날로 그 말을 음미하다가 마침내 나의 쇠약해진 늘그막의 탄식과 섭생의 뜻을 서술하여 일곱 수를 얻게되어 삼가 드린다

僕此來無韻書, 從人借看, 其冊子衣裏面, 得一絶句云. 嘗聞思慮損精神, 唯有淸虛可養身. 安得是心如古井,[1] 湛然無浪亦無塵. 題其旁曰, 讀養生論有感,[2] 又記其印書年月曰, 弘治十四年,[3] 七月日云. 字體遒媚, 學趙松雪,[4] 語意翛然出塵. 不知何許人, 而能先道僕胸中事耶. 病不讀書, 無以遣懷, 日有味於其言, 遂述其衰暮之嘆, 攝養之意, 得七首奉呈[5]

1 | 심여고정(心如古井) : 당나라 맹교(孟郊)의 〈열녀를 읊은 곡조(列女操)〉「물결 맹세코 일으키지 않으리니, 제 마음 오래된 우물물이랍니다.」(波瀾誓不起, 妾心古井水)

2 | 양생론(養生論) : 진(晋)나라 혜강(嵇康)이 지은 섭생 장수를 논한 글. 《문선(文選)》 권53에 수록되어 있음.

3 | 홍치(弘治) : 명나라 효종(孝宗)의 연호. 1488년에서 1505년까지 사용되었으며, 14년은 신유년으로 1501년임.

4 | 조송설(趙松雪) : 송설은 원(元)나라의 문인이자 서예가인 조맹부(趙孟頫: 1254~1322)의 호. 자는 자앙(子昂)으로, 시·서·화에 두루 능하였으며 특히 그의 서체를 송설체라고 함.

5 | 7수 중에서 2수는 실전된 듯함.

6 | 학도무성(學道無成) : 송나라 소식의 〈세 송이 꽃(三朶花)〉「도 배웠으나 이룬 것 없이 귀밑머리만 이미 세었는데, 천겁의 세월에 노력도 않고 함부로 모래 쪄서 밥하려하는 듯.」(學道無成鬢已華, 不勞千劫漫烝砂)

7 | 낙천가파(樂天歌罷) : 아래 원주의 주석을 보라.

122

紛紛世事只勞神 분 분 세 사 지 로 신	분분한 세상의 일 오로지 정신 괴롭혀,
學道無成奈此身[6] 학 도 무 성 내 차 신	도 배웠으나 이룬 것 없어 이 몸 어찌하리.
匹似病中忘素業 필 사 병 중 망 소 업	흡사 병중에 본래 해야 할 일 잊어버린 것 같으니,
任他書籍滿床塵 임 타 서 적 만 상 진	그때부터 책 먼지 쌓인 책상에 가득하네.

122

樂天歌罷一傷神[7] 낙 천 가 파 일 상 신	백낙천의 노래 끝나도 오로지 정신만 상하여,
四十七年嬰病身[8] 사 십 칠 년 영 병 신	사십 칠 세 나이에 몸은 병에 걸렸다네.
大藥長繩如可試[9] 대 약 장 승 여 가 시	진귀한 약 긴 끈 써볼 수만 있다면,
何人不見海生塵[10] 하 인 불 견 해 생 진	어떤 인들 보지 못하겠는가, 바다에서 먼지 읾.

내 올해 47세로 딱 백낙천이 〈호가행〉에서 「어느덧 이 몸 47세라네.」라고 읊은 나이이다.
余今年四十七, 正樂天浩歌行所云, 不覺身年四十七者[11]

일상신(一傷神) : 당나라 백거이의 〈설태가 상처함을 슬퍼하다(爲薛台悼亡)〉 「반 죽은 오동나무 늙어 몸 병들고, 구천 한번 생각하니 오로지 정신만 상한다네.」(半死梧桐老病身, 重泉一念一傷神)

8 | 사십칠년(四十七年) : 역시 아래 원주의 주석을 보라.

9 | 대약장승(大藥長繩) : 대약은 병을 없애는 진귀한 약으로 도가(道家)의 금단(金丹)을 가리키며, 장승은 해를 매어둘 수 있는 긴 끈으로 시간을 매달아 붙잡아둔다는 의미임.

10 | 해생진(海生塵) : 상전벽해와 같은 말. 남조 진(晉)나라 갈홍(葛洪)의 《신선전(神仙傳)》 권3 〈왕원(王遠)〉 「마고선녀가 스스로 말하기를 『만나서 대접한 이래 이미 동해가 세 차례나 상전이 되는 것을 보았습니다. 저번에 봉래산에 이르러 보니 물이 또 지난번보다 얕아졌던데 만날 때의 대략 반인 것 같았습니다. 어찌 장차 또한 언덕이나 뭍으로 되돌아가지 않겠습니까?』라 하자 방평(왕원의 자)이 웃으면서 말하였다. 『성인들이 모두 말하기를 바다 가운데서 다시 티끌이 날리리라고 하였습니다.』」(麻姑自說云, 接待以來, 已見東海三爲桑田, 向到蓬萊, 水又淺于往者, 會時略半也. 豈將復還爲陵陸乎? 豈將復還爲陵陸乎? 方平笑曰, 聖人皆言, 海中行復揚塵也)

124

極知林下可頤神 극 지 임 하 가 이 신	자연에서 정신 기를 수 있다는 것 잘 알았으나,
朝市隨緣寄此身[12] 조 시 수 연 기 차 신	조정과 저자에서 인연 따라 이내 몸 맡기었네.
臥病怯寒深閉戶 와 병 겁 한 심 폐 호	병으로 누워 추위 두려워하며 문 굳게 닫아두었더니,
湛然虛白室無塵[13] 담 연 허 백 실 무 진	고요하고 희고 비니 방에는 먼지조차 없다네.

125

陰風寒雨覺悽神 음 풍 한 우 각 처 신	음산한 바람 차가운 비에 정신 더 처참해져,
舊絮重披未熨身 구 서 중 피 미 위 신	낡은 솜이불 겹쳐 덮어도 몸 덥혀지지 않네.

11 | 낙천가(樂天歌) : 낙천은 당나라의 시인 백거이(白居易)의 자이다. 〈호가행(浩歌行)〉은 《백락천시집》 권12 감상(感傷) 4에 실려 있으며, 「하늘과 땅 장구하여 끝이 없어서, 어제 밤 오늘 아침에 또 내일이 있네. 머리칼은 백발이고 치아는 또 성기어지니, 어느덧 이 몸 47세라네. …… 이미 긴 끈으로 해 매어둘 수도 없고, 또한 불로장생의 선약으로 홍안 붙잡아둘 수도 없다네.」(天長地久無終畢, 昨夜今朝又明日. 鬢髮蒼浪牙齒疏, 不覺身年四十七……旣無長繩系白日, 又無大藥駐朱顔) 등과 같은 구절이 있다. 이 시의 일부는 이미 위 〈7〉—2)에서도 인용한 적이 있음.

12 | 극지~기차신(極知~寄此身) : 진(晉)나라 왕강거(王康琚)의 〈은자를 맞이함을 반대함(反招隱)〉 「평범한 은자는 산 숲속에 들어가서 숨고, 큰 은자는 도회지에 들어가서 숨네. 백이는 수양산에 숨었고, 노자는 주나라의 주하사로 엎드렸다네.」(小隱隱陵藪, 大隱隱朝市. 伯夷竄首陽, 老聃伏柱史) 《퇴계집》 권43 〈허감찰이 소장하고 있는 양생설 뒤에 씀(書許監察所藏養生說後)〉 「『천선은 원치 않고 지선이 되겠다(不願天仙作地仙)』 하였으니 옛 사람이 나를 위하여 이런 말을 한 것이다. 몸이 쇠약하고 병이 들어 고향에 돌아갈 것을 생각하였으나 오래도록 돌아가지 못하였다. 수곡(守谷) 이공(李公)이 강고에서 조용히 수양한다는 말을 듣고 마음속으로 흠모하였다. 하루는 전 감찰 허군 모가 나에게 수곡이 쓴 양생설 8폭을 보여주기에 그 글을 읽고 그 글을

待得朝陽新豔屋
대 득 조 양 신 염 옥

아침 햇빛 새롭게
집 아름다움 비추기 기다려,

紙窓明處看游塵[14]
지 창 명 처 간 유 진

종이 창 밝은 곳에
떠도는 먼지 같은 것 바라보네.

126

膠膠寧得抱吾神[15]
교 교 영 득 포 오 신

어지럽기만 해서야 어떻게
나의 정신 지킬 수 있으리,

自昔塵波不補身
자 석 진 파 불 보 신

예로부터 세파 속에서는
몸 돕지 못했다네.

試上崐崙看禹迹
시 상 곤 륜 간 우 적

시험 삼아 곤륜산에 올라
우왕의 자취 보고자 하나,

毫端何異集微塵
호 단 하 이 집 미 진

털끝 같은 여러 고을
가는 먼지 모은 것과 무엇 다르리.

완상하였더니 수양하는 일에 느낌이 있어 회암(晦菴)이 《백양서(伯陽書)》에 관심을 가졌던 뜻을 더욱 알았다. 아! 수곡은 능히 지선이 되고 나만 홀로 되지 못하는 것인가. 몇 자 써서 양생설 끝에 써서 돌려보냈다. 내일이면 산으로 돌아가게 될 것이다.」 역문은 국역 《퇴계전서 10》의 것을 전재. 이 구절은 시의 내용으로 보건대 퇴계가 건강에 따라 벼슬을 하기도 하고 않기도 하였음을 말한다.

13 | **허백실무진(虛白室無塵)** : 《장자·인간세(人間世)》「저 빈 곳을 보면 빈 공간에 흰색이 생겨나니 길하고 상서로움이 머물 곳에서 머무른다.」(瞻彼闕者, 虛室生白, 吉祥止止) 《장자》의 주석서인 송나라 임희일(林希逸)의 《장자구의(莊子口義)》「깊은 방 가운데 틈이 생기기만 하면 빈 곳에 반드시 빛이 들어온다.」(密室之中, 纔有空缺處, 必有光入來) 진나라 혜강(嵇康)의 〈양생론(養生論)〉「외물에 마음이 얽매이면 정신과 기운을 온전히 간직할 수 없다. 순백이 홀로 드러나야 편안하여 근심과 걱정이 없고, 고요하여 고민과 번뇌가 없다.」(外物以累心, 不存神氣, 以醇泊獨著, 曠然無憂患, 寂然無思慮)

14 | **유진(游塵)** : 남조 양나라 원제 소역(蕭繹)의 〈안개를 읊음(詠霧)〉「바람 따르니 가는 비인 듯, 햇빛 받으니 떠도는 먼지인 듯.」(從風疑細雨, 映日似遊塵)

15 | **교교포오신(膠膠抱吾神)** : 《요존록》「교교는 어지럽다는 뜻이다.」(膠膠, 亂也) 《장자·재유(在宥)》「보지도 않고 듣지도 않고 정신을 안에 간직한 채 고요히 있으면 육체도 저절로 올바르게 될 것이다.」(无視无聽, 抱神以靜, 形將自正)

127. 夢中樂

꿈속의 즐거움

我夢攜我友
아 몽 휴 아 우

내 꿈에 내 벗 이끌고,

扁舟泛湖江[1]
편 주 범 호 강

조각배 타고 호수와 강 떠다녔다네.

青山揷兩岸
청 산 삽 량 안

파란 산은 양쪽 언덕에 꽂혀 있고,

綠水無濤瀧[2]
녹 수 무 도 랑

푸른 물엔 거센 여울도 없었다네.

飄颻凌萬頃[3]
표 요 릉 만 경

끄떡끄떡 만경창파 건너는데,

1 | **편주범호강(扁舟泛湖江)** : 당나라 맹호연(孟浩然)의 〈낙양에서 월지방으로 가다(自洛之越)〉「조각배 호수와 바다에 띄우려 함에, 길게 읍하며 공경들과 하직하네.」(扁舟泛湖海, 長揖謝公卿)

2 | **랑(瀧)** : 분단(奔湍), 곧 물결이 매우 빠른 여울을 말한다.

3 | **표요릉만경(飄颻凌萬頃)** : 당나라 두보의 〈교릉을 30 운자를 써서 짓다(橋陵三十韻)〉「때 만나지 못하여 하주 떠나, 끄떡끄떡 흐린 경수 건넌다네.」(轗軻辭下杜, 飄颻凌濁涇) 송나라 소식의 〈적벽(赤壁)〉「한 조각 작은 배 가는대로 물결에 내 맡겨, 아득한 만경창파 건넌다네.」(縱一葦之所如, 凌萬頃之茫然)

4 | **호탕백구쌍(浩蕩白鷗雙)** : 당나라 두보의 〈위좌승 어르신께 24운자를 써서 삼가 지어 바침(奉贈韋左丞丈二十二韻)〉「흰 갈매기 호탕한 물결 속으로 가라 앉으니, 만리에 누가 길들일 수 있겠는가?」(白鷗沒浩蕩, 萬里誰能馴)

5 | **적적롱조간(籊籊弄釣竿)** : 적적 길고 끝으로 갈수록 가늘어지는 것을 형용하는 의태어. 《시경·위(衛)나라의 민요·대나무 낚싯대(竹竿)》「길쭉길쭉한 낚싯대로, 기수에서 낚시하네.」(籊籊竹竿, 以釣于淇) 주희의 주석 「적적은 길면서 줄어드는 것이다.」(籊籊, 長而殺也)

浩蕩白鷗雙[4]
호 탕 백 구 쌍

호탕하게 흰 갈매기 한 쌍 날아가네.

翟翟弄釣竿[5]
적 적 농 조 간

호리호리한 대나무 낚싯대 드리우고,

盈盈對酒缸
영 영 대 주 항

찰랑찰랑 넘치는 술 항아리 마주하네.

寒襟頓蕭爽[6]
한 금 돈 소 상

찬 옷깃 갑자기 확 트여 상쾌하니,

眞境超鴻厖[7]
진 경 초 홍 방

진경 크고 넓게 뛰어넘었음이네.

了知夢中樂[8]
요 지 몽 중 락

분명히 알았다네, 꿈속의 즐거움,

不用金石撞[9]
불 용 금 석 당

금석과 같은 악기 두드릴 필요 없음을.

6 | **돈소상(頓蕭爽)** : 〈유수야가 지은 여러 시의 각운자를 써서 짓다·띠집을 짓고 살다(次秀野雜詩韻·葺居)〉「문득 동산 숲 갑작스레 상쾌하게 느껴지니, 어디선들 현묘하고 깊은 뜻 맛보지 못하랴?」(便覺園林頓蕭爽, 不妨隨境味玄幽)

7 | **홍방(鴻厖)** : 홍은 크다는 뜻이고, 방은 두껍다는 뜻이다. 송나라 구양수의 〈같은 해 진사가 된 사람 중윤 유환(劉渙)이 남강으로 돌아감에 여산은 높고라는 시를 지어 준다(廬山高, 贈同年劉中允歸南江)〉「위로는 검푸른 하늘 어루만지니 어두침침하고, 아래로는 후토의 크고 두꺼운 땅 누르고 있네.」(上摩靑蒼以晻靄, 下壓后土之鴻厖)

8 | **요지몽중락(了知夢中樂)** : 송나라 구양수(歐陽脩)의 〈금을 타다. 가도의 시체를 흉내내어(彈琴效賈島體)〉「바야흐로 저 꿈속의 즐거움, 내심 말로 전하기 어려움 알았다네.」(方彼夢中樂, 心知口難傳)

9 | **금석(金石)** : 악기를 배합한 음악을 말함. 금(金)·석(石)·사(絲)·죽(竹)·포(匏)·토(土)·목(木)·혁(革)의 여덟 가지 악기가 내는 음악인 팔음(八音)을 대표하여 금석이라고 함. 금석이 금문(金文), 곧 종정문(鐘鼎文)을 가리킬 때가 많으므로 이를 구별하기 위하여 종종 사죽(絲竹)이라고도 함.

葦間有老父[10]
위 간 유 노 부

갈대 사이에 있는 어떤 늙은이,

令我意甚降
령 아 의 심 강

나에게 마음 푹 놓으라 하네.

泝洄欲問道[11]
소 회 욕 문 도

거슬러 올라 길 물으려 하니,

欻去入空谾[12]
훌 거 입 공 홍

홀연히 떠나 빈 골짜기로 들어가버리네.

霜風振古木
상 풍 진 고 목

서리 낀 바람 고목 흔들어,

驚回仍故邦
경 회 잉 고 방

놀라 돌아보니 그대로 고향땅이라네.

姮娥如相慰[13]
항 아 여 상 위

항아 나를 위로하는 듯,

粲然窺我窗
찬 연 규 아 창

환하고 밝게 내 창 엿본다네.

10 | **위간유노부(葦間有老父)** : 곧 어부를 말함. 《장자·어부(漁父)》「(공자와 말이 끝나자) 곧 배에 올라 노를 저어 떠나더니 갈대 사이를 따라갔다.」(乃刺船而去, 夤緣葦間) 송나라 소식의 〈서해를 그리워하며 같은 해에 과거에 급제한 조미숙에게 부침(懷西湖, 寄晁美叔同年)〉「옛 어부 만나게 될 것이니, 갈대 사이로 따라갈 것이네.」(應逢古漁父, 葦間自夤緣)

11 | **소회욕문도(泝洄欲問道)** : 진나라 도연명의 〈도화원기(桃花源記)〉의 고사를 쓴 것 같다.

12 | **공홍(空谾)** : 빈 골짜기. 송나라 구양수의 〈같은 해 진사가 된 사람 중윤 유환(劉渙)이 남강으로 돌아감에 여산은 높고라는 시를 지어 준다(廬山高, 贈同年劉中允渙歸南康)〉「한번 그 사이로 가서, 돌 비탈길 붙잡고 기어올라 빈 골짜기 엿보게나.」(試往造乎其間兮, 攀緣石磴窺空谾)

13 | **항아(姮娥)** : 원래는 신궁(神弓)인 후예(后羿)의 아내로 「嫦娥」라고도 하며 곧 달을 가리킴. 후예가 서왕모(西王母)에게 불사약을 청하였으나 항아가 그것을 훔쳐 먹고 승천하다가 달에 이르러 두꺼비가 되었기 때문에 이렇게 말함.

128. 樂山南景霖, 自書堂寄松酒, 幷詩二律, 且酌且吟, 興趣超然, 和成錄呈

요산 남경림이 서당에서 송주와 율시 두 수를 보내다. 술을 따라 마시면서 시를 읊조리니 홍취가 세속을 초월한 듯하였다. 화답하여 글로 적어 드린다

心知千歲老蒼龍[1] 심 지 천 세 로 창 룡	마음으로 알았었네, 천 년된 늙은 푸른 용,
不是秦皇避雨松[2] 불 시 진 황 피 우 송	진나라 황제 비 피한 소나무 아니었음을.
自試風霜耐嚴苦 자 시 풍 상 내 엄 고	스스로 모진 풍상 시험하여 심한 고통 참아내었으니,
何妨雨露作薰濃 하 방 우 로 작 훈 농	어찌 방해 받으리오, 비와 이슬 짙은 훈기 됨을.
春聲沸處寒吹髮 춘 성 비 처 한 취 발	봄소리 들끓는 곳에 찬 기운 머리카락 날리지만,

1 | **노창룡(老蒼龍)** : 소나무를 말함. 소나무의 잎을 창염(蒼髥)이라 하고, 소나무 껍질을 용린(龍鱗)이라 하기 때문에 이렇게 말하였음.

2 | **진황피우(秦皇避雨)** : 《사기》 권6 〈진시황본기(秦始皇本紀)〉 「28년에 시황이 …… 마침내 태산에 올라 비석을 세우고 토단을 쌓아서 하늘에 제사를 지냈다. 제사를 마치고 산을 내려오던 중 갑자기 바람이 불고 비가 내려 나무 아래서 잠시 쉬었는데, 이 일 때문에 그 나무를 오대부에 봉하였다.」(二十八年, 始皇……乃遂上泰山, 立石, 封, 祠祀. 下, 風雨暴至, 休於樹下, 因封其樹爲五大夫)

珀色傾時病洗胸[3] 박 색 경 시 병 세 흉	호박 빛 술잔 기울일 때 병든 가슴 씻기어지네.
妙法曾傳坡老賦[4] 묘 법 증 전 파 노 부	묘한 비법 일찍이 전하여졌네, 동파 늙은이의 시부에,
喜聞佳興屬南容[5] 희 문 가 흥 속 남 용	아름다운 홍취 즐거이 듣고서 남용에게 부치네.

3 | **춘성~병세흉(春聲~病洗胸)** : 진나라 장화(張華)의 《박물지(博物志)》 권4 「《신선전》에서는 『소나무나 잣나무의 진이 땅에 들어가 천년이 되면 복령이 되며 복령은 호박이 된다.』라 하였다. 호박은 일명 강주라고도 한다.」(神仙傳云, 松柏脂入地千年化茯笭, 茯笭化琥珀, 琥珀一名江珠) 당나라 두보의 〈정부마댁에서 동리에 연회를 베풀다(鄭駙馬宅宴洞中)〉「봄 술잔 짙으나 호박 빛 옅고, 얼음 술잔 짙푸르나 마노 차다네.」(春酒盃濃琥泊薄, 氷漿椀碧碼碯寒) 당나라 이하의 〈술을 권하려 하다(將進酒)〉「유리 술잔에 호박빛 술 진하고, 작은 주자의 술 방울 진주처럼 붉네.」(琉璃鍾, 琥珀濃, 小槽酒滴眞珠紅)

4 | **파로부(坡老賦)** : 송나라 동파(東坡) 소식(蘇軾)의 시에 〈중산의 소나무 술을 웅주태수인 왕인진에게 부침(中山松醪, 寄雄州守王引進)〉이 있는데, 「빽빽한 푸른 수염 천 년의 자태, 기꺼이 술잔으로 들어와서 사람들 어린 아이들 것처럼 노는 듯한 기쁨 불러 일으키네.」(鬱鬱蒼髯千歲姿, 肯來杯酒作兒嬉)라는 구절이 있다. 또 소식은 〈중산송료부(中山松醪賦)〉도 지었는데 《동파집》 권33에 수록되어 있다.

5 | **속남용(屬南容)** : 《고중》「경림의 성씨가 남씨이기 때문에 이렇게 말하였다.」(以景霖姓南故云) 남용은 공자의 제자이면서 또한 질서(姪壻)가 되었음.

129. 島潭[1]_ 戊申[2]

도담_무신년(1548)

回舟登岸坐臨流
회 주 등 안 좌 임 류

배 돌려 언덕에 올라
흐르는 물 내려다보며 안았자니,

滿目雲山景色幽[3]
만 목 운 산 경 색 유

온 눈에 구름 낀 산 들고
경치 그윽하기만 하네.

莫道使君無與賞
막 도 사 군 무 여 상

말하지 말게나, 고을 원님
더불어 감상할 이 없다고,

三杯聊勸水中鷗
삼 배 요 권 수 중 구

석 잔 술 오로지 권하네
물 속의 갈매기에게.

1 | **도담(島潭)** : 곧 단양팔경 중의 하나인 도담삼봉을 가리킴. 현재의 단양군 단양면에 있음. 《신증동국여지승람》 권14 〈충청도·단양군〉 조에서 「군 북쪽 24리에 있다. 세 바위가 못 가운데 우뚝 솟아 있다.」라 한 것이 삼봉이다. 조선 초 개국공신인 정도전이 삼봉을 자신의 호로 삼았다. 퇴계도 〈단양의 산수로 놀만한 곳을 이어서 기록함(丹陽山水可遊者續記)〉(《내집》 권42. 이하 〈가유기〉)에서 「나루를 건너 북쪽으로 가면 비스듬히 동쪽으로 흘러 들어가는데 거대한 바위 세 봉우리가 물 가운데 높이 솟아 있으니 곧 이른바 도담이라고 하는 것이다.」(渡津北行, 迤東而入, 有巨石三峯岌然峙于水中者, 卽所謂島潭也)라 하였다.
《내집》 권1에도 같은 제목의 시가 두 수 수록되어 있다.

2 | 무신년은 1548년으로 퇴계 48세 되던 해이며, 이 해에 단양군수로 부임했다.

3 | **만목운산(滿目雲山)** : 송나라 소옹(邵雍)의 〈용문으로 가는 도중에 짓다(龍門道中作)〉 「온 눈 가득한 구름 모두 즐거움인데, 한 터럭 영욕 놀랄 것 없네.」(滿目雲山俱是樂, 一毫榮辱不須驚)

130. 望寒碧樓[1]

한벽루를 바라보며

寒碧樓高入紫冥[2]
한 벽 루 고 입 자 명

한벽루 높다랗게
자색 하늘에 솟아 있는데,

隔溪相對展雲屛
격 계 상 대 전 운 병

개울 건너 마주하니
구름 병풍 펼친 듯.

新晴晩倚孤舟望
신 청 만 의 고 주 망

갓 개인 저녁
외로운 배에 기대어 바라보니,

非鏡非烟一抹靑
비 경 비 연 일 말 청

거울도 아니고 연기도 아닌데
온통 푸르름 덮였네.

朱悅寒碧樓詩[3], 水光澄澄鏡非鏡, 山氣藹藹烟非烟[4]
주열의 〈한벽루〉 시에 「물빛 맑고 맑아 거울 아닌 거울이고, 산 기운 어두침침 안개 아닌 안개라네.」라는 구절이 있다.

1 | 한벽루(寒碧樓) : 지금의 제천군 청풍면 물태리에 있는 누각으로, 조선시대 청풍현의 객사에 딸려 있었음. 《신증동국여지승람》 권14 〈충청도·청풍군〉 「객관 동쪽에 있으며 큰 강을 굽어보고 있다.」 하륜(何崙)이 지은 기문(記文)이 있다. 고려 말인 1317년 청풍현이 군으로 승격되자 이를 기념하기 위하여 지었으며, 원래는 청풍면 읍리에 있었으나 충주댐 건설로 읍내가 수몰되어 현재의 위치로 옮겼다.

2 | 입자명(入紫冥) : 당나라 이백의 〈여러 공들과 함께 진랑이 형양으로 돌아가려 함에 송별하다(與諸公送陳郎將歸衡陽)〉 「형산 푸릇푸릇하게 자색 하늘 찌르며 솟아 있고, 아래로는 남극의 노인성 보네.」(衡山蒼蒼入紫冥, 下看南極老人星)

3 | 주열(朱悅: ?~1287) : 고려 고종 때의 문신으로 본관은 능성(綾城)이며 자는 이화(而和)이다. 고종 때 문과에 급제하여 남원판관으로 벼슬을 시작하였으며 지도첨의부사(知都僉議府事)로 치사하였다. 시호는 문절(文節).

4 | 주열이 지은 시의 원문을 소개하면 다음과 같다.

〈청풍의 객사에 있는 한벽헌에서(淸風客舍寒碧軒)〉
水光澄澄鏡非鏡　물빛 맑고 맑아 거울 아닌 거울이요,
山氣藹藹烟非烟　산 기운 자욱하니 안개 아닌 안개로다.
寒碧相凝作一縣　차고 푸름 서로 엉기어 한 고을 되었거늘,
淸風萬古無人傳　맑은 바람을 만고에 전할 이 없네.

131~136. 自淸風泝流而上, 所過輒問名紀勝, 仍用柳公, 從龍雲流字絶句韻, 凡得若干首[1]

청풍에서 물길을 거슬러 올라가다 지나는 곳마다 문득 이름을 묻고 빼어난 곳을 적다가 유공 종용운이 「흐를 류」자를 써서 지은 절구의 각운자를 그대로 써서 무릇 몇 수를 얻다

131 三智灘[2] 　　삼지탄

雷霆誰作怒
뇌 정 수 작 노
천둥 우레 누가 성내는 소리인가?

狠石礙狂流[3]
한 석 애 광 류
사나운 암석 거친 물길 막는 소리라네.

急處應難犯
급 처 응 난 범
물살 빠른 곳은 가까이 하기 어려울 것이니,

緣涯徐挽舟[4]
연 애 서 만 주
물가 따라 배 천천히 끈다네.

1 | 청풍(淸風) : 조선시대에는 충청도에 속한 군이었으나, 지금은 충청북도 제천군(堤川郡)에 속한 면이 되었음.
유종룡(柳從龍: 1485~1519) : 유운(柳雲)의 자. 본관은 문화(文化)이며, 호는 항재(恒齋)이며 크고 뛰어난 절개가 있었다. 기묘사화 때 대사헌이었으나 파직되었다. 시호는 문경(文敬)이다.
유운은 성격이 시원스럽고 검속하지 않아서 당시의 논의에 용납되지 않아 충청도 관찰사로 좌천되었다. 단양군(丹陽郡)에 이르러 절구 한 수를 지어서 「저 흉하고 못난 돌들을 모두 주워다, 맑은 물 흐르는 속에 깔아나 볼까. 바람 잡고 해약(海若: 물귀신) 가두어, 그런 다음에야 내 배 띄우리.」(拾盡凶頑石, 平鋪淸淨流. 捕風囚海若, 然後放吾舟)라 하였다. 이것이 빌미가 되어 기묘사화 때 탄핵을 받고 낙향한 후 술을 마시다가 위장이 상해 죽었다.

132 都土潭　　도토담

白雲滿翠嶺[5]　　흰 구름 푸른 봉우리에 가득하고,
백 운 만 취 령

紅日倒淸流　　붉은 해 맑은 물에 거꾸로 비치네.
홍 일 도 청 류

上下虛明裏　　아래 위 밝은 허공으로,
상 하 허 명 리

迢遙一葉舟　　일엽편주 아득히 저어가네.
초 요 일 엽 주

133 乃邁潭[6]　　내매담

蟬聲含玉咽　　매미 소리 구슬 머금고 우는 듯하고,
선 성 함 옥 열

日影漾金流　　해 그림자 금빛 물결에 일렁이네.
일 영 양 금 류

2 | 삼지탄(三智灘)은 청풍군 수산면(水山面) 능강리(綾江里)를 싸고 도는 남한강의 지류인 능강 앞에 있는 여울. 「三之灘」 혹은 「三砥灘」이라고도 함. 〈가유기〉「그날 밤 나는 청풍의 응청각에서 자고 다음날 새벽의 시원함을 틈타 사람을 시켜 배를 끌고 물을 거슬러 올라가 삼지탄을 지나갔다.」(其夜, 余宿于淸風郡之凝淸閣, 翌日, 乘曉涼, 使人挽舟泝流而上, 過三智灘)

3 | 한석(狠石) : 흔석(很石)이라고도 하며 양의 모양을 한 돌을 가리키는데, 여기서는 험한 돌이라는 뜻으로 쓰였다.

4 | 만주(挽舟) : 위의 주석 2)를 보라.

5 | 백운만취령(白雲滿翠嶺) : 당나라 왕유(王維)의 〈임원에서 있었던 일을 그대로 적어 친아우인 담에게 부침(林園即事, 寄舍弟紞)〉「푸릇한 풀 맑은 언덕에 엄숙하고, 흰 구름은 푸른 봉우리로 옮기어 가네.」(靑草肅澄陂, 白雲移翠嶺)

6 | 내매담(乃邁潭) : 〈가유기〉에는 「迺邁潭」으로 되어 있다. 「迺」는 「乃」의 이체자. 〈가유기〉「내매담 가에 이르러 선창을 열고 바라보았더니 물이 두 산 사이에서 나와

小酌無人共7
소 작 무 인 공

조촐한 술자리 함께할 이 없지만,

輕風穩送舟8
경 풍 온 송 주

가벼운 바람 배 편안히 보내네.

134 花灘9

화탄

勢利爭先得
세 리 쟁 선 득

기세와 날램 다투어 먼저 차지하려는 듯,

巉巖鬪衆流
참 암 투 중 류

깎아지른 바위 사이로 뭇 물줄기 다투네.

惡人能覆國
악 인 능 복 국

못된 사람 나라 뒤엎을 수 있고,

惡灘能覆舟10
악 탄 능 복 주

못된 여울 배 뒤집을 수 있다네.

높은 곳을 따라 곧바로 아래로 떨어지며, 뭇 바위에 부딪쳐 노한 기세로 달리고 구름과 눈 같은 물결이 넘실거리며 팽배하는데 화탄이다.」(至迺邁潭之上, 搴篷而望之, 則水出于兩峽之間, 從高而直下, 礧擊于衆石, 怒勢奔放, 雲濤雪浪, 洶涌而澎湃者, 花灘也)

7 | **소작무인공(小酌無人共)** : 당나라 원진(元稹)의 〈삼천역(三泉驛)〉「그대에게 한 잔 가득 권커니 그대 사양하지 마오, 헤어진 후에 그대와 함께 취할 이 없을 것이니.」(勸君滿盞君莫辭, 別後無人共君醉)

8 | **경풍온송주(輕風穩送舟)** : 명나라 허상경(許相卿)의 《운촌집(雲村集)》 권2에 있는 〈또 8월 보름날 밤에 옥대호의 달빛에 배를 띄우다(又八月望夜玉帶湖汎月)〉라는 시에 같은 구절이 있다.

9 | **화탄(花灘)** : 위 주 6)을 보라. 화탄은 청풍군 수산면 괴곡리(槐谷里) 서쪽 옥순봉 앞을 흐르는 여울. 고지여울이라고도 하고 관탄(串灘)이라고도 함.

10 | **악인~능복주(惡人~能覆舟)** : 《순자·왕제(王制)》「전하는 말에 『임금은 배이고 백성은 물이다. 물은 배를 띄울 수도 있고 물은 배를 엎을 수도 있다.』라 하였는데 곧 이를 말한다.」(傳曰, 君者, 舟也, 庶人者, 水也. 水則載舟, 水則覆舟, 此之謂也) 같은 책 〈유좌(宥坐)〉편에도 수록되어 있고 또한 《공자가어(孔子家語)》 등의 책에도 수록되어 전함.

135 龜潭[11] 구담

仰望鶴峯秀[12] 앙 망 학 봉 수	우러러 학봉 수려함 바라보고,
俯鑑龜潭流 부 감 구 담 류	숙이어 구담 흐르는 물 살피네.
何當喚仙客[13] 하 당 환 선 객	어떻게 신선 부를까?
明月弄扁舟[14] 명 월 농 편 주	밝은 달 조각배 희롱하는데.

11 | 구담(龜潭) : 단양군(丹陽郡) 단양면 장탄리(長灘里)에 있는 소(沼). 소 가운데 바위와 주위의 절벽에 있는 돌들이 모두 거북처럼 생겨서 이렇게 부른다. 주위에 구담봉이 펼쳐져 있어 단양팔경 중에서도 으뜸이라고 함. 〈가유기〉「산봉우리가 그림 같고 협문이 마주 열렸으며 그 속에 물이 고였는데 맑고 푸른 빛이 엉기어 마치 거울을 새로 닦아서 공중에 달아놓은 듯한 것이 구담이다.」(峯巒如畫, 峽門對拆, 水積于其中, 而涵泓凝碧, 如鏡新磨, 如在空中者, 龜潭也) 같은 제목의 시가 《내집》 권1에도 수록되어 있다. 《요존록》「혹자는 전하기를 수담의 석벽에 절구 한 수가 새겨져 있는데, 『물 집푸르고 산 붉은 경계에, 청풍루와 이요루 있다네. 신선 기다릴 수 없어, 슬피 홀로 배로 돌아오네.』라 하였으며, 이는 선생의 시라는데 더욱 고찰을 해야 할 것 같다.」(或傳龜潭石壁有一絶刻詩, 碧水山丹界, 淸風二樂樓. 仙人不可待, 惆悵獨歸舟. 此是先生詩云, 當更考)

12 | 학봉(鶴峯) : 구담봉 북쪽에 세 봉우리가 강가에 우뚝 솟아 있는데, 이를 채운봉(彩雲峯), 현학봉(玄鶴峯), 오로봉(五老峯)이라고 한다. 층암절벽이 기묘하게 생겨서 신선이 학을 타고 구름 사이로 나는 모양이라고 함. 〈가유기〉「그 봉우리 가운데 큰 것이 셋 있는데 모두 물을 굽어보며 높이 솟았으며 가운데 봉우리가 가장 뛰어났다. 층층의 산이 빼어남을 다투고 삐죽삐죽한 바위는 높이를 다투어 마치 귀신이 깎아놓은 듯하며 기이하고 괴상하여 이루 다 형용할 수가 없다. 이때 산에 내리던 비가 갓 개니 산기운이 새로워진 듯하고 구름이 맑고 고왔다. 마침 웬 현학이 가운데 봉우리에서

136 長會灘[15]

장회탄

力殫方少進 역 탄 방 소 진	힘 다해 바야흐로 조금 나아갔으나,
放手已頹流 방 수 이 퇴 류	손 놓자 벌써 흐름 따라 되내려가네.
請君如有意 청 군 여 유 의	청컨대 그대 뜻 있다면,
看取上灘舟 간 취 상 탄 주	여울 거슬러 오르는 배 잘 봐두게나.

날아 나와 몇 바퀴를 돌다가 구름의 바깥으로 들어갔다. 내 배 안에서 술을 마시고 시를 읊으니 초연하게 맑은 바람을 타고 넓은 곳에 노니는 듯한 생각이 들었다. 이 때문에 그 봉우리 중 아래에 있는 것을 채운이라 하였고 가운데 있는 것을 현학이라고 하였는데 보인대로 따른 것이었다.」(其峯之大有三, 皆臨水峭拔, 而中峯爲最. 層巖競秀, 矗石爭挐, 如鬼刻神剜, 奇奇怪怪, 不可具狀焉. 于時山雨初霽, 峽氣如新, 雲物淸姸. 適有玄鶴, 自中峯飛出, 盤廻數匝而入於雲霄之表. 余於舟中, 取酒吟詩, 超然有御冷風遊汗漫之意. 因以名其峯之在下者曰彩雲, 其中者曰玄鶴, 以其所見也) 이에 의하면 이 세 봉우리의 이름은 퇴계가 명명한 것으로 보인다.

13 | **선객(仙客)** : 《고증》「이이성을 가리킨다.」(指李而盛) 이이성은 이지번(李之蕃: ?~1575)의 자이며, 호를 성암(省菴)·사정(思亭) 또는 구옹(龜翁)이라고 하였다. 윤원형이 정권을 잡자 벼슬을 버리고 단양의 구담(龜潭)에 집을 짓고 은거하였는데, 항상 푸른 소〔靑牛〕를 타고 강가를 오르내렸으며, 또한 칡넝쿨을 엮어 구담의 양쪽 벽에 매달아 학을 만들어 타고 내왕하였으므로 사람들이 신선이라 하였다. 〈이지번이 청풍군수로 부임함에 송별하다(送李而盛, 赴淸風郡任)〉에 「잘 가게나 청풍 군수여, 구담의 옛 주인이라네.」(好去淸風守, 龜潭舊主人)라는 구절이 있다.

14 | **명월롱편주(明月弄扁舟)** : 주자의 〈무림(武林)〉「다만 나 무심하기만 하다면 근심 생기겠는가? 서호의 바람과 달 속에 조각배 타고 놀리.」(只我無心可愁得, 西湖風月弄扁舟)

15 | **장회탄(長會灘)** : 단양군 단양면 장회리(長淮里) 아래 마을 북쪽에 있는 여울로, 장회여울, 또는 장회탄(長淮灘)이라고도 함.

137~138. 蒼石臺[1]_在郡北五里

창석대_군 북쪽 5리 지점에 있다

137

桂棹蘭槳擊素波[2] 계수나무 노와 난초 상앗대로 흰 물결 치며,
계 도 난 장 격 소 파

來攀蒼石似登霞 창석대 푸른 바위 기어 오르니 하늘 오르는 듯.
내 반 창 석 사 등 하

微風淨掃秋烟盡 산들바람 불어 가을 안개 깨끗이 씻어주니,
미 풍 정 소 추 연 진

一片寒光玉鏡斜 한 조각 찬 달빛 옥 같은 수면에 비끼네.
일 편 한 광 옥 경 사

138

原堂東麓靄潭西[3] 원당 동쪽 기슭 애담의 서쪽에,
원 당 동 록 애 담 서

石勢巃嵷尙可梯 바위 기세 험준하나 그래도 오를 만하네.
석 세 롱 종 상 가 제

絶境始開千古秘 빼어난 경계 천고의 신비 이곳에서 시작되니,
절 경 시 개 천 고 비

從今三島不須躋[4] 지금부터는 세 섬 반드시 오를 필요 없으리.
종 금 삼 도 불 수 제

1 | **창석대(蒼石臺)** : 단양군 적성면(赤城面) 애곡리(艾谷里)의 애담(靄潭) 위에 있는 크고 푸른 바위. 이퇴계가 이렇게 명명하였다고 함.

2 | **계도~격소파(桂棹~擊素波)** : 송나라 소식의 〈적벽(赤壁賦)〉「계수나무 노여 난초 상앗대로, 물에 비친 달 그림자 침이여 달빛 흐르는 물결 거슬러 올라가네.」(桂棹兮蘭槳, 擊空明兮泝流光) 같은 사람의 〈중백달에게 화답하다(和仲伯達)〉「그대 바야흐로 바다 곁에서 막 떠오르는 해 바라보는데, 나는 이미 강 가로질러 흰 물결 친다네.」(君方傍海看初日, 我已橫江擊素波)

3 | **애담(靄潭)** : 애곡리의 창석대 아래에 있는 소(沼). 이전에 소의 위쪽에 황응규(黃應奎)의 모정(茅亭)이 있어 배를 타고 놀 만한 곳이었다고 함.

4 | **삼도(三島)** : 봉래(蓬萊)·방장(方丈)·영주(瀛州)의 전설에 나오는 세 산. 선경을 가리키며 삼도십주(三島十洲)라고도 함.

139. 次韻尙州牧金季珍彦琚見寄[1]_己酉春, 移守豐基郡[2]

상주목사 김계진언거이 부쳐온 시의 각운자를 써서 짓다_

기유년(1549) 봄 풍기군수로 옮겼다

貪榮誰肯食吾餘[3]
탐 영 수 긍 식 오 여

영화 탐한들 누가 기꺼이
　내가 남긴 찌꺼기 먹으려 하겠는가?

涉世方知見事疎
섭 세 방 지 견 사 소

세상 살다보니 바야흐로 알았네,
　일 성기어질 수 있음을.

我縱在官如得鹿[4]
아 종 재 관 여 득 록

내 비록 관직에 있었다 하나
　사슴 얻은 듯하고,

君能爲政似烹魚[5]
군 능 위 정 사 팽 어

그대 선정 베풀어
　고기 잘 삶듯 한다네.

1 | **김계진(金季珍)** : 김언거(金彦琚)의 자. 본관은 광주(光州) 김씨이며, 호는 풍영정(風詠亭), 또는 관포당(灌圃堂), 칠계(漆溪)라고도 하였다. 중종(中宗) 조 신묘년(辛卯年: 1531년)에 과거에 급제하였으며 벼슬은 승문원판교(承文院判校)에까지 이르렀다.

2 | 기유년은 퇴계 49세 때인 1549년으로, 단양순수에서 풍기군수로 옮긴 해이다.

3 | **수긍식오여(誰肯食吾餘)** : 《좌전·장공(莊公) 6년》「등후가 말했다.『그러면 사람들이 앞으로 내가 남긴 것을 먹지 않을 것이다.』」(鄧侯曰, 人將不食吾餘) 《내집》 권2 〈황이 근자에 두 번이나 부름의 명을 받았는데 한 번은 첨지중추부사로였고, 또 한 번은 부제학으로였다. ……(滉近再蒙召命, 一以僉知, 一以副提……)〉 제3수에도 「명예나 도모한다면 뉘라서 나의 찌끼 먹고자 하겠는가?」(圖名誰肯食吾餘)라는 구절이 있다.

4 | **여득록(如得鹿)** : 《열자·주목왕(周穆王)》「정나라에 들에서 나무를 하던 사람이 있었는데 놀란 사슴을 만나 몰아서 때려잡아 죽였다. 남이 그것을 볼까 걱정하여 엉겁결에 구덩이 속에 숨겨놓고 덤불로 덮었다. 그 기쁨을 이기지 못하였는데 잠깐만에 그 숨겨놓은 곳을 잃어버렸다. 마침내 꿈을 꾸었다고 생각하였다.」(鄭人有薪於野者, 遇駭鹿, 御而擊之, 斃之. 恐人見之也, 遽而藏諸隍中, 覆之以蕉, 不勝其喜. 俄而遺其所藏之

詩探妙訣冰生韻 시 탐 묘 결 빙 생 운	시 지어 묘한 비경 찾으려 하니 술잔에서 좋은 시 생겨나고,
琴弄無絃月滿虛6 금 롱 무 현 월 만 허	무현금 어루만지니 달 찼다가 기울었다 하네.
興極不禁歌激烈 흥 극 불 금 가 격 렬	흥취 극도에 이르면 노래 격해짐 금치 못하겠지만,
床頭猶見古人書 상 두 유 견 고 인 서	책상 머리에는 그래도 옛 사람 책 보이리라.

處, 遂以爲夢焉) 이로 인해 사슴을 얻었다는 말은 나중에 허황된 인간세상의 부귀를 가리키는 말로 쓰이게 되었음.

5 | 팽어(烹魚) : 《시경·회(檜)나라의 민요·비풍(匪風)》「누가 고기 잘 삶을 수 있나? 가마솥에 물 알맞게 부으리라.」(誰能亨魚, 漑之釜鬵) 모씨의 주석[毛傳] 「물고기를 너무 삶으면 뭉개지고, 백성을 다스림이 지나치면 흩어진다. 물고기를 삶을 줄 알면 백성을 다스릴 줄 알게 된다.」(亨魚煩則碎, 治民煩則散. 知亨魚則知治民矣) 명나라 팽대익(彭大翼)의 《산당사고(山堂肆考)》 권76 「열자가 말하기를 『큰 고을을 다스리는 것은 작은 생선을 삶는 것과 같아 사람이 요란하면 피로해지고 물고기가 요란하면 뭉그러진다.』라 하였다.」(列子曰, 宰大邑者, 如烹小鮮, 人擾則疲, 魚擾則餒) 이로 인해 팽어라는 말은 나중에 백성을 잘 다스린다는 말로 쓰이게 되었음.

6 | 금롱무현(琴弄無絃) : 《남사·도잠(陶潛)의 전기》「도잠은 음악에 능하지는 못했지만 줄 없는 거문고를 하나 가지고 있었다. 술이 적당히 취할 즈음에 걸핏하면 그것을 타면서 뜻을 의탁했다.」(潛不解音聲, 而畜素琴一張. 每有酒適, 輒撫弄以寄其意) 무현금은 나중에는 한적하게 은퇴하겠다는 의미를 지니게 되었음.

140. 景濂亭_ 亭在白雲洞[1]

경렴정_ 정자는 백운동서원에 있다

草有一般意[2] 초 유 일 반 의 — 풀에도 나와 같은 뜻 있으며,

溪含不盡聲 계 함 부 진 성 — 시내는 다하지 않는 소리 머금었다네.

遊人如未信 유 인 여 미 신 — 노니는 이 믿지 못하는 듯하지만,

蕭洒一虛亭 소 쇄 일 허 정 — 맑고 깨끗하게 정자 하나 서 있네.

【원운시】

景濂亭 경렴정

山立祇祇色 — 산은 아담한 경치 속에 서 있고,

溪行亹亹聲 — 시냇물 졸졸 소리 내며 흐르네.

幽人心有會 — 그윽한 은자 마음 맞음 있어,

夜半倚孤亭 — 한밤중에 외로운 정자에 기대어 있네.

1 | 곧 백운동서원을 말함. 신재 주세붕이 창건한 우리나라 최초의 서원으로, 지금의 경상북도 영주군 순흥면 죽계의 소수서원임.

4 | **초유일반의(草有一般意)** : 《두 정자가 남긴 글(二程遺書) 권3》「주돈이는 창 앞의 풀을 뽑아 없애지 않았다. 그 까닭을 물었더니 이르기를 『나의 의사와 같기 때문이다.』라 하였다.」(周茂叔窓前草不除去, 問之, 云, 與自家意思一般) 주자의 〈성리를 읊음·즐거움(性理吟·樂)〉「이 뜻 날짐승 서로 말하는 것과 상관있으니, 주렴계의 뜰의 풀 마찬가지로 봄이네.」(此意相關禽對語, 濂溪庭草一般春) 경렴정이란 정자의 이름이 염계를 경앙한다는 뜻이기 때문이 이렇게 읊었음. 《내집》 권3의 〈도산서당에서 여러 수를 읊음·뜰의 풀(陶山雜詠·庭草)〉에도 「뜰 앞의 풀 생각 매한가지라네.」(,庭草思一般)라는 구절이 있다. 송나라 소옹(邵雍)의 〈맑은 밤에 읊조림(淸夜吟)〉「달 하늘 한복판에 이르고, 바람은 마침 수면으로 불어오네. 똑같은 맑은 의미, 헤아려 아는 사람 적구나.」(月到天心處, 風來水面時. 一般清意味, 料得少人知)

141. 答周景遊世鵬見寄

주경유세붕가 부쳐온 시에 답하다

寄謝商山白髮人[1] 기 사 상 산 백 발 인	상산의 백발노인에게 감사의 뜻 보내노니,
吾猶寒谷未回春[2] 오 유 한 곡 미 회 춘	내게는 아직 차가운 계곡에 봄 돌아오지 않은 듯.
强將衰病淹歸駕 강 장 쇠 병 엄 귀 가	강했던 이 쇠약하고 병들어 돌아오는 수레 멈추고 있으나,
洞主年來要策眞 동 주 년 래 요 책 진	백운동 주인 해마다 내놓는 요긴한 계책 참되네.

景遊自號商山白髮

경유는 자호를 상산백발이라 하였다

1 | 상산(商山) : 상산은 경상북도 상주의 옛 이름이다. 여기서는 진나라 말기에 어지러운 세상을 피하여 섬서성 상산에 은거하였던 동원공(東園公)·녹리선생(甪里先生)·기리계(綺里季)·하황공(등의 네 백발노인[白皓]을 주세붕에 비유하여 말하고 있다. 주경유의 자호가 상산백발이어서 이렇게 말하였다.

2 | 한곡(寒谷) : 한나라 유향(劉向)의 《칠략별록·제자략(七略別錄·諸子略)》「추연이 연나라에 있을 때 어떤 골짜기가 있었는데 땅은 아름다웠으나 추워서 오곡이 자라지 않았다. 추연이 그곳에 머무르면서 노래 가락을 부니 기장[黍]이 자랄만큼 따뜻해졌기에, 지금도 서곡이라 한다.」(鄒衍在燕, 有谷地美而寒, 不生五穀, 鄒子居之, 吹律而溫至黍生, 至今名黍谷)

142. 栢與竹名曰翠寒, 贈同遊諸彦[1]

잣나무와 대나무를 취한이라 명명하여 여러 선비들에게 드리다

斷石臨溪勢欲騫
단 석 임 계 세 욕 건

깎아지른 바위 시내 굽어보고
기세 뛰어나갈 듯한데,

搜奇初得共欣然
수 기 초 득 공 흔 연

기이한 곳 찾다가 비로소 얻게되니
모두들 기뻐하네.

試除荒草開蒼壁
시 제 황 초 개 창 벽

우거진 풀 잘라내고
푸른 벽 열고 보니,

規作平臺挹翠烟
규 작 평 대 읍 취 연

평평한 누대 규모있게 만들어 놓고
비취빛 안개 끌어당기네.

1 | 백운동 서원의 입구에 있는 경렴정 앞의 개울인 죽계 건너편에 있는 취한대(翠寒臺)를 말한다. 《연보》「49세 풍기군수로 있던 3월에 서원 곁 시냇가에 암석을 끊어내고 대를 만들어 소나무와 대나무, 잣나무를 심고 취한이라고 하였다.」 이보다 한 해 뒤인 경술년(1550)년에 김중문(金仲文)에게 보낸 편지에서 「취한대의 소나무와 잣나무는 살았는가?」(翠寒臺松栢, 活否?)라 하였고, 같은 해에 역시 김중문에게 보낸 다른 편지에서 「취한대에 대나무를 심는다면 지금이 적당한 때이다.」(翠寒臺種竹, 此其時也)라 한 것으로 보아 이때(1949)는 소나무와 잣나무만 심은 것 같으며 대나무는 이듬해인 1550년에 심은 것 같다.

正好冠童春暮月[2]
정 호 관 동 춘 모 월

정말로 어른과 아이 데리고
놀기 좋은 늦봄이건만,

飜思松栢歲寒天[3]
번 사 송 백 세 한 천

도리어 생각나네, 소나무며 잣나무
추운 겨울 견디고 있던 때를.

自慙老守摧頹甚
자 참 로 수 최 퇴 심

스스로 부끄럽네, 늙은 고을원
심히 꺾이고 무너졌는데도,

登陟猶能厠衆賢
등 척 유 능 측 중 현

높이 올라 오히려 여러 어진 이
곁에 끼어 앉을 수 있음이.

2 | **관동춘모월(冠童春暮月)** : 늦은 봄날 시냇가에서 몇몇 사람과 어울리어 즐겁게 논다는 의미. 《논어·선배들이(先進)》「『점(點)이 너는 어떻게 하겠느냐?』 대답하여 말씀드렸다. ……『늦은 봄 삼월에 봄나들이 옷을 지어 입고서, 어른 대여섯과, 어린 아이 예닐곱을 데리고서 기수 가에서 목욕을 하고서 무우단 곁에서 바람을 쐬면서, 노래를 읊조리며 돌아오는 것입니다.』라고 말하자 공자가 길게 탄식하면서『나는 점과 뜻이 같다.』고 하였다.」(點爾何如? 對曰……莫春者, 春服既成, 冠者五六人, 童子六七人, 浴乎沂, 風乎舞雩, 詠而歸, 夫子喟然歎曰, 吾與點也)

3 | **송백세한천(松栢歲寒天)** : 《논어·선생님은 드물게(子罕)》「해가 차가워진 뒤에야 소나무와 잣나무가 늦게 시듦을 안다.」(歲寒然後, 知松柏之後凋也)

143~144. 順興途中醉歸[1]

순흥으로 가던 도중에 취하여 돌아오다

143

匹馬春風吊古城[2]
필 마 춘 풍 조 고 성

외로운 말 봄 바람에
옛 성터 애도하듯 우는데,

城池唯見野人耕
성 지 유 견 야 인 경

성밖 해자터엔 다만 보이네,
농부들 밭 가는 것만.

欲知當日繁華事
욕 지 당 일 번 화 사

그 당시 번화했던 일
알아보고자,

聽取安侯別曲聲[3]
청 취 안 후 별 곡 성

안후의 〈죽계별곡〉
들어본다네.

1 | **순흥(順興)** : 풍기의 옛 이름으로 지금의 경상북도 영주시에 속한다.

2 | **고성(古城)** : 《요존록》「옛 순흥부로 당시에는 풍기에 속하였다.」(古順興府, 時屬豐基)

3 | **안후별곡(安侯別曲)** : 안후는 고려의 문신인 문정공 안축(安軸: 1287~1348)을 가리킨다. 안축은 본관이 순흥이며, 자는 당지(當知)이고 호는 근재(謹齋)이다. 《고증》「문정공 안축에게는 〈죽계별곡〉 여섯 장이 있는데, 《죽계지》에 보인다.」(安文貞軸有竹溪別曲六章, 見竹溪志) 〈죽계별곡〉은 또 《근재집》 권2에도 보인다.

144

太平村裏水潺潺[4]
태 평 촌 리 수 잔 잔

태평촌에는
물 졸졸 흐르는데,

綠柳東風日掩山[5]
녹 류 동 풍 일 엄 산

푸른 버들 봄바람에 날리고
해는 서산에 가리웠네.

太守醉歸渾不省[6]
태 수 취 귀 혼 불 성

태수 취하여 돌아오는 길
사뭇 인사불성인데,

落花撩亂馬蹄間[7]
낙 화 요 란 마 제 간

떨어지는 꽃잎 말발굽 사이로
어지러이 흩날리네.

4 | **태평촌(太平村)** : 「순흥부 남쪽 2리 지점에 있다.」(在府南二里)
수잔잔(水潺潺) : 잔잔(潺潺)은 물이 흐르는 소리를 나타내는 의성어. 송나라 소식의 〈매화(梅花)〉「봄 되어 깊은 계곡에는 물 졸졸 흐르고, 매화 풀과 가시 사이에서 반짝반짝 빛나네.」(春來幽谷水潺潺, 的皪梅花草棘間)

5 | **녹류동풍(綠柳東風)** : 당나라 온정균(溫庭筠)의 〈이른 봄 산수에서 벗을 송별하다(早春滻水送友人)〉「수양버들 날리는 봄바람 속에, 마주보니 눈물 수건에 흥건하네.」(楊柳東風裏, 相看淚滿巾)

6 | **태수취귀(太守醉歸)** : 송나라 구양수(歐陽脩)의 〈취옹정의 기문(醉翁亭記)〉「창백한 얼굴에 백발을 한 이가 그 사이에서 쓰러져 있는 것은 태수가 취한 것이다. 이윽고 저녁해가 산에 있고 사람의 그림자가 어지러이 흩어지는 것은 태수가 돌아감에 손님들이 따르는 것이다.」(蒼顔白髮, 頹然乎其間者, 太守醉也. 已而夕陽在山, 人影散亂, 太守歸而賓客從也)

7 | **낙화요란(落花撩亂)** : 송나라 소옹(邵雍)의 〈게으르게 일어나 읊다(懶起吟)〉「이불 끌어안고 비스듬히 누워 아직 기꺼이 일어나지 않았는데, 발 밖에는 꽃잎 떨어져 어지러이 날리네.」(擁衾側卧未歡起, 簾外落花撩亂飛)

145. 郡齋早起[1]

군의 청사에서 일찍 일어나다

東家喔喔唱晨雞[2] 동 가 악 악 창 신 계	동쪽 집에서는 꼬끼오 새벽 닭 울고,
銀杏壇西月欲低[3] 은 행 단 서 월 욕 저	은행단 서쪽에서는 달 지려 하네.
閣裏獨興人寂寂[4] 각 리 독 흥 인 적 적	집안에 홀로 일어나 앉아 있으니 사람 쓸쓸하기만 한데,
滿庭烟草綠萋迷[5] 만 정 연 초 녹 처 미	온 뜰의 안개 덮인 풀에는 푸르름만 자욱하네.

1 | **군재(郡齋)** : 군수가 거처하는 관아. 즉 동헌(東軒)을 말함.

2 | **악악창신계(喔喔唱晨雞)** : 악악(喔喔)은 닭이 우는 소리를 나타내는 의성어. 당나라 유우석(劉禹錫)의 〈채주를 평정하다(平蔡州)〉 제2수 「여남의 새벽 닭 꼬끼오 하고 울고, 성 끄트머리 북과 뿔나팔 소리 평화롭네.」(汝南晨雞喔喔鳴, 城頭鼓角音和平) 또 새벽 닭은 아침을 재촉한다는 의미로도 많이 쓰임. 송나라 육유(陸游)의 〈새벽에 일어나다(夙興)〉 「꼬끼오 늙은 닭 달 지는 것 재촉하고, 똑똑 남은 물시계 기운 은하수 함께 하네.」(喔喔老雞催落月, 丁丁殘漏伴斜河)

3 | **은행단(銀杏壇)** : 《요존록》에는 금성단(錦城壇) 옆이라 하였다. 세종의 여섯 째 아들 금성대군(錦城大君) 이유(李瑜)는 단종(端宗)이 즉위하자 수양대군(首陽大君)이 딴 뜻을 품고 있음을 알고 임금을 보호하였고, 나중에 사육신과 함께 단종 복위 사건에 연루되어 순흥으로 유배되었다가 안동에서 사약을 받았음. 금성대군이 죽은 후에 은행나무가 말라죽었는데 숙종(肅宗) 무인년(1698) 이후에 나무가 다시 살아났다는 이야기가 민간에 전하여지고 있다고 함. 그러나 이 시는 선생이 풍기군수로 있을 때 지었으므로 금성단과는 거리가 있음.

4 | **인적적(人寂寂)** : 당나라 유우석(劉禹錫)의 〈가을밤 안국관에서 생을 연주하는 소리를 듣다(秋夜安國觀聞笙)〉 「달빛과 이슬 뜰에 가득하고 사람 쓸쓸한데, 〈예상우의곡〉은 높은 누각에서 연주되고 있다네.」(月露滿庭人寂寂, 霓裳一曲在高樓)

5 | **만정~처미(滿庭~萋迷)** : 당나라 시견오(施肩吾)의 〈산중에서 수재인 유경의 편지를 받다(山中得劉秀才京書)〉 「스스로 웃네, 집 가난하여 이르는 손님 드물어, 온 뜰에 안개 낀 풀 김맬 수 없음을.」(自笑家貧客到踈, 滿庭煙草不能鋤) 송나라 소식의 〈서태일이 왕형공이 지은 옛 시를 보고 우연히 그 각운자에 맞추어 짓다(西太一見王荆公舊詩偶次其韻)〉 제2수 「듣자하니 오의항(남조 때 귀족들이 살던 남조의 거리) 어귀에는, 지금은 안개 낀 풀 자욱이 우거졌다네.」(聞道烏衣巷口, 而今煙草萋迷)

146. 途中

도중에

水流沙渚漫無聲[1]
수 류 사 저 만 무 성

물은 모래톱 가로 흐르나
질펀하여 소리 없어지고,

山上雲低雨欲冥
산 상 운 저 우 욕 명

산 위에는 구름 낮게 걸쳐
비 오려는 듯 어둑해지네.

野鳥隔林歌互答[2]
야 조 격 림 가 호 답

들의 새들 숲 사이에 두고
노래로 서로 화답하니,

田家勞苦慰丁寧
전 가 노 고 위 정 녕

시골집 노고와 괴로움
친절히도 위로하네.

1 | **수류~만무성(水流~漫無聲)** : 당나라 조영(祖詠)의 〈육혼의 수정(陸渾水亭)〉「얕은 모래톱 평평하여 길 생기고, 흐르는 물 질펀하여 소리 없다네.」(淺沙平有路, 流水漫無聲)

2 | **야조격림(野鳥隔林)** : 송나라 육유(陸游)의 〈2월 3일 봄빛이 찬연한데 걸어서 호수가에 이르다(二月三日春色粲然步至湖上)〉「매화는 물 건너 향기 나그네에게까지 이르고, 들의 새는 숲 뚫고 말하며 사람 부르네.」(梅花隔水香撩客, 野鳥穿林語喚人)

147. 馬上有感

말 위에서 느낌이 있어

浮名自昔困非夫[1]
부 명 자 석 곤 비 부

덧없는 이름 옛날부터
대장부 아닌 이 괴롭혔으나,

高鳥游魚却自娛[2]
고 조 유 어 각 자 오

높이 나는 새 헤엄치는 물고기는
오히려 스스로 즐거워하네.

但得此身無物累[3]
단 득 차 신 무 물 루

다만 이 몸 외물에
얽매이지 않을 수 있다면,

寧憂甲子在泥塗[4]
영 우 갑 자 재 이 도

한평생 진흙속에 빠져 있었음
어찌 근심하였으리.

1 | **비부(非夫)** : 《좌전·선공(宣公) 12년》「또한 군사를 편성하여 출정하는데 강적이라는 소리를 듣고 물러선다면 대장부가 아니다.」(且成師以出, 聞强敵而退非夫也) 《좌전》에 주석을 단 진나라 두예(杜預)는 「장부(丈夫)가 아니다.」라고 하였다.

2 | **고조유어(高鳥游魚)** : 진나라 도연명의 〈갓 진군참군이 되어 곡아를 지나다(始作鎭軍參軍經曲阿)〉「구름 바라보니 높이 나는 새에게 부끄럽고, 물 굽어보니 헤엄치는 물고기에게 부끄럽네.」(望雲慙高鳥, 臨水愧游魚)

3 | **무물루(無物累)** : 《장자·하늘의 도(天道)》「그러므로 하늘의 즐거움을 아는 자는 하늘의 원망을 받지 않고 사람들의 비난을 듣지 않으며 사물에 걸리어 방해되지 않고 귀신의 책벌을 받지도 않는다.」(故知天樂者, 无天怨, 无人非, 无物累, 无鬼責)

4 | **갑자재이도(甲子在泥塗)** : 갑자는 해와 달, 또는 세월을 말하며, 60년의 해와 달이 한 번 도는 것을 말함. 《좌전·양공(襄公) 30년》「강 고을 사람으로 어느 사람이 늙었으나 아들이 없어서 부역에 갔다 와서 그 식사에 참석하게 되었다. 어떤 사람이 그의 나이를 의심하여 나이를 말하게 했더니 말하기를 『신은 못난 자라 제 나이를 알지 못하오나 신이 난 해는 정월 갑자 초하루로 이미 450 갑자가 지나갔으며 그 끝 갑자는 다음 갑자의 3분의 1에 해당됩니다.』…… 조맹(趙孟)이 그가 사는 고을의 대부가 누구냐고 묻고 보니 곧 자기의 고을에 속하였다. 그래서 그를 불러 사과하며 말하기를 『제가 재능이 없는 몸으로 임금님께서 임명하여주신 큰 일을 맡았으나, 진나라 안에 여러 가지 걱정거리가 많았기 때문에 너무나 바빠서 그대를 제대로 쓰지 못하고는 그대를 (토목공사 같은) 진흙 길 속에 오래도록 있게 하였으니 저의 죄입니다. 감히 저의 재주 없음을 사과드립니다.』라 하였다.」(絳縣人或年長矣, 無子而往, 與於食. 有與疑年, 使之年. 曰, 臣. 小人也, 不知紀年. 臣生之歲, 正月甲子朔, 四百有四十五甲子矣, 其季於今三之一也……趙孟問其縣大夫, 則其屬也. 召之而謝過焉, 曰, 武不才, 任君之大事, 以晉國之多虞, 不能由吾子, 使吾子辱在泥塗久矣, 武之罪也. 敢辭不才) 당나라 허혼(許渾)의 〈송처사가 산으로 돌아감에 송별하다(送宋處士歸山)〉「세상에서의 한평생은 잠깐 사이의 일이니, 선인을 만나게 되더라도 바둑 두는 것 구경하지 말게나.」(世間甲子須臾事, 逢著仙人莫看碁)

148. 五月晦日, 榮川試夏課諸生, 雙淸堂卽事[1]

5월 그믐날 영천에서 여름 과거를 치러 온 여러 선비들에게 시험을 치르고 쌍청당에서 있는 그대로 적다

曲檻斜飛雨
곡 함 사 비 우

굽은 난간에 빗방울 비스듬히 날리고,

淸池出小荷
청 지 출 소 하

맑은 연못에 조그만 연꽃 피어나네.

烏衣舞亂石
오 의 무 란 석

검은 옷의 제비는 어지러이 바위 위에서 춤추고,

槐國戰橫戈
괴 국 전 횡 과

홰나무 나라 개미는 창 비껴들고 바삐 움직이네.

1 | 영천(榮川) : 지금의 경상북도 영주(榮州)의 옛 이름이다.
쌍청당(雙淸堂) : 《신증동국여지승람》 권25 〈경상도·영천군(榮川郡)〉 「【쌍청당(雙淸堂)】 객관(客館)의 동쪽에 있으니, 군수 김세훈(金世勳)이 지었으며, 좌우에 쌍으로 연못이 있다.」 역문은 국역본에서 전재.

2 | 오의(烏衣) : 오대(五代) 시대 왕정보(王定保)의 《당척언(唐摭言)》 「당나라의 왕사는 금릉에서 살았는데 항해를 업으로 삼았다. 태풍을 만나 난파를 당했다. 왕사는 널빤지를 하나 붙잡고 한 섬에 닿았는데, 검은 옷을 입고 있는 늙은이와 노파를 만났는데, 『이 분이 우리 주인입니다.』라 하였다. 그를 궁실로 데리고 가서 왕을 뵙게 했는데 대전에 앉아 있었으며 곁에는 모두 부인이었다. 왕은 검은 옷과 검은 관을 쓰고 있었는데 금꽃이 번쩍번쩍하였다. 늙은이는 딸을 왕사에게 시집보냈는데, 왕사가 딸에게 묻기를 『이 나라는 이름이 무엇이요?』라 하니 그녀가 말하기를 『여기는 오의국입니다.』라 하였다. 왕이 보묵전으로 불러 연회를 열고는 말하기를 …… 『몇 일에는 돌아가야 한다.』라 하였다. …… 왕은 비운헌(飛雲軒: 구름 위를 날아다니는 수레)을 가져오게 하였는데, 가져온 것을 보니 곧 검은 담요로 된 투구일 뿐이었다. 왕사에게 그곳에 들어가게 하였는데, 눈을 감고 조금 지나자 이미 그의 집에 이르렀다. 들보 위에서는 제비 한 쌍이 재잘대면서 아래를 내다보고 있었는데, 왕사는 그제서야 자기가 머무른 곳이 제비 나라임을 깨달았다.」(唐王榭居金陵以航海爲業. 遇風舟破, 榭附一板抵一洲, 見翁嫗皆皁服, 曰, 此吾主人郎也. 引至宮室見王, 坐大殿, 左右皆婦人. 王皁袍烏冠, 金花閃閃. 翁以女妻榭, 榭問女曰, 此國何名, 曰, 此烏衣國也. 王召宴於寶墨殿……曰, 某日當回……王命取飛雲軒, 旣至乃烏氈兜子耳. 令榭入其中, 閉目少息, 已至其家. 梁上雙燕呢喃下視, 榭乃悟所止燕子國也)

擾擾英才集
요 요 영 재 집

와글와글 빼어난 인재들 모이고,

鼕鼕畫鼓撾
동 동 화 고 과

둥둥 그림 장식한 북 쳐서 울리네.

傳杯聊遣興
전 배 료 견 흥

술잔 전하며 오로지 근심 흩어버리니,

魚蟹莫訝茶
어 해 막 아 차

어안이니 해안이니 차 평하지 말게나.

東坡試院煎茶詩, 有蟹眼已過魚眼生之句
소동파의 〈시험장에서 차를 끓이며〉라는 시에 「게의 눈 이미 사라지고 물고기 눈 생기네.」라는 구절이 있다.

3 | 괴국(槐國) : 곧 당나라 이공좌(李公佐)의 전기소설(傳記小說) 〈남가태수전(南柯太守傳)〉에 나오는 괴안국(槐安國)으로, 이 소설에는 순우분(淳于棼)이 오래된 홰나무 아래에서 술을 마시다 취한 후에 꿈속에서 홰나무 구멍으로 들어가 대괴안국(大槐安國)이라고 쓰여진 성루를 보았는데, 그 왕이 불러 부마가 되고 남가(南柯: 남쪽으로 뻗은 나뭇가지라는 뜻) 태수로 30여 년을 지내며 모든 부귀영화를 다 누리다가 나중에 꿈에서 깨어보니 홰나무 아래에 큰 개미구멍이 있고 남쪽 가지 아래에 또 작은 개미구멍이 나 있었는데, 이것이 바로 꿈속의 개미나라 괴안국과 남가군이었다는 이야기가 나온다. 이 고사는 후에 인생은 꿈과 같고 부귀영화는 무상하다는 비유로 많이 쓰였음. 《고증》에서는 「살피건대 이것은 과거를 치를 때가 되어서 재주를 다투는 것을 비유하였다.」(案, 此借喩槐黃戰藝)라 하였다.

4 | 어해막아차(魚蟹莫訝茶) : 송나라 소식의 〈시험장에서 차를 끓이다(試院煎茶)〉「(물이 끓기 시작할 때는) 게눈 같은 작은 물방울이 생겼다가 이미 지나가고 물고기 눈 같은 큰 물방울이 생기었다가, 솨솨 소나무 바람 우는 소리 같은 큰 소리 일려고 하네.」(蟹眼已過魚眼生, 颼颼欲作松風鳴)라는 구절에서 왕문고(王文誥)가 임거실(任居實)의 말을 인용한 주석 「채군모는 〈다변〉을 지어서 샘과 끓여 먹는 법 등을 변별하였는데 지극히 상세히 갖추어져 있는데, 게눈이니 물고기 눈 따위의 물 끓이는 법이 있다. 《다경》에서는 말했다. 물이 끓는 방법에는 모두 세 가지가 있다. 물고기 눈처럼 미세한 소리가 나는 것이 첫 번째 끓음이다. 바깥쪽이 샘이 용솟음치듯 하고 구슬을 꿴 듯한 것이 두 번째 끓음이다. 물결이 끓어오르고 높이 파도치는 것이 세 번째 끓음이다. 이때는 곧 너무 오래 끓인 것이다.」(蔡君謨作茶辨, 辨水泉煎飮等, 極爲詳備, 有蟹眼魚眼用湯之法. 茶經云, 凡候湯有三沸. 如魚眼微有聲, 爲一沸. 緣邊如湧泉連珠, 爲二沸. 騰波鼓浪, 爲三沸. 卽湯老) 《다경》은 당나라의 육우(陸羽)가 지었음. 《고증》「『訝』자는 염(簾: 시구 안에서 평성과 측성을 나열하는 규칙)을 위배하였는데, 혹 『評』자의 잘못인지도 모르겠다.」(案, 訝違簾, 恐或評字之誤)

149. 後數日. 再用前韻

몇일 뒤에. 전에 지은 시의 각운자를 써서 다시 짓다

寂寂窓臨沼
적 적 창 림 소
쓸쓸하게 창은 못 굽어보고,

蕭蕭雨打荷[1]
소 소 우 타 하
쏴쏴 비 연잎 때리네.

病瘳詩是藥
병 추 시 시 약
병 치료하는 데는 시가 약이고,

愁破酒爲戈[2]
수 파 주 위 과
시름 깨뜨리는 데는 술이 창이라네.

1 | **소소우타하(蕭蕭雨打荷)** : 원(元)나라 유선(劉詵)의 〈중추에 옛집에 머물면서 형제가 달을 보며 운자를 나누었는데 「많을 다」자를 얻다(中秋留故居, 兄弟對月, 分韻得多字)〉 「오히려 높은 집 퉁소 다 불기 기다리는데, 누워서 쏴쏴 비 연잎 때리는 소리 듣네.」(却思高館吹簫罷, 臥聽蕭蕭雨打荷)

2 | **수파주위과(愁破酒爲戈)** : 송나라 소식의 〈왕공이 여러 차례나 중양절에 찾아오겠다고 약속하였는데 결국 이르지 않고 ……(王鞏屢約重九見訪, 旣而不至……)〉 「그대 달 아래서 성 기울일 만한 미인 보고 있음 알겠는데, 근심 물리치는 것 술에 무기 있음을 아는데 달려 있네.」(知君月下見傾城, 破恨懸知酒有兵) 《남조의 역사》 권61 〈진훤의 전기(陳暄傳)〉 「그러므로 강자의는 말했습니다. 『술은 병기와 같습니다. 병기는 천일토록 쓰지 않아도 되지만 하루라도 갖추어 놓지 않을 수 없습니다. 술은 천일 동안 마시지 않아도 되지만 한번 마셨다하면 취하지 않을 수가 없습니다.』」(故江諮議有言, 酒猶兵也. 兵可千日而不用, 不可一日而不備. 酒可千日而不飮, 不可一飮而不醉)

3 | **악작(鸑鷟)** : 봉추(鳳雛), 곧 봉황의 새끼를 말하는데 여기서는 곧 봉황을 가리킴.

鷟鷟應難紲3
악 작 응 난 설

봉황 매어두기 힘들 것이고,

麒麟不受撾
기 린 불 수 과

기린은 채찍질 받으려 하지 않네.

坡仙亦可笑
파 선 역 가 소

동파 신선 또한 가소로우니,

乞郡待綱茶4
걸 군 대 강 다

군수 자리 청하고는 또 강다 기다렸다네.

4 | **파선~강다(坡仙~綱茶)** : 《고증》「《다록(茶錄)》에서는 『복건성에서는 차를 바칠 때 강(綱: 묶음)으로 헤아려서 바쳤다. 송나라에서는 첫째 가는 단강을 왕이 곧 여러 신하들에게 하사하였다.』라 하였다.」(福建供茶計綱以進. 趙宋第一茶團綱, 王卽賜羣臣) 송나라 소식의 〈7년 9월 광릉에서 소환되어 오면서 다시 (개봉에 있는 홍국사) 욕실원(浴室院)의 동당에 머물렀다. 8년 6월 회계의 (월주) 수령이 되고자 나라에 청하여 떠나려할 때 혜문(慧汶) 스님이 시를 구하여 이에 다시 이전에 그에게 지어주었던 시의 각운자를 써서 짓는다.(七年九月, 自廣陵召還, 復館於浴室東堂. 八年六月, 乞會稽, 將去, 汶公乞詩, 乃復用前韻)〉 3수 중 제1수「군수 자리 청하여 세 번이나 글을 올렸는데 글자가 반 기울어, 조정에서는 나의 눈이 흐려졌기 때문이라는 우스갯소리 들려오네. 스님이 나에게 늦도록 지체하여 은퇴하지 않고 있는 뜻을 묻는데, 임금께서 내려주시는 두강팔병차 기다리고 있기 때문이라네.」(乞郡三章字半斜, 廟堂傳笑眼昏花. 上人問我遲留意, 待賜頭綱八餅茶) 동파 자신의 주석[自注]「상서와 학사들은 임금이 하사하는 으뜸가는 용차 한 근 여덟 덩이를 얻는 것이 관례인데 올해는 묶은 차가 이름이 가장 더디다.」(尙書學士, 得賜頭綱龍茶一斤八餠, 今年綱到最遲)《다록》은 송나라 웅번(熊蕃)의 《선화북원공다록(宣和北苑貢茶錄)》을 가리킨다.

150. 雙淸堂月夜

쌍청당의 달밤

楊柳梧桐院落深 양 류 오 동 원 락 심	수양버들이며 오동나무 심겨진 뜰 깊고 깊어,
夜窓唯有月窺臨[1] 야 창 유 유 월 규 림	밤의 창에는 오로지 달빛만이 엿보듯 굽어보네.
何當淨澈萍池水 하 당 정 철 평 지 수	어찌 마땅히 부평초 떠 있는 끝없이 맑은 연못물에,
看取冰輪印鏡心[2] 간 취 빙 륜 인 경 심	얼음바퀴 같은 둥근 달 거울 못 한가운데 찍힌 것 보랴.

1 | **월규림(月窺臨)** : 주자의 〈여봉에 오르다(登廬峰)〉 제2수 「풍경과 샘을 모시고서 이리 저리 거닐며, 구름과 달 함께 엿보고 내려다보네.」(風泉陪徙倚, 雲月共窺臨)

2 | **빙륜(冰輪)** : 얼음을 깎아 만든 바퀴라는 뜻으로, 곧 매우 밝은 달을 말함. 송나라 마존(馬存)의 〈요월정(邀月亭)〉 「푸른 바다 동쪽 모퉁이에서 항아[달] 맞으니, 얼음 바퀴 같은 맷돌로 파란 유리 갈아서 올려놓는 것 같네.」(滄溟東角邀姮娥, 氷輪碾上靑琉璃)

151. 次東軒韻. 示季珍求和

동헌에 걸린 시의 각운자를 써서 계진에게 보여주고 화답을 구하다

南北東西誰定隨 남 북 동 서 수 정 수	동서남북 뻗은 길 누가 올바르게 따를 수 있나?
出門投足便多岐[1] 출 문 투 족 변 다 기	문 나서서 발 옮기면 문득 갈림길만 많다네.
物情堪笑如藏壑[2] 물 정 감 소 여 장 학	세상 물정 웃음짓게 하네, 계곡에 배 감추어둔 것처럼,
仁道曾聞似折枝 인 도 증 문 사 절 지	어진 길 일찍이 듣기를 부러진 가지와 같다하였네.
開抱此時連夜日[3] 개 포 차 시 연 야 일	지금 이때는 밤과 낮을 연이어 가슴 열어 젖혔으나,

1 | **다기(多岐)** : 곧 다기망양(多岐亡羊)을 말함. 곧 갈림길에 서서 망설이다가 아무런 성취도 없음을 비유하는 말로 쓰이며, 《열자·부절을 논함(說符)》에 나옴.

2 | **장학(藏壑)** : 《장자·대종사(大宗師)》「배를 골짜기에 감춰 두고, 어살을 못 속에 감추어 두면 든든하다고 할 것이다. 그러나 깊은 밤 힘센 자가 그것들을 지고 달아난다면, 어리석은 자는 알지 못한다.」(藏舟於壑, 藏山於澤, 謂之固矣. 然而夜半有力者, 負之而走, 昧者不知也)

3 | **개포~연야일(開抱~連夜日)** : 《요존록》「이때 김계진은 상주목사로 있었고, 선생은 공무로 상주에 이르렀다.」(時季珍爲尙州牧, 先生沿牒到尙)

卜隣何處接園籬[4]
복 린 하 처 접 원 리

어느 곳에서 울타리 접하여
이웃하고 살겠는지.

從來學問如山仞
종 래 학 문 여 산 인

지금까지의 학문은
산과 같이 높이 쌓였으나,

一簣無忘舊所基[5]
일 궤 무 망 구 소 기

한 삼태기 잊지 말게나
오래 전에 기초되었음을.

4 | 접원리(接園籬) : 당나라 원진(元稹)의 〈꿈에 느끼다(感夢)〉「영산사에서 글 읽는데, 사는 곳 울타리 접하였다네.」(讀書靈山寺, 住處接園籬)

5 | 산인~일궤(山仞~一簣) : 궤(簣)는 「簣」와 같음. 《서경·주나라의 기록·여독의 개(周書·旅獒)》「잗다란 행동을 삼가하지 않으면 마침내 큰 덕에 누를 끼치게 되니, 산을 만드는데 아홉 길을 쌓았어도 공이 한 삼태기에서 어그러집니다.」(不矜細行, 終累大德, 爲山九仞, 功虧一簣) 《논어·공자께서는 드물게(子罕)》「비유하자면 산을 쌓는데 한 삼태기의 흙이 없어서 산을 이루지 못하고 그친다면 그 그치는 것은 곧 내가 (포기하고) 그치는 것과 같은 것이다.」(譬如爲山, 未成一簣, 止, 吾止也)

152. 次聚遠樓[1]_樓在榮川郡浮石寺

취원루에 걸린 시의 각운자를 써서 짓다_누각은 영주군 부석사에 있다

矗成雲砌繚虹欄[2]
축 성 운 체 료 홍 란

우뚝 솟은 구름 섬돌에
무지개 난간 둘렀으니,

奔走神工偉覽看
분 주 신 공 위 람 간

부지런한 뛰어난 솜씨
기이한 장관 놀랍게 바라보네.

不敢高聲驚上界[3]
불 감 고 성 경 상 계

감히 높은 소리로
하늘나라 놀라게 할 수 없음,

方知衆皺詫南山[4]
방 지 중 추 타 남 산

바야흐로 알았다네, 많은 주름이
남산을 속이기 때문이란 것.

1 | **취원루(聚遠樓)** : 《요존록》에 의하면 「금당의 서남쪽에 있으며, 높은 난간은 아득하며 시계가 넓고 탁 트였다.」(在金堂西南, 危欄縹渺, 眼界曠達)라 하였다. 「취원」이란 말은 부석사에 있는 이 누대에 송나라 소식의 〈같은 해에 급제한 선석(單錫: 자는 君賜)이 덕흥 유씨가 지은 취원루시를 구하다(單同年, 求德興兪氏聚遠樓詩)〉라는 시를 써서 걸어 놓은 데서 유래하였다. 소식의 시 세 수 중 첫째 시. 「높은 누대에 힘입어 먼 곳의 경치를 끌어 모을 수 있어, 한꺼번에 거두어 들여 한가로운 사람과 함께 하네.」(賴有高樓能聚遠, 一時收拾與閑人) 현재 취원루는 이미 없어졌으며 퇴계가 지은 시판이 경내의 보장각(寶藏閣)에 보관되어 있다. 시판에는 《내집》 권1에 수록되어 있는 〈부석사의 취원루에서 정사룡(鄭士龍)이 중에게 준 시의 각운자로(浮石寺聚遠樓, 鄭湖陰贈僧韻)〉도 함께 수록되어 있으며, 별집의 이 시가 앞쪽에 판각되어 있다. 이 누각은 사명대사를 비롯한 여러 선승들의 수도처로 사용되던 곳이라고 한다. 《퇴계선생9》(강구율, 국제퇴계학회 대구·경북지부, 2006) 참조.

2 | **촉성운체(矗成雲砌)** : 당나라 이신(李紳)의 〈오호에 배를 띄우다(泛五湖)〉 「바람 받은 돛 큰 골짜기와 같고, 구름 우뚝하게 높은 언덕 이루었네.」(風帆同巨壑, 雲矗成高岸)

3 | **불감고성경상계(不敢高聲驚上界)** : 당나라 이백의 〈봉정사를 제목으로 하여(題峯頂寺)〉 「감히 높은 소리로 말하지 말게나, 하늘 위에 계신 분 놀래킬라.」(不敢高聲語, 恐驚天上人)

4 | **중추타남산(衆皺詫南山)** : 당나라 한유(韓愈)의 〈남산시(南山詩)〉 「안쪽은 낮은데 훌연히 열려 있고, 난만하게 주름진 봉우리들 쌓여 있네.」(前低劃開闊, 爛漫堆衆皺)

好居仙客超霞外[5] 호 거 선 객 초 하 외	누각에서 잘 지내던 선객은 놀 밖으로 넘어가고,
乘興遊人出世間[6] 승 흥 유 인 출 세 간	흥 타고 노니는 이는 이 인간세계 벗어났다네.
感槩古今歸一貉[7] 감 개 고 금 귀 일 학	예나 지금이나 한 마리 오소리는 똑같다는 느낌 깊으니,
尊前休說宦途難 준 전 휴 설 환 도 난	주전자 앞에서 관리의 길 어렵다고 말 말아야지.

5 | 호거선객(好居仙客) : 《사기》 권28 〈봉선서(封禪書)〉「어떤 방사가 『황제 때에 다섯 성과 열 두 누대를 건축하고, 집기에서 신선을 기다렸는데, 이를 영년이라 부릅니다.』라고 아뢰었다.」(方士有言, 黃帝時爲五城十二樓, 以候神人於執期, 命日迎年)

6 | 승흥(乘興) : 《진(晉)나라의 역사·왕휘지(王徽之)의 전기》「(왕휘지가) 일찍이 산음에 거처할 때 밤에 눈이 내리다가 갓개어 달빛이 맑고 환한 것이 사방을 돌아보니 휘영청하여 홀로 술을 따루며 좌사의 〈은자를 부르다〉라는 시를 읊조리고 있는데, 갑자기 대규가 생각났다. 대규는 이때 섬땅에 있어서 즉시 밤에 작은 배를 타고 그를 찾았는데 밤이 지나 거의 도착을 하였을 무렵 문앞에 이르러서는 앞으로 나아가지 않고 돌아왔다. 사람들이 그 까닭을 물었더니 왕휘지가 말했다. 『본래 흥을 타고가서 흥이 다하여 돌아왔으니 하필이면 대안도를 봐야한단 말인가!』」(嘗居山陰, 夜雪初霽, 月色淸朗, 四望皓然, 獨酌酒詠左思招隱十詩, 忽憶戴逵, 逵時在剡, 便夜乘小船詣之, 經宿方至, 造門不前而反. 人問其故, 徽之曰, 本來乘興而行, 興盡而反, 何必見安道邪)

7 | 개(槩) : 「慨」로 된 판본도 있다. 《요존록》「선생의 시에 의하면 《남행록》의 감개(感慨)의 개(慨)는 또한 개(槩)로 되어 있으니 통용하는 것 같으며 개(槩)자로 잘못 쓴 것이 아니다.」(按先生詩南行錄, 感慨之慨, 亦作槩, 疑通用, 非誤作槩者也)

고금귀일학(古今歸一貉) : 《한서》 권66 〈양운의 전기(楊惲傳)〉「예와 지금이 한 골짜기의 오소리와 같습니다.」 당나라 안사고(顔師古)의 주석「그 무리가 같음을 말한다.」 송나라 소식의 〈재를 넘다(過嶺)〉 제1수「평생토록 토끼의 세 굴 만들지 못했으니, 지금이나 예가 어찌 오소리가 한 언덕에 있는 것과 다르겠는가?」(平生不作三窟, 今古何殊貉一邱) 동파시의 주석「예와 지금이 한 언덕의 오소리와 같다.」(古與今如一丘之貉)

153~157. 次韻答季珍

김언거가 지은 시의 각운자에 맞추어 짓다

153[1]

白露玄蟬催節意[2]
백 로 현 선 최 절 의

흰 이슬 검은 매미
　계절 재촉하듯 우는데,

深山行見蟄蛇龍[3]
심 산 행 견 칩 사 룡

깊은 산 나아가다보니
　칩거한 교룡 보이네.

愆歸未必非佳偶[4]
건 귀 미 필 비 가 우

때 넘긴 출가 반드시
　좋은 짝 아니면 안 된다 하였는데,

詭獲從來是賤工[5]
궤 획 종 래 시 천 공

어그러진 얻음 예로부터
　미천한 솜씨라 하였다네

1 | 이 시는 다른 네 수와는 각운자가 다르기 때문에 김언거가 두 수를 지어 보냈거나 아니면 다른 사람의 것으로 보인다.

2 | **현선(玄蟬)** : 당나라 진자앙(陳子昻)의 〈감우시(感遇詩)〉 제24수 「검은 매미 맑은 이슬 속에서 우니, 이 해도 이미 글렀구나.」(玄蟬號白露, 茲歲已蹉跎) 당나라 두보의 〈입추 후에 짓다(立秋後題)〉 「검은 매미 쉬지 않고 울어대는데, 가을 제비는 이미 손님인 듯하네.」(玄蟬無停號, 秋燕已如客)

3 | **심산~칩사룡(深山~蟄蛇龍)** : 《좌전·양공 21년》 「깊은 산과 큰 못에는 실로 용과 뱀이 산다.」(深山大澤, 實生龍蛇)

4 | **건귀미필비가우(愆歸未必非佳偶)** : 《주역·귀매(歸妹)》괘 밑에서 네 번째 양효[九四] 「누이 동생을 시집보낼 시기를 늦춘다. 시집을 늦게 보내는 것은 때가 있음이다.」(歸妹愆期, 遲歸有時)의 주석(傳) 「때를 넘겼는데도 시집을 가지 못하였기 때문에 때를 넘긴 시기라고 하였다. …… 좋은 짝을 기다려 얻은 이후에 (결혼을) 하여야 한다.」(過時未歸故云愆期, 待得佳配而後行也)

5 | **궤획~천공(詭獲~賤工)** : 《맹자·등문공(滕文公) 하》 「옛날에 조간자가 왕량으로 하여금 총신인 해와 함께 수레를 몰고 사냥을 가게 하였는데 하루 종일 한 마리도 잡지 못하였다. 총신인 해가 돌아와서 보고하기를 『(왕량은) 천하에서 제일 못한 솜씨입니다.』라 하였다. …… 왕량이 말하였다. 『내가 법도에 맞게 수레를 몰았을 때는 하루 온종일 한 마리도 잡지 못하였는데, 법도에 어그러지게 수레를 모니 하루 아침에 10마리나 잡았다. 《시경》에서 이르기를 「수레 모는 법도를 벗어나지 않고서, 활을 쏘아 적중시켜야 한다.」라 하였는데, 저는 소인과 함께 수레를 타는 것이 익숙지 않으니 청컨대 사양하겠습니다.』」(昔者趙簡子使王良與嬖奚乘, 終日而不獲一禽. 嬖奚反命曰, 天下之賤工也……曰, 吾爲之範我馳驅, 終日不獲一, 爲之詭遇, 一朝而獲十. 詩云, 不失其馳, 舍矢如破. 我不貫與小人乘, 請辭)

154

鑑湖何必勑榮歸[6] 감 호 하 필 래 영 귀	감호 하필이면 빛나는 은퇴 위로할까만,
阿對泉迎舊布衣[7] 아 대 천 영 구 포 의	아대천은 맞아주네, 옛날의 포의지사.
但得此心能抱一[8] 단 득 차 심 능 포 일	다만 이 마음 한 가지에 집중시킬 수만 있다면,
不妨漁者與爭磯 불 방 어 자 여 쟁 기	고기 잡는 이와 낚시바위 다툰들 무슨 상관 있겠는가?

吳融詩, 阿對泉頭一布衣[9]

오융의 시에 「아대천 가의 한 포의지사」라는 구절이 있다

6 | **감호(鑑湖)** : 절강성(浙江省) 소흥현(紹興縣) 남쪽에 있는 호수로 경호(鏡湖)·장호(長湖)·태호(太湖)·경호(慶湖), 그리고 당나라 비서감(秘書監) 하지장(賀知章)이 방생하여 하감호(賀監湖)라고도 함. 《새로 쓴 당나라의 역사·하지장의 전기》「주궁 주위에 방생지로 삼을 만한 땅 여러 이랑을 구하자 조칙으로 경호와 섬천 일대의 구역을 하사하였다.」(求周宮湖數頃爲放生池, 有詔賜鏡湖剡川一曲)

7 | **아대천(阿對泉)** : 아래의 주석 9)를 보라.

8 | **차심능포일(此心能抱一)** : 《노자》 제10장 「혼과 백을 하나에 집중시킬 수만 있다면 어찌 흩어질 수 있겠는가?」(載營魄抱一, 能無離乎) 송나라 소식의 〈도연명의 산해경을 읽고라는 시에 화답하여 짓다(和陶讀山海經)〉 제5수 「침상 버티고 끝내 죽지 않는다면, 하나로 집중하여 끝나는 날 없을 것이네.」(支牀竟不死, 抱一無窮年)

9 | **오융(吳融: ?~903)** : 당나라 때 시인으로 자는 자화(子華)이며, 월주(越州) 산음(山陰) 사람. 《신당서》 권203에 그의 전기가 실려 있다. 이 시는 《전당시》 권686에 수록되어 있었는데 제목은 〈문향에 우거하며·아대천(閿鄕寓居·阿對泉)〉이며 「오릉의 소년이 만약 묻는다면, 아대천 가의 포의지사라 하겠네.」(五陵年少如相問, 阿對泉頭一布衣)라는 구절이 있으며, 오융 자신이 「아대는 양백기의 가동(家僮: 어린 종)으로, 일찍이 샘물을 끌어 채소에 물을 준 적이 있으며, 샘은 지금까지도 있다.」(阿對是楊伯起家僮, 嘗引泉灌蔬, 泉至今在)라고 주석을 달았다. 양백기는 한나라 때 양진(楊震)을 말한다.

155

草草行裝便去歸
초 초 행 장 변 거 귀

보잘 것 없는 행장 꾸려서
곧 돌아가려 함에,

先須准備綠蓑衣10
선 수 준 비 녹 사 의

먼저 준비해야할 것
푸른 도롱이라네.

最憐細雨斜風裏11
최 련 세 우 사 풍 리

가장 어여쁘기는 가는 비
비껴부는 바람 속에,

楓葉蘆花滿石磯12
풍 엽 노 화 만 석 기

단풍잎과 갈대꽃
물가 바위에 가득한 것이라네.

156

拘官不去謾思歸13
구 관 불 거 만 사 귀

관직에 얽매여 떠나지 못하여
돌아갈 생각 막연해지니,

身似輕猿著禮衣
신 사 경 원 착 예 의

이 몸 마치 경박한 원숭이
예복 입은 것 같네.

10 | **녹사의(綠蓑衣)** : 송나라 육유(陸游)의 〈채마밭을 절구로 읊음(蔬圃絶句)〉「백전 주고 새로 푸른 도롱이 사니, 황금 열 꾸러미 두르고 있음 부럽지 않네.」(百錢新買綠蓑衣, 不羨黃金帶十圍) 또 다음의 장지화의 시를 보라.

11 | **세우사풍(細雨斜風)** : 당나라 장지화(張志和)의 〈어부가(漁父歌)〉「푸른 대나무 삿갓 녹색 도롱이, 비낀 바람 가는 비 돌아갈 필요 없네.」(青箬笠綠簑衣, 斜風細雨不須歸)

12 | **풍엽노화(楓葉蘆花)** : 송나라 소식의 〈영구를 나서서 처음으로 회산이 보이다. 이날 수주에 이르다(出穎口初見淮山. 是日至壽州)〉「내 밤낮으로 가서 강과 바다 향하는데, 단풍잎이며 갈대 잎 가을 흥취 기네.」(我行日夜向江海, 楓葉蘆花秋興長)

13 | **구관불거(拘官不去)** : 당나라 한유의 〈남산시(南山詩)〉「벼슬살이에 얽매여 날짜 헤아리니, 나아가고 싶어도 다시 나아갈 수 없네.」(拘官計日月, 欲進不可又)

寄語江湖舊釣伴
기 어 강 호 구 조 반

옛날 함께 낚시하던
강호의 단짝에게 글 띄우노니,

不如堅坐白雲磯
불 여 견 좌 백 운 기

흰 구름 떠 있는 물가에
굳게 앉아 있음만 못하다고.

157

天隨風味可同歸[14]
천 수 풍 미 가 동 귀

천수자의 풍미
은퇴함에 본받을 만하여,

杞菊爲餐荷製衣[15]
기 국 위 찬 하 제 의

구기자와 국화로 반찬 삼고
연잎으로 옷 짓는다네.

醉裏倚船歌百散[16]
취 리 의 선 가 백 산

취한 가운데 뱃전에 기대어
시 백 수 지어부르고,

旋將茶筆傍漁磯[17]
선 장 다 필 방 어 기

차와 붓 실은 배 돌려
물가 바위 곁으로 가네.

14 | **천수(天隨)** : 《고증》 「당나라 육구몽(?~881)의 호는 천수자이다.」(陸龜蒙號天隨子) 《신당서》 권196에 그의 전기가 실려 있다. 육구몽은 송강(松江) 남쪽에 은거하면서 스스로 천수자라고 하였음.

15 | **하제의(荷製衣)** : 굴원의 〈슬픔을 만나다(離騷)〉 「마름과 연잎 마름질하여 윗옷 만듦이여, 연꽃 모아서 아랫도리 만든다네.」(製芰荷以爲衣兮, 集芙蓉以爲裳) 송나라 황정견의 〈조원충의 서쪽으로 돌아가다라는 시의 각운자를 써서 짓다(次韻晁元忠西歸)〉 제7수 「난초와 창포로 옷깃과 띠 엮고, 마름과 연잎으로 옷 만든다네.」(蘭蓀結襟帶, 芰荷製衣裳)

16 | **취리의선(醉裏倚船)** : 송나라 황정견(黃庭堅)의 〈배 안에서 우사와 난정의 여러 산을 바라보다(舟中望禹祠蘭亭諸山)〉 「상앗대 노래하듯 삐걱거리며 안개 낀 나루 나서고, 취하여 배 덮개에 기대니 강기슭 두건 쓴 것 같네.」(艕枝謳軋出烟津, 醉倚船篷岸幅巾)
가백산(歌百散) : 송나라 소식의 〈영수에 배를 띄우다(泛潁)〉 「흩어져 백 개의 동파 되었는데, 잠깐만에 여기서 회복되었네.」(散爲百東坡, 頃刻復在茲)

17 | 《요존록》 「이 네 구절은 모두 육구몽을 말하였다.」(四句全說陸)

158. 養眞庵. 李知事相公辱臨. 是日城主亦到[1]

양진암. 이지사 상공께서 친히 왕림하셨다. 이날 성주도 오셨다

茅齋不見已三年[2]
모 재 불 견 이 삼 년

띠집 찾지 않음
이미 삼년이라,

雨漏風吹半露椽[3]
우 루 풍 취 반 로 연

비 새고 바람 불어
서까래 반이나 드러났네.

忽枉籃輿臨澗藪[4]
홀 왕 남 여 임 간 수

갑자기 대 가마로
시냇가 구석까지 왕림하시고,

兼蒙皂蓋賁尊筵
겸 몽 조 개 분 존 연

아울러 검은 일산 쓰신 분
좋은 술자리 빛내네.

1 | 이지사상공(李知事相公) : 농암(聾巖) 이현보(李賢輔: 1467~1555)를 말함. 위 113번 시를 보라.
성주(城主) : 《요존록》에서는 문집에 수록되지 않은 가서(家書)를 인용하여 「임성주도 또한 오셔서 작은 술자리를 마련하였다.」(任城主亦到, 設小酌)라 하였고, 또한 「성주는 아마 임공 내신인 것 같다.」(城主, 擬任鼐臣)라 하였다. 《퇴계선생연표월일조록》에서는 이 당시의 성주를 예안현감인 이수지(李秀枝)라고 하였다.

2 | 이 해 9월 6일에 신병으로 풍기군수 사직서를 제출하였으나 감사가 사직서를 수리하지 않고 휴가를 주어 고향으로 돌아올 수 있었다. 양진암은 46세 되던 해(丙午年) 11월에 관직에서 물러나 거처할 요량으로 퇴계의 아래 두서너 마장 되는 곳에 지은 작은 암자인데, 다시 관직에 불려가 3년 동안 떠나 있었으므로 이렇게 읊었다.

3 | 우루풍취(雨漏風吹) : 송나라 육유의 〈석수현에서 빗속에 배를 매어놓고 장난삼아 짧은 시를 짓다(石首縣雨中繫舟戲作短歌)〉 「장화대 앞 사람 사는 작은 집, 띠집에 비 새고 가을 바람 분다네.」(章華臺前小家住, 茆屋雨漏秋風吹)

4 | 홀왕남여(忽枉籃輿) : 주자의 〈아호사에서 육자수에게 화답하다(鵝湖寺和陸子壽)〉 「우연히 청려장 짚고 차가운 계곡을 나섰더니, 그대 또한 가마타고 먼 봉우리 넘어 오셨다네.」(偶扶藜杖出寒谷, 又枉籃輿度遠岑)

他時慕德人如蟻[5]
타 시 모 덕 인 여 의

이전부터 덕 흠모하여
사람들 개미처럼 모이고,

此日陪歡我亦仙[6]
차 일 배 환 아 역 선

이 날 이 분들 모시고 즐기니
나 또한 신선이라네.

假步山扃猶得此[7]
가 보 산 경 유 득 차

산 문으로 걸음 옮김
이보다는 나을 듯한데,

況教投紱拜床前[8]
황 교 투 불 배 상 전

하물며 인끈 내던지고 책상 앞에서
절하게 될 수 있을까?

5 | **모덕인여의(慕德人如蟻)** : 《장자·서무귀(徐无鬼)》「양고기는 개미가 그리워 모여들지는 않지만 개미는 양고기가 그리워 모여든다. 이는 양고기에서는 누린내가 나기 때문이다. 순의 행동에도 누린내가 있어 (남이 싫어하는 더러운 일을 도맡으므로) 백성들이 그를 좋아하여 세 번이나 이사를 했지만 도읍을 이루었고, 등이라는 유적지에 가면 십만이 넘는 집들이 즐비했다고 한다.」(羊肉不慕蟻, 蟻慕羊肉, 羊肉羶也. 舜有羶行, 百姓悅之, 故三徙成都, 至鄧之虛而十有萬家)《요존록》「이 구절은 모두 성주를 말하였고, 아래 세 구절은 모두 상공을 말하였다.」(此句專屬城主, 下三句專屬相公)

6 | **배환아역선(陪歡我亦仙)** : 당나라 송지문(宋之問)의 〈봄날 부용원의 연회에서 모시다가 임금님의 명으로 짓다(春日芙蓉園侍宴應制)〉「오늘 모시고서 즐기자니, 또한 보랏빛 하늘에 오르는 듯.」(今日陪歡豫, 還疑陟紫霄)

7 | **가보산경(假步山扃)** : 북제 공치규(孔稚圭)의 〈북산의 산신령에게 보내는 공문(北山移文)〉「비록 그의 마음이 벼슬을 하려는 마음으로 대궐에 있을 것이나 혹 거짓으로 (은자의 명성을 얻고자 하여) 이 산의 문으로 걸음을 옮길지도 모른다.」(雖情投於魏闕, 或假步於山扃)《문선》에 주석을 단 당나라 이선(李善)은 한나라 허신(許愼)이 《설문해자(說文解字)》를 인용하여 「경은 밖에서 닫는 빗장이다.」(扃, 外閉之關也)라 하였다. 여기서는 그냥 문을 가리켜서 말하였음.

8 | **투불(投紱)** : 불(紱)은 벼슬아치들이 관인(官印)을 차는 끈을 말함. 인끈을 던졌다는 것은 벼슬을 그만두고 돌아온 것을 말함. 여기서는 퇴계가 은퇴하여 고향으로 돌아와 농암 이현보를 모시면서 지낼 수 있을까라는 말임.

배상전(拜床前) : 송나라 소상(蕭常)의 《속후한서(續後漢書)》 권7 「제갈량은 자가 공명이다. …… 오직 서서(徐庶) 및 최주평과만 친하였으나 방덕공을 더욱 중시하여 매번 유독 그에게만 상 아래서 절을 하였다. 방덕공 또한 그를 와룡이라 일컬었다.」(諸葛亮, 字孔明……惟與庶及崔州平友善, 而重龐德公, 每獨拜牀下. 德公亦稱之爲卧龍) 이때 마침 선생은 풍기 군수로 있었다.

159~160. 高曾墓澆奠. 去乙亥年中, 叔父爲府使來奠, 今三十有五年矣. 墓在安東北[1]

고조부와 증조부의 묘소에 술을 뿌려 제사를 지내다. 지난 을해년 중에 숙부께서 안동부사가 되어 오시어 제사를 지내셨으니 지금 35년이 되었다. 묘는 안동 북쪽에 있다

159

當時大府進澆床[2] 당 시 대 부 진 요 상	당시에는 큰 고을 원님으로 상석에 술 뿌려 올렸는데,
三十年來一瞬忙 삼 십 년 래 일 순 망	삼십 년 세월이 일순간에 바삐 지나갔네.
得郡我來無百里[3] 득 군 아 래 무 백 리	군수 되어 내 이곳에 오니 백리도 되지 않아,
傷心重到掃烟荒 상 심 중 도 소 연 황	마음 아파하며 다시 이르러 황폐한 묘 쓸고 닦네.

1 | 을해년은 퇴계가 15세 되던 해인 1515년이며, 이 시를 지은 때는 풍기군수로 있던 기유년(1549)으로 선생의 나이 49세 되던 음력 2월 한식이었다. 이 시를 9월 이후에 지은 것으로 편차한 것은 오류인 듯하다.

2 | **당시대부(當時大府)** : 을해년에 숙부인 송재(松齋)가 안동대도호부의 부사였음을 말함.

3 | **무백리(無百里)** : 당나라 한유의 〈이원외랑 나으리께서 동도의 분소로 부임하여 가심에 송별하다(送李員外院長分司東都)〉「두 곳 천리도 되지 않아, 바람 따라 자주 소식 보낸다네.」(兩地無千里, 因風數寄聲) 주자의 〈중진 존형이 남궁에 가서 대책 시험을 치려고 떠나시면서 나의 시골집을 방문하여 주심에 문득 짧은 시를 지어 여행 보따리를 끓어 잡고서 넣어 드리며 전별한다(仲縝尊兄對策南宮, 相顧田舍, 輒賦小詩, 攀餞行李)〉「서울 여기에서 천리도 떨어져 있지 않으니, 탁주 무엇 거리끼리, 한 주전자 다 마신들.」長安此去無千里, 濁酒何妨盡一尊)

160

深松茂栢閱風霜
심 송 무 백 열 풍 상

깊은 소나무 무성한 잣나무
모진 풍상 겪었는데,

存沒尋思自感傷
존 몰 심 사 자 감 상

살고 죽음 생각하여보니
스스로 슬픈 마음 생겨나네.

合族一歡須强飮
합 족 일 환 수 강 음

친족들 모여 한 차례 기뻐하며
흠뻑 술 마시려는데,

明朝世事又茫茫
명 조 세 사 우 망 망

내일 아침 세상일이
또다시 망망하네.

161. 見敬甫黃孝恭·大任琴軸於龜院. 夕向郡馬上[1]_端午

귀원에서 경보황효공와 대임금축을 만나보고 저녁에 군으로 돌아가는 말위에서_단오

蒲酒勸留我不留[2]
포 주 권 류 아 불 류

창포주로 머물라 권하나
내 마물지 않고,

郊行四望雲山愁
교 행 사 망 운 산 수

길 나서 사방 둘러보니
구름 낀 산 근심스럽네.

野鳥相呼溪水急[3]
야 조 상 호 계 수 급

들새들 서로 짝 불러들이고
시냇물 급히 흐르는데,

落日馬上頻回頭
낙 일 마 상 빈 회 두

해질녘 말 위에서
자주 고개 돌려본다네.

1 | 귀원(龜院) : 《고증》「〈이산서원기〉에 보인다.」(見伊山書院記) 〈이산서원기〉는 문집 권42에 수록되어 있는데 그 가운데 「(영주는) 대개 인재 기르기를 좋아하는 뜻의 정성스러움이 다른 고을에 미칠 바가 아니나 돌아보건대 관사가 설치되어 있지 않아 한 번씩 모일 때마다 고을의 의원을 빌려 사용함으로써 잠깐 모였다가 즉시 헤어지곤 하였다.」(蓋拳拳乎樂育之意, 非他郡所及, 而顧未有館舍之作, 每一聚會, 卽假容於郡之醫院, 旋會旋罷)라는 말이 보인다. 현재는 경상북도 영주시 영주동 귀성공원(龜城公園) 안에 있다. 《퇴계선생연표월일조록》 참조.
황효공(黃孝恭 : 燕山君 2년[1496년]~明宗 8년[1553년]) : 자는 경보(敬甫)이며 본관은 창원(昌原), 호는 구암(龜巖)으로 영천에서 났음.
금축(琴軸) : 호는 송계(松溪)이며, 진사이다.

2 | 포주(蒲酒) : 송나라 축목(祝穆)의 《고금사문유취(古今事文類聚)》 전집 권9 〈천시부(天時部)〉에서 인용한 《세시잡기(歲時雜記)》「【창포주】 단오에는 창포를 가지고서 혹은 길게 찢어서 혹은 가루를 내어 술에 띄운다.」(【菖蒲酒】 端午以菖蒲, 或縷或屑汎酒)

3 | 야조상호(野鳥相呼) : 당나라 피일휴(皮日休)의 〈나무꾼의 도끼(樵斧)〉「빈 숲 베느라 한번 소리 내니, 그윽한 새들 서로 부르며 날아오르네.」(空林伐一聲, 幽鳥相呼起)

162~163. 季珍寄杜城令畫二鷹, 求題詩句[1]

계진이 두성령이 그린 매 두 마리를 부치고 그림에 적을 시구를 구하다

162 一歲鷹 俗謂甫羅_일세웅 민간에서는 보라매라고 한다

俊性依人人自憐 준 성 의 인 인 자 련	빼어난 성품 사람에게 의지하니 사람도 절로 어여삐 여겨,
碧絛銀鏇寵軒前[2] 벽 조 은 선 총 헌 전	푸른 비단 끈 은색 굴레로 난간 앞에서 총애를 받네.
一身正似酬恩子 일 신 정 사 수 은 자	그 한 몸 바로 은혜 보답하려는 자식이라도 된 듯,
時擊平蕪洒血鮮[3] 시 격 평 무 쇄 혈 선	이따금 황무지의 사냥감 덮쳐 맑은 피 뿌린다네.

1 | 두성령(杜城令) : 이암(李巖: 1499~?)을 말함. 세종대왕의 넷째 아들인 임영대군(臨瀛大君) 이구(李璆)의 증손자이며, 조선 전기의 화가이다. 일찍이 두성령을 제수받은 적이 있어 이렇게 부름. 생애에 대해서는 별로 알려진 것이 없으며, 《패관잡기(稗官雜記)》와 《연려실기술(練藜室記述)》 등에서 다만 그의 높은 화명(畵名)을 전하고 있을 뿐이다. 계진(季珍) : 김언거(金彦琚)의 자. 김언거에 대하여서는 위 139번 시의 주 1)을 보라.

2 | 벽도은선(碧絛銀鏇) : 도(絛)는 매의 다리에 묶어놓는 실이다. 선(鏇)은 금속으로 만든 틀로써 도를 여기에 묶음으로써 매가 도망가지 못하게 하는 것이다. 당나라 두보의 〈매 그림(畫鷹)〉 「실과 같이틀 번쩍거리는 빛 잡을 수 있을 듯하고, 집안에 그려진 모습에서는 그 형세 불러낼 수 있을 듯하네.」(絛鏇光堪摘, 軒楹勢可呼) 이 주석과 번역은 이영주 등 역《두보율시》(p. 200)를 참조하였음.

3 | 평무쇄혈선(平蕪洒血鮮) : 《유명록(幽冥錄)》 「초나라 문왕은 사냥을 좋아하였는데 어떤 사람이 매를 한 마리 바쳤다. 왕이 그 비범함을 보고 운몽택에서 사냥을 하였다. 깃털 달린 족속들이 다투어 씹고 함께 치는데 이 매는 눈을 똑바로 하여 먼 곳을 바라보았다.

163 山陣鷹_산에 진을 친 매

猛勢驍材不可當
맹 세 효 재 불 가 당

사나운 기세 날랜 재주
　누구도 감당할 수 없으니,

杜城毫末挾風霜[4]
두 성 호 말 협 풍 상

두성령의 붓끝
　바람 서리 끼고 있다네.

弋人枉作絛籠計
익 인 왕 작 조 롱 계

주살 쏘는 사람 비단 끈으로
끌어당겨 묶어볼 생각 자못 낼 만도 하지만,

思在雲霄萬里長
사 재 운 소 만 리 장

매의 생각은 놀과 구름 넘어
　만리 밖으로 내달리고 싶어하는 듯 보이네.

구름 가에 갑자기 웬 사물이 나타났는데 선명한 흰색이 구별이 되지 않았다. 그 매는 즉시 깃촉을 떨치며 올라갔는데 우뚝 솟은 것이 나르는 번개 같았다. 잠깐만에 깃털이 눈처럼 떨어지고 피가 비처럼 떨어졌다. 웬 큰 새가 땅에 떨어졌는데 그 날개를 재보았더니 너비가 수십 리나 되었다. 이때 사물에 대하여 널리 아는 군자가 말하기를 『이것은 대붕의 새끼입니다.』라 하였다.」(楚文王好獵, 有人獻一鷹. 王見其殊常, 故爲獵于雲夢. 毛羣羽族, 爭噬共搏. 此鷹瞪目遠瞻, 雲際俄有一物, 鮮白不辨, 其鷹便竦羽而升, 矗若飛電. 須臾羽墮如雪, 血下如雨, 有大鳥墜地, 度其羽翅, 廣數十里. 時有博物君子曰, 此大鵬雛也) 《유명록》은 《태평광기》(권460)에서 재인용. 《고증》「선은 생피이다.」(鮮, 生血也) 당나라 두보의 〈매 그림(畫鷹)〉「어느 때나 뭇 새들을 쳐서, 털과 피를 평원에 뿌릴까?」(何當擊凡鳥, 毛血灑平蕪) 상동 참조.

4 | 협풍상(挾風霜) : 송나라 황정견(黃庭堅)의 〈다시 (배를 보내어준) 유사웅(游師雄)에게 답함(再答景叔)〉「(한나라) 감천궁에서 나오는 배와 같이 훌륭한 배는 아래로 여뀌와 비름과 같이 소식만 하고 있는 창자에 물 대고 있으니, 지금 내 시구로 하여금 (흥이 나서) 바람과 서리 끼게 만든다네.」(甘泉下澆藜莧腸, 令我詩句挾風霜)

164. 次李上舍庇遠國樑見寄韻[1]

이진사 비원국량이 보내준 시의 각운자를 써서 짓다

滔滔世路恐迷津[2]
도 도 세 로 공 미 진

넓고 넓은 세상의 길
나루터 잃을까 두려워함,

不是心同越視秦[3]
불 시 심 동 월 시 진

월나라 사람 진나라 사람 보는 듯
마음 같지 않다네.

絶勝丘山元有素
절 승 구 산 원 유 소

빼어나고 뛰어난 언덕과 산
원래 본바탕이 있었고,

可憐泉石本無塵
가 련 천 석 본 무 진

사랑스럽기는 계곡의 경치
본디부터 티끌 없음이라네.

1 | 이비원(李庇遠) : 이국량(李國樑: 1517~1754)의 자. 농암 이현보의 조카로 호는 양곡(暘谷)이다. 생원시와 진사시에 모두 합격하였으나 일찍 죽었다. 퇴계가 처음으로 자기의 생가가 있는 온혜마을의 남쪽 산기슭에 있는 조그마한 집을 짓고 이를 「지산와사」(芝山蝸舍)라고 불렀는데, 이 집을 나중에 종손서인 이국량에게 주었음. 또 이국량의 집에 보관하고 있던 〈회암시첩(晦菴詩帖)〉의 뒤에 글을 써준 적도 있다.

2 | 도도세로(滔滔世路) : 송나라 주송(朱松: 주자의 부친)의 〈탁민표를 남기고 떠나다(留別卓民表)〉 「도도한 세상 길 바야흐로 달리는 것과 같은데, 어느 날에나 함께 밭 가는 일 기약하리.」(滔滔世路方同騖, 何日相期問耦耕)

3 | 월시진(越視秦) : 당나라 한유(韓愈)의 〈소신을 지니고 임금과 간쟁(諫爭)하는 간관의 태도를 논함(爭臣論)〉 「정치의 이득과 손실을 보는 것을 (동남쪽에 있는) 월나라 사람이 (서북쪽에 있는) 진나라 사람의 살찌고 마른 것을 보듯이 한다면, 홀연히 그 마음 속에 조금의 기쁨과 슬픔도 보태지 못할 것입니다.」(視政之得失, 若越人視秦人之肥瘠, 忽焉不加喜戚於其心) 송나라 육유(陸游)의 〈탄식을 적음(書歎)〉 「세태는 진나라가 (가까이 하였던) 초나라 속이는 것 같고, 정 나눔은 월나라 사람이 진나라 사람 보는 듯 무덤덤하다네.」(世態秦欺楚, 交情越視秦)

沿行我昔聊乘輿[4]
연 행 아 석 료 승 흥

물 따라 나아가며 내 옛적에
애오라지 흥 타고 노닐었으나,

泝入君今亦討眞
소 입 군 금 역 토 진

물 거슬러 들어오니 그대는 지금도
참됨 토론하고 있다네.

莫道吾歸無伴侶
막 도 오 귀 무 반 려

내 돌아옴에 짝할 이 없다
말하지 말자꾸나,

孤山新有詠梅人[5]
고 산 신 유 영 매 인

고산에 새로이
매화 읊조리는 사람 있으니.

4 | 승흥(乘興) : 위 152번 시의 주 6)을 보라. 《요존록》「이 해 가을에 휴가를 받아 고향으로 돌아가 병암에서 노닐며 배를 띄우고 내를 따라 앞으로 나아갔는데, 아마도 이를 가리키는 것 같다.」(是年秋受暇還鄕, 遊屛庵泛舟前川, 疑或指此)

5 | 고산영매인(孤山詠梅人) : 《요존록》「이비원은 일찍이 고산에 거처했던 적이 있었다. 아마 이때 막 이사를 왔기 때문일 것이다. 이진사가 마침 고산에서 일시 머물러 살았기 때문에 송나라 임포의 전고를 쓴 것이다.」(庇遠嘗居孤山, 疑時方新卜故云. 李上舍方寓孤山, 故使林逋事) 고산은 예안현 동북쪽 30리, 청량산 아래에 있는데 매우 경치가 좋다. 전설에 의하면 낙동강[洛江]이 산을 둘러 흘렀는데, 어느 날 갑자기 우레가 크게 일어나 푸른 산허리를 두 토막으로 쪼개어 강물이 그 사이로 흐르기 시작하였기 때문에 「외로운 산」(孤山)이라고 불렀음.

165. 寄題灌圃堂_金彦琚號[1]

관포당에게 시를 지어 부치다_김언거의 호이다

漆園傲吏離風塵[2] 칠 원 오 리 리 풍 진	칠원의 오만한 관리 풍진 세상에서 벗어났더니,
千載同歸漆水人[3] 천 재 동 귀 칠 수 인	천년 세월 넘어 칠수 사람과 함께 돌아왔네.
巧宦已抛蹊徑惡[4] 교 환 이 포 혜 경 악	교묘한 관리의 길 이미 험악한 출세 길 내던지고,
幽居還帶圃畦新 유 거 환 대 포 휴 신	그윽한 곳에 거처하여 또한 밭두둑 새로이 지녔네.

1 | 김언거에 대해서는 위 139번 시의 주 1)을 보라.

2 | 칠원오리(漆園傲吏) : 곧 장주(莊周)를 가리킴. 사기·장주(莊周)의 전기》「장자라는 사람은 몽이란 땅의 사람으로 이름은 주이다. 장주는 일찍이 몽땅의 국가의 옻나무 동산을 관리하는 관리가 되었던 적이 있다.」(莊子者, 蒙人也, 名周. 周嘗爲蒙漆園吏)

3 | 칠수인(漆水人) : 곧 김언거를 말함. 김언거의 호가 칠계(漆溪)이기 때문에 이렇게 말하였음. 《요존록》「장자는 옻밭을 관리하는 관리가 된 적이 있고, 김계진은 광주의 칠수 땅에 살았다.」(莊周爲漆園吏, 季珍居光州之漆水) 퇴계가 지어준 〈칠계십영(漆溪十詠)〉이 《별집》에 보인다. 뒤의 255~264를 참조할 것.

4 | 교환(巧宦) : 상관에게 빌붙어 아첨을 잘하는 관리. 《사기·급암(汲黯)의 전기》「급암의 고종(姑從) 누님의 아들인 사마안 역시 젊어서 급암과 함께 태자선마가 되었다. 사마안은 사람이 용의주도하고 윗사람에게 빌붙기를 잘하여 벼슬이 4번 만에 9경의 지위에 이르렀으며 하남태수가 되었다가 죽었다. 그의 형제들과 사마안 때문에 동시에 고위직에 오른 자가 10명이나 되었다.」(黯姑姊子司馬安, 亦少與黯爲太子洗馬. 安文深巧善宦, 官四至九卿, 以河南太守卒. 昆弟以安故, 同時至二千石者十人)

5 | 제휴일옹(提攜一甕) : 《장자·천지(天地)》「자공이 남쪽으로 초나라를 유람하고 진나라로 돌아오는 길에 한수 남쪽을 지나다가 한 노인이 마침 밭일을 하고 있는 것을 보았다. 구멍을 뚫고 우물에 들어가 독에다 물을 담아서 안고 다니면서 밭에 물을 주고 있었다. 애를 쓰며 수고가 많았는데, 그 효과는 아주 적었다. 자공이 『여기 하루에 백 고랑을 적실 수 있는 기계[도르레]가 있소. ……』라 하자, …… 채소밭의 노인은 불끈

提攜一甕能全道[5]
제 휴 일 옹 능 전 도

항아리 끌어안고도
도 온전히 할 수 있으니,

俯仰諸機自斲眞
부 앙 제 기 자 착 진

여러 기미 올려보고 내려보며
스스로 참됨 판단한다네.

未似多言端木氏[6]
미 사 다 언 단 목 씨

내 자신 말 많이 해야 했던 자공과
비슷하지 않으니,

他年我不愧逡巡[7]
타 년 아 불 괴 준 순

훗날 내 움츠려들 정도로
부끄러워할 일 없겠네.

낯을 붉혔다가는 웃으면서 『내 우리 스승에게 듣기를 기계를 갖는다면 기계에 의한 일이 반드시 생겨나고, 그런 일이 생기면 반드시 기계에 사로잡히는 마음이 생길 것이요, 그런 마음이 가슴 속에 자리잡게 되면 곧 순진결백한 것이 없어지게 되고, 그것이 없어지면 정신이나 본성의 작용이 안정을 잃게 될 것이며, 정신과 본성이 안정되지 않은 자에게는 도가 깃들이지 않는다고 하였소. 내 이를 알지 못해서가 아니라 부끄러움을 사지 않기 위해서라오.』라 하였다.」(子貢南遊於楚, 反於晉, 過漢陰, 見一丈人方爲圃畦. 鑿隧而入井, 抱甕而出灌, 搰搰然用力甚多, 而見功寡. 子貢曰, 有械於此, 一日浸百畦……爲圃者忿然作色而笑曰, 吾聞之吾師, 有機械者必有機事, 有機事者必有機心. 機心存於胸中, 則純白不備, 純白不備, 則神生不定, 神生不定者, 道之所不載也. 吾非不知, 羞而不爲也)

6 | 단목씨(端木氏) : 공자의 제자인 자공(子貢)을 말함. 자공은 춘추시대 위(衛)나라 사람으로 성이 복성(複姓)인 단목이고 이름이 사(賜)임. 말을 잘 하였으며 예측을 잘하고 재산을 늘리는 수완이 탁월하여 거부가 되었다 함. 《좌전·정공(定公)》「여름 5월 임신일에 노나라 정공이 승하하였다. 공자가 말하기를 『불행하게도 사의 말이 들어맞았다. 이것이 사로 하여금 말을 많이 하게되는 원인이 될 것이다.』라 하였다.」(夏五月壬申, 公薨. 仲尼曰, 賜不幸言而中, 是使賜多言者也)

7 | 괴준순(愧逡巡) : 자공이 역시 공자의 제자로 가난하였던 원헌(原憲)을 찾아가서 너무 초라한 모습을 보고, 그를 얕잡아보려다가 도리어 그의 당당한 태도를 보고 부끄러워하였다는 고사에서 유래한 말. 《한시외전》 권1「자공은 뒷걸음질 치면서 얼굴에 부끄러운 기색을 하고서는 인사도 없이 가버렸다.」(子貢逡巡, 面有慚色, 不辭而去)

166~169. 答季珍[1]

계진에게 답하다

166

迹異窮途阮[2]
적 이 궁 도 완

자취는 길 끝난 곳에서
울었던 완적과 다르지만,

心同止足踈[3]
심 동 지 족 소

마음은 그침과 족함 알았던
소광과 같다네.

病來聞種橘[4]
병 래 문 종 귤

병들었던 차에
그대 귤나무 심었다고 들었더니,

書到已焚魚[5]
서 도 이 분 어

그대 편지 받고 보니
이미 물고기 태워버렸음 알았다네.

會面何由得
회 면 하 유 득

만나서 얼굴 대함
어떻게 가능할까?

歸驂不肯徐[6]
귀 참 불 긍 서

돌아가시는 수레
천천히 몰려고 하지는 않으시리라.

秋風羈宦客
추 풍 기 환 객

가을 바람에 떠도는
벼슬아치 외로운 객이 되어,

回首意茫如
회 수 의 망 여

고개 돌려 바라보니
생각만 아득하구나.

1 | 계진(季珍) : 김언거의 자이다.

2 | 궁도완(窮途阮) : 위 81번 시의 주 4) 궁도객(窮途客)을 보라. 당나라 두보의 〈즉석에서 있었던 일을 쓰다(即事)〉「병 많았던 사마상여 일어난 날 없었고, 막다른 골목에 다다라 완적 몇 번이나 (통곡하다가) 깨었던가?」(多病長卿無日起, 窮途阮籍幾時醒)

3 | 지족소(止足踈) : 《고증》「『踈』자는 『疏』자와 통하여 쓰며, (한나라 때의) 소광이다.」(案, 踈通作疏, 疏廣也) 소광에 대해서는 위 53번 시의 주 7)을 보라.

167

韋守思田日[7]
위 수 사 전 일

태수였던 위응물은
전원으로 돌아가는 날 생각하였고,

陶公問路晨[8]
도 공 문 로 신

도연명은 새벽같이
길 물었다네.

極知時莫競
극 지 시 막 경

정말로 흘러가는
시간 다툴 수 없음 알겠고,

無怪士常貧[9]
무 괴 사 상 빈

선비 항상 가난한 것
괴이할 것 없다네.

4 | **병래문종귤(病來聞種橘)** : 진나라 갈홍(葛洪)의 《신선전·소선공(蘇仙公)》「선생은 얼굴을 가다듬고 (자기를 데리러 온) 이들을 맞이하고는 곧 어머니 앞에 무릎을 꿇고 『저는 명을 받고 신선이 될 것입니다. 부르시는 기한도 있고 또 저를 예의에 갖추어 호위할 사람들도 이미 도착하였사오니 이제 봉양도 해드릴 수 없게 되었습니다.』하고는 즉시 절하고 이별을 고했다. 모자는 울었고, 어머니가 『네가 가버린 뒤에는 날더러 어떻게 살아가란 말이냐?』라 하자, 선생이 말하기를 『내년에는 천하에 전염병이 돌 것입니다. 뜰 안의 우물물과 처마 곁의 귤나무가 대신 봉양할 것입니다. 우물물 한 되와 귤잎 한 장으로 한 사람의 병을 고칠 수 있습니다. ……』 이듬해에 과연 전염병이 돌았는데, 멀고 가까운 곳을 가리지 않고 모두 어머니에게 치료법을 구하여, 모두 우물물과 귤잎을 썼더니 낫지 않는 자가 없었다.」(先生斂容逢迎, 乃跪白母曰, 某受命當仙. 被召有期, 儀衛已至, 當違色養. 卽便拜辭, 母子歔欷. 母曰, 汝去之後, 使我如何存活? 先生曰, 明年天下疾疫. 庭中井水, 簷邊橘樹, 可以代養. 井水一升, 橘葉一枚, 可療一人……來年果有疾疫. 遠近悉求母療之, 皆以水及橘葉, 無不愈者)(神仙傳)蘇耽將仙去曰, 後二年郴人大疫, 宜植橘鑿井, 病者食一橘水一盞, 自愈)

5 | **서도이분어(書到已焚魚)** : 당나라 두보의 〈백학사의 모옥(題柏學士茅屋)〉「푸른 산의 학사 은빛 고기 태워버리고, 흰 말 타고 물러나 몸 암혈에 거처하네.」(碧山學士焚銀魚, 白馬卻走身巖居) 여기서 은어는 학사라는 벼슬을 나타내는 은빛 물고기가 그려진 흉대(胸帶)를 말함.

白髮欺騷客
백 발 기 소 객

그대의 흰 머리 그대 같이
시 짓는 이 속일 것이지만,

黃花待主人
황 화 대 주 인

누런 국화는
주인 돌아오심 기다린다네.

何煩种處士
하 번 충 처 사

무엇 번거로우리
충처사,

歸得買山銀10
귀 득 매 산 은

은퇴하여 지낼
산 사들일 은 얻은 것이.

6 | 귀참불긍서(歸驂不肯徐) : 이때 김언거는 상주목사를 사임하고 돌아가기 때문에 퇴계가 풍기에서 은근히 한번 만나볼 수 없을까 기대하여 본 것임.

7 | 위수사전일(韋守思田日) : 당나라 때 소주태수(蘇州太守)를 지냈던 위응물의 〈이담원석에게 보냄(寄李儋元錫)〉「몸에 병 많아 전원으로 돌아갈 날 생각하는데, 길에는 유랑하는 백성들 있어 봉록 받음 부끄럽네.」(身多疾病思田里, 道有流亡愧俸錢)

8 | 도공문로신(陶公問路晨) : 진나라 도연명의 〈돌아가자꾸나(歸去來兮辭)〉「먼 길 떠나는 나그네에게 앞길을 묻고, 새벽 빛 희끄무레함을 한스러워하네.」(問征夫以前路, 恨晨光之熹微)

9 | 사상빈(士常貧) : 진나라 황보밀(皇甫謐)의 《고사전·영계기(榮啓期)》「가난이란 것은 선비들에게는 늘 있는 것이요, 죽음이란 것은 사람의 종말인데 늘 있는 것에 거하면서 종말을 기다리니 어찌 즐겁지 않겠는가?」(貧者, 士之常也, 死者, 民之終也. 居常以待終, 何不樂也)

10 | 충처사~매산은(种處士~買山銀) : 충처사는 북송의 은사로 이름이 높았던 충방(种放: 956~1016)을 말함. 낙양 사람으로 자는 명일(明逸)이다. 진종황제가 정중히 초빙하여 공부시랑까지 올랐으나 벼슬을 버리고 숭산(嵩山)에 들어가 일생을 마쳤다. 명나라 팽대익(彭大翼)의 《산당사고(山堂肆考)》 권81 〈충방이 산을 사다(种放買山)〉「송나라 충방은 여러 차례나 돌아갈 것을 청하는 글을 올렸는데 이에 장성(眞宗을 말함)이 산을 살 돈을 내렸다.」(宋种放累章乞歸, 章聖賜買山銀) 이로부터 매산(買山)이란 말은 곧 은퇴하는 것을 이르게 되었음.

168

曠坦非名外
광 탄 비 명 외

세상 벗어나 자유롭게 지냄
명분 밖의 일은 아니니,

歸來寧世疎
귀 래 영 세 소

은퇴하여 돌아오니
차라리 세상과 멀어지네.

范張新約黍11
범 장 신 약 서

범식과 장소 새로이
기장 익을 때 만나자 기약했고,

莊惠舊論魚12
장 혜 구 논 어

장주와 혜시는
옛날에 물고기 즐거워함 논했다네.

11 | **범장신약서(范張新約黍)** : 《후한의 역사》 권81 〈독실한 행동을 한 사람들의 전기·범식전(獨行傳·范式傳)〉「범식은 자가 거경으로 산양 금향 사람이다. …… 여남의 장소와 친구가 되었는데, 장소는 자가 원백이었다. 두 사람 모두 고향으로 돌아갈 것을 고하였다. 범식이 장소에게 말하기를『2년 뒤에 들러 그대의 어르신께 절하고 그대의 자식들도 만나 보리라.』라 하였다. 이에 함께 기일을 정하였다. 나중에 기일이 다 되어가자 장소는 어머니에게 모두 말씀드리고는 음식을 차려놓고 기다릴 것을 청했다. 어머니가『헤어진지가 2년이나 되었고 천리 밖에서 약속을 하였는데 너는 어째서 그렇게 확실히 믿는 것이냐?』라 하자 대답하였다.『범식은 믿을만한 선비이니 필시 약속을 어기지 않을 것입니다.』이에 어머니가 말했다.『그렇다면 마땅히 너를 위해 술을 담아야겠다.』그 날이 되자 범식이 과연 이르렀으며 대청에 올라 절을 하고 술을 마시다가 즐거움이 다하자 헤어졌다.」(范式字巨卿, 山陽金鄕人也, …… 與汝南張劭爲友. 劭字元伯. 二人並告歸鄕里. 式謂元伯曰, 後二年當還, 將過拜尊親, 見孺子焉. 乃共剋期日. 後期方至, 元伯具以白母, 請設饌以候之. 母曰, 二年之別, 千里結言, 爾何相信之審邪? 對曰, 巨卿信士, 必不乖違. 母曰, 若然, 當爲爾醞酒. 至其日, 巨卿果到, 升堂拜飮, 盡歡而別)

學步幾忘故13
학 보 기 망 고

남들은 새 걸음걸이 배우려다
예전 걸음걸이 잊어버렸지만,

爭泉獨味徐14
쟁 천 독 미 서

내 샘물 서둘러 찾아서
나만 홀로 천천히 맛을 보네.

懸知及重九
현 지 급 중 구

분명히 중양절
가까워오고 있으니,

籬菊粲金如15
이 국 찬 금 여

울 밑에 핀 국화
황금처럼 찬연하겠지.

12 | **장혜논어(莊惠論魚)** : 위 90번 시의 주 3) 어호상락(魚濠上樂)을 보라.

13 | **학보망고(學步忘故)** : 위 112번 시의 주 12) 실고보(失古步)를 보라.

14 | **쟁천독미(爭泉獨味)** : 명나라 팽대익(彭大翼)의《산당사고(山堂肆考)》 권23〈신유현의 예천(新喩醴泉)〉「임강부 신유현의 서쪽에는 예천(맛이 단 샘물)이 있다. 황정견이 이곳을 들러 그 물을 마셔보고는 달게 여겨 말하기를『애석하도다! 장우신과 육홍점은 이 맛을 미처 몰랐도다.』라 하였다. 이에 그 곁의 기둥에다『예천』이라고 적어놓았다.」(臨江府新喩縣西有醴泉. 宋黃庭堅過此飮之而甘曰, 惜張又新陸鴻漸不及知也. 因題其旁柱曰醴泉) 장우신은 당나라 때《전다수기(煎茶水記)》라는 책을 지었고, 육홍점은 역시 당나라 때《다경(茶經)》을 지은 육우(陸羽)이다.

15 | **중구~이국찬(重九~籬菊纘)** : 도연명을 읊은 것 같다.《남조의 역사·도잠(陶潛)의 전기》「일찍이 9월 9일에 술이 떨어지자 집 주위의 국화 무더기에 가서 오래도록 앉아 있었다.」(嘗九月九日無酒, 出宅邊菊叢中坐久之) 도연명의〈음주〉의 다섯째 시「동쪽 울타리 아래서 국화를 따노라니, 문득 남산이 눈에 보이네.」(採菊東籬下, 悠然見南山)

169

棄泥聞古語[16]
기 니 문 고 어

진흙 같이 버렸다
옛 성현의 말 들었는데,

烹鯉歎今晨[17]
팽 리 탄 금 신

편지 부쳐와
오늘 아침에 탄식하네.

我獨常纏疾
아 독 상 전 질

나만 유독 늘
병에 얽매이는데,

君能不畏貧
군 능 불 외 빈

그대는 능히 가난함조차
두려워 않네.

16 | **기니(棄泥)** : 송나라 소식의 〈시승이신 왕경순(王景純)님께 드림(贈王仲素寺丞)〉「기 기름 아이 기르듯 하고, 관직 버림 진흙 버리듯 하네.」(養氣如養兒, 棄官如棄泥)

17 | **팽리(烹鯉)** : 《문선·고악부(古樂府)》의 〈장성의 굴에서 말을 물먹이며 노래함(飮馬長城窟行)〉「손님 먼 곳에서 찾아왔는데, 내게 잉어 두 마리를 주네. 아이 불러서 잉어 삶으라 하니, 뱃속에 한 자나 되는 흰 비단 편지 있네.」(客從遠方來, 遺我雙鯉魚, 呼兒烹鯉魚, 中有尺素書) 이때문에 나중에는 「쌍리어」를 편지를 가리키는 말로 쓰게 되었다.

18 | **강호산인(江湖散人)** : 《장자·인간세(人間世)》「장석(이름이 석인 목수)이 돌아오자 상수리나무 사당의 나무가 꿈에 나타나 말하였다. 『…… 거의 죽어가는 쓸모없는 사람이 또한 어찌 쓸모없는 나무를 알겠는가?』」(匠石歸, 櫟社見夢曰, ……幾死之散人, 又惡知散木) 상세한 것은 《내집》 권1의 129번 시의 주 15)를 보라.

日月從奔駟
일 월 종 분 사

세월 급히 달리는
수레 좇아가듯하나,

江湖屬散人[18]
강 호 속 산 인

강호는 나 같이
쓸모없는 인간의 것이라네.

朱提雙飮醆[19]
수 시 쌍 음 잔

내가 가진 대작한
수시의 은 술잔이,

幾日對傾銀[20]
기 일 대 경 은

언제쯤 마주 앉아
기울여질까?

19 | **수시(朱提)** : 당나라 한유의 〈최씨네 스물 여섯째 입지에게 부침(寄崔二十六立之)〉「내 대작할 술잔 가지고 있는데, 그 은 수시지방에서 얻은 것이라네.」(我有雙飮盞, 其銀得朱提)《한나라의 역사·식화지(食貨志) 하》「수시의 은은 여덟 냥이 1류이며 1580전의 값어치가 있다. 다른 은은 1류에 천 전의 값어치가 있는데, 이것은 은화 이등품이다.」(朱提銀重八兩爲一流, 直一千五百八十. 它銀一流直千. 是爲銀貨二品) 당나라 안사고(顔師古)의 주석「수시는 현 이름으로 건위에 속해 있으며 좋은 은이 난다.」(朱提縣名, 屬犍爲, 出善銀)

20 | **경은(傾銀)** : 당나라 두보의 〈소년의 노래(少年行)〉「시골의 낡은 옹기 술잔 비웃지 말게나, 여기에 술 부어 마시며 아들 손자 키웠다네. 은잔 기울이고 옥잔에 술 부으니 사람들 보고 놀라나, 다함께 취하여 끝내 대나무 곁에서 같이 누워잔다네.」(莫笑田家老瓦盆, 自從盛酒長兒孫. 傾銀注玉驚人眼, 共醉終同臥竹根)

170. 春寒_庚戌[1]

봄추위_경술년(1550)

破屋春寒怯透颸 파 옥 춘 한 겁 투 시	부서진 집 봄 추위에 찬바람 들어올까 두려워,
呼兒添火衛形羸 호 아 첨 화 위 형 리	아이 불러 불 더 지펴 파리한 몸 보호하네.
抽書靜讀南窓裏 추 서 정 독 남 창 리	책 뽑아들고 남쪽 창문 아래에서 조용히 읽고 있으니,
有味難名獨自怡[2] 유 미 난 명 독 자 이	그 맛 무엇이라 표현하기 어려우나 나혼자 절로 흡족하네.

1 | 50세에 풍기 군수 자리를 그만 두고 돌아온 후 죽동(竹洞: 대골) 서간(西澗: 서쪽 골짜기)에서 독서할 때 읊은 시임. 권오봉의 《퇴계가연표》 218쪽을 참조하라.

2 | **유미난명(有味難名)** : 송나라 소식의 〈자유가 거란에 사신으로 가다(子由使契丹)〉「그리하여 가려운 곳 긁듯이 좋은 말로 응대함, 그 맛 무엇이라 표현하기 어려우나 다만 스스로 알리라.」(故應好語如爬癢, 有味難名只自知)

171~173. 溪庄, 喜黃錦溪惠訪, 追寄[1]

계장에서, 황금계가 방문하여 줌을 기뻐하며 추후에 지어 부치다

171

竹溪諸子散如雲[2] 죽 계 제 자 산 여 운	죽계의 여러 자제 구름처럼 흩어졌으니,
鹵莽堪嗟我不文[3] 노 망 감 차 아 불 문	노둔하게 한탄할 만하네, 나의 학문 없음.
却喜朝家新擇守 각 희 조 가 신 택 수	오히려 기쁘다네, 조정에서 새로이 군수 택해줌,
靑衿齊奮待張君[4] 청 금 제 분 대 장 군	젊은 선비들 일제히 흥분하여 장군수 기다리네.

張仲紀代余爲守[5]

장중기가 나를 대신하여 군수가 되었다

1 | **황금계(黃錦溪)** : 황준량(黃俊良: 1517~1663)의 호. 본관은 평해(平海)이며, 자는 중거(仲擧)임. 농암의 손서로 도산 분천으로 오면서 퇴계의 문하에 들어 중종 32년인 1537년에 생원이 되고 3년 뒤에 식년 문과에 급제하여 권지성균관학유(權知成均館學諭)에 임명된 후, 1560년에는 성주목사로 있은 지 4년 만에 병으로 돌아오던 도중 47세로 예천에서 작고하였는데, 그를 위하여 퇴계가 행장을 지어 준 일이 있음.

2 | **죽계(竹溪)** : 곧 풍기(豐基)의 백운동서원(白雲洞書院: 나중에 紹修書院으로 사액을 받음) 앞을 흐르는 시내로, 소수서원을 가리킴. 《내집》 권4에 〈서원을 열 수로 읊음(書院十詠)〉이란 시가 있는데 그 중 첫 번째 시가 〈죽계서원(竹溪書院)〉이다.

3 | **노망(鹵莽)** : 거칠고 경솔하다는 뜻. 노(鹵)자는 「魯」자와도 통하여 씀.

4 | **청금(靑衿)** : 청금자(靑衿子)라고도 하며, 학생 또는 젊은 서생을 가리키는 말.

5 | **장중기(張仲紀)** : 장응선(張應旋, 또는 應璇)의 자. 문과방목(文科榜目)에 의하면 본관은 흥덕(興德)이며 예천에서 살았음. 중종 26년(1531) 식년 병과에 급제하였음.

172

亦見羣居濟濟時[6]
역 견 군 거 제 제 시

또한 보이네, 쟁쟁한 선비들
함께 모여 공부할 때에,

爭先葩藻儘多奇[7]
쟁 선 파 조 진 다 기

좋은 글 앞 다투어
참으로 기이함 많음이.

向來白鹿明誠訓[8]
향 래 백 록 명 성 훈

지난 날 백록동서원의
명과 성으로 나아가라는 가르침은,

發憤何人肯事斯
발 분 하 인 긍 사 사

발분망식 어떤 이가
기꺼이 이를 본받으리.

6 | 제제(濟濟) : 사람 등이 많은 모양을 나타내는 의태어. 《시경·대아·문왕(文王)》「많은 신하들 우글거리니, 문왕께서도 평안하시리라.」(濟濟多士, 文王以寧) 주자의 주석 「제제는 많은 모양이다.」(濟濟, 多貌也)

7 | 쟁선파조진다기(爭先葩藻儘多奇) : 주자의 〈서재에 거처하다가 흥이 일어(齋居感興)〉 제17수 「떼 지어 모여 문사 다투고, 앞 다투어 무리들의 으뜸 되고자 하네.」(群居競葩藻, 爭先冠倫魁)

8 | 백록(白鹿) : 당나라 이발(李渤)이 은거하여 독서를 하면서 늘 흰 사슴을 길렀던 강서성(江西省) 성자현(星子縣) 북여산(北驪山) 오로봉(五老峯) 아래의 고을 이름. 당나라 때 이곳에 서원을 세웠고, 송나라 때 주자가 이곳에서 강학을 하였음. 주자의 〈백록동부(白鹿洞賦)〉「이르기를 명과 성의 그 두 가지로 나아가며, 또한 경과 의도 모두 확고하네.」(曰明誠其兩進, 抑敬義其偕立)

173

爲人性癖愛雲煙[9]
위 인 성 벽 애 운 연

사람됨 성격이
구름과 연무 좋아하는데,

矗矗泠泠更酷憐
촉 촉 령 령 갱 혹 련

우뚝한 산 맑게 흐르는 물
더욱 몹시 어여뻐하네.

峽裏高臺依舊未[10]
협 리 고 대 의 구 미

골짜기 속 높은 누대
예와 같은가? 아니한가?

夢魂時復遶層巓
몽 혼 시 부 요 층 전

꿈속의 넋 이따금씩 다시
겹겹이 쌓인 산마루 감도네.

9 | **위인성벽(爲人性癖)** : 당나라 두보의 〈강가에서 바다 같은 형세의 물결을 만나 잠시 간단하게 서술하다(江上値水如海勢聊短述)〉「(내) 사람됨이 그 성격이 아름다운 구절을 탐하기를 좋아하여, 어구가 사람을 놀라게 하지 않으면 죽어도 다지는 일을 쉬지 않는다네.」(爲人性僻耽佳句, 語不驚人死不休)

10 | **촉령~고대(矗泠~高臺)** : 《요존록》「죽령 허리원 밑에 촉령대가 있는데, 선생이 풍기군수로 있을 때 정민공(이해)을 여기서 송별하였다. 그 뛰어난 경치를 사랑하여 점필재가 지은 〈두류산시〉시의 『구름 뿌리 빽빽하고 물은 맑디맑네.』라는 말을 취한 것이다.」(竹嶺要院之下有矗泠臺, 先生守豐基時, 送別貞愍公於此. 愛其形勝, 取佔畢齋頭流山詩雲根矗矗水泠泠之語者也) 《요존록》에서 〈두류산시〉라고 한 김종직의 시는 제목이 〈선열암(先涅庵)〉이다.

174. 移構草屋於退溪之西, 名曰寒栖庵[1]

퇴계의 서쪽으로 초가집을 옮겨 짓고 이름을 한서암이라고 하다

巖崖丹碧水淙潺[2]
암 애 단 벽 수 종 잔

암석과 단애 붉고 푸르며
물은 졸졸 흐르는데,

草屋柴門晻靄間[3]
초 옥 시 문 엄 애 간

초가집과 사립문
숲속에 가려 있네.

已喜此生聊復得[4]
이 희 차 생 요 부 득

이미 이 삶 다시 얻었음
애오라지 기뻐하는데,

豈無三益共盤桓[5]
기 무 삼 익 공 반 환

어찌 세 가지 유익한 벗 함께
서성임 없을 수 있으리.

1 | 《내집》 권1의 175에도 〈초가를 퇴계의 서쪽으로 옮기고 한서암이라 이름짓다(移草屋於溪西, 名曰寒棲庵)〉이라는 시가 있다.

2 | **수종잔(水淙潺)** : 종잔은 물이 흐르는 소리를 나타내는 의성어. 송나라 육유의 〈배를 타고 직녀담까지 이르다(舟行至織女潭)〉 「산의 시내 굽고 꺾이어 아득히 골짜기까지 통하고, 모래톱의 물은 졸졸 각기 시내로 달리네.」(山谿曲折遥通谷, 沙水淙潺各赴溪)

3 | **초옥시문(草屋柴門)** : 송나라 왕안석(王安石)의 〈왕씨의 눈 그림을 살펴보다(觀王氏雪圖)〉 「우뚝 솟은 봉우리에 눈 겹겹이 서로 비치고, 띠집이며 사립문은 봉우리 중간쯤에 있네.」(崔嵬相映雪重重, 茅屋柴門在半峯)

4 | **차생료부득(此生聊復得)** : 진나라 도연명의 〈잡시(雜詩)〉 제7수 「동헌 아래서 마음껏 휘파람 부니, 애오라지 이 삶 다시 얻었다네.」(嘯傲東軒下, 聊復得此生)

5 | **삼익(三益)** : 곧 삼익우(三益友)로 사귀어서 자기에게 도움이 될 만한 세 가지 벗을 말함. 《논어·계씨(季氏)》 「공자께서 말씀하셨다. 『(자기에게) 유익한 벗이 셋 있고, 손해되는 벗이 셋 있다. 곧은 이를 벗하고, 성실한 이를 벗하며, 견문이 많은 이를 벗하면 유익하다.』」(孔子曰, 益者三友, 損者三友. 友直, 友諒, 友多聞, 益者) 나중에는 이 말로 훌륭한 친구, 좋은 친구를 나타내게 되었다. 진나라 도연명의 〈전원으로 돌아와 짓다(歸園田居)〉 제6수 「본래의 마음 이와 같아서, 오솔길 열어놓고 좋은 친구 바라네.」(素心正如此, 開徑望三益) 이 시는 남조 양(梁)나라 강엄(江淹)의 〈도연명이 지은 시체를 본받아 짓다(擬淵明詩)〉로 보는 설도 있음. 《문선》에는 강엄의 〈잡체(雜體)〉시에 수록되어 있음.

공반환(共盤桓) : 역시 도연명의 〈돌아가자꾸나(歸去來辭)〉 「해는 뉘엿뉘엿 지려하는데, 외로운 소나무 어루만지며 서성이네.」(景翳翳其將入, 撫孤松而盤桓)

175. 種竹

대나무를 심다

此君不可無[1] 차 군 불 가 무	이 군자 없을 수 없는데,
栽培最難活 재 배 최 난 활	재배함에 살리기 가장 어렵다네.
如何艾與蕭 여 하 애 여 소	어떻게 하면 쑥과 약쑥 같이,
剪去還抽蘗[2] 전 거 환 추 얼	잘라내도 움 다시 돋을까?

1 | **차군불가무(此君不可無)** : 《진(晉)나라의 역사·왕휘지의 전기》「(왕휘지가) 일찍이 빈집에 임시로 거처했었던 적이 있는데, 즉시 대나무를 심으라 했다. 누가 그 까닭을 묻자 휘지는 다만 휘파람을 불면서 대나무를 가리키고는 말했다. 『어찌 하루라도 이 군자가 없을 수 있겠는가!』」([徽之]嘗寄居空宅中, 便令種竹. 或問其故, 徽之但嘯詠, 指竹曰, 何可一日無此君邪) 이 말로 인하여 나중에는 「차군」으로 대나무를 대신 일컫게 되었다.

2 | **전거(剪去)** : 송나라 소옹(邵雍)의 〈어떤 일로 느낌이 일어 읊다(感事吟)〉「지초와 난초는 심어도 꽃 피우지 않는데, 가시나무는 잘라도 없어지지 않네.」(芝蘭種不榮, 荊棘剪不去)

176. 種松

소나무를 심다

樵夫賤如蓬[1] 초 부 천 여 봉	나뭇꾼은 쑥대처럼 천하게 여기지만,
山翁惜如桂 산 옹 석 여 계	산 늙은이는 계수나무같이 아낀다네.
待得昂靑霄 대 득 앙 청 소	푸른 하늘까지 솟기 기다리자면,
風霜幾凌厲 풍 상 기 능 려	바람서리 몇 번이나 견뎌야 할까?

1 | **천여봉(賤如蓬)** : 송나라 소식의 〈문동(文同)의 양천원지 시에 화답하다·운당곡(和文與可洋川園池·篔簹谷)〉「한천의 긴 대나무 쑥대처럼 흔해빠졌으니, 도끼 어찌 일찍이 용 같은 죽순 용서하였으리.」(漢川脩竹賤如蓬, 斤斧何曾赦籜龍)

177. 種梅

매화를 심다

廣平銷鐵腸[1] 광평도 쇠 같은 창자 녹아내렸고,
광 평 소 철 장

西湖蛻仙骨[2] 서호처사는 허물 벗고 선선 되었다네.
서 호 태 선 골

今年已蕭疎 올해는 이미 성글어졌으나,
금 년 이 소 소

明年更孤絶 내년에는 절개 더욱 고고해지리.
명 년 갱 고 절

1 | 광평소철장(廣平銷鐵腸) : 광평은 곧 당나라 송경(宋璟)을 말함. 당나라 피일휴(皮日休)의 〈복숭아 꽃을 읊은 글의 서문(桃花賦序)〉「광평공 송경이 재상이 되었는데 자세는 꿋꿋하고 바탕은 굳세며 태도가 꼿꼿하고 외모가 강의해 보여, 그 분이 쇠로 된 마음과 돌로 된 창자를 가지고 있지나 않은지 의심스러우니, 부드럽고 아름다운 말을 표현할 줄 모를 것 같이 보인다. 그러나 그가 지은 〈매화부(梅花賦)〉를 보니, 기상이 맑고 새로우며 표현이 풍부하고 아름다워 꼭 남조(南朝)시대의 미문가(美文家) 서릉(徐陵)이나 유신(庾信)의 문체를 체득한 것 같다.」(宋廣平之爲相, 貞姿勁質, 剛態毅狀, 疑其鐵腸心石, 不解吐婉媚辭. 然睹其文而有梅花賦, 淸便賦艶得南朝徐庾體)

2 | 서호(西湖) : 중국 절강성 항주(杭州) 근처에 있는 경치가 아름답기로 세계적으로 이름난 호수인데, 여기서는 곧 이 호수 곁에 있는 고산(孤山)에 은거하여 살았던 송나라의 은사 임포(林逋)를 말함. 임포는 일생동안 결혼도 하지 않고 「매화로 아내를 삼고 학으로 자식을 삼아」(梅妻鶴子) 살았다고 함. 그가 지은 매화를 읊은 시들이 유명함.

178. 種菊

국화를 심다

十年種都下 십 년 종 도 하	십년 동안은 서울에 심었었고,
二年種郡圃 이 년 종 군 포	2년 동안은 군의 밭에 심었다네.
何如故園中 하 여 고 원 중	어떡하면 고향 동산에도,
自有山野趣 자 유 산 야 취	절로 산야의 운치 나게 할까?

179. 種瓜

외를 심다

山居非東陵 산 거 비 동 릉	산에 있으니 동릉과도 아니요,
野人非故侯[1] 야 인 비 고 후	내 시골 사람이라 옛 제후도 아니라네.
種瓜聊適意 종 과 요 적 의	외 심는 것 다만 마음에 맞으니,
寧知桃柳憂[2] 영 지 도 류 우	도화와 버들의 시름이야 어찌 알리오.

見古詩[3]　고시에 보인다

1 | **동릉고후(東陵故侯)** : 《사기》 권53 〈재상 소하(蕭何)의 전기(蕭相國世家)〉「소평이란 사람은 옛 진나라의 동릉후였다. 진이 망한 후에 포의지사가 되었고 가난하여 장안성 동쪽에서 외를 심고 가꾸며 살았는데, 외의 맛이 좋았으므로 세상에서는 동릉과라 불렀으며, 소평의 이름을 그대로 따른 것이다.」(召平者, 故秦東陵侯. 秦破, 爲布衣, 貧, 種瓜於長安城東, 瓜美, 故世俗謂之東陵瓜, 從召平以爲名也) 또한 청문과(靑門瓜)라고도 한다.

2 | **도류우(桃柳憂)** : 송나라 유극장(劉克莊)의 〈병든 후 매화를 찾다(病後訪梅)〉 아홉 수 중 첫째 시 「유우석은 도화 때문에 여러 번 좌천되었고, 이비는 버드나무 때문에 집권자 거슬렀다네.」(夢得因桃數左遷, 長源爲柳忤當權) 《요존록》「유우석은 〈현도관의 복숭아〉라는 시를 지었는데 시어가 요로에 있는 사람의 거리낌을 받아 파주로 쫓겨났다. 이비는 〈버드나무를 읊음〉을 지어 『푸릇푸릇 동쪽 문의 버들, 해 저물면 시들리.』라 읊었는데 양국충이 자기를 풍자하였다고 생각하여 기춘군으로 내쫓았다.」(劉禹錫作玄都觀桃, 詩語忌當路, 出爲播州. 李泌咏柳云, 靑靑東門柳, 歲晩必憔悴. 楊國忠以爲譏己, 斥置蘄春郡) 이비가 시은 시의 제목은 전하지 않고 다만 〈업군후전(鄴侯家傳)〉에 수록되어 전한다. 또 《전민시화(全閩詩話)》 권5에서는 「유극장은 〈떨어지는 매화를 읊음〉에서 『봄 귀신 꽃을 장악할 권리 잘못 잡아, 오히려 고고한 것(매화) 꺼리어 자기 주장 없다네.』라 하였다. 참소하는 자가 이 시를 적어 권신에게 보였더니 이때부터 10년이나 한산한 곳에 내쳐졌다.」(劉克莊詠落梅, 東君謬掌花權柄, 却忌孤高不主張. 讒者箋其詩以示柄臣, 由此閒廢十載)라 하였다.

3 | **견고시(見古詩)** : 동릉과를 소재로 지은 옛 시로는 진(晉)나라 완적(阮籍)의 〈영회시(詠懷詩)〉「옛날에 동릉의 참외 들었더니, 가까이 청문 바깥에 있다네. 밭이랑 타넘어 밭둑 이어, 어미 외와 아들 외 꼭지 서로 엉키어 있다네.」(昔聞東陵瓜, 近在靑門外. 連畛距阡陌, 子母相鉤帶) 같은 것이 있음.

180. 光影塘[1]

광영당

小塘淸徹底
소 당 청 철 저

작은 못 맑아 바닥까지 보이는데,

天光共雲影[2]
천 광 공 운 영

하늘 빛과 함께 구름 그림자 비치네.

更待月印心
갱 대 월 인 심

다시 달 못 가운데 비쳐지기 기다리니,

眞成灑落境
진 성 쇄 락 경

진실로 맑은 경치 이루었네.

1 | 광영당(光影塘) : 한서암 앞에 정원을 만들고 그 정원에 판 연못을 말함. 《연보 보유》에 의하면 이 못은 경술년(1550) 4월에 판 것으로 되어 있음. 이 못의 이름은 주자의 《책을 보고 느낀 바가 있어서(觀書有感)》에서 따왔다. 주 2)를 보라.

2 | 천광공운영(天光共雲影) : 〈책을 보고 느낌이 일어(觀書有感)〉 두 수 가운데 첫째 시 「반이랑 모난 연못에 거울 하나 열렸는데, 하늘 빛 구름 그림자 함께 떠돌아 다니네.」(半畝方塘一鑒開, 天光雲影共徘徊) 이 구절은 모난 연못[方塘]을 책으로 보고 이 책에 모든 이치가 다 갖추어져 있음을 비유한 구절이다.

181. 鏘鳴瀨[1]

장명뢰

水石兩相値 물과 돌 서로 부딪쳐,
수 석 양 상 치

鏘然如舜樂[2] 쨍그렁 울림 순임금의 음악 같네.
장 연 여 순 락

間咏白鹿辭 이따금 〈백록동부〉 읊조리나,
간 영 백 록 사

斯人去我邈 그분은 나와 까마득하네.
사 인 거 아 막

1 | 장명뢰(鏘鳴瀨) : 옥을 두드리는 듯한 소리를 내는 여울. 한서암 근처에 있는 퇴계의 한 물굽이를 말할 것임.

2 | 수석~장연(水石~鏘然) : 주자의 〈백록동부(《白鹿洞賦》)〉「개울물 돌에 부딪히니 옥 두드리는 소리 나네.」(溪流觸石, 鏘鳴璆兮)

182~183. 次韻答李公幹 仲樑 ○ 公幹時爲靑松[1]

次韻答李公幹_중량이다. ○ 공간은 이때 청송군수였다

182

曾嘗世味覺餘辛
증 상 세 미 각 여 신

내 일찍이 세상 맛 보고서
많은 괴로움 깨달아,

松鶴因緣遭色嗔
송 학 인 연 조 색 진

솔과 학 인연 삼으려다
성난 얼굴빛 만났다네.

留得靑田好光景[2]
류 득 청 전 호 광 경

푸른 밭 좋은 경관을
남겨두게 되었으니,

助君詩思發淸新[3]
조 군 시 사 발 청 신

그대 시상에 청신함
나타내는 데 도움되리.

余嘗因病求補靑松, 銓官拒之甚峻. 故以裴益臣, 靑松白鶴之語戱之[4]

나는 일찍이 병 때문에 청송부사로 보임되기를 구하였었는데 인사를 담당하는 전형관의 거절함이 심히 준엄하였다. 그리하여 배익신의 「청송백학」이라는 말로 조롱하였다

1 | **공간(公幹)** : 농암의 네째 아들인 이중량(李仲樑: 1504~1582)의 자. 호는 하연(賀淵). 《요존록》「경술년(1550) 2월에 삼척부사에서 청송군수로 옮겼고, 갑인년(1554) 8월에 다시 안동부사로 옮겼다.」(庚戌二月二三陟府使以靑松, 甲寅八月, 又以安東) 이 시는 퇴계가 52세(1552) 되던 해인 1월 20일 경에 이중량이 근친(覲親)하러 고향에 왔다가 지어 보낸 여러 수의 시에 화답한 것 중의 하나이다.

2 | **유득(留得)** : 이 말은 이공간이 「머무를 수 있게 되어」로도 번역할 수 있지만, 여기서는 이퇴계가 청소부사 자리를 「남겨 두어」로 번역하여, 이 짧은 시의 앞뒤 관계와 스승과 제자의 관계를 더욱 밀접하게 부각시켰음.

청전(靑田) : 남조 송나라 정집지(鄭緝之)의 〈영가군기(永嘉郡記)〉「수목계가 있는데 청전에서 9리 떨어졌다. 여기에 백학이 한 쌍 있는데 해마다 새끼를 낳으며, 다 자라면 떠나고 부모 한 쌍만 그곳에 남아 있는다. 아주 희고 사랑스러워 모두들 신선이 길렀다고들 한다.」(有洙沐溪, 去靑田九里. 此中有一雙白鶴, 年年生子, 長大便去, 只惟餘

183

蟻粒還同山冠鰲[5]
의 립 환 동 산 관 오

개미가 쌀 한 톨 지는 것 도리어
자라가 산을 이는 것과 같으며,

人間何異火銷膏[6]
인 간 하 이 화 소 고

인간 세상 무엇이
불이 기름 태움과 다르겠는가?

病躬偶著淸涼地[7]
병 궁 우 착 청 량 지

병든 몸 어쩌다
청량한 곳 만나게 되어,

悅口詩書當百牢[8]
열 구 시 서 당 백 뢰

《시경》과 《서경》 입 기쁘게 함
마땅히 백뢰 값어치 하네.

余新罷官, 閒居養疾
나는 막 (풍기군수) 관직을 그만 두고 한가로이 거처하며 병을 돌보고 있다

父母一雙在耳, 精白可愛, 多云神仙所養) 당나라 두보의 〈가을날 기주에서 속마음을 읊어 비서감 정심과 태자빈객인 이지방에게 200구를 지어 부치다(秋日夔府詠懷, 奉寄鄭監審·李賓客之芳一百韻)〉「말 왔다하면 모두가 천리마요, 학 울었다 하면 모두 청전의 학이라네.」(馬來皆汗血, 鶴唳必靑田)

3 | 시사발청신(詩思發淸新) : 송나라 구양수(歐陽脩)의 〈장난삼아 매요신(梅堯臣)에게 답하다(戲答聖俞)〉「취옹은 취하면 시짓는 늙은이로 하여금 시상에 청신함을 더하게 할 수 있습니다.」(醉翁醉能使詩老, 詩思添淸新)

4 | 익신~희지(益臣~戲之) : 배익신은 당시에 경학과 문장 등에 두루 능하였던 선비로 사간원 정언, 종성 판관, 서천 군수 등을 역임하였음. 《고증》「(배익신은) 정덕 임신년(1512)에 청송부사가 되었다.」(正德壬申爲靑松府使) 내집 권1의 139 〈단양으로 부임하다……(赴丹山……)〉의 자주(自註)에도「어떤 사문의 한 늙은이가 청송부사가 되어 스스로를 청송백학이라 호하였다. 내 일찍이 청송부사가 되기를 구하였으나 얻지 못하고 단양을 얻게 되었다.」(有一斯文老爲靑松府使, 自號靑松白鶴. 余嘗求靑松不得, 而得丹山)라 하였다.

5 | 의립(蟻粒) : 《태평어람(太平御覽)》 권947에 인용된 《부자(符子)》「동해에 자라가 있는데 봉래산을 이고 푸른 바다에서 둥둥 떠다니며 놀았다. …… 이에 개미떼들이 말하기를 『저가 산을 인 것이 내가 곡식 낱알을 이고 흙무더기 위에서 자유롭게 노닐고 움 구멍에 엎드려 있는 것과 무엇이 다르겠는가?』라 하였다.」(東海有鼇焉, 冠蓬萊而浮遊於滄海……羣蟻曰, 彼之冠山, 何異我戴粒逍遙封壤之巓, 伏乎窟穴也)

산관오(山冠鰲) : 《열자·탕임금이 묻기를(列子·湯問)》「발해의 동쪽에는 …… 대여산·원교산·방호산·영주산·봉래산 등의 다섯 산이 있는데, …… 다섯 산의 뿌리가 서로 이어져 있지 않아, 항상 파도를 따라 아래 위로 흔들리니 …… 이에 천제가 명을 내려 거대한 자라 열 다섯 마리로 머리를 들어 이 산을 이도록 하였다.」(渤海之東有……其中有五山焉, 一曰岱輿, 二曰員嶠, 三曰方壺, 四曰瀛洲, 五曰蓬萊等山,……而五山之根, 無所連著, 常隨潮波, 上下往還,…… 乃命策, 疆使巨鰲十五, 擧首而戴之)

6 | 화소고(火銷膏) : 《장자·인간세(人間世)》「산의 나무는 스스로 자신을 해치고, 등불은 스스로 제 몸을 태운다.」(山木自寇也, 膏火自煎也) 《한나라의 역사(漢書)》 권56 〈동중서(董仲舒)의 전기〉에 보이는 정책 건의문[對策] 「악을 몸에 쌓는 것은 불이 기름을 태우는 것과 같은데 사람은 이를 보지 못한다.」(積惡在身, 猶火之銷膏, 而人不見也) 진나라 완적(阮籍)의 〈마음속을 읊음(詠懷詩)〉 「기름불은 스스로를 태우고, 재산이 많으면 근심과 해가 되네.」(膏火自煎熬, 多財爲患害)

7 | 우착(偶著) : 우연히 만나다.

청량(淸凉) : 흔히 절을 말하기 때문에 이 시구에서는 퇴계 자신이 자주 찾아가서 독서하던 청량사(淸凉寺)가 있는 청량산으로 볼 수도 있지만, 「맑고 시원한 곳」과 같은 일반 명사로 보고, 자기가 지금 벼슬을 그만 두고 고향에 와서 새로이 집을 지어 살고 있는 곳(토계마을)을 말한다고 보면 될 것이다.

8 | 열구(悅口) : 《맹자·고자(告子) 상》「이치와 옳은 뜻이 내 마음을 기쁘게 함은 가축의 고기가 내 입을 즐겁게 해 줌과 같다.」(理義之悅我心, 猶芻豢之悅我口)

백뢰(百牢) : 고대의 제사나 연회 등에서 소와 양, 돼지의 희생제물을 각 한 마리씩 갖추는 것을 1뢰라 한다. 백뢰란 곧 백뢰를 갖춘 연회나 제사를 말하며, 지극히 융숭한 대접을 하는 것을 말한다. 《좌전·애공(哀公) 7년》「여름에 (노나라) 애공이 증땅에서 오나라와 만났다. 오나라에서는 백뢰의 향연을 요구하였다. 그래서 자복경백이 대답하기를 『선왕에게도 그런 예가 없었습니다.』라 하니 오나라 사람이 『송나라는 우리에게 백뢰의 향연을 베풀었는데 노나라가 송나라만큼 못해서는 안 됩니다.』라 하였다.」(夏, 公會吳于鄫. 吳來徵百牢. 子服景伯對曰, 先王未之有也. 吳人曰, 宋百牢我, 魯不可以後宋)

184. 雨晴漫興

비가 개이자 흥이 넘쳐

雨罷閒雲矗遠空
우 파 한 운 촉 원 공

비 그치자 한가로운 구름
먼 하늘에 우뚝 솟았고,

碧溪靑嶂遶重重[1]
벽 계 청 장 요 중 중

푸른 개울 파란 산봉우리
겹겹이 둘러싸고 있네.

我來獨坐溪邊石[2]
아 래 독 좌 계 변 석

내 나와 홀로
시냇가 바위에 걸터앉아서는,

默數平沙古篆蹤[3]
묵 수 평 사 고 전 종

잠자코 평평한 모래사장의
전자 같은 자취 헤아려보네.

1 | **벽계청장(碧溪靑嶂)** : 송나라 소식의 〈건주의 여덟 경계를 그린 그림(虔州八境圖)〉 제4수 「저녁 무렵 어부며 나무꾼 다 떠난 뒤에, 푸른 개울 파란 산봉우리 나정 둘러싸고 있네.」(薄暮漁樵人去盡, 碧溪靑嶂遶螺亭)

2 | **독좌계변석(獨坐溪邊石)** : 원나라 납연(納延)의 〈오조마가 그린 수묵 매화 그림에 적다(題吳照磨墨梅納延)〉「홀로 시내 가의 바위에 앉았자니, 안개 같은 구름 푸른 이끼에 가득하네.」(獨坐溪邊石, 煙雲滿綠苔)

3 | **평사고전(平沙古篆)** : 《요존록》「창힐은 새의 발자국을 보고 글자를 만들었는데, 아마 물새가 남긴 발자국을 이를 것이다.」(蒼頡見鳥跡造字, 盖謂沙鳥之跡) 당나라 한유(韓愈)의 〈성남에서 여러 구절씩 이어서 짓다(城南聯句)〉「가마의 연기 성긴 섬을 덮고, 모래 위의 전자 도장 다시 평평해지네.」(窰煙冪疏島, 沙篆印迴平) 손여청(孫汝聽)의 주석 「사전은 새의 자취가 전자처럼 모래에 있는 것이다.」(沙篆, 鳥跡之在沙者如篆)

185~203. 閒居. 次趙士敬穆 · 具景瑞鳳齡 · 金舜擧八元 · 權景受大器相唱酬韻[1]_辛亥

한가로이 거처하며. 조사경목과 구경서봉령 · 금순거팔원 · 권경수대기가 서로 화창하고 수답한 시의 각운자에 맞추어 짓다_신해년(1551 [1월 하순])

185

白頭精力雖難强 백 두 정 력 수 난 강	흰 머리에 정력 비록 강해지기는 어려우나,
黃卷窺尋竊有希[2] 황 권 규 심 절 유 희	누런 책 엿보고 찾아봄 몰래 희망하였다네.
趨舍肯嫌同學笑[3] 추 사 긍 혐 동 학 소	벼슬길에 나아감 동학들의 비웃음 살 혐의도 있으나,
一生要得不迷歸 일 생 요 득 불 미 귀	오직 일생 동안 바랐던 것은 물러나 돌아옴에 아무런 미련도 갖지 않는 것이라네.

1 | 이때 함께 지은 시가 모두 65수나 되는데, 《내집》 권2에 7언 절구 14수와 7언 율시 1수(제목 〈有嘆〉) 등 15수가 수록되어 있다. 그 15수의 제목은 〈한가로이 거처하며. 조목(趙穆) · 구봉령(具鳳齡) · 김팔원(金八元) · 권대기(權大器) 등 여러 사람이 주고받은 시의 각운자를 써서 짓다(閒居. 次趙士敬 · 具景瑞 · 金舜擧 · 權景受諸人, 唱酬韻)〉이다. 문집의 편집자가 자(字) 뒤에 이름을 주석으로 붙인 것이 다르며, 마지막 부분을 「相」과 「諸人」이라고 한 부분만 다르다. 다음에 제목에 나오는 사람을 권2에서 다시 정리하여 붙인다.

조사경(趙士敬) : 조목(趙穆: 호는 月川, 1524~1606)의 자이다. 본관은 횡성(橫城)이며 퇴계와 동향인 예안의 월천(月川: 다래)에서 태어나 성장하였으며, 15세에 퇴계의 문하에 들었다. 퇴계의 문집 편간, 사원(祠院)의 건립 및 봉안에 전력을 다하였다. 벼슬은 공조참판에 이르렀으며, 《곤지잡록(困知雜錄)》 등의 저서와 문집을 남겼다.

구경서(具景瑞) : 구봉령(具鳳齡: 호는 栢潭, 1526~1586)의 자임. 본관은 능성(綾城)이며, 20세에 퇴계의 문하에 들어가 수학하였다. 이조참판까지 올랐으며 시호는 문단(文端)이다.

186

靜裏雖欣物共春
정 리 수 흔 물 공 춘

고요한 가운데 내 사물과 더불어
봄 함께 함 비록 흔쾌하지만,

誰爲點樂與顔仁[4]
수 위 점 락 여 안 인

누가 증점의 즐거움과
안연의 어짊 다할 수 있으리.

恨無師友相磨切[5]
한 무 사 우 상 마 절

스승으로서 그대들과 서로 절차탁마할 수 없음이
한스럽기는 하다만,

離索從來易滯人[6]
이 삭 종 래 이 체 인

무리 떠나 혼자 지내면 이전부터
사람 쉽게 막히게 된다고 하셨네.

朱子書, 離羣索居, 易得鈍滯了人, 甚可畏也[7]

주자의 편지에는 「무리를 벗어나 혼자 공부하면 사람을 둔하게 하고 막히게 하기 쉬우니 매우 두려워할 만하다」라 하였다

김순거(金舜擧) : 김팔원(金八元: 호는 芝山, 1524~1589)의 자이며, 또한 수경(秀卿)이라고도 함. 본관은 강릉(江陵)이다. 처음에는 신재(愼齋) 주세붕(周世鵬)의 문하에서 학문을 배웠으며 나중에 퇴계에게서 교정을 받았다. 용궁현감을 지냈다.

권경수(權景受) : 권대기(權大器: 호는 忍齋, 1523~1587)의 자이며, 본관은 안동(安東)이다. 일찍이 퇴계의 문하에 들어 20세에 사마시에 합격하였으나 벼슬에 뜻이 없어 문과에는 응시하지 않았다. 사후 아들 굉(宏)의 공로로 사헌부 집의(司憲府執義)에 추증됨.

이 《별집》(권1)에 7언 절구 15수와, 7언 율시 4수가 수록되어 있고, 《외집》(권1)에 7언 절구 31수가 흩어져 수록되어 있다. 이 시들은 현재 전하는 퇴계의 시들 중 가장 편수가 많은 연작시들임. 정석태 《퇴계선생연표월일조록》(권2) p. 64 참조.

2 | 황권(黃卷) : 황권은 책, 서적을 말함. 옛날에는 황벽나무로 종이를 누렇게 물들여 좀이 스는 것을 막았으므로 이렇게 부르게 되었음.

3 | 동학소(同學笑) : 당나라 두보의 〈서울에서 봉선현으로 가면서 느낀 마음을 500자로 읊다(自京赴奉先縣, 詠懷五百字)〉「동문수학한 늙은이들에게 비웃음 받지만, 호탕한 노래 더욱 격렬하게 부르네.」(取笑同學翁, 浩歌彌激烈)

4 | 점락(點樂) : 위 142번 시의 주 2) 관동춘모월(冠童春暮月)을 보라.

187

格物存心理自融[8]
격 물 존 심 리 자 융

사물 연구하고 마음 간직하니
이치 절로 통하여,

眼前無地不光風[9]
안 전 무 지 불 광 풍

눈 앞에 맑고 깨끗한 바람
불지 않는 곳 없다네.

始知實踐眞難事
시 지 실 천 진 난 사

비로소 알았다네, 실천
실로 어려운 일임을,

難處無難庶漸通[10]
난 처 무 난 서 점 통

어려운 곳에서 어려움 없으면
점차 통달하여 갈 것이라네.

안인(顏仁) : 《논어·옹은(雍也)》「한 대나무 그릇의 밥과 한 표주박의 마실 것으로 누추한 골목에 있는 것을 남들은 그 근심을 견디어 내지 못하는데 안회는 그 즐거움을 바꾸지 않는다.」(一簞食, 一瓢飮, 在陋巷, 人不堪其憂, 回也不改其樂) 같은 편에「공자께서 말씀하셨다.『안회는 그 마음이 석 달이 되도록 인에 위배되지 않았는데, 그 나머지 사람은 하루나 한 달이라야 거기에 한번 이를 따름이니라.』」(子曰, 回也, 其心三月不違仁, 其餘則日月至焉而已矣)라는 말도 있다.

5 | 마절(磨切) : 곧 절차탁마(切磋琢磨)를 말하며, 벗들 사이에 서로 강학하는 것을 가리킴. 《시경·위나라의 민요·기수의 물굽이(衛風·淇奧)》「잘라놓은 듯 다듬어 놓은 듯, 쪼아놓은 듯 갈아놓은 듯하네.」(如切如磋, 如琢如磨)

6 | 이삭(離索) : 곧 이군삭거(離群索居)를 말함. 헤어져 삶, 또는 쓸쓸히 삶을 말함. 《예기·단궁(檀弓) 상》「자하가 아들을 잃고 …… 말하길……『내가 무리를 떠나 흩어져 쓸쓸히 산 지가 또한 이미 오래되었다.』」(子夏喪其子……曰,……吾離群而索居亦已久矣)

7 | 주자의 편지는 《주문공집(朱文公集)》 권50에 수록되어 있는 〈정단몽(程端蒙)에게 답함(答程正思)〉임.

8 | 격물존심(格物存心) : 《주문공집》 권73 〈호자의「지언」에 대해 뜻을 의심하다(胡子知言疑義)〉「《대학》의 순서로 말한다면, 마음을 발휘하고 본성을 안다는 것은 치지와

188

學問要當先本領[11]
학 문 요 당 선 본 령

학문 마땅히 본령
먼저 체득하여야 하나니,

功文餘事□兼詩
공 문 여 사 ㅁ 겸 시

글 공부하다가 틈 나면
시도 겸하여 ㅁ해야 하네.

欲知九仞非難事
욕 지 구 인 비 난 사

아홉 길 산 쌓음 어려운 일
아님 알고자 한다면,

平地須從一簣期[12]
평 지 수 종 일 궤 기

평지에서 반드시
한 삼태기부터 기약해야 하리.

격물의 일이요, 마음을 보존하고 본성을 양성하는 것은 성의(誠意)와 정심(正心)의 일이다.」(大學之序言之, 則盡心知性者, 致知格物之事, 存心養性者, 誠意正心之事)

9 | 광풍(光風) : 「광풍제월」(光風霽月)의 준말로 「비갠 뒤의 바람과 달」이라는 뜻이며, 보통 마음이 세속을 초탈하여 맑고 깨끗함을 형용함. 송나라 황정견(黃庭堅)의 〈염계 주돈이의 시집 서문(濂溪詩序)〉「용릉의 주무숙(주돈이의 자)은 마음속이 깨끗하고 맑아 세속을 초탈하기가 비가 개인 후의 달과 구름 같았다.」(周茂叔胸中灑落, 如光風霽月)

10 | 난처~점통(難處~漸通) : 《요존록》「실천이 진실로 어려우니 어려움에 처하고도 어렵다고 생각지 않고 더욱 면학에 힘쓴다면, 거의 융통함에 가깝다.」(實踐固難, 而難處不以爲難, 而益加勉學, 則庶幾通融)

11 | 학문~선본령(學問~先本領) : 《요존록》「학문이란 선생께서 『자기 자신이 배워 익히는 것이고, 다른 사람에게 묻는 것이다』라고 하였다. 본령이란 마음의 공부이다.」(學問, 先生日, 學於己, 問於人也. 本領, 心之工夫也) 선생이 말하였다라 한 것은 간재 이덕홍의 《간재집(艮齋集)》 권3 〈퇴계선생께 올림(上退溪先生)〉의 질문의 목록[問目]에서 학문(學問)에 대한 질의의 대답이다.

12 | 구인~일궤기(九仞~一簣期) : 위 151번 시의 주 5) 산인~일궤(山仞~一簣)의 주석을 보라.

189

滔滔聲利世同然13
도 도 성 리 세 동 연

명예와 이익 따지는 도도한 풍조
세상이 모두 똑같은데,

誰免淪胥介側邊14
수 면 윤 서 개 측 변

곁에서 끼어들어 끌고 가 빠뜨리면
누군들 면할 수 있으리!

透得此關方小歇15
투 득 차 관 방 소 헐

이러한 관건 환히 알아
마침 잠깐 쉬고 있으니,

男兒須作地行仙16
남 아 수 작 지 행 선

사내라면 모름지기 땅 위 걷는
신선 되어야 하네.

13 | 도도성리(滔滔聲利) : 송나라 왕안석(王安石)의 〈잡시(雜詠)〉「도도한 명예와 이익 사이에서, 또한 강후(絳侯) 관영(灌嬰) 주발(周勃) 어찌 알리오?」(滔滔聲利間, 絳灌亦何知) 주발과 관영은 모두 강후에 봉하여졌으며 한나라 고조 유방의 신하이다.

14 | 윤서(淪胥) : 《시경·소아·우무정(雨無正)》「이같이 죄가 없는 우리도, 끌고 가 빠뜨리며 괴롭히나요?」(若此無罪, 淪胥以鋪)

15 | 투득차관(透得此關) : 북송의 도학자 상채(上蔡) 사량좌(謝良左)의 《상채어록(上蔡語録)》 권3「명예와 이록의 관문을 벗어날 수 있다면 이는 곧 조금 쉴 수 있는 곳이다. 그러나 모름지기 이치를 궁구하는 데 의거하여 공부해야 한다.」(透得名利關, 便是少歇處. 然須藉窮理工夫)

16 | 지행선(地行仙) : 《능엄경(楞嚴經)》에 나오는 여덟 신선의 하나. 땅위를 걸어 다니는 신선이란 말로, 《능엄경(楞嚴經)》에서는 아난(阿難)이라고 하는 장수하는 신선을 말하였으나, 나중에는 장수하거나 은거하여 한적하게 지내는 사람의 비유로 쓰였음. 송나라 왕안석의 〈노공 증량(曾亮)을 뵙다(謁曾魯公)〉「세 임금 도와 면류관에는 매미날개 붙였으며, 돌아가 영화 누려 지금은 땅위 걷는 신선 되었다네.」(翊戴三朝冕有蟬, 歸榮今作地行仙)

190

傷足深憂閔子春[17] 상 족 심 우 민 자 춘	발을 다쳐 깊이 근심했던 악정자춘 번민 보니,
淵冰至戒古今新[18] 연 빙 지 계 고 금 신	깊은 못이며 살얼음의 지극한 경계 예나 지금이나 새롭기만 하네.
早知善養非鍾鼎[19] 조 지 선 양 비 종 정	몸 잘 보양함 부귀영화에 있지 않음 진작에 알았더라면,
何用當年苦索人 하 용 당 년 고 삭 인	무엇 때문에 그해에 사람 그토록 얽매었던가?

17 | 상족~자춘(傷足~子春) : 자춘은 증자(曾子)의 제자인 악정자춘(樂正子春)을 가리킴. 《대대례·증자대효(大戴禮·曾子大孝)》「악정자춘이 대청을 내려오다가 발을 다쳤다. 상처가 다 나은 후에 수개월이 지났는데도 밖으로 나오지 않고 오히려 근심스런 빛을 보였다. 그 제자가 물으니 … 『…군자는 한 발자국을 내디뎌도 그 몸을 온전히 하여 효를 다할 것을 감히 잊지 않는다』고 하였는데 지금 나는 효의 도리를 잊어버렸다. 나는 이 때문에 근심스런 빛을 가지고 있는 것이다.」(樂正子春, 下堂而傷其足, 傷瘳, 數月不出, 猶有憂色. 門弟子問……君子頃步之不敢忘也. 今予忘夫孝之道矣, 予是以有憂色)

18 | 연빙지계(淵冰至戒) : 《논어·태백은(泰伯)》「증자가 병이 들어 문하의 제자들을 불러놓고 말했다. 『이불을 들추어 내 발을 보고 내 손을 보라. 《시경》에 이르기를 「전전하고 긍긍하여 깊은 못을 지나는 듯하고, 엷은 얼음을 밟는 듯하라.」 하였으니 지금 이후에야 내가 면하게 되었음을 알겠노라.』」(曾子有疾, 召門弟子曰, 啓予足, 啓予手, 詩云, 戰戰兢兢, 如臨深淵, 如履薄冰, 而今而後, 吾知免夫) 증자가 말한 시는 《시경·소아》의 〈높은 하늘(小旻)〉에 나오는 구절임.

19 | 종정(鍾鼎) : 곧 종명정식(鍾鳴鼎食)으로 매우 부귀영화를 누리는 생활을 비유함. 당나라 두보의 〈청명(淸明)〉「부귀하게 살든지 산림에 묻혀 살든지 각각 천성에 따르니, 탁주와 거친 밥에 내 남은 생애 맡기네.」(鍾鼎山林各天性, 濁醪麤飯任吾年)

191

少小家庭受學而 소 소 가 정 수 학 이	어릴 때부터 집에서 〈학이〉 편 배웠는데,
老來眞味沃心期 노 래 진 미 옥 심 기	늙어가며 참된 맛 마음 윤택해지기 기약하네.
何人早夜攻吾短[20] 하 인 조 야 공 오 단	어떤 이가 아침저녁으로 나의 단점 공격하리오,
一字無忘事緝熙[21] 일 자 무 망 사 집 희	단 한 글자 잊지 않고 빛나는 인격 섬기는 데야.

20 | **공오단(攻吾短)** : 당나라 두보의 〈가을 들판(秋野)〉 제3수 「예법과 음악 나의 단점을 다스리고, 산과 숲은 나의 홍취 길게 끌어당기네.」(禮樂攻吾短, 山林引興長)

21 | **일자~사집희(一字~事緝熙)** : 《시경·대아·문왕(文王)》에 「아, 빛나도다! 공경함이여.」(於緝熙敬止)라는 구절이 있는데, 이 구절에서 한 글자란 곧 경(敬)자를 가리킨다.

22 | **무표~양반(霧豹~養斑)** : 한나라 유향(劉向)의 《여러 여인들의 전기·도답자의 처(列女傳·陶荅子妻)》「(아내가 말하기를) 제가 듣건대 『남산에는 검은 표범이 있는데 운무 속에서 이레나 있으면서 내려와 먹지 않는다.』고 합니다. 어째서일까요? 그 가죽을 윤택하게 하여 무늬를 이루고자 함입니다. 그래서 숨어 지내며 해로움을 피하는 것입니다.」(妾聞南山有玄豹, 霧雨七日而不下食者, 何也? 欲以澤其毛而成文章也. 故藏而遠害) 당나라 백거이(白居易)의 〈위천의 물러난 거처에서 예부의 최시랑과 한림원의 전사인께 200구로 지어 부치다(渭村退居寄禮部崔侍郎翰林錢舍人詩一百韻)〉「조롱의 새 풀려나 높이 날고, 안개 속의 표범 깊이 몸 숨겼다네.」(籠禽放高翥, 霧豹得深藏)

23 | **악와(渥洼)** : 당하(黨河)의 지류로 감숙성 안서현 경계에 있으며, 전설상의 천마가 나온 곳이라 한다. 《사기·음악에 관한 기록(樂書)》「또한 일찍이 신마를 악와의 물속에서 얻었는데 다시 이것 때문에 〈태일지가〉를 지었다.」(又嘗得神馬渥洼水中, 復次以爲太一之歌) 《요존록》「말은 팔척 이상을 용[종]이라 하며, 천한이란 천제의 마굿간을 말한다.」(馬八尺以上龍, 天閑帝廐也)

192

霧豹深藏自養斑[22]
무 표 심 장 자 양 반

운무 속에 표범 깊이 숨어
스스로 얼룩무늬 기르고,

渥洼龍性合天閑[23]
악 와 용 성 합 천 한

악와의 용마 같은 성품
하늘의 마구간과 어울리네.

儒珍席上那輕用[24]
유 진 석 상 나 경 용

선비들 진기함 지니고 앉았으니
어찌 가벼이 쓸 수 있으리,

心鏡千磨照膽寒[25]
심 경 천 마 조 담 한

마음의 거울 천 번 갈아
간담 서늘하게 비추는데.

24 | 유진석상(儒珍席上) : 《예기·선비의 행실(儒行)》「공자가 애공 옆에서 모시고 앉아서 말하였다. 선비는 지극히 진기한 것을 지니고 앉아서 이로써 인군의 초빙을 기다리고, 이른 새벽부터 깊은 밤까지 힘써 학문하여 이로써 천하의 사람들이 묻기를 기다리며, …… 그 스스로 서는 것이 이와 같은 것이 있습니다.」(孔子侍曰, 儒有席上之珍以待聘, 夙夜强學以待問……其自立有如此者) 당나라 두보의 〈위좌상에게 올리는 시 40구(上韋左相二十韻)〉「어찌 못 속의 시원찮은 이무기이리오, 줄곧 학문 닦으며 천자 부르심 기다리셨네.」(豈是池中物, 由來席上珍)

25 | 심경천마조담한(心鏡千磨照膽寒) : 주자의 〈극기(克己)〉「보배로운 거울 그해에 간담 서늘하게 비추었는데, 지금까지 매몰되어 찾을 길이 없다네.」(寶鑑當年照膽寒, 向來埋沒太無端) 퇴계는 일찍이 《(古鏡重磨方)》을 지은 적이 있는데, 서문에서 주자의 시를 인용하여「옛 거울을 거듭 닦아 성인의 학문을 배워야 하리니, 눈 밝으면 오로지 해와 빛 다투리.」(古鏡重磨要古方, 眼明偏與日爭光)라 하였다. 주자의 시는 〈임대춘(林大春)을 송별하다(送林熙之)〉 제5수이다. 《서경잡기(西京雜記)》 권3「진나라 때 조담경이 있었는데, 맑고 깨끗하여 사람의 마음을 비춰볼 수 있었다.」(秦時有照膽鏡, 淸瑩照見人肝膽)

193

今來古往幾千年[26]
금 래 고 왕 기 천 년

예로부터 지금껏
수천 년 동안이나,

此地東窮日出邊
차 지 동 궁 일 출 변

이곳 동쪽 끝
해 뜨는 변두리 땅에는,

孔孟程朱書總有
공 맹 정 주 서 총 유

공자 맹자 정자 주자의
책은 모두 있었으나,

淵源統緖見無緣
연 원 통 서 견 무 연

그 연원과 실마리는
인연 없어 보이네.

194

造化都無十日花[27]
조 화 도 무 십 일 화

조화옹이 만든 꽃 모두
열흘 붉은 꽃 없고,

花能繁者實無多
화 능 번 자 실 무 다

꽃 번다하게 피울 수 있는 것
열매 많은 것 없다네.

26 | **금래고왕(今來古往)** : 자고이래(自古以來)와 같은 뜻. 예로부터. 주자의 〈두목의 「제산시」를 손질하여 「수조가두」를 짓다(檃括杜牧之齊山詩作水調歌頭)〉 「지금 오고 옛날 감 끝이 없고, 봄꽃과 가을 달은 몇 번이나 지났던가?」(無盡今來古往, 多少春花秋月)

27 | **도무십일화(都無十日花)** : 송나라 소옹(邵雍)의 〈향기로운 꽃을 안타까워함(惜芳菲)〉 「향기로운 꽃 대체로 한 봄 중에, 흐드러지면 도무지 열흘간을 가지 못하네.」(芳菲大率一春內, 爛漫都無十日間)

今人競尚文華美
금 인 경 상 문 화 미

요즘 사람들 화미한 문장
앞 다투어 따르지만,

沒盡根原奈用何
몰 진 근 원 내 용 하

뿌리와 근원 다 없어지면
어디에다 쓰겠는가?

195

文遺理趣但爭新[28]
문 유 이 취 단 쟁 신

문장 의리와 운치 버려두고
다만 새로움만 다투고,

經說相沿曲且陳
경 설 상 연 곡 차 진

경전의 해설 서로 이어받음
왜곡되고 또 진부하네.

眼眩空花心眩霧
안 현 공 화 심 현 무

눈 헛된 꽃에 현혹되고
마음 운무에 가려 어지러우니,

可憐科目誤時人
가 련 과 목 오 시 인

가련하구나, 과거 시험
요즘 사람 그르침이여.

28 | 문유리취(文遺理趣) : 진나라 육기(陸機)의 〈문부(文賦)〉「혹 의리는 내버리고 기이함만 간직하고, 헛되이 공허함 찾고 미세한 것만 쫓네.」(或遺理以存異, 徒尋虛而逐微) 《요존록》「《문선》의 주에서는 『진실한 이치는 버려두고 작은 기이함만 지니려 하며 헛된 수식에만 힘쓰는 것이다. 이는 대체 교묘하고 화려한 문사를 뛰어나다고 하는 것을 가리키는 것이다.』」(選註, 遺棄實理, 要存小異, 務爲虛飾也. 盖指巧文麗辭以爲工者)

196

我遊場屋久埋頭[29]
아 유 장 옥 구 매 두

내 과거장에서 노닐며
머리 파묻은 지 오래되어,

及轉身來道更悠
급 전 신 래 도 갱 유

몸 돌려 되돌아 오니
도 더욱 아득하여졌네.

欲把塵編求晩境[30]
욕 파 진 편 구 만 경

버렸던 책 다시 잡고
늘그막에나 찾아보려 하니,

病無工力只增愁
병 무 공 력 지 증 수

병으로 공부한 역량은 없어지고
다만 시름만 더 쌓이네.

29 | 장옥(場屋) : 과장(科場)이라고도 하며 과거시험장을 말함. 나아가 과거시험을 대신 가리키기도 한다.

30 | 진편(塵編) : 나온 지가 오래되어 먼지가 쌓인 오래된 낡은 서적을 말함. 주자의 〈오즙(吳楫)에게 부치고 아울러 이종사(李宗思)에게 편지하다(寄吳公濟兼簡李伯簡)〉 다섯 수 중 네째 시 「넓디넓은 영원한 뜻 알고자 한다면, 새로운 말을 옛 서적을 가지고 교감하지 말라.」(欲識寥寥千古意, 莫將新語勘塵編)

31 | 오건(烏犍) : 《고중》「유암(唯庵)의 시에 『오건이 풀 위에 누워 살졌네.』라는 구절이 있는데, 그 주석에서 『건은 거세한 소이다.』라 하였다.」(烏犍臥草肥, 犍犗牛也) 유암과 그의 시는 미상. 송나라 소식의 〈신식을 지나는 길에 고을 사람 임시(任時)에게 지어

197

朝駕烏犍夕汗靑31 조 가 오 건 석 한 청	아침에는 밭갈이 소 끄는 수레 몰고 저녁에 책을 읽으며,
古人耕讀尙高情 고 인 경 독 상 고 정	옛 사람들 주경야독하면서도 고아한 정취 숭상하였네.
營生奪業今尤怕32 영 생 탈 업 금 우 파	삶 영위하느라 학업 잃는 것 지금은 더욱 두려워하지만,
不獨戕心是利名 부 독 장 심 시 리 명	마음 상하게 하는 것 다만 명예와 이익에만 있지 않네.

士敬以家窮, 有不得專業之慮故云

조사경은 집이 가난하여 오로지 학업에만 전념하지 못하는 걱정거리를 가지고 있었기 때문에 이렇게 읊었다

주다(過新息留示鄕人任師中) 「오히려 관산 내려와 채주로 들어간 것은, 밭갈이 소 300필을 사기 위해서라네.」(却下關山入蔡州, 爲買烏犍三百尾) 소식 자신의 주석 「황주에서는 물소가 난다.」(黃州出水牛) 송나라 장뢰(張耒)의 〈소 치는 아이(牧牛兒)〉 「오건은 뿔 갈더니 결국 풀 위로 가고, 늙은 암소는 풀 씹는데 배고픈지 울지 않네.」(烏犍礪角遂草行, 老牸臥噍飢不鳴)

한청(汗靑) : 곧 한간(汗簡)을 말함. 위 116번 시의 주 6)을 보라.

32 | 영생~금우파(營生~今尤怕) : 《요존록》「(원나라)의 노재 허형(許衡)이 이르기를 『생활을 잘 영위하는 것이 학자가 먼저 해야 할 일이다. 왜냐하면 생활 때문에 뜻이 굽혀진 인재들이 많았기 때문이다.』라 하였다. 이와 같은 것은 바로 당연한 말로 생각된다.」(許魯齋曰, 治生, 學者之先務, 因此枉了人才者多矣. 惟如此, 乃是至論)

198

齷齪當年失壯遊33 악 착 당 년 실 장 유	작은 일에 구애되어 그해에도 장대한 노님 잃어버렸는데,
著書今亦謾窮愁34 저 서 금 역 만 궁 수	책 지음에 지금도 곤궁과 시름 가득찼다네.
唯時意會歡欣處 유 시 의 회 환 흔 처	오직 때때로 마음 속에 흡족하게 터득한 바 있다면,
絶勝蒲萄換得州35 절 승 포 도 환 득 주	포도주로 얻은 고을 원님 자리보다 훨씬 나으리라.

33 | **장유(壯遊)** : 《고증》「관동행을 가리키는 것 같다.」(疑指關東行)

34 | **저서궁수(著書窮愁)** : 《사기》 권76 〈우경(虞卿)의 전기〉「"우경이 곤궁과 우수에 잠기지 않았더라면 또한 책을 지어서 자기를 후세에 드러낼 수 없었을 것이다."」(虞卿非窮愁, 亦不能著書以自見於後世云) 송나라 소식의 〈사수 사이를 가다가 묵으며 서주의 장천기를 찾아보고 옛 시의 각운자를 써서 짓다(行宿泗間, 見徐州張天驥, 次舊韻)〉「일 없으니 술 마시기 해롭지 않고, 책 지어 곤궁과 우수 드러내고자 하네.」(無事不妨長好飮, 著書要自見窮愁) 같은 사람의 〈왕정국이 양주의 원님이 되다라는 시와 같은 각운자를 써서 짓다(次韻王定國倅揚州)〉「천고의 일 책으로 짓는 일 화급한데, 우경은 곤궁과 우수 싫증내지 않았으리.」(火急著書千古事, 虞卿應未厭窮愁)라는 구절이 있다.

35 | **포도득주(蒲萄得州)** : 《후한의 역사》 권78 〈환자(宦者)들의 전기〉〉 가운데 장양(張讓) 열전의 주석「《삼보결록》의 주석에서는 말했다.『맹타는 자가 백랑이다. 포도주 한 말을 장양에게 주니 장양은 즉시 맹타를 양주 자사에 임명했다.』」(三輔決錄注曰, 佗字伯郞. 以蒲陶酒一斗遺讓, 讓卽拜佗爲涼州刺史) 송나라 소식의 〈유장안이 설주의 일로정에 적어준 시에 화답하다. 설주는 술을 잘 마셨고 칠십이 되기 전에 관직에서 사퇴하였다(和劉長安題薛周逸老亭, 周最善飮酒, 未七十而致仕)〉「스스로 말하기를 술 속에 운치 있으니, 한 말의 술이 양주자사보다 낫다네.」(自言酒中趣, 一斗勝涼州)

199

人多虛冒宜招謗[36] 인 다 허 모 의 초 방	많은 사람들 헛되이 욕심부려 남의 비방 자초하지만,
實得還同鳥習飛 실 득 환 동 조 습 비	실질 얻는 것 오히려 새가 날아감 익힘과 같다네.
悶悶此言誰解得 민 민 차 언 수 해 득	답답하구나! 읊조린 이 말 누가 이해할 수 있을까,
坐看天上白雲歸[37] 좌 간 천 상 백 운 귀	부질없이 하늘 위 흰 구름 돌아감 본다네.

右擬贈士敬

위의 시들은 사경[조목]에게 드릴까 한다

36 | **인다~초방(人多~招謗)** : 《요존록》「사람들은 대부분 거짓되이 학문을 한다는 이름만 가질 뿐 착실하게 공부하지 못하여, 헛되이 명예를 도적질한다는 비방을 자초하곤 한다는 것이다.」(人多虛冒爲學之名, 而不能著實做工夫, 空招盜名之謗也)

37 | **백운귀(白雲歸)** : 흰 구름은 보통 은자를 비유한다. 아마 조목이 벼슬을 하지 않는 것을 비유해서 말한 것 같다.

200

餘寒氣色早春時[38]
여 한 기 색 조 춘 시

남은 차가운 기색
이른 봄날에도 여전하여,

乍暖光陰亦自奇
사 난 광 음 역 자 기

잠깐의 따뜻한 시간
또한 절로 진기하네.

草得陽和柔更奮
초 득 양 화 유 갱 분

풀들 따뜻한 남쪽 빛 얻어
부드럽고 파릇한데,

松經霜雪苦能支
송 경 상 설 고 능 지

서리와 눈 겪은 소나무는
힘들게 견디고 있네.

飢民擷菜謀當日
기 민 힐 채 모 당 일

굶주린 백성들 풀 뽑아
그날그날 도모하고,

宿鳥投林占幾枝[39]
숙 조 투 림 점 기 지

집 찾는 새들은 숲에 깃들어
몇 가지 차지하였다네.

病裏盡抛閒事業
병 리 진 포 한 사 업

병중이라 모든 일 다 팽개치니
한가롭기만 해도,

未除魔障獨吟詩[40]
미 제 마 장 독 음 시

괴상한 버릇 미처 없애지 못하여
홀로 시 읊조려 보네.

38 | 여한·조춘(餘寒·早春) : 송나라 육유(陸游)의 〈봄비(春雨)〉「가랑비 너른 들 삼키는데, 남은 추위 이른 봄 굴레 채우네.」(細雨呑平野, 餘寒勒早春)

39 | 숙조투림(宿鳥投林) : 당나라 두보의 〈홀로 앉아(獨坐)〉「우러러 부러워함 환혼 녘의 새, 숲에 깃들어 깃촉 기벼운 것이라네.」(仰羨黃昏鳥, 投林羽翮輕)

40 | 미제마장독음시(未除魔障獨吟詩) : 당나라 백거이(白居易)의 〈한가로이 읊조리다(閒吟)〉「오로지 시 짓는 버릇만을 이겨내지 못하여, 바람과 달 마주칠 때면 한번 한가로이 읊조려 보네.」(惟有詩魔降未得, 每逢風月一閒吟)

41 | 이리(離離) : 여러 가지 뜻이 있는데 아득히 먼 모양 또는 비어 있는 모양, 혹은 어렴풋한 모양이나 끊어질 듯 이어진 모양이라는 뜻이 있음.

201

疎林寒澗勢離離[41]
소 림 한 간 세 리 리

성긴 숲 찬 개울은
기세 어렴풋한데,

谷口朝陽出霧遲[42]
곡 구 조 양 출 무 지

계곡 입구에 아침 해는
안개 속에서 느릿느릿 솟아오르네.

杳杳靜觀皆自得[43]
묘 묘 정 관 개 자 득

아득한 곳 고요히 바라보니
모두 뜻 얻은 듯한데,

悠悠閒坐有深思
유 유 한 좌 유 심 사

유유자적 한가로이 앉았자니
깊은 생각 생겨나네.

山禽弄舌時能變
산 금 농 설 시 능 변

산 새들 지저귐
때에 따라 변할 수 있으나,

溪石盤根水莫移
계 석 반 근 수 막 이

시내 속의 바윗돌 뿌리 탄탄하여
물 고여 있지 못하네.

乘興獨遊心得得[44]
승 흥 독 유 심 득 득

흥 탄 김에 홀로 노니니
마음 흡족하여,

只令泓穎與相隨[45]
지 령 홍 영 여 상 수

다만 벼루와 붓 지니고
나 따르게 했다네.

42 | **조양출무지(朝陽出霧遲)** : 당나라 두보의 〈새벽에 사홍현의 남쪽에서 출발하여 도중에 짓다(早發射洪縣南途中作)〉「차가운 해는 안개 속에서 느릿느릿 솟아오르고, 맑은 강산 성급히 감도네.」(寒日出霧遲, 清江轉山急)

43 | **정관개자득(靜觀皆自得)** : 남송 정호(程顥: 자는 明道)의 〈가을 날 우연히 짓다(秋日偶成)〉 제2수「만물을 고요히 바라보니 모두가 스스로 만족하고, 사물의 아름다운 홍취 사람과 함께 하네.」(萬物靜觀皆自得, 四時佳興與人同)

44 | **승흥(乘興)** : 위 152번 시의 주 6)을 보라.

45 | **홍영(泓穎)** : 홍(泓)은 묵지(墨池)로 벼루를 대신 일컫는 말이고, 영(穎)은 붓을 대신 가리키는 말. 위 92번 시의 주 3)을 보라.

202

草草難成是亦樓[46] 초 초 난 성 시 역 루	고생고생 이루기도 어렵구나 이 또한 누대라고,
客來無地坐吟酬 객 래 무 지 좌 음 수	손님 와도 함께 앉아 시 주고받을 곳조차 없다니.
新暄淑氣姸初弄 신 훤 숙 기 연 초 롱	새로운 따스함 맑은 기운 곱게 갓 피어나고,
疊穎嵐光浩不收[47] 첩 영 남 광 호 불 수	포개진 산봉우리 이내 낀 경치 드넓어 거두어지지 않네.
樵唱忽高驚野鶴 초 창 홀 고 경 야 학	나무꾼 노래소리 불현듯 높아지니 들판의 학들 놀라고,
農功未作樂村牛 농 공 미 작 낙 촌 우	농사 일 아직 시작되지 않아 시골의 소들 즐거워하네.
水邊林下多閒境 수 변 임 하 다 한 경	물가며 숲 아래 한가한 경계 많으니,
莫負春風日日遊 막 부 춘 풍 일 일 유	봄바람 저버리지 말고 나날이 놀러 다니세.

袁燮作是亦樓[48] 원섭이 시역루를 지었다

46 | 초초(草草) : 고생하는 모양[辛苦貌]을 나타내는 의태어. 당나라 두보의 〈동관의 관리(潼關吏)〉「병사들 얼마나 고생고생해가며, 장안의 길에다 성 쌓고 있네.」(士卒何草草, 築城長安道)

47 | 호불수(浩不收) : 송나라 오잠(吳潛)의 〈동료 관원의 회벽지에 대해 듣다(聞同官會碧沚)〉「만 이랑 달빛 드넓어 거둘 수가 없고, 꽃 핀 물가 대나무 섬 생각 아득하기만 하네.」(萬頃蟾光浩不收, 花汀竹嶼思悠悠)

48 | 원섭(袁燮: 1144~1224) : 《고증》「자는 화숙이며 상산 육구연(陸九淵)의 문인으로 호는 혈재이다. 관직은 직학사에까지 이르렀으며 시호는 정헌이다.」(字和叔, 陸象山門人, 號絜齋, 官直學士, 諡正獻) 호를 일설에는 결재(潔齋)라고도 한다고 하였다. 나지막한 정자를 지어놓고서 그 이름을 「이것 또한 정자」라는 뜻으로 「시역」이라 하였다. 원섭의 〈시역루의 기문(是亦樓記)〉「내 폐려의 동쪽에다 작은 누대를 하나 지었는데 그 이름을 시역이라고 하였다. 어떤 사람이 그 뜻에 의문을 가지는 것 같아 내가

203

世味闌珊不待厭[49]
세 미 난 산 부 대 염

세상 명리 시들하여
　싫증날 때까지 기다릴 것도 없으니,

東風馬耳射雙尖[50]
동 풍 마 이 사 쌍 첨

봄바람 말의 쫑긋한 두 귀
　스치고 지나감과 같다네.

贈君心在雲多嶺[51]
증 군 심 재 운 다 령

그대들에게 드리는 내 마음
　고개 위의 많은 흰 구름에 있고,

獻御誠懸日麗簷[52]
헌 어 성 현 일 려 첨

임금에게 올리는 정성은
　처마에 걸린 아름다운 햇살이라네.

樂處事同書裏蠧[53]
낙 처 사 동 서 리 두

즐거운 곳의 일 책 속의
　좀 벌레나 같고,

그에게 말하기를 『그리 높고 크지는 않을 따름이지만, 이것 또한 정자라고 할 수 있다.』라고 하였다.」(余築小樓於敝廬之東, 而以是亦名之. 或疑焉, 余告之曰, 直不高大爾, 是亦樓也)

49 | 세미난산(世味闌珊) : 《요존록》「세미는 명성과 이록을 이른다. 난산은 시들어 흩어진 모양이다.」(世味謂聲名利祿. 闌珊, 彫散貌)

50 | 동풍~사쌍첨(東風~射雙尖) : 마이는 원래 산동성 등주(登州)에 있는 산 이름인데, 말의 두 귀와 같이 생긴 바위가 있어서 이렇게 불렀다고 함. 마이동풍이란 성어도 다음에 인용된 시와 같이 여기서 나왔음. 당나라 이백의 〈왕씨네 종형제 중 열두 째의 차가운 밤에 홀로 술을 마시며 느낀 바가 있어라는 시에 답하다(答王十二寒夜獨酌有懷)〉「세상 사람들 이것 듣고 고개를 흔듦이, 봄바람이 마이산에 부는 것과 같구나.」(世人聞此皆掉頭, 有如東風射馬耳)

51 | 증군~운다령(贈君~雲多嶺) : 흰 구름은 보통 은자를 암시하며, 은퇴하여 사언으로 돌아가는 것을 가리킴. 남조 양(梁)나라 도홍경(陶弘景)의 〈임금님[齊 高帝]이 산 속에 무엇이 있느냐고 물으시어 시를 지어 답하다(詔問山中何所有賦詩而答)〉「산 속에 무엇이 있는가? 재 위에 흰 구름 많다네. 다만 제 스스로 즐길 수는 있어도, 가져다 임금님께 드릴 만하지는 않습니다.」(山中何所有, 嶺上多白雲. 只可自怡悅, 不堪持寄君)

52 | 헌어~일려첨(獻御~日麗簷) : 《열자·양주편(楊朱篇)》「옛날 송나라에 농부가 있었는데 …… 햇볕을 쬐면서 …… 그 아내를 돌아보며 말했다. 『햇볕을 쪼이면서도 그 따사로움을 아는 사람이 없소. 이것을 임금님께 알려드리면 후한 상을 내리실 것이오.』」(昔者, 宋國有田父……曝於日……顧於其妻曰, 負日之暄, 人莫知者. 以獻吾君, 將有重賞) 《내집》 권3의 〈꿈을 기록함(記夢)〉 두 수 중 첫째 시에 「미나리와 햇빛 바치려는 부질없는 정성 꿈 한 줄기 싸늘하네.」(芹曝懸誠一夢寒)라는 구절이 있다.

愁時興寄案頭蟾[54]
수 시 흥 기 안 두 섬

근심스러울 때는 흥
책상 머리의 두꺼비로 돋구어보네.

和詩易卦今加一[55]
화 시 역 괘 금 가 일

화답한 시 숫자 《주역》의 괘에
지금 하나 보태고 보니,

斗覺霜毛種種添[56]
두 각 상 모 종 종 첨

갑자기 서리 맞은 흰 머리
군데군데 더하여짐 깨닫네.

右五律, 早春溪居卽事
위의 율시 다섯 수는 이른 봄 퇴계에 머물며 보이는대로 읊조린 것이다
一首見內集[57]
한 수는 《내집》에 보인다

53 | 낙처~서리두(樂處~書裏蠹) : 「서리두」라는 것은 책 속의 좀벌레를 말하며 독서에 몰두하는 사람을 비유하는데, 책 속의 옛것을 읽어도 소화해내지 못한다는 뜻을 내포하기도 함. 당나라 한유의 〈이것 저것 읊은 시(雜詩)〉「옛날의 역사 좌우로 흩어져 있고, 《시경》과 《서경》은 앞뒤로 놓여져 있네. 어찌 책 속의 좀벌레와 다르리오? 삶과 죽음이 문자 사이에 있네.」(古史散左右, 詩書置前後. 豈殊蠹書蟲, 生死文字間) 송나라 양억(楊億)의 〈책의 좀벌레를 읊음(蠹書魚辭)〉「좀벌레가 말했다. 『나는 늘 문자 사이에서 노는데 문자에 없어져 빠진 곳이 있으면 사람들은 말하길 우리 좀 때문이라 하며, 나를 보고 책 좀벌레라 한다.』」(蠹書魚曰, 吾常遊於文字間. 文字有所殘缺者, 人則曰吾蠹之故. 目予曰, 蠹書魚) 《내집》 권3의 〈동재에서의 일을 느끼다. 절구 열 수(東齋感事, 十絶)〉의 제3수에서는 「병 많고 능력없네, 흰머리 늙은이, 한몸 오래도록 함께 했네, 책 속의 좀벌레와. 좀벌레 글자 파먹은들 어찌 그 맛 알리오? 하늘이 뭇 경서 내리셨으니 즐거움 그 속에 있다네.」(多病無能白髮翁, 一身長伴蠹書蟲. 蠹蟲食字那知味, 天賦羣書樂在中)라 읊었다.

54 | 안두첨(案頭蟾) : 송나라 황정견의 「문안국을 애도하다(文安國挽詞)」 제2수 "용과 뱀 같은 필치 보지 못했는가? 연적의 두꺼비 막 말랐다네.」(不見龍蛇筆, 新乾硯滴蜍) 《고증》「연적의 모양이 두꺼비의 형태이므로 이렇게 말하였다.」(案, 硯滴象蟾蜍形故云)

55 | 화시~금가일(和詩~今加一) : 《고증》「선생의 화답시로 원집에 보이는 것이 15수이고 외집에 보이는 것이 31수이며, 이 19수를 합하면 65수가 되므로 이렇게 말하였다.」(案, 先生和詩見於原集者十五首, 見於外集者三十一首, 合此十九首爲六十五首, 故云)

56 | 두각~종종첨(斗覺~種種添) : 당나라 한유의 〈장씨네 열 한 째 공조께 답함(答張十一功曹)〉「그대 읊은 시 다 짓고 나서 양쪽 귀밑머리 보니, 서리 같은 털 반은 더하여 짐 갑자기 깨닫네.」(吟君詩罷看雙鬢, 斗覺霜毛一半加)

57 | 내집(內集) : 《내집》 권2 〈개탄하다(有嘆)〉. 앞의 185번 시의 주 1)을 보라.

204. 次韻山谷次郭右曹[1]

황산곡이 곽우조의 시의 각운자에 맞추어 짓다라는 시의 각운자에 맞추어

心似中天白日輪
심 사 중 천 백 일 륜

마음은 흡사 하늘 한 가운데의
　바퀴 같은 밝은 해 같은데,

斯須已見綴氛雲
사 수 이 견 철 분 운

잠깐 사이에 나쁜 기운
　모이는 것 보이네.

千方不見薰蕕合[2]
천 방 불 견 훈 유 합

온갖 처방에는 향초와 악초
　섞임 보지 못하지만,

1 | **산곡(山谷)** : 송나라 황정견(黃庭堅: 1045~1105)의 호.
곽우조(郭右曹) : 우조는 송대의 관직인데, 북송 전기에 상서성(尙書省)에서는 직방(職方)·가부(駕部)·고부(庫部)·도관(都官)·비부(比部)·사문(司門)·둔전(屯田)·우부(虞部)·수부(水部)·등 제사(諸司)를 우조로 삼았다. 신종(神宗) 원풍(元豐) 원년(1085) 관제를 개편한 후에 호부(戶部)에 전적으로 두었으며, 상평(常平)·면역(免役)·오보(伍保)·의창(義倉) 및 농전수리(農田水利) 등의 일을 관장하였으며 낭중(郎中)과 원외랑(員外郎) 각 2인을 두어 이끌게 하였다. 곽우조는 미상이며 《산곡외집시주(山谷外集詩注)》 권6에 〈곽우조가 지은 시의 각운자를 써서 짓다(次韻郭右曹)〉라는 시가 수록되어 있다.(자세한 것은 원운시를 볼 것) 곽우조에 대한 자세한 이력은 알 수가 없으며, 《산곡집》의 이 시 바로 앞에 수록되어 있는 〈곽낭중의 관직을 그만두다라는 시의 각운자를 써서 짓다(次韻郭郎中休官)〉라는 시의 내용으로 보건대, 백발에 호부 우조의 낭중과 같은 한직에 근무하면서 관리가 지켜야할 수칙 따위를 별로 중시하지 않다가 탄핵을 받아, 미련 없이 관직에서 물러난 것으로 보임.

2 | **천방(千方)** : 곧 천방백계(千方百計)를 말함. 온갖 방법, 계책.
훈유합(薰猶合) : 송나라 소옹(邵雍)의 〈우연히 보고 읊다(偶見吟)〉 제3수 「이미 향초와 누린내 함께 보았으면, 마땅히 옥과 돌 같이 타버림 생각해야 하리.」(旣見薰蕕臭, 當思玉石焚)

3 | **순척분(舜跖分)** : 순은 성군의 대표적인 인물이고 도척(盜跖)은 악인의 대표적인 인물. 《장자·도척(盜跖)》편에 의하면 도척은 현자인 유하혜(柳下惠, 柳下季라고도 함)의 동생이었다고 한다.

4 | **탁탁(濯濯)** : 식물 등이 햇빛을 받아 빛나는 모양을 나타내는 의태어. 《진(晉)나라의 역사·왕공(王恭)의 전기》 「왕공은 용모와 태도가 아름다워서 그를 좋아하는 사람들이

一念當知舜跖分[3]
일 념 당 지 순 척 분

한 가지 생각 마땅히
순임금과 도척 구분하여야 한다는 것.

濯濯嘉苗唯怕揠[4]
탁 탁 가 묘 유 파 알

반짝반짝 빛나는 좋은 모 오히려
뽑힐까 두렵지만,

彬彬美質正須文[5]
빈 빈 미 질 정 수 문

밝고 밝은 아름다운 바탕에는
반드시 문채 더해야 하네.

晦庵嘉訓尤深服
회 암 가 훈 우 심 복

주자의 훌륭한 훈계
더욱 깊이 감복되었으니,

二字丁寧只謹勤[6]
이 자 정 녕 지 근 근

두 글자 정녕
근면하라는 것 뿐이라네.

많았다. 어떤 이는 그를 지목해서 말하기를 『번쩍번쩍 빛나기가 봄 달의 버들 같다』고 하였다.」(恭美姿儀, 人多愛悅, 或目之云, 濯濯如春月柳)

묘유파알(苗唯怕揠) : 곧 알묘조장(揠苗助長)을 말함. 《맹자·공손추가(公孫丑)》「어떤 송나라 사람이 벼의 싹이 잘 자라지 않는 것을 안타깝게 여기어 그 싹을 손으로 뽑아 놓았다. 그는 아무 것도 모르고 돌아와서 집안 사람들에게 말하기를 『오늘은 매우 피곤하다. 내 벼싹이 잘 자라도록 도왔다.』라 하니, 그 아들이 쫓아가 보았더니 벼싹은 말라 있었다. 천하에 벼싹이 자라도록 한답시고 돕지 않는 자가 적으니 이익이 없다고 해서 버려두는 자는 벼싹을 김매지 않는 자이고, 억지로 자라도록 돕는 자는 벼싹을 손으로 뽑는 자이다. 이는 이익이 없을 뿐만 아니라 오히려 해를 끼치는 것이다.」(宋人, 有閔其苗之不長而揠之者. 芒芒歸然, 謂其人曰, 今日病矣. 予助苗長矣. 其子趨而往視之, 苗則槁矣. 天下之不助苗長者寡矣. 以爲無益而舍之者, 不耘苗者, 助之長者, 揠苗者也, 非徒無益, 而又害之)

5 | 빈빈~정수문(彬彬~正須文) : 《논어·옹은(雍也)》「공자께서 말씀하셨다. 『본바탕이 외관을 이기면 촌스럽게 되고, 외관이 본바탕을 이기면 겉만 번지르르하게 되니 외관과 본바탕이 적당히 배합된 뒤라야 군자가 되는 것이다.』」(子曰, 質勝文則野, 文勝質則史. 文質彬彬, 然後君子)

6 | 회암~근근(晦庵~謹勤) : 주자의 〈맏이인 수지(이름은 朱塾)에게(與長子受之)〉「대체로 단지 『삼가하고 근면하라』는 이 두 글자는 그것을 따르는 것 위로는 그 이상 더 좋은 일이 없을 것인데, 내 비록 감히 말은 못하지만 가만히 너를 위해 그렇게 되기를 바라노라. 그것을 어기는 것 아래로는 그보다 더 나쁜 일은 없을 것인데, 내 비록 말을 하고싶지는 않다만 너 때문에 걱정을 하지 않을 수 없구나.」(大抵只是謹僅二字, 順之而上, 有無限好事, 吾雖未敢言, 而竊爲汝願之. 反之而下, 有無限不好事, 吾雖不欲言, 而未免爲汝憂之也) 《주문공집·속집》 권4에 나옴.

【참고】황정견의 원운시

次韻郭右曹

곽우조가 지은 시의 각운자를 써서 짓다

閱世行將老斲輪　세상 겪어 오다가 (《장자·천도(天道)》에 나오는)
순박한 수레바퀴 깎는 이 같이 70이 되어가려 할 뿐,

那能不朽見仍雲　어찌 영원히 썩지 않는 덕과 공과 말을 남기려는 생각으로
먼 후손들에게까지 보이게 하겠는가?

歲中日月又除盡　한 해 가운데 해와 달
또한 다 저물어가는데,

聖處工夫無半分　성스러운 학문의 공부
반으로 쪼갤 것 없는 경지에 다다랐네.

秋水寒沙魚得計　가을 강 찬 모래에
물고기는 살아갈 계책 잔꾀 없이 얻었고,

南山濃霧豹成文　남산의 짙은 안개 속에 숨어
표범 아름다운 무늬 이루었네.

古心自有著鞭地　(그대와 같은) 고인의 마음 저절로
먼저 채찍 잡는 곳 있었는데,

尺璧分陰未當勤　한 치 벽옥 같은 귀중한 시간 분으로 쪼개어 쓴다고 한들
(그대에 비해) 부지런하다고 할 수도 없다네.

205~206. 次周景遊見寄[1]

주경유가 보내준 시의 각운자를 써서 짓다

205

未卜殘生兩眼青[2] 미 복 잔 생 량 안 청	남은 생애 몇 번이나 그대 반갑게 볼지 기약하지 못하였더니,
新詩快似御風泠 신 시 쾌 사 어 풍 령	새로 부쳐준 시 상쾌하기가 시원한 바람을 타는 듯하네.
病中應戀桑榆煖[3] 병 중 응 련 상 유 난	병중이라 뽕나무 느릅나무 따뜻함 연연해 할 터인데,
何日南飛看戢翎 하 일 남 비 간 집 령	남으로 날아가며 깃털 가지런히 거둠 언제나 보리오?

1 | 경유는 신재(愼齋) 주세붕(周世鵬)의 호. 이때 주세붕은 57세로 서울에서 벼슬을 하고 있었으나, 병이 들어 고향인 경상도 합천(陜川)으로 내려오고자 하였으나 그것이 뜻대로 되지 않음을 적고 있다.

2 | **양안청(兩眼靑)** : 《진나라의 역사》 권49 〈완적(阮籍)의 전기〉 「완적은 또 검은 눈동자와 흰 눈동자로 사람을 대할 줄 알아서, 예속에 얽매인 사람들을 보면 흰 눈동자로 대하였다. 혜희(嵇喜)가 조문을 하러 왔을 때 완적이 흰 눈동자로 대하자 혜희는 불쾌해 하며 가버렸다. 혜희의 동생 혜강(嵇康)이 그 소식을 듣고는 이에 술을 지니고 금을 끼고서 그를 방문하자 완적은 크게 기뻐하였고 비로소 검은 눈동자로 그를 대하였다.」(籍又能爲青白眼, 見禮俗之士, 以白眼對之. 及嵇喜來弔, 籍作白眼, 喜不懌而退, 喜弟康聞之, 乃齎酒挾琴造焉, 籍大悅, 乃見青眼)

3 | **상유(桑榆)** : 해가 기욺. 또는 만년을 비유함. 《고금사문유취(古今事文類聚)》 권2 「서쪽으로 해거 떨어져 그림자가 나부 끝에 있는 것을 상유라고 한다.」(西日垂, 景在樹端, 謂之桑榆) 《회남자(淮南子)》에서 인용하였다고 되어 있는데 《회남자》에는 이 말이 나오지 않는다. 삼국 위(魏)나라 조식(曹植)의 〈백마왕 표에게 드리는 시(贈白馬王彪)〉 제5수 「나이는 뽕나무 느릅나무 사이에 있으니, 서로 영향을 미치며 좇아다닐 수 없다네.」(年在桑榆間, 影響不能追)

206

病葉當風失舊青[4]
병 엽 당 풍 실 구 청

병든 잎 바람 맞아
지난 푸르름 잃고,

渴塵生肺憶中泠[5]
갈 진 생 폐 억 중 령

소갈증과 폐에 생긴 먼지
알맞게 시원함 생각하네.

天門西北重重邃
천 문 서 북 중 중 수

대궐 문 서북쪽
겹겹이 쳐져 깊었으니,

蟣蝨無緣揷翅翎
기 슬 무 연 삽 시 령

서캐와 이는 까닭도 없이
깃털 사이로 기어들었네.

【참고】주세붕의 원운시

寄李景浩
이경호에게 부침

天外淸涼不改靑 하늘 바깥의 청량산 푸르름 바꾸지 않았고,

退溪依舊瀉淸泠 퇴계는 여전히 맑고 깨끗하게 흐르겠지.

白頭病濕心如火 흰 머리에 습한 병 앓아 마음 불과 같으니,

回首長思借鶴翎 고개 돌려 오래도록 생각해보네,
학의 깃털 빌려보았으면 하고.

4 | 실구청(失舊靑) : 옛 푸름을 잃다. 퇴계가 노쇠한 자신을 비유한 것임. 송나라 진여의(陳與義)의 〈이어지는 비에 있는 일을 쓰다(連雨書事)〉 제4수 「흰 국화는 막 자색 생겨나는데, 누런 잡초는 옛 푸르름 잃었다네.」(白菊生新紫, 黃蕪失舊靑)

5 | 갈진생폐(渴塵生肺) : 《사기·사마상여(司馬相如)의 전기》 「사마상여는 말을 더듬었으나 글을 잘 지었다. 늘 소갈증(당뇨병)을 앓고 있었다.」(相如口吃而善著書. 常有消渴疾) 송나라 황정견의 〈앞 시의 각운자를 써서 공정을 놀리다(用前韻戲公靜)〉 「토끼 깃든 달이며 용단차 아까울 것 없지만, 사마장경은 소갈증에다 폐에 먼지가 생겼네.」(兔月龍團不當惜, 長卿消渴肺生塵)

207. 淸明. 李知事先生近許臨, 次杜子美, 出溪上書堂

청명. 이지사 농암 선생께서 가까운 시일 내에 왕림하시겠다고 하심에 두보시의 각운자에 맞추어 시를 짓고, 퇴계를 나와 서당으로 올라가다

惻惻春寒五十日[1] 측 측 춘 한 오 십 일	처량하고 처량하게도 봄 추위 오십 일 동안,
山翁閉戶長不出[2] 산 옹 폐 호 장 불 출	산 늙은이 문 닫고 오래도록 나가지 않았네.
今晨喚起鳥哢晴[3] 금 신 환 기 조 롱 청	오늘 새벽 맑게 개어 새 울음소리에 깨어나,
杖屨前溪散腰膝[4] 장 구 전 계 산 요 슬	지팡이에 짚신 신고 개울에 나가니 허리며 무릎 휘청거리네.

1 | 측측춘한(惻惻春寒) : 당나라 한악(韓偓)의 〈한식날 밤(寒食夜)〉 「가벼운 추위 처량하고 처량하며 바람 쌩쌩 날카로운데, 작은 매화 눈 날리고 살구꽃은 붉다네.」(惻惻輕寒剪剪風, 小梅飄雪杏花紅)

2 | 폐호장불출(閉戶長不出) : 당나라 요합(姚合)의 〈홀로 거처하다(獨居)〉 「사립문 깊이 닫고 오래도록 나가지 않으며, 공부 스스로 부과하여 한가한 때 적다네.」(深閉柴門長不出, 功夫自課少閒時)

3 | 금신조롱청(今晨鳥哢晴) : 송나라 진걸(陳杰)의 〈청명절날 막 개다(淸明日新霽)〉 「어젯밤에는 비바람 소리 나더니, 오늘 아침에는 새 울음소리에 개었다네.」(昨夜風雨聲, 今朝鳥哢晴)

4 | 장구전계(杖屨前溪) : 송나라 오용한(吳龍翰)의 〈돌아오는 길에 적계의 경계에서 십리암이 보임을 기뻐하다(歸途績溪界喜見十里嵓)〉 「지팡이 짚고 앞 시내로 갔는데, 내 고향 이곳에서 길 나뉜다네.」(策杖前溪去, 吾鄕此路分)

林間小屋如僧寺 | 숲 속의 작은 집
임간소옥여승사 | 중이 사는 절 같은데,

綠茸滿地無人至[5] | 푸른 이끼 땅에 가득 낌은
녹용만지무인지 | 찾아오는 사람 없음이라네.

自然幽興愜心期[6] | 자연의 그윽한 홍취
자연유홍협심기 | 내 바람에 딱 맞는데,

坐聽溪聲澹無事[7] | 마침 개울 물 소리 들으니
좌청계성담무사 | 아무일 없는 듯 맑기만 하네.

從來世情惡衰晩 | 지금까지는 세상의 정리
종래세정오쇠만 | 쇠하고 늙음 싫어하여,

對面或成千里遠 | 얼굴 대하기 더러
대면혹성천리원 | 천리 멀리 떨어진 듯.

5 | **녹용~무인지(綠茸~無人至)** : 당나라 유우석(劉禹錫)의 〈누추한 집(陋室銘)〉「이끼 흔적 푸르게 섬돌까지 오르고 풀빛은 파랗게 발 안에까지 드네. 웃으며 이야기하는데 큰 선비 있고, 오가는 사람 중에 속된 사람은 없다네.」(苔痕上階綠, 草色入簾靑. 談笑有鴻儒, 往來無白丁)

6 | **협심기(愜心期)** : 주자의 〈살 곳을 정하다(卜居)〉「마침내 마을 가까워졌으니, 그윽하기를 기약한 마음에는 흡족하지 않다네.」(終然村墟近, 未愜心期幽)

7 | **좌청(坐聽)** : 좌(坐)자는 시에서 부사로 쓰이면 여러 가지 뜻이 있는데 여기서는 정(正), 적(適)의 뜻으로 쓰였다. 마침, 바로 등의 뜻이다.

8 | **의복(倚伏)** : 《노자》「화여, 복이 그 안에 기대어 있도다! 복이여, 화가 그 안에 숨어 있도다.」(禍兮福之所倚, 福兮禍之所伏) 화와 복은 서로 이어져 있어 서로 의존하고 서로 변화시킨다는 의미임. 금(金)나라 원호문(元好問)의 〈왕아부네 온 집이 허창으로 돌아감에 송별하다(送王亞夫擧家歸許昌)〉「세상의 길흉화복 헤아릴 수 없으며, 우물 바닥에 청운의 사다리 둠 용납하네.」(世間倚伏不可料, 井底容有靑雲梯)

倚伏茫茫不可料[8]
의 복 망 망 불 가 료

길흉화복 망망함
　　헤아릴 수 없으니,

去不容追來莫遣
거 불 용 추 래 막 견

떠난 것 뒤쫓음 용납지 않고
　　올 것은 보낼 수 없다네.

安能枯燥腹中書[9]
안 능 고 조 복 중 서

어떻게 하면 뱃속의 글
　　바짝 말려서,

冷看山花繞宅居
냉 간 산 화 요 택 거

산의 꽃 집 둘러싸고 있는 것
　　시원하게 볼 수 있으리.

明日巖仙許過我[10]
명 일 암 선 허 과 아

내일 농암의 신선
　　내게 들르심 허락하였으니,

倒釀沃雪幽憂除[11]
도 양 옥 설 유 우 제

술 따루면 눈 녹듯
　　깊은 시름 없어지리라.

9 | **고조복중서(枯燥腹中書)** : 배를 햇빛에 쬐다. 남조 송나라 유의경(劉義慶)의 《세설신어·조롱함(徘調)》「학륭(郝隆: 자는 孝先)이 7월 7일 햇빛 있는 곳으로 나와서 하늘을 보고 누워 있자, 사람들이 그 까닭을 물으니 『나는 지금 책을 말리고 있는 중이오』라 대답했다.」(郝隆七月七日, 出日中仰臥. 人問其故? 答曰, 我曬書) 당나라 엄무(嚴武)의 〈두씨네 둘째[杜甫]의 금강에 있는 야정에 지어 부침(寄題杜二錦江野亭)〉「뱃속에 든 많은 책들 그윽한 때 쬐어 말리고, 팔꿈치로 경각심 주는 의사처방(《주후방》: 장생불로를 적은 책 이름이기도 함) 조용한 곳에서 보시겠네.」(腹中書籍幽時曬, 肘後醫方靜處看)

10 | **암선(巖仙)** : 농암 이현보를 말함.

11 | **옥설(沃雪)** : 뜨거운 물로 눈을 녹이는 것을 말하며, 어떤 일이 매우 쉽게 해결됨을 비유하는 말로 쓰인다. 전한 매승(枚乘)의 〈일곱 가지로 태자를 깨우침(七發)〉「먹는 것을 적게 하고 마시는 것을 많이 하면, 끓인 물로 눈을 녹이듯 합니다.」(小飯大歠, 如湯沃雪) 당나라 이선(李善)의 주석「옥설이라는 것은 쉽다는 것을 말한다.」(沃雪, 言易也) 당나라 백거이(白居易)의 〈신루시에 화답하다(和新樓)〉「시름 녹임 뜨거운 물로 눈 녹이듯 하고, 번민 깨뜨림 오이 쪼개듯하네.」(銷愁若沃雪, 破悶如割瓜) 《요존록》에서는 술 이름이라고 하였는데 틀린 것 같다.

【참고】두보의 원운시

淸明
청명

著處繁華矜是日　곳마다 번화함
　오늘 자랑하고,

長沙千人萬人出　장사에선 천 사람
　만 사람 쏟아져 나오네.

渡頭翠柳艶明眉　나루 어귀 푸른 버들 같은 아낙네들은
　밝은 눈썹 아름답고,

争道朱蹄驕齧膝　붉은 발굽 말 길 다투고
　설슬(좋은 말) 같은 말 교만하네.

此都好遊湘西寺　이 도읍 사람들은 상서사에서
　놀기 즐기는데,

諸將亦自軍中至　여러 장수들 또한
　군중(軍中)에서 이르렀다네.

馬援征行在眼前　마원(후한의 장군) 원정 나감
　눈 앞에 있으나,

葛强親近同心事　갈강(진나라 山簡 장군의 부장)은 사졸들과 친하려고
　그들과 마음 같이 하는구나.

金鐙下山紅日晩　금등자 한 말 산 내려오니
　붉은 해 저물고,

牙檣捩柂靑樓遠　상아 돛대에 키질 하여
　청루(궁전) 향하여 멀리 가네.

古時喪亂皆可知

옛날부터 이어온 상사와 환란의 원인
모두 알 만하니,

人世悲歡暫相遣

인간 세상 모든 슬픔 흩어
잠시 서로 보내고자 한다네.

弟姪雖存不得書

아우 조카 비록 있지만
편지조차 받을 수 없고,

干戈未息苦離居

전쟁 그치지 않으니
헤어져 삶 괴롭다네.

逢迎少壯非吾道

오늘 만났던 젊고 씩씩한 이들
나의 생각과는 달랐구나,

况乃今朝更祓除

하물며 오늘 아침
다시 액운 떨치는 때임에랴.

208. 有感

느낌이 있어 짓다

中廟龍飛四十春[1]
중 묘 용 비 사 십 춘

중종대왕 즉위하시어
마흔 해 지났으니,

大明斯道日中天
대 명 사 도 일 중 천

사도 크게 밝히심
해가 하늘에 있는 듯.

小臣白髮虛遺澤
소 신 백 발 허 유 택

보잘 것 없는 신하 백발이 되도록
남기신 은택 헛되이 하였으니,

長憶橋山淚洒泉[2]
장 억 교 산 누 쇄 천

늘 왕릉 생각할 때마다
눈물 샘처럼 쏟아지네.

1 | 용비(龍飛) : 제왕이 흥기하거나 즉위하는 일을 가리킴. 《주역·건괘(乾卦)》의 〈문언전(文言傳)〉 밑에서 다섯 번째 양효[九五] 「나는 용이 하늘에 있으니 대인을 만나보는 것이 이롭다.」(飛龍在天, 利見大人) 당나라 공영달(孔穎達)의 주석[疏] 「성인에게 용의 덕이 있으면 날아올라 하늘의 자리에 거처하게 된다.」(聖人有龍德, 飛騰而居天位)
사십춘(四十春) : 중종은 1506년에 즉위하여 1544년에 승하하였으니 재위가 39년이다. 여기서는 정수를 들었다.

2 | 교산(橋山) : 황제(黃帝) 헌원씨(軒轅氏)가 묻힌 곳으로, 임금님의 능을 가리킴. 여기서는 곧 중종대왕의 능을 가리킴. 위 94번 시의 주 2)를 보라.

209. 蝤蛑詩[1]_大蟹謂之蝤蛑

유무를 읊음_큰 게를 유무라고 한다

山田飯有沙[2]
산 전 반 유 사

산의 밭에서 난 음식 모래 있어,

適口充藜藿[3]
적 구 충 여 곽

입맛 맞추려고 명아주와 콩잎 보충하네.

不患太官羊[4]
불 환 태 관 양

걱정하지 않는다네, 태관의 양이,

1 | **유무(蝤蛑)** : 《고증》「음은 유무이다.」(音猶無) 송나라 홍매(洪邁)의 《용재사필(容齋四筆)》 권6 〈임해해도(臨海蟹圖)〉(이하 〈해도〉) 「(산동의) 문등 사람인 여항은 초목과 곤충, 물고기에 대하여 아는 것이 많았다. 태주의 임해 태수가 되어 화공에게 〈해도〉를 그리게 했는데, 무릇 12가지였으며 첫 번째가 유무이다. 곧 게 가운데 큰 것으로 두 집게발이 크며 이끼 같은 가는 털을 가지고 있고 여덟 다리에도 또한 모두 가는 털이 있다.」(文登呂亢多識草木蟲魚. 守官台州臨海, 命工作蟹圖, 凡十有二種. 一曰蝤蛑. 乃蟹之巨者, 兩螯大而有細毛如苔, 八足亦皆有微毛)

2 | **산전반유사(山田飯有沙)** : 당나라 두보의 〈냇가에서(溪上)〉「변새의 풍속 사람에겐 우물 없으니, 산의 밭에서 난 음식 모래 있다네.」(塞俗人無井, 山田飯有沙)

3 | **적구충여곽(適口充藜藿)** : 송나라 강특립(姜特立)의 〈배추와 상추가 초겨울에 조금 우거져 기뻐서 짓는다(菘苣初冬稍茂喜而有作)〉「무릇 사물 가운데 입에 맞는 것 귀하게 여기나니, 하필이면 솥을 아홉 개나 벌려 놓아야겠는가? 하물며 나야 명아주와 콩잎에 단련된 속이라, 만전 한 식경에 먹음 부끄러이 여긴다네.」(凡物貴適口, 何必須九鼎. 況我藜藿腸, 萬錢慚食頃)

4 | **태관양(太官羊)** : 태관은 궁중의 요리를 담당하는 부서. 송나라 황정견의 〈가공된 학원 지방의 어린 차를 가려서 보내준 것에 감사하며(謝送碾壑源揀牙)〉「춘풍이란 차를 마시고 궁중의 양고기 실컷 알게 되었으니, 궁한 선비 잔치에 국수 먹는 것 속에 익숙하지 않네.」(春風飽識太官羊, 不慣腐儒湯餠腸) 송나라 임연(任淵)의 주석「태관령은 광록시에 속하며 수랏상을 차리고 요리하는 일을 관장한다.」(大官令屬光　寺, 掌膳羞割烹之事)

來作菜園惡[5] 와서 채소밭 망가뜨리는 것쯤이야.
내 작 채 원 악

今朝得海餉 오늘 아침 바다 음식 얻게 되었는데,
금 조 득 해 향

家壻禮無卻 집안 사위의 예 물리치지 못해서라네.
가 서 례 무 각

兄壻朴公輔所饋[6] 형님의 사위 박공보가 보내준 것이다

闖然入柴荊[7] 불쑥 삽짝 안으로 들어오는데,
틈 연 입 시 형

紫赤光卓犖[8] 자색과 붉은색 매우 돋보인다네.
자 적 광 탁 락

5 | **내작채원악(來作菜園惡)** : 송나라 증조(曾慥)의 《유설(類說)》 권14 〈양이 채마밭을 다 파헤치다(羊踏破菜園)〉 「어떤 사람이 항상 야채만 먹다가 별안간 양고기를 먹게 되었다. 그러자 꿈에 오장신이 나타나 『양이 채소밭을 밟아 뭉개었다.』라 하였다.」(有人常食蔬, 茹忽食羊肉, 夢五臟神曰, 羊踏破菜園)

6 | **박공보(朴公輔)** : 《요존록》 「다섯째 형 징의 사위이며, 이름은 세현이다.」(五兄澂之壻, 名世賢) 동해안의 영해(寧海) 사람으로 울진 현령 등을 거쳐 무관 고위직을 지냈음.

7 | **틈연입(闖然入)** : 송나라 소철(蘇轍)의 〈자첨[蘇軾]의 도연명의 옛 시체를 본떠서라는 시에 화답하다와 같은 각운자를 써서 짓다(次韻子瞻和淵明擬古)〉 제4수 「홀로 가 더불어 노닐 사람 없는데, 불쑥 나의 대청으로 들어오네.」(獨行無與游, 闖然入我堂)

8 | **광탁락(光卓犖)** : 탁락은 아주 빼어남을 가리키는 의태어. 송나라 소식의 〈동파(東坡)〉 제6수 「내게 세 치 짜리 황감(黃柑) 주는데, 자리 비추니 빛 탁월하다네.」(遺我三寸甘, 照座光卓犖)

9 | **무장공(無腸公)** : 진나라 갈홍(葛洪)의 《포박자·내편(內篇)》 권4 〈산을 오르고 물을 건넘(登涉)〉 「창자가 없는 공자라는 것이 있는데 게이다.」(稱無腸公子者, 蟹也)

是謂無腸公9
시 위 무 장 공

이것 무장공이라 하는데,

八足具郭索10
팔 족 구 곽 삭

여덟 다리 갖추고 어기적거린다네.

形模甚怪詭11
형 모 심 괴 궤

형태며 모양 너무나 기이하여,

婦嘖兒童愕
부 책 아 동 악

부녀자는 떠들썩 아이들은 놀란다네.

金糟滿圓腹12
금 조 만 원 복

금빛 지게미 둥근 배에 한가득,

10 | **팔족곽삭(八足郭索)** : 팔족(八足)에 대해서는 위 주석 1)《해도(蟹圖)》를 보라. 한나라 양웅(揚雄)의《태현경》권2〈예에서 사까지(從銳至事)〉「게가 다리가 많은 것이 황천에 이르는 지렁이에 처진다.」(蟹之郭索, 後蚓黃泉) 진(晉)나라 범망(范望)의 주석「비록 다리가 많은 게가 있어도 다리가 없는 지렁이에 미치지 못한다.」(雖有郭索多足之蟹, 不及無足之蚓也) 송나라 구양수(歐陽脩)의《귀전록(歸田錄)》권하「처사 임포는 항주 서호의 고산에서 살았다. 임포는 그림을 잘 그렸고 시를 잘 지었는데『풀과 진흙으로 어기적어기적 다니고, 빽빽한 나무 사이로는 구구하고 지저귀네.』같은 구절은 자못 사대부사이에 일컬어졌다.」(處士林逋, 居於杭州西湖之孤山. 逋工筆畫善爲詩, 如草泥行郭索, 雲木叫鉤輈, 頗爲士大夫所稱) 임포가 지은 이 시구의 두 번째 구절은 자고(鷓鴣)새를 읊은 것이며, 제목과 나머지 구절은 전하지 않는다.

11 | **형모~궤부책(形模~詭婦嘖)** : 송나라 황정견의〈하씨네 열세 째가 게를 보내줌에 감사하다(謝何十三送蟹)〉「형체와 모양 비록 부녀자들에게 웃음거리가 되기는 하나, 맛은 장사의 얼굴 웃게 할 만하네.」(形貌雖入婦女笑, 風味可解壯士顏)

12 | **금조만복(金糟滿腹)** :《고증》「금조는 게장을 말한다. 금 같이 누런 색을 띠고 있다.」(案, 金糟謂醬也. 黃如金也) 송나라 양만리(楊萬里)의〈지게미 게를 여섯 자로 읊다(糟蟹六言)〉「온 배가 금 같은 모양에 옥 같은 바탕이며, 두 집게발은 가을 강의 밝은 달이라네.」(一腹金相玉質, 兩螯明月秋江) 명(明)나라 도종의(陶宗儀)가 지은《설부(說郛)》에서는 황정견의 싯구라 하였다. 송나라 소식의〈노도부(老饕賦)〉「대합조개는 반쯤 익으면 술을 머금고, 게는 조금 자라면 지게미를 지닌다.」(蛤半熟而含酒, 蟹微生而帶糟)

芒刺森堅殼[13]
망 자 삼 견 각

가시와 까끄러기는 딱딱한 껍질에 빽빽하네.

檝棹何所濟[14]
벌 도 하 소 제

노 젓는데도 어떻게 건널 것이며,

奮戈何所角[15]
분 과 하 소 각

창 휘두른들 어떻게 물리치리오?

喜退與誰讓
희 퇴 여 수 양

물러나길 좋아하여 누구에게나 물려주고,

多躁似有迫[16]
다 조 사 유 박

조급함 많아 마치 절박한 처지인 듯.

13 | 망자(芒刺) : 명나라 섭자기(葉子奇)의 《초목자(草木子)》 권4 「게의 배 속에는 벼 까끄러기 같은 것이 있는데 길이가 한 치 남짓이다. 8월이 되면 동쪽으로 향하여 해신에게 실어 보내는데, 실어 보내지 않는다면 (거칠어서) 먹을 수가 없다.」(蟹腹中有稻芒, 長寸許. 八月向東輸與海神, 未輸不可食) 게는 8월 달에 서리가 내린 뒤라야 맛이 좋아진다고 함.

견각(堅殼) : 단단한 갑옷 같은 껍질. 명나라 도본준(屠本畯)의 《민중해착소(閩中海錯疏)》 권하 〈개부(介部)〉 「게는 발이 여덟 개이고 집게발이 두 개이며 단단한 껍질이 있는데 주렁주렁 달린 여덟 개의 발로 어기적거리며 간다.」(蟹八跪二螯堅殼, 其行郭索八足)

14 | 벌도(檝棹) : 〈해도〉 「두 번째가 벌도자이다.」(二曰檝棹子). 《광동통지(廣東通志)》 「넓적하고 크며 뒷발이 넓은 것을 유무라고 한다. 영남의 사람들은 벌도자라고 하는데, 뒷다리가 노처럼 생겼기 때문이다.」(扁而大, 後足濶者曰蝤蛑. 嶺南人謂之檝棹子, 以其後脚形如棹也)

15 | 분과(奮戈) : 송나라 황정견의 〈가을과 겨울 사이에는 악저에 시장이 끊기어 게가 없다……(秋冬之間鄂渚絶市無蟹……)〉 제2수 「불쑥 나와 비틀비틀 물결 건너 올라와, 풀과 진흙에서 출몰하며 여전히 창 비끼고 있네.」(勃窣媻跚烝涉波, 草泥出沒尙橫戈)

16 | 다조(多躁) : 《대대예기》 권7 〈학문을 권함(勸學)〉 「게는 집게발이 두 개이고 다리가 여덟 개인데, 깊숙한 구멍이 아니면 숨어들지가 않는 것은 마음 씀이 조급하기 때문이다.」(蟹二螯八足, 非蚫　之穴, 而無所寄託者, 用心躁也) 송나라 부굉(傅肱)의 《해보(蟹譜)》 권상 「성질이 또한 매우 조급하다.」(性復多躁) 《순자·학문을 권함(勸學)》 「게는 발이 여섯 개이며 집게발이 두 개인데 깊숙한 구멍이 아니면 숨지 않는 것은 마음 씀이 조급하기 때문이다.」(蟹六跪而二螯, 非蚫蟺之穴無所寄託者, 用心躁也)

徒然執其火[17]
도 연 집 기 화
헛되이 불 잡고 있어,

未燭厥廬剝[18]
미 촉 궐 려 박
불 밝히기도 전에 그 집 헐렸다네.

平生讀爾雅[19]
평 생 독 이 아
내 평생 《이아》 읽어,

不應彭蜞錯[20]
불 응 팽 기 착
작은 게와는 착각하지 않으리.

雪肌隨手劈
설 기 수 수 벽
눈 같은 살갗 손 가는대로 찢어지고,

17 | **집기화(執其火)** : 송나라 고사손(高似孫)의 《해략(蟹略)》 권3 〈옹검(擁劍)〉「게는 《고금주》에서는 일명 집화라고도 한다고 하였는데 그 집게발이 붉기 때문이다.」(蟹古今注云一名執火, 以其螯赤也) 〈해도(蟹圖)〉「다섯째를 갈박이라 한다. 팽활보다 크고, 껍질에는 검은 반점이 있고 무늬가 있으며 집게발은 순 붉은 색인데 항상 큰 집게발로 눈을 가리고 있다.」(五曰竭朴. 大於彭蝟, 殼黑斑, 有文章, 螯正赤, 常以大螯障目)

18 | **미촉(未燭)** : 《해보(蟹譜)》 권하 「지금의 게를 잡는 사람은 …… 밤이 되면 불을 붙여 환히 밝히는데 모두 밝은 곳을 좇아 이른다.」(今之採捕者…… 夜則燃火以照, 咸附明而至焉)

궐려박(厥廬剝) : 《주역·박괘(剝卦)》의 맨 위 양효[上九] 「큰 과일을 먹지 않는다. 군자는 수레를 얻고 소인은 집을 헐린다.」(碩果不食, 君子得輿, 小人剝廬)

19 | **이아(爾雅)** : 공자가 지었다고 전해지는 중국 최초의 사전. 사물을 조목별로 나누어 수록한 분류사전이다. 13경의 하나.

20 | **독이아~팽기착(讀爾雅~彭蜞錯)** : 《이아·석어(釋魚)》에는 「활택 가운데 작은 것을 방게라 한다.」(蝟蠌, 小者蟧) 진나라 곽박(郭璞)의 주석 「혹자는 곧 팽활이라고 하는데 게와 비슷하지만 작다.」(或曰即彭蝟也, 似蟹而小) 《광동통지》에서는 도홍경(陶弘景)의 《별록(別錄)》을 인용하여 「팽기도 또한 그 무리인데 먹으면 사람을 그르친다.」(蟛蜞亦其類, 食之誤人矣)라 하였다. 남조 송나라 유의경(劉義慶)의 《세설신어》 권하 〈비루(紕漏)〉「채모가 양자강을 건너다가 팽기를 보고 크게 기뻐하며 말하기를 『게는 여덟 다리가 있고 또 집게발이 두 개 더 있다.』라 하였다. 이에 그것을 삶게 하였는데 먹자마자 다 토해내고는 탈진하여 녹초가 되었으며 그제서야 게가 아님을 알았다.

風味爽舌齶[21]
풍 미 상 설 악

특별한 맛 혀와 턱 상쾌하게 하네.

甕頭潑新醅[22]
옹 두 발 신 배

옹기에는 새로 빚은 술 부글부글 끓고,

浮蟻香拍拍[23]
부 의 향 박 박

개미 같이 뜬 거품에선 향 솔솔 피어오르네.

左持右不空[24]
좌 지 우 불 공

왼손으로 집게발 잡고 오른손엔 술잔 잡으면,

春風不落莫[25]
춘 풍 불 락 막

봄바람 불어와도 쓸쓸하지 않으리라.

何必竹林中
하 필 죽 림 중

하필이면 이 대나무 숲 속에서,

나중에 사상(謝尙)에게 이 일을 말했더니 사상이 말하기를 『그대는 《이아》를 제대로 읽지를 못하고 〈권학편〉 때문에 거의 죽을 뻔했구려.』라 하였다.」(蔡司徒渡江, 見蟛蜞, 大喜曰, 蟹有八足, 加以二螯. 令烹之, 旣食, 吐下委頓, 方知非蟹. 後向謝仁祖說此事, 謝曰, 卿讀爾雅不熟, 幾爲勸學死)

21 | 풍미상설악(風味爽舌齶) : 송나라 도곡(陶穀)의 《청이록(淸異錄)》 권상 〈협설충(筴舌蟲)〉「노강의 종제인 순이 게의 육질을 일품의 진미로 생각하였으며, 일찍이 사방의 음식 맛에 대하여 말하기를 함황백(곧 게)을 제일로 쳐야 한다고 하였다. 나중에 두 집게발을 먹다가 그 혀가 집혀서 상하여 피가 흘러 온 옷깃은 다 적셨으며, 여강은 이때부터 여순을 놀려 게를 혀를 집는 벌레라고 하였다.」(盧絳從弟純以蟹肉爲一品膏, 嘗曰四方之味, 當許含黃伯爲第一. 後因食二螯筴傷其舌, 血流盈襟絳, 自是戲純蟹爲筴舌蟲)

22 | 신배(新醅) : 원래 배는 아직 거르지 않은 술을 가리키는 말이다. 송나라 소순흠(蘇舜欽)의 〈조촐하게 마시다(小酌)〉「서리맞은 귤 설탕에 절인 게에 새로 담근 맛있는 술 있어서, 취하고 보니 인생만사 헛것이라네.」(霜柑糖蟹新醅美, 醉覺人生萬事非)

23 | 부의(浮蟻) : 의(蟻)는 「螘」라고도 하며, 술을 담글 때 익으면서 떠오르는 거품을 말함. 그 모양이 개미 같다고 하여 이르는 말. 당나라 유우석(劉禹錫)의 〈낙천이 술을 걸러 보내줌에 답하다(酬樂天衫酒見寄)〉「개미같이 뜬 거품 움직여 흔드니 향기 매우 짙고, 가벼운 기러기처럼 짐 꾸리니 뜻 생겨나네.」(動搖浮蟻香濃甚, 裝束輕鴻意態生) 나중에는 일반적으로 술을 가리킬 때 쓰이게 되었다.

顚狂效畢卓[26] 미친 듯 필탁 본받아야 하리?
전광효필탁

區區願作州 구구히 고을 원 되기 바라니,
구구원작주

昆也更齷齪[27] 자네는 더욱 끈질기구려.
곤야경악착

我昔遊蓬觀 내 옛날 사가(賜暇讀書)독서 할 때에,
아석유봉관

仙廚饗異渥 임금님의 부엌에서 기이한 음식 넉넉히 대접받았었다네.
선주향이악

江鮮有小蟹 강의 생선으로 작은 게 있었는데,
강선유소해

24 | **좌지우불공(左持右不空)** : 불공(不空)은 술을 가리킨다. 《후한의 역사·공융(孔融)의 전기》「늘 탄식하여 말하기를『자리에 손님이 항상 가득하고 술바리 속의 술이 비지 않으면 나는 근심이 없다.』고 하였다.」(常歎曰, 坐上客恒滿, 尊中酒不空, 吾無憂矣) 《진나라의 역사·필탁(畢卓)의 전기》「필탁은 자가 무세이고 신채 동양 사람이다. …… 필탁이 일찍이 사람들에게 말하기를『술 수백 말을 실은 배를 얻어서 사시사철 양쪽 끝에 두고 마시는데, 오른손으로는 술잔을 잡고 왼손으로는 게의 집게발을 잡아서 물에 떠 있는 술을 가득 실은 배를 두드려 박자를 맞추기만 한다면 평생의 소원에 흡족하게 될 것이다.』라 하였다.」(卓字茂世, 新蔡鮦陽人也……卓嘗謂人曰, 得酒滿數百斛船, 四時甘味置兩頭, 右手持酒杯, 左手持蟹螯, 拍浮酒船中, 便足了一生矣)

25 | **춘풍불락막(春風不落莫)** : 낙막(落莫)은 쓸쓸하고 적막함을 나타내는 의태어. 진(陳)나라 강총(江總)의 〈희인원. 복산편(姬人怨服散篇)〉「분홍색 쓸쓸하게 가벼운데, 작은 아낙 봄바람 가까이 하네.」(紅粉落莫輕, 小婦狎春風)

26 | **필탁(畢卓)** : 위의 주 24)를 보라.

氣已壓湩酪
기 이 압 동 락

그 맛 이미 우유젖 능가하였다네.

何況山家飧
하 황 산 가 손

지금 어찌 내 산골 집 반찬에,

見此霜螯斫[28]
견 차 상 오 작

이런 흰 서리 같은 집게발 가름 보아야 하리?

物移鄕更貴
물 이 향 갱 귀

물건 고을 옮기면 더욱 귀해지지만,

人移欲則濁
인 이 욕 즉 탁

사람은 하고픈대로 옮기면 탁해진다네.

君看養小人
군 간 양 소 인

그대는 보았는가, 소인 기르는 사람,

27 | 곤야(昆也) : 「곤」자는 형(兄)이라는 뜻도 있고, 뒤[後]라는 듯도 있는데, 여기서는 후사의 뜻으로 쓰여 이 시의 주 6)에 보이는 질서인 박세현(朴世賢)을 말함. 1557년(7월)에 퇴계가 친구를 고위관직에 있던 송기수(宋麒壽: 1507~1581)에게 보낸 편지 끝에 「형님의 사위인 전 울진 현령 박세현은 앞서 영감의 도움을 입었으니 감사함을 비길 바 없습니다. 지금 그가 올라가는 걸음에 이 편지를 올려 보내오니 지금 또 한번 돌보아주실 수 있을런지요. ……」(兄壻前蔚珍縣令朴世賢, 前蒙令濟, 感刻難喩, 今因其行, 附上此狀, 不知今亦可垂顧否)라고 한 기록이 있는 것으로 보아 청탁을 받은 것임.

28 | 가손~오작(家飧~螯斫) : 송나라 소식의 〈정공묵이 큰 게를 보내다(丁公默送蝤蛑)〉「껍질의 반 누런 색 띠고 있는데 술 적실만하고, 두 집게발 쪼개어 눈처럼 흰 속살을 반찬에 더하게 하네.」(半殼含黃宜點酒, 兩螯斫雪勸加餐) 명나라 전재(錢宰)의 〈게를 그리다(畫蟹)〉「밤에 누런 국화주 눌러 짜는 일 무엇 거리끼리오? 웃으면서 서리 같은 집게발 자르니 자줏빛 게 살쪘네.」(何妨夜壓黃花酒, 笑擘霜螯紫蟹肥)

不恥市中攫[29] 불 치 시 중 확	시장에서 움켜쥠 부끄러워 않음을.
只緣尺寸膚[30] 지 연 척 촌 부	다만 한 자 한 치 살갗 때문에,
波瀾飜六幕[31] 파 란 번 육 막	물결 일으켜 천지사방 뒤집었다네.
一快便戒足 일 쾌 변 계 족	한번 내키는대로 하면 경계할 만하니,
無令害吾樂 무 령 해 오 락	나의 즐거움 해치지 말려무나.

29 | **시중확(市中攫)** : 당나라 유종원(柳宗元)의 〈우계의 신에게 대답하다(愚溪對)〉「또한 그대는 탐천을 보지 못하였는가? 탐천을 마시고 남쪽으로 가서 교지의 많은 보물을 보면, 눈에 빛이 넘쳐흐르고 좌우의 두 손으로 움켜쥐고 가슴속에 숨기고 싶은 생각이 난다. 이것이 어찌 샘의 참됨이겠는가?」(且汝不見貪泉乎! 有飮而南者, 見交趾寶貨之多, 光溢於目, 思以兩手左右攫而懷之, 豈泉之實耶)

30 | **척촌부(尺寸膚)** : 《맹자·고자(告子) 상》「한 자와 한 치의 살을 사랑함이 없다면 한 자와 한 치의 살을 기르지 않음이 없을 것이다. …… 음식을 밝히는 사람이 잃음이 있지 않다면 입과 배가 어찌 다만 한 자나 한 치의 살이 될 뿐이겠는가?」(無尺寸之膚不愛焉, 則無尺寸之膚不養也……飮食之人無有失也, 則口腹豈適爲尺寸之膚哉?)

31 | **육막(六幕)** : 《한서·예악지》「우리의 정성과 성의 구해에 달하고, 천지사방에 가득하고 넓은 바다에 떠 있네.」(專精厲意逝九閡, 紛云六幕浮大海) 당나라 안사고(顔師古)의 주석「육막은 육합이라는 말과 같다.」(六幕, 猶言六合也)

210. 三月三日對雨, 次韻答黃仲擧. 仲擧時奉使到長鬐[1]

3월 3일에 비를 대하며. 같은 각운자를 써서 황중거에게 답하다. 중거는 이때 사명을 받들고 장기에 이르렀다

小築淸溪曲 소 축 청 계 곡	작은 축대에 맑은 시내 구비도니,
猶堪著此翁[2] 유 감 저 차 옹	오히려 이 늙은이 눌러살 만하네.
水聲何代樂 수 성 하 대 락	물 소리 음악 얼마나 잘 대신하고,
花信幾番風[3] 화 신 기 번 풍	꽃 소식 몇 번째 바람 불어왔는지.
萬事愁吟外 만 사 수 음 외	만사는 근심 읊조리는 밖에 있고,

1 | 봉사(奉使) : 1551년 2월부터 황준량은 병조좌랑으로 경상도 감군어사가 되어 내려 와 있었음.
장기(長鬐) : 현(縣) 이름으로 지금의 경상북도 포항시 지행면(只杏面) 지역에 있었다. 1914년에 그 땅을 갈라서 일부는 경주에, 나머지는 영일군에 붙였다.

2 | 착차옹(著此翁) : 송나라 진사도(陳師道)의 〈진관(秦觀)의 봄 강과 가을 들판 그림 시의 각운자를 써서 짓다(次韻秦少遊春江秋野圖)〉「이 그림 안이라면, 그래도 이 늙은이 정착할 수 있으리.」(若箇丹靑裏, 猶須著此翁)

3 | 화신기번풍(花信幾番風) : 옛날 사람들은 봄철에 꽃이 필 때를 맞추어 꽃소식을 알리는 바람이 불어와서 꽃이 핀다고 믿었다. 곧 소한(小寒)에서 곡우(穀雨)에 이르는 여덟 절기 120일 동안 매 5일마다 한 가지 조짐이 나타나서, 스물 네 가지 꽃이 번갈아가면서 계속 핀다고 하였다. 이를 「스물 네 차례 꽃소식을 알리는 바람」(二十四番花信風), 또는 간단하게 「꽃 소식을 알리는 바람」(花信風)이라고도 한다.

孤懷靜賞中4
고 회 정 상 중

고고한 정회 조용히 감상하는 가운데 있네.

從他笑吾拙
종 타 소 오 졸

나의 서 비웃건 말건,

榮願付苓通5
영 원 부 영 통

영화에의 염원 돼지똥이며 말똥에 붙이리라.

【참고】황준량의 원운시

書奉退溪案下
지어서 퇴계 선생의 안하에 삼가 부치다

春到茅齋靜 봄 이르니 띠집 고요하여,
深居學古窮 깊숙이 거처하며 옛 곤궁 배운다네.
溪雲閒度嶺 시내 구름은 한가로이 고개 넘어가고,
磵竹凈含風 시냇가 대나무는 시원하게 바람 머금고 있구나.
樂在安貧處 즐거움 가난 편안히 여기는데 있고,
功成宴坐中 공부 편안히 앉은 데서 이룬다네.
相思江路永 강가의 길 긴 것 그리워하노니,
梅信若爲通 매화 소식 통하기라도 하는 듯.

4 | 고회정상(孤懷靜賞) : 송나라 임포(林逋)의 〈봄날 저녁 한가로이 읊다(春夕閒詠)〉「고요한 감상 끝까지 즐기기 어려울 것이나, 고고한 정회는 아무래도 금하기 어려울 듯.」(靜賞應難極, 孤懷自不禁)

5 | 영원부영통(榮願付苓通) : 송나라 왕안석의 〈소모봉에 오르다(登小茅峯)〉「사물 바깥의 참된 유람 안석으로 오는데, 인간세상의 영화에 대한 염원은 돼지똥 말똥이라네.」(物外眞游來几席, 人間榮願付苓通) 송나라 이벽(李壁)의 주석「말똥은 통이고 돼지똥은 령이다.」(馬矢爲通, 猪矢爲苓) 원나라 방회(方回)는《영규율수(瀛奎律髓)》에서「몸이 절경에 올라 세상의 영리를 더러운 흙으로 보았기 때문에 이렇게 읊었다.」(身登絶境, 視世之榮利如糞土故云)라 하였다.

211. 自燕子院向所峴, 馬上卽事[1]

제비원에서 소현으로 향하며 말 위에서 즉흥적으로 짓다

碧草東風日欲斜[2]
벽 초 동 풍 일 욕 사

푸른 풀에 봄바람 불고
해는 기울려 하는데,

亂山隨處著人家[3]
난 산 수 처 저 인 가

들쑥날쑥한 산 곳에 따라
인가 드러나네.

誰能畫出桃源景[4]
수 능 화 출 도 원 경

누구라서 능히 그려낼까
도화원의 경치를,

爛熳蒸紅樹樹花[5]
난 만 증 홍 수 수 화

흐드러져 무르익은 붉은 색
온 나무에 꽃피었네.

1 | 연자원(燕子院) : 곧 제비원으로 지금의 안동시 이천동(泥川洞)에 있다. 연비원(燕飛院)이라고도 하며, 지금의 연미사(燕尾寺)가 있던 곳에 있었다. 석불상(보물 115호)이 유명하다. 원(院)은 조선조 때 설치한 공무로 여행하는 벼슬아치들이 묵는 객사로, 역과 역 사이에 두었다. 《속집》 권8 〈증조부이신 병조참의공의 사적(曾祖兵曹參議公事蹟)〉 「안동부 서쪽 40리 지점에 원이 있는데 연자원이라고 한다. 큰 바위를 새겨 미륵상을 각을 지어 덮었는데 허공에 뜨고 골짜기에다 얽어 높이가 수십 백 길은 됨직한데, 올라가 구경하는 사람은 두렵고 떨리어 내려다 볼 수가 없다.」(安東府西數十里, 有院曰燕子. 刻巨石爲彌勒像, 以閣覆之, 飛空架壑, 高可數十百丈, 登覽者쌍(忄+雙)悸, 不能俯視)

2 | 동풍벽초(東風碧草) : 당나라 이백의 〈마음을 써내어 종제인 빈주장사 소에게 부치다(書情寄從弟邠州長史昭)〉 「봄바람 푸른 풀 이끄는데, 꽃 핀 연못에 돋아남 깨닫지 못하네.」(東風引碧草, 不覺生華池)

3 | 수처저인가(隨處著人家) : 송나라 진여의의 〈길을 가다가(道中)〉 「시내 낀 언덕 높낮이 다른데, 곳곳에 인가 드러나네.」(川原有高下, 隨處著人家)

4 | 화출도원경(畫出桃源景) : 명나라 장선(張瑄)의 〈평남의 오강을 가는 도중에(平南烏江道中)〉 「도화원 경치 그려낸 것 분명한데, 다만 시냇물 따라 떨어진 꽃 떠내려오지 않는다네.」(分明畫出桃源景, 只欠溪流泛落花)

5 | 증홍수수화(蒸紅樹樹花) : 당나라 한유(韓愈)의 〈도원의 그림(桃源圖)〉 「복숭아 심으니 곳곳에 꽃 피우고, 시냇가 언덕 멀고 가까이에 붉은 놀 무르익었다네.」(種桃處處惟開花, 川原近遠蒸紅霞)

212. 濯淸亭. 示主人金綏之綏[1]

탁청정. 주인인 김유지유에게 보여주다

爍爍紅桃照暮春[2]
삭 삭 홍 도 조 모 춘

울긋불긋 붉은 도화
늦은 봄에 비추이니,

六年重作翫花人
육 년 중 작 완 화 인

육년 만에 다시
꽃 완상하는 사람 되었다네.

尊前莫說悲歡事
준 전 막 설 비 환 사

술바리 앞에설랑 말하지 말게,
기쁜 일 슬픈 일은,

且揀繁枝揷醉巾[3]
차 간 번 지 삽 취 건

잠시 꽃 많은 가지 꺾어
취한 채 두건에 꽂아보세.

1 | **탁청정(濯淸亭)** : 김유의 집에 딸린 정자. 《고증》「탁청정은 예안 외내에 있다.」(亭在禮安烏川)

김유(金綏: 1481~1552) : 자는 유지, 호는 탁청정. 성품이 호협하고 빈객 맞기를 좋아했는데, 일찍이 집 근처의 침류정(枕流亭)을 수리하여 사용하였고, 집에는 탁청정을 지어서 손님을 맞았음. 퇴계가 그의 묘지(墓誌)를 지어주었고, 《외집》 권1에 만시가 수록되어 있다.

2 | **조모춘(照暮春)** : 당나라 두보의 〈고운 여인들을 노래함(麗人行)〉「수놓은 비단옷 늦봄에 비치니, 금실로 공작 수놓고 은실로 기린 수놓았다네.」(繡羅衣裳照暮春, 蹙金孔雀銀麒麟)

3 | **차간~삽취건(且揀~揷醉巾)** : 송나라 소옹(邵雍)의 〈여러 벗들과 성남의 장씨 동산에서 매화를 감상하다(同諸友城南張園賞梅)〉 제4수「가지 부여잡고 올라 이따금 많이 뻗은 가지 꺾으나, 머리 한가득 꽂지 않음 이 마음 허물할까해서라네.」(攀條時揀繁枝折, 不揷滿頭辜此心)

213. 書季任倦遊錄後[1]

계임의 《권유록》 뒤에 쓰다

獨坐林亭夏日明
독 좌 임 정 하 일 명

숲속 정자에 홀로 앉았으니
여름날 환한데,

青溪琴筑碧山屛[2]
청 계 금 축 벽 산 병

푸른 개울 금과 축 켜는 듯하고
푸른 산은 병풍처럼 둘렀네.

誦詩遙想人如玉[3]
송 시 요 상 인 여 옥

시 낭송하면서 아득히
옥 같은 사람 생각하니,

淸獻風流百世名[4]
청 헌 풍 류 백 세 명

청헌공의 풍류
백세토록 이름 남았네.

1 | **계임(季任)** : 송강(松岡) 조사수(趙士秀: 1502~1558)의 자. 위 40번 시의 의 주 1)을 보라.

2 | **금축(琴筑)** : 진나라 좌사(左思)의 〈세 도읍·오나라의 서울(三都賦·吳都賦)〉「대개 거문고와 축이 함께 연주되는 것 같고, 생황과 피리가 갖추어져 노래하는 것 같네.」(蓋象琴筑竝奏, 笙竽俱唱) 주석「바람이 물결을 일으키면 그 소리가 여러 악기를 연주하는 것과 같다.」(風動而聲如衆樂也)

3 | **요상인여옥(遙想人如玉)** : 당나라 위응물(韋應物)의 〈눈 속에서 이담이 문을 지나치면서도 들르지 않았다는 말을 듣고 애오라지 부쳐드림(雪中聞李儋過門不訪, 聊以寄贈)〉「이미 옥 같은 사람 생각하여, 아득히 천리마 같은 준마 그리워하네.」(已想人如玉, 遙憐馬似驄)

4 | **청헌(淸獻)** : 《요존록》「청헌공 조변으로 조사수를 비유하였다.」(趙淸獻公抃比松岡) 청헌공 조변은 고려 때의 장군 김방경(金方慶)의 사위로, 장인을 따라 일본 정벌에 참여하여 공로를 세웠으며, 용모가 탁월하고 성격이 관대하였다고 함.

214. 次安陰見憶見和舊題韻[1]

안음에서 생각하며 화답해준 이전 시의 각운자에 맞추어

氣劘元白倒何陰[2]
기 마 원 백 도 하 음

기세 원진 백거이 깎아내고
하손 음갱 압도하니,

便覺江山得助深[3]
변 각 강 산 득 조 심

문득 깨닫겠네, 강산의
도움 얻음 깊다는 말.

簸撼兩儀風發槖
파 감 량 의 풍 발 탁

키는 하늘과 땅 요동시키고
바람 풀무에서 나오니,

1 | **안음(安陰)** : 경상남도 함양군(咸陽郡) 안의면(安義面) 지방으로, 지금은 거창군(居昌郡)과 함양군에 나누어져 편입되었음. 안의(安義)라고도 함.
《요존록》「갈천 임훈이 안음에 살았는데, 아마도 바로 이 사람인 것 같다.」(林葛川薰居安陰, 疑卽此人) 임훈의 호는 자이당(自怡堂), 또는 고사옹(枯査翁)이라고 하였는데, 사람들은 그를 갈천선생이라고 불렀다. 명종 때 경학에 밝고 품행이 훌륭한 선비로 뽑혀 벼슬이 광주목사에까지 이름.

2 | **기마원백(氣劘元白)** : 《당시기사(唐詩紀事)》 권46 〈양여사(楊汝士)〉「보력 연간(825~827)에 양오릉 복야가 임금님을 알현하였는데, 그 아들 양사복이 양방의 문생을 거느리고 동관에서 맞이하고 신창리의 저택에서 연회를 열었다. 복야와 그 친구들은 정침에 앉고 양사복은 여러 문생들을 거느리고 양쪽 회랑에서 보좌하였다. 원진과 백거이도 모두 있었는데 좌석에서 시를 짓고 있었다. 양여사의 시가 나중에 완성되자 원진과 백거이는 그가 지은 시를 살펴보고는 놀라서 낯빛을 잃었다. …… 그날 양여사는 크게 취하여 돌아와서는 자제들에게 말하기를『내 오늘 원진과 백거이를 압도하였다.』라 하였다.」(寶曆中, 楊於陵僕射入覲, 其子嗣復率兩榜門生迎於潼關, 宴新昌里第, 僕射與所執坐正寢, 嗣復領諸生翼兩序. 元白俱在, 賦詩席上. 汝士詩後成, 元白覽之失色…… 其日大醉歸謂其子弟曰, 吾今日壓倒元白) 이 고사는 오대 왕정보(王定保)의 《당척언·자은사제명유상부영잡기(唐摭言·慈恩寺題名游賞賦詠雜記)》 등 여러 군데 보인다.
당나라 두보의 〈씩씩한 유람(壯遊)〉「(내 젊은 날의) 기세는 굴원과 가의의 보루 깎아내고, 눈은 조식과 유정의 담장 짧게 여겼다네.」(氣劘屈賈壘, 目短曹劉牆)

包羅萬象玉粧林
포 라 만 상 옥 장 림

삼라만상 포괄하고
　수풀은 옥으로 단장하였네.

何妨攬轡兼揮筆
하 방 남 비 겸 휘 필

고삐 당겨 말 타고 아울러
　붓 휘두름 무엇 방해될까만,

却恨離羣鮮盍簪[4]
각 한 이 군 선 합 잠

오히려 한스럽네, 무리 벗어나
　벗들 함께 모이기 어려움이.

知得倚樓思我處
지 득 의 루 사 아 처

누각에 기대어 나 있는 곳
　생각하고 있다는 것 알겠으니,

不因長笛更沈吟
불 인 장 적 경 심 음

굳이 긴 피리 소리 아니더라도
　더욱 침울하게 읊조리게 되네.

도하음(倒何陰) : 《씨족대전(氏族大全)》 권7 〈하씨·매화를 읊다(詠梅)〉「하손은 자가 중언이며 양나라 천감 연간에 양주의 법조참군(法曹參軍)이 되었다. 관사에 매화 한 그루가 있었는데 하손이 그 아래에서 시를 읊었다. 나중에 낙양에 살게 되었는데 그 매화가 생각이 나서 이에 다시 그곳에 임명해줄 것을 청하였다. 양주에 이르렀을 때는 매화가 바야흐로 많이 피어 꽃을 마주하고 종일토록 서성거렸다. 음갱과 함께 모두 시를 잘 짓는다고 이름이 나서 음하라 불렀다.」(何遜字仲言, 梁天監中作揚州法曹, 廨舍有梅花一株, 遜吟咏其下. 後居洛思梅, 因請再任及抵揚, 梅花方盛, 對花彷徨終日. 與陰鏗, 俱以能詩名, 號陰何) 이 「하손」이라고 아울러 일컬어진 것으로는 두보의 〈해민(解悶)〉시와 〈가을날 기주에서 속마음을 읊어 비서감 정심과 태자빈객인 이지방에게 200구를 지어 부치다(秋日夔府詠懷, 奉寄鄭監審李賓客之芳一百韻)〉가 있다.

3 | 강산득조심(江山得助深) : 《새로 쓴 당나라의 역사·장열의 전기(新唐書·張說傳)》「(燕國公) 장열은 악주로 귀양을 갔는데 시가 더욱 맑고 아름다워졌으므로 사람들은 강산의 도움을 얻었다고 하였다.」(謫岳州, 而詩益悽婉, 人謂得江山助云)

4 | 이군(離群) : 곧 이군삭거(離群索居)를 말함. 헤어져 삶, 또는 쓸쓸히 삶을 말함. 《예기·단궁(檀弓) 상》「자하가 아들을 잃고 …… 말하길……『내가 무리를 떠나 흩어져 쓸쓸히 산 지가 또한 이미 오래되었다.』」(子夏喪其子……曰,……吾離群而索居亦已久矣)

215. 次尙州見和韻[1]

상주목사가 내가 화답해준 시에 화답한 시를 보고 그 각운자를 써서 짓다

不信人間有古今[2] 불 신 인 간 유 고 금	인간세상에 예와 지금 있음 믿지 아니하시어,
自將身世老山林[3] 자 장 신 세 로 산 림	스스로 물러나 한평생 산림에서 늙으시려 하네.
沈痾每惜分陰璧[4] 심 아 매 석 분 음 벽	깊은 병고에도 언제나 촌음 귀한 구슬보다 아까워 하시면서도,
朽質猶珍弊帚金[5] 후 질 유 진 폐 추 금	나의 보잘 것 없는 시를 오히려 천금의 낡은 빗자루보다 진귀해 하시네.

1 | 《요존록》「김계진이다.」(金季珍) 곧 퇴계가 앞 〈162〉시에 나오는 김언거(金彦琚)에게 지어 보낸 시에 화답하여 보낸 것을 보고 같은 각운자를 써서 지은 것이다.

2 | **불신인간유고금(不信人間有古今)** : 주자의 〈아호사에서 육자수에게 화답하다(鵝湖寺和陸子壽)〉「다만 슬프기는 그의 학설 무언의 경지에 이르러, 인간세상에 예와 지금이 있음을 믿지 아니함이라네.」(却愁說到無言處, 不信人間有古今)

3 | **신세로산림(身世老山林)** : 송나라 육유(陸游)의 〈이것 저것 흥이 일어(雜興)〉 제3수 「영혼 어찌 한 가지라도 가라앉음 용납하리오? 이 몸 다만 산과 숲에서 늙어감 알맞다네.」(靈府寧容一物侵, 此身只合老山林)

4 | **분음벽(分陰璧)** : 《회남자·원도훈(原道訓)》「대저 해는 돌고 달은 순환하고 때는 사람과 함께 놀 수가 없다. 그러므로 성인은 한 자 짜리 벽옥을 귀하게 여기지 않고, 한 치의 시간을 중시한다. 때는 얻기는 어렵고 잃기는 쉽다.」(夫日回而月周, 時不與人游, 故聖人不貴尺之璧, 而重寸之陰, 時難得而易失也)

5 | **폐추금(弊帚金)** : 곧 천금추(千金帚)를 말함. 집에서 사용하던 낡은 빗자루가 비록 낡아서 보잘 것 없는 것이지만, 사용하던 사람에게는 마치 천금이나 나가는 값비싼 물건과 같이 소중하게 여겨진다는 뜻. 《문선(文選)》 위(魏) 문제(文帝) 조비(曹丕)의 경전과 다른 몇

龜咽無求欣一殼[6]
귀 열 무 구 흔 일 각

거북 목 매이게 추구함 없으니
껍질 온전함 즐겁고,

鶴鳴相和喜同心[7]
학 명 상 화 희 동 심

학 울어 서로 화답하니
똑같은 마음 기뻐하네.

巨編留取淸塵榻
거 편 유 취 청 진 탑

좋은 작품 두고 보려고
먼지 쌓인 책상 깨끗이 닦았으니,

日日應須百遍吟[8]
일 일 응 수 백 편 음

날마다 모름지기
백 번씩은 읊조려야 하리.

가지 문제에 관하여 토론한 글인 〈전론·글에 대하여 논함(典論·論文)〉「무릇 사람이란 스스로를 나타내는 데는 잘 하지만, 그러나 글은 한 가지 체가 아니어서 다 잘 할 수 있는 이는 드물다. 그래서 각각 자기가 잘하는 것으로써 서로 남이 못하는 것을 경시한다. 속담에 이르기를『집에 낡은 빗자루가 있으면, 그것을 천금에 상당하게 여긴다.』라 하였으니. 이는 스스로를 알지 못하는 우환이다.」(夫人善於自見, 而文非一體, 鮮能備善, 是以各以所長, 相輕所短, 里語曰, 家有弊帚, 享之千金. 斯不自見之患也) 송나라 육유의 〈조금 마시다(小飮)〉「시 지어 너에게 간직하라 주니, 낡은 빗자루 천금처럼 진귀하다네.」(作詩付汝藏, 千金珍弊帚)

6 | 귀열(龜咽) : 거북은 원래 신비한 것이라 쓰임이 많은 것인데 목이 메도록 울기 때문에 그 껍질을 보존할 수 있다는 말은 이 시에 나오는 김언거가 능력이 많지만 울고 숨기 때문에 몸을 잘 보존할 수 있다는 비유로 쓴 것임.

7 | 학명상화(鶴鳴相和) : 《주역·중부(中孚)》「우는 학이 음지에 있으나, 그 새끼가 화답하고, 나는 좋은 벼슬이 있으면 너에게 나누어주리라.」(鳴鶴在陰, 其子和之, 我有好爵, 吾與爾靡之)

8 | 백편음(百遍吟) : 편(遍)은 여기에서 단위사로 쓰였음.

216~217. 霞皐小亭, 名以漱石. 山奇水麗, 余甚樂之[1]

하고의 작은 정자를 수석정이라 이름하다. 산수가 기이하고 아름다워 내가 매우 좋아한다

216

亭如擇勝最風流 정 여 택 승 최 풍 류	정자 택승정 같이 가장 풍류 있는데,
占斷溪山玉一秋[2] 점 단 계 산 옥 일 추	시내와 산 독점하니 온 가을 옥처럼 아름답다네.
豈敢枕流驚世俗 기 감 침 류 경 세 속	어찌 감히 흐르는 물 베어 세상 놀라게 하겠는가?
聊將漱石慕淸修[3] 요 장 수 석 모 청 수	애오라지 돌로 양치질하여 맑고 어진이 흠모하리라.

東坡嘗作擇勝亭[4] 동파는 일찍이 택승정을 지었다

1 | 하고(霞皐) : 퇴계가 살던 토계(兎溪)와 농암이 살던 부내[汾川] 사이의 낙동강 기슭에 있던 언덕 이름. 《요존록》「하고는 자하고이다. ○ 혹자는 이 시를 지었을 때 정자는 아직 지어지지 않은 것으로 의심을 하기도 하나 《농암집》을 보면 〈퇴계시에 화답하다〉라는 시가 있고, 그 아래에 본주를 달고 말하기를 『이때에 하고의 작은 정자에서 놀았다』라 하였으니, 아마 당시에 정자를 지었음은 분명할 것이다.」(霞皐, 紫霞皐也. ○或疑其詩, 屋未就, 然按聾巖集有奉賡退溪詩, 其下本註日, 時遊霞皐小亭云, 恐當日作亭分明)

2 | 점단계산(占斷溪山) : 명나라 예겸(倪謙)의 〈계산에서 거문고를 타는 뜻을 그림(溪山琴意圖)〉「누가 물가에 작은 정자 얽어놓았는가? 시내와 산 독차지함 가장 운치 아름답다네.」(誰向磯頭結小亭, 占斷溪山最佳趣)

3 | 침류·수석(枕流·漱石) : 은거함을 말함. 남조 송나라[劉宋] 유의경(劉義慶)의 《세설신어·조롱(排調)》「손초(孫楚)는 젊었을 적부터 은거를 하고자 하여 왕제(王濟)에게 『돌을

217

閒雲晴日媚西風
한 운 청 일 미 서 풍

한가한 구름 개인 해
  가을 바람에 더욱 아름답고,

水綠山靑望不窮[5]
수 록 산 청 망 불 궁

물 푸르고 산 파라니
  바라봐도 끝이 없구나.

怪底昔人難得樂
괴 저 석 인 난 득 락

괴이하구나, 옛 사람들
  좋아함 얻기 어렵다 하였는데,

一時駢沓到吾躬
일 시 변 답 도 오 궁

한꺼번에 나란히 달려와
  내 몸에 이르렀다네.

베고 흐르는 물에 양치하려 한다.』라 말해야 할 것을 『돌로 양치하고 흐르는 물을 벤다.』라고 하였다. 왕제가 말하기를 『흐르는 물을 벨 수 있고, 돌로 양치를 할 수 있는가?』 하니, 손초가 대답했다. 『흐르는 물을 베는 까닭은 귀를 씻고자 함이요, 돌로 양치를 하는 까닭은 이빨을 갈고자 함이요.』」(孫子荊, 年少時欲隱, 語王武子當枕石漱流, 誤曰枕流漱石. 王曰, 流可枕石可漱乎. 孫曰, 所以枕流, 欲洗其耳, 所以漱石, 欲礪其齒)
청수(淸修) : 행실이 맑고 아름다움을 말함. 여기서는 그러한 사람을 가리켜서 말하였음.

4 | 《요존록》「동파는 여음의 태수로 있을 때 날마다 휘장과 천막으로 정자를 지어 택승이라 명명하였으며, 정명을 지었다.」(東坡守汝陰, 日以幃幕爲亭, 名以擇勝, 有亭銘) 〈택승정명〉은 《동파전집》 권97에 수록되어 있다.

5 | 산청수록(山靑水綠) : 당나라 이백의 〈가을에 파릉에 올라 동정호를 바라보다(秋登巴陵望洞庭)〉「산 파라니 먼 곳의 나무 없어지고, 물 푸르니 차가운 안개 일지 않네.」(山靑滅遠樹, 水綠無寒烟)

218. 十三日夜月_辛亥七月

13일 밤의 달_신해년(1551) 7월

連旬陰沴暗乾坤
연 순 음 려 암 건 곤

열흘이나 이어진 음산한 기운
하늘과 땅 어둡게 하였는데,

此夕頑雲淨掃痕
차 석 완 운 정 소 흔

오늘 저녁 심술궂은 구름
자취없이 말끔히 걷혔다네.

天上月輪淸似鏡[1]
천 상 월 륜 청 사 경

하늘 위의 바퀴같은 달
거울처럼 맑아서,

不隨霾雨併爲昏[2]
불 수 매 우 병 위 혼

어두운 구름 따라
함께 어둑해지지 말았으면.

1 | **천상월륜(天上月輪)** : 송나라 왕십붕(王十朋)의 〈사조 원장의 생일(査漕元章生日)〉「100% 하늘 위 수레바퀴 같은 달 꽉 찼고, 한 오라기 실 같은 인간세상의 해 그림자 길기만 하네.」(十分天上月輪滿, 一線人間日影長)

2 | **천상~위혼(天上~爲昏)** :《요존록》「무릇 대인은 사물에 얽매여 혼매해지지 않으니, 그 기상이 바로 이와 같다.」(凡大人之不隨物累而昏, 其氣像正如此)

219. 二十二日

22일

風怒黑雲馳陣馬
풍 노 흑 운 치 진 마

노한 듯한 바람 검은 구름
전쟁터의 말 치닫듯 몰아대고,

雷狂紫電掣金蛇[1]
뇌 광 자 전 체 금 사

미친 듯한 번개 금빛 뱀
자르는 칼날처럼 번쩍이네.

一番雨瀉天瓢過[2]
일 번 우 사 천 표 과

한바탕 비 쏟아내리니
꼭 하늘 바가지 지나간 듯한데,

頃刻重驅勢轉加
경 각 중 구 세 전 가

잠깐만에 무겁게 몰아대던
기세 더욱 거세어지네.

1 | **자전체금사(紫電掣金蛇)** : 진(晉)나라 최표(崔豹)의 《고금주(古今注)》「오나라 대왕은 보도 세 자루와 보검 여섯 자루를 가지고 있었는데, (보검은) 첫 번째는 백홍이라 하고, 두 번째는 자전이라 하며, 세 번째는 벽사라 하였다. ……」(吳大皇帝有寶刀三寶劍六, 一曰白虹, 二曰紫電, 三曰辟邪……) 송나라 소식의 〈망해루의 저녁 풍경(望海樓晩景)〉 다섯 절구 중 제2수「비 조수 평평한 곳 지나가니 강과 바다 짙푸른데, 번개 빛 이따금 금빛 뱀 끌어당기네.」(雨過潮平江海碧, 電光時掣紫金蛇)

2 | **천표(天瓢)** : 신화에 나오는 하늘의 신이 비를 내리는데 쓴다는 바가지(표주박). 송나라 소식의 〈26일 5경에 일어나 가는데 번계까지 와도 하늘이 아직 밝지 않다(二十六日五更起行, 至磻溪, 天未明)〉에「어떻게 하면 꿈 속에서 벼락수레 따라가, 말 위에서 하늘의 표주박 기울여 따루어보리.」(安得夢隨霹靂駕, 馬上傾倒天瓢翻)라는 구절이 있는데, 왕문고(王文誥)가 인용한 조차공(趙次公)의 주석에 상세히 보임. 내집 권2 219번 시의 주 4)(《퇴계시풀이》, 영남대출판부, 2007년, 546쪽)를 보라.

220~221. 二十三日

23일

220

連旬陰雨鎖秋山 연 순 음 우 쇄 추 산	열흘이나 이어지는 음산한 비 가을 산 가두고,
溪漲洪波鬪石頑[1] 계 창 홍 파 투 석 완	시냇물 불어 큰 물결 일어 단단한 돌 서로 싸우듯 부딪히네.
咫尺溪堂歸不得[2] 지 척 계 당 귀 부 득	계당 지척간이어도 돌아갈 수 없어,
滿床書怕蠹魚殘[3] 만 상 서 파 두 어 잔	온 책상의 책 좀벌레 상할까 걱정되네.

221

翠屛山對紫霞臯[4] 취 병 산 대 자 하 고	취병산 자하고 마주하고 있는데,
中有寒溪瀉雪濤 중 유 한 계 사 설 도	그 가운데 있는 차가운 시내에 눈 같은 물결 쏟아지네.
十日秋霖留我屐 십 일 추 림 유 아 극	열흘간의 가을 장마 내 발걸음 잡아두어,
幾回矯首羨淸高 기 회 교 수 선 청 고	몇 번이나 고개 돌려가며 맑고 높은 하늘 부러워했던가?

1 | 석완(石頑) : 원래는 완석(頑石)이 되어야 하나 여기서는 각운자를 고려하여 도치된 것임. 완석은 아직 다듬어지지 않은 돌이나 단단한 돌을 말함.

2 | 지척계당(咫尺溪堂) : 《요존록》「아마 선생은 이때 서사에 계셨던 것 같다.」(疑先生時在西舍) 내집 권3의 159. 〈도산서당에서 밤중에 일어나서(山堂夜起)〉에 서사라는 말이 보이는데 《요존록》에서는 농운정사(隴雲精舍)인 듯하다고 하였다. 그러나 이 시는 퇴계 51세 때 지어졌으므로 농운정사를 가리키는 것 같지는않다.

3 | 두어(蠹魚) 백어(白魚), 또는 두어충(蠹魚蟲)이라고도 하며 옷이나 책 속에 있는 좀을 말한다.

4 | 취병산(翠屛山) : 도산서당 양쪽에 있는 산으로 동취병산과 서취병산이 있다. 내집 권3 〈도산잡영(陶山雜詠)〉의 서문[記]과 시에 보인다.
자하고(紫霞臯) : 곧 위 216번 시에 나오는 하고(霞臯)를 말한다.

222. 二十九日. 李相公壽辰, 滉病未赴, 作一律頌祝[1]

29일은 이상공님의 생신인데 나는 병으로 가지를 못하고 율시 한 수를 지어 송축하다

堯蓂一厭火流天[2]
요 명 일 염 화 류 천

요임금의 달력 한결같이
불기운 하늘로 흐름 싫어하는데,

南極星芒瑞氣纏[3]
남 극 성 망 서 기 전

남극성 별자리에
상서로운 기운 얽혀 있다네.

壽似廣仙千未半[4]
수 사 광 선 천 미 반

연세는 신선 광성자 같이
천 살에 아직 반도 못 미쳤지만,

1 | 이상공(李相公) : 농암(聾巖) 이현보(李賢輔)를 가리킴.

2 | 요명(堯蓂) : 명(蓂)은 곧 명협(蓂莢)인데 달력을 가리키는 말로 쓰임. 요임금 때 조정의 뜰에 났다는 서초. 초하룻날부터 한 잎씩 나고 열 엿새 날부터 매일 한 잎씩 지는데, 이것에서부터 달력을 만들었다고 한다. 《제왕세기(帝王世紀)》「요임금 때 어떤 풀 열매가 뜰에서 자랐는데 매월 초하루가 되면 하나의 풀 열매가 나서 달의 반이 되면 15개의 풀 열매가 난다. 16일 이후로는 날마다 하나의 풀 열매가 져서 그믐날이 되면 다 진다. 작은 달이면 하나의 풀 열매를 남겨놓는다. 왕들은 이것을 가지고 역법을 점쳤는데 성덕이 있는 임금에게만 화기에 응하여 나며 요임금의 상서로움이라고 생각하였다. 이름을 명협이라고 하며 일명 역협, 일명 서초라고도 하고 또한 선묘라고도 한다.」(堯時有草莢生庭, 每月朔, 生一莢, 至月半則生十五莢. 至十六日後, 日落一莢, 至月晦而盡. 若月小, 餘一莢. 王者以是占歷, 惟盛德之君應和氣而生, 以爲堯瑞. 名曰蓂莢, 一名歷莢, 一名瑞草, 又曰仙茆) 《제왕세기》는 《어정패문재광군방보(御定佩文齋廣羣芳譜)》 권88에서 재인용. 송나라 소식의 〈범순보의 함성연과 월석풍림병시의 각운자를 써서 짓다(次韻范純父涵星硯·月石風林屛詩)〉「그대와 함께 자루 지니고 휘장에서 모셨었고, 함께 온실에 이르러 요임금의 명협 살폈다네.」(與君持橐侍帷幄, 同到溫室觀堯蓂)

3 | 남극성망(南極星芒) : 《한서》 권26 〈천문지 제6〉「가까운 곳에 큰 별이 있는데 남극노인성이라 한다. 노인성이 보이면 잘 다스려지고, 보이지 않으면 병화가 일어난다. 항상 추분 때 남교에서 제사를 올려 맞이한다.」(比地有大星, 曰南極老人. 老人見, 治安, 不見, 兵起. 常以秋分時, 候之南郊) 《진서》 권11 〈천문(天文) 상〉「노인성은 호성의 남쪽에 있는데, 일명 남극이라고도 하며, 항상 추분 아침에 병좌에 보이며 춘분 저녁에 정좌로 진다.」(老人一星, 在弧南, 一曰南極, 常以秋分之旦見于丙, 春分之夕而沒于丁) 성망은 별빛이라는 뜻.

福兼箕範五能全[5] 복 겸 기 범 오 능 전	복은 기자가 홍범에서 밝힌 다섯 가지 능히 갖추셨다네.
雙城共設虹橋宴[6] 쌍 성 공 설 홍 교 연	두 성에서 함께 차리셨다네 무지개 다리 놓은 잔치,
三隊爭調玉府絃[7] 삼 대 쟁 조 옥 부 현	세 무리 가무대 다투어 연주하네 선부의 훌륭한 음악.
想像賀賓雲接袂 상 상 하 빈 운 접 몌	축하객 구름처럼 모여 소매 잇닿은 것 상상해보고,
野人猶獻穆如篇 야 인 유 헌 목 여 편	초야에 묻힌 이 몸 오히려 시편 지어 공경함 드리네.

4 | **광선천미반(廣仙千未半)** : 곧 신선인 광성자(廣成子)를 말함. 《장자·재유(在宥)》편에 나오는 상고시대의 신선. 공동산(崆峒山)의 석실에 은거하였는데, 황제가 그에게 몸을 다스리는 요체를 물었다고 한다. 진나라 갈홍(葛洪)의 《신선전》에도 나옴. 《내집》 권1의 〈59〉—22)(《퇴계시풀이·1》 226쪽)를 참조하여 보라. 《신선전》의 광성자가 한 말에 의하면 「천 이백 살을 살았지만 아직도 몸이 쇠하지 않았다」(千二百歲而形未嘗衰)라 하였다.

5 | **복겸기범오(福兼箕範五)** : 《서경·주서·홍범(洪範)》 「다음 아홉 번째는 오복을 누리심이오.」(次九曰嚮用五服) 이 오복이란 오래 사는 것[壽], 부유한 것[富], 편안한 것[康寧], 덕을 좋아하는 것[攸好德], 순하게 운명의 마침을 이루는 것[考終命]의 다섯 가지를 말함.

6 | **쌍성~홍교연(雙城~虹橋宴)** : 《고증》 「공간(이름은 仲樑)이며 농암의 넷째 아들 형제가 이때 모두 군수의 부절을 차고 있었기 때문에 이렇게 말한 것 같다.」(疑公幹兄弟, 是時幷佩郡符故云) 「주천현」은 《내집》 권1의 〈41〉번시(《퇴계시풀이·1》 130쪽)에 보인다. 홍교(虹橋)는 역시 《내집》 권1의 41번 시 주 4)를 보라.

7 | **옥부(玉府)** : 여러 가지 뜻이 있는데 여기서는 도관(道觀) 또는 선부(仙府)를 가리키는 말로 쓰였음. 농암을 신선에다 비겼으므로 신선의 거처에 비유한 것임.

【참고】

奉和退溪生辰垂賀長律
삼가 퇴계가 생일을 축하한 긴 시에 화답하다

生來窮達稟於天　　태어나면 궁함과 현달함
　　하늘에 달려 있거늘,

愧我何修福履纏　　부끄럽구나 내 어쩌다
　　복록 얽힘 깊이.

壽享期頤三世共　　수명 백 세 누려
　　세 세대 함께 하고,

官連袍笏一家全　　관직은 솜옷과 홀 이어
　　온 집안 온전하네.

年年初度來鄕黨　　해마다 처음으로
　　향리에 오니,

秩秩華筵鬧管絃　　풍성하고 화려한 잔치
　　관현악 떠들썩하네.

觀者堵墻傳盛事　　구경하는 사람 담장처럼 둘러서서
　　풍성한 일 전하는 것도 송구스러운데,

更堪稱賀退溪篇　　다시 퇴계가 보낸 시편의
　　칭찬과 축하 견뎌야만 하리.

223. 八月初五日. 淸吟石次韻[1]

8월 초 닷새 날. 청음석에 있는 시의 각운자에 맞추어 짓다

石古松仍偃 석 고 송 잉 언	돌은 오래되고 솔은 여전히 누웠는데,
楓明節已回 풍 명 절 이 회	단풍 환해지는 절기 이미 돌아왔다네.
寒溪新漲落 한 계 신 창 락	차가운 시내 막 불었던 물 줄어드니,
淸興獨吟來 청 흥 독 음 래	맑은 흥취 홀로 읊조린다네.

1 | 청음석 시는 숙부인 송재(松齋) 이우(李堣)가 지은 것으로, 퇴계는 이 시에 여러 번 차운을 하였다. 《내집》 권1에도 47세 때 차운시 2수(〈102〉와 〈103〉)가 보이며, 서문에 원운시를 소개하고 있다.

224. 拜聾巖相公. 明晨相公寄詩垂問, 謹伏和呈

농암상공을 배알하다. 이튿날 아침 상공께서 시를 부쳐 안부를 물으시어 삼가 엎드려 화답하여 올리다

壺天幸接一尊開[1] 호 천 행 접 일 준 개	호리병 속 세상에서 요행히 한 바리 술 여심 접하옵고,
薄暮仙風帶醉來 박 모 선 풍 대 취 래	땅거미 질 무렵엔 시원한 바람 타고 취한 채 돌아왔네.
豈謂更煩飛玉簡 기 위 갱 번 비 옥 간	어찌 말씀하실 필요 있으리오 다시 번거롭게 옥 같은 서간 보내시어,
靑童寒曉到山隈[2] 청 동 한 효 도 산 외	청동대군 같은 신선께서 차가운 새벽에 산 구비 이르셨던 일을.

1 | **호천(壺天)** : 호중천(壺中天)과 같은 말로 곧 별천지, 별세계, 선경 곧 신선의 거처를 말함. 호천지(壺天地), 호중천지(壺中天地), 호중건곤(壺中乾坤)이라고도 함. 《후한의 역사·비장방(費長房)의 전기》「비장방이라는 사람은 여남 사람이다. 일찍이 저자의 관리가 되었다. 저자에서는 어떤 늙은이가 약을 팔았는데, 상점 앞에 병 하나를 걸어두고, 시장이 파하면 문득 병 안으로 뛰어들어갔다. 저자의 사람들은 아무도 그것을 보지 못하였는데 오직 비장방 만이 누대 위에서 그것을 보고 기이하게 여겨 가서 두 번 절하고 술과 마른 고기를 바쳤다. 늙은이는 비장방의 뜻이 신선이 되는데 있음을 알고는 그에게 말하기를 『그대는 내일 아침에 다시 오는 것이 좋겠소.』라 하였다. 비장방은 새벽에 다시 늙은이를 찾았으며, 그 늙은이는 곧 그와 함께 병 안으로 들어갔다. 병 속에는 옥당이 반듯하고 아름다운 모습만 보였으며, 좋은 술과 맛있는 안주가 그 가운데 가득 있어서 그 늙은이와 함께 마시고 나왔다.」(費長房者, 汝南人也. 曾爲市椽. 市中有老翁賣藥, 懸一壺於肆頭, 及市罷, 輒跳入壺中. 市人莫之見, 唯長房於樓上覩之, 異焉, 因往再拜奉酒脯. 翁知長房之意其神也, 謂之曰, 子明日可更來. 長房旦日復詣翁, 翁乃與俱入壺中. 唯見玉堂嚴麗, 旨酒甘肴盈衍其中, 共飮畢而出)

【원운시】

仲冬. 謝退溪枉訪

중동에. 퇴계가 찾아줌에 감사하다

江閣孤眠簾半開　　강가 누각에서 외로이 낮잠 자며
　　발 반쯤 열어두었더니,

跫音忽報退溪來　　발자욱 소리 별안간
　　퇴계 자네 왔다고 알렸었네.

臘前晷刻猶嫌短　　섣달이라 해시계
　　오히려 같이 놀 시간 짧음 아쉬웠으니,

返駕匆匆傍石隈　　돌아가는 수레 총총히
　　바위 구비 곁 떠나갔네.

2 | 청동(靑童) : 곧 전설상의 선동(仙童)인 청동대군(青童大君)을 말함. 남조 양(梁)나라 임방(任昉)의 《술이기(述異記)》 등에 언급되어 있으며, 동화궁(東華宮)에 산다고 한다. 나중에는 뜻이 변하여 오래도록 수련한 도사를 이르는 말로 쓰이게 되었다. 당나라 이백의 〈태산에 노닐다(遊泰山)〉 제3수 「우연히 신선 청동군 만났는데, 푸른 머리에 양쪽으로 구름 같이 풍성한 머리털 부풀어 올랐네.」(偶然值青童, 綠髮雙雲鬟) 송나라 소식의 〈경주와 담주 사이를 가는데 견여에서 졸다가 꿈에서 "천 개의 산 비늘과 딱지 움직이고, 만개의 골짜기 생과 종 연주 무르익네" 라는 구절을 얻었다. 깨어나서 맑은 바람과 소나기를 만나 장난삼아 이 여러 구절을 짓는다(行瓊儋間, 肩輿坐睡, 夢中得句云, 千山動鱗甲, 萬谷酣笙鐘, 覺而遇清風急雨, 戲作此數句)〉 「나 돌아갈 기약 있음 기뻐하여, 술 들어 청동군에게 권하네.」(喜我歸有期, 擧酒屬青童)
산외(山隈) : 산의 구부러진 곳. 산 구비. 진(晋)나라 반악(潘岳)의 〈양중무 애도문(楊仲武誄)〉 「아침을 낙천을 건너, 저녁에 산 구비에 머물렀네.」(朝濟洛川, 夕次山隈) 여기서는 농암선생이 다음 원운시에 나오는 강각(江閣: 애일당 남쪽에 세운 농암각)이 있던 곳을 뜻하는 것으로 보임.

225. 次金惇叙富倫所和, 李庇遠見和傍字韻律詩[1]

김부륜이 이국량이 화답해준 시에 화답했던 「곁 방」자 운을 써서 지은 율시의 각운자에 맞추어 짓다

往在丙戌歲, 家兄游泮宮, 余侍親在兄舍, 嘗於西齋吟一律, 高齋蕭洒碧山傍云云, 以寄兄, 兄亦和之. 辛卯, 余有小築於芝山之麓, 又用傍字韻以紀事. 自始至今, 已二十有六年, 其間存沒悲歡, 無所不有. 而余移三徑於退溪, 庇遠不以芝築爲隘, 就而居之, 又得余前後兩律詩,[2] 粘置齋壁. 昨惇叙聞遠往訪,[3] 則和其韻示之, 惇叙亦次韻. 幷攜以見示. 攬今追昔, 不勝慨嘆, 爲之奉和, 以呈庇遠, 兼示二君云

지난 병술년(1526)에 친형님이 성균관에서 유학하실 때, 나는 어머니를 모시고 형님의 집에 있었는데, 일찍이 그 집 서쪽 채에서 「높은 서쪽 채 소쇄한데 푸른 산 곁에 있네……」라 읊은 율시 한 수를 지어 형님께 보내드렸더니 형님께서도 화답해주셨다. 신묘년(1531)에 나는 지산의 산기슭에 조그만 집을 다시 지어 「곁 방」자 운을 사용하여 이 일을 기록해두었다. 그때부터 지금까지 이미 26년이나 지났으며, 그 사이에 생존하고 사망하고 슬프고 기쁜 일이 무수히 많았다. 그리고 나는 후에 퇴계로

1 | 김돈서(金惇叙) : 돈서는 김부륜(金富倫: 1531~1598)의 자이다. 호는 설월당(雪月堂)이며 본관은 광산(光山), 병마사(兵馬使)를 지낸 산남(山南) 김부신(金富信)의 아우이다. 일찍이 사마시에 합격하여 진사가 되었으나 학문에만 뜻을 두어 관직에는 나아가지 않다가 50세가 넘어서야 유일(遺逸)로 천거되어 동복현감(同福縣監)이 되었는데, 공자묘(孔子廟)를 건립하고 봉급을 털어 서적 800여 책을 구입하는 등 교육진흥에 많은 공헌을 하였다.

이비원(李庇遠) : 이름은 국량(國樑: 1517~1554)이며 호는 양곡(暘谷), 본관은 영천(永川)이다. 농암(聾巖)의 아우인 이현준(李賢俊)의 아들이며 진사이다. 퇴계의 문인이며 또한 질서(姪壻)이다.

이 시의 원운시는 《설월당집》에 보이지 않는다.

2 | 전후양률(前後兩律) : 《고증》 「모두 《외집》에 보인다.」(幷見外集)

3 | 문원(聞遠) : 금란수(琴蘭秀: 1530~1604)의 자. 호는 성성재(惺惺齋)이며 본관은 봉화(奉化). 처음에는 김진(金進)에게서 수학하다가 월천(月川) 조목(趙穆)의 소개로 퇴계의 문하에 들었다. 1561년 사마시에 합격한 후 학술로 천거되어 현감까지 지냈다. 정유재란 때 의병장으로 크게 활약하였으며, 이 공로로 좌승지(左承旨)에 추증되었다.

옮겨 은거하였으나, 이국량은 지산의 집이 좁다고 생각지 않고 거기서 살았는데, 또 내가 전후로 지은 율시 2수를 얻어서 벽에 붙여두었다. 어제는 김부륜과 금란수가 그 곳으로 방문하자 이국량이 그 각운자에 맞추어 화답한 시를 보여주었고, 이국량 또한 그 각운자에 맞추어 시를 지어서는 그 시와 함께 가져와 내게 보여주었다. 지금 시를 잡아 당겨보고서 옛날을 추억해보니 개탄하는 마음을 달랠 길 없어, 이를 받들어 화답하여 이국량에게 주고 아울러 두 사람에게도 보였다.

舍舊遷新此水傍 사 구 천 신 차 수 방	내 옛 집 버려두고 새집으로 옮겼으니 이 물 가인데,
君尋巢拙謂堪藏 군 심 소 졸 위 감 장	그대는 하찮은 둥지 찾아 몸 숨길만 하다하네.
夔蚿本不知多少[4] 기 현 본 부 지 다 소	이무기와 노래기는 본디부터 많고 적음 알지 못했는데,
鳧鶴寧須較短長[5] 부 학 영 수 교 단 장	오리와 학이 어찌 길고 짧음 비교하겠는가?

4 | 기현~다소(夔蚿~多少) : 《장자·추수(秋水)》「이무기가 노래기를 불쌍하게 여기어 …… 이무기가 노래기에게 말하였다. 『나는 한발로 껑충 뛰어가는 것조차 쉽지 않은데, 지금 그대는 만 개의 발을 한꺼번에 움직여야 하니 유독 어떠하겠습니까?』 노래기가 말했다. 『그렇지 않습니다. …… 지금 나는 나의 천기를 움직일 뿐 왜 그리되는지는 알지 못합니다.』」(夔憐蚿……夔謂蚿曰, 吾以一足趻踔而行, 予无如矣. 今子之使萬足, 獨奈何? 蚿曰, 不然……今予動吾天機, 而不知其所以然) 송나라 소식의 〈내가 돌을 그림과 바꾸려고 하자 진경이 난색을 표하였다. 목부가 두 가지를 함께 취하려 하자 영숙이 그림은 불사르고 돌을 깨뜨리려 하여 이에 다시 앞의 각운자를 써서 짓고 아울러 세 시의 뜻을 풀이한다(軾欲以石易畫, 晉卿難之. 穆父欲兼取二物, 穎叔欲焚畫碎石, 乃復次前韻并解三詩之意)〉「메추라기는 대붕 만리 가는 것 의심하고, 노래기는 이무기 발 하나임을 비웃는다네.」(鷃疑鵬萬里, 蚿笑夔一足)

萬卷芳塵吾有慕[6]
만 권 방 진 오 유 모

만 권 아름다운 자취
내 흠모하는 바이나,

一瓢眞樂子非涼[7]
일 표 진 락 자 비 량

한 표주박 물 참된 즐거움 아니니
그대는 처량하지 않다네.

因思卄六年前事
인 사 입 육 년 전 사

이로 인해 스물 여섯 해
전 일 생각하여 보니,

東海添愁浩莫量
동 해 첨 수 호 막 량

동해에 근심 보태는 격이라
넓어서 헤아릴 수 없다네.

5 | 부학~교단장(鳧鶴~較短長) : 《장자·육손(駢拇)》「긴 것은 그것을 남는다고 여기지 않으며 짧은 것은 그것을 부족하다고 여기지 않는다. 그런 까닭으로 물오리는 비록 다리가 짧지만 그것을 길게 이어주면 근심하고 학은 다리가 길지만 그것을 잘라주면 슬퍼한다.」(長者不爲有餘, 短者不爲不足. 是故鳧脛雖短, 續之則憂, 鶴脛雖長, 斷之則悲)

6 | 방진(芳塵) : 아름다운 기풍이나 명성, 또는 명현의 자취를 이르는 말. 여기서는 성인들이 남긴 책을 가리키는 말로 쓰였음.

7 | 일표진락(一瓢眞樂) : 공자의 제자인 안회(顔回)의 고사를 썼음. 위 186번 시의 주 4)를 보라.

226. 十二月初六日. 淸吟石, 送崔郞子粹還京[1]

12월 초 엿새 날. 청음석에서 최서방 자수가 서울로 돌아감에 송별하다

鳴泉隨石轉 명 천 수 석 전	콸콸 솟는 샘물 돌 따라 굽이돌고,
舞雪逐風回[2] 무 설 축 풍 회	춤추는 듯한 눈발 바람 좇아 휘날리네.
別恨留淸境 별 한 유 청 경	이별의 슬픔 맑은 이곳에 남기노니,
何年定再來 하 년 정 재 래	어느 해에 정녕 다시 오리?

1 | 이 시도 역시 위 223시와 같이 청음석 시의 각운자를 써서 지었다.
최랑자수(崔郞子粹) : 퇴계의 질서(姪壻: 온계의 맏사위)로 이름은 덕수(德秀)이다. 본관은 강화(江華)이다. 서울에 살았음.

2 | 무설축풍회(舞雪逐風回) : 수나라 왕형(王衡)의 〈눈을 완상하다(翫雪)〉 「차가운 뜰에 봄눈 떠 다니는데 …… 어지럽게 흘러다니다 바람 좇아 휘날리네.」(寒庭浮春雪…流亂逐風迴)

227. 十二月十三日. 兄及筮卿大材, 攜酒來溪堂, 乘月乃去_閔子敬亦至[1]

12월 13일. 형님과 서경, 대재가 술을 가지고 계당에 왔다가 달빛을 틈타 갔다_민자경도 이르렀다

並轡凌寒忽見臨 병 비 능 한 홀 견 림	말고삐 나란히 하여 추위 무릅쓰고 갑자기 왕림해주시어,
酒兼淸濁味山禽 주 겸 청 탁 미 산 금	술 청주 탁주 겸하였고 산새 안주 맛있다네.
悟言不覺虛堂夜[2] 오 언 불 각 허 당 야	깨닫고 보니 나도 모르게 고요한 계당에 밤이 다 되었는데,
月滿前階霜滿林[3] 월 만 전 계 상 만 림	달빛 앞 섬돌에 가득하고 서리는 숲속 가득하구나.

1 | 형(兄) : 다섯 번째 형님인 신야(莘野) 이징(李澄: 자는 景淸)을 가리킴.
서경(筮卿) : 《요존록》「질서인 민시원의 자이다.」(姪壻閔蓍元之字) 본관은 영천(榮川)이며 경퇴재(景退齋) 민응기(閔應祺)의 부친이다.
대재(大材) : 《고증》「금의의 자로 선생께서 그의 묘지명을 지었다.」(琴公椅字, 先生撰墓銘) 금의(1489~1551)는 본관이 봉화(奉化)이며 중종 8년(1513)년 진사가 되었고 중종 14년(1519) 식년 문과에 급제하였다. 퇴계의 묘갈명은 《내집》 권46에 실려 있으며, 《사마방목》과 《문과방목》에는 모두 자가 중재(仲材)로 되어 있다.
민자경(閔子敬) : 《고증》「들어보지 못했다.」(未聞.)

2 | 언(言) : 별 뜻이 없이 쓰인 어조사로 《시경》에 용례가 많이 보임.

3 | 월만~상만림(月滿~霜滿林) : 당나라 장계(張繼)의 〈풍교에서 밤에 묵다(楓橋夜泊)〉「달은 지고 까마귀 울고 서리 하늘에 가득한데, 강가 단풍나무 아래 고기잡이 불 마주하고 조네.」(月落烏啼霜滿天, 江楓漁火對愁眠) 송나라 곽상정(郭祥正)의 〈새 서리(新霜)〉「차가운 흰 달 교교히 빛나는데, 맑은 새벽에 서리 숲에 가득하네.」(皎皎寒月白, 淸晨霜滿林)

228. 酬仲擧赴新寧, 見和送行拙韻[1]

황준량이 신령 현감에 부임하여 서툴게 전송하여 준 시에 화답하여 준 것을 보고 수창하다

但使吾身適弛張[2]
단 사 오 신 적 이 장

단지 이 몸 이완과 긴장
적당히 할 수만 있다면,

難將世事妄斟量
난 장 세 사 망 짐 량

세상 일 망령되이
헤아리기 어렵겠네,

休嫌彩鳳林棲息
휴 혐 채 봉 림 서 식

오색 봉황 이 숲에
깃듦 싫어하지는 말고,

自哂寒龜殼縮藏[3]
자 신 한 구 각 축 장

찬 거북 딱지 속에 움츠려
숨는 것은 스스로 비웃어 버리게나.

新寧官舍, 水竹淸甚 신령의 관사에는 수죽이 매우 맑다

1 | 황중거(黃仲擧) : 금계(錦溪) 황준량(黃俊良: 1517~1663)의 자. 본관은 평해(平海)이며, 농암의 손서임. 위 113시에 나옴.
이 시와 같은 각운자를 써서 지은 시는 황준량의 문집인 《금계집》에는 보이지 않으며, 퇴계가 지어준 시는 〈신령의 고을원인 황준량이 지은 시의 각운자에 맞추어 짓다(次韻答新寧宰黃仲擧)〉로 《내집》 권2의 45번시이다. 이 때 두 수를 지어 주었는데, 마(麻)자의 운부에 속한 각운자를 써서 지었다.

2 | 적이장(適弛張) : 《예기·잡기(雜記)》「긴장만 하여 풀어주지 않으면 문무를 능히 할 수 없고, 풀어만 주고 긴장하지 않으면 문무가 되지 않는다. 한번 긴장하고 한번 이완됨이 문무의 도이다.」(張而不弛, 文武弗能也. 弛而不張, 文武弗爲也. 一張一弛, 文武之道也)

想得初心捐末事[4]
상 득 초 심 연 말 사

시작할 때 마음 상기하여
말엽적인 일 버릴 것이며,

喜聞眞訣却諸方
희 문 진 결 각 제 방

참된 비결일랑 즐거이 듣고
여러 방편은 물리치시게.

詩來宛帶瀟筠色
시 래 완 대 소 균 색

그대 시 오는데 맑은 대나무 빛
완연히 둘러져 있어,

又喚梅窓臘後陽
우 환 매 창 납 후 양

또한 매화나무 놓인 창문으로
선달 후의 볕 불러들이네.

3 | 한구각축장(寒龜殼縮藏) : 송나라 육유(陸游)의 〈스스로 비웃다(自笑)〉「병든 잎 먼저 꺾이어 떨어짐 어찌 알리오? 오히려 찬 거북 교묘하게 움츠리어 숨음 부러워한다네.」(那知病葉先摧落, 却羨寒龜巧縮藏) 같은 사람의 〈근자에 친구의 편지를 얻었는데 근래에 쓴 시를 많이 찾아 장난삼아 긴 시를 짓다(比得朋舊書, 多索近詩, 戲作長句)〉「추위에 거북이는 다만 움츠려 숨으려고만 할 뿐인데, 병든 천리마 감히 거듭 훌쩍 뛰어오를 것 바라리오?」(寒龜但欲事縮藏, 病驥敢望重騰驤)

4 | 초심연말사(初心捐末事) : 당나라 한유(韓愈)의 〈현청에서 독서하다(縣齋讀書)〉「산수 좋은 현에 현령으로 나와, 소나무 대나무 숲에서 글 읽는다네. 산뜻하니 말엽적인 일은 버리고, 뜻하지 않게 처음 시작할 때의 마음 얻게 되었다네.」(出宰山水縣, 讀書松竹林. 蕭條捐末事, 邂逅得初心)

229~230. 黃仲擧寄傳金季珍詩簡. 因思季珍, 去商山歸漆溪, 遂次韻仲擧行錄商山見和之作, 以抒所感云

황준량이 김계진의 시가 있는 편지를 부쳐서 전해주었다. 이로 인해 김계진이 상주를 떠나 칠계로 돌아갔음을 생각하여, 마침내 황준량이 (김계진이) 상주에서 화답해준 시를 기록한 시의 각운자를 써서 느낀 바를 펴내어 말한다

229

恨古難追不恨今[1]
한 고 난 추 불 한 금

옛날 따라가기 어려움 한스러우나
지금을 따라가기 힘듦 한스러워하지 않나니,

身如孤鶴病栖林
신 여 고 학 병 서 림

몸은 외로운 학 병들어
숲에 깃든 것과 같다네.

夢中得鹿非眞鹿[2]
몽 중 득 록 비 진 록

꿈 속에서 사슴 얻었으나
진짜 사슴 아니고,

僚裏亡金豈竊金[3]
요 리 망 금 기 절 금

동료 사이에서 금 잃었다고
어찌 금 몰래 훔친 것이리오?

1 | **고난추(古難追)** : 《논어·미자(微子)》「봉이여, 봉이여, 덕이 어찌 그리 쇠했는가! 지나간 것은 말려볼 수 없지만 앞으로 닥쳐오는 것은 오히려 따라갈 수 있을 것이니, 그만두게, 그만두게, 지금의 정치를 좇는 자는 위태하리로다.」(鳳兮鳳兮, 何德之衰, 往者不可諫, 來者猶可追, 已而已而, 今之從政者殆矣)

2 | **몽중득록(夢中得鹿)** : 《열자·주목왕(周穆王)》에 나오는 고사로, 허황된 인간세상의 부귀를 가리키는 말. 위 139번 시의 주 4)를 보라.

3 | **요리망금(僚裏亡金)** : 직불의의 전고를 썼다. 《사기·만석장숙열전(萬石張叔列傳)》「새후 직불의는 남양 사람이다. 낭이 되어 문제를 섬겼다. 그와 방을 함께 쓰는 낭 가운데 휴가를 얻어 집으로 돌아가는 자가 있었는데, 잘못하여 같은 방을 쓰는 다른 낭의 금을 가져갔다. 잠시 후 그 금의 주인이 이를 알아차리고 직불의를 의심하였다. 직불의는 이를 사과하고 금을 사서 상환하여 주었다. 나중에 휴가 간 자가 돌아와 그 금을 되돌려 주니 이전에 금을 잃어버린 낭이 크게 부끄러워하며 직불의를 큰 어른이라고 칭찬하였다.」(塞侯直不疑者, 南陽人也. 爲郎, 事文帝. 其同舍有告歸, 誤持同舍郎金去, 已而金主覺, 妄意不疑, 不疑謝有之, 買金償. 而告歸者來而歸金, 而前郎亡金者大慙, 以此稱爲長者) 《요존록》「계진이 일찍이 관직에 있을 때 헐뜯는 말이 있었던 까닭에 이 말을 빌려와 그 잃어버림이 참된 것이 아님을 비유하였다.」(季珍嘗在官, 而有齒舌, 故借喩其所失之非眞)

商嶺舊遊森入眼 상 령 구 유 삼 입 안	상주 산마루에서 옛날 놀던 모습 눈에 선하게 들어오고,
穀城佳句動融心[4] 곡 성 가 구 동 융 심	곡성의 아름다운 싯구 볼 때마다 마음을 감동시키네.
憑誰更問懷中事 빙 수 경 문 회 중 사	누구에게 의지하여 다시 가슴 속 일 묻겠는가?
漆水詩來費獨吟[5] 칠 수 시 래 비 독 음	칠수에서 시 오니 홀로 읊조리는데 몰두하네.

230

忍性緣多毁 인 성 연 다 훼	참고 사는 본성 많은 헐뜯음 받았음이니,
謀身豈幸成 모 신 기 행 성	일신 도모함 어찌 요행으로 되었으리.

4 | 곡성(穀城) : 《고증》「황석공이 장량에게 곡성산 아래의 누런 돌은 곧 나라고 하였다. 여기서는 황준량을 가리킨다.」(案, 黃石公謂子房曰, 穀城山下黃石卽我. 此指仲擧) 이 고사는 《사기》 권55 〈유후세가(留侯世家)〉에 나오며, 황준량의 성씨가 황씨이므로 이 고사를 끌어다 쓴 것이다. 상세한 것은 《풀이》 권1의 136. 〈《사기》의 〈장량전〉을 읽고(史記張良傳)〉를 보라. 《요존록》에서는 「곡성의 황자후는 시에 능했는데 중거에 비겼다.」(穀城黃子厚能詩, 比仲擧)라 하였다. 황자후는 주자와 함께 유자휘(劉子翬)를 사사했던 황수(黃銖)인데, 주자가 그의 시문집인 《곡성집(穀城集)》(5권)에 서문을 써준 바 있다.
동(動) : 통(慟)과 같은 뜻으로 쓰였으며, 통첩(慟輒)과 같은 뜻이다. ~하기만 하면 그때마다라는 뜻이다.

5 | 칠수(漆水) : 칠수는 김언거를 말함. 김언거의 호가 칠계(漆溪)이기 때문에 이렇게 말하였음. 상세한 것은 위 165번 시의 주 2)와 3)을 보라.

6 | 오시~고난경(誤時~苦難更) : 《요존록》「잘못을 했을 때는 깨닫는 즉시 고쳐야 하며 고치기를 꺼리지 않는 것을 귀하게 여긴다. 성질이 편협한 곳에서는 실로 고치어 변하기 어려운데 능히 다스릴 수 없으면 안 된다.」(做誤時, 覺卽可改, 而勿憚改爲貴. 性偏處, 苦難矯變, 非克治則不可)

誤時容可改
오 시 용 가 개

잘못 알았을 때는
고치는 것 허용될 수 있지만,

偏處苦難更6
편 처 고 난 경

치우친 곳은
정말 고치기 어렵다네.

灩澦存傾覆7
염 여 존 경 복

염여퇴 그대로 남아 있어
배 엎어버리지만,

滄浪戒濁淸8
창 랑 계 탁 청

창랑의 물 흐리고
맑음 경계하였다네.

故人相勉意
고 인 상 면 의

옛 친구 사이에
서로 권면하였던 마음,

書到若爲情
서 도 약 위 정

편지 받으니
더욱 정 느낄 것 같네.

7 | 염여존경복(灩澦存傾覆) : 염여(灩澦)는 곧 염여퇴(堆)를 말하며, 사천성(四川省) 기주부(夔州府)에 있다. 구당협(瞿塘峽) 상류 촉강(蜀江)의 한 가운데 있는 커다란 암석이다. 이 암석 때문에 배가 다닐 때 좌초하는 일이 많았다. 원나라 도종의(陶宗儀)의 《설부(說郛)》 권65 하 〈협정기(峽程記)〉「염여퇴는 곧 돌이 쌓여 이루어진 것으로 강 한 가운데 우뚝 솟아 나왔다. 《수경》의 기록에는 『백제성 서쪽에는 외로운 돌이 있는데 겨울에는 돌이 스무 길 남짓 올라오고 여름에는 잠긴다』라 하였다. 세상에 전하기로는 염여퇴가 코끼리만 하면 구당협을 감히 오를 수 없고 염여퇴가 말만 하면 구답협을 내려갈 수가 없다고 하였는데 바로 이것이다.」(灩澦堆乃積石所成. 江心突兀而出. 水經所載白帝城西有孤石, 冬月石出二十餘丈, 夏即沒. 世俗相傳, 灩澦大如象, 瞿唐不敢上, 灩澦大如馬, 瞿唐不可下, 是也) 《수경주》 권31에는 음여석(淫澦石)으로 되어 있다. 당나라 두보의 〈염여퇴(灩澦堆)〉「하늘의 뜻 엎어버림 남겨놓았고, 귀신의 솜씨 아득한 곳까지 접하였네.」(天意存傾覆, 神功接混茫)

8 | 창랑계탁청(滄浪戒濁淸) : 굴원이 지었다고 전하여지는 초나라의 민요체[楚辭]인 〈어부가 부른 노래(漁夫辭)〉「어부가 빙그레 웃고는 뱃전을 두드리며 떠나면서 노래를 불렀다. 『창랑의 물이 맑음이여! 내 갓끈 씻을 만하고, 창랑의 물이 흐림이여! 내 발을 씻을 만하도다.』」(漁父莞爾而笑, 鼓枻而去, 乃歌曰, 滄浪之水淸兮, 可以濯吾纓, 滄浪之水濁兮, 可以濯吾足) 이 말은 《맹자·이루(離婁) 상》에도 보임.

231. 次季珍相憶見寄韻

계진이 나를 생각하며 부쳐온 시의 각운자를 써서 짓다

病裏尤珍親舊書 병 리 우 진 친 구 서	병중이라 친구 편지 더욱 값진 터에,
況同佳句忽傳諸[1] 황 동 가 구 홀 전 저	하물며 아름다운 구절 함께 홀연히 여기에 전하여 짐에랴.
憂來我似號羣鴈 우 래 아 사 호 군 안	근심 찾아드니 내 흡사 기러기떼 부르는 것 같고,
樂處君如縱壑魚[2] 낙 처 군 여 종 학 어	즐거운 곳 그대 마치 계곡에 물고기 풀어둔 듯.

1 | 저(諸) : 지호(之乎)의 축약형.

2 | 종학어(縱壑魚) : 자유롭다는 뜻으로 쓰였음. 당나라 두보의 〈내가 오초지방으로 가려는데 동천절도사 유후이신 장이(章彛) 사또님과 그의 막부의 여러 관료들이 함께 「버들 류」자를 각운자로 확정하였다(將適吳楚, 留別章使君留後, 兼幕府諸公, 得柳字韻)〉 「지난 날은 골짜기에 풀어놓은 물고기 같았는데, 지금은 상갓집의 개 같다네.」(昔如縱壑魚, 今如喪家狗)

齒舌古人猶未免[3]
치 설 고 인 유 미 면

남의 비방 옛 사람들도
오히려 면하지 못하였는데,

樞機今世詎宜疎[4]
추 기 금 세 거 의 소

언행 오늘날
어찌 마땅히 소홀히 하겠는가?

他山有石堪攻玉[5]
타 산 유 석 감 공 옥

딴 산에 돌 있어도
옥 다듬어냄직 하다고 하였으니,

勵志相期老蓧鋤[6]
여 지 상 기 로 조 서

뜻 독려해가며 기약하세
늙어가며 잘못 바로 잡자고.

3 | **치설(齒舌)** : 구설(口舌). 곧 시비하거나 헐뜯는 말을 가리킴.

4 | **추기(樞機)** : 《주역·계사(繫辭) 상》「말과 행동은 군자의 추기이다. 추기가 발하는 것은 영광과 굴욕의 주요한 원인이 된다. 말과 행동으로 군자는 천지를 움직이게 되니, 삼가지 않을 수 있겠는가?」(言行, 君子之樞機. 樞機之發, 榮辱之主也, 言行, 君子之所以動天地也, 可不愼乎?)

5 | **타산~공옥(他山~攻玉)** : 《시경·소아·학 울음(小雅·鶴鳴)》「다른 산의 돌로, (이곳의) 옥 갈 수 있다네.」(它山之石, 可以攻玉) 송나라 소옹(邵雍)의 〈일을 기록하여 읊음(書事吟)〉「딴 산에 돌 있어도 옥 다듬어낼 수 있다고 하였는데, 옥 완전히 이루어지지 않았으나 늙음 벌써 재촉한다네.」(他山有石能攻玉, 玉未全成老已催)

6 | **조서(蓧鋤)** : 조는 삼태기이고 서는 호미이다. 여기서는 둘 다 동사로 쓰여서 김을 매어 삼태기에 담아서 버린다는 뜻으로 쓰였다. 곧 잘못이 있으면 바로잡는다는 것을 말한다.

232~234. 次韻季珍遊邊山諸作[1]

계진이 변산을 노닐며 지은 여러 시의 각운자를 써서 짓다

232 實相寺南溪韻[2] 실상사 남계라는 시의 각운자에 맞추어

千古名山斷俗埃 천 고 명 산 단 속 애	천고의 이름난 산 속세의 티끌과 단절되었는데,
得君佳賞寄山隈 득 군 가 상 기 산 외	그대의 아름다운 감상을 받으며 그 산굽이에 놓여 있구나.
水經寶地全然潔[3] 수 경 보 지 전 연 결	시냇물 보배로운 땅 거쳐가니 너무나 깨끗하고,
雲向叢林別樣堆 운 향 총 림 별 양 퇴	구름은 무리진 나무 향하여 다른 모양으로 쌓여 있구나.

1 | 변산(邊山) : 《신증동국여지승람》 권34 〈부안현〉「【변산】 보안현에 있다. 지금의 현 소재지와 서쪽으로 25리 지점인데, 일명 능가산이라고도 하고, 영주산이라고도 한다. 혹 변산이라고도 하는데, 말이 돌아다니다가 변으로 되었다 한다 …… 봉우리들이 백여 리나 빙 둘러 높고 큰 산이 첩첩이 쌓이고 바위와 골짜기가 깊숙하다.」(邊山. 在保安縣. 距今治西二十五里, 一名楞伽山, 一名瀛州山. 或云卞山, 語傳而爲邊……峯巒盤回百餘里, 重疊高大, 岩谷深邃)

2 | 실상사(實相寺) : 전라북도 부안군 산내면(山內面) 변산에는 실상사 및 내소사(來蘇寺)·선계사(仙溪寺)·청림사(淸林寺) 등 4대 사찰이 있었는데, 실상사는 6·25 때 불타 없어지고 지금은 절터만 남아 있으며, 지금의 남원군 산내면에 있는 실상사와는 다름.

3 | 수경보지(水經寶地) : 《전등록》「양나라 천감 원년에 지약이라는 중이 배를 띄워 소주의 조계수 어귀에 이르러 향기를 맡고, 그 물맛을 보고는『이 물의 상류에 좋은 땅이 있다.』고 하였다. 드디어 그 말에 따라 산사를 열고 보림이라 이름하였다.」(梁天監元年, 有僧智藥, 泛舶至韶州曹溪水口, 聞其香, 嘗其味, 曰, 此水上流有勝地, 遂開山立名寶林) 《패문운부》에서 재인용.

瘦竹微吟閒遶石 여윈 대나무 약하게 읊조리며
수 죽 미 음 한 요 석 한가로이 바위 두르고,

淸尊高興晩登臺 맑은 술바리 들고 흥겨웁게
청 준 고 흥 만 등 대 저녁 때 대에 올랐구나.

從來造物嫌多取[4] 지금까지는 조물주가
종 래 조 물 혐 다 취 너무 많이 가짐 싫어하였으니,

莫把風烟騁逸才 바람과 연기 휘어잡고
막 파 풍 연 빙 일 재 빼어난 재주 맘껏 휘두르지 말게나.

233 直淵瀑布韻 직연폭포라는 시의 각운자에 맞추어

白練橫飛翠障圍 흰 비단 가로 날리고
백 련 횡 비 취 장 위 비취빛 휘장 둘렀는데,

劈開山骨減雲肥 산의 뼈대 쪼개고 열어
벽 개 산 골 감 운 비 구름 살찌는 것 더네.

漲時河落深舂地 넘칠 때는 은하수 떨어지듯
창 시 하 락 심 용 지 깊이 땅을 찧고,

急處雷奔下激磯 빠른 곳에서는 우레치듯 큰 소리로
급 처 뇌 분 하 격 기 아래쪽 물가 바위 격동시키네.

何許靈源連海窟 어느 곳의 신령한 근원이
하 허 영 원 연 해 굴 바다의 굴로 이어졌기에,

4 | 조물혐다취(造物嫌多取) : 《장자·천운(天運)》「이름은 공공의 기물이므로 많이 취할 수가 없다.」(名, 公器也, 不可多取) 명나라 팽대익(彭大翼)의 《산당사고(山堂肆庫)》 권 103「진단(자는 希夷)은 박주 진원 사람으로 일찍이 문인 충방을 경계하여 말하였다. 『그대는 훗날 명주를 만나 이름을 궁궐에 떨칠 걸세. 대체로 이름은 예와 지금의 아름다운 기물로 주물자가 매우 꺼리는 것이라네.』」(陳摶, 亳州眞源人, 嘗戒門人种放曰, 子他日遭逢明主, 名動天闕. 夫名者, 古今美器, 造物者深忌之) 《요존록》「이 말을 빌어 맑은 감상과 흥을 읊조림을 많이 취할 수 없다고 비유하였다.」(借以喩淸賞吟興之不可多取)

幾多餘沫散林霏
기 다 여 말 산 림 비

얼마나 많은 남은 물거품
숲으로 훨훨 흩어졌던가?

雄觀未遂鑪峯勝[5]
웅 관 미 수 노 봉 승

웅장한 장관 향로봉의
빼어남 이루지 못하였다 할지라도,

且向玆山欲拂衣
차 향 자 산 욕 불 의

또한 이 산 향하여
옷 걷고 달려가고 싶네.

234 摩天臺韻 마천대라는 시의 각운자에 맞추어

但驚海闊與山崇
단 경 해 활 여 산 숭

단지 바다 광활함과
산 우뚝함에 놀랐으니,

誰識元初辦結融
수 식 원 초 판 결 융

누가 알리오, 맨 처음에
묶고 녹이며 힘썼던 일.

日月低垂氛翳絶
일 월 저 수 분 예 절

해와 달 낮게 드리워져
어두운 기운 빼어나,

靈仙游集瑞光叢
영 선 유 집 서 광 총

신령이며 신선 모여 노니
상서로운 빛 무리지네.

胸襟浩氣三杯後
흉 금 호 기 삼 배 후

가슴 속의 호탕한 기운
석 잔 술 후에 감돌고,

羽翼培風六月中[6]
우 익 배 풍 유 월 중

날갯짓하여 바람 타고
여섯 달 동안이나 하늘을 나는 듯.

矯首西雲無計往
교 수 서 운 무 계 왕

머리 드니 서쪽 구름 속
찾아가 볼 도리 없어,

因君豪句喜披蒙
인 군 호 구 희 피 몽

그대의 호탕한 싯구로
나의 몽매함 기쁘게 떨쳐버리네.

5 | 노봉(鑪峯) : 금강산의 향로봉을 가리키는 듯함.

6 | 우익~유월중(羽翼~六月中) : 《장자·자유롭게 노님(逍遙遊)》「붕이 남쪽바다로 옮겨갈 때는 바닷물을 치는 것이 3천 리이고 회오리바람을 타고 위로 오르는 것이 9만 리이다. 그런 다음 여섯 달이나 가서 멈춘다.」(鵬之徙於南冥也, 水擊三千里, 搏扶搖而上者九萬里. 去以六月息者也)

235. 酬途中遇雪見寄詩. 用坡韻[1]

도중에 눈을 만나다라는 제목으로 보내준 시에 답하다. 소동파시의 각운자를 썼다

一縣應知絶鼠牙[2]
일 현 응 지 절 서 아

이 고을에서는 마땅히
　　쥐 이빨 없음 알리니,

神君來路雪隨車[3]
신 군 내 로 설 수 거

어지신 사또께서 오시는 길에는
　　눈이 수레 따른다네.

來麰上瑞呈王瑞
내 모 상 서 정 왕 서

보리 위로 나타난 상서로움
　　임금님의 상서로움 드러내고,

1 | 《요존록》「이 시는 누구에게 답한 것인지 상세하지 않다.」(此詩未詳誰酬) 그러나 아래의 신군(神君)의 주석에 의하면 《고증》에서는 김언거에게 답한 것처럼 말하였다. 이 시의 앞쪽에서 계속 김언거에게 화답한 시가 나오는 것으로 보아 《고증》의 주석이 옳은 것 같다.

2 | 서아(鼠牙) : 사납고 포악한 세력을 비유하는 말. 《시경·소남·행로(召南·行露)》「누가 쥐에게 이빨 없다고 하였나? 어떻게 나의 집 담장을 뚫었나? 누가 그대에게 정식으로 결혼하는 예절이 없다고 하였는가? 어떻게 나로 하여금 소송을 하게끔 재촉하는가?」(誰謂鼠無牙, 何以穿我墉. 誰謂女無家, 何以速我訟) 이 시는 여인이 부당한 결혼을 거절하는 시임. 따라서 이 구절의 뜻은 이 고을에서는 사납고 포악한 세력이나 부당한 소송 같은 것이 없다는 것을 말함.

3 | 신군(神君) : 《고금사문유취·외집》 권14 〈현관부(縣官部)〉「교지명이 융려의 현령이 되자 현의 백성들이 그를 사랑하여 신군이라 불렀다. 또한 황부도 신군이라 불렀다.」(喬智明爲隆慮令, 縣民愛之, 號爲神君. 又黃浮號爲神君) 《고증》「계진이 이때 호남의 어떤 고을을 다스리고 있었던 것 같다.」(案, 季珍時宰湖南) 교지명은 《진나라의 역사·훌륭한 관리들의 전기(晉書·良吏傳)》에 전기가 수록되어 있다. 황부는 《후한의 역사》에 나온다. 신군은 주로 현명한 관리를 일컫는 경칭으로 쓰인다.

4 | 도리광화(桃李狂花) : 송나라 소식의 〈자유[蘇轍]가 여주 용흥사에 있는 오도자(吳道子)가

桃李狂花掃眼花[4]
도 리 광 화 소 안 화

복숭아 오얏꽃 미친 듯 꽃피어
눈의 어지럼증 쓸어주네.

目極雲邊思魏闕[5]
목 극 운 변 사 위 궐

구름 끝까지 눈길 다하여
높은 궁궐 생각하다가,

詩成馬上憶山家[6]
시 성 마 상 억 산 가

말 위에서 시 이루어
나의 산골 집 떠올리셨다네.

凍吟病客眞堪笑
동 음 병 객 진 감 소

시상 얼어붙은 이 병든 늙은이
실로 웃음 짓게 만드니,

險韻難酬手屢叉[7]
험 운 난 수 수 루 차

어려운 각운자 수답하기 어려워
손으로 자주 고친다네.

是歲桃李冬華 이 해에는 도리가 겨울에 꽃을 피웠다

그린 벽화를 새로 손질하다(子由新修汝州龍興寺吳畫壁)〉「이제야 알았네, 참됨 풀어놓음은 정미로움에 근본하여, 미친 꽃 철에 맞지 않게 잠깐 아름다움을 뽐냄과는 비교도 되지 않음을.」(始知眞放本精微, 不比狂花生客慧)이라는 구절에 대한 조차공(趙次公)의 말을 인용한 왕문고(王文誥)의 주석「광화는 역사책에 수록되어 있는데, 꽃이 때맞추어 피지 않는 것, 이를테면 복숭아나 오얏꽃이 겨울에 피는 것을 광화라 한다. 또한 쇠붙이나 돌 위에서 꽃을 피우는 것도 광화라 한다.」(狂花, 在史所載, 花不以時開, 如桃李冬花者, 謂之狂花. 又金石上生花, 亦謂之狂花)

5 | 사위궐(思魏闕) : 궐은 궁문이나 성문 양쪽에 있는 높은 누대, 즉 관(觀)을 말하는데, 문의 양쪽 곁에 높이 세워져 있으며 중앙은 뚫려서 길이 된다. 그 위에다 법령이나 포고문을 걸어 두는데, 그 모양이 높고 우뚝하여 상위(象魏)라고 한다. 사람들로 보게 하는데, 이 관(觀)은 상 · 위 · 궐(象魏闕) 자로 써서 그 실체는 하나이지만 이름은 셋이다. 후에는 곧 조정 · 대궐의 대칭(代稱)으로 쓰이게 되었다. 《장자·양왕(讓王)》「중산의 왕자 모가 첨자에게 말했다.『몸은 바다나 강의 가에 있으면서도 마음은 대궐 아래 있으니, 어쩌면 좋겠습니까?』」(中山公子牟謂瞻子曰, 身在江海之上, 心居乎魏闕之下, 奈何) 주자의 〈받들어 장경부의 성남의 명승 스무 곳을 읊은 시의 각운자에 맞추어 짓다·뱃집(奉同張敬夫城南二十詠·船齋)〉「그대의 물가에 거처하는 취미가 옳지만, 궁궐에 얽힌 마음 잊기 힘드네.」(正爾滄洲趣, 難忘魏闕心)

【원운시】

謝人見和前篇

앞의 시에 화답하여준 사람에게 감사하다

九陌凄風戰齒牙	장안의 큰 길 바람 차가워 이빨 싸움하듯 떨리는데,
銀杯逐馬帶隨車	은 술잔 같은 큰 눈 찍어내는 말에 수레 뒤따른다네.
也知不作堅牢玉	정말 옥 같은 눈 견고하게 할 수 없음 알겠으나,
無奈能開頃刻花	잠깐 동안이나마 꽃 피울 수 있음 어떻게 막을 수 없다네.
得酒强歡愁底事	술 얻으니 근심스런 일 억지로 기뻐할 만하여,
閉門高卧定誰家	문 닫고 높이 누우니 정녕 누구의 집인가?
臺前日暖君須愛	누대 앞 날 따뜻함을 그대 모름지기 사랑할 것이고,
氷下寒魚漸可叉	얼음 아래 찬 물고기 조금씩 작살질 할 만하네.

6 | 시성마상(詩成馬上) : 송나라 소철(蘇轍)의 〈자첨[蘇軾] 형님께서 특별히 고안에 오셨다가 나 철과 서로 이별함에 먼저 지와 괄, 원 같은 조카들에게 부치다라는 시를 보고 그 시의 각운자를 써서 짓고 또한 매와 태, 과, 둔 같은 조카들에게도 부치다(次韻子瞻特來高安相別, 先寄遲适遠, 却寄邁迨過遯)〉「노형께서 늙은 나귀 타고 하루 백 리길 가시면서, 안장에 기대어 시 지음 물 뒤집는 것 같네.」(老兄騎騾日百里, 據鞍作詩若翻水) 시를 지어내는 속도가 빠르다는 말로 시를 잘 짓는다는 것을 말함.

7 | 험운(險韻) : 시를 지을 때 어려워서 잘 쓰지 않는 운자. 곧 같은 운부에 속한 글자의 수가 많지 않은 운자를 가리킴. 같은 운부에 속한 글자가 많은 운자를 관운(寬韻)이라 하고 험운보다 더 적은 운부의 운자를 착운(窄韻)이라 하는데, 송(宋)나라 유극장(劉克莊)의 《후촌시화(後村詩話)》에 의하면 오언장편을 지을 때 두보는 관운을 즐겨 썼고 한유는 착운을 즐겨 썼다고 한다. 여기서는 시를 짓는 재주가 그만큼 뛰어나다는 것을 말함.

236. 上元日. 回自溫溪, 過淸吟石, 次回字韻_壬子[1]

정월 대보름에. 온계에서 돌아오며 청음석을 지나며 「돌 회」 자 운에 맞추어 짓다_임자년

磵石頻回首
간 석 빈 회 수

시냇가 바위 자꾸 고개 돌리게 만들어,

吟鞍去復回
음 안 거 부 회

읊조리며 말 타고 갔다가 다시 돌아오네.

春光滿幽谷
춘 광 만 유 곡

봄빛 그윽한 계곡에 가득하니,

明日酒同來[2]
명 일 주 동 래

내일 술과 함께 찾아오리라.

1 | 임자년은 1552년으로 퇴계의 나이 52세 때이다.
이 시는 역시 위 223시와 226와 같은 각운자를 써서 지었다.

2 | 주동래(酒同來) : 남조 송나라 사령운(謝靈運)의 고시첩(古詩帖) 「응당 대보름날 술 좇아, 함께 와서 채경(蔡經)의 집 찾으리라.」(應逐上元酒, 同來訪蔡家)

237~238. 次韻答李公幹[1]

같은 각운자를 써서 지어 이중량에게 답하다

237

學淺無端涉世深 학 천 무 단 섭 세 심	학문은 얕은데 어쩌다가 세상일에 깊이 관여하여,
中途收脚愧初心 중 도 수 각 괴 초 심	중도에 발 거두자니 처음 먹었던 마음에 부끄럽다네.
如何不作都無事 여 하 부 작 도 무 사	어떻게 하면 아무 일 억지로 하지 않고도 모두 편안히 되어,
遇興時時輒諷吟 우 흥 시 시 첩 풍 음	흥 만나면 때때로 문득 시 외고 읊조리고 하겠는가?

238

山居幽興我知先 산 거 유 흥 아 지 선	산 속에 거처하는 그윽한 홍취 내 먼저 알아,
松伴靑靑鶴伴玄 송 반 청 청 학 반 현	소나무 푸릇푸릇함 짝하고 학 검은 색 짝하였다네.
更有雲庵長闃寂[2] 갱 유 운 암 장 격 적	다시 와운암에는 오래도록 한적함 있어,
不妨孤坐送流年 불 방 고 좌 송 류 년	홀로 앉아 세월 흘러 보냄 방해받지 않는다네.

1 | 공간(公幹) : 농암의 넷째 아들인 하연(賀淵) 이중량(李仲樑: 1504~1582)의 자. 위 182번 시의 주 1)을 보라.

2 | 운암(雲庵) : 《고증》「와운암을 가리키는 것이 아닌가 한다.」(疑指臥雲庵) 와운암에 대해서는 《내집》 권3의 158번 시를 보라.

239~240. 遊枕流亭. 次亭韻[1]_二月初二日 ○亭在烏川下, 洛水上

침류정에서 놀다. 정자에 걸린 시의 각운자를 써서 짓다_

2월 초2일 ○ 정자는 오천 아래쪽의 낙동강 가에 있다

239

謬戲誇孫楚 유 희 과 손 초	잘못된 농담 손초 크게 자랑하게 하여,
風流寓此亭 풍 류 우 차 정	풍류가 이 정자에 깃들게 되었네.
但能心境淨 단 능 심 경 정	다만 마음 깨끗해질 수만 있다면,
何患耳塵盈[2] 하 환 이 진 영	귀에 먼지 가득한들 무엇 걱정하리오.
撒網銀刀亂[3] 살 망 은 도 란	어망 거두니 은빛 고기 어지러이 날뛰고,
開尊玉露傾[4] 개 준 옥 로 경	술바리 열어 옥이슬 같은 술 기울여 따르네.

1 | 정자의 명칭인 침류(枕流)의 유래와 아래 첫 구절의 손초(孫楚)에 대해서는 위 216번 시의 주 3)을 보라.

2 | 심경~이진영(心境~耳塵盈) : 위 110번 시의 20) 세이(洗耳)를 참조하기 바람.

3 | 살망은도란(撒網銀刀亂) : 은도는 물고기를 말함. 아마 여기서는 은어를 가리키는 것 같은데, 은어는 달리 은순(銀脣), 은구어(銀口魚) 또는 은린(銀鱗), 은사(銀梭)라고도 한다. 당나라 두보의 〈백소어(白小)〉「어물전에 들어가니 은 같은 꽃 날뛰고, 광주리 기울이니 눈 조각 비네.」(入肆銀花亂, 傾筐雪片虛) 송나라 소식의 〈손신로께 드림(贈孫莘老)〉 제6수 「오늘 낙타교 아래에서 묵으면서, 마음껏 그물 수리하여 은빛 고기 튀어나옴 구경하네.」(今日駱駝橋下泊, 恣看修網出銀刀) 조차공(趙次公)의 주석 「두보의 시에 『그물에서 꺼내니 은빛 물고기 어지럽네』라는 구절이 있다.」(杜詩, 出網銀刀亂)

斜陽相送處 　해 비끼는 가운데 서로 전송하는 곳,
사 양 상 송 처

畫裏過宣城[5] 　그림 속에서 선성 지나가는 듯.
화 리 과 선 성

【원운시】

金丹城萬鈞枕流亭. 次李明仲堣[6]

단성 김만균의 침류정. 이명중이름은 우이 지은 시의 각운자를 써서

未負幽棲志 　그윽이 은거하고자 한 뜻 저버리지 못하여,
江湖作小亭 　강호에 작은 정자 지었다네.
千山環簇簇 　모든 산 졸망졸망 둘러싸고,
一水帶盈盈 　한 줄기 물 찰랑찰랑 띠고 있네.
擧目天光遠 　눈 드니 하늘 빛 멀리 보이고,
憑欄地勢傾 　난간에 기대니 땅의 형세 모두 나타났네.
膏肓成此地 　이곳에서 천석고황 이루고보니,
夢絶帝王城 　꿈속에서조차 임금님 성 끊어졌네.

4 | 옥로(玉露) : 원래는 가을 이슬이라는 뜻인데, 여기서는 가을 이슬 같이 맑고 맛있는 술을 비유하는 말로 쓰였음.

5 | 선성(宣城) : 예안(禮安)의 다른 이름. 중국 안휘성(安徽省)에 선성이라는 지명이 있는데, 경치가 아름답기로 유명하였음.

6 | 《농암집》에 두 수가 수록되어 있는데 이우의 시에 차운한다 한 것으로 보아 원운시는 송재 이우가 지은 것으로 보인다. 《송재집》에는 같은 각운자를 쓴 시가 보이지 않는다.

240

病人愁緖似霜蓬[7]
병 인 수 서 사 상 봉

병든 이 근심의 실마리
서리 맞은 쑥대 같아,

來上江亭一笑空
내 상 강 정 일 소 공

강가 정자에 와서 올라
부질없이 크게 웃어보네.

野帶春工將繪繡[8]
야 대 춘 공 장 회 수

들판은 봄 솜씨 띠고서
비단 자수 그리려 하고,

水含天樂自商宮[9]
수 함 천 락 자 상 궁

물은 천상의 음악 머금고
스스로 곡조 맞춘다네.

波間白鳥能眞白[10]
파 간 백 조 능 진 백

물결 사이의 흰 새
실로 참된 흰색이랄 수 있으나,

酒後紅顔是假紅
주 후 홍 안 시 가 홍

술 마신 뒤의 붉은 얼굴
가짜 붉은 빛이라네.

7 | 상봉(霜蓬) : 송나라 소식의 〈왕이가 건주전감으로 부임해가면서 시와 초서를 구하다(王頤赴建州錢監, 求詩及草書)〉「그로부터 우환이 생겨 깎아내는 것 재촉함 괴로워하다보니, 생각은 서리 맞은 쑥대처럼 쓸쓸하였다네.」(邇來憂患苦摧剝, 意思蕭索如霜蓬)

8 | 춘공(春工) : 봄날이 만물을 조화시키는 솜씨. 당나라 장벽(張碧)의 〈봄날 시내에서 놀다(游春引)〉 제3수 「온갖 것 모두 천지조화의 은혜 머금고 있으니, 나에게 솜씨 보여줌도 사사로운 이치 때문은 아닐 터이지.」(萬彙俱含造化恩, 見我春工無私理)

9 | 천악자상궁(天樂自商宮) : 상궁(商宮)은 궁상(宮商)이 되어야 하는데 운자에 맞추기 위하여 도치되어 쓰였다. 궁상은 중국의 오음계인 궁상각치우(宮商角徵羽)를 말하며, 여기서는 음계에 따라 곡조를 맞추는 것을 말함. 송나라 소식의 〈동양의 수악정(東陽水樂亭)〉이란 시에 달린 시원지(施元之)의 주석 「《동파지림》에서는 말하였다. 『전당과 동양에는 모두 수악동이 있는데 샘물이 텅 빈 바위에서 흘러나오니 모두 자연의 음악소리를 발한다.』」(東坡志林云, 錢塘東陽皆有水樂洞, 泉流空巖中, 皆自然宮商)

10 | 파간백조(波間白鳥) : 당나라 두보의 〈절구(絶句)〉 제2수 「강물 푸를수록 새 더욱 희게 보이고, 산은 파란데 꽃은 불탈 듯.」(江碧鳥逾白, 山青花欲然)

倚遍闌干吟未已[11]
의 편 란 간 음 미 이

난간에 기대었으나
　　읊조림 아직 끝나지 않았는데도,

恍如身在霅溪中[12]
황 여 신 재 삽 계 중

황홀하니 이 몸
　　삽계에 있는 듯.

11 | 의편란간(倚遍闌干) : 란(闌)은 「欄」자와 같은 뜻. 주자의 〈장언보의 「낙성사」란 시작에 화운하다(和張彦輔落星寺之作)〉 「난간에 의지하니 더욱 근심이 심하여, 돌아옴에 수염 가의 머리 털이 모두 희어졌네.」(倚遍欄干更愁絶, 歸來白盡鬢邊毛)

12 | 삽계(霅溪) : 《고증》 「『霅』의 음은 잡, 또는 삽이다. 빗소리를 삽삽이라 하며, 천둥 번개 소리를 삽삽이라 한다. 《신당서·장지화전》에 『물위에 둥둥 떠다니는 집을 지어 초계와 삽계 사이를 왕래하고자 하였다.』라는 말이 있다. ○ 삽계는 오홍에 있다.」(霅, 直甲切, 又泗甲切. 雨聲霅霅, 震雷霅霅. 唐張志和願爲浮家泛宅往來苕霅間○案, 霅溪在吳興) 송나라 소식의 〈9월 9일 중양절에 황루에서 짓다(九日黃樓作)〉 「한 진 술 권하노니 그대 사양마오, 이 경지 맑은 삽계에 배 띄운 것과 어찌 다르리오.」(一杯相屬君勿辭, 此境何殊泛清霅) 조차공은 「삽계는 호주에 있다.」(霅溪在湖州)라 하였다. 같은 사람의 〈유술(劉述)에게 부치다(寄劉孝叔)〉 「그대 집 다만 삽계 가에 있는데, 위에는 흰 깃털 같은 흰 구름 있다네.」(公家只在霅溪上, 上有白雲如白羽) 조차공은 역시 「유술은 호주 오홍 사람이다.」(劉述湖州吳興人)라 하였다.

241. 三月四日. 聾巖先生臨溪堂 _ 公幹幹之侍來[1]

3월 4일 농암선생이 계당으로 오시다_공간과 간지가 모시고 왔다

安輿終日駐柴關 안 여 종 일 주 시 관	안거 종일토록 사립문에 세워두고,
野蔌山肴不厭歡 야 속 산 효 불 염 환	들판의 푸성귀 산채 안주에도 즐거움 끝이 없으시다네.
帶得春風蒙一笑 대 득 춘 풍 몽 일 소	봄바람 몰고 오셔 한바탕 웃음 자아내시니,
淸池小圃更寬閒 청 지 소 포 갱 관 한	맑은 못 작은 채마밭 더욱 넓고 한적해 보이네.

1 | 공간(公幹) : 농암의 넷째 아들인 하연(賀淵) 이중량(李仲樑)의 자. 위 182번 시의 주 1)을 보라.

간지(幹之) : 이름은 이계량(李季樑)이며, 호는 관암(串巖)으로 농암의 다섯째 아들이다. 관직은 의흥현감(義興縣監)을 지냈다.

2 | 안여(安輿) : 안거(安車)라고도 하며, 노인이나 부인 등이 편안하게 앉아서 타는 수레. 고관이나 귀부인이 주로 탔다.

종일주시관(終日駐柴關) : 주자의 〈순희 갑진년 2월에 무이정사에 한가하게 거처하고 있으면서 장난삼아 「무이산 골짜기의 뱃노래 10수」를 지어 여러 함께 노니는 사람들에게 바쳐 서로 어울려 한 차례 웃고자 하노라(淳熙甲辰仲春, 精舍閒居, 戲作武夷櫂歌十首, 呈諸同遊, 相與一笑)〉 제7수 「여섯째 구비 돌아서니 푸른 병풍바위가 짙푸른 물구비를 둘러쳤는데, 띠 집은 하루 종일 자주빛 관문으로 닫혀있네.」(六曲蒼屛遶碧灣, 茅茨終日掩柴關)

3 | 야속산효(野蔌山肴) : 효(肴)는 원래 고기안주라는 뜻. 산효는 산에서 나는 나물 등으로 만든 안주. 야속은 야채를 총칭하는 말. 송나라 구양수의 〈취옹정의 기문(醉翁亭記)〉 「산나물 안주에 들판의 푸성귀를 잡다히 앞에 늘어놓은 것은 태수가 여는 잔치인데, 잔치의 흥겨운 즐거움은 현악기나 관악기의 음악 때문이 아니다.」(山肴野蔌, 雜然而前陳者, 太守宴也, 宴酣之樂, 非絲非竹)

242. 寄趙松岡[1]

조송강에게 띄우다

落盡山花草歇芳[2]
낙 진 산 화 초 헐 방

산의 꽃 다 지고
　풀은 향기 잃었는데,

臨風回首憶松岡[3]
임 풍 회 수 억 송 강

바람 맞으며 고개 돌려
　송강 생각해보네.

文章有道難窺管[4]
문 장 유 도 난 규 관

문장에 도 있으니
　대롱으로 엿보기 어렵고,

學術多歧易喪羊[5]
학 술 다 기 이 상 양

학술에는 갈래 많아
　양 잃기 쉬움과 같네.

1 | 조송강(趙松岡) : 사수(趙士秀: 1502~1558)의 호. 자는 계임(季任)으로 양주(楊州) 사람이며 본관은 한양(漢陽)이다. 위 40번 시의 주 1)을 보라.

2 | 낙진산화(落盡山花) : 당나라 나은(羅隱)의 〈위섬에게 부침(寄韋贍)〉「석성에 비 내려 도롱이와 삿갓 쓰니 마음속의 기약 가로막는데, 산의 꽃 다 진다해도 그리워함은 그대로 있다네.」(石城蓑笠阻心期, 落盡山花有所思)

초헐방(草歇芳) : 당나라 유요(劉瑶)의 〈몰래 헤어지다(暗別離)〉「구슬 같은 풀 향기 그치니 마음 불안하고, 패옥 소리 내지 않으니 그림 병풍 차갑네.」(瑶草歇芳心耿耿, 玉珮無聲畫屏冷)

3 | 임풍회수(臨風回首) : 당나라 두보의 〈백사도(白沙渡)〉「바람 맞으며 홀로 고개 돌리고, 고삐 잡고서 다시 세 번 한숨짓네.」(臨風獨回首, 攬轡復三歎)

4 | 난규관(難窺管) : 관중규표(管中窺豹), 곧 천박한 식견으로 심원한 이치를 헤아리는 것에 대한 비유를 말함. 위 19번 시의 주 28) 관규(管窺)를 보라.

5 | 학술~상양(學術~喪羊) : 곧 다기망양(多岐亡羊)을 말함. 《열자·부절을 논함(說符)》「양자(곧 楊朱)의 이웃에 사는 사람이 양을 잃어버렸는데 온 일가를 다 모아놓고 또 양자의 아이종에게도 함께 쫓아갈 것을 청하였다. 양자가 말했다. 『허야! 양 한 마리를 잃어버렸는데 어찌하여 쫓는 사람이 이다지도 많은가?』 그러자 이웃 사람이 말했다. 『갈림길이 많아서입니다.』 돌아옴에 물었다. 『양은 찾았는가?』 『잃어버렸습니다.』 『어쩌다 잃어버렸는가?』 『갈림길 속에 또 갈림길이 있어서 제가 그 간 곳을 몰라 돌아오는 길입니다.』 심도자가 말했다. 큰 길에 갈래가 많아서 양을 잃는다면 배우는 자들은 방법이 많으면 방향을 잃는다.」(楊子之隣人亡羊, 旣率其黨, 又請楊子之竪追之. 楊子曰, 嘻, 亡一羊何追者衆. 隣人曰, 多歧路. 旣反, 問, 獲羊乎. 曰, 亡之矣. 曰, 奚亡之.

翕習政堪凌汗漫6
흡 습 정 감 능 한 만

훌륭한 그대 정치
실속없는 일 능멸하지만,

虺隤不願騁康莊7
훼 퇴 불 원 빙 강 장

나 같이 병든 말은
사통팔달 넓은 길 달리기 원치 않는다네.

何時更泛汾川水8
하 시 갱 범 분 천 수

어느 때나 다시금
부내의 물에 배 띄우고,

共醉仙家九醞觴9
공 취 선 가 구 온 상

선가의 구온주 술잔에
함께 취해 보겠는가.

曰, 岐路之中, 又有岐焉, 吾不知所之, 所以反也. 心都子曰, 大道以多岐亡羊, 後者以多方喪生) 갈림길에 서서 망설이다가 아무런 성취도 없음을 비유하는 말로 쓰인다.

6 | 흡습(翕習) : 《문선》 권11 후한 왕연수(王延壽: 자는 文考)의 〈노나라의 영광전(魯靈光殿賦)〉「상서로운 바람 흡족하게 솨솨 불어오고, 향기로운 향기 부딪치나 항상 향기롭네.」(祥風翕習以颯灑, 激芳香而常芬)

7 | 훼퇴(虺隤) : 《시경·도꼬마리(卷耳)》「높은 산에라도 오르려 하나, 내 말 병들었네.」(陟彼崔嵬, 我馬虺隤)라는 구절에 대한 한나라 정현(鄭玄)의 주석 「손염이 말하기를 『말이 물러나 오를 수 없는 병이다.』라 하였다.」(孫炎云, 馬退不能升之病也) 주자(《시집전(詩集傳)》)는 「말이 피곤하여 높이 오를 수 없는 병」(馬罷不能升高之病)이라 하였다.

강장(康莊) : 사통팔달의 대로를 말함. 《이아·석궁(爾雅·釋宮)》「한 군데로 통하는 길을 도로라 하고, 두 군데로 갈통하는 길을 기방이라고 하며 …… 다섯 군데로 통하는 길을 강, 여섯 군데로 통하는 길을 장이라 하고 …… 9군데로 통하는 길을 규라 한다.」(一達謂之道路, 二達謂之歧旁……五達謂之康, 六達謂之莊……九達謂之逵)

8 | 분천(汾川) : 예안의 부내를 말함. 조사수는 일찍이 부내에 있는 애일당(愛日堂)으로 가서 농암을 예방한 적이 있는데 이때 지은 시가 있다. 이때 퇴계와 농암도 조사수의 시에 차운을 하였는데 모두 《내집》 권2의 40번 시에 수록되어 있다.

9 | 선가(仙家) : 농암의 애일당(愛日堂)을 가리킴. 농암 이현보를 신선에 비겨 말한 것임.

구온상(九醞觴) : 구온은 술 이름. 한나라 유흠(劉歆)의 《서경잡기(西京雜記)》 권1 「한나라 제도에 …… 정월 초하루에 술을 담아 8월에 완성되는데 이것을 주라 하며, 일명 구온이라고도 하고 순주라고도 한다.」(漢制……以正月旦作酒, 八月成, 名曰酎, 一曰九醞, 一名醇酎) 여기서는 미주(美酒), 곧 맛좋은 술을 아름답게 표현한 것임.

243. 謹伏奉和, 聾巖先生辱示之作

농암선생께서 황송하옵게도 보여주신 시에 삼가 엎드려 화답하다

抱病年來天放閒
포 병 연 래 천 방 한

병 안고 사는 동안
하늘이 한가롭게 놓아주어,

追陪宿願肯言寒
추 배 숙 원 긍 언 한

좇아 모시고 싶던 오랜 소원
모자란다 하겠는가?

春遊洞裏花成幄
춘 유 동 리 화 성 악

봄날 골짝에 나가 노니
꽃 천막을 이루었고,

漁會潭邊石作盤
어 회 담 변 석 작 반

어부 못 가로 모이는데
돌 넓고 편편하네.

踐勝芝山宜道味[1]
천 승 지 산 의 도 미

빼어난 지산 오르자니
도의 맛 마땅하고,

1 | 지산(芝山) : 영지산(靈芝山)을 말함. 《내집》 권1의 45. 〈삼가 농암 이선생의 「영지정사시」에 화답하여(奉酬聾巖李先生靈芝精舍詩)〉의 서문을 참고하기 바람.

2 | 하수(霞岫) : 하(霞)는 곧 자하산(紫霞山)을 가리킴. 《내집》 권1의 101. 〈푸름을 밟고 자하산에 오르다(踏青登霞山)〉의 주 1)을 보라.

3 | 남여(籃輿) : 「籃轝」로도 쓰며 대나무를 엮어서 만든 가마를 말함. 남여는 퇴계의 시 중에 3번 보이는데 모두 농암을 읊은 시에만 쓰였음.

4 | 진사안(晉謝安) : 진나라 사안(320~385)은 양하(陽夏) 사람으로, 젊어서부터 이름이 있어 여러 차례나 조정에서 불렀으나 나아가 벼슬을 하지 않고, 기녀를 데리고 즐겨

登高霞岫賸淸歡[2]
등 고 하 수 승 청 환

높이 자하산 봉우리 오르니
맑은 기쁨 더하여지네.

籃輿到處皆眞境[3]
남 여 도 처 개 진 경

대나무 가마 이르는 곳마다
모두 참된 선경이니,

莫羨風流晉謝安[4]
막 선 풍 류 진 사 안

풍류스럽다던 진나라 사안
부러워하지 마시구려.

유람하였다. 나이 40이 넘어서야 벼슬길에 나서 그 명성이 널리 드러났다. 《진나라의 역사·사안의 전기》「처음에는 사도부로 불리고 좌저작랑에 임명되었으나 모두 병을 핑계로 사퇴하였다. 회계에 우거하면서 왕희지 및 고양의 허순, 상문의 지둔과 놀러 다녔는데, 집밖에 나가서는 산과 물에서 물고기와 주살로 새나 잡고, 집에 들어와서는 글이나 짓고 읊조리는 이야기를 하면서 세상의 뜻에는 관심을 두지 않았다.」(初辟司徒府, 除佐著作郎, 並以疾辭. 寓居會稽, 與王羲之及高陽許詢·桑門支遁遊處, 出則漁弋山水, 入則言詠屬文, 無處世意) 송나라 황공도(黃公度)의 〈여수와 헤어짐(別呂守)〉「가세로 치면 당나라의 소우요, 풍류로 치면 진나라 사인이라네.」(家世唐蕭瑀, 風流晉謝安)

【원운시】

閒餘, 憶得前日雪中枉駕, 謝詩絶句安字韻, 演成長律, 錄奉溪堂

한가한 여가에 전날 눈속에 찾아준 것이 생각나 「안」자 운 절구시를 지은 것에 감사하며 장률로 늘여 완성하여 삼가 계당으로 적어보낸다

適我投簪公亦閒	내 마침 감투 벗어 던졌거늘 그대 또한 한가하여,
從遊幾歲暑幷寒	몇 년 좇아 노닐며 더위와 추위 함께 하였다네.
舟橫簟石波添酌	배 점석 가로지르니 물결 술잔에 더하여지고,
席掛茅亭雨滿盤	모정에 자리 거니 비 쟁반에 가득하네.
花下樽開僧亦醉	꽃 아래서 술통 여니 중 또한 취하였고,
雪中肩聳客同歡	눈 속에서 어깨 솟으니 손님 또한 함께 즐거워하였다네.
如今登賞尤多所	지금 올라 감상할 장소 더욱 많으니,
西有臨江東月安	서쪽으로는 임강사요 동쪽에는 월안사 있다네.

月安, 寺名, 後改月瀾　월안은 절 이름으로 나중에 월란으로 고쳤다

244. 奉還黃仲擧寄文章歐冶, 兼贈詩一篇[1]

삼가 황준량이 부쳐준《문장구야》를 돌려주며 아울러 시 한 편을 지어주다

黃子得奇書 황 자 득 기 서	황자 기이한 책 얻었는데,
號曰文章冶 호 왈 문 장 야	《문장구야》라 하네.
驚見未曾有 경 견 미 증 유	깜짝 놀라 보니 일찍이 없던 것이라,
攜來從都下 휴 래 종 도 하	서울에서 가지고 왔다네.
不忍獨擅奇 불 인 독 천 기	차마 기이함 독차지할 수 없어서,
示我撥懵寡 시 아 발 몽 과	내게 보여주며 몽매하고 과문함 떨치게 하였네.
初窺眩奪目 초 규 현 탈 목	처음 엿보았더니 아찔하게 시선 빼앗고,
至寶靡容把 지 보 미 용 파	지극한 보물이라 손에 잡을 수가 없었다네.
文章似金鑛 문 장 사 금 광	문장은 금광 같은데,
只在鑪錘者 지 재 노 추 자	다만 도가니 같은 것에 있을 뿐이라네.

1 | 문장구야(文章歐冶) : 《고증》「책 이름이다. ○ 오나라 사람 구야자는 칼을 잘 만들었는데, 순구·잠로·호조·어사·거궐의 다섯 명검을 만들었다.」(書名○案, 吳人歐冶子善鑄劒, 作純鉤·湛盧·豪曹·魚腸·巨闕五名劒)

百鍊取精英 백 번을 정련하여 정수만을 취하고,
백 련 취 정 영

千磨非苟且 천 번이나 연마하니 구차하지 않았다네.
천 마 비 구 차

造化爲橐籥[2] 조화롭기 풀무와 같아,
조 화 위 탁 약

妙手難虛假 뛰어난 솜씨로도 함부로 빌리기 어렵다네.
묘 수 난 허 가

苟能得三昧[3] 진실로 그 비결 터득할 수만 있다면,
구 능 득 삼 매

可以追屈賈[4] 굴원과 가의라도 좇을 수 있겠네.
가 이 추 굴 가

2 | 탁약(橐籥) : 풀무. 《노자》「천지 사이는 풀무와 같을 것이로다! 속은 비었어도 구부러지지 아니하고, 움직일수록 더욱 많이 나오는도다.」(天地之間, 其猶橐籥乎! 虛而不屈, 動而愈出)

3 | 삼매(三昧) : 오직 어떤 일에만 골몰하여 다른 일은 생각지도 않음을 말함. 위 17번 시의 주 24)를 보라.

4 | 굴가(屈賈) : 전국시대 초나라의 충신 굴원(屈原)과 한나라의 가의(賈誼)를 말함. 둘 다 초사를 잘 지었으며, 《사기》에도 두 사람의 전기가 함께 수록되어 있어 병칭됨.

5 | 전모·풍아(典謨·風雅) : 전(典)과 모(謨)는 모두 《상서》편명으로 〈요전(堯典)〉과 〈순전(舜典)〉, 〈대우모(大禹謨)〉와 〈고요모(皐陶謨)〉가 있는데 《상서》를 대신 일컬은 것이다. 풍아(風雅)는 《시경》의 육의(六義) 중 국풍(國風)과 대·소아(大·小雅)를 말하며, 역시 《시경》을 대신 일컬은 것이다.

6 | 연참(鉛槧) : 연은 먹 또는 분필을 말하고 참은 서판을 말하는데, 여기서는 문필, 혹은 문장 짓는 일을 말한다. 한나라 유흠(劉歆)의 《서경잡기(西京雜記)》 권3「양웅(揚雄)은 일 벌리기를 좋아하여 여러 계리들을 따라 다니며 각지의 사투리를 찾아내어 천자의 사신들이 기록함에 도움을 주려고 하였는데 정말 큰 뜻이 있었기 때문이었다.」(揚子雲好事, 常懷鉛提槧, 從諸計吏訪殊方絶域四方之語, 以爲裨補輶軒所載, 亦洪意也) 당나라 한유의 〈무본스님이 범양으로 돌아감에 전송하다(送無本師歸范陽)〉「늙고 게을러져 다투는 마음 없어져, 오래도록 글 짓는 일 하지 않았네.」(老懶無鬭心, 久不事鉛槧)

豈惟屈賈倫 기 유 굴 가 륜	어찌 굴원과 가의 같은 무리뿐이랴,
典謨兼風雅5 전 모 겸 풍 아	《상서》에다 《시경》까지 아우르겠네.
我粗事鉛槧6 아 조 사 연 참	나는 문필로 하는 일이 서툴러,
繩樞非廣厦7 승 추 비 광 하	새끼로 지도리 달뿐 큰집은 아니라네.
譬如雕龍辯8 비 여 조 룡 변	비유컨대 용을 새긴 듯한 웅변 앞에,
一朝强吃啞 일 조 강 흘 아	하루 아침에 그만 벙어리 된 듯하네.

7 | 승추(繩樞) : 새끼를 가지고 만든 문지도리로 가난한 집을 형용한 말이지만 여기서는 보잘 것 없는 문장 솜씨를 비유함. 《고금사문유취(古今事文類聚)·별집》 권14「한포와 한계는 모두 시문에 대한 학문을 가지고 있었다. 한계가 일찍이 한포를 깔보고 사람들에게 말하기를 『우리 형이 문장을 지으면 비유컨대 새끼로 만든 문지도리의 초가집으로 그나마 잠시 비바람이나 가릴 정도와 같으며, 내가 문장을 지으면 오봉루를 짓는 솜씨를 만난 것과 같다.』고 하였다.」(韓浦韓洎咸有詞學. 洎嘗輕浦, 語人曰, 吾兄爲文, 譬如繩樞草舍聊庇風雨, 予之爲文, 是造五鳳樓手)

8 | 조룡변(雕龍辯) : 용을 새긴 것처럼 미사여구를 써서 문장을 아름답게 꾸민 것을 말함. 《사기·순경(荀卿)의 전기》「나이 오십에 비로소 제나라에 와서 유학하였다. 추연의 학술은 우활하고 크며 말이 웅대하다. 추석은 문채는 가꾸어졌으나 시행하기는 어렵다. 순우곤은 오래 동안 같이 있으면 이따금 좋은 말을 얻을 수 있다. 그리하여 제나라 사람들이 칭송하여 말하기를 『하늘을 말하는 추연, 용을 새기는 추석, 수레바퀴에 기름을 잘 치는 순우곤』이라 하였다.」(年五十始來游學於齊. 騶衍之術迂大而閎辯, 奭也文具難施, 淳于髡久與處, 時有得善言. 故齊人頌曰, 談天衍, 雕龍奭, 炙轂過髡) 양(梁)나라 강엄(江淹)의 〈별부(別賦)〉「부로는 구름을 뚫고 올라가는 뛰어난 이름이 있고, 웅변으로는 용을 새긴 듯한 명성이 있네.」(賦有凌雲之稱, 辨有雕龍之聲) 이는 문장의 조탁을 아름답게 여길 때 하는 말이며 반대의 뜻으로는 말할 때는 조충(雕蟲)이라고 함.

又如爬沙鈍[9] 또한 게걸음 걷듯 노둔하면서도,
우 여 파 사 둔

奔軼效天馬 질주하여 천마를 본받으려는 것 같네.
분 질 효 천 마

曾聞宣父聖[10] 일찍이 듣자니 성인 공자께선,
증 문 선 보 성

如愚許回也[11] 어리석은 듯한 안회 인정하셨다네.
여 우 허 회 야

豈有游夏羣 어찌 자유나 자하 같은 무리처럼,
기 유 유 하 군

攻文決趣捨[12] 문학만 닦는 것으로 인정을 받을 수 있을까?
공 문 결 취 사

況余老且病[13] 하물며 내 늙은데다 병까지 들어,
황 여 노 차 병

9 | 파사(爬沙) : 모래 위를 기어감, 또는 천천히 걸어감을 말함. 당나라 한유의 〈월식시를 노동(盧仝)을 본받아 짓다(月蝕詩, 效玉川子作)〉「나아가는데 손발 무디니, 누가 너에게 푸른 바다와의 인연 알게 하리?」(杷沙脚手鈍, 誰使女解緣靑冥) 송나라 소식의 〈호랑이 새끼(虎兒)〉「두꺼비 머뭇거리며 나아가려 않으니, 잠깐만에 푸른 적삼에 백발 드리우게 하네.」(蟾蜍爬沙不肯行, 坐令靑衫垂白鬚)

10 | 선보(宣父) : 공자의 존칭. 《먼저 쓴 당나라의 역사·현종(玄宗) 본기》「갑신년(天寶 3년 744년) 법으로 공자를 문선왕에 추증하고 안회를 연국공에 추증하였다.」(甲申, 制追贈孔宣父爲文宣王, 顔回爲兗國公)

11 | 우허회(愚許回) : 《논어·정치를 행함에(爲政)》「공자가 말씀하셨다. 『내가 안회와 종일토록 이야기를 해보았는데도 내 말을 어기지 않아 어리석은 사람 같았다. 물러간 후에 그의 사생활을 살펴보았더니 또한 충분히 나의 말을 실천하고 있으니 안회는 아리석지 않구나!』」(子曰, 吾與回言終日, 不違如愚. 退而省其私, 亦足以發, 回也不愚)

12 | 유하~공문(游夏~攻文) : 《논어·선배들이(先進)》에 공문십철(孔門十哲)에 대하여 평가하는 말이 나오는데 「덕행이 뛰어난 사람은 안연과 민자건, 염백우, 중궁이고 …… 문학이 뛰어난 사람은 자유와 자하이다.」(德行, 顔淵閔子騫冉伯牛仲弓……文學, 子游子夏)라 하였다.

13 | 노차병(老且病) : 송나라 소식의 〈장천각을 전송하면서 메 산자 운을 얻어 짓다(送張天覺得山字)〉「나 또한 늙은데다 병까지 들어, 눈은 어두워지고 허리와 다리 무디어졌다네.」(我亦老且病, 眼花腰脚頑)

寧入班楊社[14] 영 입 반 양 사	어찌 반고나 양웅의 서열에 들겠는가?
越人疎章甫[15] 월 인 소 장 보	월나라 사람 장보관 멀리하듯,
鄕筵謝殷斝[16] 향 연 사 은 가	고을 술자리선 술잔도 사양한다네.
惟君方妙齡[17] 유 군 방 묘 령	생각건대 그대 바야흐로 한창때 나이인데도,
文字銀河瀉 문 자 은 하 사	문사는 은하수 쏟아지는 듯.
本末不容偏 본 말 불 용 편	본말은 치우침 허용치 않고,
館閣未宜野[18] 관 각 미 의 야	한림원에서는 거칠어서도 안 된다네.

14 | 반양사(班楊社) : 한나라 때의 문필가로 《한서(漢書)》와 〈양도부(兩都賦)〉 등을 지은 반고(班固)와 《태현경(太玄經)》, 《법언(法言)》 등을 지은 양웅(揚雄)을 아울러 일컬은 것임. 사(社)는 문단 혹은 서클을 말함.

15 | 월인소장보(越人疎章甫) : 장보는 갓의 이름. 《장자·자유롭게 노님(逍遙遊)》「송나라 사람이 장보관을 사서 (팔려고) 월나라로 갔다. 그런데 월나라 사람들은 머리를 깎고 문신을 하고 지내므로 아무 소용이 없었다.」(宋人資章甫而適諸越, 越人斷髮文身, 无所用之) 이 구절은 퇴계 자신은 지금 문학을 닦는 것이 크게 소용이 없음을 말하고 있다.

16 | 은가(殷斝) : 술잔을 말함. 《시경·대아·길가의 갈대(行葦)》「주고 받기도 하며, 작을 씻고 가를 바치기도 하네.」(或獻或酢, 洗爵奠斝) 《모시주소(毛詩注疏)》「가는 술잔이다. 하나라에서는 잔이라 하였고, 은나라에서는 가라 하였으며, 주나라에서는 작이라 하였다.」(斝爵也. 夏曰醆, 殷曰斝, 周曰爵)

17 | 묘령(妙齡) : 묘년(妙年)이라고도 하며, 20세 미만의 젊은 나이를 가리킴. 이 시를 지은 해는 1552으로 퇴계 52세, 황준량은 36세 되던 해이다. 여기서는 그냥 자신보다 젊은 사람의 나이를 일컫는 말로 쓰였다.

18 | 미의야(未宜野) : 《고증》「야는 질이 문보다 나음을 말한다.」(案, 野是質勝文之謂)

英才感鳶魚[19]
영 재 감 연 어

영재도 솔개 날고 물고기 뛰는 것 느끼나니,

非唯自陶寫
비 유 자 도 사

오직 혼자서 마음 가다듬는 것만은 아니라네.

交聘重辭命
교 빙 중 사 명

외교관에게는 응대하는 말이 중요하지만,

國體須土苴[20]
국 체 수 토 저

국가를 다스리는 데에는 모름지기 찌꺼기일 뿐이라네.

采金荊山刓
채 금 형 산 완

금 캐고나면 형산 깎이고,

伐炭鄧林赭[21]
벌 탄 등 림 자

석탄 캐고나면 등림 붉게 변한다네.

19 | 연어(鳶魚) : 곧 연비어약(鳶飛魚躍)을 말함. 《중용》 제12장 「군자의 도는 (用이) 넓고 (體가) 은미하다. 《시경》에 이르기를 『솔개는 날아 하늘에 이르고, 물고기는 연못에서 뛰논다』라 하였으니 상하에서 이치가 밝게 드러남을 말한 것이다.」(君子之道, 費而隱, 詩云鳶飛戾天, 魚躍于淵, 言其上下察也) 《시경》은 〈대아·가문 산기슭(旱麓)〉을 말하며, 이 말은 천리가 운행되는 오묘한 작용을 형용한 것이다.

20 | 토저(土苴) : 《장자·양왕(讓王)》 「도의 본체로 심신을 다스리고, 도의 잔해로 국가를 다스리며, 도의 찌꺼기로 천하를 다스린다.」(道之眞以治身, 其緖餘以爲國家, 其土苴以治天下) 《고증》 「명나라 설선(薛瑄: 자는 文淸)의 시에 『선비는 위로 향하는 일 하는데, 문장은 특히 찌꺼기라네.』라는 구절이 있다.」(薛文淸, 儒有向上事, 文章特土苴) 송나라 소식의 〈도교의 서적을 읽고(讀道藏)〉 「사람들 모두 그 몸 소홀히 하여, 도의 찌꺼기를 가지고 그것 다스린다네.」(人皆忽其身, 治之用土苴)

21 | 등림(鄧林) : 진(晉)나라 곽박(郭璞)의 《산해경(山海經)》 권8 〈해외북경(海外北經)〉 「과보가 태양과 경주를 하였는데 해질 무렵이 되어 목이 말라 물을 마시고 싶어 황하와 위수의 물을 마셨다. 하수와 위수의 물로는 부족하여 북쪽으로 대택의 물을 마시러 가다가 미처 도착하기도 전에 목이 말러 죽었다. 그 지팡이를 버렸는데 변하여 등림이 되었다.」(夸父與日逐走, 入日, 渴欲得飮, 飮於河渭, 河渭不足, 北飮大澤, 未至道, 渴而死, 弃其杖, 化爲鄧林) 《산해경》에 주석을 단 필원(畢沅)은 등림은 곧 도림(桃林)이라고 하였는데, 곧 초나라 북쪽의 경계에 있을 것이라고 하였다.

大塊噫風雷[22] 대 괴 희 풍 뢰	대지는 바람 내뿜어 천둥 치고,
爇天光燄惹 설 천 광 염 야	붉은 하늘은 광염을 일으키네.
湛盧與莫邪[23] 잠 로 여 막 야	잠로와 막야 같은 명검은,
淬礪功不舍 쉬 려 공 불 사	담금질하고 간 공로 저버리지 않는다네.
一試妖氛辟 일 시 요 분 벽	한번 시험에 요사스런 기운 물리치고,
再揮孟門撦[24] 재 휘 맹 문 차	두 번 휘두르면 맹문산도 가른다네.

22 | **대괴희풍뢰(大塊噫風雷)** : 《장자·제물론(齊物論)》「대저 천지가 숨쉬는 것을 바람이라고 한다. 이게 일지 않으면 그뿐이지만 일단 일었다 하면 온갖 구멍이 다 성난듯 부르짖는다. 그대는 어찌하여 저 윙윙거리는 소리를 듣지 못했는가? 산림의 우뚝 솟은 봉우리의 백 아름이나 되는 큰 나무의 구멍은 코 같고, 입 같고, 귀 같고……」(夫大塊噫氣, 其名爲風. 是唯無作, 作則萬竅怒呺. 而獨不聞之翏翏乎? 山林之畏隹, 大木百圍之竅穴, 似鼻, 似口, 似耳……)

23 | **잠로(湛盧)** : 진나라 장화(張華)의 《박물지(博物志)》「보검인 순구와 잠로, 호조, 어양, 거궐의 다섯 검은 모두 구야자가 만든 것이다.」(寶劍名純鉤湛盧豪曹魚腸巨闕五劍, 皆歐冶子所作)

막야(莫邪) : 『오월춘추』 권4「합려내전(闔閭內傳)·합려 원년」 "막야는 간장의 아내이다. 간장이 칼을 만드는데 …… 금철의 정수가 녹아서 흐르지를 않았다. …… 이에 간장의 아내는 곧 머리카락을 자르고 손톱을 잘라 도가니 속에 던졌다. …… 금철이 이에 녹아서 마침내 칼을 다 만들었는데, 양검은 간장이라 하였고, 음검은 막야라 하였으며 양검에는 거북이 누늬를 새겨넣고, 음검에는 멋대로 새겨진 무늬를 새겨넣었다." (莫耶, 干將之妻也. 干將作劍……而金鐵之精不銷淪流……於是干將妻乃斷髮剪爪, 投於爐中……金鐵乃濡. 遂以成劍, 陽曰干將, 陰曰莫耶, 陽作龜文, 陰作漫理)

24 | **맹문(孟門)** : 중국 산서성(山西省) 길현(吉縣)에 있는 산 이름.

차(撦) : 《고중》「음은『차』이며, 찢는다는 뜻이다.」(齒者切, 裂開也)

得奇乃見奇[25]
득 기 내 견 기

기이함 얻어 이에 기이함 드러나니,

華國傳諸夏
화 국 전 제 하

중국에서 여러 나라로 전하여졌다네.

封書却還君
봉 서 각 환 군

책 싸서 그대에게 다시 돌려드리나니,

吾言匪礫瓦
오 언 비 력 와

나의 말 쓸데없는 말 아니라네.

異時萬人敵
이 시 만 인 적

훗날 만 사람 감당할 것이니,

兇徒安足剮
흉 도 안 족 과

흉포한 무리들이야 앉아서도 충분히 제거하리라.

25 | 득기내견기(得奇乃見奇) : 송나라 진사도(陳師道)의 《후산시화(後山詩話)》「(한나라) 양웅의 문장은 기이함을 좋아하였지만 끝내 기이해질 수 없었다. 그래서 내용은 어려우면서도 문사는 어렵다.」(揚子雲之文, 好奇而卒不能奇也. 故思苦而詞艱)

245~246. 次韻仲擧詠竹_壬子夏, 還朝後

황준량이 대나무를 소재로 읊은 시의 각운자를 써서_임자년 여름 조정에서 돌아온 뒤에

245 風竹 풍죽

風來竹嘯兩非空 풍 래 죽 소 양 비 공	바람 불어와 대나무 우니 둘 다 적막하지 않았는데,
風定聲歸泬寥中[1] 풍 정 성 귀 혈 료 중	바람 멎으니 대나무 우는 소리 허공 속으로 사라지네.
畢竟有聲緣底物 필 경 유 성 연 저 물	결국 어떤 사물이 소리를 일으키는지,
風還鳴竹竹鳴風 풍 환 명 죽 죽 명 풍	바람 돌아와 대나무 울리고 대나무는 바람 울린다네.

1 | 혈료(泬寥) : 「泬寥」라고도 하며, 맑고도 환하게 탁 트인 모양을 말함. 《내집》 권1의 193 시의 주 29)를 보라.

246 雪竹 설죽

天敎滕六化山皐[2]
천 교 등 륙 화 산 고

하늘 등륙으로 하여금
산과 늪 변화시키니,

沒盡千家不見毛
몰 진 천 가 불 견 모

수천 채나 되는 집 모두 삼키어
초목이라고는 보이지 않네.

只有臨溪千挺玉[3]
지 유 임 계 천 정 옥

다만 시냇가에 수천 개
빼어난 옥 있는데,

耐寒擎重不藏高
내 한 경 중 부 장 고

추위 견디며 무거운 눈 들고
고상한 자태 감추지 않았다네.

2 | 등륙(滕六) : 눈을 일으키게 한다는 신. 곧 눈을 가리킴. 당나라 우승유(牛僧孺)가 지은 《유괴록·등륙이 눈을 내리고 손이가 바람을 일으키다(幽怪錄(《玄怪錄》이라고도 함)·滕六降雪巽二起風)》「진주의 자사 소지충이 섣달 그믐날을 기하여 장차 사냥을 가려고 하였다. 이보다 하루 앞서 어떤 나뭇꾼이 날짐승이며 길짐승 백여 마리가 현연사자에게 비는 것을 보았는데, 사자는 늙은 사슴들에게 동곡의 암사에게 가서 빌어보라고 하였다. 암사는 『등륙으로 하여금 눈을 내리게 하고, 손이로 하여금 바람을 일으키게 하면 소자사가 사냥을 떠나지 못할 것이다.』라고 하였다. 날이 밝지도 않았는데 별안간 큰 바람과 눈이 갑자기 몰아쳐 소자사는 다시 나갈 수도 없게 되었다.」(晋州刺史蕭至忠, 將以臘日出獵. 前一日, 有樵者見禽獸百許, 祈於玄宴使者, 使者令老麋祈于東谷巖四. 巖四曰, 若令滕六降雪, 巽二起風, 不復遊獵矣. 天未明忽風雪大作, 刺史不復出)

3 | 옥(玉) : 여기서는 대나무를 가리킨다.

247. 七月十一日, 自東湖暮入城[1]_是日有成均之命[2]

7월 11 동호에서 밤에 성에 들다_이날 성균관 대사성에 임명되었다

斜陽千里眼穿雙
사 양 천 리 안 천 쌍

해 천리에 비껴
두 눈 찌르는데,

嫋嫋秋風吹漢江[3]
요 뇨 추 풍 취 한 강

산들산들 가을 바람
한강으로 불어오네.

不向扁舟尋去興
불 향 편 주 심 거 흥

쪽배 향하지 못하니
곧 홍취 사라지고,

强鞭羸馬踏逄逄[4]
강 편 이 마 답 방 방

야윈 말 채찍질 하니
둥둥 북소리 울리네.

1 | 동호(東湖) : 호당(湖堂)이라고도 하며 사가독서(賜暇讀書)를 하던 장소, 곧 독서당을 말함. 위 38번 시에 이미 나왔음.

2 | 《퇴계연보》 임자년(1552) 7월 조 「통정대부(通政大夫)로 승진되고 성균관 대사성에 임명되었다.」 《연보보유》 같은 조 「선생께서는 11일 동호에 있다가 저녁에 입성하였다.」

3 | 요뇨추풍(嫋嫋秋風) : 당나라 왕유(王維)의 〈진감 사랑의 가을비 속에 종제인 거를 생각하다라는 시에 화답하다(和陳監四郎, 秋雨中思從弟據)〉 「산들산들 가을 바람 움직이고, 쓸쓸하게 안개비 자욱하다네.」(嫋嫋秋風動, 凄凄煙雨繁)

4 | 방방(逄逄) : 방방은 북소리를 나타내는 의성어. 《시경·대아·영대(靈臺)》 「악어가죽 북 둥둥, 판수장님 음악 연주하네.」(鼉鼓逄逄, 矇瞍奏公) 송나라 소식의 〈등주에 있는 손씨의 만송당(登州孫氏萬松堂)〉 「앉아서 저녁 봉화 바다 높은 곳까지 전해지기 기다려, 다시 성으로 돌아가자니 북소리 둥둥 울리네.」(坐待夕烽傳海嶠, 重城歸去踏逄逄)

248. 喜雨. 呈松岡

비를 기뻐하다. 송강에게 드림

精虔不待禱桑林[1]
정 건 부 대 도 상 림

정성 다하여 상림에서
기도하기 기다리지 않았는데,

大霈甘霖沃物深
대 패 감 림 옥 물 심

가뭄 뒤에 많은 비 쏟아져
만물 푹 적셔주네.

我與萬人同鼓舞
아 여 만 인 동 고 무

내 만 백성과 더불어
함께 북치고 춤추고 있으니,

歸田從此更關心
귀 전 종 차 갱 관 심

고향으로 돌아가고픔 이제부터
더욱 관심사 되네.

1 | 도상림(禱桑林) : 상림은 지명으로, 상(商)나라 탕임금 때 7년이란 긴 가뭄이 들자 탕임금이 비를 비는 기도를 올렸다는 곳이다. 《죽서기년(竹書紀年)》「24년에 큰 가뭄이 들었는데 왕이 상림에서 비를 빌었다.」(二十四年大旱, 王禱于桑林雨) 삼국시대 위나라 조식(曹植)의 〈탕임금이 상림에서 기도한 것을 기림(湯禱桑林贊)〉「생각건대 은나라 때, 7년 타는 듯한 가뭄 들었네. 탕임금 상림에서 기도하면서 하늘에 복 빌었다네. 머리 자르고 손톱 잘라 스스로 희생 되었다네. 하느님께서 감응하시어 때맞춰 비 내리셨네.」(惟殷之世, 炎旱七年. 湯禱桑林, 祈福于天. 翦髮離爪, 自以爲牲, 皇靈感應, 時雨以零)

249. 贈別閔景說參議, 赴燕京[1]

민경열 참의가 연경으로 감에 지어주며 작별하다

淡水交情慕閔君[2]
담 수 교 정 모 민 군

담담한 물같이 사귄 우정
민군을 흠모하나니,

沈資邃學更能文
침 자 수 학 갱 능 문

침착한 바탕 깊은 학문에다
더욱이 문장에도 능하다네.

遊從玉府兼瀛館[3]
유 종 옥 부 겸 영 관

그를 따라 옥부와
영관에서 함께 놀고 보니,

氣味霜蓬與野雲
기 미 상 봉 여 야 운

우리들의 정취 서리맞은 쑥대에
들판의 구름 같다네.

雙六流年悲面改
쌍 륙 유 년 비 면 개

열두 해 지나간 세월
모습 바뀜 슬프고,

1 | 경열(景說) : 관물당(觀物堂) 민기(閔箕: 1504~1568)의 자임. 달리 호를 호학재(好學齋)라고도 하며 본관은 여흥(驪興). 시호(諡號)는 문경(文景). 위 38번 시의 1)을 보라.
연경(燕京) : 지금의 북경을 말하며, 전국시대 연나라의 서울이었기 때문에 이렇게 부름.

2 | 담수교정(淡水文情) : 《장자·산의 나무(山木)》「군자의 사귐은 물과 같이 담담하고, 소인의 사귐은 단술과 같이 달콤하다. 군자는 담담함으로 친밀해지고, 소인은 달콤함으로 단절된다.」(君子之交淡若水, 小人之交甘若醴. 君子淡以親, 小人甘以絶) 당나라 백거이(白居易)의 〈장씨네 열 여덟째 원외께서 새로 지은 시 25수를 부쳐주었다. 군청사의 누대 아래서 밤새도록 읊조리며 감상하다가 그 시 두루마리 뒤에 써서, 원미지에게 봉하여 부친다(張十八員外以新詩二十五首見寄. 郡樓月下, 吟翫通夕, 因題卷後, 封寄微之)〉「양춘곡의 곡조 고상하여 화답하기 어렵고, 담담한 물 같이 사귄 우정 늙어서야 비로소 알게 되었네.」(陽春曲調高難和, 淡水交情老始知)

3 | 옥부(玉府) : 주나라의 관직제도를 설명한 책인 《주례·천관(周禮·天官)》「옥부는 왕의 황금과 주옥, 진귀한 노리개, 병기를 관장한다.」(玉府, 掌王之金玉玩好兵器) 조선에서는 주로 홍문관(弘文館)을 가리키는 말로 쓰였음.

四千遐路惜襟分
사 천 하 로 석 금 분

사천 리 머나먼 길
이별의 정 애틋하다네.

偏方自媿桑弧志[4]
편 방 자 괴 상 호 지

치우친 나라에서 남자의 뜻
펴지 못함 스스로 부끄러워하였으니,

歸日披蒙佇廣聞
귀 일 피 몽 저 광 문

돌아오시는 날 몽매함 헤치고
견문 넓힘 발돋움하고 기다리리라.

余與景說, 俱辛丑賜暇, 至今十二年矣. 丁未冬, 余及景說•景霖同在書堂.[5] 余以詩戲兩君云, 詩如古磬樂山子, 氣似野雲觀物翁. 唯有退溪多病客, 蕭條身世類霜蓬.[6] 蓋觀物, 景說號, 樂山, 景霖號

나와 민경열은 함께 신축년(1541)에 사가독서를 하였는데 지금은 12년이 되었다. 경미년(1547) 겨울에 나와 경열, 경림은 다같이 서당에 있었는데, 내가 시를 지으며 두 사람을 놀려 말하였다.「시 옛 경쇠 같은 이는 요산자이고, 기 들판의 구름 같은 이는 관물옹이라네. 오직 퇴계의 다병한 나그네 있으니, 쓸쓸한 신세 마치 서리맞은 쑥대와 같구나.」 관물은 경열의 호이고, 요산은 경림의 호이다.

영관(瀛館) : 영(瀛)은 신선이 놀던 곳인 삼신산의 중의 하나인 영주(瀛洲)를 말한다. 문학지사가 특별한 영예를 얻어 선경에 들어온 듯한 것을 일컫는 말이며, 여기서는 사가독서를 하던 호당(湖堂)을 가리키는 말로 쓰였다. 동호독서당은 역시 삼신산의 하나인 봉래산에도 비유를 해서 봉관(蓬館)이라고도 불렀다.

4 | 상봉(霜蓬) : 곧 상호봉시(桑弧蓬矢)를 말함. 옛날에 사내아이가 출생하면 뽕나무로 활을 만들고 쑥대로 화실을 만들어 궁수로 하여금 천지사방으로 쏘게 함으로써 사방에 뜻을 두었음을 나타내었다. 《예기·내칙(內則)》「나라의 임금이 세자를 낳으면 …… 궁수로 하여금 뽕나무 활로 6대의 쑥대화살을 천지사방으로 쏘게 하였다.」(國君世子生……射人以桑弧蓬矢六, 射天地四方)

5 | 경림(景霖) : 남응룡(南應龍: 1514~1555)의 자. 본관은 의령이며, 호는 요산(樂山), 또는 이요당(二樂堂)이다. 《내집》 권1 138시의 —1) 참조할 것.

6 | 소조~유상봉(蕭條~類霜蓬) : 송나라 소식의 〈왕이가 건주전감으로 부임해가면서 시와 초서를 구하다(王頤赴建州錢監, 求詩及草書)〉「요사이 근심 걱정 실로 꺾이고 벗어졌는데, 생각은 쓸쓸하여 서리맞은 쑥대와 같네.」(邇來憂患苦摧剥, 意思蕭索如霜蓬)

250~252. 次韻友人[1]

벗이 지은 시의 각운자를 써서 짓다

250

大道雖如砥[2] 대 도 수 여 지	큰 도 비록 숫돌 같다지만,
眞源杳莫尋[3] 진 원 묘 막 심	참된 근원 아득하여 찾기 어렵다네.
未應千載下[4] 미 응 천 재 하	천년 지난 지금에도 틀림없이,
渾斷牖人心[5] 혼 단 유 인 심	사람의 마음 여는 것 완전히 끊지는 않았으리.

1 | 시의 내용으로 보아 임억령·조사수·주세붕의 시를 차운한 것 같은데 《무릉잡고》에는 같은 운자를 쓴 시가 보이지 않고, 《석천집》에는 일련시의 마지막 시와 같은 운자를 쓴 시가 보인다. [참고]로 붙여둔다.

2 | 대도여지(大道如砥) : 《시경·소아·대동(大東)》「주나라의 도 숫돌과 같아 그 곧기가 화살과 같네. 군자가 밟는 길이요, 소인이 우러러보는 바라네.」(周道如砥, 其直如矢. 君子所履, 小人所視) 주자의 주석「지(砥)는 숫돌로 평평함을 말한다. …… 주나라의 도는 숫돌과 같았으니 그 곧기가 화살과 같았으며 이 때문에 군자가 밟고 소인이 우러러보았다.」(砥, 礪石, 言平也……周道如砥則其直如矢, 是以君子履之, 而小人視焉)

3 | 진원묘막심(眞源杳莫尋) : 명나라 왕칭(王偁)의 〈금산사에 오르다(登金山寺)〉「참된 근원 아득하여 헤아리기 어려운데, 기운 쌓여 오래도록 성하다네.」(眞源杳莫測, 積氣長氤氳)

4 | 미응천재하(未應千載下) : 주자의 〈근자에 이웃의 여러 현명하신 분들과 세제(歲祭)를 지낸 후 ……먼저 도연명에 화답하는 시구를 지어 그의 뛰어남을 기록하였다. 문득 또한 같은 각운자를 써서 화답하고 아울러 함께 유람한 여러분들께 드리고, 함께 짓도록 청하다(比與隣曲諸賢, 修擧歲事……出和陶之句以紀其勝. 輒亦用韻酬答, 兼呈諸同遊者, 請共賦之)〉「알 수 없거니와 천년 이후에야, 또 이 날을 기억하겠는가?」(未知千載下, 亦記此日不)

5 | 유(牖) : 「깨우칠 유」(論)와 같은 뜻임.

251

林石川疎懶[6] 임 석 천 소 라	임석천 성글고 게을러,
蒙恩罷舌辰[7] 몽 은 파 설 진	성은 입어 간하는 벼슬에서 물러난 때라네.
愧余愚且病 괴 여 우 차 병	부끄럽기는 내 어리석고 병들었는데도,
後汝作閒身 후 여 작 한 신	그대보다 나중에 한가한 몸 된 것이라네.

252

每憶松岡老 매 억 송 강 로	송강 늙은이 생각날 때마다,
朝回獨臥雲 조 회 독 와 운	조회 마치고 돌아와 홀로 구름낀 산림에 누워 있겠지.
病吟秋月下[8] 병 음 추 월 하	병들어 가을 달 아래서 읊고 있는 것,
同我武陵君[9] 동 아 무 릉 군	나와 무릉군 뿐이로구나.

6 | 석천(石川) : 임억령(林億齡: 1496~1568)의 호. 본관은 선산(善山), 자는 태수(太樹)이다. 을사사화 때 아우 임백령(林百齡)이 소윤(小尹) 윤원형(尹元衡) 일파에 가담하는 것을 보고 해남(海南)에 은거하였다. 문장이 뛰어나고 성격이 강직하였다. 문집으로 《석천집》을 남겼다. 같은 해에 임억령이 파직된 것을 위로하여 쓴 시가 《내집》 권2에 수록되어 있다. 68~71의 네 수를 참조하여 볼 것.

7 | 파설(罷舌) : 《고증》 「임석천이 이때 간의 벼슬에서 해직된 것 같다.」(疑林是時解免諫議)

8 | 병음추월하(病吟秋月下) : 당나라 두보의 〈이씨네 스무째 항렬인 백에게 스무 개의 운자를 써서 지어부치다(寄李十二白二十韻)〉 「늙어서 가을달 아래서 읊조리고, 병든 몸 저녁 강가에서 일으킨다네.」(老吟秋月下, 病起暮江濱)

9 | 무릉군(武陵君) : 《고증》 「신재 주세붕이다.」(愼齋) 신재 주세붕에 관하여서는 위 111번 시를 보라.

【참고】임억령의 동운시

冬日言懷

겨울날 소회를 말하다

朝來揮醉袖	아침 되어 취한 소매 휘저어,
拂盡海山雲	바다와 산의 구름 모두 떤다네.
漆髮皆成雪	옻칠한 듯 검은 머리 모두 눈처럼 희어졌는데,
三年苦憶君	3년간 정말 그대 생각만 하였네.

253~255. 崇政知事李先生, 寓居臨江寺, 有賞遊三所, 寄書示滉. 欲令作詩述意. 滉疾病因循, 未有以應命. 今玆春至, 正及遊玩之時. 滉仰切欣賞, 始得綴成三絶, 謹再拜呈上. 無任逋慢悚企之至

숭정대부 동지중추부사 이선생께서 임강사에 우거하면서 감상하여 놀았던 곳이 세 군데 있었는데, 글을 지어 부쳐 내게 보여주고는 시를 지어 뜻을 적어보게끔 하였다. 나는 병으로 적당히 얼버무려 명에 응하지 않았다. 금년에 봄이 찾아오니 마침 돌아다니며 보고 즐기는 시절이다. 내 정성스레 감상하여 비로소 세 수의 절구를 엮어 삼가 두 번 절하고 올리는데 회피하고 태만했던 송구한 마음을 견딜 수가 없다

253 浴沂橋[1] 욕기교

千載遙憐舍瑟人[2]
천 재 요 련 사 슬 인

浴沂言契聖歎新
욕 기 언 계 성 탄 신

只今退相追餘興
지 금 퇴 상 추 여 흥

風詠從容樂暮春
풍 영 종 용 락 모 춘

천 년 전 거문고
　　내려 놓던 사람 아득히 그립고,
기수에서의 목욕에 뜻 맞다고
　　성인께서 감탄 발함 새롭기만 하네.
이제는 물러나신 재상
　　남은 흥취 좇으시어,
바람 쐬고 노래하며 조용히
　　늦봄 즐기시네.

1 | 욕기(浴沂) : 《논어·선진(先進)》 「『점아 너는 어떻게 하겠느냐?』 (증점은) 거문고 타기를 드문드문하더니 쨍그렁하고 거문고를 내려놓으며 일어나 대답하였다. 『…… 늦은 봄 음력 3월에 봄옷을 모두 입고, 나는 어른 오륙 명과 동자 육칠 명과 함께 기수(沂水)에서 목욕을 하고, 무우대(舞雩臺)에서 바람을 쐬고 노래를 부르며 돌아오겠습니다.』 공자께서는 길게 한숨을 쉬시고 말씀하셨다. 『나는 증점의 주장에 동의하노라!』」(點爾何如? 鼓瑟希, 鏗爾舍瑟而作, 對曰……莫春者, 春服旣成, 冠者五六人, 童子六七人, 浴乎沂, 風乎舞雩, 詠而歸. 夫子喟然歎曰, 吾與點也)

254 臨羨亭[3] 임선정

潑潑潛鱗得意游[4]
발 발 잠 린 득 의 유

펄떡펄떡 물 속의 고기
즐겁게 노닐어,

小亭臨玩自夷猶[5]
소 정 임 완 자 이 유

작은 정자에서 굽어보며 즐기시느라
스스로 머뭇머뭇 떠나지 못하신다네.

非魚已信莊知樂[6]
비 어 이 신 장 지 락

고기가 아닌데도 장자의 즐거움
알겠다던 말 이미 믿음 가고,

結網飜嫌董有求[7]
결 망 번 혐 동 유 구

그물 엮어 고기 잡겠다던
동중서의 말 오히려 싫어하시네.

2 | 사슬인(舍瑟人) : 주자의 〈무이정사를 가서보고 짓다(行視武夷精舍作)〉 「진중하게나! 거문고 내려놓은 사람이여, 다시 오면 족히 그윽한 친구되리라.」(珍重舍瑟人, 重來足幽伴)

3 | 임선(臨羨) : 곧 「임연선어」(臨淵羨魚)를 말하며, 「임하선어」(臨河羨魚)라고도 한다. 《한나라의 역사·동중서의 전기(董仲舒傳)》에 인용된 〈천인책(天人策)〉 「옛 사람이 말하기를 『못에 다다라 물고기를 탐내는 것은 물러나 그물을 짜는 것만 못하다.』라 하였다.」(古人有言, 臨淵羨魚, 不如退而結網) 또 《회남자·숲에 대해서 말함(說林訓)》에서는 「강에 다다라 물고기를 탐내는 것은 집으로 돌아가 그물을 짜는 것만 못하다.」(臨河而羨魚, 不若歸家織網)라는 말이 있고, 한나라 양웅(揚雄)의 〈하동을 부체로 읊음(河東賦)〉에서는 「내가 생각건대 내에 다다라 물고기를 탐내는 것은 돌아가 그물이나 짜는 것만 못하다.」(雄以爲臨川羨魚, 不如歸而結網)라 하였다. 역시 한나라 장형(張衡)의 〈전원으로 돌아가다(歸田賦)〉에도 「한갓 냇가에 다다라 물고기만 탐낸다」(徒臨川而羨魚)라는 말이 나오는 것으로 보아 한대(漢代) 문인들의 상투적인 표현이었던 것 같다. 곧 헛되이 바라기만 할뿐 행동에는 옮기지 않음을 비유하는 말.

4 | 발발(潑潑) : 발랄(潑剌)이라고도 하며 물고기가 활기차게 뛰어노는 모양을 나타내는 의성어.

잠린(潛鱗) : 물속 깊이 숨은 물고기. 잠어(潛魚)라고도 함.

5 | 자이유(自夷猶) : 이유(夷猶)는 이러지도 저러지도 못하고 망설이는 모양 또는 머뭇거리는 모양을 나타내는 의태어. 당나라 유장경(劉長卿)의 〈강에서 저녁 낚시를 하다가 형남의 한 두 지인에게 부치다(江中晩釣寄荆南一二相識)〉 「어부 절로 망설이니, 흰 갈매기 구속되지 않는다네.」(漁父自夷猶, 白鷗不羈束)

255 如斯灘[8] 여사탄

大化沄沄不蹔停[9] 대 화 운 운 불 잠 정	큰 변화 깊고 넓어 잠시도 멈춤이 없고,
盈虛消息理難明[10] 영 허 소 식 이 난 명	차고 비며 자라고 사라지는 이치 밝히기 어렵네.
閒來試向灘頭看 한 래 시 향 탄 두 간	한가로이 와서 시험삼아 여울 어귀 보니,
妙處眞堪發聖情 묘 처 진 감 발 성 정	오묘한 곳 진실로 성인의 마음 발하여질만하다네.

6 | 비어~장지락(非魚~莊知樂) : 《장자·가을 강(秋水)》「장자가 혜자와 더불어 호수(濠水)의 봇둑을 거닐고 있었다. 장자가 『피라미가 나와서 유유히 헤엄치고 있으니, 이는 고기의 즐거움이다.』라 하자, 혜자가 말했다. 『그대는 고기가 아닌데 어찌 고기가 즐거울 것임을 아는가?』 장자가 말했다. 『그대는 내가 아닌데 어찌 내가 고기가 즐거워 할 것임을 모르리라는 것을 아는가?』…… 장자가 말했다. 『…… 나는 호수 가에서 물고기와 일체가 되었으므로 그것을 아는 것이다.』」(莊子與惠子游于濠梁之上, 莊子曰, 儵魚出游從容, 是魚之樂也. 惠子曰, 子非魚, 安知魚之樂. 莊子曰, 子非我安知我不知魚之樂.……莊子曰,……我知之濠上也)

7 | 결망(結網) : 남조 송나라 사조(謝朓)의 〈유서조의 망해대 시에 화답하다(和劉西曹望海臺)〉「냇가에 이르러 다만 부러워할만하니, 그물 엮어서 때맞춰 쓸 일 바라네.」(臨川徒可羨, 結網庶時營)

8 | 여사(如斯) : 《논어·선생님은 드물게(子罕)》「공자께서 시냇가에 계시면서 말씀하셨다. 『(흘러)간다는 것이 이와 같구나. 밤낮을 그치지 않는도다.』」(子在川上曰, 逝者如斯夫, 不舍晝夜)

9 | 운운(沄沄) : 넓고 깊은 모양, 또는 광대한 모양을 나타내는 의태어.

10 | 영허소식(盈虛消息) : 《주역·박괘(剝卦)》「군자가 나타났다가 사라지고 찼다가 비게 되는 것을 숭상하는 것은 하늘의 운행이기 때문이다.」(君子尙消息盈虛, 天行也) 《주역·풍괘(豐卦)》「해가 하늘 한 가운데 오면 기울어지고, 달이 차면 이지러진다. 천지도 차고 비어 때와 함께 자라고 사라지거늘 하물며 사람에 있어서이겠는가?」(日中則昃, 月盈則食, 天地盈虛, 與時消息, 而況於人乎?)

256~265. 次韻金厚之, 爲金季珍作漆溪十詠[1]

김인후가 김언거를 위하여 지은 칠계를 읊은 10수와 같은 각운자를 써서 짓다

256 仙倉泛舟 선창에 배 띄우고

一泓流閱幾千秋[2]
일 홍 유 열 기 천 추
저 깊은 물 흘러감
몇 천 년이런가?

今見騷人上釣舟[3]
금 견 소 인 상 조 주
지금은 보이네, 시인
낚싯배에 오름.

蕩漾只從烟裏去
탕 양 지 종 연 리 거
이리저리 흔들거리며 다만
안개 속따라 떠났다가는,

洄旋時向月中浮
회 선 시 향 월 중 부
물 거슬러 되돌아올 때는
달빛 받으며 떠 있다네.

1 | 김후지(金厚之) : 김인후(金麟厚: 1510~1560)의 자(字). 호는 하서(河西) 또는 담재(湛齋)이며 본관은 울산(蔚山)임. 시호는 문정(文正)이다. 상세한 것은 《내집》 권1 55시의 주 1)을 보라.
칠계(漆溪) : 《승람》「칠계는 광주목 북쪽 30리 지점에 있다.」(漆溪, 在光州牧北三十里) 이 시는 임억령도 차운을 하였는데 제목이 〈풍영정. 김하서가 지은 시의 각운자를 쓰다(風詠亭. 次金河西韻)〉로 되어 있다. 이로써 보건대 이 10영은 아마 풍영정에서 본 열 가지 풍경을 읊은 것 같다. 풍영정은 김언거의 정자이며, 고봉 기대승이 강학을 하기도 했던 곳이다.

2 | 유열기천추(流閱幾千秋) : 당나라 왕창령(王昌齡)의 〈만세루(萬歲樓)〉「강가에 우뚝 솟은 만세루, 몇 천 년이나 흘렀는지 모르겠네.」(江上巍巍萬歲樓, 不知經歷幾千秋)

3 | 소인(騷人) : 모든 시인을 지칭하는 말로 쓰이나, 여기서는 특히 초나라의 굴원과 같이 〈슬픔을 만나다(離騷)〉 같은 우수의 정서를 많이 읊는 시인들을 말함.

筆床茶竈能言鴨[4]
필 상 다 조 능 언 압

붓걸이와 차 화덕 갖추고
즐겁게 농담하지만,

細雨斜風不舞鷗[5]
세 우 사 풍 불 무 구

가랑비 바람결에도
갈매기 춤추며 날지 않네.

4 | 필상다조(筆床茶竈) : 필상은 붓을 걸어놓는 문구류이고, 다조는 차를 끓일 때 쓰는 화덕을 말한다. 《새로 쓴 당나라의 역사·육구몽의 전기(陸龜蒙傳)》「말은 타지도 않았고, 배를 탈 때에는 쑥대를 엮어 짠 자리를 설치하고, 책묶음이며 화덕, 붓걸이, 낚시도구를 가지고 왕래하였다.」(不乘馬, 升舟設蓬席, 齎束書茶竈筆牀釣具, 往來) 송나라 육유(陸游)의 〈호수에 배를 띄우다(泛湖)〉「붓걸이에 차 화덕 낚싯대, 평평한 호수는 찰랑찰랑 산은 담담하네.」(筆牀茶竈釣魚竿, 瀲瀲平湖淡淡山)

능언압(能言鴨) : 문인이 주머니 속에는 비록 아무 것도 가진 것이 없어도, 다만 재지(才智)를 가지고 남을 놀라게 할 수 있다는 것을 비유하는 말. 송나라 전역(錢易)의 《남부신서(南部新書)》 권4「육구몽은 진택의 남쪽에 살았는데 …… 울간에는 싸움용 오리가 한가득 있었는데 자못 훈련을 시켜서 키웠다. 어느날 어떤 역리가 지나가다가 탄환으로 쏘아서 그중 가장 센 놈을 죽여버렸다. 이에 육구몽이 다가서서 놀라며 말하기를『이 오리는 사람처럼 말을 할 수 있소.』라 하고는 다시 집으로 돌아갔다. 조금 있다가 손으로 한 표문(表文: 임금에게 올리는 글)의 원고를 가리키며 말하였다.『(이 오리는 사람의 말을 잘하기 때문에) 소주자사를 통하여 임금에게 진상하기를 기다리고 있는 놈인데 당신이 쏘아 죽였으니 어찌하면 좋겠소?』역리가 두려워하며 자루 속의 금을 모두 주면서 입을 막았다. 육구몽은 비로소 그 글을 태우고 이어서 술과 밥을 내어 그를 대접하였다. 역리는 그가 조금 기뻐하기를 기다려 바야흐로 그 오리가 사람 말을 할 수 있는 까닭을 말해줄 것을 청하였다. 말하기를『그 이름을 스스로 부를 수 있을 뿐이오.』라 하였다. 역리는 성을 내고 웃으면서 소매를 떨치며 말에 올랐다. (육구몽이) 다시 그를 부르더니 금을 모두 돌려주고 말하기를『내 농담을 하였을 뿐이오.(오리 우는 소리가「압, 압」하는

但識盈虛元有定 단 식 영 허 원 유 정	다만 차고 비는 것 원래 정하여짐 알겠으니,
未妨吾道付滄洲6 미 방 오 도 부 창 주	나의 길 창주에 부쳐도 무방하리라 생각되네.

것 같이 들리니 꼭 제 이름을 제가 부르는 것 같다는 뜻인 듯함)』라 하였다.」(陸龜蒙居震澤之南……有鬪鴨一欄, 頗極馴養. 一旦, 有驛使過, 挾彈斃其尤者. 於是陸蒙詣而駭之曰, 此鴨能人語. 復歸家. 少頃, 手一表本云, 見待附蘇州上進, 使者斃之, 何也! 使人恐, 盡與橐中金以糊其口. 龜蒙始焚其章, 接以酒食. 使者俟其稍悅, 方請其人語之由. 曰, 能自呼其名. 使者憤且笑, 拂袖上馬. 復召之, 盡還其金, 曰, 吾戲之耳) 송나라 소식의 〈장난삼아 오강 삼현의 화상에 쓰다·육구몽(戲書吳江三賢畫像·陸龜蒙)〉「오히려 말할 수 있는 오리 기를 수 있어, 젊은이의 금 탄환 놀라자빠지게 했네.」(却因養得能言鴨, 驚破王孫金彈丸)

5 | 세우사풍(細雨斜風) : 당나라 장지화(張志和)의 〈어부가(漁父歌)〉「파란 삿갓에 푸른 도롱이 하고, 비낀 바람 가랑비에도 돌아가려 하지 않네.」(青篛笠, 綠蓑衣, 斜風細雨不須歸) 《고증》「생각건대 이 구절은 바닷가의 사람이 갈매기와 친했다는 고사를 빌려와 반어적으로 사용한 것 같다.」(案. 此借海上狎鷗, 反語使事) 「해상인압구」(海上人狎鷗)에 대해서는 《내집》 권3 70번 시의 주 75) 무이불하(舞而不下)를 보라.

6 | 오도부창주(吾道付滄洲) : 오도(吾道)는 나의 길이라는 뜻인데, 여기서 나는 이 시를 받아보는 김언거를 말함. 창주는 물가란 뜻인데 주로 은사가 거처하는 곳이란 뜻으로 많이 쓰인다. 당나라 두보의 〈강물이 불음(江漲)〉「가벼운 배가 간편하게 잘 떠내려가니, 나의 길이 강 가에서 형성되겠구나.」(輕帆好去便, 吾道付滄洲) 주자의 사(詞) 〈수조가두(水調歌頭)〉「인간 세상의 일 영원히 버리고, 나의 도 창주에 기탁하려네.」(永棄人間事, 吾道付滄洲)

【원운시】

漆溪十詠

칠계를 10수로 읊음

百丈風潭六月秋	백 길 바람부는 못 유월 달인데,
亭前誰泛木蘭舟	정자 앞에 누가 띄웠는가? 목란 상앗대 배.
煙江一葉眞人臥	안개 낀 강 일엽편주엔 진인 누웠고,
雲漢枯槎海客浮	은하수 다니는 뗏목엔 바다의 나그네 떠 있다네.
夜半飛鳴橫獨鶴	한밤중 날며 우는 외로운 학 가로지르고,
波間出沒有輕鷗	물결 사이로 떴다 가라앉았다 가벼운 갈매기 있네.
船窻擬訪仙滄叟	선창으로 신선 사는 창주의 늙은이 찾고자 하는데,
魂夢長尋杜若洲	넋 꿈속에서 오래도록 두약 모래섬 찾는다네.

右仙滄泛舟 위는 선창에 배 띄우고

257 懸峯邀月[7] 현봉에 달 맞으며

千丈毫芒暈海東
천 장 호 망 훈 해 동

천 길 멀리 희미하게
동해에 달무리 일 때,

一尊相對望穹崇[8]
일 준 상 대 망 궁 숭

한 바리 술 마주하고
높은 하늘 바라보시네.

纔看霧靄痕消宇
재 간 무 애 흔 소 우

겨우 안개와 놀 자취
하늘로 사라짐 보는가 싶더니,

漸覺星河彩滅空
점 각 성 하 채 멸 공

차츰 은하수는
허공에서 빛 잃어감 아시겠네.

但得情遊就花下[9]
단 득 정 유 취 화 하

다정한 벗 만나 꽃 아래로
나아가 놀면 그만이지,

7 | 현봉(懸峯) : 깎아지른 듯한 산봉우리를 말함. 《요존록》「《동람》에 『고산은 창평현 5리 지점에 있는데 이 고을의 진산이다. 구산은 현 북쪽 5리 지점에 있다』라 하였는데 현봉이란 이 산들 가운데 하나인 것 같다.」(地志, 高山在昌平縣五里, 鎭山. 龜山在縣北五里, 疑是此一山) 이 기사는 《신증동국여지승람》 권39에 수록되어 있는데 구산은 용구산(龍龜山)으로 되어 있다. 이외에 무등산, 진압산(鎭壓山) 반룡산(盤龍山) 등이 인급되이 있디.

8 | 일준상대(一尊相對) : 송나라 여본중(呂本中)의 〈왕교수에게 화답하다(和汪教授)〉「한 잔 술 마주함 탁주든 청주든 상관없고, 세 갈래 오솔길 한가로이 감 소나무며 국화 개의치 않네.」(一尊相對任濁清, 三徑閒行漫松菊)

망궁숭(望穹崇) : 당나라 유우석(劉禹錫)의 〈태원의 적상서가 보내온 시에 답하다(酬太原狄尙書見寄)〉「집 문의 명성 번쩍번쩍 빛남 전현 중에서도 으뜸이고, 하늘 같이 높은 지금의 명망 북쪽 변방을 압도하네.」(家聲烜赫冠前賢, 時望穹崇鎭北邊)

9 | 정유취화하(情遊就花下) : 당나라 이백의 〈달 아래서 홀로 마시다(月下獨酌)〉 제1수「꽃 사이에서 술 한 병을 친한 이 없어 홀로 마신다. …… 영원히 세속을 떠난 정을 맺어, 아득한 저 은하수에 가서 놀 것을 기약하세.」(花間一壺酒, 獨酌無相親……永結無情遊, 相期邈雲漢)

何煩攜取滿懷中[10]
하 번 휴 취 만 회 중

어찌 번잡하게 달 따서
가슴속에 품으시랴.

須臾奪眼生銀闕
수 유 탈 안 생 은 궐

잠깐 생동하는
은 궁궐에서 눈 떼어,

洗盞當歌意更融[11]
세 잔 당 가 의 갱 융

잔 씻어 술 권하고 노래하니
마음 더욱 화평하시리.

10 | 휴취만회중(攜取滿懷中) : 명나라 고렴(高濂)의 《준생팔전(遵生八牋)》 권5 「당나라 태화 연간에 주생이란 사람은 도술을 부렸으며, 중추절날 밤에 손님들과 만났는데 달빛이 바야흐로 밝게 빛났다. 그가 말하기를 『나는 달을 따다가 품과 소매에 둘 수 있소.』라 하였다. 이에 곧 젓가락을 수백 가닥을 꼬더니 올라탔다. 『내 이것을 사다리 삼아 달을 따오겠소.』라 하였다. 조금 있다가 손으로 옷을 들고 품속에서 달을 한 치쯤 끄집어 내었는데 광택이 눈부시게 나고 한기가 살갗과 피부속까지 들어갔다.」(唐太和中周生有道術, 中秋夜與客會, 月色方瑩. 彼云, 我能取月, 置之懷袂. 因即取筯數百條繩而駕之. 我梯此取月. 少頃以手舉衣懷中出月寸許, 光色熠映, 寒入肌骨)

11 | 세잔(洗盞) : 송나라 소식의 〈적벽(赤壁賦)〉 「객이 기뻐하며 웃고 술잔을 씻어 번갈아 따르는데 고기안주와 마른안주는 이미 다 떨어지고 술잔과 접시는 아무렇게나 흩어져 있었다.」(客喜而笑, 洗盞更酌, 肴核既盡, 盃盤狼藉)

【원운시】

懸峯聞在漆溪東	현봉 듣건대 칠계 동쪽에 있다는데,
揭號遙知萬丈崇	그 이름 불러보고서야 어렴풋이 만 길 높음 알았다네.
倒影隔山初出海	산 너머 그림자 거꾸로 막 바다에서 나오더니,
半輪涵際未騰空	반 바퀴 젖을 때까지 하늘에 채 오르지 못했다네.
停杯幾問蒼茫外	술잔 멈추고 몇 번이나 물었던가? 아득한 저 바깥에,
擣藥多年縹緲中	여러 해나 약 찧었다네 아득한 가운데서.
盈缺世間輕喜戚	찼다 이지러짐 세상에서 기쁨과 슬픔 가벼이 여기는데,
只應無夜不圓融	다만 원활하고 융통하지 않은 밤 없음에 응한다네.

右懸峯邀月　위는 현봉에 달 맞으며

258 月出杳靄[9]_ 瑞石山名

서석산에 구름 개이고_ 서석은 산 이름이다

山光朝暮自涳濛[13] 산 광 조 모 자 공 몽	산 빛 아침 저녁으로 절로 빗속에 가리우고,
山勢巉巉萬古雄 산 세 참 참 만 고 웅	산세 가파르고 가팔라 만고에 웅장하네.
膚寸已知能澤物[14] 부 촌 이 지 능 택 물	조각구름도 이미 만물 윤택하게 할 줄 아는데,
孱顔仍未會乘風[15] 잔 안 잉 미 회 승 풍	험준한 산 여전히 타고갈 바람 만나지 못했네.

12 | 서석(瑞石) : 《고증》「서석은 바로 무등산으로 광주 동쪽 10리 지점에 있으며, 일명 무진악이라고도 한다. 하늘 같이 높고도 큰 산으로 50여 리에 걸쳐 웅장하게 자리잡고 있다. 하늘이 가물다가 비가 오려거나 오래도록 비가 내리다가 개이려할 때는 산이 늘 우는데 그 소리가 수십 리에 걸쳐 들린다.」(瑞石卽無等山, 在光州東十里, 一云武珍岳. 穹窿高大, 雄盤五十餘里, 天旱欲雨, 久雨欲晴, 山輒鳴聲, 聞數十里)

13 | 산광공몽(山光涳濛) : 송나라 소식의 〈중수의 눈 속에 서호에 노닐다라는 시의 각운자를 써서 짓다(次韻仲殊雪中游西湖)〉 제2수「물빛은 찰랑찰랑 아직도 푸른 빛 떠 있는데, 산의 색 주룩주룩 이미 어두움 걷었다네.」(水光瀲灩猶浮碧, 山色涳濛已斂昏)

14 | 부촌(膚寸) : 옛날의 도량형 단위. 손가락 하나의 넓이를 촌이라 하고, 4촌을 부라 한다. 여기서는 비가 오기 전에 점차 모여드는 구름 기운을 가리키는 말로 쓰였다. 《공양전·희공(公羊傳·僖公) 31년》「물 기운이 돌의 결을 헤치고 나와서 조각조각 구름이 되었다가 한 손바닥 한 손마디 차이도 없이 완전하게 합쳐져 하루 아침이 다 되기도 전에 온 천하를 두루 적셔주는 것은 오로지 태산의 산신령의 영험일 뿐이다.」(觸石而出, 膚寸而合, 不崇朝而徧雨于天下者, 唯泰山耳) 한나라의 하휴(何休)는 주석을 달고「손을 옆으로 눕힌 것을 부라 하고, 손가락으로 재는 것을 촌이라 한다.」(側手爲膚, 按指爲寸) 주자의 〈상람사에서 현로스님이 소장하고 있는 장위공의 수첩을 보고 왕가수가 지은 시의 각운자를 써서 짓다(觀上藍賢老所藏張魏公手帖, 次王嘉叟韻)〉「불 바람 가문 하늘의 구름 불어서 흩어버리니, 짧은 길이로 공연히 지으신 글만 새로이 남아 있네.」(火風吹散旱天雲, 膚寸空餘翰墨新)

去來陶令機何有16
거 래 도 령 기 하 유

귀거래사 읊은 도연명
어찌 딴 생각 있으랴,

出處蘇州意甚通17
출 처 소 주 의 심 통

소주자사 행한 처신
참으로 마음 통하네.

徙倚高亭閒指點18
사 의 고 정 한 지 점

높은 정자 배회하며
한가로이 따져보니,

只應心事古人同
지 응 심 사 고 인 동

다만 마음 속 일
옛 사람과 같으리.

15 | 잔안~회승풍(孱顏~會乘風) : 《고증》「여주에 백애산이 있는데 그 옆의 비탈에 바람 기운이 있다. 구멍이 있어 공중으로 올라가면 흰 구름이 되어 잠깐만에 구름을 일으킨다. 또한 안공산은 휴령현에 있으며, 은사였던 안공이 바람을 타고 가버렸다고 하는데 어쩌면 이것을 가리키는 것인지나 아닌지 모르겠다.」(黎州有白崖山, 傍有風穴, 有氣騰空爲白雲, 須臾風起. 又顏公山在休寧縣, 隱士顏公乘風而去, 疑或指此)

16 | 거래도령(去來陶令) : 진나라 도연명의 〈돌아가자꾸나(歸去來辭)〉「구름은 무심결에 산모롱이에서 나오네.」(雲無心而出峀) 당나라 이백의 〈심양의 자극궁에서 가을이 느껴워서 짓다(尋陽紫極宮感秋作)〉「팽택(彭澤) 현령 도연명처럼 벼슬 버리고 돌아간다면, 이때쯤 농가의 술 꼭 익었으리라.」(陶令歸去來, 田家酒應熟)

17 | 출처소주(出處蘇州) : 송나라 축목(祝穆)의 《고금사문유취(古今事文類聚)》 권32「집현학사 손면은 천희 연간에 직사관으로 있은 지가 거의 30년이었는데 늦게 소주군수가 되었다. 이미 1년이 되자 청사의 벽에 크게 시를 적어두고 옷을 떨며 떠났다. 조칙이 내려왔지만 공은 이미 돌아갔다. 그 시는 다음과 같다.『사람이 살아서 칠십이 되면 귀신과 이웃하니, 풍경이 사람에게 이별하라 권함을 이미 깨닫겠네. 조정에 마음 두지 말고 빨리 벼슬에서 물러나, 산천에 의지하여 몸이나 한가로이 길러보세.』」(孫集賢冕, 天禧中直史館幾三十年, 晩守蘇. 已及期年, 大書詩於廳壁, 拂衣而去. 詔下公已歸矣. 其詩曰, 人生七十鬼爲鄰, 已覺風光屬別人. 莫待朝廷差致仕, 早謀泉石養閒身)

18 | 한지점(閒指點) : 주자의 〈취성정이 낙성되어 관직에서 물러나신 진소원 어르신께서 술을 들고 손님들한테 권하고 새로운 시를 꺼내어 보이면서 ……(聚星落成. 致政陳丈擧酒屬客, 出示新詩……〉「다시 이웃의 늙은이와 함께 한가롭게 손가락으로 가리키는데, 수많은 봉우리들 에워쌌지만 물은 말이 없네.」(更共隣翁閑指點, 千峰環合水無聲)

【원운시】

龍飛虎伏接鴻濛	용 날듯 호랑이 엎드린 듯 천지자연의 원기 맞닿아 있고,
拱揖連城勢轉雄	두 손 모아 읍하니 성까지 이어져 형세 갈수록 웅장해지네.
積氣吹噓非假雨	기운 쌓여 부니 가짜 비 아니고,
滿空披拂自生風	온 하늘에 불리어 흔들리니 절로 바람 일어나네.
東君旗旆威儀整	봄 귀신 깃발 위엄과 태도 가지런하고,
上界車輿道路通	하늘나라 수레 도로 통하네.
舒卷無心天地老	폈다 말았다 무심결에 천지 늙어가는데,
坐看山色古今同	문득 보니 산의 경치 예나 지금이나 같다네.

右瑞石晴雲 위는 서석산에 구름 개이고

259 錦城霽雪[1] 금성산에 눈 개이고

疇昔曾聞不夜城[2]
주 석 증 문 불 야 성

지난날 일찍이 들었었네
불야성에 관한 이야기,

回頭頃刻變崢嶸[3]
회 두 경 각 변 쟁 영

고개 돌려보니 잠깐 사이에
험준한 산으로 모습 바뀌었네.

瑤臺換境初神眩[4]
요 대 환 경 초 신 현

요대는 지경 바꿔 서 있어
처음에는 정신 아찔하고,

玉壘當空忽眼明
옥 루 당 공 홀 안 명

옥루는 공중 차지하여
갑자기 눈 밝아지네.

1 | 금성(錦城) : 《승람》 권35 〈나주목(羅州牧)〉「금성산은 나주(지금의 나주시 향교동)의 북쪽 5리 지점에 있으며, (나주의) 진산(鎭山: 한 고을을 지켜주는 산)이다.」(錦城山, 在羅州北五里, 鎭山)

2 | 불야성(不夜城) : 《한서·지리지·동래군(東萊郡)》「불야: 성산일사가 있으며, 왕망 때는 숙야라고 하였다.」(不夜, 有成山日祠. 莽曰夙夜) 당나라 안사고(顔師古)의 주석 「《제지기》에서는 말했다. 『옛날에 해가 밤에 뜨는 곳이 있었는데, 동래에서 보였다. 그래서 내자가 이 성을 세우고서 불야라는 이름을 붙였다.』」(齊地記云, 古有日夜出, 見於東萊, 故萊子立此城, 以不夜爲名) 송나라 소식의 〈눈 온 뒤 건명사에 이르렀으므로 마침내 그곳에서 묵다(雪後, 到乾明寺, 遂宿)〉「바람 꽃 잘못하여 장춘원으로 들어갔는데, 구름과 달 오래도록 불야성이 임하네.」(風花誤入長春苑, 雲月長臨不夜城)

3 | 회두경각(回頭頃刻) : 송나라 소식의 〈사주의 승가탑(泗州僧伽塔)〉「고개 돌려보니 잠깐 사이에 긴 다리 위치 잃었는데, 귀산에 이르고도 아직 조반 들지 못했네.」(回頭頃刻失長橋, 却到龜山未朝飯)

4 | 요대(瑤臺) : 아름다운 옥으로 지은 높은 집. 고대 신화 중에는 신선이 사는 집으로 나타나기도 함. 여기서 요(瑤)는 눈을 나타내는 말로 쓰였음.

凍合日輪欹側過[5]
동 합 일 륜 의 측 과

얼음 합친 듯한 차가운 해는
기울어져 넘어가고,

寒凝蟾闕炯晶淸[6]
한 응 섬 궐 형 정 청

한기 어린 달은 맑은 수정처럼
푸르게 빛나네.

雙尖好句須追和[7]
쌍 첨 호 구 수 추 화

쌍첨의 훌륭한 구절
모름지기 멋지게 화합하여,

莫遣蘇詩獨擅行[8]
막 견 소 시 독 천 행

소동파 시로 하여금 혼자 멋대로
유행하지 못하게 하리.

5 | 동합(凍合) : 송나라 소식의 〈눈 온 후 부대의 벽에 쓰다(雪後, 書北臺壁)〉「추위 옥 같은 누대에 모이니 추워서 소름 돋고, 빛 은빛 바다 같은 눈 흔드니 현기증으로 눈 어지럽네.」(凍合玉樓寒起粟, 光搖銀海眩生花)

일륜(日輪) : 곧 태양을 말함. 전설상에 해가 여섯 마리 용이 끄는 수레를 타고 매일 하늘을 한 바퀴 돈다는 데서 나왔음. 또 수레바퀴처럼 하루도 거르지 않고 운행한다 해서 붙여진 이름이기도 하며, 「일거」(日車)라고도 함.

의측과(欹側過) : 당나라 두보의 〈낭수를 노래함(閬水歌)〉「파유(巴渝: 지금의 사천성 일대)의 아이 상앗대 씻으니 기울어져 넘어가고, 비오리 물고기 물고 왔다가 날아가네.」(巴童蕩槳欹側過, 水雞銜魚來去飛)

6 | 섬궐(蟾闕) : 섬궁(蟾宮)과 같은 말로 곧 달을 가리킴. 항아(姮娥)의 전설에서 나왔음. 권1의 59번 시의 주 15)(《퇴계시풀이》 제1권 228쪽)를 보라.

7 | 쌍첨(雙尖) : 송나라 소식의 〈눈 온 후 부대의 벽에 적다(雪後, 書北臺壁)〉「시험 삼아 북대 쓸고 마이산 바라보니, 아직도 눈에 파묻히지 않은 두 개의 뾰족한 산봉우리가 있네.」(試掃北臺看馬耳, 未隨埋沒有雙尖) 북대는 초연대(超然臺)를 말함. 또 위 203번 시의 주 50)을 참조하여 보기 바람.

8 | 소시독천행(蘇詩獨擅行) : 소식이 〈눈 온 후 북대의 벽에 쓰다(雪後, 書北臺壁)〉 등과 같은 시에서 눈을 잘 읊은 것을 가지고 말한 것임.

【원운시】

南海名山說錦城	남해의 명산 하면 금성산인데,
天寒西望玉峥嶸	날씨 추워져 서쪽 바라보니 옥 같은 눈 가파르게 쌓였네.
朝輝散射先凝彩	아침 햇빛 흐트러져 쏘니 먼저 빛 엉기고,
夜景交加遠徹明	밤 풍경 번갈아 더하니 멀리까지 밝은 빛 투영되네.
弱水三千仙闕聳	약수에는 삼천 신선의 궁궐 솟아 있고,
層樓十二帝鄉淸	층진 누대에는 열 두 천제의 고을 맑다네.
翛然獨立如遺世	갑자기 홀로 서 있자니 세상 버린 듯하니,
不用區區訪戴行	구구하게 대안도 찾아갈 필요 없으리.

右錦城霽雪　위는 금성산에 눈 개이고

260 月出杳靄[9]_ 月出山名

월출산의 짙은 놀_ 월출은 산 이름이다

一軒晴晝望東南[10] 일 헌 청 주 망 동 남	개인 날 낮 난간 하나 기대어 동남쪽을 바라보니,
山似浮眉又似簪[11] 산 사 부 미 우 사 잠	산은 떠 있는 눈썹 같기도 하고 비녀 같기도 하네.
積翠染藍新曖曖 적 취 염 람 신 애 애	비취빛 쌓이고 쪽빛으로 물든 산은 새로 흐릿해지고,
餘霞成綺間毿毿[12] 여 하 성 기 간 삼 삼	남은 놀은 무늬 이뤄 간간이 길게 늘어져 있네.
何愁障遠天邊際 하 수 장 원 천 변 제	어찌 멀리 하늘 끝 막을까 걱정하랴만,
只恐妨輝月五三 지 공 방 휘 월 오 삼	다만 십오야 밝은 달빛 방해할까 걱정이네.
安得才如韓吏部[13] 안 득 재 여 한 이 부	어떻게 하면 이부시랑 지냈던 한유 같은 재주 얻어,
解吟濃綠與蒸嵐[14] 해 음 농 록 여 증 람	농록이니 증람 같은 시구 잘 읊을 수 있을까?

9 | 월출(月出) : 《요존록》「영암군 남쪽 5리 지점에 있으며, 소금강이라고도 하고 또 조계산이라고도 한다. ㅇ 신라 때는 월내악이라 하였고, 고려 때는 월생산이라고 하였다.」(在靈巖郡南五里, 或云小金剛, 又名曹溪山. ㅇ 新羅稱月奈岳, 高麗稱月生山)

10 | 망동남(望東南) : 당나라 한유의 〈맹교(孟郊) 선생을 읊은 시(孟生詩)〉「난초 캐자니 그윽한 생각 일어, 까마득히 동남쪽 바라본다네.」(采蘭起幽念, 眇然望東南)

11 | 부미(浮眉) : 당나라 한유의 〈남산시(南山詩)〉「하늘에는 긴 눈썹 떠 있는데, 짙은 녹색 막 그려 놓은 듯하네.」(天空浮修眉, 濃綠畫新就)

【원운시】

奇峯競秀際天南　기이한 봉우리 빼어남 다투며
하늘 남쪽 끝에 있는데,

滿眼參參綠玉簪　온 눈 가득
푸른 옥비녀 빽빽하다네.

氣結海樓昇疊疊　기운 바닷가 누대에 맺혀
겹겹이 오르고,

香飄鑪篆舞毿毿　향기는 화로의 전자에 나부끼며
길게 춤추는 듯하네.

浴褰鵬噣乍明滅　붕새 부리 씻자니
언뜻 깜빡이는 것 같고,

梳洗螺鬟時兩三　소라 같은 쪽진머리 씻고 빗질함
이따금 두세 번 하네.

却哂平泉私片石　오히려 평평한 샘
조각돌 사사로움 비웃나니,

何曾活畫占雲嵐　어찌 일찍이 살아 있는 그림
구름이며 남기 차지하였겠는가?

右月出杳靄　위는 월출산의 짙은 놀

12 | 여하성기(餘霞成綺) : 남조 송나라 사조(謝眺)의 〈저녁 무렵 삼산에 올랐다가 돌아올 때 서울을 바라봄(晩登三山, 還望京邑)〉「잔놀은 스러져 비단무늬 이루고, 맑은 강은 고요하여 흰 깁과 같네.」(餘霞散成綺, 澄江靜如練)

13 | 한이부(韓吏部) : 당나라 때 이부시랑을 지냈던 한유(韓愈: 768~824)를 말한다. 이 시는 한유의, 특히 앞의 주 11)에서 인용한 〈남산시〉라는 장편시에서 시어를 많이 따와서 지었다.

14 | 한이부~증람(韓吏部~蒸嵐) : 위 당나라 한유의 같은 시「찌는 듯한 남기 깊숙하여, 안팎이 별안간 통하네.」(蒸嵐相澒洞, 表裏忽通透) 농록은 위의 주석 11)을 보라.

261 羅山村店 나산의 촌점

墟落依微一望中[15] 허 락 의 미 일 망 중	시골 부락 어렴풋이 한번 바라보는 가운데,
庚橫隱約認羅峯[16] 경 횡 은 약 인 나 봉	뜻 깊게 숨겨진 산 굳세게 가로놓였으니 나산의 봉우리임 알겠네.
農桑搰搰生涯各 농 상 골 골 생 애 각	농사와 잠업에 일생 동안 제각기 힘을 쏟고,
烟火熙熙氣象同[17] 연 화 희 희 기 상 동	밥 짓는 연기 무럭무럭 그 풍경 한결 같구나.
霽雨每憑鳩報候 제 우 매 빙 구 보 후	비오거나 갤 때면 매번 비둘기 의지해 기후 알 수 있고,
豐凶常藉雪占冬 풍 흉 상 자 설 점 동	풍년과 흉년은 언제나 겨울 눈으로 점칠 수 있네.
村居事事皆眞樂 촌 거 사 사 개 진 락	시골에 사노라니 일마다 모두가 진정한 즐거움인데,
不獨霜園柿栗紅 부 독 상 원 시 율 홍	유독 서리 내린 동산에는 감과 밤만이 붉지 않을 손가?

15 | 허락(墟落) : 황폐한 묘지라는 뜻과 촌락(村落)이라는 뜻도 있는데 여기서는 후자의 뜻으로 쓰였다. 허(墟)는 마을이라는 뜻. 당나라 왕유(王維)의 〈위천의 농가(渭川田家)〉 「비낀 빛 촌락 비추고, 궁벽한 골목에는 소와 양 돌아오네.」(斜光照墟落, 窮巷牛羊歸) 《왕우승집전주(王右丞集箋注)》에서는 「촌허이락」(村墟籬落)이라고 하였다.
의미(依微) : 희미함, 어렴풋함.

16 | 경횡(庚橫) : 굳세게 가로지르는 모양. 《사기·문제의 본기(文帝本紀)》「거북점을 치니 나타나기를 대횡의 점괘가 나왔는데, 점괘의 말에서 『크게 굳세게 가로 터졌으니 내가

【원운시】

亭子前頭大野中	정자 앞쪽의 큰 들판 가운데,
一牛鳴外小孤峯	소 한 마리 작은 외로운 봉우리 밖에서 우네.
環回蠔殼連墻屋	굴 껍질 고리처럼 돌듯 집 담장 이어져 있고,
點綴蜂房多異同	벌집 점점이 이어진 듯 같고 다름 많다네.
早晩桑麻占節候	뽕나무 삼 이르고 늦음으로 절후 점치고,
朝昏煙火閱春冬	아침저녁 연기불로 봄 겨울 살피네.
翻思雨後江南路	뒤척이며 비온 뒤의 강 남쪽 길 생각하니,
望裏分明夕照紅	바라보는 가운데 분명 저녁 낙조 붉으리라.

右羅山村店 위는 나산의 촌점

천자가 되어 하나라 우임금의 아들 개와 같이 아버지의 뒤를 이어 세습하여 나라를 빛내리라.』라고 하였다.」(卜之龜, 卦兆得大橫. 占曰, 大橫庚庚, 余爲天王, 夏啓以光)

17 | 희희(熙熙) : 성한 모양을 나타내는 의태어. 당나라 한유의 〈서늘함을 받아들인다는 내용으로 여러 사람이 몇 구절씩 바꾸어 가면서 이어서 지음(納涼聯句)〉「쨍쨍 햇빛 흐르고, 뭉게뭉게 높은 구름 이네.」(熙熙炎光流, 竦竦高雲擢) 손보(孫甫)의 주석「희희는 해가 성한 모양이다.」(熙熙, 日盛貌)

262 楊坪多稼 양평에 농사 많고

秦利渠成自古傳[18]
진 리 거 성 자 고 전

진나라의 이로움 도랑으로 이루었다
예로부터 전하여지니,

楊坪沃土故應然
양 평 옥 토 고 응 연

양평의 비옥한 땅도
예로부터 응당 그러리.

開塍錯繡紛橫直[19]
개 승 착 수 분 횡 직

논두렁 내어 수놓은 듯 얽히어
어지러이 가로 뻗어 있고,

荷插成雲遠接連[20]
하 삽 성 운 원 접 연

가래 진 농부 구름 이루어
멀리까지 이어져 있네.

18 | 진리거성(秦利渠成) : 《사기·하천에 관한 기록(河渠書)》「한나라는 진나라가 전쟁을 좋아하였으나 군대가 피로하여 동쪽으로 한나라를 치려던 일을 그만 두었다는 사실을 듣고, 이에 수로 전문가인 정국을 시켜 진나라를 달래어 다음과 같이 이간질하도록 하였다. 『경수를 뚫어 중산에서부터 서쪽 호구에 이르기까지 도랑을 만들고 아울러 북산을 거쳐 동으로 낙지방 삼 백여 리로 흘러들게 하면 모든 농지에 물을 댈 수 있을 것이라』고. 나중에 진나라가 사실을 깨닫고 정국을 죽이려고 하자 정국은 『신은 처음엔 이간을 시키려고 하였지만 도랑이 완성되면 또한 진나라가 이롭게 될 것입니다.』라 하였다. 진나라는 그렇게 생각하고 마침내 그로 하여금 도랑을 파도록 하였다. 도랑이 완성되니 …… 이에 관중지방은 옥토가 되었고 흉년이 들지 않아 진나라는 이 때문에 부강하여져서 마침내 여러 제후들을 병합할 수 있었다. 그리고 이 도랑을 정국거라고 하였다.」(韓聞秦之好興事, 欲罷之, 毋令東伐, 乃使水工鄭國間說秦, 令鑿涇水, 自中山, 西邸瓠口爲渠, 並北山東注洛三百餘里, 欲以漑田. 中作而覺, 秦欲殺鄭國. 鄭國曰, 始臣爲閒, 然渠成亦秦之利也. 秦以爲然, 卒使就渠. 渠就……於是關中爲沃野, 無凶年, 秦以富彊, 卒幷諸侯, 因命曰鄭國渠) 송나라 황정견(黃庭堅)의 〈유계손(劉季孫)의 글에 화답하다(和劉景文)〉「도랑 이루어짐 또한 진나라의 득이니, 원컨대 그대 많이 사서 얻으시기를.」(渠成亦秦利, 願公多購獲)

19 | 승(塍) : 논이나 밭 사이로 난 길을 말함. 논두렁[稻畦], 밭두둑.
착수(錯繡) : 《사기·범저의 전기(列傳范雎)》「범저가 다시 소왕을 유세하여 말하였다. 『진나라와 한나라의 지형은 수를 놓은 것처럼 서로 얽혀 있습니다.』」(范雎復說昭王曰, 秦韓之地形, 相錯如繡)

20 | 하삽성운(荷插成雲) : 「꽂을 삽」(揷)자는 「가래 삽」(鍤)자와 통하여 쓴다. 송나라 축목(祝穆)의 《고금사문유취》 전집 권18 〈지리부·백공거(地理部·白公渠)〉「(漢나라)의 백공이 하천을 뚫어 백성들이 그 풍요로움을 누림에 노래를 지어 부르기를 『……정국

田畯競收良耜稼[21] 전 준 경 수 량 사 가	권농관 다투어 논밭 갈 좋은 보습 거두어들이고,
公家休備翳桑饘[22] 공 가 휴 비 예 상 전	조정에선 굶주린 사람 쉬게 하고 먹여줄 준비 한다네.
野亭盡日呼隣曲 야 정 진 일 호 인 곡	시골 정자에서 하루 종일 마을 사람 불러 놀면,
誰畫蹲蹲踏舞筵[23] 수 화 준 준 답 무 연	누가 덩실덩실 춤추는 이 연회자리 그릴까?

앞에 있고, 백공 뒤에서 일어났다네. 가래 든 이 구름 이루어, 도랑 터서 비 되었다네. 경수의 바위 하나, 진흙 여러 말이라네. 물 대고 거름 주어, 우리 곡식 길렀다네.』라 하였다.」(白公穿渠, 民得其饒, 歌曰……鄭國在前, 白公起後. 擧插成雲, 決渠爲雨. 涇水一石, 其泥數斗. 且漑且糞, 長我禾黍) 한나라 반고(班固)의 〈서쪽 서울(西都賦)〉「언덕과 습지에 용과 물고기 많아, 도랑 틔우고 비 내린다네. 가래 진 사람 구름 이루어, 오곡 이삭 고개 숙인다네.」(原隰龍鱗, 決渠降雨. 荷插成雲, 五穀垂穎)

21 | 전준~양사가(田畯~良耜稼) : 《시경·빈나라의 민요·7월(豳風·七月)》「3일에는 가서 보습 수리하고 …… 저 남쪽 이랑에 들밥 내니, 전준 이르러 기뻐한다네.」(三之日于耜……饁彼南畝, 田畯至喜) 주자의 주석「사(耜)는 농기구이다. 우사(于耜)는 가서 농기구를 수리하는 것을 말한다. 전준(田畯)은 전대부로 농업을 장려하는 관직이다.」(耜, 田器也. 于耜, 言往脩田器也. 田畯, 田大夫, 勸農之官也) 《시경·주송·풀을 벰(載芟)》「날카로운 좋은 보습으로, 비로소 남쪽 이랑에서 풀을 베네.」(畟畟良耜, 俶載南畝)

22 | 예상전(翳桑饘) : 《좌전·선공(宣公) 2년》「처음에 조선자(곧 조돈; 趙盾)가 수산에서 사냥을 하다가 뽕나무 그늘에서 쉰 적이 있었다. 그때 영첩이라는 사람이 굶주린 채 있는 것을 보고 병이 들었는가 묻자『사흘 동안 먹지를 못하였습니다.』라 하여 그를 먹여 주었다. …… 그는 얼마 후 영공의 갑사가 되었으나 이제는 창을 거꾸로 하여 영공의 군사를 막아 조돈을 달아나게 하였다. 이에 조돈이『대체 무슨 연유인가?』하고 묻자 그가 대답하기를『저는 전에 뽕나무 그늘에서 굶주린 채 있던 사람입니다.』라 하였다.」(初, 宣子田于首山, 舍于翳桑, 見靈輒餓, 問其病. 曰, 不食三日矣. 食之……旣而與爲公介, 倒戟以禦公徒而免之. 問何故. 對曰, 翳桑之餓人也)

23 | 준준답무(蹲蹲踏舞) : 《시경·소아·나무를 벰(小雅·伐木)》「둥둥 내 북을 치고, 덩실덩실 내 춤을 추네.」(坎坎鼓我, 蹲蹲舞我) 준준(蹲蹲)에 대하여 주자는「춤추는 모양」(舞貌)이라고 하였다.

【원운시】

光羅廣野諺流傳	광주와 나주 너른 들 속담으로 전하여지는데,
北陌東阡望渺然	북쪽 동쪽 두렁길 바라보니 아득하네.
水滿春耕江漢浩	물 그득하니 봄 농사 장강과 한수처럼 넓고,
風高秋熟塞雲連	바람 높아 가을에 익으니 변방까지 구름 이어졌네.
農謳互答炎天景	농요 서로 답함 염천의 풍경이요,
滯穗分沾寡婦饘	빠뜨린 낟알 나누어 줌 과부의 죽이라네.
白酒黃鷄歌蟋蟀	백주에 누런 닭 안주 삼으니 귀뚜라미 노래하는데,
村翁醉倒使君筵	촌 늙은이 취하여 쓰러지네 사또님의 잔치에서.

右楊坪多稼　위는 양평에 농사 많고

263 柳市長烟　유시의 긴 안개

迢遞烟林景色悠[24] 초 체 연 림 경 색 유	까마득히 안개 낀 숲 　풍경 한가롭고 아름다운데,
酒帘斜出小紅樓[25] 주 렴 사 출 소 홍 루	술집 깃대 비스듬히 　조그만 붉은 누각에 나와 있네.
東風暖泛黃金線[26] 동 풍 난 범 황 금 선	봄 바람 따뜻하게 　황금 실로 불어오고,
永日晴薰碧繡洲 영 일 청 훈 벽 수 주	화창한 봄날 맑고도 향기로워 　모래톱에 푸른 수 놓았네.

24 | 초체(迢遞) : 까마득히 먼 모양이라는 뜻과 끝없이 이어진 모양이라는 뜻이 있다.

25 | 렴(帘) : 술집 문 앞에 세우는 기. 당나라 유우석(劉禹錫)의 〈어복강에서(魚復江中)〉「바람에 돛대 잘 머물다 길 찾아가고, 비낀 해 푸른 깃발은 술집 등지고 있네.」(風檣好住貪程去, 斜日青帘背酒家)

홍루(紅樓) : 당나라 백거이의 〈서안에서 지은 노래·혼인을 의논하다(秦中吟·議婚)〉「붉은 누각의 부잣집 딸, 금실로 비단 치마 수놓네.」(紅樓富家女, 金縷繡羅襦)

26 | 황금선(黃金線) : 버드나무 가지를 가리킴. 송나라 위양(韋驤)의 〈봄 생각(春思)〉「뜰 앞의 약한 버들 황금 실 이루고, 못 가의 새 이끼는 푸른 옥으로 만든 돈 같네.」(庭前弱柳黃金線, 池畔新苔綠玉錢)

官下縱然標政理[27]
관 하 종 연 표 정 리

관청 아래 다스림의 표시로
버드나무 있다 하더라도,

宅邊何似媚淸脩[28]
택 변 하 사 미 청 수

길가에 어찌하여 아양 떨듯
푸르고 길게 늘어졌는가?

幾多鞍馬輕攀折[29]
기 다 안 마 경 반 절

말안장 위에서 얼마나
가지 당겨 꺾었길래,

摠爲臨途自作樛[30]
총 위 임 도 자 작 규

길가에 있는 가지가 모두
절로 아래로 휘어져 있나?

27 | 관하~표정리(官下~標政理) : 《고증》「상세한 것은 알 수 없다. ○ 이백이 우성 현령이 되어 석 달만에 훌륭히 다스렸으므로 이웃 고을에서 이백의 정사를 모범으로 취하였다. 여구관 동쪽에 세 그루의 버드나무가 있었는데, 공이 왕래하면서 그곳에서 쉬기도 하였으므로 길 가는 사람들이 그 나뭇가지를 꺾지 않고 《시경》의 시 〈감당〉편에 견주었다.」(未詳○案, 李白爲虞城令, 三月政成, 鄰境取則. 蠡丘舘東有三柳焉, 公往來憩之, 行路勿剪, 比于甘棠) 《요존록》「한나라 장창이 경조윤(서울특별시장)이 되었는데, 말을 타고 가는 길에 버드나무가 있었다.」(漢張敞爲京兆尹, 走馬街有柳)

28 | 택변~미청수(宅邊~媚淸脩) : 《고증》「도연명의 전고를 빌어 썼다.」(借用陶潛事) 진나라 도연명의 자전적인 글인 〈오류선생의 전기(五柳先生傳)〉에서 「집 가에 버드나무 다섯 그루가 있어서 그것을 가지고 자기의 호로 삼았다.」(宅邊有五柳樹, 因以爲號焉)라 한 것을 말함.

29 | 반절(攀折) : 당나라 때는 이별을 할 때 벗이나 정다운 사람에게 나루의 버드나무 가지를 꺾어주는 풍습이 있었다. 당나라 이백의 〈수양버들을 꺾다(折楊柳)〉「가지 잡고 기어올라 봄 빛 꺾어서, 멀리 용정(흉노의 도읍)에 부치네.」(攀條折春色, 遠寄龍庭前) 〈절양류〉는 악부시(樂府詩) 말을 타고 피리를 부는 군가의 가사인 횡취곡사(橫吹曲辭)의 한 제목이다.

30 | 규(樛) : 나무 가지가 아래쪽으로 휜 것을 말한다.

【원운시】

指點東城一望悠	동쪽 성 손가락으로 가리키며 한번 아득히 바라보니,
依依野外映門樓	어렴풋한 야외의 풍경 문의 누대에 비치네.
煙條弄色無人管	안개 낀 가지 색 띰 상관하는 이 없고,
暖絮翻空不自由	따뜻한 날 버들솜 공중에 나부낌 스스로 말미암지 않네.
吹面風來詩興嫋	얼굴 위로 바람 불어오니 시 짓는 흥취 약해지고,
折枝歌罷客程脩	가지 꺾어 노래 끝나니 나그네 갈 길 멀다네.
淸霜半夜驚搖落	맑은 서리 한밤중에 내리니 잎 돌며 떨어짐에 놀라고,
雪後奇觀萬玉樛	눈 온 후 기이한 경치 만 개의 옥 같은 눈에 가지 휜 것이라네.

第一聯, 一作煙條冉冉浮春色, 暖絮翩翩颺晩洲
첫째 연은 「안개 낀 가지 하늘하늘 봄 풍경 위에 떠 있고, 따뜻한 버들솜은 펄펄 저녁 모래섬으로 날리네.」로 되어 있는 판본도 있다

右柳市長林 위는 유시의 긴 안개

264 繡郊尋春　수교에 봄을 찾아

不用臨流嘆逝川[31]
불 용 임 류 탄 서 천

물가에 다다라 시냇물이 흐르는구나
　탄식할 필요 없이,

攜朋來此逐芳鮮
휴 붕 래 차 축 방 선

벗과 함께 이곳에 와서
　신선한 꽃이나 좇아보세.

花如織罽江邊裏
화 여 직 계 강 변 리

양탄자 짜놓은 듯한
　꽃 강가를 둘렀고,

騎似乘船野外聯[32]
기 사 승 선 야 외 련

배 탄듯 말 탄 이
　들 밖까지 고삐 함께 하네.

31 | 임류탄서천(臨流嘆逝川):《논어·선생님은 드물게(子罕)》「공자께서 시냇가에 계시면서 말씀하셨다.『(흘러)간다는 것이 이와 같구나. 밤낮을 그치지 않는도다.』」(子在川上曰, 逝者如斯夫, 不舍晝夜)

32 | 기사승선(騎似乘船) : 명나라 팽대악(彭大翼)의《산당사고(山堂肆考)》권192「진나라 완함은 취하여 말을 타고 가면 비스듬하게 기울어 사람들이 모두 손가락질하고 웃으며 말하기를『늙은이가 말을 탄 것이 배를 타고 물결 가운데로 들어가는 것과 같다.』라고 하였다.」(晉阮咸, 醉騎馬傾欹, 人皆指而笑曰, 個老子騎馬, 如乘船行波浪中) 당나라 두보의〈술 잘 마시는 여덟 문인들을 노래함(飮中八僊歌)〉「하지장 말 탄 것 배 탄 것 같아, 눈 어른거려 우물에 떨어져서는 물 바닥에서 잔다네.」(知章騎馬似乘船, 眼花落井水底眠)

야외련(野外聯) : 련(聯)은 여기서「말고삐를 나란히 하다」(聯轡)의 뜻으로 쓰인 것 같다.

細草平郊隨遠近[33]
세 초 평 교 수 원 근

잔풀들은 평탄한 들판에
멀리 가까이 두루 자랐고,

好風晴日趁暄姸
호 풍 청 일 진 훤 연

상쾌한 바람은 맑은 날에
따뜻하고 아름다운 경치 좇아 부네.

無邊光景今如許[34]
무 변 광 경 금 여 허

끝없이 아름다운 이 풍경
지금 그 얼마인가?

思見伊人獨悵然[35]
사 견 이 인 독 창 연

그대 그리워 생각해보곤
홀로 슬픔에 잠기네.

33 | 세초평교(細草平郊) : 송나라 육유(陸游)의 〈겨울밤에 기러기 소리를 듣고 느낌이 있다(冬夜聞雁有感)〉「군중에는 전쟁 끝나 씩씩한 병사들 한가롭고, 잔풀들은 평탄한 들판에서 마음대로 내 달리네.」(軍中罷戰壯士閒, 細草平郊恣馳逐)

34 | 무변광경(無邊光景) : 주자의 〈봄날(春日)〉「좋은 날 사수의 가로 꽃을 찾아 나서니, 가없는 봄 풍경 일시에 새롭네.」(勝日尋芳泗水濱, 無邊光景一時新)

35 | 이인(伊人) : 이(伊)는 여기서 인칭 대명사로 쓰였다. 《시경·진(秦)나라의 민요·억새(蒹葭)》「이른바 저 분, 물 한쪽 가에 계시네.」(所謂伊人, 在水一方) 주희의 주석「이인은 저 사람이라는 말과 같다.」(伊人, 猶言彼人也) 여기서 이인은 하서 김인후를 가리킨다.

【원운시】

南郊如掌隔前川	남쪽 교외 손바닥 같은데 앞 시내와 나누어져 있고,
最愛春莎錦繡鮮	가장 사랑스럽기는 봄날 향부자 비단 수놓은 듯 고운 것이라네.
酒熟聖賢隣曲共	술 익으면 청주와 탁주 이웃과 함께 하고,
服成單袷冠童聯	옷 다되면 홑옷 겹옷 관자 동자와 나란히 하네.
風翻日脚煙光嫩	바람 해 그림자 뒤집으면 안개 빛 예쁘고,
花映山顔鳥語姸	꽃 산 얼굴에 비치면 새 지저귀는 소리 곱다네.
沂上千年吾與點	기수 가에서 천년 전에 공자가 "내 증점 인정하노라" 하였는데,
一般風詠興悠然	바람 맞으며 노래하는 것과 마찬가지로 흥 아스라하네.

右繡郊尋春　위는 수교에 봄을 찾아

265 院灘釣魚　원탄에서 낚시하며

一磯孤坐一竿橫
일 기 고 좌 일 간 횡

물가 바위에 외로이 앉아
낚싯대 하나 비껴 드리우니,

磯外長程倦客行
기 외 장 정 권 객 행

바위 저쪽으로는 긴 여정
지친 나그네 걸어가고 있구나.

靜水與魚元自得
정 수 여 어 원 자 득

고요한 물에 노니는 고기들은
대단히 만족한 듯하고,

閒鷗於子有時生
한 구 어 자 유 시 생

한가한 갈매기는 새끼에게
때때로 나타난다네.

當年溪上雲同住[36]
당 년 계 상 운 동 주

그 해엔 시냇가에서
구름과 함께 머물렀는데,

此夜灘邊月獨明
차 야 탄 변 월 독 명

오늘밤 여울가에는
밝은 달만 외로이 비치네.

走俗深譏吾更甚
주 속 심 기 오 갱 심

바삐 다닌 세속 일을
나 더욱 심히 나무라니,

爲君歌罷悒餘情
위 군 가 파 읍 여 정

그대 위한 노래 끝나자
남은 마음 근심에 잠기네.

36 | 당년~운동주(當年~雲同住) : 《요존록》「선생이 스스로를 말한 것이다.」(先生自述)

【원운시】

古院荒涼野水橫	옛 뜰 황량하고 들의 물 비껴 흐르는데,
灘聲閱盡幾人行	여울 소리에 몇 사람이 가는지 다 헤아렸다네.
持竿路入靑郊熟	낚싯대 지니고 길에 드니 푸른 교외 익숙하고,
罷釣時看皓月生	낚시 끝나니 이따금 흰 달 나타나네.
細雨斜風蓑笠晩	가랑비 비낀 바람에 도롱이며 삿갓 늦고,
千山萬逕雪花明	천 개의 산 만 갈래 길 눈 꽃 밝다네,
微吟緩節閒歸去	느린 박자 약하게 읊조리며 한가로이 돌아가면서,
想像當年川上情	상상해보네 그해 냇가에서의 마음.

右院灘釣魚 위는 원탄에서 낚시하며

266. 偶題

우연히 짓다

新正病起怯春寒
신 정 병 기 겁 춘 한

새해 정초에 병석에서 일어나니
봄 추위 무섭고,

窮巷無人獨掩關[1]
궁 항 무 인 독 엄 관

궁벽한 골목에 사람 없어
홀로 문 닫았다네.

斜日照窓明潑眼[2]
사 일 조 창 명 발 안

비낀 해 창 비추니
눈 환히 밝아,

數篇爻象默然看[3]
수 편 효 상 묵 연 간

몇 편 괘효와 상
잠자코 들여다보네.

1 | 궁항무인(窮巷無人) : 당나라 유우석(劉禹錫)의 〈객사에서 정씨네 셋째가 보내준 것을 기뻐하다(客舍, 喜鄭三見寄)〉「궁벽한 골목에 사람 없어 새와 참새 한가로운데, 빈 뜻에 막 비 내리니 매화와 이끼 푸르네.」(窮巷無人鳥雀閒, 空庭新雨梅苔綠)
독엄관(獨掩關) : 주자의 〈여러 날 전에 판원 어르신과 송촌에서 약속이 있었는데 눈이 내리는 가운데 생각이 나서 받들어 판원과 통판 두 어르신께 드림(數日前, 與判院丈, 有宋村之約, 雪中有懷, 奉呈判院·通判二丈)〉「구름 하늘 넓게 드리우고 한해 저물어 가는데, 온 방 쓸쓸하니 홀로 문 닫아걸고 있네.」(雲垂天闊歲將闌, 一室翛然獨掩關)
2 | 사일조창(斜日照窓) : 송나라 왕안석(王安石)의 〈쌍묘(雙廟)〉「겨울 바람 나무에 빠르게 불어대는데, 서쪽 해는 창 서늘하게 비추네.」(北風吹樹急, 西日照窓涼)
3 | 효상(爻象) : 《주역》의 효사(爻辭)와 상사(象辭). 역전(易傳)을 두루 일컫는 말임.

267. 訪林大樹億齡[1]_○癸丑三月

임대수억령를 찾다_계축년(1553) 3월

假架低簷淨花卉 가 가 저 첨 정 화 훼	임시로 얽은 낮은 처마 집엔 꽃과 풀 깨끗하고,
高山當面碧嵯峨[2] 고 산 당 면 벽 차 아	높은 산 마주하니 푸르름 우뚝 솟았다네.
主人市隱同壺隱[3] 주 인 시 은 동 호 은	주인은 저자거리에 숨었지만 별천지에 은거한 것과 같으니,
休罷南歸恨未多 휴 파 남 귀 한 미 다	파직되어 남쪽으로 돌아와도 유감 많지 않다네.

謂罷長興未是爲恨[4] 장흥군수에서 파면된 것을 유감스럽게 여기지 않음을 말한다

1 | 임억령(林億齡: 1496~1568) : 자는 대수(大樹), 호는 석천(石川)이며 본관은 선산(善山)임. 임대수에 대해서는 권2 68번 시의 주 1)(《퇴계시풀이·제2권》 영남대학교 출판부, 196쪽)을 보라.

2 | 벽차아(碧嵯峨) : 주자의 〈낙성사(落星寺)〉「눈길 다하여 아득한 푸른 하늘 바라보고, 돌아보니 푸른 산 우뚝 솟았구나.」(極目青冥茫, 回瞻碧嵯峨)

3 | 시은동호은(市隱同壺隱) : 비장방(費長房)의 고사를 썼음. 위 17번 시의 주 25번을 보라. 또 《문선》에 수록된 서진(西晉) 왕강거(王康琚)의 〈반초은시(反招隱詩)〉「작은 은자는 큰 언덕과 덤불 속에 숨으며, 큰 은자는 조정과 저자에 숨는다네. 백이는 수양산에 숨었고, 노자는 (조정에서) 주하사(柱下史)로 엎디어 있었다네.」(小隱隱陵藪, 大隱隱朝市. 伯夷竄首陽, 老聃伏柱史)

4 | 장흥(長興) : 지금의 전라북도 장흥군이다.

【참고】임억령의 화답시

贈景浩退溪

경호퇴계에게 드림

春來江漢濤瀾猛	봄 장강과 한수에 오니 물결 사납게 일고,
霜後終南氣象峨	서리 내린 후 종남산에 기상 높다랗구나.
中有寂寥楊子宅	기 가운데 쓸쓸한 양자의 집 있으니,
白頭黃葉閉門多	흰 머리 누런 잎 문 닫은 날 많다네.

268. 大樹見和前韻, 復和答

임대수가 앞 시의 각운자에 화답한 시를 보고 다시 같은 운자를 써서 화답하다

舊營詩壘非雄壯
구 영 시 루 비 웅 장

옛날에 시의 보루 경영할 때는
그리 웅장하지 않은데,

新築愁城頓嶪峨[1]
신 축 수 성 돈 업 아

새로이 쌓은 근심의 성은
갑자기 우뚝 솟았네.

欲作男兒須廣業[2]
욕 작 남 아 수 광 업

사나이 되려면 모름지기
학업 넓혀야 하리니,

少年虛過恨多多
소 년 허 과 한 다 다

젊은 시절 허송세월로 보내었으니
한 많고 많다네.

1 | **수성(愁城)** : 권1의 〈원주의 빙허루에서 원주 교관 김질부를 생각하여, 빙허루 현판에 적혀 있는 시의 각운자에 맞추어 시를 지어 그에게 남겨 보냄(原州憑虛樓, 有懷州敎金質夫, 次樓韻留贈)〉에 「머리는 이별한지 오래되었기 때문에 눈을 더하려 하고, 근심은 가을이 깊어지기 때문에 다시 성을 쌓으려 하네.」(頭因別久欲添雪, 愁爲秋深更築城)라는 구절이 있다. 이 구절의 주석에 북주(北周) 유신(庾信)의 〈근심을 읊음(愁城賦)〉이 인용되어 있으니 참고 바람.

업아(嶪峨) : 산 따위가 높은 모양을 나타내는 의성어. 당나라 한유의 〈원화성덕시(元和聖德詩)〉「하천의 신은 넓고 크고, 산악의 신은 높았습니다.」(瀆鬼濛鴻, 嶽祇嶪峩) 주자는 「산이 높은 모양」(山高貌)이라고 하였다.

2 | **남아수광업(男兒須廣業)** : 당나라 두보의 〈백학사의 띠집(柏學士茅屋)〉「부귀는 반드시 부지런히 애 써는 데서 얻어지고, 남자라면 모름지기 다섯 수레의 책을 읽어야 하네.」(富貴必從勤苦得, 男兒須讀五車書)

269. 喜林大樹見訪, 論詩

임대수가 찾아와 시에 대해 논함을 기뻐하며

玄冬逼歲除[1]
현 동 핍 세 제
겨울이 섣달 그믐밤 재촉하는지,

急景馳西沒[2]
급 영 치 서 몰
급박한 해 내달려 서쪽으로 떨어지네.

愁人臥窮巷
수 인 와 궁 항
근심에 싸인 사람 궁벽한 골목에 누워,

寂寞抱沈疾
적 막 포 침 질
쓸쓸하게 깊은 병 안고 있다네.

舊來人不來
구 래 인 불 래
예로부터 오던 이들 오지 않아,

門前雀羅設[3]
문 전 작 라 설
문 앞에 참새 그물 쳐놓았다네.

1 | 현동(玄冬) : 겨울을 말함. 겨울은 오행 중 수(水)에 해당하는데, 그 색이 검기 때문에 이렇게 말함. 봄을 청춘(靑春)이라고 하는 것과 같다.
핍세제(逼歲除) : 세제(歲除)는 세모(歲暮)와 같은 말임. 당나라 맹호연(孟浩然)의 〈세모에 남산으로 돌아가다(歲暮歸南山)〉「백발 세월 감 재촉하고, 봄날 세모 다와가네.」(白髮催年去, 靑陽逼歲除)

2 | 급영(急景) : 「景」은 「그림자 영」(影)의 뜻으로 쓰였음.

3 | 문전작라설(門前雀羅設) : 한나라 적공(翟公)의 고사. 내집 권2의 68 〈같은 각운자를 써서 지어 임억령(林億齡)에게 답함(次韻答林大樹)〉 4수 중 첫째 시에 「한가로우니 참새 그물이나 문 앞에 설치할까 생각해보네.」(閒思雀網門前設)라는 구절이 있다. 이 시도 계축년(1553년)에 지어졌음. 이 구절의 주석(197쪽)을 참조해 볼 것.

寧知打窓扉[4] 영 지 타 창 비	어찌 알았으리, 썰렁한 창문 두드리며,
忽枉長者轍[5] 홀 왕 장 자 철	갑자기 높으신 분 왕림하실 줄이야.
推枕起迎笑[6] 퇴 침 기 영 소	베개 밀치고 일어나 맞으며 웃고,
坐對墻陰雪 좌 대 장 음 설	담장 그늘에 쌓인 눈 마주하고 앉았다네.
寒暄未及他[7] 한 훤 미 급 타	인사가 다른 데에 채 미치기도 전에,
說病乃第一 설 병 내 제 일	병에 관한 말이 첫 번째라네.

4 | 창(窓) : 《별집》의 난외주에서는 「찰 한」(寒)자로 된 판본도 있다고 하였다.
한비(寒扉) : 주자의 〈운제사에 묵으면서 허순지가 헤어지려하면서 시로 가르침을 구하여 같은 각운자를 써서 짓다(宿雲際寺, 許順之將別, 以詩求教, 次韻)〉 「긴 숲으로는 이지러진 달 떠오르고, 긴 밤에 차가운 사립문 비추네.」(長林生缺月, 永夜照寒扉)

5 | 장자철(長者轍) : 고관대작이나 귀인이 타는 수레를 말함. 한나라 진평(陳平)의 고사를 썼음. 《내집》 권2의 99 〈조사수가 부쳐준 시의 각운자를 써서 짓다(次韻趙松岡見寄)〉 12수 가운데 첫 번째 시에 「귀인의 수레도 오지 않고」(長者無來轍)라는 구절이 있다. 해당 시구의 주석(265쪽)을 볼 것.

6 | 퇴침(推枕) : 당나라 백거이의 〈긴 한탄(長恨歌) 「옷 잡고 베개 밀치며 일어나 서성이더니, 구슬 발과 은 병풍 차례 차례 열렸네.」(攬衣推枕起徘徊, 珠箔銀屛邐迤開)

7 | 한훤(寒暄) : 한온(寒溫)이라고도 하며 추위와 더위라는 뜻. 서로 만나 날씨 이야기로 시작하여 인사를 주고받는다는 말로 안부라는 뜻으로 쓰임. 《진(晉)나라의 역사·왕헌지(王獻之)의 전기》 「일찍이 형인 휘지, 조지와 함께 사안을 찾아뵈었는데, 두 형은 세속의 일을 많이 말하였지만 왕헌지는 날씨 이야기로 안부만 물을 뿐이었다. 조금 후

雖云異肥瘦
수 운 이 비 수

비록 살찜과 야윔은 다르지만,

不大殊健劣
부 대 수 건 열

건강은 그다지 다르지 않다하네.

百年舊朱顏[8]
백 년 구 주 안

백년토록 붉은 얼굴 옛날과 다름없는데,

千丈新素髮
천 장 신 소 발

천 길 흰 머리카락 새로 났다하네.

開懷聽其言[9]
개 회 청 기 언

마음 열고서 그의 말 듣자니,

矍鑠何恢豁[10]
확 삭 하 회 활

원기 왕성하고 얼마나 광대한지 모른다네.

그들이 나가자 객이 사안에게 왕씨 형제의 우열을 물었다. 사안이 말하기를 『막내가 낫소.』라 하였다. 객이 그 까닭을 묻자 사인이 말하였다. 『훌륭한 사람은 말이 적은데 그가 말을 적게 하는 것을 보고 알았소이다.」(嘗與兄徽之´ 操之俱詣謝安, 二兄多言俗事, 獻之寒溫而已. 旣出, 客問安王氏兄弟優劣, 安曰, 小者佳. 客問其故, 安曰, 吉人之辭寡, 以其少言, 故知之)

8 | 주안(朱顏) : 홍안(紅顏), 곧 젊은 사람의 고운 얼굴이라는 뜻과 술이 취해 붉어진 얼굴이라는 뜻이 있음. 여기서는 뒷 구절의 소발(素髮)과 대가 되는 뜻으로 쓰였으므로 전자의 뜻으로 쓰였음. 당나라 이백(李白)의 〈교서랑(校書郎)인 벼슬을 지낸 이운(李雲) 아저씨를 전별하다(餞校書叔雲)〉「젊어서는 한창 때 날려버리며, 붉은 얼굴 자랑하며 노래하고 웃었다네.」(少年費白日, 歌笑矜朱顏)

9 | 개회청기언(開懷聽其言) : 당나라 한유(韓愈)의 〈이날 슬퍼할 만하니. 장적에게 드림(此日足可惜. 贈張籍)〉「가슴을 열고 그가 말하는 것 들으니, 곳곳이 바라던 바에 부합하네.」(開懷聽其說, 往往副所望)

10 | 확삭(矍鑠) : 노인이 눈동자가 초롱초롱하고 정신력이 왕성한 모양.

學詩追甫白[11]
학 시 추 보 백

시 배움에 두보와 이백 추종하고,

學道慕莊列[12]
학 도 모 장 렬

도 배움에 장자와 열자 흠모한다네.

往往誦傑句
왕 왕 송 걸 구

왕왕 빼어난 구절 외기도 하고,

掀簸困造物[13]
흔 파 곤 조 물

키 까불듯 조물주 곤경에 빠뜨린다네.

壯氣隘宇宙[14]
장 기 애 우 주

씩씩한 기운 우주조차 좁게 여기고,

11 | 보백(甫白) : 이두(李杜)와 같은 말로 이백과 두보를 병칭하는 말. 송나라 매요신(梅堯臣)의 〈오장문 중서사인(中書舍人)님의 시권(詩卷: 시를 적은 두루마리)을 돌려주다(還吳長文舍人詩卷)〉「당나라 문장 가장 성하였으니, 한유도 두보와 이백에게 굴복하였다네. 두보와 이백 포괄하지 않은 것 없으니, 자연의 조화 모두 탐색하였다네.」(有唐文最盛, 韓伏甫與白. 甫白無不包, 甄陶咸所索)

12 | 장렬(莊列) : 도가의 대표적인 사상가인 장주(莊周)와 열어구(列御寇), 장자와 열자를 아우르는 말.

13 | 흔파곤(掀簸困) : 송나라 소식의 〈장지기(蔣之己)가 회하의 장수로 감에 송별하다(送蔣穎叔, 帥熙河)〉「새 시 이야기하고 웃는 사이에 나오는데, 동료와 벗들 까불어가면서 입에 올려 비평하기 어려워하네.」(新詩出談笑, 僚友困掀簸)

14 | 애우주(隘宇宙) : 송나라 육유(陸游)의 〈두보의 시를 읽다(讀杜詩)〉「그의 시를 보니 가슴 우주 좁게 여기었으나, 아깝도다 천만 가지에 하나도 시행하지 못하였음이.」(看渠胷次隘宇宙, 惜哉千萬不一施)

15 | 육오가수체(六鼇可手掣) : 체(掣)는 끌어당긴다는 뜻. 《열자·탕문(湯問)》「그 가운데 다섯 개의 산이 있는데 첫째는 대여이고 둘째는 원교, 셋째는 방호, 넷째는 영주, 다섯째는 봉래입니다. …… 다섯 산의 뿌리는 연결되어 붙은 곳이 없었습니다. …… 하느님은 이에 우강에게 명하여 큰 자라 열 다섯 마리로 하여금 머리를 들고 그것을 이게 하였습니다. …… 용백이란 나라에 거인이 있는데 발을 들어 몇 발자국도 옮기지 않았는데 이미 다섯 산이 있는 곳에 다다라 한번 낚시를 하여 연이어 여섯 마리의 자라를 끌어 올렸습니다. …… 이에 대여와 원교의 두 산은 북극으로 흘러내려가 대해 속에 가라앉았습니다.」(其中有五山焉. 一曰岱輿, 二曰員嶠, 三曰方壺, 四曰瀛洲, 五曰蓬萊……五山之根, 無所連著. 帝乃命禺疆, 使巨鼇十五, 擧首而戴之……龍伯之國, 有大人, 擧足不盈數步, 而暨五山之

六鼇可手掣[15]
육 오 가 수 체

여섯 마리 자라 손으로 끌 수 있다네.

雷電助狂怪[16]
뇌 전 조 광 괴

우레며 번개 괴이함 돕는 듯하고,

鬼神慴怳惚
귀 신 섭 황 홀

귀신조차 두려움에 멍한 듯하네.

平生悲老洫[17]
평 생 비 로 혁

평상시 늙고 시듦 슬퍼하는데,

膏火錐刀末[18]
고 화 추 도 말

기름이 송곳 끝까지 타는 듯.

所, 一釣而連六鼇……岱輿員嶠二山. 流於北極. 沈於大海) 주자의 〈상봉사에서 축융봉 꼭대기에 올라 경부가 지은 시의 각운자를 써서 짓다(自上封, 登祝融峰絶頂, 次敬夫韻)〉「한스러운 것 큰 소 열 마리 없어, 한꺼번에 여섯 자라 끌어당기지 못함이라네.」(一掣了六鼇, 所恨無十犗)

16 | 뇌전조광괴(雷電助狂怪) : 당나라 한유의 〈강릉으로 가는 도중에 보궐인 왕애(王涯)와 습유 이건(李建), 원외한림인 이정(李程)의 세 학사에게 부치다(赴江陵途中, 寄贈王二十補闕, 李十一拾遺, 李二十六員外翰林三學士)〉「우레와 천둥 괴이함 우니, 기상 견주어 짝하기 힘드네.」(雷霆助光怪, 氣象難比侔)

17 | 노혁(老洫) : 《장자·제물론(齊物論)》「그 억눌린 모습이 봉하여 막힌 것 같음은 늙어서도 (욕심에) 빠진 것 같음을 말한다.」(其厭也緘, 以言其老洫也) 송나라 임희일(林希逸)의 《장자구의(莊子口義)》「물욕에 눌리고 빠진 것이 봉하여 묶인 것 같은 것이 늙어서도 구하여 뺄 수 없으므로 늙어서 도랑에 빠진 것이라고 하였다. 『洫』은 도랑과 골짜기에 빠진 것 같다는 말이다.」(其爲物慾所厭没, 如被緘縢然, 至老而不可救拔, 故曰老洫. 洫者, 謂其如墜於溝壑也)

18 | 고화(膏火) : 《한나라의 역사·동중서(董仲舒)의 전기》「선을 쌓은 것이 몸에 있으면 자라는 것이 날로 더하여져도 사람이 알지 못하는 것과 같다. 악을 쌓은 것이 몸에 있으면 불이 기름을 태워도 사람이 보지 못하는 것과 같다.」(積善在身, 猶長日加益, 而人不知也. 積惡在身, 猶火之銷膏, 而人不見也)

추도말(錐刀末) : 송곳 끝. 《좌전·소공(昭公) 6년》「백성들이 (윗사람들과) 다툴 꼬투리를 알게 되면 장차 예의는 버리고 책에 쓰인 것만 요구하여 송곳 끝 만한 일까지 다투게 될 것입니다.」(民知爭端矣, 將棄禮而徵於書, 錐刀之末, 將盡爭之)

意欲奪天弢[19] 의 욕 탈 천 도	뜻은 죽음의 속박에서 벗어나,
去入無窮闥[20] 거 입 무 궁 달	이곳 떠나 무궁의 문으로 들어간다네.
汗漫九垓外[21] 한 만 구 해 외	구천 밖 아득히 돌아다니니,
浮游樂未畢[22] 부 유 락 미 필	떠다니는 즐거움 끝이 없다네.
吾詩尙豪宕 오 시 상 호 탕	「나의 시 호탕함 숭상하노니,
何用巧剞劂[23] 하 용 교 기 궐	어찌 솜씨 있게 다듬을 필요 있겠는가?

19 | 탈천도(奪天弢) : 《장자·지북유(知北游)》「자연의 변화에 의하여 생겨나기도 하고, 또 그 변화에 의하여 죽기도 합니다. 이것을 생물들이 슬퍼하고 이것을 사람들이 비통하게 생각합니다. 활집을 풀고 옷주머니를 끌러놓듯이 하늘에서 받은 형체를 떠나 육체가 산산이 흩어지고 정신이 이 형체를 떠나려할 때 곧 몸도 그것을 따르게 될 것인데 이것이 곧 큰 복귀인 것입니다.」(已化而生, 又化而死, 生物哀之, 人類悲之. 解其天弢, 墮其天袟, 紛乎宛乎, 魂魄將往, 乃身從之, 乃大歸乎) 《고증》「죽으면 그 속박을 푼다는 것을 말한다. ○ 생각건대 『빼앗을 탈』(奪)자는 『벗을 탈』(脫)자가 되어야할 것 같다.」(言死則解其束縛○案奪恐脫)

20 | 거입무궁달(去入無窮闥) : 달(闥)은 문을 총칭하는 말. 당나라 이백의 〈옛 시체로 짓다(古風)〉 제25수 「광성자 돌아오더니, 끝없는 문으로 들어간다네.」(歸來廣成子, 去入無窮門)

21 | 한만구해(九垓) : 한만은 마음껏 노니는 것을 말함. 구해(九垓)는 곧 구천(九天), 즉 하늘이다. 《회남자·응도훈(應道訓)》「약사가 노오에게 말했다. ……『나와 더불어 저 멀리 구천(九天)의 바깥까지 노닙시다.』」(若士謂盧敖曰……吾與汗漫游於九垓之外) 당나라 이백의 〈여산의 노래. 노시어(侍御: 殿中侍御史) 허주님께 부침(廬山謠. 寄盧侍御虛舟)〉「먼저 구천의 위 마음껏 노니는 것 기약하였는데, 원컨대 노오와 함께 우주에서 놀았으면 하네.」(先期汗漫九垓上, 願接盧敖遊太清)

吾行蹈大方[24]
오 행 도 대 방

나의 행동 큰 도리 실천하노니,

不必拘小節[25]
불 필 구 소 절

작은 절개에 구애받을 필요 없으리.」

詞氣甚激昻
사 기 심 격 앙

그의 말의 기세 너무나 격앙되어,

河漢瀉頰舌[26]
하 한 사 협 설

은하수 입속에서 쏟아지는 것 같네.

我初驚且嘆
아 초 경 차 탄

내 처음에는 놀라고 한숨짓다가,

中頗疑以詰
중 파 의 이 힐

중간에서 자못 의심스러워 힐난하였다네.

22 | 한만·부유(汗漫·浮游) : 《내집》 권2의 42. 〈조사수가 밀양 영남루에서 박상(朴祥)의 시에 화답하여 44구로 지은 시의 각운자를 써서 짓다(次季任, 密陽嶺南樓, 和朴昌世詩, 二十二韻)〉에 「세상 바깥 떠다니며 노니네, 천지사방 넘나들며, 누워서 봉래산 차례차례 살펴보니 맑은 물 얕게 흐르네.」(浮游汗漫出六合, 臥閱蓬萊淸淺流)라는 구절이 있다.

23 | 하용교기궐(何用巧剞劂) : 기궐(剞劂)은 원래 조각칼이라는 뜻인데 여기서는 동사형으로 쓰였다. 《요존록》「조각이라는 말과 같다.」(猶言雕刻) 《초사·애시명(哀時命)》「조각칼 쥐고서도 쓰지 않음이여, 규구(자와 콤파스) 잡고서도 베풀 곳 없다네.」(握剞劂而不用兮, 操規榘而無所施) 주자는 「기궐은 아로새기는 칼이다.」(欹劂, 刻鏤刀也)라 하였다.

24 | 도대방(蹈大方) : 당나라 유종원(柳宗元)의 〈허물을 징계함(懲咎賦)〉「큰 법도 따름이여 사물 얽힐 수 없다네.」(蹈乎大方兮, 物莫能嬰)

25 | 오행~구소절(吾行~拘小節) : 《장자·가을 강(秋水)》「내 오래도록 큰 도를 가진 사람에게 비웃음을 받아왔소.」(吾長見笑於大方之家) 송나라 임희일은 「대방은 대도이다.」(大方, 大道也)라 하였다.

26 | 하한사협설(河漢瀉頰舌) : 《장자·자유롭게 노님(逍遙遊)》「내 그 말이 은하수처럼 끝이 없는 것 같아 놀라 자빠졌다네.」(吾驚怖其言, 猶河漢而無極也)

自非聖於詩[27] 자 비 성 어 시	「스스로 시의 성인 아니라면,
法度安可輟 법 도 안 가 철	법도를 어찌 버릴 수 있겠는가?
寧聞大賢人 영 문 대 현 인	어찌 들었으랴? 크게 현명한 사람,
不用規矩密 불 용 규 구 밀	법도 조밀함 필요 없다고 하였음을.
曷不少低頭 갈 불 소 저 두	어찌하여 조금 고개 숙이지 않는가?
加工鍊與律[28] 가 공 연 여 율	더욱 다듬어 법도에 맞추어보려고.

27 | **성어시(聖於詩)** : 당나라의 두보는 중국 문학사상 시성(詩聖)으로 불린다.

28 | **가공연여율(加工鍊與律)** : 송나라 위경지(魏慶之)의 《시인옥설(詩人玉屑)》 권8 「시를 짓는 것은 글자를 단련하는데 있다.(갈립방의 《운어양추(韻語陽秋)》에 인용) …… 구절을 정련하는 것은 글자를 정련함만 못하고, 글자를 정련하는 것은 뜻을 정련함만 못하며, 뜻을 정련하는 것은 격을 정련함만 못하다.(《금침시격(金針詩格)》) …… 당나라 사람들은 비록 짧은 시라고 하더라도 반드시 아주 정밀하게 한 후라야 그만둔다. 이른바 열흘간 불리고 한달 동안 담금질한다는 것이 실로 빈말이 아니다. …… 피일휴(皮日休: 당말의 시인)는 시를 짓는데 백 번 단련하여야 한 글자가 되고, 천 번 단련하여야 한 구절이 된다고 하였다.」(作詩在於煉字. 葛常之……煉句不如煉字, 煉字不如煉意, 煉意不如煉格. 金針格……唐人雖小詩, 必極工而後巳. 所謂旬鍛月煉, 信非虛言……皮日休, 百煉爲字, 千煉成句)

29 | **비여~기능발(比如~豈能發)** : 한나라 유향(劉向)의 《설원(說苑)》 권11 〈선설(善說)〉 「자로가 말하였다. 『천하를 울리는 종을 만들어놓고 막대를 가지고 친다면 어찌 그 소리를 낼 수 있겠는가?』」(子路曰, 建天下之鳴鐘, 而撞之以挺, 豈能發其聲乎哉?)

30 | **진준~미실(陳遵~未失)** : 《한나라의 역사》 권92 〈협객들의 전기(游俠傳)〉 「진준은 자가 맹공으로 두릉 사람이다. …… 장송(자는 백송)과 함께 모두 경조내사(京兆內史: 서울특별시장)를 역임하였다. 장송은 박학하고 두루 통달하였으며, 청렴과 검소함으로 스스로를 잘 건사하였으나, 진준은 방종하고 얽매임이 없어, 두 사람의 지조와 행실은 비록 달랐으나 서로 매우 친했다. …… 진준은 술 마시기를 좋아하여 매번 크게

比如撞洪鐘 비 여 당 홍 종	비유컨대 큰 종을 친다면,
寸筳豈能發[29] 촌 정 기 능 발	한 치 짜리 대나무로야 어찌 소리 나게 할 수 있겠는가?
長者若不聞 장 자 약 불 문	높으신 그 분께서는 이 말이 들리지 않는 듯,
意象更超越 의 상 갱 초 월	생각과 모습 더욱 초월하여졌다네.
陳遵託酒箴 진 준 타 주 잠	진준 같은 그 분은 양웅의 〈주잠〉으로 으스대었지만,
張竦亦未失[30] 장 송 역 미 실	장송 같은 나 또한 자신을 잃지 않았다네.

마셨는데 …… 장송은 집이 가난하여 찾아오는 손님이라고는 없고, 때때로 호사자들이 그를 찾아 의심나는 것을 물으면 바로잡아주고, 경서를 가지고서만 논의할 뿐이었다. 그러나 진준은 밤낮으로 큰소리치며 일에 관하여 묻거나 도를 논하는데 수레와 말이 대문 가득 넘쳤으며 술과 고기가 연이어 나왔다. …… 이에 앞서 황문랑 양웅이 〈술을 경계함(酒箴)〉이라는 글을 지어 성제에게 풍간하였는데, 그 글(의 일부 내용)은 주객이 법도를 지키는 선비를 나무라는 내용을 사물에 비유하여 이렇게 말했다. 『그대는 병(甁: 우물의 물을 길어 올리는 입이 좁은 용기)과 같다. 병의 거처를 살펴보면 우물의 어귀에 놓여 있다가 높이 올라왔다가 깊은 데로 내려갔다가 하면서 움직일 때마다 항상 위태로움에 직면하게 된다. …… 치이(鴟夷: 큰 가죽 주머니)만 못하다. 치이는 원활하고 배는 큰 항아리 같으며 종일 술을 채워 사람들이 다시 사들인다. 항상 국가의 기물이 되어 수레에 실려서 두 궁전을 드나들고, 관가의 일을 경영한다. 이로써 말하건대 술이 어찌 잘못이 있다고 하겠는가?』 진준이 이 글을 매우 기뻐하여 항상 장송에게 말하기를 『나와 그대가 바로 이러하도다!』라 하였다.」(陳遵字孟公, 杜陵人也……與張竦伯松俱爲京兆史. 竦博學通達, 以廉儉自守, 而遵放縱不拘, 操行雖異, 然相親友……遵耆酒, 每大飮……竦居貧, 無賓客, 時時好事者, 從之質疑, 問事論道經書而已. 而遵晝夜呼號, 車騎滿門, 酒肉相屬……先是, 黃門郎揚雄, 作酒箴, 以諷諫成帝, 其文爲酒客難法度士, 譬之於物, 曰, 子猶甁矣. 觀甁之居, 居井之眉, 處高臨深, 動常近危……不如鴟夷. 鴟夷滑稽, 腹如大壺, 盡日盛酒, 人復借酤. 常爲國器, 託於屬車, 出入兩宮, 經營公家. 繇是言之, 酒何過乎! 遵大喜之, 常謂張竦, 吾與爾猶是矣)

談論縱參差 서로간의 담론 들쑥날쑥하고,
담 론 종 참 치

許與略瑣屑 칭찬의 말은 자질구레하게 여기어 호락호락하지 않았네.
허 여 약 쇄 설

當知曠士懷[31] 당연히 알겠네, 넓은 선비의 마음,
당 지 광 사 회

坦坦非諛悅 탄탄하여 아첨의 말 기뻐하지 않음을.
탄 탄 비 유 열

向來積憂煩 여태까지 시름 번뇌 쌓아왔지만,
향 래 적 우 번

今夕痛湔祓[32] 오늘 저녁에는 통쾌하게 씻어버렸다네.
금 석 통 전 불

31 | 광사회(曠士懷) : 남조 송 포조(鮑照)의 〈마음껏 노래함이란 시체를 본떠서 짓다(代放歌行)〉「소인배들은 절로 악착 같으니, 어찌 큰 선비의 마음을 알겠는가?」(小人自齷齪, 安知曠士懷) 주자의 〈다시 지어 조롱하는 것을 해명하다(再賦解嘲)〉「도량 큰 선비의 마음 어찌 깨닫겠는가? 배 매어두지 않은 듯 둥둥 떠다니네.」(豈悟曠士懷, 泛若不繫舟)

32 | 금석통전불(今夕痛湔祓) : 송나라 육유의 〈사당에 오래도록 알리지 않음을 빌다(乞祠久未報)〉「7백여 일간이나 먼지 가득 안고 있다가, 오늘 아침 깨끗이 씻어내고 나니 새 시가 나온다네.」(七百日来塵滿抱, 今朝湔祓有新詩)

大匠遇血指[33]
대 장 우 혈 지

훌륭한 목수님 어쩌다 손가락에 피나 내는 얼치기 만났으나,

不以工掩拙
불 이 공 엄 졸

빼어난 솜씨 가지고서도 나 같은 서투름 엄습하지 않는다네.

發揮黃家堂
발 휘 황 가 당

황진사 댁에서 실력 발휘하신 뒤에,

容我妄自述
용 아 망 자 술

망령되이 나로 하여금 스스로 짓게끔 허락하였다네.

敢不樂從之
감 불 락 종 지

어찌 감히 기꺼이 따르지 않으리오?

斐然呈八絶
비 연 정 팔 절

멋 부려 절구 여덟 수 지어 바쳤다네.

黃上舍堂詠八絶,[34] 本爲林公勸予同作
황진사댁에서 여덟 수의 절구를 지은 것은 본래 임공이 내게 함께 짓자고 권하였기 때문이다

33 | 대장우혈지(大匠遇血指) : 당나라 한유의 〈유종원에게 바치는 제문(祭柳子厚文)〉「잘 깎지 못하는 목수는 손가락에는 피가 철철 흐르고 얼굴에는 땀으로 범벅이 되는데, 솜씨가 좋은 장인은 곁에서 구경하며 손을 소매 사이에다 넣고 있다.」(不善爲斲, 血指汗顔, 巧匠旁觀, 縮手袖間)

34 | 황상사(黃上舍) : 《고증》「《금계집》에 〈매학당 8경. 황태수에게 임억령(林億齡)이 지은 시의 각운자를 써서 지어주다〉라는 시가 있는데, 이에 의하면 황진사는 곧 고산 황기로(黃耆老)를 가리킨다.」(案, 錦溪集有梅鶴堂八景, 爲黃台叟, 次林石川韻, 据此則黃上舍, 卽指孤山)

270. 題靈川子墨竹, 二絶. 與石川松岡, 分題同賦[1]

영천자의 묵죽화에 적다, 절구 두 수. 석천, 송강과 함께 제목을 나누어 함께 짓다

舞月危梢隱兩旗[2]
무 월 위 초 은 량 기

달 높은 대나무 끝에서 춤추니
별들은 숨어버렸고,

和烟嚲露有孫枝[3]
화 연 타 로 유 손 지

어우러진 안개 드리운 이슬
새 가지에 있네.

1 | 영천자(靈川子): 신잠(申潛)의 호로 달리 아차산인(峨嵯山人)이라고도 하였음. 자는 원량(元亮)이며 본관은 고령(高靈)임. 영천은 고령의 별칭임. 상세한 것은 《내집》 권2의 75번 시를 보라.
석천(石川): 임억령(林億齡: 1496~1568)의 자. 위 267번 시의 주 1)을 보라.
송강(松岡): 조사수(趙士秀: 1502~1558)의 자. 위 40번 시 의 주 1)을 보라.

2 | 양기(兩旗): 《사기·천문을 담당한 관리에 관한 기록(天官書)》「동북쪽 모퉁이의 12개의 별을 기라고 한다.」(東北曲十二星曰旗) 《사기》의 주석서인 당나라 장수절(張守節)의 《정의(正義)》에서는 「양기라는 것은 좌기 9성은 견우성 왼쪽에 있고, 우기 9성은 견우성 오른쪽에 있다.」(兩旗者, 左旗九星, 在河鼓左也. 右旗九星, 在河鼓右也)라 하였다.

3 | 타(嚲): 《고증》「음은 『타』이며, 아래로 늘어뜨린 모습, 혹은 두텁다는 뜻이다.」(典可切, 垂下貌, 又厚也)
손지(孫枝): 나무줄기에서 뻗어나간 새 가지를 말함. 당나라 백거이의 〈담씨의 외손자가 난지 사흘이 되었는데 이 사내아이를 기뻐하여 우연히 시편을 짓고 아울러 장난삼아

只今丹鳳無消息[4]
지 금 단 봉 무 소 식

지금껏 붉은 봉황
아무런 소식 없지만,

猶保堅貞歲晏知[5]
유 보 견 정 세 안 지

오히려 곧은 절개 지키니
해 저물어감 아네.

유우석(劉禹錫)님에게도 드린다(談氏外孫生三日, 喜是男, 偶吟成篇, 兼戲呈夢得)〉「질경이 봄 되면 여자 손 가득하고, 오동은 늙어가며 새 가지 자란다네.」(芣苢春來盈女手, 梧桐老去長孫枝) 명나라 팽대익(彭大翼)의 《산당사고(山堂肆庫)》의 주석 「이미 늙으면 자손이 생기는 것이 또한 오동이 늙어서 새 가지가 생기는 것과 같음을 말한다.」(言旣老則有子孫, 亦如梧桐之老而有孫枝)

4 | 단봉무소식(丹鳳無消息) : 《시경·대아·구부정한 언덕(卷阿)》「봉황 우니, 저 높은 언덕이라네. 오동나무 자라니, 산 동쪽이라네.」(鳳凰鳴矣, 于彼高岡. 梧桐生矣, 于彼朝陽) 주자의 주석 「봉황의 성질은 오동나무가 아니면 깃들지를 않고, 대나무 열매가 아니면 먹지를 않는다.」(鳳凰之性, 非梧桐不棲, 非竹實不食) 이 구절은 아마 대나무의 열매가 열렸음을 읊은 것 같다.

5 | 보견정(保堅貞) : 당나라 진자앙(陳子昂)의 〈동방 좌사께 긴 대나무를 읊은 시편을 드린다(與東方左史脩竹篇)〉「비로소 쇠나 돌에 비견됨 바라고, 언제까지나 굳은 절개 지킨다네.」(始願比金石, 終古保堅貞)

271. 巧夕_追錄於此[1]

칠월 칠석_여기에 추록한다

人爭乞巧欲何營[2]
인 쟁 걸 교 욕 하 영

사람들 칠석에 다투어 재주 비니
무엇 하고자 함인가?

但遣炎蒸一夜淸
단 견 염 증 일 야 청

다만 찌는 듯한 하룻밤
시원하게 보내면 그만일텐데.

旅枕忽驚孤客意
여 침 홀 경 고 객 의

객사에서 자다 별안간 놀라깨니
나그네 생각 외롭고,

1 | 추록(追錄) : 《고증》「이 이하 3수는 모두 가을 사이에 지은 것이다. 위의 〈임대수가 찾아옴을 기뻐하다〉가 곧 한 해가 다 되어갈 때 지은 것이므로 추록한다고 말하였다.」(以下三首, 皆秋間所作. 上喜林大樹見訪, 乃逼歲所作, 故云追錄)

2 | 걸교(乞巧) : 양(梁)나라 종름(宗懍)의 《형초세시기(荊楚歲時記)》「이날(7월 7일) 저녁 인가의 부녀자들은 비단실로 엮어서 구멍이 7개 뚫린 바늘에 꿰는데, 혹은 금이나 은, 놋쇠나 돌로 바늘을 만들어 안석이나 자리에 술과 포, 외와 과일을 진설하여 (바느질) 솜씨가 좋아지기를 비는데 거미새끼가 외 위에 거미집을 치면 응답을 받은 것이라 생각했다.」(是夕, 人家婦女結綵縷, 穿七孔針, 或以金銀鍮石爲針, 陳几筵酒脯瓜菓於庭中以乞巧, 有蟢子網於瓜上則以爲符應)
당나라 유종원(柳宗元)의 〈칠석날 밤 바느질 솜씨가 좋아지기를 빌다(乞巧文)〉「내가 밤에 조정에서 돌아왔더니 제사를 차려놓고 비는 사람이 있었는데 …… 절도 하고 빌기도 하여 괴이히 여겨 그에게 물어보았더니, 말하기를 『오늘은 가을의 첫째 달 칠석으로 하느님의 따님이 견우랑에게 시집가는 날입니다. 맞이하여 제사를 드리는 사람은 잘하면 직녀와 같이 솜씨가 좋아지고 나쁜 솜씨는 몰아낼 수 있다고 합니다.』라 한다.」(柳子夜歸自外庭, 有設祠者……且拜且祈, 怪而問焉, 曰, 今玆秋孟七夕, 天女之孫將嬪於河鼓, 邀而祀者, 幸爾與之巧, 驅去蹇拙) 당나라 권덕여(權德輿)의 〈칠석날에 여러 손녀들이 바느질 솜씨가 좋아지기를 바라는 글을 짓는 것을 보다(七夕見與諸孫題

荒庭如訴百蟲聲
황 정 여 소 백 충 성

황량한 뜰에는 하소연하듯
온갖 벌레 소리내어 우는구나.

潢添巨海無增大
황 첨 거 해 무 증 대

넓은 은하수 큰 바다 더한다 해도
더 커지지 않지만,

帚享千金只益輕[3]
추 향 천 금 지 익 경

몽땅 빗자루 천금어치 나간다해도
오직 더욱 가볍기만 하네.

巷北巷南顔色阻[4]
항 북 항 남 안 색 조

거리 북쪽 거리 남쪽
모두 얼굴 막혔으니,

青銅休把照愁莖[5]
청 동 휴 파 조 수 경

거울 잡고서 시름스런
얼굴 비추지 말게나.

乞巧文)〉「외손녀들 다투어 바느질 솜씨 좋아지기 빌고, 아내는 함께 글 짓는다네.」(外孫爭乞巧, 内子共題文)

3 | **추향천금(帚享千金)** : 집에서 사용하던 낡은 빗자루가 비록 낡아서 보잘 것 없는 것이지만, 사용하던 사람에게는 마치 천금이나 나가는 값비싼 물건과 같이 소중하게 여겨진다는 뜻. 위(魏)나라 문제(文帝) 조비(曹丕)의 〈전론·글에 대하여 논함(典論·論文)〉에서 나왔음. 상세한 것은 《내집》 권1 55번 시의 주석 28)을 보라. 여기서는 잠을 이루지 못하고 지은 시를 다듬어 보아도 자꾸만 졸렬하게 된다는 뜻이다. 송나라 대복고(戴復古)의 〈옥계 임봉길에게 부침(寄玉溪林逢吉)〉 제6수 「감히 형계 바라며 시의 발문 짓자니, 스스로 부끄럽구나! 몽땅 빗자루 천금어치나 될 만하다는 것이.」(敢望荆溪作詩跋, 自慙敝帚享千金)

4 | **항북~안색(巷北~顔色)** : 당나라 두보의 〈매우 가까이 삶을 노래함(偪側行)〉「가깝기는 어찌 그리 가까운가? 나는 골목 남쪽에 살고 그대는 골목 북쪽에 사네. 슬프도다! 이웃간에, 열흘에 한번도 얼굴 보지 못하네.」(偪側何偪側, 我居巷南子巷北. 可憐鄰里間, 十日不一見顔色)

5 | **청동(青銅)** : 거울을 말한다. 송나라 구양수(歐陽修)의 〈가을 회포 두 수를 지어 매요신에게 부치다(秋懷二首, 寄聖兪)〉 첫째 시 「장사 또한 무엇을 하는가? 흰 실타래 청동 거울 슬퍼한다네.」(壯士亦何爲, 素絲悲青銅)

272~273. 盤松原上, 送金季珍赴延安府[1]

반송원에서 김계진이 연안 도호부 부사로 부임해감에 전송하다

272

又作關西別 우 작 관 서 별	또 관서로 나가심에 이별하니,
重逢定幾年 중 봉 정 기 년	다시 만남 몇 년 뒤가 될런지?
人生渾合沓[2] 인 생 혼 합 답	인생살이 혼연히 끝없이 이어지지만,
世故莽推遷 세 고 망 추 천	세상일은 부질없이 변하여 가네.
行樂多新輩 행 락 다 신 배	즐겁게 어울려 노는데 새로운 친구들 많지만,
歸耕遠故田 귀 경 원 고 전	돌아가 농사지으려니 고향땅 멀기만 하네.
西郊分袂後[3] 서 교 분 메 후	서쪽 교외에서 이별한 후에,
回首更悠然[4] 회 수 갱 유 연	고개 돌린다면 내 마음 더욱 아득하리.

1 | **반송원(盤松原)** : 《고증》「반송원은 모화관에 있는데, 구불구불 구부러져서 수십 보에 걸쳐 그늘을 드리우는 소나무가 있다고 전해지며, 고려왕이 난을 피했던 곳으로 (그것을 기념하는) 정자가 있다.」(盤松院在慕華舘, 世傳有松盤屈可蔭數十步, 高麗王避亂之所, 有亭) 모화관은 서대문 북쪽 독립문 부근에 있었음.
김계진(金季珍) : 김언거(金彦琚)의 자. 위 139번 시에 보인다.

2 | **합답(合沓)** : 거듭됨, 중첩됨. 또는 그치지 않고 계속 이어져 내려옴을 나타내는 의태어.

3 | **분메(分袂)** : 분거(分袪), 분금(分襟), 또는 분수(分手)라고도 하며, 헤어짐, 이별과 같은 뜻.

4 | **회수갱유연(回首更悠然)** : 당나라 온정균(溫庭筠)의 〈반석사에서 성공을 남겨두고 떠나다

273

華館凌雲起 화 관 능 운 기	모화관 위로는 구름 솟아오르고,
靑莎覆地平 청 사 복 지 평	푸른 향부자는 땅 평평하게 덮었구나.
輪蹄常簇簇[5] 윤 제 상 족 족	수레와 말 늘 빽빽이 다니나,
城郭故庚庚[6] 성 곽 고 경 경	성곽은 예로부터 변함없이 견고하구나.
向晩秋風急[7] 향 만 추 풍 급	저녁 되어가니 가을바람 빠르고,
臨高客恨生 임 고 객 한 생	높이서 내려보니 나그네 한 생겨나는구나.
古今離別處 고 금 이 별 처	예나 지금이나 이별하는 자리에서,
把酒若爲情 파 주 약 위 정	술잔 잡으니 정이 솟아나는 것 같구나.

(盤石寺留別成公)〉「유연하게 여객선에서 자주 고개 돌리고 보나, 더 이상은 소나무로 가려진 창문 반쯤 들린 것 보이지 않네.」(悠然旅榜頻回首, 無復松窗半揭同)

5 | 윤제(輪蹄) : 수레의 바퀴와 말의 발굽. 사물의 일부로 전체를 대표하는 말이며 곧 수레와 말을 가리킴.

족족(簇簇) : 무더기를 이룬 모양, 또는 빽빽하게 줄을 이룬 모양을 나타내는 의태어.

6 | 경경(庚庚) : 무늬가 가로 세로 퍼져 있는 모양.

7 | 향만추풍급(向晩秋風急) : 당나라 이창부(李昌符)의 〈변새에서 있었던 일을 적다(邊行書事)〉「음산한 바람 저녁 되니 빨라지고, 살기 가을 드니 많아지는구나.」(陰風向晩急, 殺氣入秋多)

274. 次韻寄題松江亭_趙洞叔爲請賦, 乃其外舅宗室某亭也 ○ 洞叔名澄[1]

같은 각운자를 써서 송강정을 제목으로 삼아서 지어 부치다_조형숙이 지어줄 것을 청하였는데 그의 장인인 종실 아무개씨의 정자이다 ○ 형숙의 이름은 징이다

我曾舟上瞰東江
아 증 주 상 감 동 강

내 일찍이 배 위에서
동강을 바라보았더니,

高處亭開想絶雙
고 처 정 개 상 절 쌍

높은 곳에 정자 열렸는데
둘도 없단 생각 했었다네.

岫送烟光縈翠箔
수 송 연 광 영 취 박

산모롱이에서 안개 내보내니
푸른 발에 얽히고,

波搖月色動寒窓
파 요 월 색 동 한 창

물결 달빛 움직이니
싸늘한 창문에 어른거리네.

1 | 조형숙(趙洞叔) : 조징(趙澄: 1511~1574)의 자. 본관은 한양(漢陽)이며 호는 송강(松江)이다. 중종 38년(1543) 식년(式年) 문과에 급제하였으며, 관직은 삼척부사, 첨지중추부사(僉知中樞府事) 겸 오위장을 지냈으며, 중국에 사신으로 갔다오던 길에 해주에서 죽었다.
조징의 장인은 《문과방목》에 의하면 이정주(李呈珠)인데 본관이 종실과 같은 전주(全州)이다.

2 | 왕손(王孫) : 원래는 임금님의 후손, 조징의 장인 이정주가 왕실의 종친이기 때문에 이렇게 말하였다. 그러나 시에서는 더러 젊은 남자를 높여서 이렇게 부르는 경우도 있음.

王孫每去看沙鳥[2]
왕 손 매 거 간 사 조

왕손 언제나 나가
물새 바라보고,

漁父時來倒玉缸
어 부 시 래 도 옥 항

어부 이따금 와서
옥 항아리 술병 따르네.

更有蒼髥萬竽籟[3]
갱 유 창 염 만 우 뢰

그 위에 다시 푸른 잎 소나무
만 그루나 우거져 소리 내니,

逃空何必喜聞跫[4]
도 공 하 필 희 문 공

인적 드문 곳으로 달아나서 어찌
쿵쿵 발자국 소리 듣고 좋아할 필요
있겠는가?

3 | 창염만우뢰(蒼髥萬竽籟) : 창염(蒼髥)은 솔잎을 말함. 이 구절은 소나무가 바람에 스치는 소리를 표현한 것임.

4 | 도공~희문공(逃空~喜聞跫) : 《장자·서무귀(徐无鬼)》「저 인적 드문 황량한 고장으로 가 명아주 풀이 우거져 족제비 다니는 길이 가려진 곳에서 서성거릴 때면 사람의 발소리만 쿵쿵 들려도 기뻐하기 마련이오. 또한 하물며 형제나 친척의 웃음소리가 가까이에서 들린다면 더욱 기뻐할 것 아니겠소!」(夫逃虛空者, 藜藋柱乎鼪鼬之逕, 踉位其空, 聞人足音跫然而喜矣, 又況乎昆弟親戚之謦欬, 其側者乎!)

275. 杏花下, 用東坡韻[1]_甲寅

살구꽃 아래에서, 동파가 지은 시의 각운자를 써서 짓다_갑인년(1554)

我病不逐京華春[2] 아 병 불 축 경 화 춘	내 병들어 서울의 봄 경치 즐겨 보지도 못하는데,
盡日門前無雜人[3] 진 일 문 전 무 잡 인	종일토록 문 앞엔 누구 하나 얼씬도 않네.
杏花深院邯鄲枕[4] 행 화 심 원 한 단 침	살구꽃 깊은 정원에서 한단의 베개 베고 잠들었는데,
歸夢一棹迷江蘋 귀 몽 일 도 미 강 빈	돌아가는 꿈속엔 노 젓는 배 하나 강의 마름풀 속에서 방황하였다네.
朝看錦樹花爭發 조 간 금 수 화 쟁 발	아침에 볼 때는 비단 같은 나무에 꽃 다투어 피더니,

1 | 소식의 원운시 제목은 〈달밤에 객과 더불어 살구꽃 아래서 마시다(月夜與客, 飮杏花下)〉인데, 퇴계는 이 시를 좋아하여 모두 4번이나 차운하였다. 동파의 원운시는 《내집》 권1의 177번 시를 보라. 이외에 이 시에 차운한 시로는 권2의 30과 94번 시가 있다.

2 | **경화춘(京華春)** : 경화는 번화한 서울을 말함. 당나라 두보의 〈받들어 좌승상 어르신인 위제(韋濟)님께 22운(44구)자로 지어서 드림(奉贈韋左丞丈, 二十二韻)〉의 「비루먹은 나귀 타고 30년 동안이나, 장안의 봄을 나그네 신세로 살아왔다오.」(騎驢三十載, 旅食京華春)

3 | **진일문전(盡日門前)** : 당나라 이섭(李涉)의 〈개성사에 적다(題開聖寺)〉 「긴 회랑에는 일 없고 중은 절로 돌아오며, 종일토록 문 앞에서 홀로 소나무 본다네.」(長廊無事僧歸院, 盡日門前獨看松)

무잡인(無雜人) : 당나라 유우석(劉禹錫)의 〈누추한 집에 붙인 좌우명(陋室銘)〉 「웃으며 이야기 하는데 큰 선비 있고, 오가는 사람 가운데 무식한 사람은 없다.」(談笑有鴻儒, 往來無白丁)

4 | **한단침(邯鄲枕)** : 한단에서 노생(盧生)이 베던 베개. 뜻이 바뀌어 한단지몽(邯鄲之夢)을 말함. 상세한 것은 《내집》 권1 33번 시의 주석 3) 일침한단(一枕邯鄲)을 볼 것.

夕隨風雨花如雪[5] 석 수 풍 우 화 여 설	저녁엔 비바람 따라서 꽃잎 눈처럼 하얗다네.
但願花時有佳客 단 원 화 시 유 가 객	다만 바라는 것 꽃 피는 시절에 좋은 손님 있어,
綠酒盈罇醉華月 녹 주 영 준 취 화 월	푸르스럼한 좋은 술 동이에 넘쳐 아름다운 달 아래서 취하였으면.
豪吟百盞澆胸中[6] 호 음 백 잔 요 흉 중	호쾌하게 읊조리며 한없이 가슴 속에 술 부어넣어,
萬斛春愁渾洗空[7] 만 곡 춘 수 혼 세 공	만 섬 가득한 봄날의 시름 허공에 모두 씻어버리네.
尊前一笑問東君[8] 준 전 일 소 문 동 군	술병 앞에서 한번 웃어보고는 동군에게 묻는다네,
廿四番風餘幾紅[9] 입 사 번 풍 여 기 홍	스물 네 번 바람 꽃 피울 기회 몇 번이나 남았는지.

5 | 석수~화여설(夕隨~花如雪) : 당나라 유우석의 〈수양버들 가지(楊柳枝詞)〉「저녁 되니 바람 일어 꽃 눈 같아, 궁궐 담장 안으로 날아드는데 보는 사람 없네.」(晩來風起花如雪, 飛入宮牆不見人)

6 | 백잔요흉중(百盞澆胸中) : 송나라 황정견(黃庭堅)의 〈왕랑을 보내다(送王郎)〉「술 가슴 속의 덩어리에 붓고, 국화 짧은 세상의 무너진 나이 제어하네.」(酒澆胸中之磊塊, 菊制短世之頹齡)

7 | 만곡춘수(萬斛春愁) : 송나라 양만리(楊萬里)의 〈청명절에 비가 내려 춥다(淸明雨寒)〉「이미 봄 시름 쌓여 만 휘가 넘는데, 더욱 세세히 되로 재어 드러나게 하네.」(已貯春愁過萬斛, 更令細細著升量)

8 | 동군(東君) : 봄을 맡은 신이다.

9 | 입사번풍(廿四番風) : 곧 이십사번화신풍(二十四番花信風)으로 소한에서 곡우까지 부는 바람. 곧 닷새마다 새로운 바람이 불어 그에 상응하는 꽃이 차례로 핀다는 뜻. 《내집》 권1 84번 시의 주 3) 연화풍(楝花風)을 참조 바람.

276. 紅桃花下, 有懷季珍

붉은 복사꽃 아래서 김계진을 그리며

花下停杯試問春 화 하 정 배 시 문 춘	꽃 아래서 술잔 멈추고 시험 삼아 (꽃에게) 봄에 대하여 물어본다네.
來從何處去何濱[1] 내 종 하 처 거 하 빈	어느 곳에서 왔다가 어느 물가로 가는지.
縱然極意年芳事 종 연 극 의 연 방 사	설령 뜻 다하여 해마다 꽃 피우는 일 할지라도,
不解娛人却惱人[2] 불 해 오 인 각 뇌 인	사람 즐겁게 하려다가 오히려 사람 근심스럽게 함 알지 못하는 것이나 아닌지?

1 | 내종~하빈(來從~何濱) : 송나라 누약(樓鑰)의 〈구름을 구경하다가 간강사(講師: 불교 강좌의 가장 높은 스승)님께 부침(觀雲寄簡講師)〉「사물의 변화 무상하기 그지 없으니, 어디에서 왔다가 어디로 돌아가는가?」(蒼狗俄然又白衣, 來從何處去何歸)
하빈(何濱) : 어느 물 가, 여기서는 김계진이 있는 곳을 말하는 것임.

2 | 뇌인(惱人) : 사람, 즉 저자인 퇴계 본인으로 하여금 좋은 꽃을 보다가 친구가 그리워 참을 수 없게 만든다는 뜻임.

277~278. 次韻鄭靜而之雲 ○ 靜而窮無家, 初得人江亭以居, 自號稼亭.[1] 後以不置劑券, 爲人所奪, 今贅寓城中. 改號秋巒[2]

정정이지운가 지은 시의 각운자를 써서 짓다

○ 정이는 궁핍하여 집이 없었다. 처음에는 강가에 있는 남의 정자를 얻어 살면서 스스로 호를 가정이라 하였다. 나중에 계약서를 만들어두지 않아 남에게 빼앗겨 지금은 성안에서 더부살이를 하고 있다. 그러면서 호를 추만이라고 고쳤다

277

晩覺樊遲學謬功[3]
만 각 번 지 학 류 공

늦게야 깨달았네, 번지
잘못된 일 배우려 하였음을,

逃農歸士著眞工[4]
도 농 귀 사 저 진 공

농사일 피하여 선비로 돌아가니
참된 공부 드러났네.

稼亭已似舟藏壑[5]
가 정 이 사 주 장 학

가정은 이미 계곡 속에
배를 감춘 것과 같았으니,

得失何須問塞翁[6]
득 실 하 수 문 새 옹

득실을 어찌 반드시
새옹에게 물어야 하리.

右稼亭 위의 시는 가정을 노래하였다

1 | 《문집》 권47 〈추만거사 정군의 묘지명(秋巒居士鄭君墓碣銘)〉 서문 「정군은 도성은 은거할 곳이 아니라 하여 고양의 강가에다 살 곳을 정하고는 스스로 가옹(稼翁: 농사꾼 늙은이)이라 하여 몸소 밭을 갈면서 생을 마치려는 소원을 담은 뜻을 드러내었으나 끝내 자금이 없어 이루지를 못하였다.」(君以都城非隱所, 卜地于高陽江上, 自稱稼翁, 以見其躬耕畢願之志, 竟以無資未遂)

2 | 정정이(鄭靜而) : 정지운(鄭之雲: 1509~1561)의 자. 정지운에 대해서는 《내집》 권2 228번 시의 주석 1)을 보라.
제권(劑券) : 《주례·추관·사구(秋官·司寇)》 「【사약】 무릇 대약은 종묘의 육이(六彛)에 가지런히 잘라서 쓴다.」(司約. 凡大約劑書於宗彛) 주석 「대약은 나라간의 약속을 정하는 것이다.」(大約劑邦國約也) 「제」는 계약서이다. 칼로 그 옆을 잘라서 약속을 하므로 제라고 한다.

3 | 번지학류공(樊遲學謬功) : 《논어·자로(子路)》 「번지가 농사를 배우기를 청하자 공자께서는 『나는 늙은 농부만 못하다.』라 하시었고, 채마밭 일을 배우기를 청하자 『나는 늙은 채마지기만 못하니라.』라 하시었다.」(樊遲請學稼, 子曰, 吾不如老農, 請學爲圃, 曰, 吾不如老圃) 이는 곧 군자가 직접 나서서 노동하고 농사일을 잘할 것이 아니라 예(禮)·의(義)·신(信)으로 백성을 다스리는 것이 더욱 중요함을 강조한 말이다.

278

秋霽高山截半天
추 제 고 산 절 반 천

가을 비 개인 높은 산
하늘 반 잘렸으니,

區區培塿豈扳連[7]
구 구 부 루 기 반 련

자그마한 언덕에야
어찌 마음 끌려들랴.

平生仰止巖巖象[8]
평 생 앙 지 암 암 상

평생 동안 겹겹이 싸인
높디높은 산 바라보았으나,

莫遣滔滔混世川
막 견 도 도 혼 세 천

도도히 흘러가는 세파에
섞이게끔 하지 말게나.

右秋巒 위의 시는 추만을 노래하였다

4 | 도농귀사(逃農歸士) : 《시경·소아·큰밭(小雅·甫田)》의 주자의 주석 「옛날에 선비는 농부에서 나오고 공인과 상인은 참여하지 못하였다.」(古者, 士出於農, 而工商不與焉)

5 | 주장학(舟藏壑) : 위 89번 시의 주 5)를 보라.

6 | 득실~문새옹(得失~問塞翁) : 《회남자·인간훈(淮南子·人間訓)》「대체로 화와 복이 번갈아가며 생겨나는 것은 그 변화를 보기가 어렵다. 국경 근처에 사는 사람으로 점을 잘 치는 사람이 있었다. ……복이 화가 되고 화가 복이 되는 것은 그 변화가 끝이 없어 깊이를 헤아릴 수가 없다.」(夫禍福之轉而相生, 其變難見也. 近塞上之人, 有善術者……福之爲禍, 禍之爲福, 化不可極, 深不可測也) 원(元)나라 장백순(張伯淳)의 〈능금을 생각하며 부채의 면에다 적다(思陵金, 書扇面)〉「속세 바깥의 모든 인연 헛됨에 초연하니, 득실을 어찌 반드시 새옹에게 물어야 하리.」(超然塵外萬緣空, 得失何須問塞翁)

7 | 부루(培塿) : 「培」는 음이 부[蒲口反 혹은 扶苟反]로, 「부」(附)·「부」(部)와도 함께 쓰며, 「루」는 「루」(婁)와도 함께 쓰는데 작은 토산(土山), 작은 언덕[小阜]을 가리켜 하는 말이다. 《좌전·양공(襄公) 24년》「작은 흙산에는 소나무나 잣나무가 없습니다.」(部婁無松柏) 이후로는 주로 작고 보잘 것 없는 것을 비유하는 말로 쓰이게 되었다. 당나라 두보의 〈한탄스러움(可歎)〉「왕계우(王季友) 선생이 일찍이 (산남 절도사 李勉 님의) 얼굴을 뵈었는데, 그 높은 산 같은 모습을 빼고는 다른 사람들은 모두가 작은 언덕이었다네.」(王生早曾拜顔色, 高山之外皆培塿)

8 | 앙지(仰止) : 「앙지」는 「향하여 가다」, 「우러르다」라는 뜻이며, 여기서 「지」는 의미없는 어조사로 쓰였음. 《시경·소아·수레바퀴 굴대(小雅·車舝)》의 「높은 산 우러르고, 큰 길 가네.」(高山仰止, 景行行止)에서 나온 말임.
암암상(巖巖象) : 《이정유서(二程遺書)》 권5 「맹자는 태산이 높디높이 쌓인 기상이다.」(孟子, 泰山巖巖之氣象也)

279. 次韻松岡見寄

조송강이 보내준 시의 각운자를 써서 짓다

本實非華澤 본 실 비 화 택	본바탕도 아름답게 윤이 나지 않는데,
文章亦累塵 문 장 역 루 진	문장 또한 먼지 두텁게 쌓였다네.
纔堪寫吾蘊 재 감 사 오 온	겨우 마음 속에 쌓인 것만 펴낼 수 있을 뿐,
不要勝他人[1] 불 요 승 타 인	남보다 뛰어나려고 하지 않는다네.
險韻難心暢[2] 험 운 난 심 창	어려운 운자는 속마음 펴기 어렵고,
窮愁足面顰 궁 수 족 면 빈	곤궁에 잠긴 수심 얼굴 찌푸리기에 넉넉하다네.
非無淵海狎[3] 비 무 연 해 압	큰 연못과 바다 친압하지 않은 것 아니니,
從此斷吟旬 종 차 단 음 순	이로부터 열흘 동안 노래 끊겠네.

1 | 승타인(勝他人) : 당나라 한산(寒山)의 〈시(詩)〉「어찌하여 글자 아는 것 좋아하는가? 글자 알면 남보다 나아지려 한다네.」(何以好識字, 識字勝他人)

2 | 험운(險韻) : 위 235번 시의 주 7)을 보라.

3 | 연해(淵海) : 큰 바다와 같이 깊고 넓음을 비유. 여기서는 송강이 보내준 시를 뜻한다.

280. 次松岡回文韻[1]_夏日

조송강이 지은 회문시의 각운자를 써서 짓다_여름날

高樹生風來爽榻 고 수 생 풍 래 상 탑	높은 나무에 바람 일어 시원한 의자에 불어오고,
薄雲漏日映疎簾[2] 박 운 누 일 영 소 렴	엷은 구름 사이로 햇살 새어나와 성긴 발에 비치네.
桃枝亞重仁含露[3] 도 지 아 중 인 함 로	복숭아 가지 무겁게 드리워 과일에는 이슬 머금었고,
竹笋添新影出簷 죽 순 첨 신 영 출 첨	죽순은 새로 돋아나 그 모습 처마처럼 나왔네.
醪釀麥濃思社伴 요 양 맥 농 사 사 반	막걸리 빛을 보리 색 짙어가니 토지신에 제사 지낼 일 생각하고,

1 | 회문(回文) : 옛 시체(詩體)의 하나이다. 바로, 거꾸로, 가로, 세로 어느쪽으로 읽어도 형체를 이루고 또 의미가 통하는 시이다. 《고증》「진나라의 온교가 처음으로 회문시를 지었다.」(晉溫嶠, 始有回文詩)

2 | 박운누일(薄雲漏日) : 금(金)나라 양운익(楊雲翼)의 〈양춘문의 둑 위에서(陽春門堤上)〉「엷디엷은 갠 구름으로 햇빛 높이 새고, 눈 녹은 흙 줄기는 기름처럼 윤택하네.」(薄薄晴雲漏日高, 雪消土脉潤如膏)

영소렴(映疎簾) : 송나라 소식의 〈비단으로 짠 그림 위의 회문시에 적다(題織錦圖上回文)〉「사람들 먼 기러기 따르는데 변방의 성 저물고, 비 성긴 발에 비치는데 수놓은 누각은 비었다네.」(人隨遠鴈邊城暮, 雨映疎簾繡閣空)

3 | 인(仁) : 원래 복숭아나 살구 같은 과일의 씨앗을 말하는데 여기서는 복숭아를 가리켜 말한 것임.

室生塵久憶書籤[4]
실 생 진 구 억 서 첨

방안에 생긴 먼지 오래도록
　쌓인 책 표지 생각나네.

鼇連大釣曾違計[5]
오 련 대 조 증 위 계

이어진 자라 크게 낚을 일
　일찍 계획 어긋나고,

落落人妨注瑣纖
낙 락 인 방 주 쇄 섬

많은 사람들은 자잔하게
　주석 다는 일 방해하네.

4 | 서첨(書籤) : 당나라 한유의 〈제갈각이 수주로 글을 읽으러 감에 송별하다(送諸葛覺, 往隨州讀書)〉「하나하나 아첨에 걸려 있는데, 새롭기가 손도 안 댄 듯하네.」(一一懸牙籤, 新若手未觸) 방세거(方世擧)의 주석「《구당서·경적지》 갑은 경서이고, 을은 사서이며, 병은 자서, 정은 집부의 책으로, 사고로 나눈다. 경고는 흰 상아 세공을 한 권축에 붉은 색 상아 심지를, 사고는 푸른 색 상아 세공 권축에 녹색의 상아 심지를, 자고는 자줏빛 박달나무 조각 권축에 옥빛 상아 심지를, 집고는 푸른 상아 권축에 흰 상아 심지를 하여 분별한다.」(舊唐書經籍志. 甲爲經, 乙爲史, 丙爲子, 丁爲集, 分四庫. 經庫鈿白牙軸紅牙籤, 史庫鈿靑牙軸綠牙籤, 子庫雕紫檀軸碧牙籤, 集庫綠牙軸白牙籤, 以爲分別)

5 | 오련(鼇連) : 위 269번 시의 주 15)를 보라.

281~283. 和松岡樂府三篇[1]

조송강의 악부 세 편에 화답하다

281

屋角鳩鳴春雨細[2] 옥 각 구 명 춘 우 세	집 모퉁이에 비둘기 울고 봄비 가늘게 내리는데,
起晚倚窓櫳 기 만 의 창 롱	느지막이 일어나 창가에 기대어보네.
滿目烟花一萬重[3] 만 목 연 화 일 만 중	온 눈에 안개 속에 핀 꽃 일만 겹이나 되니,
好是幾番風[4] 호 시 기 번 풍	좋이 몇 번째 바람에 핀 꽃일까?

1 | 악부(樂府) : 《고증》 「《운회》 한나라 혜제 6년(B.C. 189) 악부령으로 하여금 피리와 관악기를 갖추게 하였는데, 악부의 명칭은 여기서 비롯되었다」(韻會, 孝惠六年, 使樂府令備簫管, 樂府之名始此) 여기서 악부라는 말은 한대(漢代)의 악부민가가 아니라 이 시들의 본문에서 보는 바와 같이 장단구로 이루어진 사(詞)라는 문학 장르에 속한 운문체를 말한다. 이 사는 본문에 나오는 바와 같은 〈무릉춘〉, 〈억진아〉 같은 형식에 정해진 악곡명[詞調]에 따라서 가사를 채워 넣는 방식이다. 사를 악부라고도 부르는 것은 다 같이 음악을 배합하여 연주하였기 때문이다.
이 사는 예천 노포(盧浦) 마을에 사는 안효사(安孝思)라는 늙은 선비가 세운 집승정(集勝亭)이라는 정자를 소재로 삼아 조송강이 쓴 사를 보고 지은 것이다.

2 | 옥각구명(屋角鳩鳴) : 송나라 오거(吳琚)의 사(詞) 〈낭도사(浪淘沙)〉 「구름 같은 잎사귀는 가벼운 그늘 놀리는 듯하고, 집 모퉁이에서는 비둘기 우는데, 푸른 매실은 열매 달려 익으려 하네.」(雲葉弄輕陰, 屋角鳩鳴, 靑梅著子欲生仁)
춘우세(春雨細) : 당나라 온정균(溫庭筠)의 사 〈경루자(更漏子)〉 「버들 실처럼 길고 봄비 가는데 꽃 바깥으로 소리 아득하게 샌다네.」(柳絲長, 春雨細, 花外漏聲迢遞)

陣陣吹紅香不斷[5] 차례차례 붉은 꽃에 불어 꽃 향기 끊이지 않아,
진 진 취 홍 향 부 단

庭院政薰濃 정원에 때마침 향기 짙게 깔리네.
정 원 정 훈 농

惆悵閒吟望遠空[6] 마음 속 슬픈 감정 한가로이 읊조리며
추 창 한 음 망 원 공
먼 허공 바라보니,

淡淡日斜紅 담담히 붉은 해 기울어지네.
담 담 일 사 홍

右武陵春[7] 위는 무릉춘이란 사조(詞調)이다

3 | 만목~만중(滿目~萬重) : 당나라 두보의 〈봄에 마음아파하다(傷春)〉「변방이 3천 리요, 안개 낀 꽃이 일만 겹이라네.」(關塞三千里, 烟花一萬重) 남당 후주 이경(李璟)의 〈후호에서 노닐며 연꽃을 감상하다(遊後湖, 賞蓮花)〉「온 눈에 연꽃 천만 이랑이나 되는데, 붉은 색 푸른 색 서로 엇섞여 맑은 물결에 펼쳐져 있네.」(滿目荷花千萬頃, 紅碧相雜敷清流)

4 | 기번풍(幾番風) : 권1 84번 시의 주 3) 연화풍(楝花風)을 참조 바람.

5 | 향부단(香不斷) : 송나라 육유(陸游)의 〈매화 절구(梅花絶句)〉 제3수「금성의 매화 바다, 10리나 향기 끊어지지 않는다네.」(錦城梅花海, 十里香不斷)

6 | 망원공(望遠空) : 당나라 왕유(王維)의 〈배씨네 종형제 중 열 번째인 적에게 드림(贈裴十迪)〉「담담하게 먼 하늘 바라보는데, 여의로 바야흐로 턱을 고이네.」(澹然望遠空, 如意方支頤)

7 | 무릉춘(武陵春) : 고악부의 편명이며, 아래의 억진아(憶秦娥)와 점강순(點絳唇)도 모두 마찬가지이다. 〈무릉춘〉은 쌍조(雙調) 2결(闋)로 된 사이며 모두 48자로 되어 있다.

282

逢佳節[8] 봉 가 절	아름다운 시절 만나니,
樓臺錦繡春三月 누 대 금 수 춘 삼 월	누대 비단에 수놓은 듯한 봄 3월이라네.
春三月 춘 삼 월	봄 3월에
情親遠送 정 친 원 송	다정한 친구 멀리 보내니,
適秦歸越 적 진 귀 월	진나라로 갔다가 월나라로 돌아가는 듯.
柳條攀盡離腸絶 유 조 반 진 리 장 절	버들가지 당겨 꺾어 이별하자니 애간장 끊어지고,
征衫雨淚斑斑血 정 삼 우 루 반 반 혈	떠나는 이 적삼의 비처럼 쏟아진 눈물 피처럼 얼룩덜룩.
斑斑血 반 반 혈	피처럼 얼룩덜룩.
夜來天上 야 래 천 상	밤 하늘에서 내려오니,
只看銀闕 지 간 은 궐	다만 보이느니 은하수 궁궐이라네.

右憶秦娥[9] 위는 억진아라는 사조(詞調)이다

8 | 봉가절(逢佳節) : 당나라 왕유(王維)의 〈9월 9일 중양절에 산동의 형제들을 생각하다(九月九日, 憶山東兄弟)〉「홀로 타향에서 낯선 나그네 되어, 명절 만날 때마다 어버이 생각 배가 되네.」(獨在異鄕爲異客, 每逢佳節倍思親)

9 | 억진아(憶秦娥) : 쌍조 전·후 2결로 되어 있으며 46자로 이루어졌다. 달리 진루월(秦樓月), 벽운심(碧雲深), 쌍하엽(雙荷葉), 옥교지(玉交枝)라고도 한다.

10 | 춘모방원(春暮芳園) : 당나라 이백(李白)의 〈봄날 밤에 복사꽃 자두꽃 핀 동산에서 모여 지은 시집의 시문(春夜宴桃李園序)〉「복사꽃 자두꽃 핀 동산에 모여 천륜(天倫: 형제)의 즐거운 일을 편다.」(會桃李之芳園, 序天倫之樂事)

283

春暮芳園[10] 춘 모 방 원	꽃동산에 봄 저물어가면서,
百紅千紫珍禽韻 백 홍 천 자 진 금 운	온갖 꽃 울긋불긋 진기한 새 지저귀네.
路長家遠[11] 노 장 가 원	길 길고 집 멀어,
縹緲愁情慢 표 묘 수 정 만	근심스런 마음 아득하기만 하네.
綠草滿庭 녹 초 만 정	푸른 풀은 뜰에 가득하고,
弱柳枝枝嫩 약 류 지 지 눈	약한 버들가지 가지마다 여리네.
臨觴晚 임 상 만	저녁에 술잔 마주해도,
酒難消憫 주 난 소 민	그 술 근심 삭이기 어려우니,
此意憑誰問 차 의 빙 수 문	이 뜻 누구에게 물어볼까나?

右點絳唇[12] 위는 점강순이란 사조(詞調)이다

11 | **노장가원(路長家遠)** : 송나라 여본중(呂本中)의 〈해릉에서 밤에 짓다(海陵夜作)〉「길 길게 뻗어 있고 오는 소식 드문데, 물 넓고 산 깊어 돌아가는 꿈 짧다네.」(路長家遠來信稀, 水濶山深歸夢短)

12 | **점강순(點絳唇)** : 쌍조 41자로 이루어진 사조이며, 또한 남포월(南浦月), 사두우(沙頭雨), 점앵도(點櫻桃)라고도 한다. 이 퇴계 선생의 사(詞) 작품들에 관해서는 근래에 작고한 차주환(車柱環) 교수가 상세하게 분석한 논문이 일찍이 《퇴계학보》에 발표된 적이 있다. 다만 그 논고에서 안효사(安孝思)가 살던 곳이 양양(襄陽: 예천의 고호)이라는 것을 보고, 마치 그 분이 금강산과 가까운 지금의 강원도 양양 땅에 산 것으로 잘못 설명하고 있음.

284. 寓直日暮

당직을 서는데 해가 저물다

玉闕岧嶢倚半空[1]
옥 궐 초 요 의 반 공

궁궐 높고 높아
하늘 가운데 서 있고,

曛黃餘彩晃簾櫳[2]
훈 황 여 채 황 염 롱

해질녘 남은 황혼 빛
창문 주렴에 비치네.

斯須變滅無留見[3]
사 수 변 멸 무 유 견

잠깐만에 빛 사라져
보이는 것 없게 되면,

寂寂天門鎖幾重
적 적 천 문 쇄 기 중

쓸쓸한 대궐 문
몇 겹으로 잠기겠네.

1 | **초요의반공(岧嶢倚半空)** : 초요는 산 따위가 높음을 나타내는 의태어. 당나라 나업(羅鄴)의 〈옛 제후의 집(舊侯家)〉「누대며 누각 층층이 하늘 한가운데 기대어 있고, 추녀 돌아 맑고 푸른 물 흘러 도랑으로 통하네.」(臺閣層層倚半空, 遶軒澄碧御溝通)

2 | **훈황(曛黃)** : 당나라 유종원의 〈돌아감을 꿈꾸다(夢歸賦)〉「황혼 빛 어둑어둑한 것과 같은데, 빙 돌고자 하나 끝이 없다네.」(類曛黃之黭漠兮, 欲周流而無所極)

3 | **사수변멸(斯須變滅)** : 사수(斯須)는 수유(須臾)와 같은 말로 잠깐만에라는 뜻. 송나라 소식의 〈지난해 9월 27일 황주에서 아들을 낳았는데 이름이 둔이었으며 소명(小名: 어린 아이 때 이름)은 간아로, 훤칠하고 빼어났는데 금년 7월 28일에 금릉에서 병으로 죽어 시 두 수를 지어 곡하다(去歲九月二十七日, 在黃州生子名遯, 小名幹兒, 頎然穎異, 至今年七月二十八日, 病亡於金陵, 作二詩哭之)〉「섶으로 덮어주는 것 어찌 세속 면하겠는가? 변하여 없어짐 순간일 뿐이라네.」(衣薪那免俗, 變滅須臾耳)

285. 秋夜

가을 밤

曼曼秋夜長[1] 만 만 추 야 장	느릿느릿 가을밤 길기만 한데,
窅窅虛室靜[2] 요 요 허 실 정	으슥으슥 빈 집 조용하기만 하네.
灰殘香黯黯 회 잔 향 암 암	타고 남은 향의 재는 거뭇거뭇,
夢覺神惺惺[3] 몽 각 신 성 성	꿈 깨니 정신은 또렷또렷.
索索雨葉隕[4] 삭 삭 우 엽 운	부슬부슬 비에 낙엽 지니,

1 | 만만추야장(曼曼秋夜長) : 만만(曼曼)은 긴 모습을 나타내는 의태어. 《초사·회오리바람을 슬퍼함(悲回風)》「기나긴 밤 끝나감이여, 이 슬픔 덮고 떠나지 않는다네.」(終長夜之曼曼兮, 掩此哀而不去) 삼국시대 위나라 문제(文帝) 조비(曹丕)의 〈이것저것 읊은 시(雜詩)〉「느릿느릿 가을밤 길고, 쌩쌩 겨울바람 서늘하구나.」(漫漫秋夜長, 烈烈北風涼)

2 | 요요허실정(窅窅虛室靜) : 요요(窅窅)는 깊고 먼 모양. 당나라 유우석(劉禹錫)의 〈가을 소리(秋聲賦)〉「짙푸른 하늘 물 같음이여 아득하고 멀기만 하고 …… 빈 방 고요함이여 공연히 쓸쓸하다네.」(碧天如水兮窅窅悠悠……虛室靜兮空切切)

3 | 성성(惺惺) : 맑고 깨끗한 모양.

4 | 삭삭우엽운(索索雨葉隕) : 삭삭은 적적하고 쓸쓸한 모양을 나타내는 의태어. 송나라 황정견(黃庭堅)의 〈감을 애도하다(悼往)〉「가을 바람 슬픔이여, 찢어진 잎 우수수 지네.」(西風悲兮, 敗葉索索)

飜飜栖鵲警 사뿐사뿐 깃든 까치 놀란다네.
번 번 서 작 경

懷人惜遲暮 사람 그리워하니 저녁 더딤 안타깝고,
회 인 석 지 모

抱痾憐幽屛 병 안고 있으니 조용한 시골 그리워지네.
포 아 련 유 병

白傅喜中隱[5] 백거이는 중간 은자 좋아하였고,
백 부 희 중 은

韓公悼前猛[6] 한유는 전날의 맹렬함 슬퍼하였다네.
한 공 도 전 맹

何如一棹歸[7] 어떡하면 한 척의 배로 돌아갈까나,
하 여 일 도 귀

萬里烟波景 만리 물결에 안개 이는 경치로.
만 리 연 파 경

5 | **백부희중은(白傅喜中隱)** : 중은은 한직에 빠져 은거하는 중간 정도의 은자. 당나라 백거이의 〈중간 은자(中隱)〉「큰 은자는 조정과 저자에 살고, 작은 은자는 산골짜기에 들어가네. 산골짜기 너무나 영락했고, 조정과 저자는 너무나 시끌벅적하네. 차라리 중간 은자 되어, 관직에 머물며 은거함만 못하리.」(大隱住朝市, 小隱入丘樊. 丘樊太冷落, 朝市太囂諠. 不如作中隱, 隱在留司官) 백거이가 만년에 낙양에서 반 은퇴하여 있을 때 태자소부(太子少傅)라는 명예직을 하사 받았기 때문에 이렇게 부름.

6 | **한공도전맹(韓公悼前猛)** : 전맹은 지난날 관직을 구하려고 맹렬히 뛰어다니던 일. 당나라 한유(韓愈)의 〈가을 회포(秋懷)〉 제5수 「몸 거두어 물러나니 최근에 마음 평담하게 되어, 관직 구하려고 지난 날 맹렬히 뛰어다니던 일 구슬퍼지네.」(斂退就新儒, 趍營悼前猛)

7 | **일도귀(一棹歸)** : 일도(一棹)는 여기서 그냥 배를 헤아리는 단위사로 쓰였으며, 곧 배를 말함. 송나라 소식의 〈이세남이 그린 가을 풍경에 적다(書李世南所畫秋景)〉「조각배 한 척 어디로 돌아가는가? 집 강남의 황엽촌에 있다네.」(扁舟一棹歸何處, 家在江南黄葉村)

286~289. 次韻松岡見贈

조송강이 보내온 시의 각운자를 써서 짓다

286

自嘆從前見事遲[1] 자 탄 종 전 견 사 지	이전에 뵈어야 할 일 늦었음 스스로 탄식하지만,
至今羝角觸藩籬[2] 지 금 저 각 촉 번 리	지금은 숫양의 뿔이 울타리에 걸린 꼴이라네.
三年未覺黃花好[3] 삼 년 미 각 황 화 호	삼 년이나 국화 아름다움 알지도 못 하였으니,
一枕空驚白日馳[4] 일 침 공 경 백 일 치	한 번 누워서는 내달리는 세월에 공연히 놀란다네.
寂寞有栖懷舊隱 적 막 유 서 회 구 은	적막하게 옛날 은거하던 곳 그리며 살고 있지만,
摧頹無計答明時 최 퇴 무 계 답 명 시	꺾이고 쇠하여 이 밝은 시절에 보답할 계책 없다네.
知音賴有松岡老[5] 지 음 뢰 유 송 강 로	지음으로 의지해왔던 그대 송강 늙은이 있으니,
痛寫騷情續賦詩 통 사 소 정 속 부 시	비통하게 시름 깃든 마음 쏟아 그대 지은 시 잇는다네.

1 | **견사지(見事遲)** : 송나라 황정견의 〈같은 각운자로 지어 삼가 공정께 보내드리다(次韻奉送公定)〉「내 때늦음 뉘우침 많았고, 그대 또한 보는 일 늦었다네.」(我多後時悔, 君亦見事遲)

2 | **저각촉번리(羝角觸藩籬)** : 진퇴양난을 말함. 《주역·대장(大壯)》 위에서 첫 번째 음효[上六]「숫양이 울타리에 (뿔이) 걸려 물러서지도 못하고 나아가지도 못한다.」(羝羊觸藩, 不能退, 不能遂)

3 | **황화(黃花)** : 「黃華」라고도 하며 가을에 피는 누런 꽃, 곧 국화를 말한다. 《예기·월별 정령(月令)》「늦가을의 달〔九月〕에…… 국화는 누런 꽃이 핀다.」(季秋之月……鞠有黃華)

4 | **백일치(白日馳)** : 세월이 빠름을 말함. 당나라 이익(李益)의 〈나그네의 노래(遊子吟)〉「그대 보게나, 세월 달리는 것이, 어찌 시위에 놓인 화살과 다른지?」(君看白日馳, 何異弦上箭)

5 | **지음(知音)** : 진심으로 마음을 알아주는 친구. 《내집》 권2 48번 시의 주 6)을 보라.

287

少年志欲挽羲皇[6]
소 년 지 욕 만 희 황

젊었을 때의 뜻
복희씨도 끌어당기려 하였지만,

末路低徊只可傷[7]
말 로 저 회 지 가 상

늘그막에 서성이며
다만 마음아파 한다네.

學未通方神已倦[8]
학 미 통 방 신 이 권

학문은 통달하지도 못하여
정신은 이미 지쳤고,

才無經世意空長
재 무 경 세 의 공 장

재주는 세상 경영하지도 못하고
뜻만 공연히 컸다네.

聖恩亟許寬罷疾[9]
성 은 극 허 관 파 질

성은 자주 내리시어
지치고 병든 이 몸에 관대하시니,

時議寧難捨老狂
시 의 영 난 사 로 광

당시의 의론 정녕
정신 흐린 늙은이 내치기 어려웠으리.

臥想餘春行樂處
와 상 여 춘 행 락 처

누워서 남은 세월
즐겨 놀 곳 생각하여 보니,

幾多紅葉爛淸霜
기 다 홍 엽 란 청 상

붉은 잎들 얼마나
맑은 서리에 난만해졌을까?

6 | 희황(羲皇) : 그냥 복희(伏羲)씨라는 말과 같이 쓰임. 《내집》 권4의 32번 시에 「北窓高臥羲皇上」이라는 구절이 있고, 권5의 170번 시에도 「亭上羲皇人」이라는 구절이 있다. 상세한 것은 권4 32번 시의 주석 15)를 보라.

7 | 저회(低徊) : 배회(徘徊)와 같은 말. 서성거리다.

8 | 통방(通方) : 도에 통달함. 당나라 한유의 〈학문에 나아가는 것을 비방하는 태도에 대한 해명(進學解)〉「성장하여서는 고금의 도에 통달하여 좌우에 모두 적합하였습니다.」(長通於方, 左右具宜)

9 | 피질(罷疾) : 「罷」는 음이 「피」일 때는 고달프다, 피곤하다 등의 뜻이 되며 「疲」자와 통하여 씀.

288

永夜深更著睡遲
영 야 심 경 착 수 지

긴긴 밤 깊은 시각에
잠 더디 드는데,

隔窓林木近園籬
격 창 임 목 근 원 리

창문 너머 숲속 나무는
동산의 울타리에 가깝네.

雨將驟勢江濤卷
우 장 취 세 강 도 권

빗줄기 기세 빨라지려하니
강 물결 말아올리고,

風助悲聲鐵馬馳[10]
풍 조 비 성 철 마 치

바람 슬픈 소리 세차게 내니
풍경 요란하네.

種雪鬢邊緣底事
종 설 빈 변 연 저 사

귀밑머리에 눈 뿌리니
어찌된 일인가?

研書燈下異前時
연 서 등 하 이 전 시

등불 아래서 책 파도
전과는 다르다네.

猶將故絮遮寒骨[11]
유 장 고 서 차 한 골

오직 낡은 솜이불로
차디찬 뼈 가리며,

力疾吟成遣悶詩[12]
역 질 음 성 견 민 시

애써 아픔 참고 근심 삭이는
시 읊어 본다네.

10 | 철마(鐵馬) : 처마 밑에 다는 종, 즉 풍경이다. 당나라 정전(鄭畋)의 〈황소의 도적떼를 토벌할 것을 촉구하는 글(討巢賊檄)〉「서리 같은 창 든 군사 만 무리요, 쇠 같은 말 탄 병사가 천 떼이다.」(霜戈萬隊, 鐵馬千羣)

11 | 고서(故絮) : 오래되어 낡은 솜뭉치라는 말로 낡고 헤진 이불을 말함. 송나라 소식의 〈포종맹(蒲宗孟)에게 승검초 광주리를 부쳐줌(寄蘄簟與蒲傳正)〉「봄바람에 의지하여 찢어진 이불 씻었는데, 밤새 차가운 눈 내려 오래된 솜뭉치 쓰고 있네.」(倚賴春風洗破衾, 一夜雪寒披故絮)

12 | 견민시(遣悶詩) : 당나라의 문인 두보에게 〈근심을 보내다(遣悶)〉라는 시가 3수 있음.

289

朝看青樹暮成黃[13]
조 간 청 수 모 성 황

아침에 푸른 나무 보았거늘
저녁에는 누렇게 되니,

天地無情百物傷[14]
천 지 무 정 백 물 상

천지 무정하게
만물 상하게 하였다네.

四壁悲蟲隨序盡[15]
사 벽 비 충 수 서 진

사방 벽에서는 벌레들
차례대로 슬피 울고,

一庭寒雨送更長
일 정 한 우 송 갱 장

온 뜰에 차가운 비
오래도록 내려주네.

13 | **조간~성황(朝看~成黃)** : 주자가 지었다고 전하여지는 〈우연히 짓다(偶成)〉라는 시의 「못가에 봄 풀 돋아나는 꿈 채 깨기도 전에, 섬돌 앞에 떨어진 오동잎은 벌써 가을소리를 내네.」(未覺池塘春草夢, 階前梧葉已秋聲)라는 구절을 연상케 한다.

14 | **천지~백물상(天地~百物傷)** : 당나라 유장경(劉長卿)의 〈옥중에서 동경이 수복되어 사면이 있을 것이라 듣다(獄中聞收東京, 有赦)〉「바람과 서리 어쩐 일로 유독 만물 상하게 하는가? 천지 정 없어도 또한 사람 사랑한다네.」(風霜何事偏傷物, 天地無情亦愛人)

病知城隱如山靜
병 지 성 은 여 산 정

병 드니 성안에 은거함
산처럼 고요함 알겠고,

老覺詩禪勝酒狂
로 각 시 선 승 주 광

늙어가며 시에 빠짐
술에 미침보다 나음 알겠네.

異日相尋話幽抱
이 일 상 심 화 유 포

훗날 그대 찾아
그윽한 회포 말하고자 하나,

只愁巖壑抵冰霜[16]
지 수 암 학 저 빙 상

다만 바위 골짜기에
서리와 얼음 어는 철 될까 근심스럽네.

15 | 비충(悲蟲) : 낙위(絡緯), 곧 베짱이(또는 여치)를 말함. 송나라 왕안석(王安石)의 〈가을 회포(秋懷)〉「이웃의 뽕나무 앙상하여 이미 가지 비려 하고, 슬픈 벌레 쓰르르 베 짬을 재촉하네.」(鄰桑摵摵已欲空, 悲蟲啾啾促機杼) 송나라 이벽(李壁)은 「비충은 베짱이이다.」(悲蟲, 絡緯也)라 하였다.

16 | 저빙상(抵冰霜) : 《주역·곤괘(坤卦)》의 아래에서 첫 번째 음효(初六) 「(늦가을에) 서리가 내려 밟게 되면 곧 (겨울에 되어) 단단한 얼음이 얼 때가 되리라는 것을 안다.」(履霜, 堅冰至) 이 구절은 퇴계가 송강을 찾아 회포를 나누고 싶으나 곧 한 해가 저물게 됨을 아쉬워하는 것이다.

290~291. 又次韻答松岡

또 차운하여 송강에게 답하다

290

小堂晨坐篆烟遲[1] 소 당 신 좌 전 연 지	작은 마루 새벽에 앉으니 꼬불꼬불 연기 느릿하게 오르고,
矯首看山欲撤籬 교 수 간 산 욕 철 리	고개 들어 산 바라보자니 울타리 걷어버렸으면 하네.
鷃翼已難鵬與擊[2] 안 익 이 난 붕 여 격	메추라기 날개 이미 붕새와 다투기 어렵고,
駑蹄常愧驥同馳 노 제 상 괴 기 동 치	느린 말발굽 늘 천리마와 함께 달림 부끄러워하네.

1 | 전연(篆烟): 전자(篆字)의 획처럼 꼬불꼬불하게 올라가는 연기. 송나라 범성대(范成大)의 〈병오년 신정에 마음속을 써내다(丙午新正, 書懷)〉 제9수 「창 밝았다 어두웠다 꼬불꼬불한 연기 향기롭게 피어오르는데, 진중하게나 새벽 빛인지 저녁 빛인지.」(窓明窓暗篆煙馡, 珍重晨光與夕暉)

2 | 안익~붕여격(鷃翼~鵬與擊): 《장자·자유롭게 노님(逍遙遊)》「(붕이 멀리 날아가는 것을 보고서) 메추라기가 비웃으며 말하기를 『저것은 장차 어디로 가는가? 나는 훌쩍 뛰어 올라가 보아도 불과 몇 길 올라가다가 내려오고, 쑥대 밭에서 뛰어노는데, 이것이 고작 내가 날 수 있는 한도일 뿐이다. 그런데 저것은 장차 어디로 날려고 하는가?』라 하였다.」

天機此日如他日 천 기 차 일 여 타 일	하늘의 비밀 오늘도 다른 날과 같은데,
物態今時異昔時 물 태 금 시 이 석 시	사물의 형태는 지금 옛날과 다르다네.
萬斛愁情誰解得[3] 만 곡 수 정 수 해 득	만 휘나 되는 시름스런 마음 누가 알아주려나?
閒中陶寫只憑詩[4] 한 중 도 사 지 빙 시	한가한 가운데 근심 풀어냄 다만 시에 의존한다네.

(斥鴳笑之曰, 彼且奚適也. 我騰躍而上, 不過數仞而下, 翱翔蓬蒿之間, 此亦飛之至也, 而彼此奚適也)

3 | 만곡수(萬斛愁) : 북주(北周) 유신(庾信)의 〈근심(愁賦)〉「누가 한 치 마음 알리오? 만 휘의 근심 있다네.」(誰知一寸心, 乃有萬斛愁)

4 | 도사(陶寫) : 마음을 즐겁게 하여 근심과 번민을 풀어 없애는 것을 말함. 한중~빙시(閒中~憑詩) : 송나라 이강(李綱)의 〈옹사특의 불러서 무이에 거주함이란 시의 각운자를 써서 짓다(次韻翁士特, 相招居武夷)〉「한가한 가운데 근심 쏟아냄 싯구에 힘입고, 근심 속에 녹여 없앰 술잔에 의뢰하네.」(閒中陶寫資詩句, 愁裏銷除賴酒杯)

291

眉間何事忽浮黃[5]
미 간 하 사 홀 부 황

눈썹 사이 무슨 일로
　불현듯 누렇게 떴나?

詩到工能滌惋傷[6]
시 도 공 능 척 완 상

시 솜씨 있고 능한 경지에 이르면
　이 슬픔 씻을 수 있겠지.

鏡裏每憐顏戌削[7]
경 리 매 련 안 술 삭

거울 들여다볼 때마다
　파리한 얼굴 가련하고,

書中但覺味深長
서 중 단 각 미 심 장

책 속에서 오직
　깊은 의미 깨닫는다네.

5 | **미간~부황(眉間~浮黃)** : 지극히 졸박한 재주를 매우 편벽된 곳에 감추었으므로 기쁜 기운이 눈썹 사이에 나타난 것이다. 상세한 것은 《내집》 권1 141번 시의 주 11)을 보라.

6 | **완상(惋傷)** : 〈공손대랑의 제자가 칼춤을 추는 것을 보고 노래함(觀公孫大娘弟子, 舞劍器行)〉 「내게 묻고 답함 이미 이유 있으니, 시절 느껴 일 무마하면 한탄과 상처 늘어나리.」(與余問答既有以, 感時撫事增惋傷)

7 | **술삭(戌削)** : 말쑥한 모습, 후리후리한 모습.

8 | **고금(皐禽)** : 곧 학(鶴)을 말함. 《시경·소아·학명(鶴鳴)》 「학 여러 물가 언덕에서 우니, 그 소리 온 들에 들리네.」(鶴鳴于九皐, 聲聞于野) 또 《문선》 사장(謝莊)의 〈달(月賦)〉 「학 저녁에 우는 소리 들리고, 북쪽 오랑캐의 피리소리 가을 당김 듣네.」(聆皐禽之夕聞, 聽朔管之秋引) 당나라 이선(李善)은 「고금은 학이다.」(皐禽, 鶴也)라 하였다.

皐禽自和心交感8
고 금 자 화 심 교 감

학 스스로 화답하며
마음 서로 느끼지만,

駟馬難追舌出狂9
사 마 난 추 설 출 광

사마로도 쫓기 어렵다네
혓바닥에서 나온 미친 듯한 말.

坐對短檠吟未已10
좌 대 단 경 음 미 이

짧은 등잔대 마주 앉아 읊조림
아직 끝나지 않았으니,

寒窓未怯透輕霜
한 창 미 겁 투 경 상

싸늘한 창틈으로 가벼운 서리
스미어 들어도 두렵지 않다네.

9 | 사마난추설(駟馬難追舌) : 사(駟)는 네 마리의 말이 끄는 수레를 말함. 가운데 두 마리 말을 복마(服馬)라 하고, 곁의 두 마리는 참마(驂馬)라고 한다. 《논어·안연(顔淵)》「자공이 말하였다. 『애석하구나! 선생님(棘子成을 말함)의 말씀이 군자답기는 하나 사마도 혓바닥을 따라잡지는 못할 것이다.』」(子貢曰, 惜乎, 夫子之說君子也! 駟不及舌) 즉 말은 이미 내뱉아버리면 네 마리가 끄는 마치로 쫓아가도 따라잡기가 어려우니, 말을 할 때는 신중히 가려서 해야 함을 말한 것이다.

10 | 좌대단경(坐對短檠) : 경(檠)은 곧 등경(燈檠)을 말함. 등경은 등잔을 적당한 높이에 얹도록 한 등대(燈臺)로서 흔히 등경걸이, 또는 등잔걸이라고 함. 송나라 육유(陸遊)의 〈겨울밤에 책을 읽다(冬夜讀書)〉「거듭 총각의 꿈 찾아, 다시 짧은 등경걸이의 책 마주하네.」(重尋總角夢, 却對短檠書)

292~301. 韓士炯胤明, 往天磨山讀書, 留一帖求拙跡, 偶書所感寄贈[1]

한사형윤명이 천마산에 들어가 독서를 하는데 시첩(詩帖) 하나를 지니고 있으면서 나의 못난 필적을 구하므로 우연히 느낀 바를 써서 주다

292

舊學渾忘新學微[2] 구 학 혼 망 신 학 미	옛날에 배운 것은 홀랑 잊어버리고 새로 배운 것 희미한데,
淸時戀祿未成歸[3] 청 시 연 록 미 성 귀	태평한 세상에 봉록에 미련남아 아직 돌아가지 못하였다네.
故人又向雲山去 고 인 우 향 운 산 거	오랜 친구 또한 구름 덮인 산으로 간다하니,
誰與塵編講是非 수 여 진 편 강 시 비	누구와 더불어 오래된 책 두고 옳고 그름 이야기할까?

1 | 한사형(韓士炯) : 사형은 한윤명(韓胤明: 1515?~1566)의 자이며 호는 형암(炯菴)임. 김백헌(金伯獻)과 함께 청량산에서 《역학계몽(易學啓蒙)》을 읽을 때 지어준 시가 《내집》 권2에 보이며, 또한 남언경(南彦經)과 함께 천마산(天磨山)으로 독서하러 갈 때에도 퇴계에게 시를 구하여 지어준 적이 있는데 역시 같은 권에 보인다. 상세한 것은 《내집》 권2 76번 시의 주 1)을 보라.

2 | 구학혼망(舊學渾忘) : 송나라 육유의 〈왕급사께서 부쳐온 시의 각운자를 써서 짓다(次韻王給事見寄)〉 「말로에 더욱 궁하여져 시에 빌미 있고, 옛 서체 홀랑 잊어버려 붓에는 정신 깃들어 있지 않다네.」(末路愈窮詩有祟, 舊書渾忘筆無神)

3 | 청시~미성귀(淸時~未成歸) : 청시(淸時)는 평화로운 때, 곧 태평성세를 말함. 송나라 소식의 〈자유[蘇轍]의 천지의 조카를 송별하다라는 시의 각운자를 써서(次韻子由送千之

293

近讀遊人記舊傳 근 독 유 인 기 구 전	근자에 노닐러 간 사람 옛 사적 보내준 것 읽어보니,
文忠居址尙依然[4] 문 충 거 지 상 의 연	문충공의 옛 집 아직도 그대로라 하네.
棟梁宇宙餘風凜 동 량 우 주 여 풍 름	집 받친 마룻대와 들보 남은 바람 차가워,
長使英雄淚洒泉[5] 장 사 영 웅 루 쇄 천	길이 영웅으로 하여금 눈물 하염없이 뿌리게 하네.

右金季珍近寄遊松都錄言, 文忠舊居[6]

위의 시는 김계진이 근래에 송도에서 노닐며 기록한 것을 보내준 가운데 문충공의 옛집에 관하여 말하였다

姪)〉「백발 되도록 돌아가 은거하려던 계획 이루지 못하였거늘, 푸른 적삼에 혹 시절 구제하려는 마음이라도 있는지.」(白髮未成歸隱計, 靑衫儻有濟時心)

4 | 거지상의연(居址尙依然) : 송나라 왕안석(王安石)의 〈광택사(光宅寺)〉「벌 나누어지고 개미 다툼 지금은 보이지 않지만, 옛 보금자리 남은 개밋둑 아직도 여전하다네.」(蜂分蟻爭今不見, 故窠遺垤尙依然)

5 | 장사영웅루(長使英雄淚) : 당나라 두보의 〈촉나라의 승상(蜀相)〉「군사 내어 아직 이기지 못하고 몸 먼저 죽으니, 길이 영웅들로 하여금 옷깃 가득 눈물 적시게 하네.」(出師未捷身先死, 長使英雄淚滿襟)

6 | 문충구거(文忠舊居) : 《신증동국여지승람》 권5 〈개성부 하〉「정몽주의 옛집은 화원 북쪽에 있다.」(鄭夢周古第, 在開城府華園北)

294

徐老今爲鶴背身[7] 서 로 금 위 학 배 신	서화담 늙은이 지금은 학 되어 세상 떠났으니,
藏脩遺迹摠成陳[8] 장 수 유 적 총 성 진	학문 갈고 닦던 남은 흔적 모두 묵은 자취 되었네.
何人爲築花潭院 하 인 위 축 화 담 원	어느 사람 화담서원 짓고 있는가?
心緖相傳更幾人[9] 심 서 상 전 갱 기 인	마음속 회포 서로 전할 만한 분 다시 몇 사람이나 될까?

右徐處士花潭舊居[10]
위의 시는 서화담의 옛 집을 노래하였다

7 | 서로(徐老) : 화담(花潭) 서경덕(徐敬德: 1489~1546)을 말함. 자는 가구(可久)이며, 호는 달리 복재(復齋)라고도 하였다. 본관은 당성(唐城)이며, 박연폭포(朴淵瀑布) 및 기생인 황진이(黃眞伊)와 함께 송도삼절로 유명하다. 우리나라에 심학(心學)을 제창하였으며, 기일원론(氣一元論)을 주장하여 퇴계는 이기이원론적인 입장에서 그의 학설을 비판하였다.

위학(爲鶴) : 위 40번 시의 주 2)를 보라. 당나라 이백의 〈옛 시체로 짓다(古風)〉「군자는 원숭이와 학으로 변하였고, 소인은 모래나 벌레 되었다네.」(君子變猿鶴, 小人爲沙蟲)

8 | 장수(藏脩) : 장수(藏修)라고도 하며, 학문을 염두에 두고 갈고 닦는 것을 말함. 《예기·학기(學記)》편에서 나온 말이며, 상세한 것은 《내집》 권1 155번 시의 주 6)을 보라.

9 | 서로~갱기인(徐老~更幾人) : 《문봉선생문집(文峯先生文集)》 권5 〈한중필록(閑中筆錄)〉「내가 일찍이 퇴계선생에게서 (화담) 선생의 학문을 들은 덕이 있는데 선생께서는 이렇게 말씀하셨다. 『그 의논을 살펴보면 기를 논한 것은 정밀하여 남지 않은 곳에 도달하였지만, 이에 대해서는 그다지 투철하지 않아서 기를 주장함이 너무 심하여 어떨 때는 기를 이라고 생각하였다. 그러나 우리 동방에는 이 사람 이전에는 논저가 이에 이른 자가 없었으며 이기를 발명한 것은 비로소 이 사람이 있을 따름이다. 그러나 말을 할 때 자부심이 너무 지나치니, 아마도 그 얻은 것이 아직 깊지 않았던 것 같다.』 (화담) 선생은 일찍이 〈귀신사생론〉을 지어 박희정·허태휘 같은 사람들에게 주면서 말하기를 『이 의논이 비록 말은 졸박하지만 많은 성인들이 다 전하지 못한 단서를 볼 수 있을

295

少年爲學苦迷方
소 년 위 학 고 미 방

젊어서 학문하여
매우 방향 헷갈렸는데,

向老知方志力荒
향 로 지 방 지 력 황

늙어가는 마당엔 길 알아도
뜻과 힘 거칠어졌네.

却賴靈源非外鑠[11]
각 뢰 영 원 비 외 삭

(그대는) 도리어 마음에 의지하여
바깥에서 녹은 것이 없으니,

時於日用見洋洋
시 어 일 용 현 양 양

이따금 일상생활에서
의기양양함 나타내리라.

以下屬南時甫.[12] 時甫重遭大患, 後養疾於此山

이 이하는 남시보를 위해서 지은 것이다. 시보는 거듭 큰 환란을 만난 후 이 산에서 요양하고 있었다

것이다. 중간에 잃어버리지 말게 하고 후학에게 전할 수 있게 하며 화이의 가깝고 먼 곳에 두루 퍼지게 하여 동방에도 학자가 있다는 것을 알게 하고, 성리학 책의 끝장에 붙여두어도 괜찮을 것이다.』라 하였다. 퇴계는 이 말에 매우 불만이어서 과대한 병이 있다고 하였지만 그 사람만은 매우 중시하였다. 어떤 사람이 송도에 글을 읽으러 가면서 선생께 하직 인사를 하자 선생이 그에게 시를 주면서 말하기를 …… 하니 그 정성스럽기가 이와 같았다.」(余嘗聞先生之學於退溪先生. 先生曰, 觀其議論, 論氣則精到無餘, 而於理則未甚透徹, 主氣太過, 或認氣爲理. 然吾東方前此未有論著至此者, 發明理氣, 始有此人耳. 但言語之際, 自負大過, 恐其所得未深也. 先生嘗著鬼神死生論, 貽朴希正·許太輝諸人曰, 此論雖辭拙, 然見到千聖不盡傳之地頭爾. 勿令中失, 可傳之後學, 遍諸華夷遠邇, 使知東方有學者出, 附諸性理卷末一紙, 可矣. 退溪深不滿於此言, 以爲有誇大之病, 然甚重其人. 有人往松都讀書, 辭先生, 先生與之詩云……其拳拳如此)

10 | 화담구거(花潭舊居) : 《요존록》「《동국여지승람》에 의하면 화담암은 장단부 서쪽 35리 지점 오관산 아래의 영통동에 있다.」(地志, 花潭巖在長湍府西三十里, 五冠山下, 靈通洞) 《신증동국여지승람》 권12 〈장단도호부〉의 산천(山川) 조에 산견됨. 화암 또는 화담이라고도 한다고 하였음.

11 | 비외삭(非外鑠) : 주자의 〈왕연(王鉛)에게 답함(答王季和)〉「도가 사람에게 있는 것은 당초에 외면에서 녹는 것이 아니라서, 성현이 훈계를 내린 것이 또한 모두 간절하고 명백합니다.」(道之在人, 初非外鑠, 而聖賢垂訓, 又皆懇切明白)

296

師尊百世李延平[13]
사 존 백 세 이 연 평

스승으로 백 세대 동안
받들 이 이연평이라,

秋月冰壺徹底淸[14]
추 월 빙 호 철 저 청

가을 달 옥병의 얼음처럼
바닥까지 맑다네.

自我遺編憑子得
자 아 유 편 빙 자 득

나에게 남긴 책
그대 통해 얻어보니,

從前昏醉恍如醒
종 전 혼 취 황 여 성

이전에 멍하니 취해 있던
정신이 확 깬다네.

右延平答問書, 本時甫所藏

위의 시는 이연평이 주자와 문답한 책에 대하여 읊은 것으로, 본래 남시보가 소장하고 있었다.

12 | 남시보(南時甫) : 남언경(南彦經: 1528~1594?)의 자. 호는 동강(東岡) 또는 정재(靜齋)라 하였으며, 본관은 의령(宜寧). 화담(花潭) 서경덕(徐敬德)의 문하에서 수학하다가 도산으로 와서 퇴계에게 수학하였는데, 후세에서는 일반적으로 서경덕의 문인으로 분류한다.

13 | 이연평(李延平) : 곧 주자의 스승인 이동(李侗: 1093~1163)을 말함. 남검주(南劍州) 검포(劍浦) 사람으로 자는 원중(愿中)임. 세칭 연평선생이라 불림. 이동에 대하여 상세한 것은 《내집》 권3 25번 시의 주 34)를 보라.

14 | 빙호철저청(冰壺徹底淸) : 주자의 〈연평행장〉「(부친께서) 일찍이 사현의 등적 천계(이름은 적, 자는 천계)와 선생에 대하여 언급한 적이 있는데, 등적 천계가 말했다. 『원중은 얼음을 넣은 옥항아리와 가을달과 같아 맑고 투명한 것이 흠이라고는 없어

297

眞知力踐薛文淸[15] 진 지 력 천 설 문 청	참으로 힘껏 실천할 줄 안 이 설문청인데,
錄訓條條當座銘 록 훈 조 조 당 좌 명	적어놓은 가르침 조목조목 좌우명 삼을 만하네.
最是令人發深省[16] 최 시 영 인 발 심 성	가장 깊이 사람으로 반성하게 할 만한 것,
不爲枝葉不玄冥 불 위 지 엽 불 현 명	지엽적인 것 하지 않으면 어두워지지 않는다는 것이라네.

右薛文淸讀書錄
위는 설문청의 《독서록》에 대하여 읊은 것이다

우리네가 언급할 수 있는 것이 아니다.』」(嘗與沙縣鄧迪天啓語及先生, 鄧曰, 愿中如冰壺秋月, 瑩澈無瑕, 非吾曹所及)

15 | 설문청(薛文淸) : 명나라 설선(薛瑄: 1392~1464)의 자. 하진(河津) 사람으로 자는 덕온(德溫)이다. 명나라 영종(英宗) 때 예부시랑 겸 한림학사를 지냈다. 벼슬에서 물러난 후 비로소 정·주학(程·朱學)을 배워 몸소 사욕을 버리고 본성으로 돌아가는 것(復性)을 위주로 실천하였다. 저서로는 《독서록》 20권과 《경헌문집(敬軒文集)》이 있다.

16 | 영인발심성(令人發深省) : 당나라 두보의 〈용문의 봉선사에서 놀다(遊龍門奉先寺)〉 「새벽 종소리 들림 깨닫고자 허니, 사람으로 하여금 깊은 반성 발하게 하네.」(欲覺聞晨鐘, 令人發深省)

298

屹立頹波陳白沙[17] 흘 립 퇴 파 진 백 사	쇠퇴한 기풍에 우뚝 선 이 진백사라네,
名懸南極動中華 명 현 남 극 동 중 화	그 이름 남극성에 걸리어 온 중국 움직였다네.
如何不重吾家計 여 하 부 중 오 가 계	어찌 우리 유가들 계책 중시하지 않아,
極處終歸西竺邪 극 처 종 귀 서 축 사	끝닿는 곳에서 결국 서방 천축국의 사특한 종교로 돌아는가?

右白沙詩教
위의 시는 진백사의 시교에 대하여 읊은 것이다

17 | 퇴파(頹波) : 무너지는 물결, 즉 쇠퇴하는 기풍을 비유하였다. 송나라 장원간(張元幹)의 〈안노공의 상에 참배하다(拜顔魯公像)〉「우뚝하니 숫돌바위 무너지는 물결에 버티어 섰고, 꼬불꼬불한 길 평탄함 무너뜨림 깨닫지 못하겠네.」(屹然砥柱立頹波, 未覺羊腸隳坦履)

진백사(陳白沙) : 명나라 진헌장(陳獻章: 1428~1500)을 일컫는 말. 신회(新會) 사람으로 자는 공보(公甫)이다. 백사리(白沙里)에 살았으므로 그의 문인들이 이렇게 불렀다. 그가 가르친 학문은 경(經)을 위주로 하되 단정히 앉아서 마음을 깨끗이 함으로써 도를 깨우치는 선학(禪學)을 강조하였다. 문집으로는 《백사집》과 《백사시교해(白沙詩教解)》가 있다.

299

醫閭生長裔戎方[18]
의 려 생 장 예 융 방

의려 선생 나고 자람
오랑캐 후예들 땅에서였는데,

一變因師勇退藏[19]
일 변 인 사 용 퇴 장

스승 따라 한번 변하여
용감히 물러나 숨었다네.

況是青能自藍出[20]
황 시 청 능 자 람 출

하물며 청색
쪽에서 나올 수 있거늘,

逃禪歸我儘端莊[21]
도 선 귀 아 진 단 장

속세 피해 참선함
나 더욱 단정하고 엄숙하게 하였다네.

右醫閭先生集
위의 시는 의려선생집에 대하여 읊은 것이다

18 | 의려(醫閭) : 《요존록》「하의려는 이름이 흠이고 자는 극공인데, 백사를 스승으로 모셨다.」(賀醫閭名欽, 字克恭, 師白沙)
예융방(裔戎方) : 《요존록》「의려산은 요동에 있는데, 이곳은 오랑캐의 후손들이 사는 곳이다.」(醫閭山在遼東, 是裔戎之地)

19 | 일변인사(一變因師) : 《고증》「스승은 백사 진헌장을 가리킨다.」(師指白沙)

20 | 청능자람출(青能自藍出) : 《순자·권학(勸學)》「푸른색은 쪽풀에서 빼내지만 쪽풀보다 푸르고, 얼음은 물이 얼어서 되는 것이지만 물보다 차갑다.」(青取之藍而青於藍, 氷水爲之而寒於水)

21 | 도선(逃禪) : 속세를 피하여 참선함. 당나라 두보의 〈음중팔선가〉「소진은 오래도록 수놓은 불상 앞에서 재계하였는데, 취하기만 하면 종종 선에서 도피하기 좋아하였네.」(蘇晉長齋繡佛前, 醉中往往愛逃禪)

300

陽明邪說劇洪流[22] 양 명 사 설 극 홍 류	왕양명의 사특한 학설 극도로 흘러 넘치니,
力遏羅公有隱憂[23] 역 알 나 공 유 은 우	힘껏 막은 나공 남모르는 근심 있었다네.
讀到論心兼理氣 독 도 논 심 겸 리 기	그의 마음 및 이기 논한 것 읽어보니.
令人又覺別生愁[24] 영 인 우 각 별 생 수	사람으로 하여금 또한 다른 걱정 생김 깨닫게 하네.

右傳習錄困知記[25]

위의 시는 《전습록》과 《곤지기》에 대하여 읊은 것이다

22 | **양명사설(陽明邪說)** : 양명은 명나라 왕수인(王守仁: 1472~1529)을 말함. 여요(餘姚: 지금의 浙江省) 사람으로, 초명은 운(雲)이라 하였으며 자는 백안(伯安)이다. 일찍이 소흥(紹興) 회계산(會稽山)의 양명동 곁에 집을 짓고 살았으므로 그를 왕양명이라 부른다. 주자의 성리학을 버리고 육상산(陸象山)의 심학(心學)을 취하였으며, 지행합일설(知行合一說)을 주장하였다.

23 | **나공(羅公)** : 명나라 나흠순(羅欽順: 1465~1547)을 말함. 자는 윤승(允升)이고 호는 정암(整菴)이다. 이학(理學)을 연구하여 이(理)는 하늘에서 얻어 마음에 갖추어진다고 주장하여, 우주만물의 근본인 기(氣)와 합하여 이기(理氣)를 한가지로 보고서, 당시 성행했던 왕양명(이름은 守仁으로 《전습록》의 저자)의 양지(良知)설에 대하여 힘껏 배척하였다. 저서로는 《곤지기(困知記)》가 있다.

24 | **독도~생수(讀到~生愁)** : 《요존록》「《곤지기》에서는 도심을 성이라 하고 인심을 정이라

301

性理諸家皇極箋
성 리 제 가 황 극 전

성리제가해와
황극경세서의 주석에,

天原二鮑復論鐫[26]
천 원 이 포 부 논 전

이포의 천원발미
다시 논하여 새겼다네.

恨予得見奇書晩
한 여 득 견 기 서 만

내 이런 기이한 책
늦게 얻어봄 한탄하며,

一撫遺編一悵然
일 무 유 편 일 창 연

그들이 남긴 책 어루만질 때마다
한 번씩 탄식해본다네.

右性理諸家解,[27] 皇極經世釋義, 天原發微
위의 시는《성리제가해》《황석경세석의》의 천원발미에 대하여 읊었다

하였으며, 또 이기를 하나의 것이라 하였다. 이 두 시구의 뜻은『그의 마음을 논한 것과 이기를 논한 것을 읽어보면 실제로 잘못 본 것이 이와 같으니, 이것이 광범하게 전파되어 학자들이 잘못으로 이르게 될까 두려웠기 때문에 또 다른 근심이 생긴다.』는 것이다.」(困知記釋道心爲性, 人心爲情, 又以理氣爲一物. 詩意謂讀到其論心與論理, 卽實見之差有如此, 深恐流傳漸廣致誤, 學者所以爲別生愁也)

25 | 전습록곤지기(傳習錄困知記) :《요존록》「《전습록》은 왕양명이 지었다. 선생은 이 두 책에 모두 논변이 있다. 문집에 보인다.」(傳習錄王陽明小著. 先生於二書皆有論辨. 見文集)

26 | 이포(二鮑) :《고증》「노재 포운룡은《천원발미》를 지었으며, 밀재 포영정은《변정》을 지었다.」(案, 魯齋鮑雲龍著天原發微, 謐齋鮑寧庭辨正)

27 | 성리해(性理解) :《고증》「《성리군서해》를 말하는 것 같다.」(疑是性理羣書解)

302. 代書答仲擧1

편지 대신 황중거에게 답하다

行止失初難善後 행 지 실 초 난 선 후	행동거지 처음에 잘못하면 나중에 잘하기 어렵고,
親踈有道肯趨時 친 소 유 도 긍 추 시	친하고 버성김에도 도 있으니 어찌 시세 따라야 하리.
冷雲欲雪重城暮 냉 운 욕 설 중 성 모	찬 구름 눈 내리려 할 때 다시 성은 저물어가는데,
袖手無言有所思2 수 수 무 언 유 소 사	팔짱 끼고 말 없음 그리워하는 이 있음이라네.

1 | 중거(仲擧) : 금계(錦溪) 황준량(黃俊良: 1517~1663)의 자. 본관은 평해(平海)이며, 농암 이현보의 손서임. 《퇴계시 풀이》 상세한 것은 제1권 65번 시의 주 1)을 보라.

2 | 수수~유소사(袖手~有所思) : 송나라 여본중(呂本中)의 〈주중고의 상론재(周仲固尙論齋)〉 「묻노니 그대 어떻게 옛 사람 알아낼 수 있는가? 팔짱 끼고 말없이 맑은 낮에 앉아서 그 분들의 책 읽어보아야만 하네.」(問君何以識古人, 袖手無言坐淸書) 당나라 허당(許棠)의 〈청산관에서 묵다(宿青山舘)〉 「청산 아래서 말 내렸는데, 말없이 그리워하는 이 있음이라네.」(下馬青山下, 無言有所思)

303. 宋台叟麒壽, 雪中見訪云, 夢中得句, 相思成鬱結, 幽恨寄瑤琴. 覺而聯成四韻, 書以示之, 次韻[1]

송태수기수가 눈 속에서 찾아와 하는 말이 「꿈속에서 글귀를 얻었는데 『임 생각에 겨워 답답증이 생겼는데, 깊은 한 거문고에 부치노라.』라 하였으므로, 깨고 나서 여덟 구절을 연결하여 시를 지었다.」라 하며 글로 써 보이기에 그 각운자를 사용하여 짓다

書忘同器漏[2] 서 망 동 기 루	글 잊어버림 그릇 물 새는 것과 같고,
詩苦似蟲吟 시 고 사 충 음	시 짓는 괴로움 벌레 우는 소리와 비슷하네.
未驗身彬蔚 미 험 신 빈 울	몸에는 아름다움 나타남 느낄 수 없고,
飜成氣滯淫 번 성 기 체 음	도리어 나쁜 기운만 엉기어 있네.

1 | 송태수(宋台叟) : 추파(楸波) 송기수(宋麒壽)의 자인. 상세한 것은 《내집》 권1 50번 시의 주 1)을 보라.
송기수의 원운시는 현재 남아 있지 않고 《추파선생집(秋坡先生集)》 권1의 일시(逸詩) 조목에 제목에서 언급한 이 두 구절이 수록되어 있는데, 제목이 〈퇴계에게 드림(贈退溪)〉으로 되어 있다. 같은 내용의 시가 《내집》 권2에도 수록되어 있는데 제목은 〈송기수가 찾아와서 말하기를 「꿈속에서 싯귀를 얻었는데 『그리움에 사무쳐 우울증 생겼는데, 그윽한 한 구슬 장식한 거문고에 기탁하네.』라 하여 깨어서 네 운자로 보태어 완성하였다」 하고는 써서 보여주기에 그 각운자를 써서 짓는다(台叟來訪云, 夢中得句, 相思成鬱結, 幽恨寄瑤琴. 覺而足成四韻, 書以示之, 次韻)〉이다.

2 | 기루(器漏) : 한나라 양웅(揚雄)의 〈유주목의 수칙(幽州牧箴)〉 「방둑은 개미굴에서 무너지고, 그릇은 바늘 끝에서 샌다.」(隄潰蟻穴, 器漏鍼芒)

人皆譏背面[3]
인 개 기 배 면

남들은 모두 얼굴 돌리고 비웃지만,

公獨愛藏心[4]
공 독 애 장 심

그대만 유독 마음속에 간직하여 사랑하였다네.

夢裏相思句
몽 리 상 사 구

꿈속에서 생각난다는 구절,

如聞流水琴[5]
여 문 유 수 금

흐르는 물에 거문고소리 들리는 듯하네.

3 | 기배면(譏背面) : 《요존록》「얼굴을 돌리고 공로를 비웃는 것이다.」(背面譏功)

4 | 애장심(愛藏心) : 《시경·소아·진펄의 뽕나무(隰桑)》「마음속으로 사랑하거늘 어찌 고하지 않으리? 마음속에 품고 있거늘 어찌 하루인들 잊겠는가?」(心乎愛矣, 遐不謂矣. 中心藏之, 何日忘之)

5 | 유수금(流水琴) : 당나라 저광희(儲光羲)의 〈전중시어사이신 장정님과 함께 서울의 병조참군사인 조화의 한 해가 저물어 가는데 남원에서라는 시에 화답하다(同張侍御鼎, 和京兆蕭兵曹華歲晚南園)〉「반악이 〈한거부〉를 짓던 마음이요, 종자기가 감상했던 흐르는 물을 마음에 품고 뜯던 거문고 소리라네.」(潘岳閑居賦, 鍾期流水琴)

304~311. 題畫八絶 有儒士辛世霖, 以翎毛名京師. 辛甥弘祚得其畫請題[1]

그림의 제목으로 절구 여덟 수를 짓다_유학을 공부하는 선비인 신세립은 새와 짐승의 그림으로 서울에 이름이 있었는데, 생질 홍조가 그의 그림을 얻어 그림에 대한 시를 청하였다

304 睡鵰 잠자는 수리

鷙鳥睡毰毸[2] 사나운 새 날개 치며 졸고 있으니,
지 조 수 배 시

猛勢疑無在 맹렬한 기세 있지 않은 듯하네.
맹 세 의 무 재

用時似項王 때때로 초패왕 항우와 같이,
용 시 사 항 왕

一怒千皆廢[3] 한번 노하면 모든 새들 다 자지러져 넘어진다네.
일 노 천 개 폐

1 | 신세림(辛世霖) : 미상.
신홍조(辛弘祚) : 이퇴계의 만 자형인 신담(辛聃)의 아들로 습독(習讀)을 지냄.
영모(翎毛) : 《고증》「《운부》 고금의 명화로 오도자의 인물화와 한간의 말 그림, 대숭의 소 그림, 최백의 새와 화죽 그림, 그리고 문동(文同)의 묵죽화가 있다.」(韻府, 古今名畫, 吳道子人物, 韓幹馬, 戴崇牛, 崔白翎毛花竹, 文與可墨竹)

2 | 배시(毰毸) : 새가 깃털을 펼친 모양, 날면서 춤추는 모양을 말함. 여기서는 전자의 뜻으로 쓰였음.

3 | 항왕~개폐(項王~皆廢) : 《사기·회음후열전(淮陰侯列傳)》「청컨대 항왕의 사람됨을 말하겠습니다. 항왕이 성내어 큰소리로 꾸짖으면 모든 사람이 다 엎어집니다.」(請言項王之爲人也. 項王喑噁叱咤, 千人皆廢)

305 燕鷹 먹이 먹는 매

殷勤哺衆雛 은 근 포 중 추	자애로운 마음으로 여러 새끼들 먹이는데,
鼓厲規一吻 고 려 규 일 문	한번에 받아먹도록 격려한다네.
强者恣所爲 강 자 자 소 위	강한 놈이 제 멋대로 하니,
弱者胡不謹 약 자 호 불 근	약한 놈 어찌 조심하지 않으리.

306 月鶴 달밤의 학

仙鶴刷毛衣[4] 선 학 솰 모 의	신선이 타는 학 털 손질하고,
竦身望空月 송 신 망 공 월	몸 솟구쳐 하늘의 달 바라보네.
意欲謝塵氛 의 욕 사 진 분	마음은 티끌 묻은 기운 떨쳐버리고자 하여,
天門一超越[5] 천 문 일 초 월	하늘문 단번에 뛰어넘네.

4 | 솰모의(刷毛衣) : 당나라 백거이(白居易)의 〈제비 시를 지어 유수에게 보여줌(鷰詩示劉叟)〉「지지배배 말 가르치고, 하나하나 털 손질한다네.」(喃喃教言語, 一一刷毛衣)

5 | 일초월(一超越) : 명나라 금유자(金幼孜)의 〈소나무의 학을 읊음(題松鶴)〉「별안간 날개 떨치어 멀리 떠나고자 하여, 구름 엷은 하늘 한번 뛰어넘는다네.」(忽然振翼将遠舉, 雲薄天空一超越)

307 蘆鴈 갈대 속의 기러기

不傳上林書[6] 부 전 상 림 서	상림원에 편지도 전하지 못하면서,
寧慕齊宮沼[7] 영 모 제 궁 소	어찌 제나라 궁전의 못 그리워하리.
偶然集蘆叢 우 연 집 로 총	우연히 갈대숲에 모였다가,
擧翮凌雲杳 거 핵 능 운 묘	날개 펼쳐 구름 뚫고 아득히 날아가네.

6 | 부전상림서(不傳上林書) : 《한나라의 역사·소무의 전기(蘇武傳)》「그 후 여러 달이 지나 소제가 즉위하였다. 여러 해만에 흉노는 한나라와 화친을 하였다. 한나라는 소무 등을 돌려 보내줄 것을 청하였으나 흉노는 소무가 죽었다고 거짓말을 했다. 나중에 한나라의 사자가 다시 흉노 땅에 이르렀는데 상혜(소무의 부관)가 지키는 사람에게 그와 함께 있기를 청하여 밤에 한나라의 사신을 뵙고는 모든 것을 스스로 다 말해버렸다. 사자더러 선우에게 천자가 상림에서 활쏘기를 하다가 기러기를 잡았는데 발에 비단 편지가 매여 있는데 소무 등이 모처의 못 안에 있다고 쓰여 있더라고 말하게 하였다. 사자는 크게 기뻐하여 상혜가 말한대로 선우를 꾸짖었다. 이에 선우는 좌우를 둘러보고 놀라면서 한나라의 사자에게 말하기를 『소무 등은 사실 살아 있습니다.』라 하였다.」(數月, 昭帝卽位. 數年, 匈奴與漢和親. 漢求武等, 匈奴詭言武死. 後漢使復至匈奴, 常惠請其守者與俱, 得夜見漢使, 具自陳道. 敎使者謂單于, 言天子射上林中, 得雁, 足有係帛書, 言武等在某澤中. 使者大喜, 如惠語以讓單于. 單于視左右而驚, 謝漢使曰, 武等實在) 송나라 진사도(陳師道)의 〈돌아가는 기러기(歸雁)〉「차라리 보배 장식한 쟁의 안족 될지언정, 어찌 편지 나르는 우체부 될 것인가?」(寧爲寶筝柱, 肯作置書郵)

7 | 제궁(齊宮) : 《요존록》「『齊』자는 『梁』자가 되어야 할 것 같다.」(齊疑梁)

308 白鷺 백로

振振自風標
진 진 자 풍 표
당당하여 절로 기풍 있고,

白白如雪色
백 백 여 설 색
새하얀 것이 눈빛과 같구나.

謀魚莫太營
모 어 막 태 영
고기 잡으려고 너무 서둘지 마라,

怕有沙泥及
파 유 사 니 급
모래 진흙 묻을까 두려우니.

309 獼猴 원숭이

嘯侶集巖幽[8]
소 려 집 암 유
짝 불러 깊은 바위굴에 모였는데,

怪貌相嫵媚
괴 모 상 무 미
괴이한 모습 서로 좋아한다네.

老者獨背坐
노 자 독 배 좌
늙은 놈 홀로 등지고 앉아,

空望思何事[9]
공 망 사 하 사
허공 바라보며 무슨 일 생각하나?

8 | 소려(嘯侶) : 남조 진(陳)나라 소전(蕭詮)의 〈밤에 원숭이가 울음을 읊음(詠夜猿啼)〉「바위 너머로 도리어 짝 부르고, 못에 다다르니 절로 소리 공중으로 울리네.」(隔巖還嘯侶, 臨潭自響空)

집암유(集巖幽) : 당나라 한유(韓愈)의 〈두 새(雙鳥詩)〉「한 마리는 도시로 내려 앉고, 한 마리는 깊은 바위굴에 모였다네.」(一鳥落城市, 一鳥集巖幽)

9 | 공망(空望) : 《문집》의 난외주에서는 「망공」(望空)으로 된 판본도 있다고 하였다.

10 | 죽림순초생(竹林笋初生) : 송나라 황정견의 〈변화를 살피다(觀化)〉 제11수 「죽순 갓

310 竹禽 대숲의 새

竹林笋初生[10]
죽 림 순 초 생
대숲에선 죽순 막 돋아나는데,

飛禽穩栖宿
비 금 온 서 숙
날짐승 안온하게 깃들어 자는구나.

無風韻自寒[11]
무 풍 운 자 한
바람 없는데도 운치 절로 차갑고,

有月森成玉
유 월 삼 성 옥
달 떠오르니 빽빽이 옥 되었다네.

311 稚鵲 새끼 까치

離巢樂且羣
이 소 락 차 군
둥지 떠나 즐거워하다가 또 무리 짓고,

查查飛復止[12]
사 사 비 부 지
까악까악 날다가는 다시 멈추네.

一任散何歸
일 임 산 하 귀
하나씩 되는대로 흩어져 어디로 돌아가는가?

啣枝各生子
함 지 각 생 자
나뭇가지 물어다 각자 새끼 치는구나.

돋아나니 누런 송아지 뿔 같고, 고사리 싹 틔워 이미 어린아이 주먹만 하네.」(竹笋初生黄犢角, 蕨芽巳作小兒拳)

11 | 무풍운자한(無風韻自寒) : 송나라 구양수(歐陽修)의 〈다섯 늙은이의 시를 빌려보고 같은 각운자를 써서 지어 감사하다(借觀五老詩, 次韻爲謝)〉「높은 하늘에서 길 찾기 높아서 그리워하기 어려운데, 늙은 소나무 바람 없어도 운치 절로 차갑다네.」(鴻冥得路高難慕, 松老無風韻自寒)

12 | 사사(查查) : 사사(楂楂)라고도 하며 새가 우는 소리를 나타내는 의성어. 당나라 한유의 〈잡시(雜詩)〉 제2수 「까치 깍깍 소리내며 울고, 까마귀는 까악까악 소리내며 시끄럽네.」(鵲鳴聲楂楂, 烏噪聲擭擭)

312. 病慵_乙卯

병으로 게을러지다_을묘년(1555년)

雪日近窓先晃朗[1] 설 일 근 창 선 황 랑	눈 오는 날 창가에 가까이 가니 벌써 환하게 밝은데,
林風過耳久于喁[2] 임 풍 과 이 구 우 우	숲속 바람 귓전 스치어 오래도록 윙윙거리네.
邇來併斷看書事 이 래 병 단 간 서 사	근래 들어 책 읽는 일 아울러 그만 두니,
咄咄眞成一病慵[3] 돌 돌 진 성 일 병 용	쯧쯧! 정말이지 게으름 한 병이 되고 말았구나.

1 | 황랑(晃朗) : 밝게 빛나는 모양을 나타내는 의태어. 남조 진(晉)나라 반악(潘岳)의 〈가을 홍취(秋興賦)〉「하늘 환하게 더욱 높아짐이여, 해는 뉘엿뉘엿 점차 희미해져가네.」(天晃朗以彌高兮, 日悠陽而浸微) 당나라 이선(李善)의 주석 「황랑은 밝은 모습이다.」(晃朗, 明貌)

2 | 임풍과이(林風過耳) : 당나라 왕건(王建)의 〈늦가을 병중에(晩秋病中)〉「세상만사 바람이 귓바퀴 스치듯 지나가고, 가난한 아이 살 계책 또한 일찍이 들었었네.」(萬事風吹過耳輪, 貧兒活計亦曾聞)

우우(于喁) : 《장자·제물론(齊物論)》「앞의 것이 우우 하고 소리를 내면 뒤따르는 것들도 윙윙 하고 소리를 낸다.」(前者唱于而隨者唱喁) 진(晉)나라 곽상(郭象)의 주석 「우우는 소리가 서로 응하는 것이다.」(于喁, 聲之相和也)

3 | 돌돌(咄咄) : 감개를 나타내는 탄성 소리임. 혀를 끌끌 차는 소리.

313. 謝淸州李剛而楨, 印寄延平答問書[1]

청주목사로 있는 이강이정가 이연평의 답문서를 간행하여 부쳐줌에 감사하다

壺月傳心一部書[2]
호 월 전 심 일 부 서

병 속의 얼음 같고 가을 달처럼
맑은 마음 전한 한 부의 책,

因君東海印行初
인 군 동 해 인 행 초

그대로 인해 동쪽 나라에서
처음으로 간행되었네.

病夫尙著絲毫力[3]
병 부 상 저 사 호 력

병든 몸 오히려
터럭만한 힘 덜어내어,

生世終須不作虛
생 세 종 수 부 작 허

이 세상에 태어나 죽을 때까지
헛되이 않고자 하네.

1 | 이강이(李剛而) : 구암(龜巖) 이정(李楨: 1512~1571)의 자. 이정에 대하여 상세한 것은 《내집》 권3 142번 시의 주 1)을 보라.
연평답문(延平答問) : 주희(朱熹)가 그의 스승 이연평(李延平)과 문답한 것을 기록한 책이다.

2 | 호월(壺月) : 곧 빙호추월(氷壺秋月)를 말함. 등적(鄧迪)이 연평 이동에 대하여 평가한 말임. 위 296번 시 주 14)를 보라.

3 | 사호력(絲毫力) : 아주 미약함 힘을 말함. 당나라 옹유지(雍裕之)의 〈잔소리(細言)〉 「터럭만한 힘이라도 드러내려 하니, 개미의 성실함 누가 알아주겠는가?」(欲效絲毫力, 誰知螻蟻誠)

314~316. 至日有感, 三首[1]

동짓날 느낌이 있어, 세 수

314

聽得無聲地下雷[2]
청 득 무 성 지 하 뢰

소리 없는 땅 밑의
　우레 소리 들을 수 있으니,

玄機纔翕便能開
현 기 재 흡 변 능 개

오묘한 조짐 비로소 들어맞아
　곧 봄이 올 것 같네.

此身忍使行迷遠[3]
차 신 인 사 행 미 원

이 몸 차마 먼 길
　미혹되게 한다면,

三字加工莫輟來[4]
삼 자 가 공 막 철 래

삼자부 더욱 공부하여
　절대로 중단하지 않으리.

1 | 이 시는 을묘년(1555, 퇴계 55세) 동짓날 청량산에 들어가 한달간 독서할 때 지은 것이다. 《고증》「이 시는 주자가 지은 시의 각운자를 썼다.」(案此次朱子韻) 주자의 시는 〈원기중이 계몽을 논함에 답하다(答袁機中論啓蒙)〉이며, 부기한 [원운시]를 보라.

2 | **무성지하뢰(無聲地下雷)** : 《예기·월별 정령(月令)》「【음력 11월】이 달에는 해가 가장 짧은 날이 있다. 음양이 다투고 만물이 내부에서 생명의 힘이 움직이기 시작한다.」(仲冬. 是月也, 日短至, 陰陽爭, 諸生蕩) 또 《내집》 권5 220번 시의 주 5) 지중뢰기(地中雷起)를 보라.

3 | **행미원(行迷遠)** : 진(晉)나라 도연명(陶淵明)의 〈귀거래사(歸去來辭)〉「실로 잘못된 길(벼슬한 일)이 멀지 않으니, 무엇을 슬퍼하면서 홀로 비관하겠는가?」(實迷途其未遠, 奚惆悵而獨悲)

4 | **삼자(三字)** : 곧 삼자부(三字符)를 말함. 송나라 병산(屛山) 유자휘(劉子翬)의 〈위원리에게 부치다(寄魏元履)〉「일찍이 듣기를 불원복(不遠復: 머지 않아 되돌아 온다)이라 하였으니, 이 세 글자를 마음의 부적 삼았다네.」(嘗聞不遠復, 佩作三字符) 불원복(不遠復)은 곧 《주역》 〈지뢰복(地雷復)〉괘의 첫째 양효[初九]의 효사로 상세한 것은 《내집》 권5 220번 시의 주 6)을 보라.

315

長樂鐘鳴響似雷
장 락 종 명 향 사 뢰

장락궁 종 울리니
그 소리 우레 같아,

百官雲擁九門開[5]
백 관 운 옹 구 문 개

백관들 구름처럼 모여들고
구중 궁궐 문 열리겠네.

病臣獨未趨朝賀
병 신 독 미 추 조 하

병든 신하 홀로
아침 조회 나아가지 못하였는데,

陽德惟深祝聖來
양 덕 유 심 축 성 래

양강(陽剛)한 덕만이 깊이 임금님
축하하러 찾아들겠네.

316

子美悲三蟄楚雷[6]
자 미 비 삼 칩 초 뢰

두보 삼년째 초나라 땅 밑의
우레 소리 들음 슬퍼하였는데,

我來雷蟄又三開
아 래 뇌 칩 우 삼 개

내 와서 땅밑의 우레소리
또 세 번째 되었구나.

凄涼壟墓兼祠宇
처 량 농 묘 겸 사 우

처량하여라 고향의
산소와 사당,

遇節何勝感慨來[7]
우 절 하 승 감 개 래

절기 되어도 어찌
감개 이겨 내겠는가?

5 | **장락~구문개(長樂~九門開)** : 장락궁은 한나라 무제 때의 궁궐 이름. 여기서는 그냥 임금이 계시는 궁궐이라는 일반 명사로 쓰였음. 명나라 임홍(林鴻)의 〈봄날 동원에서 놀다가 임금님의 명으로 짓다(春日遊東苑, 應制)〉「장락궁에 종 울리니 옥 같은 전각 열리고, 백관들 보련 봉래궁에서 나오네.」(長樂鐘鳴玉殿開, 千官步輦出蓬萊)

6 | **자미~칩초뢰(子美~蟄楚雷)** : 당나라 두보의 〈가을날 형남에서 30운을 써서 술회하다(秋日荊南述懷, 三十韻)〉「아홉 번을 파땅에서 불을 뚫으니, 세 번 초나라의 사당 겨울 잠 깸을 듣네.」(九鑽巴噀火, 三蟄楚祠雷)

7 | **승(勝)** : 《요존록》「승은 평성이다. 견딘다는 뜻이다.」(勝平聲. 堪也)

【원운시】

答袁機中論啓蒙[8]

원추(袁樞)가 계몽을 논함에 답하다

忽然半夜一聲雷	별안간 한밤중에 우레 한번 치더니,
萬戶千門次第開	모든 집의 문 차례로 열리네.
若識無心含有象	만약 무 가운데 상 있음을 안다면
許君親見伏羲來	그대 친히 복희씨의 뜻 안다 할 수 있으리.

半夜一本作平地　「반야」는 어떤 판본에는 「평지」로 되어 있다

8 | 이 시는 《주문공집》 권9에 수록되어 있음.

317. 再和早春言懷 和林大樹[1]

다시 「이른 봄날 감화를 말하다」라는 시에 화답하다 임대수에게 화답하다

羈心春更苦 기 심 춘 경 고	나그네 마음 봄날 더욱 괴롭고,
世味老無甘 세 미 로 무 감	세상사는 맛 늙으니 달지 않다네.
鴈侶聲回北 안 려 성 회 북	짝 기러기 소리내며 북으로 돌아가고,
梅枝信到南 매 지 신 도 남	매화 가지 소식 남으로 이르네.
生涯農者慕 생 애 농 자 모	한 평생 농부 흠모하였으니,
事業古人慚[2] 사 업 고 인 참	하는 일 옛 사람에 부끄럽다네.
有句頻相問 유 구 빈 상 문	시구 지어 자주 안부 물으니,
閒中勝劇談[3] 한 중 승 극 담	한가한 가운데 있음 말 빠름보다 낫다네.

1 | 대수(大樹) : 임억령(林億齡: 1496~1568)의 호. 임억령은 위 267번 시에 나왔음.

2 | 생애~고인참(生涯~古人慚) : 번지(樊遲)가 공자에게 농사일을 물은 고사를 쓴 것 같다. 《논어·자로가(子路)》편에 보임.

3 | 극담(劇談) : 《한나라의 역사·양웅(揚雄)의 전기》 「말을 더듬어 이야기를 빨리할 수가 없었다.」(口吃, 不能劇談) 진작(晉灼)의 주석 「(劇은) 거(據)라고도 하며, 거는 빠르다는 뜻이다.」(或作遽. 遽, 疾也) 안사고의 주석 「극 또한 빠르다는 뜻이다.」(劇亦疾也)

【원운시】

讀花潭詩文, 贈淸涼山人. 退溪
화담의 시문을 읽고 청량산인에게 드림 퇴계

今代功名醉	금대의 공명에 취하여,
斯人寂寞甘	이 사람 적막함 달게 여기네.
生涯同谷口	한 평생 곡구의 정자진(鄭子眞)과 같고,
儒術慕河南	유가의 학술 하남땅 정자(程子) 형제들 그리워하네.
遺語山人拾	말 남기니 산 사람 주워 모으고,
高懷海客慙	높은 마음씨 바다가에서 백구와 노는 나그네조차 부끄러워할 만하네
茅齋松雪好	띠집 소나무에 눈 내림 좋으니,
思與一尊談	한 바리 술 앞에 놓고 더불어 이야기하네.

復用前韻, 敍懷呈山人
다시 앞 시의 각운자를 써서 마음속을 말하여 산인에게 드리다

臥雪人蹤絶	눈 속에 누우니 사람 자취 끊어지고,
抛書睡味甘	책 던지니 잠 맛 다네.
親朋半地下	친한 벗 반은 세상 떠났고,
弟妹隔江南	형제 자매는 강 남쪽에 떨어져 있네.
起廢君恩大	쫓겨났다가 복직되니 임금님 은혜 큰데,
無功我面慙	공 없으니 내 얼굴 부끄럽다네.
對床如可得	침상 나란히 할 기회 얻을 수만 있다면,
野老願農談	촌 늙은이 된 그대와 농사 이야기 하기 원하네.

318~319. 寓龍壽寺, 聾巖先生寄示, 蟠桃壇唱酬絶句, 依韻拜上[1]

용수사에 우거할 때 농암선생이 반도단에서 주고받은 절구를 부쳐왔으므로 같은 운자에 따라 지어 올리다

318

仙遊有勝地　　신선 노니는 곳에 경치 좋은 곳 있어,
선 유 유 승 지

樂事待今年　　즐거운 일 금년에 기다린다네.
낙 사 대 금 년

況示瓊瑤什　　하물며 아름다운 시편 보여주시니,
황 시 경 요 십

青錢價幾千[2]　　청전으로 몇 천 냥은 나가겠네.
청 전 가 기 천

1 | 이때 퇴계와 농암이 지은 시는 《내집》 권2의 132~133번 시와 원운시를 보라.

2 | 청전(青錢) : 동전(銅錢)을 가리킴. 《신당서》 권161 〈장천의 전기(張薦傳)〉 「원외랑 원반천이 자주 공경들에게 『장작의 문사는 청동전과 같아서 만 번의 과거시험에 만 번이라도 합격할 수 있다.』 하였으므로 그 당시 장작을 청전학사로 불렀다.」(員外郎員半千數爲公卿, 稱鷟文詞猶如青銅錢, 萬選萬中, 時號鷟青錢學士)

319

正是淸明節 정 시 청 명 절	때마침 청명절인데,
今年似昔年[3] 금 년 사 석 년	올해도 지난해와 비슷하구나.
爲花欣赴約 위 화 흔 부 약	꽃 피움 기꺼이 약속이나 한 듯하니,
莫問酒籌千[4] 막 문 주 주 천	술 마신 산가지 천 개인가 묻지 마소.

3 | **금년사석년(今年似昔年)** : 송나라 소옹(邵雍)의 〈꽃을 마주하여 읊다(對花吟)〉 「올해도 꽃 작년에 핌과 비슷하고, 오늘 사람 지난 날 회포 푼다네.」(今年花似昔年開, 今日人開昔日懷)

4 | **주주(酒籌)** : 주(籌)는 옛날 사람들이 셈을 할 때 쓴 작은 대나무 가지. 산가지. 당나라 백거이(白居易)의 〈이씨네 열 한째와 함께 취하여 원씨네 아홉째인 원진을 생각하다(同李十一醉憶元九)〉 「꽃 필 때 함께 취하여 봄 근심 없애고자, 취하여 꽃가지 꺾어가며 산가지 삼네.」(花時同醉破春愁, 醉折花枝當酒籌)

320. 宋企村純俛仰亭[1]

송기촌순의 면앙정

公舊居潭陽, 亭之勝槩, 獨擅湖南. 公時屈跡善山, 將辭歸, 寄書索詩, 用趙景陽韻[2]

송공은 지난날 담양에서 살았는데, 거기에 있는 면앙정은 경치가 뛰어나 호남에서 우뚝하였다. 공이 이제 선산부사로서의 족적을 남기고 고향으로 돌아가려고 하면서 편지를 보내 면앙정의 제시를 구하므로 조경양의 운자를 써서 짓는다

脫屣浮榮諒不難[3]
탈 사 부 영 양 불 난

덧없는 영화 헌신짝처럼 버리기
실로 어려워하지 않으시나,

移文寧使愧鍾巒[4]
이 문 녕 사 괴 종 만

비난하는 글 온다한들 어찌
북산에게 부끄러움 있으리.

百千架插書依舊[5]
백 천 가 삽 서 의 구

수천 서가에 꽂힌 책
옛날이나 다름없고,

1 | 송기촌(宋企村) : 송순(宋純: 1493~1582)의 호. 자는 수초(遂初) 또는 성지(誠之)이며, 호는 기촌(企村) 외에 면앙정(俛仰亭)이라고도 하였다. 송순에 관하여 상세한 것은 《내집》 권2 138번 시의 주 1)을 보라.
조욱의 원운시는 그의 《용문집》에 보이지 않는다. 이때 함께 지은 시 2수가 《내집》 권2 138~139에 보인다.

2 | 조경양(趙景陽) : 조욱(趙昱: 1498~1557)의 자. 호는 용문당(龍門堂)이고, 본관은 평양(平壤)이다. 정암(靜庵) 조광조(趙光祖)의 문인이며, 일찍이 생원 진사 양시에 합격하였다. 유일(遺逸)로 천거되어 주부에 제수되었으며 장수현감(長水縣監)을 지냈다. 나중에 이조참의(吏曹參議)에 추증되었으며, 시호는 문강(文康)이다.

3 | 탈사(脫屣) : 「사」는 작은 신발[小履]을 말함. 「탈사」는 헌 신발을 벗어던지듯 미련없이 가볍게 여김을 비유함. 《한서·교사지(郊祀志)》에서 나온 말. 《내집》 권1 44번 시의 서문 주 12)를보라.

4 | 이문~종만(移文~鍾巒) : 이문은 곧 공이(公移)로 공문서를 말함. 종만(鍾巒)은 종산(鍾山),

廿四楹題字未漫[6] 입 사 영 제 자 미 만	스물 네 기둥에 적힌 글자 아직도 더럽지 않네.
素練極天霜欲落[7] 소 련 극 천 상 욕 락	흰 깁 같은 강 하늘까지 닿아 있고 서리 내리려 하는데,
黃雲彌野雨初乾[8] 황 운 미 야 우 초 건	누런 구름 들판에 널렸는데 비 막 그쳤다네.
知公正有思歸興 지 공 정 유 사 귀 흥	공 정말로 돌아가고픈 생각 일어남 알고 있지만,
屈指瓜期尙若干[9] 굴 지 과 기 상 약 간	손가락 꼽아 오이 익는 철 기다려도 아직은 약간 남았다네.

즉 북산(北山)을 말한다. 남제 때의 문인인 공치규(孔稚圭)가 지은 북산의 산신령의 말을 빌려 거기에 와서 거짓 은자 노릇을 하고 있다가 해염현령으로 벼슬하러 나간 주옹(周顒)이란 사람에게 항의하여 보낸 편지인 〈북산이문(北山移文)〉이란 글이 있다.

5 | **백천가삽서(百千架插書)** : 당나라 한유(韓愈)의 〈제갈학이 수주로 글을 읽으러 감에 송별하다(送諸葛學, 往隨州讀)〉「업후의 집에는 책이 많아서, 책꽂이에 삼 만 축이나 꽂혀 있네.」(鄴侯家多書, 挿架三萬軸)

6 | **입사영제(廿四楹題)** : 《고증》「미상이다.」(未詳)

7 | **소련(素練)** : 원뜻은 흰 누인 명주이나 여기서는 강을 이름. 위 5번 시의 주 5)를 보라.

8 | **황운(黃雲)** : 가을이 되어 누렇게 익은 벼를 말함. 《내집》 권3 74번 시의 주 96)을 보라.

9 | **굴지과기(屈指瓜期)** : 과기(瓜期)는 임기가 차서 교대하는 것을 말함. 《좌전·장공(莊公) 8년》「제나라 임금이 연칭과 관지보에게 규구를 지키러 가게 하였는데 참외 철에 갔다. 말하기를 『참외가 익을 때 바꾸어주겠다.』라 하였다.」(齊侯使連稱´管至父戍葵丘, 瓜時而往, 日, 及瓜而代)

321. 琴聞遠蘭秀, 東溪惺惺齋[1]

금문원난수의 동계에 있는 성성재

易贊坤爻敬義功[2]
역 찬 곤 효 경 의 공

《주역》〈곤〉괘의 효사 풀어보면
공경과 의로움의 공부이고,

揭名堂室紫陽翁[3]
게 명 당 실 자 양 옹

정자에 이름 거니
자양옹의 고사 땄다네.

若知動靜皆爲一
약 지 동 정 개 위 일

움직임과 고요함 모두
한 가지임을 안다면,

始信濂溪太極同[4]
시 신 염 계 태 극 동

비로소 주렴계의 태극의
음양이 같음을 믿겠네.

1 | **문원(聞遠)** : 성성재(惺惺齋) 금란수(琴蘭秀: 1530~1604)의 자. 금란수에 대해서는 위 225번 시 주 3)을 보라. 같은 시기에 지어진 시가 《내집》 권2의 141~142에 있다. 참고 바람.

2 | **역찬~경의공(易贊~敬義功)** : 《주역·곤괘(坤卦)》「군자는 공경으로 안을 곧게 하고, 의로움으로 밖을 바르게 한다. 공경하는 것과 의로움이 확립되면 덕이 외롭지 않다.」(君子敬以直內, 義以方外. 敬義立而德不孤)

3 | **게명~자양옹(揭名~紫陽翁)** : 자양은 안휘성(安徽省) 흡현(歙縣) 남쪽에 있는 산 이름으로, 주자의 부친인 주송(朱松)이 독서를 한 곳이다. 나중에 주자가 복건성 숭안현(崇安縣)에 서재를 짓고 자양서실(紫陽書室)이라고 하였다. 여기서는 곧 주자를 가리키는 말. 《주문공집》 권54 〈유성지에게 답함(答游誠之)〉「상채 사량좌(사량좌)는 『경은 항상 깨어있는 것』이라고 하였습니다.」(上蔡云, 敬是常惺惺法) 원래 이 말은 주자가 편집한 《상채어록》 권2에 나오는 말이다.

4 | **동정~태극동(動靜~太極同)** : 송나라 염계(濂溪) 주돈이(周敦頤)의 〈태극의 그림에 대한 해설(太極圖說)〉「무극이면서도 태극이니 태극이 움직여 양을 낳고 움직임이 극에 달하면 고요해지고, 고요해져서 음을 낳아 고요함에 극에 달하면 다시 움직인다. 한번 움직이고 한번 고요해짐이 서로 그 뿌리가 된다.」(無極而太極, 太極動而生陽, 動極而靜, 靜而生陰, 靜極復動. 一動一靜, 互爲其根)

322. 題靈川申潛畫竹[1]

영천신잠의 대나무 그림에 적을 시를 짓다

竹與靈川本一身 죽 여 영 천 본 일 신	대나무와 영천자 본래 한 몸이었는데,
一身變化儘通神 일 신 변 화 진 통 신	한번 몸 변화하였어도 정신은 완전히 통하였다네.
可憐滿幅淸虛影 가 련 만 폭 청 허 영	한 폭 가득한 맑고 빈 그림자 어여뻐서,
疑是靈川自寫眞 의 시 영 천 자 사 진	영천자 스스로 자화상 그린 것이나 아닌가 하네.

1 | 같은 시기에 지은 시가 《내집》 권2의 75번 시에 수록되어 있다.
신잠에 대해서는 같은 시의 주석 1)을 볼 것.

323. 次韻黃仲擧新寧[1]

신령현감 황준량이 지은 시의 각운자에 맞추어 짓다

平生眞與病相謀
평 생 진 여 병 상 모

평생 동안 참으로
병과 더불어 운명 도모하였으니,

此日何妨得自由
차 일 하 방 득 자 유

요즘 며칠 자유로워진들
무슨 상관 있으리오.

老境新功非一夕
노 경 신 공 비 일 석

늘그막에 새로운 공덕
하루 저녁에 이루어지지 않으니,

古人墜緖豈千秋[2]
고 인 추 서 기 천 추

옛 사람 사업 끊어지려함
어찌 천년 뿐이리.

1 | 원운시는 《금계집(錦溪集)·외집》 권2에 수록되어 있다. 같은 시기에 비슷한 제목의 시로 같은 각운자를 쓴 시가 《내집》 권2(142번 시)에 수록되어 있다.

2 | 추서(墜緖) : 곧 끊어질 듯하면서도 아직 끊어지지 않은 일. 당나라 한유의 〈학문에 나아가는 태도를 비난하는 말에 대한 해명(進學解)〉 「아득히 허물어져가는 일들을 찾아 홀로 이리저리 뒤져 멀리 이었다네.」(尋墜緖之茫茫, 獨旁搜而遠紹)

3 | 선보명금각(單父鳴琴閣) : 금각(琴閣)은 곧 금당(琴堂)으로 각 고을을 다스리는 등 공무를 보는 곳을 말함. 《여씨춘추·어진이를 찾음(察賢)》 「복자천이 선보를 다스리는데, 거문고를 쳐서 울리며 몸은 대청을 내려가지 않아도 선보는 잘 다스려졌다.」(宓子賤治單父, 彈鳴琴, 身不下堂而單父治)

詩傳單父鳴琴閣[3]
시 전 선 보 명 금 각

시는 선보고을의 거문고 울리는
정자에서 전하여 왔으니,

興阻山陰泛雪舟[4]
홍 조 산 음 범 설 주

홍취는 산음 땅의 눈에 띄운 배에서
벌써 막혀버렸겠지.

出處未同聊爾耳
출 처 미 동 료 이 이

벼슬 나아가고 물러남 같지 않으니
애오라지 그러할 뿐이나,

請將心事爲深求
청 장 심 사 위 심 구

청컨대 마음 쓰는 일에나
깊이 탐구하시게나.

4 | **흥조산음(興阻山陰)** : 곧 승흥(乘興)의 고사를 말함. 《진(晉)나라의 역사·왕휘지(王徽之)의 전기》「(왕휘지가) 일찍이 산음에 거처할 때 밤에 눈이 내리다가 갓 개어 달빛이 맑고 환한 것이, 사방을 돌아보니 휘영청하여, 홀로 술을 따루며 좌사의 〈은자를 부르다〉라는 시를 읊조리고 있는데, 갑자기 대규가 생각났다. 대규는 이때 섬땅에 있어서 즉시 밤에 작은 배를 타고 그를 찾았는데 밤이 지나 거의 도착을 하였을 무렵, 문앞에 이르러서는 앞으로 나아가지 않고 돌아왔다. 사람들이 그 까닭을 물었더니 왕휘지가 말했다. 『본래 홍이 일어 갔다가 홍이 사그러들어 돌아왔으니 하필이면 대안도를 만나 보아야 한단 말인가!』」(嘗居山陰, 夜雪初霽, 月色淸朗, 四望晧然, 獨酌酒詠左思招隱士詩, 忽憶戴逵. 逵時在剡, 便夜乘小船詣之, 經宿方至, 造門不前而反. 人問其故, 徽之曰, 本來乘興而行, 興盡而反, 何必見安道邪)

【원운시】

聞退溪入淸凉山讀書, 次前韻送之

퇴계선생께서 청량산으로 들어가 글을 읽는다는 말을 듣고 앞서 지은 시의 각운자를 서서 지어 송별해드리다

高懷脫俗與山謀	고아한 흉회 세속 벗어나 산과 도모하시어,
拂袖松關意有由	소매 소나무 관문에 떨치심 뜻 말미암음 있다네.
負笈匡廬尋舊日	책상자 짐은 광려산에서 옛 일 찾는 것이고,
著書雲谷繼千秋	책 지으심은 운곡의 천년 전 잇는다네.
含情謾憶春天樹	정 머금고 함부로 봄 하늘의 나무 생각하고,
乘興空思雪夜舟	흥 타고 부질없이 눈 오는 밤의 배 생각한다네.
比及宴居能解綬	근자에 편안히 거처하시며 능히 인끈 푸시었으니,
藏山文字要深求	어살 감춘 듯한 문자 깊이 탐구하소서.

324. 十月初四日, 游月瀾庵[1]

시월 초나흘, 월란암에서 노닐다

五年回首若波驚[2]
오 년 회 수 약 파 경

5년 만에 돌아보니
물결 놀란 듯한데,

重上高臺自感情
중 상 고 대 자 감 정

다시 높은 누대에 오르니
절로 정겨움 느껴지네.

夢覺塵氛嗟已幸
몽 교 진 분 차 이 행

티끌 세상 꿈 깨고보니
이미 다행스러움에 탄식하고,

閒尋雲壑絶無攖
한 심 운 학 절 무 영

한가로이 구름 낀 계곡 찾아가니
걸릴 것 없어라.

溪光日暮生新白
계 광 일 모 생 신 백

지는 해 시내에 비치니
새로이 밝음 생겨나고,

野色霜寒失舊青[3]
야 색 상 한 실 구 청

서리 찬 들빛은
옛 푸르름 사라지네.

小字禪窓眞有味
소 자 선 창 진 유 미

선창의 작은 글씨
참다운 맛 있는데,

衰齡那得眼增明
쇠 령 나 득 안 증 명

나이 들어 노쇠해지니 어찌
눈 더 밝을 수 있으랴.

1 | 월란암(月瀾庵)에 대해서는 《내집》 권1 81번 시를 보라. 같은 제목의 시 두 수가 《내집》 권2(143~144)에 수록되어 있다.

2 | 약파경(若波驚) : 파경은 경파(驚波)가 되어야 하는데 운자를 고려해서 바꾸어썼다. 당나라 이백의 〈9월 9일 중양절에 산에 오르다(九日登山)〉 「이어진 산 놀란 물결 같은데, 울룩불룩 바다 위로 솟아 있네.」(連山似驚波, 合沓出溟海)

3 | 실구청(失舊青) : 송나라 진여의(陳與義)의 〈연일 비가 내리는데 있었던 일을 쓰다(連雨書事)〉 「흰 국화는 새로 보랏빛 꽃 피우고, 누런 벌판은 옛 푸르름 잃었다네.」(白菊生新紫, 黃蕪失舊青)

325. 贈錦溪黃仲擧, 論圖書[1]

금계 황중거에게 도서를 논하여주다

傳得圖書且闕疑[2] 전 득 도 서 차 궐 의	책 얻어 보다 의심나는 곳 잠시 접어두고,
歸來獨自玩棲遲[3] 귀 래 독 자 완 서 지	돌아와 홀로 벼슬 그만둔 한가로움 즐기네.
從君更好探幽賾[4] 종 군 갱 호 탐 유 색	그대 따라 다시 깊은 진리 찾아 즐기니,
莫道今時遠伏羲 막 도 금 시 원 복 희	지금 복희씨의 시대와 멀다 말하지 마세나.

1 | 도서(圖書): 여기서는 64괘의 그림이 있는 《주역》을 말함.

326. 贈別應順_金命元[1] ○丙辰

응순김명원을 송별하면서 지어주다_○ 병진년(1556)

羲文千古意何如[2]
희 문 천 고 의 하 여

복희씨와 문왕 천고에
뜻 어떠하였을까?

林下婆娑樂有餘[3]
임 하 파 사 낙 유 여

숲 아래서 자유로이 노니니
그 즐거움 넘친다네.

此日送君吟細律[4]
차 일 송 군 음 세 율

오늘 그대 보내며
짧은 율시 하나 읊조리니,

他年思我寄長書
타 년 사 아 기 장 서

훗날 나 생각나면
장문의 편지 보내게나.

1 | 응순(應順) : 김명원(金命元: 1534~1602)의 자. 호는 주은(酒隱)이며 본관은 경주(慶州), 퇴계의 제자로 재상을 지냄. 시호는 충익(忠翼)임. 그에 대해서는 《내집》 권2 170번 시를 보라.

2 | 희문(羲文) : 중국 고대의 성인인 복희씨(伏羲氏)와 주나라 문왕(文王)으로 모두 《역(易)》의 이치를 발명하였다. 한나라 반고(班固)의 〈동쪽 서울(東都賦)〉 「복희씨와 문왕의 《역》의 이치 강론하고, 공자의 춘추 논하네.」(講羲文之易, 論孔氏之春秋)

3 | 파사락유여(婆娑樂有餘) : 파사(婆娑)는 나부끼는 모양, 소요하다, 가지와 잎이 무성하게 퍼진 모양 등 여러 가지 뜻이 있는데, 여기서는 소요하다의 뜻으로 쓰인 것 같음. 송나라 육유(陸游)의 〈식사를 끝냈는데 별안간 이웃의 사람이 와서 잠시 들러 장난삼아 짓다(飯罷, 忽隣父来過, 戲作)〉 「향기로운 벼 불 때니 죽 향기 새롭고, 배불리 먹고 자유로이 노니니 즐거움 넘친다네.」(旋炊香稻藊新菰, 飯飽逍遥樂有餘)

4 | 세율(細律) : 당나라 두보의 〈번민을 흩어내며 장난삼아 노씨네 열 아홉째 조장님께 드리다(遣悶, 戲呈路十九曹長)〉 「늘그막에 점차 시의 격률 정밀해지는데, 누구네 집에 자주 가서 술잔 마음놓고 들 수 있겠는가?」(晩節漸於詩律細, 誰家數去酒杯寬)

窮通久識盈虛妙 궁 통 구 식 영 허 묘	궁하고 달통함 오래되어 차고 비는 이치 오묘함 알겠으니,
學問多慚敬義疎[5] 학 문 다 참 경 의 소	학문 닦는다 하나 공경과 의로움에 멀어짐 많이 부끄럽네.
大業必從勤苦得[6] 대 업 필 종 근 고 득	커다란 업적 반드시 힘써 노력해야 얻어지나니,
忍同流俗一生虛 인 동 류 속 일 생 허	어찌 차마 세속과 함께 일생을 허망하게 보내리.

5 | 경의소(敬義疎) : 경의는 주역을 말함. 위 321번 시의 주 2)를 보라.

6 | 대업~근고득(大業~勤苦得) : 당나라 두보의 〈백학사의 띠집(柏學士茅屋)〉「부와 귀는 반드시 부지런하고 힘든데서 얻어지니, 남자라면 모름지기 다섯 수레의 책은 읽어야 하리.」(富貴必從勤苦得, 男兒須讀五車書)

327. 奉酬南時甫彦經見寄[1]

남시보언경가 부쳐온 시에 삼가 화답하다

聖門言達不言悟[2] 성 문 언 달 불 언 오	성인의 문하에서 달은 말했지만 오는 말하지 않았으니,
功在循循積久中[3] 공 재 순 순 적 구 중	공부는 차곡차곡 오래도록 쌓인 가운데 있다네.
旣道無爲便脫誤[4] 기 도 무 위 변 탈 오	이미 무위를 말함도 바로 벗어나고 잘못된 일이거늘
如何自說落禪空 여 하 자 설 락 선 공	어찌 스스로 불교의 공에 대하여 말하겠는가?

1 | 남언경(南彦經): 위 295번 시의 주 12)를 보라.
이 시와 똑같은 제목의 시가 《내집》 권2(《풀이》 172번 시, 426쪽을 보라)에도 수록되어 있는데, 그 시는 5언 12구의 시임. 《연표월일조록》 권2 400쪽에서는 이 두 시를 56세 7월에 남언경이 보낸 편지에 답하면서 심기(心氣)의 질환을 다스리는 문제에 대하여 언급하고, 그가 보낸 두 수의 시에 답하여 동봉하여 부친 것으로 보았음.

2 | 성문언달(聖門言達): 《논어》에는 「공자가 말씀하셨다. 『군자는 위로 통달하고, 소인은 아래로 통달한다.』」(子曰, 君子上達, 小人下達: 〈원헌이 묻기를(憲問)〉)라 한 것이나 같은 편에서 「하늘을 원망하지 않으며 남을 탓하지 않고, 아래로 (인간의 도리를) 배우며 위로 (天理에) 통달하였다.」(不怨天, 不尤人, 下學而上達)라 한 것처럼 달(達)자에 대한 언급은 있지만 불교에서 추구하는 수양 방법인 갑자기 깨달음[頓悟]에 대한 언급은 없는 것을 말한다. 이외에도 《논어》에는 달(達)자를 언급한 곳이 여러 군데 보인다.
《주자의 말씀을 분류함(朱子語類)》 권121 〈문인들을 훈계함(訓文人) 9〉 「근세에 어떤 사람들은 오로지 공이니 묘니 하는 것만 말하려 하고, 실질로 나아가려 하지 않고 오히려 깨달음만 말한다. 이는 배움을 모르는 것으로 학문에는 이런 법이 없다. 『오』자 하나만 이야기하면 끝까지 캐물을 수가 없고 연구할 수가 없으며 함께 시비를 논할 수가 없어서 한결같이 허황한 담론으로만 말하게 되는데 가장 사람을 미혹하게 한다. 그러나 또한 다만 배움이 없는 사람을 속일 수 있으니 실질을 배우는 사람이 있다면 어떻게 그에게 속겠는가? 『오』만 말한다면 학문이 아니다.」(近世有人爲學, 專要說空說妙, 不肯就實, 却說是悟. 此是不知學, 學問無此法. 才說一悟字, 便不可窮詰, 不可研究, 不可與論是非, 一味說入虛談, 最爲惑人. 然亦但能謾得無學底人, 若是有實學人, 如何被他謾? 才說悟, 便不是學問)

3 | 순순(循循): 순서가 정연한 모양, 또는 법도를 따르는 모양. 차곡차곡, 또는 차근차근.

4 | 무위(無爲): 노장(老莊)사상의 도가를 말함.

328. 晦日夜吟. 次應順韻

그믐날 밤에 읊다. 김명원이 지은 시의 각운자에 맞추어.

永夜孤村雨氣沈 영 야 고 촌 우 기 심	긴긴밤 외딴 마을 비구름에 잠겼는데,
遙憐書客感秋襟 요 련 서 객 감 추 금	아득히 글 친구 그리며 가을 회포 느끼네.
男兒事業元非少[1] 남 아 사 업 원 비 소	사나이 할 일 원래 적지 않고,
易學淵源儘自深 역 학 연 원 진 자 심	《역》학의 연원 모두 절로 심원하네.

1 | 남아사업(男兒事業) : 송나라 소옹의 〈선천음(先天吟)〉「선천의 사업(철학공부) 어느 누가 있어 하는가? 하는 사람은 어떠하고 알리는 사람은 누구인가?」(先天事業有誰爲, 爲者如何告者誰)

2 | 삼절(三絶) : 죽간을 묶는 가죽 끈, 혹은 가죽 끈으로 묶은 죽간이 세 번 끊어졌음을 말함. 《사기·공자세가(孔子世家)》「공자는 만년에 《주역》을 좋아하여 〈단〉·〈계〉·〈상〉·〈설괘〉·〈문언〉의 차서를 정하였다. 《주역》을 읽어 가죽 끈이 세 번이나 끊어졌다.」(孔子晩而喜易, 序彖·繫·象·說卦·文言. 讀易, 韋編三絶)

3 | 선천일편음(先天一篇吟) : 《고증》「강절(康節) 소옹에게는 〈선천음〉이 있다.」(邵子有先天吟) 소옹(邵雍)의 《격양집(擊壤集)》에는 〈선천음〉이란 제목의 시가 모두 4수 수록되어 있다. 그 중의 한 수를 소개하면 다음과 같다. 「동지라 자정 시간에, 하늘의

古聖尙資三絶讀[2]
고 성 상 자 삼 절 독

옛 성인도 오히려 책 묶은 끈
세 번이나 끊기도록 읽는 것 밑천으로 삼았는데,

先天誰和一篇吟[3]
선 천 수 화 일 편 음

〈선천〉 한편 누가
화답하여 읊조리리?

我今衰老君方壯[4]
아 금 쇠 로 군 방 장

내 이제 노쇠하고
그대 바야흐로 건장하니,

驅駕風霆更勵心[5]
구 가 풍 정 갱 려 심

바람이며 천둥 몰아
다시 마음 공부에 힘 쓰시게나.

마음은 고치어 옮겨가지 않네. 하나의 양기 막 일어나는 곳에, 만물 아직 나지 않았다네. 물 맛 바야흐로 담담한데, 태음의 소리 마침 드무네. 이 말 못 믿겠거든, 다시 복희씨에게 물어보게나.」(冬至子之半, 天心無改移. 一陽初起處, 萬物未生時. 玄酒味方淡, 太音聲正希. 此言如不信, 更請問庖犧)

4 | 아금쇠로(我今衰老) : 당나라 두보의 〈이조의 팔분소전 글씨를 노래함(李潮八分小篆歌)〉 내 이제 여위고 늙어 재주와 힘 엷으니, 조야, 조야, 너를 어찌할꼬?」(我今衰老才力薄, 潮乎潮乎奈汝何) 이조는 두보의 생질임.

5 | 풍정(風霆) : 바람과 천둥이란 뜻으로 큰 힘을 비유함. 송나라 소식의 〈왕유에게 화답하다(和王斿)〉「훗날 오래도록 귀양온 신선 괴이하게 여겼는데, 혓바닥에선 바람 천둥 일고 붓에는 신령의 도움 있다네.」(異時長怪謫仙人, 舌有風雷筆有神)

329. 寄島潭李而盛[1]

도담의 이이성에게 부치다

憶昨君來過我門 억 작 군 래 과 아 문	지난날 생각해보니 그대 와서 우리 집에 잠시 들러,
西風霞岫對雙尊[2] 서 풍 하 수 대 쌍 준	가을 바람에 놀진 산봉우리 보며 두 술잔 마주하였었지.
如今獨臥思君處 여 금 독 와 사 군 처	지금 홀로 누워 그대 있는 곳 생각하여 보니,
十月黃花滿一園[3] 시 월 황 화 만 일 원	시월의 누런 국화 온 동산에 가득하리.

1 | 이이성(李而盛)은 이지번(李之蕃: ?~1575)의 자. 이지번에 대해서는 위 135번 시의 주 13)을 보라.

2 | 서풍(西風) : 가을 바람. 가을은 오행의 금(金)에 해당하고 방위상으로는 서쪽에 해당하기 때문에 이렇게 부른다.

3 | 황화(黃花) : 황화(黃華)라고도 하며 곧 황국(黃菊)을 말함. 송나라 유몽(劉蒙)이 지은 국화의 계보를 나타낸 《유씨국보(劉氏菊譜)》에 황화 조가 있다.

4 | 백석청운포공참(白石青雲飽共參) : 《고증》「《신선전》에 의하면 초선은 흰 돌을 구워 먹었는데 맛이 토란과 같았다고 한다. 포정 또한 배가 고프면 흰 돌을 구워 먹었다고 한다. 시의 뜻은 이이성과 함께 돌을 굽고 구름을 밟으며 실컷 즐기고싶다는 것이다.」(案神仙傳, 焦先煮白石食之, 味如芋. 鮑靜亦遇飢, 煮白石而食. 詩意欲與而盛共煮石耕雲而飽也) 초선이 흰 돌을 삶아 먹었다는 이야기는 《신선전》에는 보이지 않고 《태평광기》와

形勝龜潭勝島潭
형 승 구 담 승 도 담

구담의 아름다운 경치
도담보다 나으니,

可能移就結茅庵
가 능 이 취 결 모 암

그곳으로 옮기어
띠 인 초막 얽을 만하리.

他年我亦尋君去
타 년 아 역 심 군 거

훗날 내 또한
그대 찾아 떠나,

白石青雲飽共參[4]
백 석 청 운 포 공 참

흰 돌이며 푸른 구름
함께 실컷 즐겨보리라.

《태평어람》에서 《신선전》을 인용하였다고 하였다. 진나라 갈홍(葛洪)의 《신선전》 권1「백석생은 중황장인의 제자이다. …… 늘 흰 돌을 삶아 양식으로 삼았으며 내친김에 백석산에 들어가 살았는데, 당시 사람들은 그를 백석생이라 불렀다.」(白石生者, 中黄丈人弟子也……常煮白石爲糧, 因就白石山居, 時人號日白石生) 후대에는 신선을 호칭할 때 백석이라고도 하였다.

청운(青雲) : 여기서는 은거함을 비유함. 《남조의 역사·소균(蕭均)의 전기》「몸은 비록 붉은 문의 고관집에 있지만 마음은 강해에 노닐고, 형체는 대궐에 들어가 있지만 뜻은 푸른 구름에 있다네.」(身處朱門, 而情遊江海, 形入紫闥, 而意在青雲) 이 시구의 뜻은 신선이 삶아먹었던 흰 돌을 실컷 먹고 푸른 구름을 함께 밟아보겠다는 것이다.

당나라 두보의 〈천지(天池)〉「백 이랑 푸른 구름 나무 끝에 있고, 겹겹의 물결 흰 돌 가운데 있네.」(百頃青雲杪, 曾波白石中)

330. 龜潭

구담

潭洞谽呀壁兩邊[1]
담 동 함 하 벽 량 변

구담 골짜기 깊고 깊어
양쪽 가 벽처럼 섰는데,

赤城南下浩雲烟[2]
적 성 남 하 호 운 연

적성 남쪽 아래엔
구름 안개 널리 깔렸네.

當年我夢仇池穴[3]
당 년 아 몽 구 지 혈

올해 내 구지의
암혈 꿈꾸었더니,

昨日君窺一線天[4]
작 일 군 규 일 선 천

어제 그대는
일선천 보았다네.

1 | 함하(谽呀) : 「하」(呀)는 「谺」라고도 쓰며 골짜기가 크고 넓어 텅빈 모양, 혹은 깊은 모양을 말함. 상세한 것은 《내집》 권1 193번 시의 주 30)을 보라.

2 | 적성(赤城) : 《금수만화곡(錦繡萬花谷)·후집》 권6 〈대주·적성(台州·赤城)〉 「《명산략기》에서는 말하였다. 『적성산은 일명 소산이라고도 하며, 동경사명군이 사는 곳으로, 골짝의 둘레가 3백 리이며 위에는 옥청평천이 있다.』」(名山略記云, 赤城山一名燒山, 東卿司命君所居, 洞周迴三百里, 上有玉清平天) 같은 편의 〈단동(丹洞)〉 「《등진은결》에서는 말하였다. 『적성산 아래에 단동이 있는데 삼십육동천의 수에 있는데 그 산기슭은 붉다.』」(登真隱訣云, 赤城山下有丹洞, 在三十六洞天數, 其山足丹)

3 | 구지혈(仇池穴) : 당나라 두보의 〈진주에서 여러 수를 읊음(秦州雜詩)〉 제14수 「만고에 구지산의 암혈, 깊이 소유천과 통한다네.」(萬古仇池穴, 潛通小有天) 왕수(王洙)의 주석 「《세설신어》에서 말하기를 『구지에는 지혈이 있는데 소유동과 통하며 그곳에서는 신어가 나는데 그것을 먹는 자는 신선이 된다.』고 하였다. 소식은 말하기를 『조덕린이 말하기를 구지는 소유돈천의 속국이다.』라 하였다.」(世說, 仇池有地穴, 通小有洞, 中出神魚, 食之者仙. 蘇曰, 趙德麟曰, 仇池, 小有洞天之附庸也)

4 | 일선천(一線天) : 무이산에 있는 수십m나 갈라진 틈새로 하늘이 보이는 바위. 《명일통지(明一統志)》 권76 〈건녕부·영암(建寧府·靈巖)〉 「무이산에 있으며 두 바위가 서로 기대어 있으며 그 가운데 한 틈새가 있는데 하늘을 살필 수 있고 일선천이라고 한다.」(在武夷山中, 兩石相倚, 中有一罅, 可以窺天, 號一線天)

陶陸不妨邀酒社[5]
도 육 불 방 요 주 사

도연명과 육수정
술모임에 불러도 무방해라,

朱陳何幸免租仙[6]
주 진 하 행 면 조 선

주진촌은 얼마나 다행스러운가,
세금 면제받은 신선 있으니.

他時儻許俱栖遯[7]
타 시 당 허 구 서 둔

훗날 혹여라도
함께 은둔할 수 있다면,

壑月巖風不要錢[8]
학 월 암 풍 불 요 전

계곡의 달이며 바위 바람
돈 따위는 필요없다네.

時朝命丹郡, 復租賦十年, 李而盛棄官來, 卜居潭上

이때 조정에서는 단양군에 10년 동안 세금을 면제해주라고 명령하였는데, 이이성은 관직을 버리고 와서 물가에다 살 곳을 정하였다

5 | **도육(陶陸)** : 《고증》「도연명과 육수정이다.」(陶淵明陸修靜) 육수정은 남조 송(宋)나라 사람으로 여산(廬山)의 간적관(簡寂觀)에서 도를 닦은 적이 있으며, 도연명 및 중 혜원(惠遠)과 함께 여산(廬山) 기슭에서 동아리인 백련사(白蓮社)를 맺었다.

6 | **주진(朱陳)** : 당나라 백거이(白居易)의 〈주진촌(朱陳村)〉「서주 고풍현에, 어떤 마을이 있으니 『주진』이라고. 한 마을에는 오직 두 성만 있는데, 대대로 혼인을 하네.」(徐州古豊縣, 有村曰朱陳……一村唯兩姓, 世世爲婚姻) 상세한 것은 《내집》 권1 117번 시의 주 49)를 보라.

7 | **서둔(栖遯)** : 「棲遁」이라고도 하며 은거하는 것을 말함. 당나라 왕유(王維)의 〈태을관의 가생의 방을 들르다(過太乙觀賈生房)〉「지난 날 내 은둔할 때, 그대는 연하를 이웃하였다네.」(昔余棲遁日, 之子烟霞鄰)

8 | **학월~불요전(壑月~不要錢)** : 당나라 이백의 〈양양의 노래(襄陽歌)〉「맑은 바람 밝은 달 사는데 한 푼도 들지 않고, 옥산은 절로 넘어지지 남이 밀어서가 아니라네.」(清風朗月不用一錢買, 玉山自倒非人推) 송나라 왕십붕(王十朋)의 〈수락당에 동파가 지은 시의 각운자를 써서 지어붙이고 양원빈 첨판에게 드림(題壽樂堂, 用東坡韻, 贈楊元賓僉判)〉「수락당 서쪽에 용 누워 있고, 골짝의 달빛과 암혈에서 나오는 바람 창문에 가득하네.」(壽樂堂西面卧龍, 壑月巖風滿窓户)

331. 九月二十九日, 溪堂卽事[1]

9월 29일에 계당에서 있었던 일을 적다

冷雨寒烟暝一山 맹 우 한 연 명 일 산	차가운 비 싸늘한 안개에 온 산 어둑하고,
園林蕭索菊花斑[2] 원 림 소 삭 국 화 반	동산 숲 쓸쓸한데 국화만 알록달록하네.
但知抵死芳香在[3] 단 지 저 사 방 향 재	다만 알리니, 꽃은 지더라도 향기는 남을 것이니,
不管風霜夜夜寒 불 관 풍 상 야 야 한	바람 서리 밤마다 차갑게 들이쳐도 아랑곳 않겠네.

1 | 계당(溪堂) : 계상서당(溪上書堂)을 말함. 퇴계가 서당교육을 처음으로 시작한 곳임.

2 | 원림소삭(園林蕭索) : 송나라 위양(韋驤)의 〈호금 소리를 듣다(聞胡琴)〉「동산 숲 비 지나가니 가을 쓸쓸한데, 두건 쓰고 담소하자니 뜻 바야흐로 즐겁구나.」(園林雨過秋蕭索, 幅巾談笑情方樂)

3 | 저(抵) : 「이를 지」(至)자와 같은 뜻임.

332. 遊太子山盤石[1]_丁巳

태자산의 반석에 노닐다_정사년(1557)

千劫沙磨與溜穿[2] 천 겁 사 마 여 류 천	천겁의 세월 모래가 갈고 아울러 물방울에 구멍 뚫렸지만,
滑於冰玉白於氈 활 어 빙 옥 백 어 전	얼음이나 옥보다 매끄럽고 털 담요보다 희다네.
我來盡日忘歸去 아 래 진 일 망 귀 거	내 와서 종일토록 돌아갈 생각 잊고,
聽取宮商合自然[3] 청 취 궁 상 합 자 연	자연의 음계 듣자니 자연과 합치되네.

1 | 같은 제목의 시가 《내집》 권1 197에 있음. 태자산은 현재 안동군 도산면 태자리의 뒷산임.

2 | 유천(溜穿) : 송나라 소식의 〈같은 각운자를 써서 장전도가 부쳐온 시에 답하다(次韻答章傳道見贈)〉 「(어리석은 사람은) 망아지가 틈을 지나가는 것 같이 빠른 세월 가지고, 앉아서 바위가 물방울에 뚫리는 것 같이 더딤을 기다리고 있겠네.」(欲將駒過隙, 坐待石穿溜)

3 | 궁상(宮商) : 궁과 상은 모두 중국의 음계인 오음(五音) 중의 하나. 음악을 두루 가리키며, 여기서는 음률라는 뜻으로 쓰였음. 반석에 부딪혀 소리를 내며 흘러가는 시냇물 소리를 음악에 비유한 것임.

333. 有歎

탄식하다

誰爲平生一瓣香[1]
수 위 평 생 일 판 향

누가 평생 동안
한 줄기 외씨 향 되어줄까?

失稽文獻意空長[2]
실 계 문 헌 의 공 장

문헌 연구 제쳐두고
뜻만 허황되이 크다네.

盍簪安得如蘭臭[3]
합 잠 안 득 여 란 취

훌륭한 친구들 어떻게 얻어
난초 같은 향기 풍기며,

日夕硏磨共對床
일 석 연 마 공 대 상

밤낮으로 학문 연마하며
침상 마주할까?

1 | 일판향(一瓣香) : 일주향(一炷香)이라고도 하며, 오이씨 모양의 향불로 불교의 선종에서 장로가 법당에서 도를 강학할 때 세 번째 주향을 태우면서 「이 판향은 도법을 전수한 모모법사께 경건하게 바칩니다」라 한 데서 유래하였음. 나중에는 어떤 사람을 공경하여 스승으로 삼는다는 뜻으로 쓰이게 되었음. 주자의 〈서림사에 있는 옛 운자를 써서(用西林舊韻)〉 두 수 중 둘째 시 「옛날에 지은 시 세월 어찌 헤아릴 수 있으리? 평생 한 줄기 외씨 향불에 부끄럽네.」(舊題歲月那堪數, 慙愧平生一瓣香)

2 | 문헌(文獻) : 전적(典籍)과 현인(賢人)을 말함. 상세한 것은 《내집》 권2 15번 시의 주 38)을 보라.

3 | 잠(簪) : 《주역·예괘(豫卦)》 밑에서 네 번째 양효[九四]의 효사 「예정대로 일을 하면 크게 얻을 것이 있을 것이다. 의심하지 말라 벗들이 다 모이리라.」(由豫, 大有得, 勿疑, 朋盍簪) 삼국시대 위(魏)나라 왕필(王弼)의 주 「합은 모인다는 뜻이다. 잠은 빠르다는 뜻이다.」(盍, 合也. 簪, 疾也) 당나라 공영달(孔穎達)의 주석[疏] 「뭇 친구들이 모여서 속히 오는 것이다.」(羣朋合聚而疾來也) 당나라 두보의 〈두위 댁에서 섣달 그믐밤을 세다(杜位宅守歲)〉 「훌륭한 친구들 많이 와서 마굿간 마판 소리 요란하고, 뜰에 늘어선 횃불에 숲속 까마귀 놀라 흩어지네.」(盍簪喧櫪馬, 列炬散林鴉)
여란취(如蘭臭) : 《주역·계사 상(繫辭上)》 「두 사람이 마음을 함께 하면 그 날카로움은 쇠를 끊고, 마음을 함께하여 한 말은 그 향기가 난초와 같다.」(二人同心, 其利斷金, 同心之言, 其臭如蘭) 당나라 두군(竇羣)의 〈삼가 서천의 「무상공께서 새벽에 일어나 벗에게 주다」라는 시를 보여주심에 삼가 답하다(奉酬西川武相公, 晨興贈友, 見示之作)〉 「마음은 난초 향기와 같고, 은혜는 혼 되돌리는 향기에 비길만하네.」(情同如蘭臭, 恵比返魂香)

334~335. 次韻金惇叙[1]

김돈서가 보내온 시의 각운자를 써서 짓다

334

人正虛襟對窓几
인 정 허 금 대 창 궤

사람 마음 비우고
창가 책상 마주하자니,

草含生意滿庭除[2]
초 함 생 의 만 정 제

풀들은 생기 띠고
온 뜰에 피어나네.

欲知物我元無間[3]
욕 지 물 아 원 무 간

사물과 나 원래부터
거리 없는 일체임 알려면,

請看眞精妙合初
청 간 진 정 묘 합 초

진짜 정묘한 것은 처음부터
합쳐 있음을 보기 바라네.

1 | 김돈서(金惇叙) : 돈서는 설월당(雪月堂) 김부륜(金富倫: 1531~1598)의 자이다. 김부륜에 대해서는 위 225번 시의 주 1)을 보라.

2 | 초함~만정제(草含~滿庭除) : 《두 정자가 남긴 글(二程遺書)》 권3 「주돈이는 창 앞의 풀을 뽑아 없애지 않았다. 그 까닭을 물었더니 이르기를 『나의 의사와 같기 때문이다.』라 하였다.」(周茂叔窓前草不除去, 問之, 云, 與自家意思一般) 주자의 〈성리를 읊음·즐거움(性理吟·樂)〉 「이 즐거운 뜻 새들 마주하고 지저귀는 것과도 서로 통하며, 주렴계의 뜰의 풀도 봄을 느끼기에는 마찬가지일세.」(此意相關禽對語, 濂溪庭草一般春)

3 | 욕지~원무간(欲知~元無間) : 주자의 〈임희지를 전송하다(送林熙之詩)〉 제3수 「만약 체용이 원래 틈이 없다는 것 알면, 비로소 전래의 설이 원래 틀리다는 것 웃을 수 있네.」(若知體用元無間, 始笑前來說異同)

335

冰輪遙夜正圓明[4] 빙 륜 요 야 정 원 명	얼음 바퀴 같은 달 긴 밤에 마침 둥글고 밝으니,
坐覺人間玉界成[5] 좌 각 인 간 옥 계 성	갑자기 깨닫겠네, 인간 세상 옥 세계 되었음을.
獨得一般淸意味[6] 독 득 일 반 청 의 미	홀로 한결같이 맑은 뜻 터득한 이는,
梧桐深院邵先生[7] 오 동 심 원 소 선 생	오동나무 깊은 집의 소강절 선생이라네.

4 | 빙륜(冰輪) : 곧 매우 밝은 달을 말함. 송나라 마존(馬存)의 〈요월정(邀月亭)〉「푸른 바다 동쪽 모퉁이에서 항아 맞으니, 얼음 바퀴 맷돌처럼 파란 유리 위로 올라오네.」(滄溟東角邀姮娥, 冰輪碾上靑琉璃)

5 | 옥계(玉界) : 선경(仙境), 곧 신선이 사는 세상을 말함.

6 | 일반청의미(一般淸意味) : 송나라 소옹(邵雍)의 〈맑은 밤에 읊조림(淸夜吟)〉「달 하늘 한가운데 이르고, 바람은 수면위로 불어온다네. 마찬가지 맑은 뜻, 생각건대 사람들 잘 모른다네.」(月到天心處, 風來水面時. 一般淸意味, 料得少人知)

7 | 오동~소선생(梧桐~邵先生) : 역시 송나라 소옹의 〈달이 오동나무 위로 떠오름을 읊다(月到梧桐上吟)〉「달 오동나무 위로 떠오르고, 바람은 수양버들 가로 불어오네. 뜰 깊고 인적 또 고요한데, 이 경치 누구와 말할까?」(月到梧桐上, 風來楊柳邊. 院深人復靜, 此景共誰言)

336. 歲終, 齋生琴聞遠·琴壎之應壎·金子厚坱將歸, 示詩相勉, 亦以自警, 警安道[1]

선달 세밑에 제자 금문원과 금훈지응훈·금자후전가 집으로 돌아가려 함에 시를 읊어 서로 힘쓰도록 권하며, 또한 스스로도 경계하고 손자 안도도 경계하다

科目掀飜失友朋
과 목 흔 번 실 우 붕

과거공부에만 엎치락뒤치락하다 보니
친구들 다 잃어버리고,

寂寥林下坐如僧
적 료 림 하 좌 여 승

쓸쓸하게 숲 아래서
중처럼 앉았구나.

況君所業非吾長
황 군 소 업 비 오 장

하물며 그대들 힘쓰는 일
내 잘하지 못하여,

來往相從愧莫勝
내 왕 상 종 괴 막 승

왔다갔다 하면서 나를 따르나
부끄러움 이기지 못하겠네.

1 | 57세(정사년, 1557)에 지은 시로, 같은 제목의 시 3수가 《내집》 권2 207~209에 수록되어 있다. 《내집》에 수록된 시 3수는 모두 평성 진(眞)부에 속한 운자를 써서 지었는데, 이 시만은 증(烝)부에 속한 운자를 써서 지었다.
금문원(琴聞遠) : 성성재(惺惺齋) 금란수(琴蘭秀: 1530~1604)의 자. 금란수에 대해서는 위 225번 시의 주 3)을 보라.
금훈지(琴壎之) : 면진재(勉進齋) 금응훈(琴應壎: 1540~1616)의 자. 금응훈에 대해서는 《내집》 권2 202번 시의 주 1)을 보라.
김자후(金子厚) : 김전(金坱: 1538~1575)의 자. 김전에 대해서는 《내집》 권2 207번 시의 주 1)을 보라.
안도(安道) : 퇴계의 손자인 몽재(蒙齋) 이안도(1541~1584)이다. 이안도에 대해서는 역시 《내집》 권2 202번 시의 주 1)을 보라.

337~340. 山中偶書[1]

도산에서 우연히 쓰다

337

鏘鳴金玉引泉長[2]
장 명 금 옥 인 천 장

쨍그렁 금옥 소리 울리며
샘물 멀리 이끌어,

滿注陂田銀漢光[3]
만 주 피 전 은 한 광

산비탈 밭 그득히 물대니
은하수처럼 빛나네.

不待樊遲猥問聖
부 대 번 지 외 문 성

번지 같이 외람되이
성인에게 물을 것까지는 기다리지 않더라도,

老於農圃自知方[4]
노 어 농 포 자 지 방

채마밭에서 늙다보니
방법 절로 알겠네.

1 | 이 시는 위 시와 같은 시기에 도산에서 지은 것으로 보이나 정확한 날짜는 미상.

2 | **장명(鏘鳴)** : 옥이나 금속이 서로 부딪힐 때 내는 소리를 말함. 위 181. 〈장명뢰(鏘鳴瀨)〉 시의 주 2)를 보라. 여기서는 샘물이 졸졸 흐르는 소리를 옥과 쇠에 비겨서 말한 것임.

3 | **만주피전(滿注陂田)** : 송나라 구양수(歐陽修)의 〈지저귀는 새(啼鳥)〉「산비탈 밭 두르고 맑은 물 그득한데, 비둘기는 꾹꾹 봄 밭갈이 재촉하네.」(陂田遶郭白水滿, 戴勝穀穀催春耕)

4 | **번지~노포(樊遲~老圃)** : 《논어·자로(子路)》「번지가 농사를 배우기를 청하자 공자께서는 『나는 늙은 농부만 못하다.』라 하시었고, 채마밭 일을 배우기를 청하자 『나는 늙은 채마지기만 못하니라.』라 하시었다.」(樊遲請學稼, 子曰, 吾不如老農, 請學爲圃, 曰, 吾不如老圃)

338

抱病巖居豈便休 포 병 암 거 기 편 휴	병 안고 암혈에서 살자니 어찌 편히 쉬는 것이랴만,
晩聞下士恥庸流[5] 만 문 하 사 치 용 류	늦게사 도 들은 낮은 선비 용렬한 무리 된 것이 부끄럽네.
拔貧擬結山南舍[6] 발 빈 의 결 산 남 사	가난 뽑아내고 산 남쪽에 집 얽고,
更爲藏書作小樓[7] 갱 위 장 서 작 소 루	다시 책 넣어두려고 작은 다락 하나 만드려네.

5 | 만문하사(晩聞下士) : 《노자》 제41장 「뛰어난 선비들은 도를 들으면 그것을 열심히 실천할 것이고, 중간쯤 되는 선비들은 도를 들으면 긴가민가 할 것이며, 못난 선비들은 도를 들으면 크게 웃을 것이다. 그들이 웃지 않으면 도가 되기에는 부족한 것이다.」(上士聞道, 勤而行之, 中士聞道, 若存若亡, 下士聞道, 大笑之. 不笑不足以爲道) 송나라 소식의 〈가난한 집에서 깨끗이 땅을 쓸다(貧家淨掃地)〉 「못난 선비 늦게사 도를 듣고, 애오라지 서툴게나마 스스로 수양한다네.」(下士晩聞道, 聊以拙自修)

6 | 산남사(山南舍) : 《고증》 「도산을 가리킨다.」(指陶山)

7 | 발빈~작소루(拔貧~作小樓) : 《요존록》 「바야흐로 도선서당을 지을 때로 농운정사를 짓고 암서헌이라는 작은 다락방을 지었다.」(方營築陶山時, 舍隴雲精舍, 小樓巖栖軒) 주자의 〈삼가 장식의 성남이십영 시와 같은 각운자를 쓰다·산에 지은 서재(奉同張敬夫城南二十詠·山齋)〉 「책 누대 꼭대기에 갈무리해놓고, 책 누대 아래서 읽는다네.」(藏書樓上頭, 讀書樓下屋)

339

古來隱逸播芬香 고 래 은 일 파 분 향	예로부터 숨어 살려고 달아난 이들 아름다운 향기 뿌렸으나,
誰免玄虛墮老黃[8] 수 면 현 허 타 로 황	현묘하고 허무한 노자와 황제에게 떨어짐 누가 면하였던가?
最是狂奴服仁義 최 시 광 노 복 인 의	가장 훌륭한 것은 엄자릉 같은 미치광이 인과 의 따르게 하면서,
千秋一語動君房[9] 천 추 일 어 동 군 방	천추에 빛나는 한 마디로 후군방의 마음 감동시킨 일이라네.

8 | **노황(老黃)** : 황로(黃老), 곧 도가를 말하며, 여기서는 운자를 고려해서 글자의 위치를 바꾸어 썼다.

9 | **최시~동군방(最是~動君房)** : 군방은 후한(後漢) 후패(侯霸)의 자. 광노(狂奴)는 후한 광무제(光武帝) 유수(劉秀)의 친구인 엄광(嚴光: 《퇴계시풀이》 제1권 〈1〉의 주 8)을 보라)을 말함. 《후한(後漢)의 역사·세상을 숨어 달아난 사람들의 전기(逸民傳)》 엄광의 전기를 보면 다음과 같은 이야기가 나온다. 사도(司徒) 벼슬하던 후패가 엄광과 평소에 친구였기 때문에 그를 서울로 불러들이려고 사람을 시켜 편지를 보내니, 구두로 그 사람에게 받아적게 하기를 「군방 족하께. 지위가 재상에 이르셨다니 매우 잘 되었습니다. 인덕을 마음에 품고 의로움을 도운다면 온 천하 사람들이 즐거워할 것이니, 황제님께 아첨하고 비위나 맞추려는 요령은 끊으셔야 합니다.」(君房足下, 位至鼎足甚善. 懷仁輔義天下悅, 阿諛順旨要領絶)라고 하였다. 후패가 이 편지를 받아서 황제께 올리자 황제가 웃으면서 말하였다. 「미친 녀석의 옛날 모습 그대로구먼.」(狂奴故態也)이라 하였다.

10 | **물정~유당선(物情~喩螳蟬)** : 《장자·산목(山木)》 「장주가 조릉의 숲속을 노닐다가 이상한 까치 한 마리가 남쪽에서 날아오는 것을 보았다. 날개의 너비는 일곱 자이며 눈의 직경이 한 치나 되었다. 장주의 이마에 닿았다가 밤나무 숲에 가서 멈추었다. 장주는 『저게 도대체 어떤 새지? 날개는 큰데 높이 날지를 못하고, 눈은 큰데 보지도

340

物情癡黠喻螳蟬[10]
물 정 치 힐 유 당 선

물정 어둡고 교활함
사마귀와 매미에 비유되고,

心地淸汙比水泉[11]
심 지 청 오 비 수 천

심지 맑고 흐림은
샘물에 비유되네.

獨向山高澗深處
독 향 산 고 간 심 처

홀로 산 높고
시내 깊은 곳 찾아,

晴雲芳草對閒眠
청 운 방 초 대 한 면

구름 갠 향기로운 풀
한가로이 마주하고 잔다네.

못하다니!』하고 말한 뒤에 바지를 걷어 올리고 잽싼 걸음으로 다가가서 탄궁을 손에 들고서 그놈을 노려보고 있었다. 이때에 한 마리 매미가 시원한 나무 그늘에 막 앉아서 자기 몸조차 잊고 있었다. 그리고 당랑 한 마리도 나뭇잎에 자기의 몸을 숨기고 그 매미를 잡으려는 생각에 빠져 자기 몸을 잊고 있었다. 이상한 까치도 이놈을 보고 잡으려 하여 이 때문에 자신을 잊고 있었다. 이것을 보고 장자가 두려워하면서 말하였다. 『아아, 사물이란 본래 (이해 때문에) 서로 해를 끼치며, (어떤 사물에 대하여 욕심을 내는데, 그 사물도 또한 욕심을 내는 것이 있으니) 두 가지가 (이해를) 서로 부르는 것이로구나!』 그리고는 마침내 탄궁을 버리고 되돌아가 버렸다.」(莊周遊於雕陵之樊, 覩一異鵲自南方來者, 翼廣七尺, 目大運寸, 感周之顙而集於栗林. 莊周曰, 此何鳥哉, 翼殷不逝, 目大不覩? 蹇裳躩步, 執彈而留之. 覩一蟬, 方得美蔭而忘其身, 螳螂執翳而搏之, 見得而忘其形, 異鵲從而利之, 見利而忘其眞. 莊周怵然曰, 噫! 物固相累, 二類相召也! 捐彈而反走)

11 | **심지~비수천(心地~比水泉)** : 《고증》「맑기는 염천과 양수 같고, 더럽기는 탐천과 도천 같다.」(淸如廉泉讓水, 汙如貪泉盜泉) 염천은 강서성(江西省)에 있는 샘 이름인데 당시의 군수가 청렴했기 때문에 붙은 이름이고, 양수는 섬서성(陝西省) 포성현(褒城縣)에 있는 물 이름으로 염수가 그 발원지이다. 탐천과 도천도 모두 샘물 이름이지만 이름이 좋지 않아 불의의 뜻으로 쓰인다.

341. 枕流亭[1]_戊午

침류정_무오년(1558년)

江亭綠酒泛東風[2]
강 정 녹 주 범 동 풍

강가 정자에서 녹주 마시자니
봄바람 불어오고,

白鳥雙雙水映空[3]
백 조 쌍 쌍 수 영 공

흰 새는 쌍쌍이 나는데
물에는 하늘 비치네.

醉後渾忘返溪舍[4]
취 후 혼 망 반 계 사

취한 뒤에는 퇴계의 집으로
돌아갈 일 홀랑 잊어버리고,

夢魂淸切碧窓中
몽 혼 청 절 벽 창 중

꿈속의 넋 짙푸른 창문 안으로 들어가
더할 나위 없이 맑게 되었다네.

1 | 침류정(枕流亭)이라는 정자의 이름은 침류수석(沈流漱石)에서 나왔음. 이 고사에 대해서는 위 216번 시의 주 3)을 보라. 그 시에 「어찌 감히 흐르는 물 베어 세상 놀라게 하겠는가? 애오라지 돌로 양치질하여 맑고 어진이 흠모하리라.」(豈敢枕流驚世俗, 聊將漱石慕淸修)라는 구절이 있는 것으로 보아, 낙동강 기슭 「하고」(霞皐)라는 언덕에 지은 이 정자의 이름을 「수석정」(漱石亭)으로 부르기도 하고 「침류정」으로 부르기도 했던 것 같다.

2 | 녹주(綠酒) : 좋은 술, 곧 잘 익은 좋은 술을 담아서 술잔이 푸르스름하게 비치는 것을 말함. 《내집》 권2 24번 시에 녹준(綠尊)이라는 말이 있고, 같은 권 56번 시에 녹파(綠波)라는 말이 있는데 모두 같은 뜻이다.

3 | 백조쌍쌍(白鳥雙雙) : 송나라 남헌(南軒) 장식(張栻)의 〈2월 10일 성 남쪽의 들판을 걷다가 저녁에 되어 오백승 등 벗들과 배대에서 술을 마시며 운자를 나누어 시를 짓는데 「강 강」자를 얻다(二月十日, 野步城南, 晩與吳伯承諸友, 飮裴臺, 分韻得江)〉「온갖 숲 보자니 끝이 없고, 흰 새는 쌍쌍이 날아가네.」(千林看不盡, 白鳥去雙雙)

4 | 계사(溪舍) : 계상서당을 가리킴.

342~343. 李秀才玶, 字叔獻, 見訪溪上, 雨留三日[1]

이수재이, 자는 숙헌가 계상으로 찾아왔다가 비가 내리는 바람에 사흘간 머물다

342

早歲盛名君上國
조 세 성 명 군 상 국

일찌감치 명성 떨쳐
그대 서울에 올라가 살지만,

暮年多病我荒村
모 년 다 병 아 황 촌

늘그막에 병 많은 몸
나는 황폐한 촌구석에 사네.

那知此日來相訪
나 지 차 일 내 상 방

어찌 알았으랴, 이날
그대 찾아올 줄을,

宿昔幽懷可款言
숙 석 유 회 가 관 언

지난 날 그윽한 회포
다정하게 이야기해 봄직하네.

1 | 이때 함께 지어준 시가 《내집》 권2(211번 시)에 수록되어 있다.

343

才子欣逢二月春 재 자 흔 봉 이 월 춘	재주 많은 그대 만남 기쁨 2월 봄날인데,
挽留三日若通神 만 류 삼 일 약 통 신	사흘이나 붙들어놓으니 정신 서로 통하는 듯.
雨垂銀竹捎溪足[2] 우 수 은 죽 소 계 족	비 늘어진 은죽처럼 시내 기슭 가볍게 두드리고,
雪作瓊花裹樹身[3] 설 작 경 화 과 수 신	눈 구슬 꽃 되어 나무 몸 싸매네.
沒馬泥融行尙阻 몰 마 니 융 행 상 조	말은 진흙 뻘에 빠져 가다가는 또 허덕이는데,
喚晴禽語景纔新 환 청 금 어 경 재 신	날 개어 지저귀는 새소리에 풍경 비로소 새롭네.
一杯再屬吾何淺 일 배 재 촉 오 하 천	한 잔 술 다시 권하며 내 어찌 만난 날 짧다 하리,
從此忘年義更親 종 차 망 년 의 갱 친	이제부터 나일랑 잊고 의 맺어 더욱 친해보세나.

2 | **은죽(銀竹)** : 소낙비를 비유함. 당나라 이백의 〈하호에 묵다(宿鰕湖)〉「소낙비 한산에 비치는데, 빽빽이 내려 마치 은죽 같네.」(白雨映寒山, 森森似銀竹)
소계족(捎溪足) : 당나라 두보의 〈절구(絶句)〉 6수 중 제4수 「소낙비는 시내 기슭을 스치고, 비낀 햇빛은 나무 허리 두르네.」(急雨捎溪足, 斜暉轉樹腰)

3 | **설작경화(雪作瓊花)** : 경화는 눈꽃을 말함. 송나라 소옹(邵雍)의 〈이심언 용도의 큰눈이란 시에 화답하다(和李審言龍圖大雪)〉「온 나무의 눈꽃 한 밤 사이에 피어, 온통 천지와 함께 새하얗게 빛나네.」(萬樹瓊花一夜開, 都和天地色皚皚) 여기서는 눈을 가리켜 말한 것임.
과수신(裹樹身) : 송나라 왕안석의 〈창숙의 세모라는 시의 각운자를 써서 짓다(次韻昌叔歲暮)〉「성의 구름은 해질녘에 새고, 언 나무는 봄 깊이 싸고 있네.」(城雲漏日晩, 凍樹裹春深)

344. 和仁仲[1]

인중에게 화답하다

居隔粼粼一水淸[2]
거 격 인 린 일 수 청

집 건너 맑은 시내
온통 맑은 빛이어서,

雲中雞犬可聞聲[3]
운 중 계 견 가 문 성

구름 속에서 닭 울고 개 짖는
소리 들릴 듯하네.

欲書四字非無意[4]
욕 서 사 자 비 무 의

넉 자를 쓰고자 함에
뜻 없음 아니지만,

那復精微欠講明
나 복 정 미 흠 강 명

어찌 정미함 구하려고
분명한 해석 잃게 할까?

1 | **인중(仁仲)** : 《고증》「이인중(李仁仲)이다.」 인중은 곤재(坤齋) 이명홍(李命弘: ?~1560)의 자. 이명홍에 대해서는 《내집》 권2 60번 시의 주 1)을 보라.

2 | **인린(粼粼)** : 「인린」은 여러 가지 뜻이 있으나 여기서는 물이 맑아서 돌이 훤히 드러나 보이는 모양을 나타내는 의태어. 《내집》 권2 197번 시의 주 3)을 보라.

3 | **운중계견(雲中雞犬)** : 《태평광기(太平廣記)》 권8에 인용된 《신선전·회남왕(神仙傳·淮南王)》「유안(劉安)이 떠나갈 무렵 남은 약기를 뜰 가운데 놓아 두었는데 닭이 쪼고 개가 핥아 모두 하늘로 올라갈 수 있었으므로 하늘에서는 닭이 울고 구름 속에서는 개가 짖었다.」(安臨去時, 餘藥器置在中庭, 雞犬舐啄之, 盡得昇天故, 雞鳴天上犬吠雲中也) 당나라 나은(羅隱)의 〈양주 개원사의 누각에서 짓다(揚州開元寺閣上作)〉「구름 속에서 닭 울고 개 짖으니 유안 지나간 것이고, 달 속에서 생황과 노래 소리 울려 퍼지니 양제 돌아온 것이라네.」(雲中鷄犬劉安過, 月裏笙歌煬帝歸)

4 | **욕서사자(欲書四字)** : 《고증》「미상이다.」(未詳)

345~346. 次觀物閔景說韻[1]

관물당 민경열이 지은 시의 각운자를 써서 짓다

이웃에 사는 친구가 별안간 관물옹이 지난 을묘년(1555)에 나의 귀향을 전송하는 시 두 편을 부쳐서 보여주었는데 어디서 얻었는가는 말하지 않았다. 결국 어디서 왔는지는 알지 못하였지만 마음을 위로해줌이 매우 깊었다. 같은 각운자를 써서 지어 감정을 펼쳐본다. 훗날 관물옹이 나의 시를 보게 되면 그때 그가 느끼는 감흥도 오늘날과 다름이 없을 것이다

親故居隣境者, 忽寄示觀物翁去乙卯歲, 送余歸鄕詩二篇, 不言其所從得. 竟不知何自來, 而所以慰懷則深矣. 次韻抒情. 庶他日爲觀物所見, 其起感當不異於今日

345

老病辭丹闕[2] 노 병 사 단 궐	늙고 병들어 붉은 대궐 하직하고,
歸來隱舊丘 귀 래 은 구 구	돌아와 옛 언덕에 숨었다네.
親交長鴈斷[3] 친 교 장 안 단	사귀던 친구들 오래도록 소식 끊겼지만,
山水足人留 산 수 족 인 류	산과 물 사람 붙들어둘 만하네.
酒憶湖船別[4] 주 억 호 선 별	술 호당에서 이별할 때 생각나고,
詩尋玉府遊[5] 시 심 옥 부 유	시는 옥부에서 노닐던 때 찾는다네.
今朝眞不意 금 조 진 불 의	오늘 아침 실로 뜻하지 않게,
披翰笑臨流 피 한 소 임 류	서한 뜯어보고 흐르는 시내에서 웃어보네.

1 | 관물민경열(觀物閔景說) : 민기(閔箕: 1504~1568)의 호. 민기에 대해서는 위 38번 시의 주 1)을 보라.

2 | 사단궐(辭丹闕) : 단궐은 단궁(丹宮)이라고도 하며 궁궐을 말한다. 붉은 색으로 단청을 하였기 때문에 이렇게 말한다. 당나라 노조린(盧照隣)의 〈촉중으로 돌아가면서

346

何處傳詩札 하 처 전 시 찰	어디에서 이 시 든 편지 전해왔을까?
君曾送我行 군 증 송 아 행	그대 일찍이 내 가는 길 전송했었네.
事追三歲久 사 추 삼 세 구	일 거슬러 보니 3년이나 되었는데,
言覺萬金輕[6] 언 각 만 금 경	말씀 만금도 가볍게 생각되네.
把鏡霜侵鬢[7] 파 경 상 침 빈	거울 잡아보니 서리 귀밑까지 쳐들어왔고,
看書霧隔明 간 서 무 격 명	책 보자니 뿌연 안개가 눈 막는다네.
近來知學退 근 래 지 학 퇴	요즘 들어 학문 퇴보함 알고서,
慚愧寄深情 참 괴 기 심 정	깊은 정 부치기 부끄럽다네.

서울에서 놀던 벗들에게 주어 보이다(還赴蜀中, 貽示京邑遊好)〉「옷깃 여미며 궁궐 하직하고, 깃발 길고 아드믹한 산에 오른다네.」(歛衽辭丹闕, 懸旗陟翠微)

3 | 안단(鴈斷) : 소식이 끊긴 것을 말함. 안(鴈)은 곧 안서(雁書)로 음신(音信), 소식을 말함.

4 | 호선(湖船) : 호는 곧 동호독서당(東湖讀書堂)으로, 동호독서당에서 사가독서한 때 배를 띄우고 임금이 하사한 술을 마시던 일을 말함.

5 | 옥부(玉府) : 역시 동호독서당을 가리킴. 《내집》 권1 140번 시의 주 5)를 보라.

6 | 만금경(萬金輕) : 명나라 팽대익(彭大翼)의 《산당사고(山堂肆考)》 권132 〈문학·가서저만금(文學·家書抵萬金)〉「당나라 왕균은 오래도록 전장에 있었는데 하루는 우연히 집에서 보낸 편지를 받아보고 말하기를 『만금의 가치가 있다.』고 하였다.」(唐王筠久在沙場, 一日偶得家書曰, 抵得萬金耳)

7 | 상침빈(霜侵鬢) : 송나라 소식의 〈대도사가 시운으로 「넉 사」자를 얻어 대신 짓다(戴道士得四字, 代作)〉「눈발과 서리 귀밑 털까지 쳐들어왔고, 진흙은 갓과 소매 더럽혔다네.」(雪霜侵鬢髮, 塵土汙冠袂)

347~354. 從姪憑, 索詠園中花卉, 八首[1]

종질인 빙이 동산의 화훼를 읊어주기를 구하다, 여덟수

347 松 소나무

騰龍偃盖老逾奇[2]
등 룡 언 개 로 유 기

승천하는 용인양 삿갓머리 소나무
늙어 더욱 기이한데,

不見先人手植時
불 견 선 인 수 식 시

선인께서 손수 심은지
언제인지 알 수 없네.

獨有諸孫桑梓感[3]
독 유 제 손 상 재 감

오직 여러 후손 뽕나무와
가래나무처럼 공경심 느끼게 하니,

千秋巢鶴故應知[4]
천 추 소 학 고 응 지

천추에 학 깃들임
마땅히 까닭 있음 알겠네.

1 | **종질빙(從姪憑: 1520~1591)** : 숙부인 송재(松齋) 이우(李堣)의 장손(長孫)이다. 이빙에 대하여 상세한 것은 《내집》 권2 203번 시의 주 1)을 보라.

2 | **언개(偃盖)** : 삿갓 모양의 소나무 줄기와 잎. 즉 정이품송 같은 삿갓 모양의 소나무 꼭대기를 말함. 당나라 두보의 〈도사 이씨가 소나무를 그린 병풍에 지어 노래하다(題李尊師, 松樹障子歌)〉「그늘진 낭떠러지 타고서 눈서리 견디며 줄기 뻗어 있고, 삿갓 같은 소나무 지붕은 오히려 규룡 날아가는 형상이라네.」(陰崖却承霜雪幹, 偃蓋反走虬龍形) 《광박물지(廣博物志)》「천릉의 삿갓 모양의 소나무와 대곡의 거꾸로 나는 잣나무가 있는데 무릇 이런 여러 나무는 모두 하늘과 키가 같고 땅만큼 수명이 오래다.」(天陵偃蓋之松, 大谷倒生之柏, 凡此諸木, 皆與天齊其長, 與地齊其久)

3 | **상재(桑梓)** : 《시경·소아·소변(小弁)》「뽕나무와 가래나무에도, 반드시 공경 인다네.」(維桑與梓, 必恭敬止) 주자의 주석「뽕나무와 가래나무는 두 나무이니 옛날에 5무의 담장 아래 이것을 심어 자손에게 물려주어 누에 먹이를 공급하고 기용을 마련하게 한 것이다. …… 뽕나무와 가래나무도 부모가 심은 것이면 오히려 반드시 공경을 가하거늘 하물며 부모는 지극히 높고 지극히 가까우시니 마땅히 우러러보고 의하지 않을 수 없다.」(桑梓, 二木, 古者五畝之宅, 樹之牆下, 以遺子孫, 給蠶食, 具器用者也……言桑梓父母所植, 尙且必加恭敬母, 况父母至尊至親, 宜莫不瞻依也) 이 구절은 선대에서 심은 소나무를 선대를 모시듯 잘 가꾸라는 말이다.

348 菊 국화

秋來無處問羣芳[5] 추 래 무 처 문 군 방	가을 되니 뭇 꽃들 물어볼 곳 없는데,
獨向霜園擅色香 독 향 상 원 천 색 향	홀로 서리 낀 정원에서 색과 향 자랑하네.
只爲眞知陶後鮮[6] 지 위 진 지 도 후 선	다만 진실로 알아준 이 도연명 이후 없으니,
何人不把作重陽[7] 하 인 불 파 작 중 양	아무도 국화 잡고 중양절 즐기지 않네.

4 | **천추소학(千秋巢鶴)** : 진나라 도잠(陶潛)이 지었다고 전해지는 《수신후기(搜神後記)》 권1 「정령위는 본래 요동 사람으로 영허산에서 도술을 배웠다. 나중에 학이 되어 요동으로 돌아왔는데 성문의 화표주에 날아와 앉았다. 그때 어떤 소년이 활을 들어 그를 쏘려고 하자 학이 곧 날아오르더니 공중을 맴돌며 말을 했다. 『새는 새는 정령위인데, 집 떠난지 천년 만에 이제야 돌아왔네.』」(丁令威本遼東人, 學道于靈虛山. 後化鶴歸遼, 集城門華表柱. 時有少年擧弓欲射之, 鶴乃飛, 徘徊空中而言曰, 有鳥有鳥丁令威, 去家千年今始歸)

5 | **추래~문군방(秋來~問羣芳)** : 가을이 되어 국화 외에 다른 꽃들은 모두 이미 지고 없음을 말함.

6 | **도후선(陶後鮮)** : 송나라 주돈이(周敦頤)의 〈연꽃을 사랑함에 대하여(愛蓮說)〉「내 이르노니 국화는 은일자요 모란꽃은 부귀자이며 연꽃은 군자이다. 아, 국화를 사랑한다는 말은 도연명 이후에는 거의 들어보지 못하였다.」(予謂 菊花之隱逸者也, 牡丹花之富貴者也, 蓮花之君子者也. 噫, 菊之愛, 陶後鮮有聞)

7 | **불파작중양(不把作重陽)** : 《남조의 역사·도잠(陶潛)의 전기》「일찍이 9월 9일에 술이 떨어지자 집 주위의 국화 무더기에 가서 오래도록 앉아 있었다. 왕홍이 술을 보내오자 그제야 즉시 나누어 마시고는 취해서 돌아갔다.」(嘗九月九日無酒, 出宅邊菊叢中坐久之. 逢弘送酒至, 卽便就酌, 醉而後歸) 도연명의 〈9월 9일 중양절에 한가로이 거처하다(九日閑居)〉 시의 서문 「내 한가로이 거처하면서 9월 9일의 명절을 좋아한다. 가을 국화가 동산에 가득한데 술을 얻을 길이 없다. 부질없이 국화꽃을 먹으면서 감회를 말에다 부쳐본다.」(余閑居, 愛重九之名. 秋菊盈園, 而持醪靡由. 空服九華, 寄懷於言) 시 「술 온갖 근심 덜어내고, 국화는 쇠하는 나이 막아준다네. …… 먼지 낀 술잔 빈 동이에 부끄러운데, 추워진 뒤에 피는 국화 부질없이 홀로 피어 있네.」(酒能祛百慮, 菊爲制頹齡……塵爵恥虛罍, 寒華徒自榮)

349 梅 매화

眞白眞香世外姿[8] 진 백 진 향 세 외 자	순백하고 순수한 향기 속세 밖 자태라서,
市橋官閣總非宜[9] 시 교 관 각 총 비 의	저자거리와 관사 모두가 마땅한 곳 아니라네.
杜陵枉費天工句[10] 두 릉 왕 비 천 공 구	두보 매화 두고 공교한 시구 얻으려 헛심 썼으니,
直待逋仙作已知[11] 직 대 포 선 작 이 지	다만 임포 신선 이미 알아주었음 기다린다네.

8 | 세외자(世外姿) : 명나라 항난정(項蘭貞)의 〈매화를 읊음(詠梅)〉「얼음 같은 옥 홀로 맑음 속세 밖의 자태인데, 곱디고운 새 달 성긴 가지 위로 떠오르네.」(冰玉孤清世外姿, 娟娟新月上疎枝)

9 | 시교(市橋) : 당나라 두보의 〈서쪽 교외(西郊)〉「저자의 다리에 있는 관가의 버들가지 가늘고, 강가의 길에 있는 들의 매화 향기롭네.」(市橋官柳細, 江路野梅香)

10 | 두릉~천공구(杜陵~天工句) : 두릉은 곧 당나라의 시인 두보를 말함. 두보의 호가 소릉(少陵)이기 때문에 이렇게 말하였음. 《요존록》「〈동각에 오르다〉라는 시를 가리키는 것 같다. 더 고찰해보아야 한다.」(疑指上東閣之詩. 當更考) 〈상동각〉시는 〈배적이 촉주의 동쪽 정자에 올라 나그네를 전송하다가 이른 매화를 만나 생각이 나서 부쳐온 시에 화답하다(和裵廸, 登蜀州東亭送客, 逢早梅相憶, 見寄)〉인데 그 첫 구절에 「동각의 관매 시흥 움직임, 또한 하손 양주에 있을 때와 같네.」(東閣官梅動詩興, 還如何遜在揚州)라는 말이 있다. 또한 〈강매(江梅)〉에 「매화 꽃술 선달 전에 터지고, 매화꽃 선달 뒤에 많다네.」(梅蘂臘前破, 梅花年後多)라는 구절 같은 것이 있다.

350 竹 대나무

竹君高節歲寒靑[12]
죽 군 고 절 세 한 청

대나무 군자 높은 절개
연말의 추위에도 푸른데,

此地寒多屢挫生[13]
차 지 한 다 루 좌 생

이곳 너무 추워
여러번이나 생장 꺾였다네.

儘把護寒深作計
진 파 호 한 심 작 계

온전하게 추위 지켜주고자
깊은 계책 세워서,

年年看取籜龍爭[14]
연 년 간 취 탁 룡 쟁

해마다 죽순 다투어
솟아남 구경해 보리.

11 | 포선(逋仙) : 《고증》「(송나라의) 임포(967~1028)이다.」(林逋) 임포는 전당 사람으로 서호의 고산에 은거하면서 20년 동안 성안으로 들어가지 않았다. 장가를 들지 않고 매화를 심고 학을 기르면서 즐겼다. 따라서 그를 「매화는 그의 처요 학은 그의 자식이다.」(梅妻鶴子)라고 하였다.

12 | 죽군(竹君) : 곧 대나무를 말함. 진(晉)나라의 왕휘지(王徽之: 유명한 서예가 王羲之의 아들)가 대나무를 가리켜 「어찌 하루라도 이 군자가 없을 수 있겠는가!」(何可一日無此君邪)라고 한데서 유래. 《진나라의 역사·왕휘지의 전기》에 보임.

13 | 차지~루좌생(此地~屢挫生) : 《내집》 권3 268. 〈일상 생활(端居)〉의 퇴계 자신의 주석에 「내가 사는 곳은 땅이 추워서 대나무를 움 속에 갈무리해 둔다.」(所居地寒, 藏竹以窨)라는 말이 있다.

14 | 탁룡(籜龍) : 죽순의 이름. 송나라 소식의 〈문동(文同)의 양천원지를 읊은 시들에 화답하다·운당곡(和文與可洋川園池·篔簹谷)〉「한천의 긴 대나무 천하기가 쑥대와 같으니, 도끼 어찌 일찍이 죽순이라고 봐줬던가?」(漢川修竹賤如蓬, 斤斧何曾赦籜龍) 주자의 아버지인 주송(朱松: 자는 喬年)의 〈새 대나무순(新筍)〉「봄바람 죽순 불어 일으키어, 온 산 가득 빽빽해도 사람들 모르네.」(春風吹起籜龍兒, 戢戢滿山人未知)

351 牧丹 모란

不是姚家與魏家[15] 불 시 요 가 여 위 가	요씨집과 위재상 집 모란 아니더라도,
豐肌秀色炫光華 풍 기 수 색 현 광 화	풍만한 피부 빼어난 색깔
世人自作妖淫過 세 인 자 작 요 음 과	세상 사람들 스스로 지나치게 요염하게 꾸미고서,
錯道花王逞許奢[16] 착 도 화 왕 영 허 사	대놓고 말하기를 꽃의 왕도 사치 자랑한다 하네.

15 | 요가위가(姚家魏家) : 송나라 구양수의 〈낙양의 모란에 대한 기록(洛陽牧丹記)〉「모란은 단주와 연주 동쪽에서 나며, 청주의 남쪽에서 나며 또한 월주에서도 나는데 낙양에서 나는 것을 지금은 천하에서 첫 번째로 친다. …… 요황이라는 것은 수많은 잎이 포개어진 누런 꽃으로 민간의 요씨네 집에서 나온 것이다. 위가화라는 것은 수많은 잎이 포개어진 통실한 붉은 꽃으로 재상을 지낸 위인부의 집에서 나온 것이다.」(牡丹出丹州延州東, 出青州南, 亦出越州, 而出洛陽者, 今爲天下第一……姚黃者, 千葉黃花, 出於民姚氏家…… 魏家花者, 千葉肉紅, 花出於魏相仁溥家)
송나라 양만리(楊萬里)의 〈왕진보의 전춘정에 짓다(題王晉輔專春亭)〉「지난 날에는 왕씨댁에 말에 대한 성벽 있더니, 지금은 왕씨 댁에 꽃에 대한 성벽 있다네. 낙양성엔 꽃 바다처럼 많은데, 그중 반은 그대 집으로 옮겨 가져온다네. 이 꽃 그 가운데 가장 무성하고 고운데, 요씨집의 누런 꽃과 위씨집의 보라색 꽃이라네. 꽃의 왕 중에도 다시 왕중의 왕이 있으니, 요씨와 위씨의 천 송이 꽃 내려옴 보고 그만두게나.」(向來王家癖於馬, 今來王家癖於花. 洛陽城裏花如海, 一半移取來君家. 此花就中最穠麗, 姚家黃兼魏家紫. 花王更有王中王, 看却姚魏千花降)

352 躑躅 철쭉

舊聞嵩少映千層[17]
구 문 숭 소 영 천 층

옛날에 듣자니 숭산
　천 겹으로 비춘다하지만,

東國緣稀價亦增
동 국 연 희 가 역 증

우리 동쪽 나라엔 인연 적어
　그 가치 더욱 크다네.

等是乾坤施造化[18]
등 시 건 곤 시 조 화

이것은 하늘과 땅이
　조화 부린 것과 같으니,

不妨呼酒賞霞蒸
불 방 호 주 상 하 증

술 불러 붉은 노을
　감상함 아랑곳 않으리.

16 | **화왕(花王)** : 송나라 구양수의 〈낙양의 모란에 대한 기록·꽃의 이름을 풀이함(花釋名)〉「전사공[錢惟演]이 일찍이 말하기를『사람들은 모란을 꽃 중의 왕이라 하는데, 지금은 요황이 진정 왕이 될 만하고, 위화는 곧 황후일 따름이다.』라 하였다.」(錢思公嘗曰, 人謂牡丹花王, 今姚黃真可爲王, 而魏花乃后也) 위의 주석 양만리의 시를 참조할 것.

17 | **숭소영천층(嵩少映千層)** : 숭소는 오악 가운데 중악인 숭산(嵩山)의 별명임. 당나라 한유의 〈후참모가 하중의 막부로 부임함에 송별하다(送侯參謀, 赴河中幕)〉「3월에 숭소산 걸으니, 철쭉 붉게 천 겹이나 피어 있네.」(三月崧少步, 躑躅紅千層) 방세거(方世擧)의 주석「《수경주》: 《이아》에서는『산이 크고 높은 것을 숭이라 한다. 합해서 말하면 숭고이며, 나누어서 이름을 붙이면 이실인데, 서남쪽이 소실이고, 동북쪽은 태실이다.』라 하였다.」(水經注: 爾雅, 山大而高曰崧. 合而言之爲崧高, 分而名之爲二室, 西南爲少室, 東北爲太室)

18 | **시조화(施造化)** : 송나라 구양수(歐陽修)의 〈늦봄에 느낌이 있어(暮春有感)〉「하늘의 솜씨 조화 베풀고, 만물 따뜻한 봄 느끼네.」(天工施造化, 萬物感春陽)

353 芍藥 작약

楊州千品鬪芳華[19]
양 주 천 품 투 방 화

양주에 수천 종류
향기로운 꽃 다투어 피니,

羅綺嬌遊俗轉訛[20]
나 기 교 유 속 전 와

고운 비단 같은 작약
세상에 잘못 전하여 졌다네.

何似後園粧爍爍[21]
하 사 후 원 장 삭 삭

뒷 정원 반짝반짝
예쁘게 화장이라도 한 듯,

一尊相對聽鸎歌
일 준 상 대 청 앵 가

한 잔 술 마주하고
앵무새 노래 듣는다네.

19 | 양주천품(楊州千品) : 송나라 왕관(王觀)의 《양주 작약의 계보(揚州芍藥譜)》「(양주의) 주씨네 동산이 가장 으뜸가는데 남북의 두 채마전에 심은 것이 거의 5,6만 그루에 달한다. …… 양주 사람들은 서락과 다르지 않아 귀천을 가리지 않고 모두 꽃을 꽂기를 좋아하여 개명교 사이에 바야흐로 봄달이 되면 아침이 되자마자 꽃시장이 선다.」(朱氏之園, 最爲冠絶, 南北二圃所種, 幾於五六萬株……揚之人與西洛不異, 無貴賤, 皆喜戴花, 故開明橋之間, 方春之月, 拂旦有花市)

20 | 교유(嬌遊) : 작약과 별칭인 교객(嬌客)과 같은 뜻인 듯함. 송나라 정계(程棨)의 〈삼류헌잡지(三柳軒雜識)〉에서는 「작약을 교객이라 한다.」(芍藥爲嬌客)라 하였다.

21 | 삭삭(爍爍) : 당나라 한유의 〈작약(芍藥)〉「조물주의 자태와 미친 향기 예전에는 만나지 못했었는데, 붉은 등은 반짝반짝 녹색 용이 쭈그리고 있네.」(造態狂香昔未逢, 紅燈爍爍綠盤龍)

354 四季 사철나무

翠裁爲葉玉爲枝[22]
취 재 위 엽 옥 위 지

비취 잘리어 잎 되고
옥은 가지 되니,

花映丹霞趁四時
화 영 단 하 진 사 시

꽃은 저녁놀에 비치며
사철 좇는다네.

若把閨房比貞色
약 파 규 방 비 정 색

규방의 여인으로
곧은 색 비유해본다면,

漢宮辭輦有班姬[23]
한 궁 사 련 유 반 희

한나라 궁실의 수레 사양했던
반첩여 있다네.

22 | 취재~옥위지(翠裁~玉爲枝) : 당나라 구양순(歐陽詢)의 《예문유취(藝文類聚)》 권83 「《한무고사》에서 말하기를 『임금이 신옥을 짓고 앞뜰에 나무를 심었는데 산호를 가지로 삼고, 벽옥을 잎으로 삼았다.』라 하였다.」(漢武故事曰, 上起神屋, 前庭植玉樹, 以珊瑚爲枝, 碧玉爲葉)

23 | 사련유반희(辭輦有班姬) : 《한나라의 역사》 권97하 〈외척들의 전기(外戚傳)〉「성제가 뒷뜰에서 놀다가 일찍이 첩여와 함께 수레를 타려고 하자 첩여가 사양하면서 말하기를 『옛날의 그림을 살펴보니 어질고 성스러운 임금은 모두 훌륭한 신하가 곁에 있었는데 삼대의 말기의 임금들에게는 바로 애첩들이 그 옆에 있었으니 지금 수레를 같이 타고자 한다면 어찌 거기에 가깝다 하지 않겠습니까 ? 』 임금이 그 말을 가상히 여겨 그만 두었다. 태후가 그 말을 듣고 기뻐하며 말하기를 『예전에는 번희가 있더니 지금은 반첩여가 있구나.』라 하였다.」(成帝遊於後庭, 嘗欲與倢伃同輦載, 倢伃辭曰, 觀古圖畫, 賢聖之君皆有名臣在側, 三代末主乃有嬖女, 今欲同輦, 得無近似之乎? 上善其言而止. 太后聞之, 喜曰, 古有樊姬, 今有班倢伃)

355. 舟行東歸, 南時甫追至大灘. 同行有絶句, 次韻. 己未

배를 타고 남쪽으로 돌아갈 때 남시보가 큰 여울까지 따라왔다. 함께 가다가 절구를 지었기에 같은 각운자를 써서 짓다_기미년(1559)

學到能尋考亭緖[1]
학 도 능 심 고 정 서

학문 하여 고정의 실마리
찾아 이르려 하였으니,

方知河伯謾誇河[2]
방 지 하 백 만 과 하

바야흐로 황하의 신
황하에서 오만하였음 알겠네.

1 | 고정(考亭) : 복건성(福建省) 건양현(建陽縣) 남쪽에 있는 지명임. 주자가 만년에 이곳에서 거처하며 죽림정사(竹林精舍)를 세우고 학문을 강론하였음. 송나라 이종(理宗) 때 칙령으로 서원을 세우고 친히 「고정서원」(考亭書院)이란 편액을 써서 내렸다.

2 | 하백만과하(河伯謾誇河) : 《장자·가을 강(秋水)》「가을의 홍수가 한꺼번에 넘쳐 숱한 한천의 물이 황하로 흘러들었다. 물의 흐름이 멀리까지 퍼져 양쪽 물가며 모래톱 주위를 둘러보아도 소와 말을 분별할 수 없을 정도였다. 이에 황하의 신인 하백이 기뻐서 좋아하며 온천하의 훌륭함이 모두 자기에게 있다고 생각하였다. 흐름을 따라 동쪽으로 가서 북해에 이르러 동쪽을 보니 물의 끝이 보이지 않았다. 하백이 비로소 그 얼굴을 돌려서 바다의 신인 해약을 쳐다보면서 말하기를『속담에 "도를 넓게 얻어 나만한 사람이 없다" 고 한 것이 있는데, 바로 나를 두고 한 말이라고 생각하였다. …… 이제 내가 그대를 보니 (너무 넓어) 끝까지 다 추구할 수가 없다. 내가 그대의 문 안에 들어와 보지 않았더라면 큰일 날 뻔 하였다. 나는 늘 큰 도를 터득한 사람들의 큰 웃음거리가 될

我曾用力嗟無得
아 증 용 력 차 무 득

내 일찍이 힘 썼지만
터득할 수 없음 탄식하며,

心切還堪愧老婆[3]
심 절 환 감 괴 노 파

마음 간절함 도리어
노파심에 부끄러움 참는다네.

뻔하였다.』라 하였다.」(秋水時至, 百川灌河, 涇流之大, 兩涘渚崖之間不辯牛馬. 於是焉河伯欣然自喜, 以天下之美爲盡在己. 順流而東行, 至於北海, 東面而視, 不見水端, 於是焉河伯始旋其面目, 望洋向若而歎曰, 野語有之曰, 聞道百, 以爲莫己若者, 我之謂也. ……今我睹子之難窮也, 吾非至於子之門, 則殆矣, 吾長見笑於大方之家)

3 | 심절노파(心切老婆) : 〈전등록(傳燈錄)〉「임제의현대사가 황벽에게 『달마대사가 서쪽에서 오신 뜻이 무엇입니까?』하고 물으니 황벽은 곧 매로 때렸다. 이와 같이 묻기를 세 번이나 하였으나 세 번 다 매로 때렸다. 마침내 황벽에게서 떠나려 하자 황벽은 대우에게 가라고 지시하였다. 대우가『황벽이 그토록 간절한 노파심으로 너를 위하여 피곤함을 무릅쓰고 깨우쳤는데 너는 오히려 보지 못하고 있구나.』라고 하시자 대사가 크게 깨닫고서는『불법이라는 것이 별 것 아니군. ……』이라 하였다고 한다.」(臨濟義玄禪師問黃蘗. 如何是祖師西來意, 黃蘗便打, 如是三問三打, 遂辭黃蘗, 黃蘗指往大愚. 愚曰, 黃蘗恁麽老婆心切爲汝得微困, 猶不見過在, 師大悟云, 佛法也無多子云云)

찾아보기

ㄷ

ㄹ

ㅂ

ㅅ

지은이

이 황 (李滉, 1501~1570)

호는 퇴계退溪, 시호는 문순文純으로 경상북도 예안에서 출생했다. 서른네 살에 문과에 급제하여 대사성, 부제학, 우찬성, 양관대제학 등의 벼슬을 지냈고, 도산서원陶山書院을 통해 학문 연구와 후진 양성에 힘썼다. 기대승과 8년간의 서신 왕래로 인간의 심성과 선악에 대해 펼친 사칠논변四七論辯은 유성룡, 김성일, 정구 등에게 계승되어 영남학파를 이뤘고, 이이李珥를 중심으로 한 기호학파와 대립하며 조선 성리학의 발전에 크게 공헌했다. 저서로는 〈자성록自省錄〉을 비롯하여 16종의 시문집을 묶은 〈퇴계전서退溪全書〉, 〈주자서절요朱子書節要〉, 〈도산십이곡陶山十二曲〉등이 있다.

옮긴이

이장우 (李章佑 : 1939~)

경북 영해에서 태어나 서울대학교 중어중문학과를 졸업하고, 국립대만대학에서 석사, 서울대학교에서 박사학위를 취득하였다. 중국의 국립중앙연구원, 프랑스 파리 제7대학, 미국 스탠포드대학과 하바드대학 등지에서 연구와 강의를 하였으며 현재 영남대학교 중국언어문화학부 명예교수, 사단법인 영남중국어문학회 이사장, 동양고전연구소 소장으로 있다.

주요 역저로 『한유 시 이야기』(1988), 『중국문화통론』(1993), 『중국문학을 찾아서』(1994), 『중국시학』(1994), 『중국의 문학이론』(1994), 『고문진보 전 · 후집』(공역, 2001, 2003) 외 다수가 있다.

jangwu@yumail.ac.kr

장세후 (張世厚 : 1963~)

경북 상주에서 태어나 영남대학교 중어중문학과를 졸업하고, 같은 대학 중어중문학과에서 석사학위와 박사학위(『주희 시 연구』, 1996)를 취득하였다. 영남대학교 중어중문학과 겸임교수 및 경북대학교 퇴계연구소 연구초빙교수를 역임하였으며, 2003년 대구매일신문에서 선정한 대구 · 경북지역의 인문사회분야의 뉴리더 10인에 선정된 바 있다. 현재 대구한의대학교 주자대전 번역팀의 전문연구원으로 있다.

주요 역저로 『주자시 색인』(1996), 『한학 연구의 길잡이古籍導讀』(1998), 『퇴계시 색인』(2000), 『초당시(The Poetry of the Early T'ang)』(2000), 『고문진보 전집』(공역, 2001), 『주희 시 역주 1, 2』(2004, 2005), 『도산잡영』(공역, 2005), 외 다수가 있다.

jshljy@yumail.ac.kr